Großer Fahrrad-Atlas Deutschland

Von der Nordsee bis zu den Alpen

MAIR

Mairs Geographischer Verlag

Bildnachweis

Stadtarchiv Karlsruhe: S. 10; Fürstenberg Archiv (Foto Prof. H.-E. Lessing) Donaueschingen: S. 11 l.; Prof. H.-E. Lessing, Mannheim: S. 11 r.; Museum of British Road Transport, Coventry: S. 12 o.; vormals Fichtel & Sachs, Schweinfurt: S. 13, 20 r. und u., 21 u., 24 o.l., beide M.und u.l., 68 beide l.; Landesmuseum für Technik und Arbeit, Mannheim: S. 14; Prof. Schöndorf, Rösrath: S. 15-19, 20 u.l. und M.r., 21 o. und M., 22, 23, 24 o.r., 25, 26 o., 27 u. 28 l.; Fa. Rabeneick, Oldenburg: S. 27 M., 34 M.; Fa. Busch & Müller, Meinerzhagen: S. 28 r.; Bildarchiv Huber (Kinkelin), Garmisch-Partenkirchen: 29, 71, 157, 249, 291, 305, 417; Klaus Eweleit, Zell/Oberfr.: S. 30 M., 62 l., 67 beide l.; Werksfoto Herkules: S. 30 o., 35 o., 39 r.; Fa. Schauff, Remagen: S. 30 u., 35, 36 beide; Peter Witek: S. 32 beide, 46, 62 r.; Fa. Kettler, Ense-Parsit: S. 34 o.; Peter Hähnel: S. 38 beide, 39 l., 44, 45 beide, 64 beide, 67 r., 68 o.r., 69 o.; Fa. riese und müller, Darmstadt: S. 41; K. Link, Herrenberg: S. 43; T. Philippi, Stuttgart: S. 55; Bund Deutscher Radfahrer, Frankfurt: S. 50, 52, 53; aus Peter Konopka „Spaß am Bike – Ausrüstung, Technik, Training, Gesundheit“, BLV Verlagsgesellschaft, München 1991: S. 57, 58, 59, (Tabelle); Ciclo Sport, K.W. Hochschorner, München: S. 59 r.; V.E. Strauß, Aichwald: S. 60; Institut für Hygiene und Arbeitsphysiologie, Univ. Zürich: S. 61; R. Wilms, Tübingen: S. 63, 65 alle, 66 alle, 68 u.r., 69 beide u.r., 70; Städt. Kurverwaltung Wyk auf Föhr: S. 76; Stadt Plön, Stuttgarter Luftbild Elsässer, Stuttgart: S. 85; Xeniel Dia/Poguntke, Neuhausen a.d.F.: 99, 119; Fremdenverkehrsamt Stadt Stade, Foto Möhle: S. 145; Fotex Medien Agentur, Hamburg (Nordlicht Bildarchiv/ C. Harlandt): S. 168; Landesbildstelle, Berlin: S. 178; Helga Lade, Fotoagentur Frankfurt/M.: S. 199; Fremdenverkehrsverband Weserbergland, Mittelweser e.V., Foto Kirmes: S. 219, Landkreis Grafschaft Bentheim: S. 237; Stadt Bottrop: S. 261; Staatsbad Bad Ems, Foto Völkelt: S. 285; Stadt Battenberg, Stuttgarter Luftbild Elsässer, Stuttgart: S. 316: Rodrun/Knöll, Altenriet: S. 324, 355, 368; Gemeinde Essing: S. 387; Stadt Amorbach: S. 399; Jul Schönau, Talheim: S. 431; Stadt Balingen: S. 445; Stadtinformation Pforzheim, Luftbild A. Brugger, Stuttgart: S. 449; F. Thorbecke: S. 463; Fremdenverkehrsverein Marktoberdorf: S. 476; Verkehrsverein Landshut, Foto Thonig: S. 486, Titelbild der Handelsausgabe: Tony Stone, München

Für alle Luftbilder liegen Freigaben vor.

Laufzeit bis 2001

Konzeption:
Werkstatt Buch Anita Rolf und Mairs Geographischer Verlag

Redaktion:
Anita Rolf

Layout:
Werkstatt Buch HF Ottmann

Radtouren:
Dr. Lutz Gebhardt: Touren 78, 138, 139, 141-144
Jens-Ulrich Groß: Touren 145-151
Hans-Ulrich Lübcke: Tour 140
Alle anderen Touren:
© Deutscher Wanderverlag Dr. Mair & Schnabel & Co. KG, 73751 Ostfildern

Karten:
Mairs Geographischer Verlag, 73751 Ostfildern

Druck und Bindung:
Parzeller GmbH & Co. KG, 36004 Fulda

Printed in Germany

AUF ZWEI RÄDERN RICHTIG FIT

Das Fahrrad ist das beste Fahrzeug der Welt. Nicht allein wegen seiner Umweltverträglichkeit, geringen Grundkosten, minimalem Parkraumbedarf, sondern weil es ideal zwei Bedürfnisse miteinander verbindet: es läßt uns etwas von der Welt sehen und es hilft uns, fit zu werden und fit zu bleiben.

Beim Radfahren sehen Sie Land und Leute, nehmen dabei an Kalorien ab und zugleich an Leistungsfähigkeit zu: Radfahren ist das passende Fitnesstraining für alle, die das eine und das andere wollen.

Deshalb gefällt Radfahren denen, die Joggen zu anstrengend und Schwimmen zu langweilig finden. Es läßt sich von gemütlichem Rollen bis zur Tempofahrt ganz nach Spaß und Kondition individuell gestalten.

Radfahren ist ein vorzügliches Herz-Kreislauftraining, es erhöht die Fähigkeit zur Sauerstoffaufnahme, senkt den Cholesteringehalt und kräftigt die halbe Körpermuskulatur gleichzeitig. In einer Stunde werden 300–800 Kalorien verbrannt.

Sie haben sich sicher aus mehreren Gründen für Radfahren entschieden – nicht nur weil es gesund ist, sondern weil man auch Land und Leute erlebt.

Die schönsten Strecken zu Ihrem Ziel Fitness finden Sie in diesem Buch. Der Deutsche Sportbund empfiehlt es Ihnen aus gutem Grund.

Prof. Dr. Jürgen Palm
Deutscher Sportbund

DIE VIER PRINZIPIEN DER FITNESS

Mit der Kampagne „richtig fit“ zeigt der Deutsche Sportbund Wege zu mehr Wohlbefinden, besserer Gesundheit und gesteigerter Vitalität auf. Das größte Fitness-Zentrum ist die Natur. Welchen Gewinn können wir uns versprechen, wenn wir uns in der Natur fit halten?

Der Gewinn an Gesundheit: Fitness ist Gegenwehr zu Herz-Kreislauferkrankungen, vegetativen Störungen, Stoffwechselkrankheiten, Übergewicht, verfrühtem Altern, Schäden des Bewegungsapparates, leichten Formen der Depression.

Der Gewinn an Lebensqualität: Fitness trägt zu psychischer Stabilität und seelischer Ausgeglichenheit bei. Sport macht das Leben ereignisreicher und spannender, vermittelt Kontakte und soziale Integration. Leben wird intensiver erlebt.

Der Gewinn an praktischen Möglichkeiten: Fitness bietet sich überall in der Natur an, wird aber auch in vielen tausend Sportvereinen, fast vor der Haustür in vielseitigen Sportprogrammen gefördert und für weniger als einen Monatslohn angeboten.

Der Gewinn an Wirtschaftskraft: Fitness der Bevölkerung hilft Kosten der größten Industrie dieses Landes sparen, der „Krankheitsindustrie“ mit insgesamt rund 400 Milliarden Aufwand jährlich. Das so gesparte Geld könnte sinnvoller in die Schaffung von Arbeitsplätzen, Wohnungen, Kindergärten usw. gesteckt werden.

Wie können Sie das Programm „richtig fit“ anwenden? Gehen wir noch einmal die vier Prinzipien dieser Kampagne durch.

1. Prinzip: Regelmäßigkeit
Um fit zu werden, reichen in der Woche drei (bei über 60jährigen zwei) Übungszeiten von 30 Minuten, also z. B. zweimal am Wochenende und einmal in der Woche. Mehr ist aus Spaß am Sport natürlich möglich, hat aber auf den Fitnessgewinn keinen so großen Einfluß.

Täglich genügend Bewegung zwischendurch ist anzustreben (z. B. der tägliche Spaziergang mit dem Hund, auch wenn man keinen hat). Das reguliert den Kalorienverbrauch und es hilft abzuschalten.

2. Prinzip: Richtige Anwendung
Es macht einen riesigen Unterschied, ob man die Sportart, mit der man sich fit hält, auch einigermaßen beherrscht. Das gilt fürs Tanzen wie fürs Tennisspielen, für Judo-Übungen wie für das Krafttraining. Deshalb sollte man einen Ein-

führungskurs mitmachen und frühe Fehler nicht ein Leben lang spaßmindernd mitschleppen.

3. Prinzip: Maßvolle Belastung
Ich bin noch mit dem Prinzip „schnell wie Windhunde, hart wie Kruppstahl, zäh wie Leder", aufgewachsen und habe früher geglaubt, daß ein Training nur wirksam war, wenn man am nächsten Tag einen schmerzhaften Muskelkater hatte. Auch heute kann man Menschen mit hochrotem Kopf joggen und schmerzverzerrt Gewichte stemmen sehen. Alles Quatsch. Weniger ist mehr. Leichter ist besser. Etwa 60 Prozent der eigenen Leistungsfähigkeit beim Training zu nutzen, ist wirksamer und wohltuend.

4. Prinzip: Spaßvoller Sport
Werden und bleiben Sie mit dem Sport fit, der Ihnen wirklich Spaß macht. Wenn Sie ein Spielertyp sind, warum sollten Sie Bahnen schwimmen? Wenn Sie ein Outdoor-Typ sind, warum sollten Sie sich an Kraftmaschinen langweilen? Wenn Ihnen Tänzerisches liegt, warum sollten Sie Hanteln stemmen? Jeder soll nach seiner Fasson fit-selig werden. Die Auswahl ist groß. Und nur mit Spaß wird es eine Lebensgewohnheit.

Dieses Buch zeigt Ihnen buchstäblich die schönsten Wege zum Spaß mit „richtig fit".

Prof. Dr. Jürgen Palm

richtig fit © DEUTSCHER SPORTBUND

INHALT

Fahrradtouren in Deutschland

KLEINE GESCHICHTE DES FAHRRADS

Der Anfang 1817 in Mannheim, dann London

Es fällt heute ziemlich schwer, sich die Zeit vor 175 Jahren in Deutschland vorzustellen. „Der Lieutenant machte bei der Demoiselle einen Schnellfuß" bedeutete etwa: „Der Leutnant machte sich bei dem Fräulein aus dem Staub". Mit „Radfahren" war das karussellartige Rotieren mit dem Schlitten um einen ins Eis gerammten Pfosten gemeint und mit „Laufrad" die Trettrommel, mit deren Hilfe Arbeiter allerlei Maschinerie antrieben – die Dampfmaschine gab es noch kaum. Die Napoleonischen Kriege waren glücklich beendet, aber nun bescherte 1816 eine Naturkatastrophe mit Schneefällen oder Dauerregen im Sommer Europa ein Hungerjahr. Pferde für Transportzwecke füttern, während Menschen verhungerten?

Den jungen Karl von Drais mag es zu einer solchen Zeit besonders motiviert haben, seine Vision von Mobilität ohne Pferde zu realisieren. Der technisch begabte Sohn eines Beamten hatte an der Universität Heidelberg

Karl von Drais. Idealisiertes Porträt nach einer Karikatur von 1833

Staatswissenschaft, Landwirtschaft, Physik und Baukunst studiert. Von v. Drais selbst, der sich zuvor u.a. mit Binärmathematik, Feuerlöschwesen, Vermessungshilfen beschäftigt hatte, wissen wir nicht, was ihn bewegt hat, sich dem Landverkehr zuzuwenden. Jedenfalls hatte er schon 1813 ein badisches Nutzerprivileg für seine vierrädrige Fahrmaschine mit Tretkurbelantrieb beantragt, ein kutschenähnliches Fahrzeug für zwei Personen: Einer lenkte, während der andere mit den Füßen in die als Kurbelwelle ausgebildete Hinterachse trat. Es wurde aber abgelehnt, weil die Gutachter aus dem Baufach meinten, der Mensch sei zu Fuß besser dran. Nun besann sich Karl v. Drais auf den gerade in Mode gekommenen Eislauf. Die jungen Männer kamen aus eigener Kraft schneller voran als zu Pferde – und sie stießen sich dazu direkt auf dem Eis ab. Dieses Schema übertrug der Erfinder auf die Straße und sparte gleich noch zwei Räder ein, denn Balancieren konnten die Schlittschuhläufer allemal. Das einspurige Zweirad war geboren – er nannte es Laufmaschine und für Frankreich le vélocipède, also Schnellfuß.

Die erste Fahrt unternahm v. Drais von seinem Wohnhaus nahe dem Mannheimer Schloß auf einer Chaussee, die zum Schwetzinger Schloß führte, wo früher ein Relaishaus für Pferdewechsel stand. Die 13 km lange Strecke legte er in einer knappen Stunde zurück, war also schneller als die Postkutsche.

Am 30. Januar 1818 erhielt er ein – von ihm selbst vorformuliertes – badisches Erfinderpatent auf seine Laufmaschine und schon am 17. Februar das französische Brevet (Patent). Damit war die Basisinnovation für die Produktion von weltweit bald einer

Milliarde Fahr- und Motorräder geschaffen, der Beginn des Individualverkehrs ohne Pferde schlechthin. Nun setzten sich junge Leute auf derartige Fortbewegungsmaschinen und schwärmten in die Landschaft aus.

Mit 24-Zoll-Eisenreifen und 120 cm Radstand war das erste Zweirad einem heutigen All-Terrain-Bike schon recht ähnlich und außerdem mit seinen 25 kg in den Augen der Wagner ein absolutes Leichtgewicht unter den damals üblichen hölzernen Gefährten. Eine weitere Parallele: Man stützte die Unterarme auf dem gepolsterten Balancierbrett auf wie beim modernen Triathlon-Lenker. Neu für die damalige Zeit war auch die Hinterrad-Schleifenbremse, denn die zeitgenössischen Fuhrwerke wurden nur durch Körperkraft der Pferde gebremst. Messingbüchsen in den Radnaben sorgten für Leichtlauf – und hier kommt man auf das Wesentliche der Zweirad-Erfindung des Karl v. Drais: Nicht die Lenkung, wie immer noch behauptet wird, sondern die Minimierung des Fahrwiderstandes durch

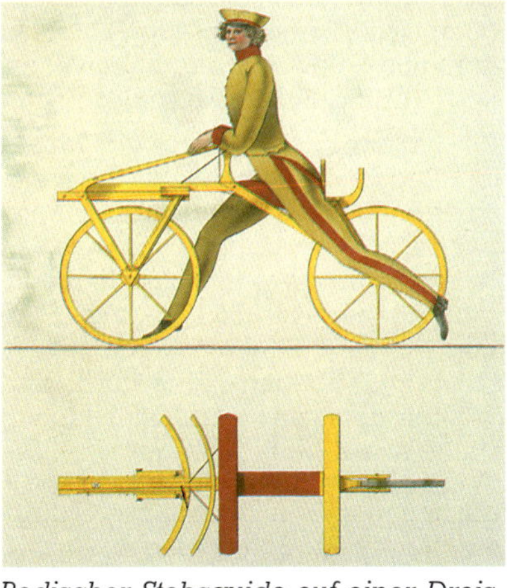

Badischer Stabsguide auf einer Drais-Laufmaschine, 1817

Reduzierung der Räderzahl auf zwei macht das Zweirad zur idealen Muskelkraft- und späteren Leichtmotormaschine. Allerdings mußte diese Laufmaschine ständig balanciert werden, was sich damals nur die schlittschuhfahrenden jungen Männer zutrauten. Deshalb kehrte man in den nächsten 50 Jahren bei allen Weiterentwicklungen wieder zur Mehrspurigkeit zurück. Die Leute trauten sich einfach nicht, die Füße längere Zeit vom Boden zu nehmen.

Der Fahrstil wurde schon auf den 30 Jahre später gemalten Stroboskopscheiben (Bilder, mit denen man Bewegungsabläufe simulierte) und wird in allen heutigen historischen Filmen falsch dargestellt: als ein angestrengtes Füsseln im Sitzen. Dagegen zeigen zeitgenössische Abbildungen klar ein rasantes Vorwärtsgrätschen, nur die Fußballen berühren den Boden.

Nach England kam die Laufmaschine, nach ihrem Erfinder auch Draisine genannt, durch den gebürtigen Mannheimer Bernhard Seine. Bald nahm sich der Londoner Kutschenbauer Dennis Johnson ein Raubpatent auf ein verbessertes „velocipede", wobei die Verbesserung im Weglassen des Drehschemels bestand. Er verkaufte eine größere Anzahl an Fahrzeugen – die höchste Seriennummer auf einem erhaltenen JohnsonVelocipede lautet CCXCIX, also 299 – und betrieb eine Fahrschule. Mit einem solchen Gefährt fuhr 1820 ein britischer Ingenieur 500 km weit – von der französischen Stadt Pau über die Pyrenäen bis nach Madrid. Drastische Verbote und Strafen bereiteten der Entwicklung ein Ende, nachdem Fuhrleute und Fußgänger gegen das Velocipedefahren auf Fahrbahnen und Fußwegen rebelliert hatten. Nicht so in den USA und vorerst in Deutschland. In Boston sah man die Studenten der Harvard- und in New York der Yale-Universität auf Laufmaschinen fahren. In Jena benutzten Studenten ihre Gefährte auch im Winter.

In Deutschland setzte die Politik dem ein Ende: Die Karlsbader Be-

Dreirädrige Maschine mit Damensitz

Dennis Johnson auf seinem Velocipede, 1819; hinten: korrekter Fahrstil

schlüsse (1819) und vor allem das preußische Turnverbot untersagten jeglichen Freiluftsport. Nach 1835 faszinierte das Massenverkehrsmittel Eisenbahn die Menschen: müheloses Fortkommen, jedoch nach Fahrplan.

Pierre Lallement auf einem Frontpedal-Vélocipède, 1869

Das „Zwischenhoch" 1867 in Paris, später in New York

Es gibt Hinweise, daß 1865 in Paris erstmals Vélocipèdes mit Tretkurbeln direkt am Vorderrad gefahren wurden. Dieses Pariser Gefährt entfachte wieder einen Boom. Denn mittlerweile war der Eislauf immer populärer geworden, und Erfinder hatten die Zweiradidee bei der Konstruktion von Rollschuhen verwertet. Überall begann man Eislauf- und Rollschuhbahnen zu bauen, letztere für den Sommer. Der vom Erfinder zum Unternehmer avancierte Amerikaner James Plimpton hatte 1863 in New York den ersten solchen Skating-Rink eröffnet, 1865 folgte einer im Kristallpalast zu London. Auf einmal war es nichts Ungewöhnliches mehr, auf Rädern zu balancieren, ohne eine rettende Fußsohle auf den Boden setzen zu können. Wer zuerst die Kurbeln am Zweirad anbrachte, ist zu einem Dauerstreit zwischen Frankreich und den USA geworden. Vieles spricht für den bescheidenen Pierre Lallement (1843-1891), der in die USA auswanderte und dort 1866 das US-Patent für das Frontkurbel-Zweirad erhielt. Die Chauvinisten unter den Franzosen der Jahrhundertwende konnten jemanden, dessen Namen wie L'Allemand (= der Deutsche) klang, unmöglich zum Nationalhelden aufbauen. Dies geschah mit Vater und Sohn Michaux, die zusammen mit den Ingenieursbrüdern Olivier damals die größte Velozipedfabrik aufbauten: Bis zu 200 Velozipedes pro Tag produzierte 1868 die Compagnie Parisienne. Der schmiedeeiserne Rahmen sah elegant aus (nur die Räder waren noch aus Holz), doch mit 35-45 kg war das Vélocipède Michaux gut doppelt so schwer wie die Draisine. Auch den Damen bot die Compagnie Parisienne eine Fahrschule an und bald ein dreirädiges Veloziped, das das Balancierproblem löste.

Im Jahr 1868 gründete C.F. Müller in Stuttgart die Erste Deutsche Vélocipèdes-Fabrik Stuttgart. In Mannheim war der spätere Automobilpionier Carl Benz der erste Velozipedist. In Braunschweig begann 1868 Heinrich Büssing mit dem Bau von Velocipeden, gleich auch für Kinder, und wurde zum größten deutschen Hersteller (später stellte er auf Lastkraftwagen um). Die deutschen Velocipedisten sammelten sich in Vereinen und bauten in Städten Velodrome. In den USA wurde dieser immer beliebter werdende Sport fast nur in Innenräumen ausgeübt. Doch schließlich berichtete im Dezember 1886 die New Yorker Presse über Velozipedisten im Central Park und Schülern auf der Fifth Avenue, die ihre Bücher vorn auf die Velozipede geschnallt hatten. In New York entstanden Dutzende von Fahrschulen mit zeitweise 5000 Schülern aller Altersstufen. Aufsteigen und Losfahren, ohne das Gleichgewicht zu verlieren, war bei den Frontkurbeln – anders als bei der Laufmaschine – kritisch. Das Antriebsprinzip ist beim Kinderdreirad heute noch erfahrbar:

Mangels Freilauf müssen die Beine immer herumgewirbelt werden. Dies und das doppelte Gewicht machten das Velozipedieren sicher anstrengender als das Draisinenreiten – eine späte Rechtfertigung für v. Drais' Verzicht auf den Kurbelantrieb zu seiner Zeit. Für Bergabfahrten gab es vor dem Lenker eine Auflage zum Hochlegen der Beine. Verbesserungsvorschläge gab es durchaus: Schon einer der Pioniere hatte in der Presse erklärt, zwischen Kurbel und Vorderrad sei ein Getriebe nötig, damit sich das Vorderrad dreimal schneller drehen könne. Der Vollgummireifen auf den Rädern, eine Erfindung des Franzosen André Guilmet, war eine weitere Verbesserung.

Während allerlei Wettrennen, oft in Innenräumen, ausgetragen wurden, gibt es erstaunlich wenig Meldungen von Ferntouren – das Wegenetz war einfach zu schlecht. Zwei amerikanische Velozipedisten fuhren die 144 km von Syracuse nach Rochester in 15 Stunden, also mit einem Schnitt von rund 10 km/h. Man vergleiche dies mit der Leistung des Dresdeners Bertholdi, der vor 1820 auf seiner Laufmaschine 98 km auf weniger gutem Weg in sieben Stunden, also mit einem Schnitt von 14 km/h, zurückgelegt hatte. Entscheidend für den Rückgang

Ernst Sachs mit einem „Hochrad", 1893

des Veloziped-Fiebers 1869 in den USA war aber nicht nur der Mangel an guten Straßen, sondern auch fehlende Akzeptanz durch die Frauen, die zudem in ihrer Kleidung die Etikette wahren mußten. Das Veloziped, auch als Dreirad, war ihnen zu anstrengend.

High-Tech: Coventry, dann Boston

Der junge Vertreter, der 1868 ein Kurbel-Velociped aus Paris nach Coventry mitbrachte, hieß Rowley Turner und überzeugte seinen Onkel, dem die Nähmaschinenfabrik Coventry gehörte, die Produktion aufzunehmen. Dies war nicht das erste Veloziped in England, aber der Beginn des Aufstiegs von Coventry zur Fahrradmetropole der viktorianischen Zeit. Denn in der Fabrik arbeitete als Vorarbeiter ein genialischer Autodidakt namens James Starley (1830-1881), dem die Stadt später zu Recht ein Denkmal setzte. Er gründete mehrere Firmen und produzierte ein Erfolgs-Bicycle nach dem anderen. 1870, als der Export nach Frankreich wegen des Krieges zusammenbrach, ließ er sich, zusammen mit William Hillmann, sein Modell „Ariel" patentieren, ein Gefährt mit großem Vorderrad aus Draht-Zugspeichen mit interner Spannvorrichtung und kleinem Hinterrad. Mit dieser Speichentechnik, die schon der Pariser Eugène Meyer eingeführt hatte, konnte man besonders leichte und stabile Räder bauen. Statt Holzspeichen auf Druck zu beanspruchen, hing nun das Fahrzeuggewicht an denjenigen Drahtspeichen, die sich jeweils vertikal über der Nabe befanden.

1874 erfand Starley die Tangentialspeichen, die die Kraftübertragung von der Nabe auf die Felge verbesserten – man findet sie heute in allen Speichenrädern. Es bildete sich das klassische „Hochrad" – wie man es erst später nannte – aus oft vernickeltem Stahlrohr heraus und mit Raddurchmessern bis zu zwei Metern. Bereift war es mit rotem Hartgummi, und es rollte auf Kugellagern. Mit diesem Bicycle fuhren die immer noch rein männlichen Bicyclisten Rennen. Jetzt stimmte endlich die sogenannte Abwicklung für müheloses Pedalieren: 6 m Fahrt pro Kurbelumdrehung!

Auf Pneus ohne Anstandsdame unterwegs; Werbeplakat um 1895

Der Vater der amerikanischen Bicycle-Industrie war Albert August Pope. Ein Engländer inspirierte ihn 1877 zur Produktion von Hochrädern Marke Columbia in Boston. Durch Aufkauf von Patenten sicherte er sich eine Monopolstellung und war ein rastloser Innovator der Fertigungstechnik mit immer moderneren Werkzeugmaschinen, wovon in unserem Jahrhundert der amerikanische Automobilbau profitierte. Er gründete die League of American Wheelmen und finanzierte Spezialvorlesungen über Straßenbau am Bostoner M.I.T. Seine Zeitschrift „Outing“ sponserte die Weltumrundung des Briten Thomas Stevens auf einem Columbia-Hochrad bis 1886, nachdem dieser 1884 von San Francisco aus als erster Nordamerika durchquert hatte.

Der deutsche Heinrich Kleyer hatte die Bicycle-Rennen 1879 in Boston kennengelernt und führte diesen Sport in Frankfurt ein. Aus seinem Radfahrhaus in der Gutleutstraße 9 entstanden die späteren Adlerwerke. In Neckarsulm begann eine Strickmaschinenfabrik mit dem Bicycle-Bau, später kurz NSU. Opel in Rüsselsheim, Dürkopp in Bielefeld sowie Seidel & Naumann in Dresden hatten zuvor Nähmaschinen gefertigt. Die rund fünfzig Clubzeitschriften waren voller Bicycle-Englisch so wie heute die Computerzeitschriften voll Computer-Englisch. Irgendwann einigten sich die Clubs auf den Begriff „Fahrrad“ für die Maschine, „Laufrad“ für das einzelne Speichenrad und „Radfahren“ für die Tätigkeit. Der Konstanzer Ernst Sachs nutzte die Zeit der Rekonvaleszenz nach einem Rennunfall zur Konstruktion einer Kugellagernabe. Zusammen mit dem Kaufmann Karl Fichtel gründete er 1885 die Schweinfurter Präzisions-Kugellagerwerke Fichtel & Sachs, die in unserem Jahrhundert mit Rücktritt-Bremsnaben und Nabenschaltungen führend wurden.

Nochmals trieben zwei Engländer die Entwicklung entscheidend voran: John Kemp Starley, ein Neffe des Gründervaters, gelang 1885 die Durchsetzung seines „Rover“ mit fast gleichkleinen Rädern, dafür mit einem übersetzten Kettenantrieb – Prototyp der heutigen Fahrräder, die ja in ihren Dimensionen mit den Laufmaschinen (24-Zoll-Räder, 120 cm Radstand) frappant übereinstimmen. In Glasgow erfand John Dunlop die Luftreifen ein zweites Mal. Auf luftbereiften Damen-Niederrädern konnten die Frauen nun erstmals mit den Männern gleichziehen. Die österreichische Frauenrechtlerin Rosa Mayreder äußerte damals, daß das Radfahren mehr für die Emanzipation der Frau geleistet habe als alle Frauenbewegungen zusammen. Nun konnten sich die Frauen durch Wegfahren leicht der Kontrolle der Nachbarschaft, des Ehemanns oder der Anstandsdame entziehen.

Ein letzter Blick nach Frankreich. In St-Etienne wurde ein Textilvertreter namens Paul de Vivie 1881 zum Hochradfan. Als der Rover aufkam, wurde er selbst Fahrradhändler und gab eine Zeitschrift heraus. Bei seinen Touren durch die bergige Umgebung mit Clubfreunden testete er alle Neuheiten und förderte – unter dem Pseudonym Velocio schreibend – entschieden die Entwicklung von Kettenschaltungen, die die Rennfunktionäre als „unfairen Vorteil“ ablehnten.

DAS FAHRRAD IN SEINEN EINZELTEILEN

Seit der Entwicklung des Fahrrades aus dem Niederrad um 1895 hat sich an der Grundform dieses Fahrzeugs nichts Wesentliches mehr geändert.

Entsprechend ihrer Bauform teilt man Fahrräder in folgende Gruppen ein: Tourenrad (Touristik Bike), Stadtrad (City Bike), Sportrad (Trekking Bike), Rennrad, Faltrad, Kinderrad, Tandem, Dreirad, BMX-Rad, Mountain Bike (MTB), Liegerad, Allwetterrad und Stromlinienrad (s. Abb. S. 27, 28, 30 u.34 ff.).

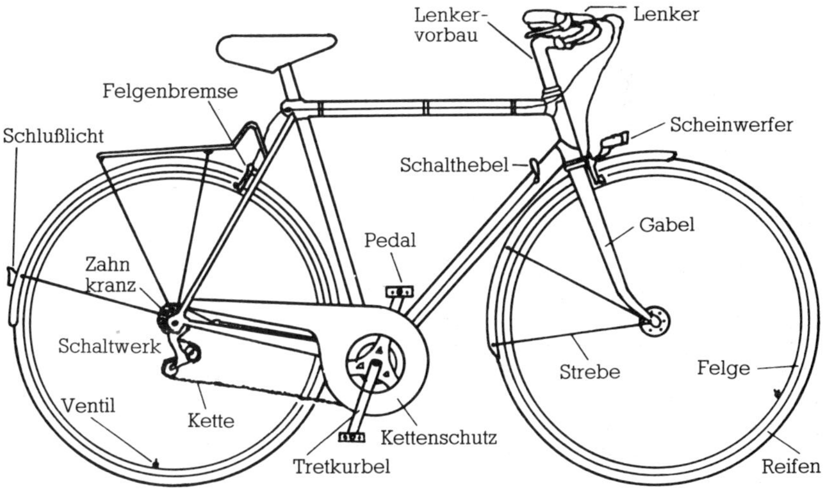

Fahrradteile, gezeigt an einem Herrenrad

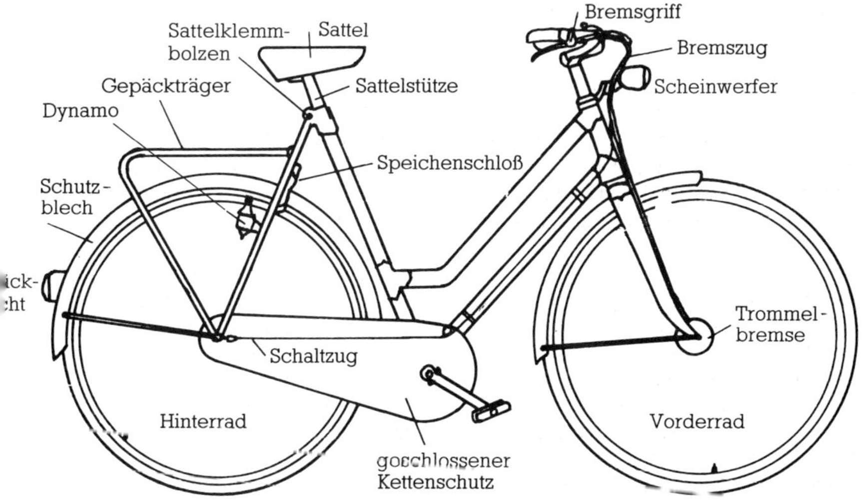

Fahrradteile, gezeigt an einem Damenrad

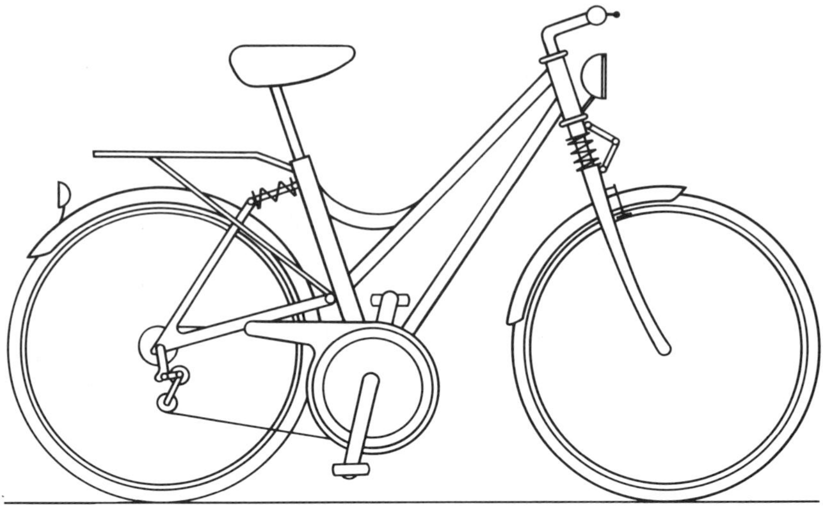

Gefedertes Fahrrad

An den beiden zeichnerisch dargestellten Rädern, einem Herrenrad und einem Damenrad (S. 15), lassen sich alle Teile eines typischen Fahrrads aufzeigen.

Auf dem Fahrradmarkt haben die MTB's einen festen Platz eingenommen. Die Bezeichnung ist das Kürzel für Mountain Bikes. Diese Fahrräder sind für schlechte Strecken und Abfahrten konzipiert. Sie bieten dem sportlichen Radfahrer die Möglichkeit, neue Sportarten auszuüben. Der Normalfahrer kann mit ihnen auf steilen und schlechten Wegen fahren. Durch die vielfältigen und kurzen Übersetzungsmöglichkeiten, dickere, grobstollige Reifen und wirksamere Bremsen wird ihm dies erleichtert. Seit einiger Zeit verwendet man bei diesen Rädern immer öfter gefederte Gabeln und Rahmen (Full Suspension Bike).

Interessant zum Mitnehmen in Bussen und Bahnen sind moderne Falträder (s.S. 41).

Der Rahmen

Das wichtigste Bauteil und das Gerüst des Fahrrades ist der Rahmen. Von seiner Stabilität hängt die Sicher-

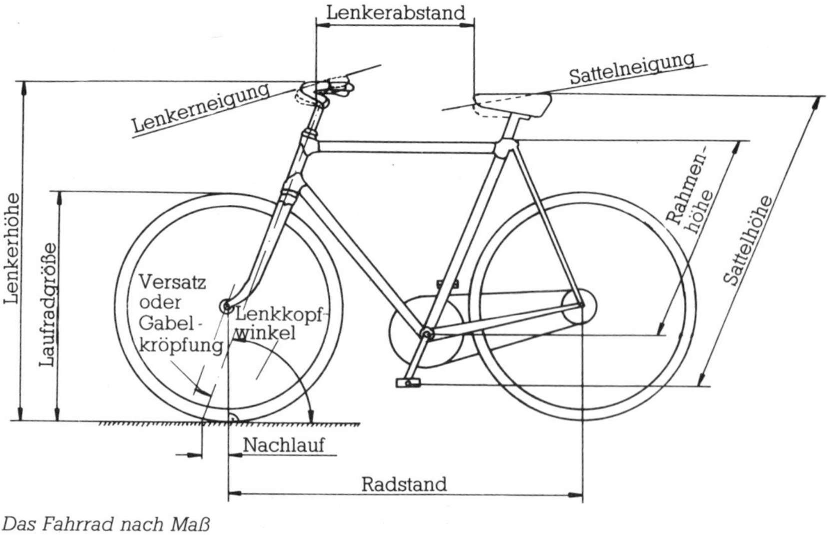

Das Fahrrad nach Maß

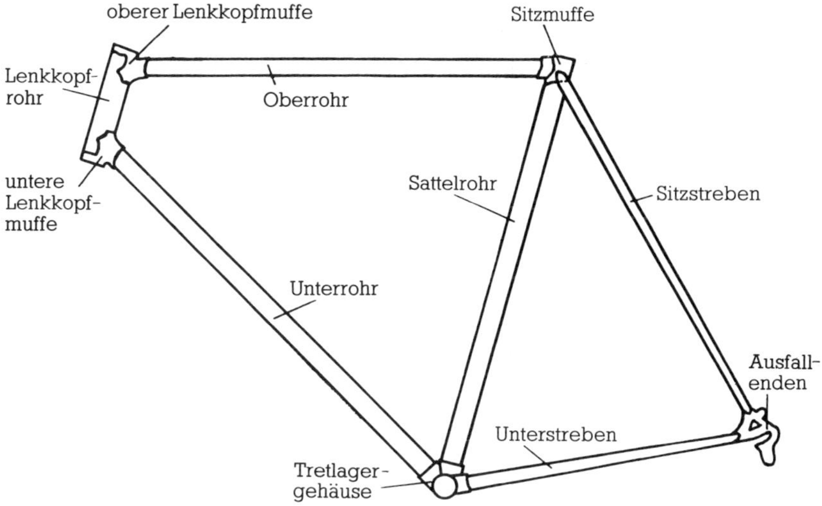

Fahrradrahmen, gemufft und verlötet

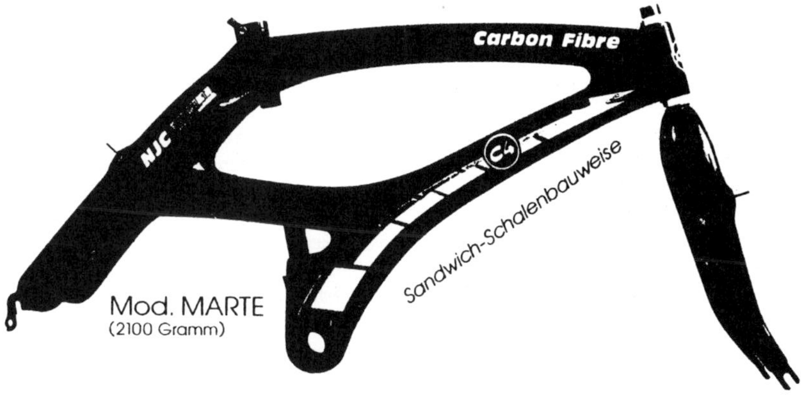

Carbonrahmen – Fahrradrahmen aus mit Kohlenstoffasern verstärktem Kunststoff

heit des Fahrers in höchstem Maße ab.

Nach ihrer Bauform unterscheidet man folgende Rahmen: Diamantrahmen (die Form ähnelt einem geschliffenen Diamanten) für Herrenräder und den Schwanenhalsrahmen mit tiefen Durchstieg, Sportrahmen sowie Mixterahmen für Damenräder. Daneben gibt es zahllose oft neuere Formen für Spezialräder. Fahrräder mit geschlossenem Kettenkasten (Hollandrad: S. 34) sollten einen Rahmen haben, bei dem sich das Hinterrad leicht ausbauen läßt, z.B. sollte die Hinterradgabel nicht durch den Kettenkasten gehen.

An der Zeichnung S. 16 unten sind die Abmaße abzulesen, die bei der Fahrradgeometrie eine Rolle spielen. Die Zeichnung oben auf dieser Seite zeigt die Einzelteile des Rahmens.

Bei besseren Fahrrädern wird der Rahmen in verschiedenen Größen hergestellt, ausgerichtet auf die Körpermaße. Die richtige Rahmenhöhe eines Fahrrades wird von der Schrittlänge seines Benutzers bestimmt (siehe dazu S. 37f.). Diese menschlichen Kenngrößen sind auch für die Rahmengeometrie verantwortlich. Besonders wichtig ist der Lenkkopfwinkel. Dazu läßt sich sagen: Je steiler dieser Winkel ist, desto wendiger kann man mit dem Fahrrad fahren (z.B. Rennräder). Für lange Touren, guten Geradeauslauf und eine bessere Federwirkung der Vorderradgabel ist ein flacherer Lenkkopfwinkel günstiger.

Rahmen können auf verschiedene Weise zusammengebaut sein. Es gibt gemuffte, gelötete, geschweißte und geklebte Rahmen. Beim gemufften Rahmen sind die einzelnen Rohre mittels Muffen zusammengesteckt und verlötet. Dieses Herstellungsverfahren gewährt ein hohes Maß an Festigkeit. Geschweißte Rahmen verwendet man häufiger, sie bieten dem Konstrukteur mehr Gestaltungsmöglichkeiten (Klapp- und Falträder, MTB's etc.).

Welche Werkstoffe im Fahrradbau verwendet werden, richtet sich nach dem vorgesehenen Verwendungszweck des jeweiligen Fahrrades. So werden zum Beispiel Alltagsräder mit Rahmen aus gängigen Stählen versehen (St 37-3, St 44-3). Anders ist es bei Sporträdern, da hier auf das Gewicht geachtet werden muß. Für solche Räder werden Rahmen aus mikrolegierten Stählen (HT-Stähle), niedriglegierten Stählen (CrMo-Stähle), Aluminiumlegierungen oder Carbonfaser verstärkten Kunststoffen (CFK) hergestellt, was natürlich mit höheren Kosten verbunden ist. Um einen Gewichtsvorteil durch Aluminium oder CFK gegenüber Stahl zu erreichen, müssen die Rahmenrohre im Außendurchmesser größer gewählt werden (Oversized; Abb. S. 17).

Massenkunststoffe (Thermoplaste) haben sich als Rahmenwerkstoff nicht bewährt. Hervorragend eignen sich diese Kunststoffe jedoch zur Herstellung von bestimmten Fahrradteilen wie Kettenschutz, Kleiderschutz, Sattel, Schutzbleche, Armaturen, Fahrradkoffer, Kindersitze, Fahrradanhänger sowie von Regenkleidung, Windschutzscheiben, Verkleidungen und Fahrradhelmen. Dadurch lassen sich Gebrauchswert und Einsatzmöglichkeiten des Fahrrads erheblich steigern, z.B. Stadtrad, Allwetterrad (S. 34 u. 27).

Vorder- und Hinterradfederung findet man häufiger bei MTB's, Trekkingrädern und Rennrädern (Full Suspension). Auch an normalen Alltags-, Touren- und Falträdern freut man sich über eine Federung. Brauchbare Federungen für vorne und hinten kennzeichnen den Fortschritt im Fahrradbau der letzten Jahre. Durch eine Federung sollte das Gewicht möglichst wenig ansteigen. Man muß versuchen, das Mehrgewicht der Federung bei Bereifung, Felgen und Rahmen einzusparen. Infolge der Federung werden diese Teile weniger durch Stöße belastet. Idealerweise kombi-

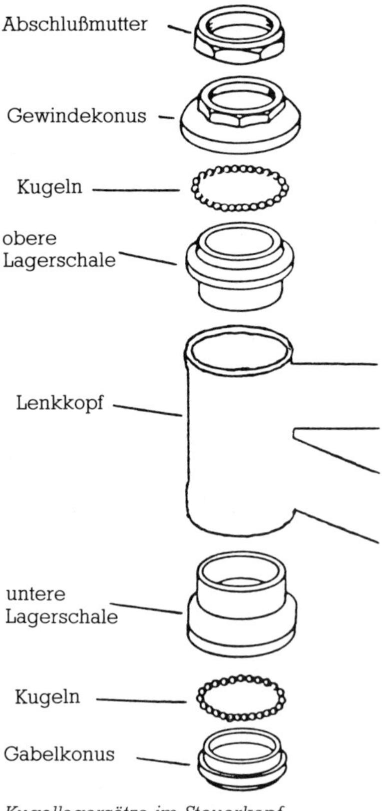

Kugellagersätze im Steuerkopf

Lenkerformen

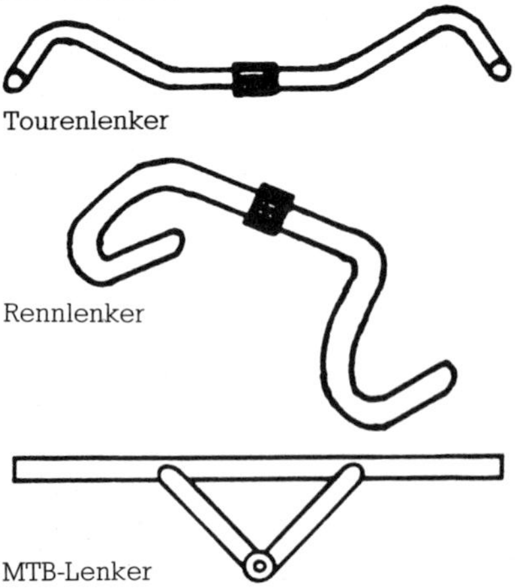

niert man beim gefederten Rad einen leichten Hochdruckreifen für den leichten Lauf mit der Federung für den Komfort. Durch die Tretbewegungen darf sich das Fahrrad nicht aufschaukeln, was besondere Konstruktionen erfordert. Kritisch sind die Lagerstellen. Sie müssen leichtgängig und verschleißfest sein und dürfen sich nicht ausschlagen. Der Federweg sollte nicht zu klein sein. Nach der Belastung durch den Fahrer sollten noch 30 bis 40 mm Federweg verfügbar sein.

Die Lenkung

Der Steuersatz besteht aus zwei Kugellagersätzen, die in das Steuerkopfrohr eingelassen sind. Diese Lager ermöglichen die Drehbewegung der Gabel.

Beim Lenker lassen sich drei Hauptformen unterscheiden: der nach unten gezogene aerodynamische Rennlenker, der nach hinten gebogene bequeme Tourenlenker und der querstehende MTB-Lenker für hohe Lenkkräfte im Gelände.

Ein Lenker setzt sich aus zwei Teilen zusammen: dem eigentlichen Lenkerbügel und dem Lenkervorbau. Der Lenkervorbau ist mit einem Rohr (Lenkerschaft) verbunden, das im Steuerkopfrohr durch einen Konus auseinan-

Stahlfelgenprofil *Aluminiumfelgenprofil*

dergedrückt und somit verankert wird. Ist der Lenkerbügel im Lenkervorbau durch eine Klemmvorrichtung befestigt, spricht man von einem geteilten Lenker. Beim einteiligen Lenker sind Lenkerbügel und Vorbau miteinander verlötet. Lenkerbügel werden im Kaltziehverfahren hergestellt und bestehen aus Stahl oder Aluminiumlegierungen.

Die Laufräder

Vorder- und Hinterrad sind die Laufräder. Ein Laufrad setzt sich zusammen aus Nabe, Speichen, Felge, Felgenband, Schlauch und Reifen.

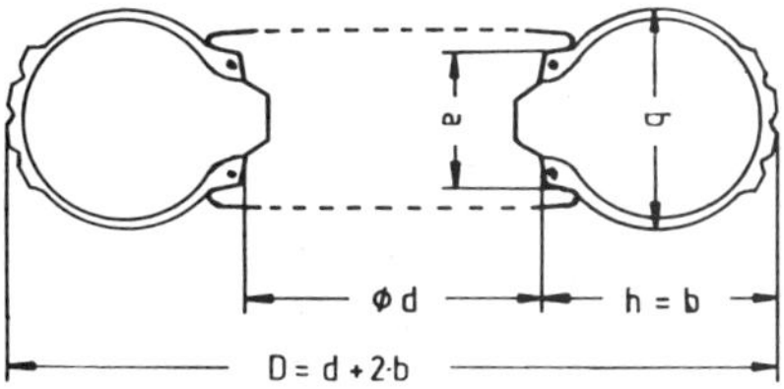

Berechnungsgrundlage für die Reifenbezeichnung

Reifen und Felgengrößen

Reifengröße (DIN 7800) (metrisch)	frühere Bezeichnung (Zoll)	zugehörige Felge (DIN 7815) (metrisch)
25-622	28 × 1 x $1^3/_4$	17 × 622
28-541 28 × 622 28-630	24 × $1^1/_8$ 28 × $1^1/_8$ 27 × $1^1/_4$ fifty	17 × 541 17 × 622 17 × 630
32-541 32-590 32-622 32-630	24 × $1^1/_4$ 26 × $^1/_4$ x $1^3/_8$ 28 × $1^1/_4$ x $1^3/_4$ 27 × $1^1/_4$	17 × 541 17 × 590 17 × 622 17 × 630
37-349 37-451 37-540 37-590 37-622	16 × $1^3/_8$ 20 × $1^3/_8$ 24 × $1^3/_8$ 26 × $1^3/_8$ 28 × $1^3/_8$ × $1^5/_8$	20 × 349 20 × 451 20 × 540 20 × 590 20 × 622
47-305 47-406 47-507 47-559 47-622	16 × 1,75 × 2 20 × 1,75 × 2 24 × 1,75 × 2 26 × 1,75 × 2 28 × 1,75 × 2	27 × 305 27 × 406 27 × 507 27 × 559 27 × 622
57-559	26 × 2,125	30,5 × 559

Felge und Reifen: Die Größenbezeichnungen für Reifen und Felgen (siehe Tabelle) werden häufig noch in Zoll statt den genormten metrischen Maßeinheiten angegeben.

Die genormte Bezeichnung für Reifen setzt sich zusammen aus der Breite des aufgepumpten, unbelasteten Reifens *b* und des Felgendurchmessers *d*. Die Felgenbezeichnung ergibt sich aus der Maulweite *a* und dem Felgendurchmesser *d* (Abb. S. 19).

Die Felgen bestehen aus Stahl oder Aluminium. Im allgemeinen sind größere Reifen (28") leichtläufiger als kleinere (20"), aber der Reifendruck spielt die größere Rolle. Der Hochdruckreifen (6 bar) und der Schlauchreifen (8 bar) haben einen geringeren Rollwiderstand als der unter weniger Druck stehende Niederdruckreifen (3,5 bar), der aber beim ungefederten Fahrrad komfortabler ist. Der normale Reifen setzt sich aus einem Schlauch und einem Mantel zusammen. Der Mantel besteht aus einem Kunstfasergewebe, in dessen Ränder Drähte eingearbeitet sind, die die Felge umspannen. Reifen gibt es als Hochdruckreifen (über 4 bar max. Druck) und als Normalreifen (unter 4 bar max. Druck). Der maximal zulässige Luftdruck steht auf dem Reifen. Man sollte Hochdruckreifen kaufen, die leichtläufig und dabei relativ pannnensicher sind, z.B. die Reifen Touring von Continental oder Marathon von Schwalbe. Es ist besser, den Fahrkomfort durch ein gefedertes Fahrrad bei leichtem Lauf als durch einen dicken Niederdruck-Ballonreifen mit hohem Rollwiderstand zu haben. Die Schläuche und Ventile der Fahrräder verlieren im Vergleich zum Auto zu schnell die Luft. Hier

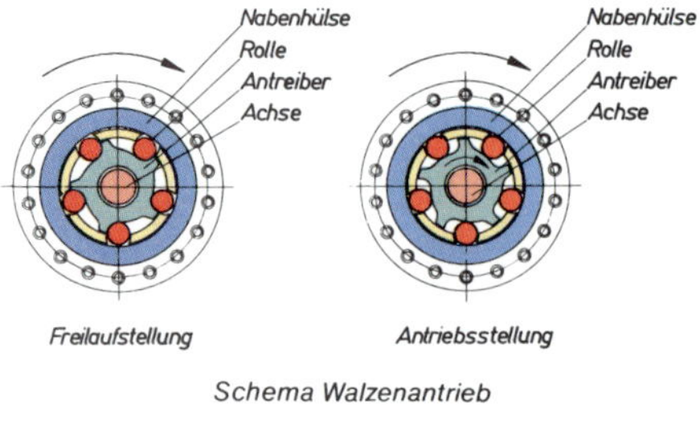

Funktion einer Freilaufnabe

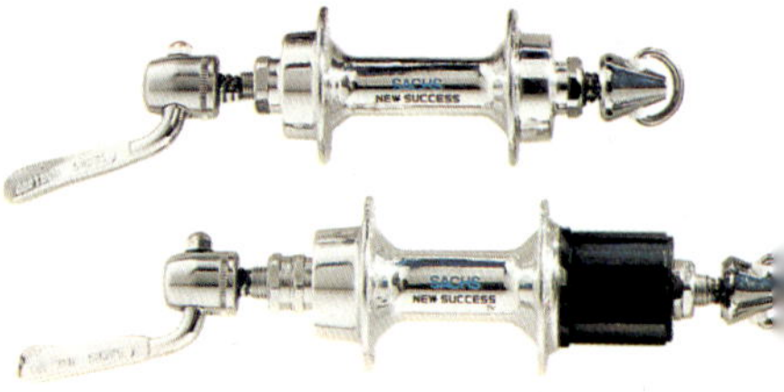

Schnellspannaben

besteht ein Bedarf des Kunden, der Radsport, nicht aber "Pumpsport" liebt.

Der Schlauchreifen für Rennräder ist sehr dünn, sein Schlauch ist in den leichten Mantel eingenäht. Schlauchreifen werden auf eine spezielle Felge aufgeklebt. Felgen für Schlauchreifen sind leicht und stabil. Sie bestehen aus Aluminiumlegierungen und haben einen bohnenförmigen Querschnitt.

<u>Tretlagerarten</u>

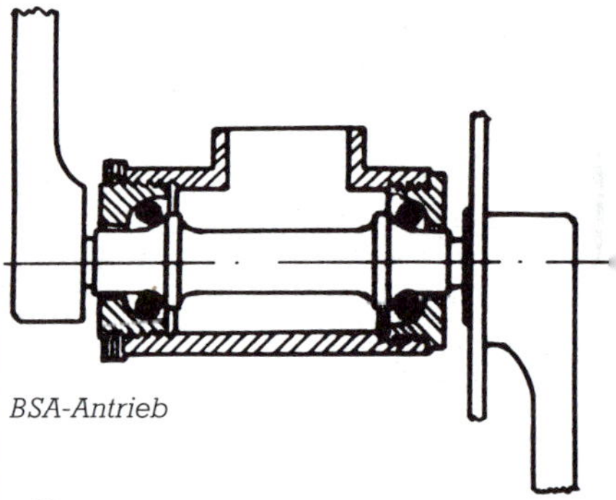

BSA-Antrieb

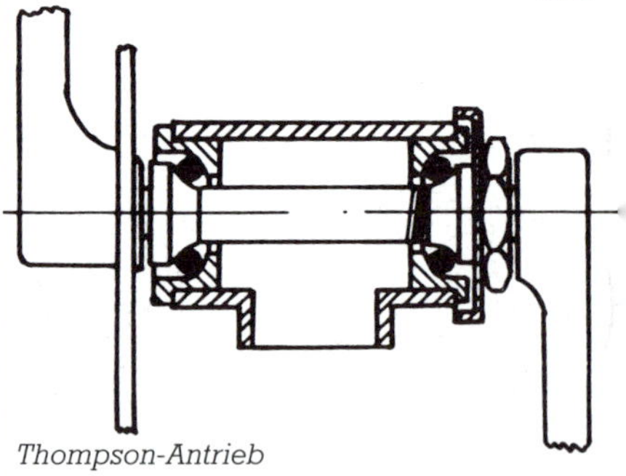

Thompson-Antrieb

Komplette Tretlagereinheit mit abgedichteten Rillenkugellagern

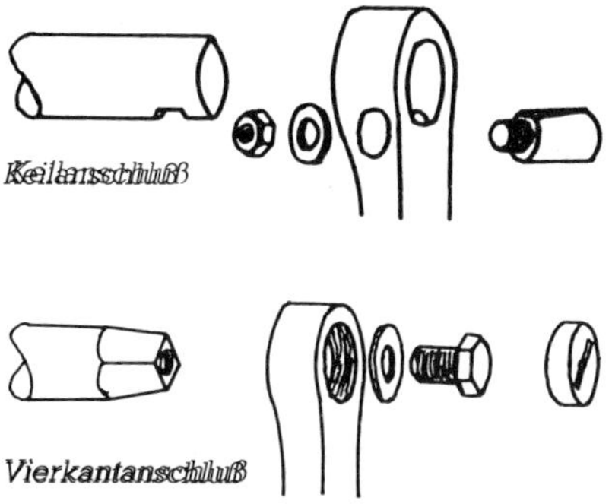

Naben

Fast alle Fahrräder haben am Hinterrad einen Freilauf, damit man bergab und beim Ausrollen nicht zu treten braucht. Die Qualität der Naben wird von den Kugellagern und den Abdichtungen gegen das Eindringen von Schmutz und Wasser bestimmt. Bequem für die Montage und Demontage der Laufräder sind Schnellspannnaben (s. Abb.).

Antrieb

Das Tretlager ist in das Tretlagergehäuse im Rahmen eingebaut. Man unterscheidet im wesentlichen drei Tretlagerarten: das verschraubte BSA-Tretlager, das eingesteckte Thompson-Tretlager und komplette Tretlagereinheiten mit abgedichteten Rillenkugellagern (s. Abbildungen). Die Hauptvorteile der Tretlagereinheit gegenüber dem BSA-Antrieb und dem Thompson-Tretlager ist die bessere Abdichtung gegen Schmutz und Wasser sowie der leichtere Lauf, daher hat sie sich weitgehend durch-

Funktion einer 3-Gang-Nabenschaltung

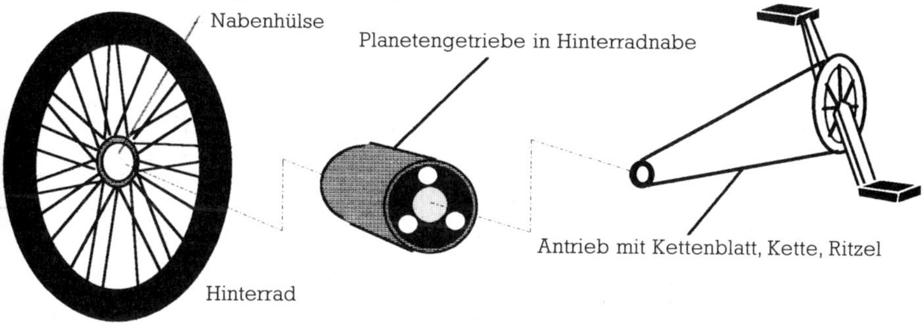

Das Planetengetriebe wird durch das Ritzel angetrieben und treibt über die Nabenhülse das Hinterrad an.

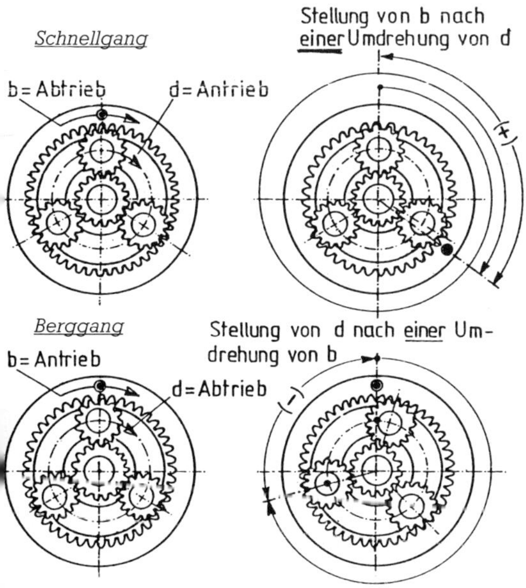

Man unterscheidet drei Fälle:

1. *Berggang: Das Hinterrad dreht sich langsamer als das Ritzel.*
2. *Normalgang: Das Hinterrad dreht sich gleich schnell wie das Ritzel.*
3. *Schnellgang: Das Hinterrad dreht sich schneller als das Ritzel.*

gesetzt. Für einen verlustarmen Antrieb ist die geringe Reibung in den Pedalen von großer Bedeutung.

Gangschaltung

Wer effektiv Fahrrad fahren will, kommt nicht ohne Gangschaltung aus. Es stellt sich dann die Frage: Ketten- oder Nabenschaltung. Beide Systeme haben Vor- und Nachteile.

Nabenschaltungen haben 3, 5 oder 7 Gänge, die relativ weit gestuft sind, und eine eingebaute Rücktrittbremse. Es gibt aber auch 12-Gang-Nabenschaltungen mit feinerer Stufung und größerem Unterschied zwischen minimaler und maximaler Übersetzung (Spreizung). Nabenschaltungen erlauben den Anbau eines geschlossenen Kettenkastens, der die Kette vor Rost und Schmutz schützt, denn eine verrostete Kette verbraucht 10 bis 12 Prozent der Antriebsleistung und macht das Fahrrad schwergängig.

Nabenschaltungen sind also ideal im Stadtverkehr, wo man gerne ein Tourenrad oder Hollandrad benutzt. Die Abbildungen S. 21 erläutern die Wirkungsweise einer Nabenschaltung mit Planetengetriebe. Die Schaltung ist unkompliziert und das System wartungsarm, allerdings etwas schwer. Nach unseren Untersuchungen im Labor für Fahrradtechnik der Fachhochschule Köln sind Getriebeverluste bei einer 3-Gang-Nabenschaltung nicht wesentlich höher als bei einer Kettenschaltung (beides ungepflegt, was normal ist). Mit einer 7-Gang-Nabenschaltung ist man auch für normale Radtouren gut gerüstet. Die Spreizung dieser Schaltung von Fichtel & Sachs beträgt 2,84 gegenüber ca. 1,8 bei der 3-Gang-Nabe.

Kettenschaltungen erfordern eine gewisse Pflege (Nachstellen, Schmieren, Reinigen). Das gilt besonders für die 12-, 14-, 18-, 21- und 24-Gangschaltungen mit vorderem Umwerfer, die auch Übung in der Bedienung verlangen.

Kettenschaltungen lassen sich nur während der Fahrt schalten. Deshalb sind Drehgriffe nahe den Handgriffen mit Positionierung zu bevorzugen. Sie sind sicherer, da man sie ohne Verrenkungen erreichen kann. Moderne Kettenschaltungen lassen sich auch unter Last schalten, was ein großer Fortschritt ist.

Die Vorteile der Kettenschaltung liegen in der feinstufigen Übersetzung und der großen Spreizung, d.h., daß man neben einem schnellen Gang für Rückenwind auch noch einen langsamen für die steilsten Straßen hat. Allerdings verfügt nicht jede Kettenschaltung über diese Möglichkeit. Welche Zähnezahlen für die steilsten Straßen und den stärksten Rückenwind notwendig sind, kann man selbst ausrechnen.

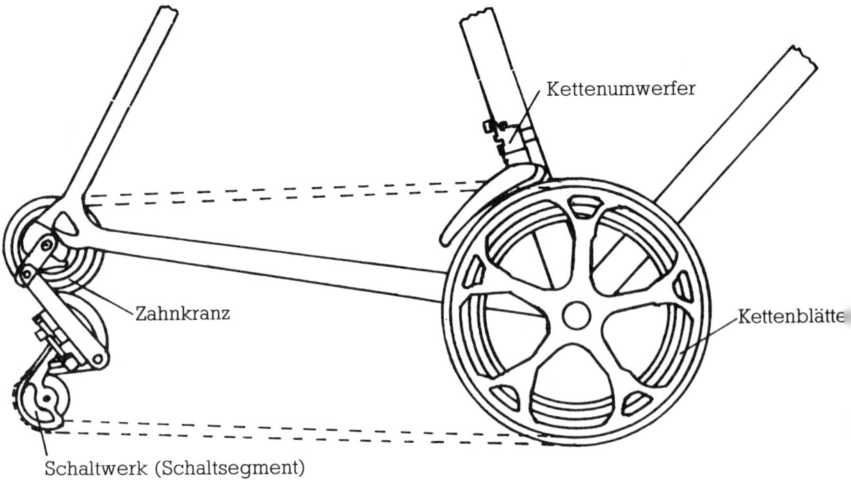

Kettenschaltung mit Doppelkettenblatt und Mehrfachzahnkranz

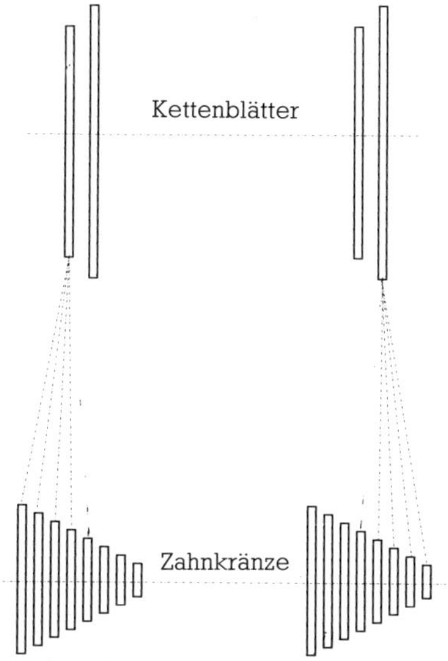

Funktion einer 16-Gang-Kettenschaltung (2 × 8)

Berechnung der Übersetzung für eine gewünschte Geschwindigkeit:

Die beste Dauerleistung ergibt sich bei einer Drehzahl von etwa einer Tretkurbelumdrehung pro Sekunde. Die beste Sprintleistung hat der Durchschnittsmensch bei 1,5 Umdrehungen pro Sekunde und der Radsportler bei 2 Umdrehungen pro Sekunde. Will man diese Drehzahlen beibehalten, wenn der Fahrleistungsbedarf wächst (bergauf, Gegenwind) oder fällt (bergab, Rückenwind), muß man einen anderen Gang wählen. Die Geschwindigkeit in den Gängen berechnet sich wie folgt: Drehzahl (*n*) in Kurbelumdrehungen pro Sekunde mal Übersetzung (*Ü*) mal Radumfang (*U*). Das Ergebnis mit 3,6 multipliziert, ergibt die Geschwindigkeit (*V*) in km/Std. Beispiel:

Drehzahl (*n*): 1 Kurbelumdrehung/Sek.
Übersetzung (*Ü*):

$$\frac{\text{Zähnezahl Kettenblatt}}{\text{Zähnezahl Ritzel}} \quad \frac{48}{16} = 3{,}0$$

Radumfang (*U*): Ein 27er oder 28er Laufrad hat einen Raddurchmesser von 700 mm, das ergibt einen Radumfang von 2,2 m.

$V = n \times Ü \times U \times 3{,}6$
$V = 1 \times 3 \times 2{,}2 \times 3{,}6 = 23{,}76$ km/h
$V = 24$ km/h

Berechnung der Entfaltung:

Die Entfaltung ist die bei einer Kurbelumdrehung zurückgelegte Wegstrecke (in m). Sie berechnet sich aus Übersetzung (Ü) und Laufradumfang (U): Entfaltung = Ü x U. Sie sollte normalerweise zwischen 2,5 bis 7,5 m liegen.

Die gewünschten Ritzel, in der Größe von 12 bis 36 Zähnen, gibt es bei vielen Fahrradhändlern, die auch die Spezialwerkzeuge zum Wechseln vorrätig haben. Relativ einfach ist der Zahnkranzwechsel bei Kassettennaben. Es gibt Mehrfachzahnkränze für sportliches Fahren in der Ebene mit 12 bis 23 Zähnen, für unregelmäßiges Gelände und den Alltag mit 14 bis 28 Zähnen und für schwierige Bergtouren mit 12 bis 34 Zähnen. Beim Kettenblatt reichen 46 oder 42 Zähne aus. Ein zweites Kettenblatt sollte dann max. 36 Zähne haben. Für extreme Bergtouren sollte man ein drittes Blatt mit 24 Zähnen montieren.

Sucht man ein unkompliziertes Rad, sollte man darüber nachdenken, ob man vorne wirklich ein doppeltes oder gar dreifaches Kettenblatt benötigt, denn wenn man so schaltet, wie die Abbildung oben zeigt, ist es allerdings wesentlich umständlicher, die sogenannte 16-Gangschaltung (die eigentlich nur eine 10-Gangschaltung ist) zu bedienen als eine normale 8-Gangschaltung, weil man bei der 16-Gangschaltung unregelmäßig mal den einen oder anderen Schalthebel benutzen muß.

Von den 16 Gängen einer 16-Gangschaltung liegen viele meist so nahe beieinander, daß es sich nicht lohnt, sie alle zu schalten. Hat man vorne nur ein Kettenblatt, kann man leichter einen guten Kettenschutz anbringen.

Die positionierenden Kettenschaltungen sind sehr angenehm. Bei ihnen rastet der Gang ein, was am Schaltwerk angezeigt wird. Weil es heute Zahnkränze mit 8 oder 9 Ritzeln gibt, läßt sich auch mit einem Kettenblatt vorne eine große Spreizung der Entfaltung (2,5 m bis 7,5 m) bei ausreichender Abstufung der Zwischengänge realisieren. Es lassen sich so 8 bis 9 Gänge mit **einem** Schalthebel der Reihe nach schalten.

Bremsen

Laut Straßenverkehrsordnung muß jedes Fahrrad mit zwei voneinander

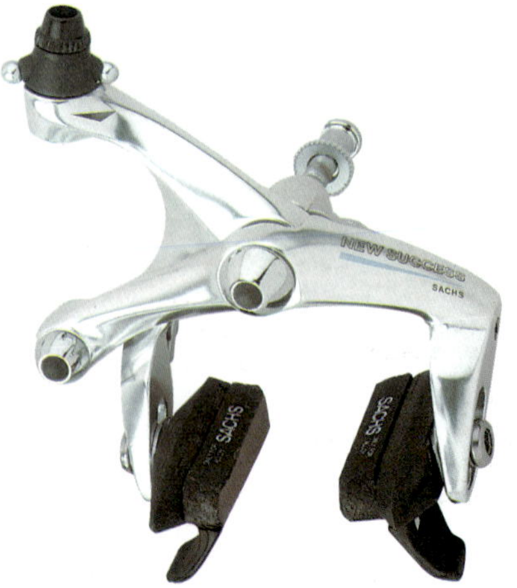

Seitenzugbremse

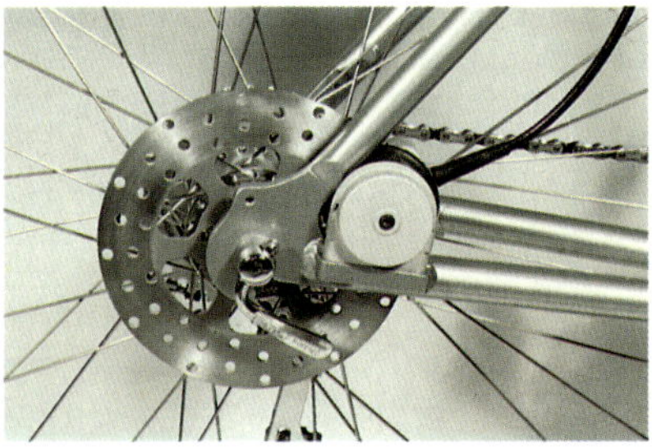

Scheibenbremse

unabhängigen Bremsen ausgestattet sein. Es gibt verschiedene Typen von Bremsen, zum Beispiel Felgen-, Naben-, Trommel- und Scheibenbremse. Die Nabenbremse wird auch Rücktrittbremse genannt. Fahrräder haben meist Felgenbremsen, nur bei Nabenschaltungen hat man hinten Rücktrittbremsen.

Bei Felgenbremsen unterscheidet man folgende Arten: Seitenzug-, Mittelzug-, Cantileverbremse und hydraulisch betätigte Felgen- und Trommelbremsen. Die beste Bremswirkung erzielt man mit Cantilever-, Hydraulik- und Scheibenbremse.

Ergonomisch geformter Bremsgriff

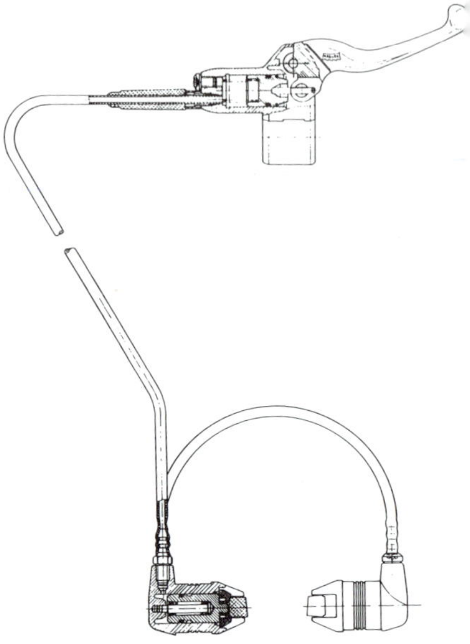

Hydraulikbremse

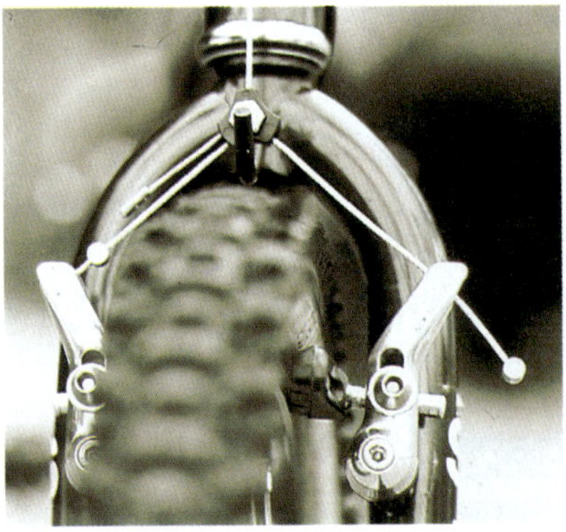

Cantileverbremse

Felgenbremsen erbringen bei Trokkenheit auf Stahl und Aluminium eine vergleichsweise gute Bremswirkung. Bei Nässe sind Felgenbremsen auf Aluminiumfelgen meist besser als solche auf Stahlfelgen. Mit Spezialbremsschuhen für Nässe erzielt man eine viel bessere Bremswirkung. Bei diesen Bremsschuhen kann ein gewisser Felgenabrieb auftreten – das ist der Preis für eine stets wirksame Felgenbremse. Bei Felgen aus harten Aluminiumlegierungen oder mit einer Keramikbeschichtung ist der Abrieb gering.

Bremsmontage an einem Damenfahrrad: Der obere Bowdenzug ist dreimal gekrümmt, was schlecht ist

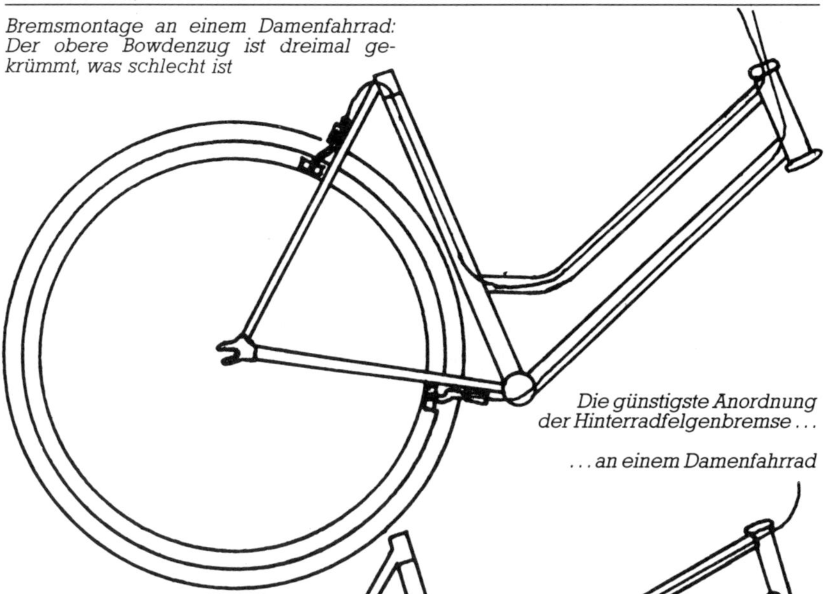

Die günstigste Anordnung der Hinterradfelgenbremse . . .

. . . an einem Damenfahrrad

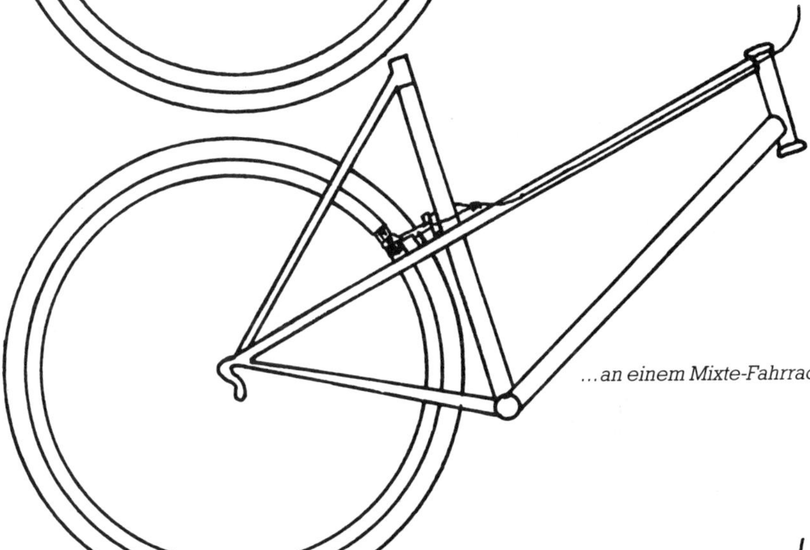

. . . an einem Mixte-Fahrrad

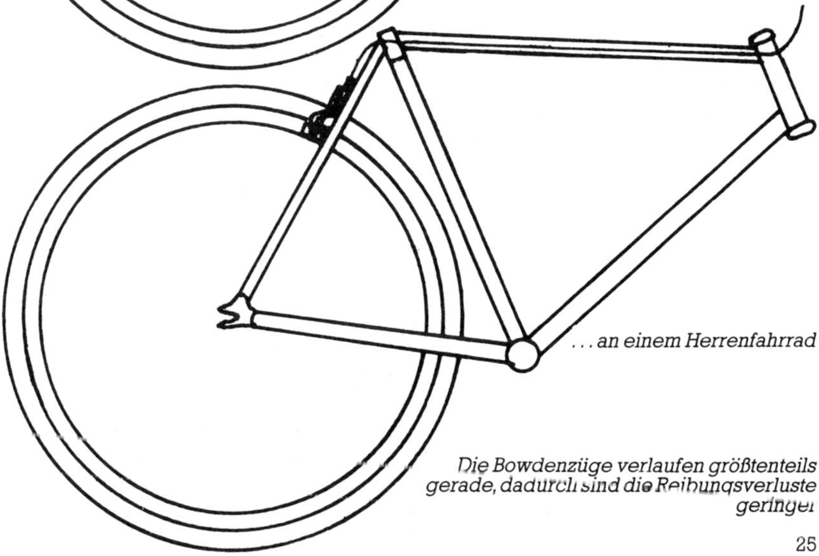

. . . an einem Herrenfahrrad

Die Bowdenzüge verlaufen größtenteils gerade, dadurch sind die Reibungsverluste geringer

Nabenbremse (Rücktrittbremse)

Nur mit einem ergonomisch richtig geformten Handhebel für hohe Bremskräfte lassen sich – in Verbindung mit leichtgängigen gefetteten Bowdenzügen und steifen kurzhebeligen Felgenbremsen – die Kräfte erzeugen, die für die harten Allwetterbremsklötze erforderlich sind. Geringe Betätigungskräfte werden mit hydraulischen Felgenbremsen (Magura) erzielt. Hydraulische Bremsleitungen lassen sich verlustarm um viele Ecken verlegen, was bei Hinterradbremsen von Damenrädern, gefederten Fahrräden und bei Falträdern wichtig ist. Alle Lager der Bremsgriffe und der Bremse müssen aber häufig geschmiert werden. Eine Längung des Bowdenzugs sollte man leicht selbst ohne Werkzeug ausgleichen können.

Das Bild S.25 oben zeigt zwei Möglichkeiten der Bremsmontage bei einem Damenrad. Ist die Bremse oben an der Hintergabelstrebe befestigt, ergibt sich ein schlechterer Wirkungsgrad des Bowdenzugs, da er in drei starken Krümmungen verläuft. Das bedeutet, daß nur noch etwa 30 Prozent der am Bremshebel eingeleiteten Energie an der Felgenbremse ankommt. Die unten an den Hintergabelrohren angebrachte Bremse (U-Brake) ermöglicht – ähnlich wie beim

Trommelbremsnabe

Mixte- und beim Herrenrad – einen optimalen Verlauf des Bowdenzugs. Aber aus Platzgründen ist dies nicht immer durchführbar, und die Bremse verschmutzt hier stark.

Die Nabenbremse, auch Rücktrittbremse genannt, wird hauptsächlich bei Tourenrädern angewendet. Ihre Funktion beruht darauf, daß ein zweiteiliger Bremsmantel durch einen Konus nach außen an die Nabenhülse gedrückt und so die Reibung erzeugt wird, die zur Verzögerung des Radlaufs nötig ist. Diese Bremse funktioniert nahezu witterungsunabhängig. Bei Nässe ist der Bremsweg nur wenig länger, was darauf zurückzuführen ist, daß die Reibung zwischen Mantel und Straße abnimmt. Bei der Kombination von Naben- und Felgenbremse ist der Bremsweg bei Trockenheit gegenüber dem ausschließlichen Rücktrittbetrieb um 20 bis 30 Prozent geringer, bei Naßbremsung ändert sich der Bremsweg kaum. Bei längerem Bremsen, zum Beispiel bei einer Bergabfahrt, muß die Rücktrittbremse durch eine Vorderradbremse wirksam unterstützt werden, damit jene nicht zu heiß wird. Ist infolge der Hitze das Fett ausgelaufen, muß die Nabe unbedingt geöffnet und gut nachgefettet werden.

Derartige thermische Probleme treten bei Scheibenbremsen nicht auf. Die mit diesen Bremsen erreichbaren Verzögerungen sind groß. Deshalb sind sie für extreme Bergtouren mit beladenem Fahrrad optimal geeignet, da kein Nachlassen der Bremswirkung durch Überhitzung und somit ein Versagen der Bremse zu befürchten ist.

Touristik oder Trekking Bike, vorn und hinten gefedert

Allwetterfahrrad mit Scheibenwischer (Muscar®), seit zehn Jahren im Alltag bewährt

Die Trommelbremse hat auf dem Fahrradmarkt einen festen Platz. Wegen ihrer Unabhängigkeit von Nässe und Schmutz sowie der robusten und pflegearmen Bauweise trifft man sie bei Tourenrädern (Lieferfahrräder der Post, Hollandrad) und Sporträdern an. Wer sein Rad viel fahren und wenig pflegen will, sollte eines mit Trommelbremse und Nabenschaltung wählen. Das Bild S. 26 zeigt diese Bremse. Die Wirkungsweise ist folgendermaßen: Zwei Bremsbacken, an einer Seite fest gelagert, werden durch einen Hebelmechanismus auseinandergedrückt, so daß die Bremsbacken gegen die Bremstrommel stoßen. Dadurch wird Reibung erzeugt, so daß sich das Rad langsamer dreht und zum Stillstand kommt.

Bei Nässe sind Trommelbremsen wesentlich wirkungsvoller als die üblichen Felgenbremsen Das ist aber nicht allgemein gültig, denn es gibt auch Felgenbremssysteme (Cantilever, Hydrostop etc.), besonders in Verbindung mit keramikbeschichteten Felgen, die sich bei jeder Witterung bewährt haben.

Beleuchtung

Die Vorschriften über die Beleuchtungseinrichtungen eines Fahrrades sind in der Straßenverkehrsordnung festgelegt (siehe dazu S. 53). Es ist vorgeschrieben, zusätzlich zu der üblichen Lichtanlage zwei breite Reflektoren anzubringen, von denen einer nach hinten rot und der andere nach vorne weiß strahlt. Die Laufräder müssen gelbe Seitenstrahler haben. Bei Stillstand sollte ein Kondensator die Stromversorgung von Scheinwerfer und Rückleuchte übernehmen (dies ist keine Vorschrift!).

Neben dem konventionellen Dynamo, der relativ viel mechanische Leistung verbraucht, um drei Watt elektrische Leistung zu erzeugen, gibt es auch bessere Ausführungen, die bei gleicher Lichtausbeute die Fahrt wesentlich weniger verzögern. Ein leichtlaufender Dynamo, zum Beispiel ein kugelgelagerter Seitendynamo, ein Walzen- oder Nabendynamo, dient auch insofern der Sicherheit, da er weniger zum Fahren ohne Licht verleitet. Für eine bessere Sicht sorgen Halogenlampen. Die Verkabelung der Lichtanlagen und der Kontakte sind unseres Erachtens bei vielen in Gebrauch befindlichen Fahrrädern defekt. Das liegt nicht allein an den Fahrradbenutzern, sondern an der Technik. Es sollten sich, gegen geringen Aufpreis, zuverlässigere Verkabelungen und Fassungen für Leuchtbirnen wie bei Mofas einbürgern.

Für die Zukunft sind langlebige Beleuchtungseinrichtungen zu fordern, die bei gleicher Leuchtkraft nur die Hälfte oder ein Drittel der Energie einer Glühlampe benötigen. Für den Haushalt sind solche Sparlampen bereits erhältlich. Langlebige Rückleuchten mit Leuchtdioden bietet die Firma Busch & Müller (bumm®) an.

Muscooter III, ein Stromlinienrad der Fachhochschule Köln, von Schöndorf, Vocks und Schultz

Scheinwerfer und Rücklicht mit Kondensator für Standlicht

FÜR JEDEN DAS RICHTIGE FAHRRAD

Unterwegs auf großer Tour

Der Anfänger, der sich fürs Radfahren interessiert und sich im Fachgeschäft nach einem Fahrrad umschaut, sieht sich plötzlich einem riesigen Angebot unterschiedlicher Fahrradmodelle gegenüber, die sich nur in Details voneinander unterscheiden.

Um dabei nicht „unter die Räder zu kommen", muß sich der Käufer vorher darüber klar werden, zu welchem Zweck er das Fahrrad gebrauchen will und welche Haltbarkeitserwartungen er an dieses Fahrrad stellt. Und nicht zuletzt sollte es ihm natürlich auch gefallen.

Will man das Fahrrad zum Einkaufen oder für den Weg zur Arbeit nutzen, sollte man sich ein gefedertes Fahrrad gönnen. Die Frage, ob man später wirklich nur im Gelände fahren wird, sollte realistisch beantwortet werden. Manche Modelle wie Mountain Bike (MTB), City Bike oder All Terrain Bike (ATB) haben knubbelige Reifen, die auf Asphalt zuviel Kraft kosten. Hinzu kommen noch Rennsporträder (in verbesserter Technik und mit neuem Namen: Trekking- oder Touristikräder) sowie die klassischen Rennmaschinen für Freizeit und Rennsport. (Abbildungen zu verschiedenen modernen Modellen S. 27, 28, 30, 34ff.).

Selbst eine Probefahrt beim Händler kann nicht all die Erfahrungen liefern, die man für eine tragfähige Entscheidung eigentlich braucht. Deshalb lieber nicht zu teuer kaufen, damit man später ohne große Verluste auf etwas Passenderes umsteigen kann. Bedenken sollte man auch, daß ein Kettenkasten Hosen und Röcke schützt.

Qualitätsunterschiede bei Rahmenbau und Zubehör

Rahmenbau: Die einzelnen Modelle unterscheiden sich vor allem durch den Rahmenbau. Sogenannte

Verlöten: Selbst Sportradrahmen werden noch von Hand gefertigt

Aussparungen an den Muffen für stabilere Lötstellen

bequeme Fahrräder haben einen langen Rahmen, der Stöße gut dämpft und daher sehr komfortabel fährt. Für den Rennfahrer kommt es darauf an, seine Kraft möglichst direkt in Geschwindigkeit umzusetzen. Hier hilft ein kurzer Rahmen. Er bietet hohe Fahrstabilität bei großer Wendigkeit.

Je höher die Belastung eines Fahrrades, um so stabiler muß das Material sein. Bei Fahrten innerhalb des unteren Geschwindigkeitsbereichs, die auch geringeren Krafteinsatz erfordern, mag minderwertiges Material gerade noch genügen. Aber bereits bei erhöhter Geschwindigkeit und infolgedessen größeren Krafteinsatzes wird solches Material zum Sicherheitsrisiko!

Qualitäts-Stahlrohre sind durch Aufkleber gekennzeichnet. Alu-Rohre haben größere Durchmesser.

Verarbeitung der Rahmen: Anhand der Verarbeitung der Lötstellen zwischen Muffen und Rohren lassen sich Rückschlüsse auf die Rahmenqualität ziehen. Rahmen der höchsten Qualität, zum Beispiel bei Rennrädern, sind entlang der Muffen (Verbindungen zwischen den Rohren) sorgfältig verlötet. Einige Hersteller haben an diesen Muffen Aussparungen geschaffen (hier befindet sich meist ein

Mountain Bike (MTB) mit Allradfederung (Full Suspension)

Firmenzeichen), so daß sich die Stabilität erhöht. Bei MTB's finden sich vielfach muffenlose Rahmen. Hier zeugt gutes Finish – saubere, ebenmäßige Übergänge zwischen den einzelnen Rohren – für gute Qualität.

Tretlager: Am besten geeignet sind Tretlager mit Aluminiumkurbeln, die auf einer Vierkantachse seitlich aufgesteckt und arretiert werden. Sie können nicht ausschlagen, wie es zum Beispiel bei Stahlkurbeln vorkommt, weil die Kurbelkeile oft zu weich sind.

Schaltungen: Bei Stadtfahrten in der Ebene genügen sicherlich 3- bis 7-Gangschaltungen. Vorteilhaft, weil wartungsfreundlich sind hier Nabenschaltungen (Schaltsystem in der Nabe). Im Hügel- und Bergland bieten Kettenschaltungen mit bis zu acht Wahlmöglichkeiten hinten und drei vorn (maximal 24 Gänge) mehr Komfort – aber keinen Kettenkasten.

Sattel: Nicht immer ist der bequemste Sattel beim Probesitzen auch der bequemste beim Fahren. Auf kurzen Strecken mag man durchaus den weichen, gefederten Sattel als besonders angenehm empfinden, doch bei längeren Fahrten wird dieser „bequeme" Sattel zur Qual, da er sich zu stark deformiert, so daß Druckstellen am Körper entstehen. Am Sattel sollte am wenigsten gespart werden! Die besten sind tatsächlich die Spitzenmodelle, wie sie auch im Rennsport verwendet werden, denn sie sind so gut gearbeitet (Vertiefungen an den notwendigen Stellen), daß sie auch bei größten Belastungen ihre Form bewahren. Außerdem besitzen sie eine Polsterung, die das Sitzen angenehm macht. Ganz allgemein läßt sich sagen, daß diese Sättel nach allmählicher Gewöhnung einen relativ bequemen Sitz garantieren. Der beste Sattel nutzt allerdings wenig, wenn er falsch eingestellt ist, das heißt entweder zu hoch oder zu sehr nach vorn oder hinten geneigt ist, oder wenn man Kleidung mit Nähten unter dem Gesäß trägt.

Pedale: Vor einigen Jahren ist eine besondere Schuhverriegelung entwickelt worden. Dieses Sicherheitspedal ist bei den Wettbewerbsrädern im Renn- und MTB-Sport mittlerweile zum Standard geworden. Sein Vorteil liegt darin, daß der Fuß fest auf dem Pedal „sitzt" und man trotzdem leicht aussteigen kann. Wichtig ist eine individuelle Justierung der Schuhplatten, die die Verbindung zum Pedal herstellen, da es sonst zu Gelenk- oder Sehnenreizungen kommen kann. Wer will, kann aber nach wie vor Pedale ohne Schuhverriegelung nutzen. So finden sich z.B. bei MTB's und ATB's hervorragende Modelle ohne Verriegelung. Auch der „alte" Pedalkorb (Haken oder Haken mit Riemen) ist noch nicht out, aber gewöhnungsbedürftig. Speziell für Biker, die auch mal ein Stück zu Fuß gehen, empfiehlt sich dieses Standardsystem.

Bereits ein einfacher Rennhaken ohne zusätzlichen Riemen am Pedal bringt zusätzliche Sicherheit und einen Halt für den Fuß, der nun nicht mehr nach vorne wegrutschen kann. Nimmt man den Pedalriemen hinzu, wird auch der seitliche Halt verbessert, ohne daß dieser Riemen festgezogen sein muß. Aber das Einfädeln der Füße in die Pedalhaken erfordert einige artistische Bemühungen; beim Schieben schleifen die Pedalhaken auf dem Boden.

Lenker: Sportlenker genügen sicherlich auch bei längeren Fahrten, doch wer einen Rennlenker richtig zu nutzen versteht, möchte ihn, zumindest bei längeren Ausfahrten, nicht mehr missen. Dieser Rennlenker bietet eine Vielzahl an Griffmöglichkeiten, die – richtig angewandt – den Spaß am Fahrradfahren steigern und auch die Sicherheit des Fahrers erhöhen. Zusätzlich, je nach Motivation, kann bei längeren Fahrten der Triathlon-Aufsatzbügel zum Einsatz kommen. Mit ihm läßt sich zumindest bei der Geradeausfahrt relativ entspannt und trotzdem noch in aerodynamisch guter Haltung fahren. Auf kurvenreichen oder verkehrsreichen Strecken sollte man den Triathlon-Aufsatzbügel jedoch nicht nutzen, da die Reaktionsfähigkeit, z.B. wenn man plötzlich ausweichen muß, bei dieser Körper- und Lenkerhaltung eingeschränkt ist. Dagegen bietet ein Sport- oder gar ein Tourenlenker zu wenig Greifmöglichkeiten, was sich z.B. bei Fahrten mit höherem Tempo ungünstig auswirken kann.

Die neuen Modelle der Mountain Bikes (MTB) und All Terrain Bikes (ATB) verfügen im Prinzip über den „altbewährten" Sportlenker. Doch entwickelt sich dieser bereits wieder in Richtung der Rennlenker (seitlich aufgesetzte Hörnchen), um mehr Greifmöglichkeiten anbieten zu können.

Greifmöglichkeiten am Rennlenker bei Fahrern am Berg: Position am Oberlenker und an den Bremsgriffen

Am Rennlenker gibt es vier verschiedene Greifpositionen:

Oberlenker – die Hände liegen auf den oberen Querstegen direkt neben dem Vorbau. Mit dieser Haltung läßt sich bei „lockerer" Fahrweise auf Geraden, aber auch an Bergen mit nicht zu steiler Steigung und bei gleichzeitigem hohem körperlichem Einsatz (durch die aufgerichtete Körperhaltung günstige Atmung!) bequem fahren.

Position an den Bremsgriffen – diese Greifmöglichkeit ergibt eine Universalhaltung, mit der man sowohl auf der Ebene, aber vor allem auch am steilen Berg mit erhöhtem Armzug fahren kann. Außerdem kann bei dieser Haltung der Fahrer ohne Schwierigkeiten aus dem Sattel gehen (wichtig bei Rhythmuswechseln).

Greifen in die Unterlenkerbeuge – damit ergibt sich die stabilste Position auf dem Rad. Nachteilig ist, daß die tief nach unten gebeugte Körperhaltung nur bei erhöhtem Krafteinsatz eingehalten werden kann; bei geringem Krafteinsatz wird diese Position auch dem Rennsportler unangenehm. Al-

Position in der Unterlenkerbeuge

lerdings kann man mit diesem Greifen das Fahrrad am besten unter Kontrolle halten; daher sollte man bei Abfahrten oder in „kniffligen" Situationen den Lenker grundsätzlich so fassen.

Greifen am Unterlenkerholm – hierbei senkt sich zwar der Körper tiefer nach unten (strömungsgünstiger), doch wird die Beherrschung des Rades beeinträchtigt, da bei dem geringsten wechselseitigen Zug der Arme ein Lenkeinschlag und somit eine „Welle" folgt. Der leicht erschöpfte Fahrer oder derjenige, der gegen den Wind ankämpft, weiß diese Greifmöglichkeit trotzdem zu schätzen.

Bei Stadtfahrten ist grundsätzlich anzuraten, den Lenker an den Bremsgriffen oder in der Unterlenkerbeuge zu halten. Für weniger Geübte empfehlen sich Bremsen mit Doppelbremshebeln, damit aus allen Greifpositionen gebremst werden kann, ohne daß man umgreifen muß.

Bremsen: Spitzenmodelle sind mit Bremsen ausgestattet, die die bestmögliche Bremswirkung erzielen und spielend leicht zu handhaben sind. Für den Touren- und Sportbereich sind jedoch auch schon Bremsen der Preismittelklasse zu empfehlen. Sie haben eine ähnlich gute Bremswirkung wie Spitzenmodelle, nur ist ihre Verschleißfestigkeit geringer. Bei Billigmodellen kann es dagegen leicht vorkommen, daß Bremsbacken von Seitenzugbremsen mit jeweils einem Backen stets an der Felge schleifen. Doch taugen diese Versionen nur in den wenigsten Fällen für Bremsungen bei höheren Geschwindigkeiten. In dieser Preiskategorie sind auf jeden Fall Mittelzugbremsen, z.B. in Form von Cantilever-Bremsen, wie man sie an den Mountain Bikes und Trekking-Rädern findet, zu bevorzugen.

Relativ pflegeleicht sind Öldruckbremsen und Trommelbremsen. Letztere haben noch den Vorteil, daß sie bei Regen die gleiche Bremswirkung besitzen wie auf trockener Fahrbahn. Den letzten Stand der Fahrradtechnik stellen die mechanischen und hydraulischen Scheibenbremsen dar. Sie bieten die größtmögliche Sicherheit. Allerdings sind Scheibenbremsen bisher nur in hochwertigen Mountain Bikes und Trekking-Rädern zu finden.

Reifen: Je größer das Reifenvolumen, um so mehr entsteht subjektiv der Eindruck, daß sich das Rad bequem fahren lasse. Aber auch beim Stadt- oder Hollandrad sollte der Luftdruck nicht unter 3 bar absinken. Je schmaler die Reifen, umso höher muß der Luftdruck sein – um so besser rollen dann auch die Räder.

Nur auf unbefestigten Wegen empfehlen sich die Stollenreifen der MTB's. Doch auf Asphalt erweisen sie sich wegen des erhöhten Rollwiderstandes als anstrengend. Wer also sowohl auf Asphalt als auch im Gelände fahren will, sollte großvolumige Stollenreifen mit engem durchgehenden Laufring in der Reifenmitte verwenden, Auch bei den Rennrädern sind mittlerweile die geklebten Schlauchreifen weitgehend durch die leichter zu handhabenden Drahtreifen, bestehend aus Schlauch und Decke, abgelöst worden. Der hohe Fahrkomfort, die hohe Sicherheit und der günstige Preis haben an diesem Erfolg großen Anteil.

Pannensicherheit wie beim Auto gibt es nur mit Aramid-verstärkten Reifen (Handelsbezeichnung: Kevlar). Kevlar-Reifen sind im Versandhandel kaum teurer als gewöhnliche Reifen.

Reifendruck: Selbst der schmalste Schlauchreifen im Hochleistungsbereich darf gerade nur so hart aufgepumpt sein, daß er noch elastisch genug ist, die Stöße der Fahrfläche aufzufangen und zu dämpfen. Zu hart aufgepumpte Reifen springen auf unebenem Terrain und platzen sehr leicht. Aber auch zu geringer Druck im Reifen erhöht die Defektgefahr!

Für den Reifendruck gibt es etwa folgende Richtzahlen:

Drahtreifen	je nach Volumen	5 – 7 bar
Schlauchreifen	Mako bzw. stabiles Gewebe	6 – 8 bar Straße
	Seide bzw. elastisches Gewebe	7 – 9 bar Straße
	MTB-Reifen, je nach Wetter	3 – 4 bar

Bei Nässe sollte man von einem mit mehr als 6 bar aufgepumpten Reifen etwas Luft ablassen (0,5 bis 1 bar).

Stadt- oder Hollandrad

Dieses Modell eignet sich als Verkehrsmittel vor allem im Flachland und auf Kurzstrecken. Viele sind zu schwer; leichte Sporträder mit Vollkettenkästen kann man nur in Holland kaufen. Zumindest bei trockenem Wetter ist keine spezielle Kleidung erforderlich. Ein solches Modell sollte mit einer Mehrgangschaltung ausgerüstet sein, denn selbst auf Flachstrecken kann sich, neben dem ständigen *stop and go* an den vielen Ampeln, der Wind angenehm oder leider auch unangenehm auswirken (Gegen- oder Rückenwind). Mit den verfügbaren 3-, 5- und 7-Gang-Naben-Schaltungen sind diese Schwierigkeiten aber gut zu bewältigen.

Mountain Bike (MTB)

Mit diesem Modell entwickelten Amerikaner ein modernes Gerät, das von der Rahmengeometrie her die frühere „Langbauweise" mit modernster Technik vereint. Somit ist dieses Fahrzeug vom Handling her sehr leicht zu steuern. Ergonomische Schalttechnik,

Stadt- oder Hollandrad, mit tiefem Durchstieg und Kleiderschutz

City Bike für Damen mit Allradfederung

besonders gut zu bedienen, und hervorragende Bremsen bieten einigen Fahrkomfort. Die großvolumigen Stollenreifen gewähren eine zusätzliche Sicherheit. Als Gerät für Geländefahrten werden sie zumeist ohne Schutzbleche angeboten – nichts für die Stadt!

All Terrain Bike (ATB) und **City Bike:** Diese Modelle sind bereits eine Weiterentwicklung des MTB. Im Unterschied zu diesem besitzen sie jedoch schmälere Reifen oder – wegen des günstigeren Rollwiderstandes – eine „Slick"-Bereifung. Die Grundtechnik beider Geräte (Rahmen, Zubehör) ist jedoch fast identisch, nur sind beim City Bike Schutzbleche, Kettenschutz und zum Teil auch Gepäckträger obligatorisch.

Sportrad: Dieses sog. „Leichtlaufrad" wurde weitestgehend durch das stabilere City Bike verdrängt. Wer jedoch nicht unbedingt lange Strek-

Reiserad mit Seitengepäckträgern

ken zu fahren gedenkt und wem ein stets gemäßigtes Tempo genügt, kann durchaus dieses Modell dem teuereren, stabileren City Bike vorziehen.

Trekking Bike: Dieses Fahrradmodell ist von der Grundtechnik her kaum anders ausgelegt als das City Bike. Schmale Reifen, 700-mm-Laufräder und – der vielen Greifmöglichkeiten wegen – gegebenenfalls mit Triathlon-Aufsatz deuten auf die besondere Bestimmung hin: Langstrekkengerät für Asphaltstraßen. Trekking Bikes gibt es ebenfalls mit MTB-Lenker und zusätzlichen „Hörnchen" für das Fahren auf Schotterstraßen. Hier kann man also durchaus variieren.

Der Käufer sollte sich nicht durch die Modellvielfalt blenden lassen, sondern vor allem den Qualitätsunterschieden der einzelnen Modelle Beachtung schenken. Wer nicht allzuviel und nicht in extrem schwierigem Gelände fährt, dem ist auch mit einem soliden Grundmodell gedient.

Wer ein solides Bike liebt, kann sich für einen einfachen Rahmen mit stabileren Rohren entscheiden und sollte auf dicke, geschmiedete Ausfallenden (Radachsaufnahmen) achten. Vielfahrer sollten jedoch bessere Modelle nutzen. Geringere Reparaturanfälligkeit bringt mehr Radlerspaß!

Rennmaschine

Auf diesem Sektor gibt es natürlicherweise eine große Angebotspalette. Sie reicht vom Trainingsgerät bis zur High Tech-Maschine, die sich durch Spitzentechnik am Rahmen und beim Zubehör auszeichnet. Die unterschiedlichen Preise erklären sich aus der unterschiedlichen Qualität der Verarbeitung sowie der Rohre und des Zubehörs. Zu leicht darf das Rad jedoch auch nicht sein, das würde sich negativ auf die Stabilität auswirken. Für Gelegenheits-Rennfahrer genügen Rahmen und Ersatzteile zweiter Güte, denn der Verschleiß ergibt sich vor allem aus den gefahrenen Kilometern und erst in zweiter Linie aus dem Alter des Rades.

Tandem

Lange vergessen und auch beim Rennsport allmählich immer mehr in den Hintergrund gedrängt, verzeichnet es vor allem im Freizeitsport eine erstaunliche Aufwärtsentwicklung: das Tandem.

Viele nutzen es, weil sich zum Beispiel der Partner allein auf einem Rad nicht immer sicher genug fühlt. Es eignet sich auch hervorragend als Gerät für Blinde und andere Behinderte: Mancher, der allein nicht mehr fahren

Rennmaschine mit Rahmen aus Aluminium

könnte, kann sich auf diese Weise an Sport und Spiel beteiligen.

Doch ist es für das Tandemfahren vorteilhaft, wenn der Partner auf dem Rücksitz etwas Vorübung hat. Er muß stets bedingungslos das gleiche tun wie der „Pilot“. Uneinigkeit auf dem Tandem könnte üble Folgen haben, niemals darf der Partner auf dem Rücksitz gegenhalten.

Das Fahren zu zweit auf einem Rad macht sehr viel Spaß, da man relativ gefahrlos während der Fahrt miteinander sprechen und zumindest der Mitfahrer die Fahrt voll auskosten kann. Nur an Steigungen wird die Fahrt mit dem Tandem zur Schwerstarbeit, doch eingefleischte Tandem-Fans überwinden dieses Hindernis.

Kinderräder

Die Auswahl an Modellen für jede Altersstufe ist recht groß. Man sollte grundsätzlich einen Unterschied machen zwischen Rädern für Anfänger und für Fortgeschrittene. Und noch ein wichtiger Grundsatz: Ein Kinderfahrrad sollte nicht für die Zukunft, sondern für die Gegenwart gekauft werden, denn zu

Tandem

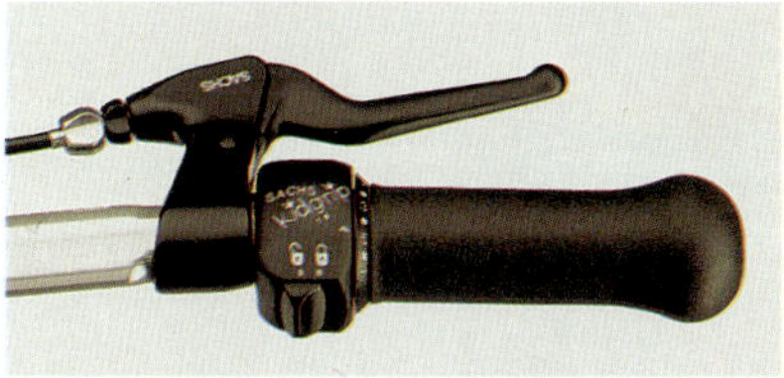

Kid Grip, Drehgriffschaltung

große Fahrräder beeinträchtigen die Sicherheit des Kindes. Zu beachten ist auch, daß die Sitzposition stimmt (siehe S. 38). Sie muß alle drei bis vier Monate überprüft und der jeweiligen Körpergröße angepaßt werden.

Als Erstfahrrad empfiehlt sich ein Einfachst-Modell: ohne Schaltung, mit Standardlenker, Standardpedalen und möglichst zwei Felgenbremsen: Das Fahren an sich erfordert von einem Kind hohe Konzentration, es kann sich schwerlich noch zusätzlichen technischen Einrichtungen widmen. Achten Sie auf kindgerechte Bremsgriffe!

Ist das Kind diesem Fahrrad entwachsen, kann man ihm ein technisch besseres Modell in die Hand geben – mit Gangschaltung und *Kid Grip*-Drehgriffschalter, die hohe Sicherheit bieten, da man den Lenker zum Schalten nicht mehr loslassen muß. Dies können durchaus höherwertige Räder sein (Kinder-Trekkingräder oder MTB's). Sie sollten aber den gesetzlichen Anforderungen entsprechen.

BMX-Räder

Das Fahren mit einem BMX-Rad gibt Kindern ein tolles Bewegungserlebnis. Alle Grundlagen des Radfahrens im Gelände und auch die Fahrzeugbeherrschung lassen sich mit ihm in spielerischer Form erlernen. Ein geeigneter Platz zum Üben findet sich überall.

Das Training, das zur Sicherheit des Kindes auf dem Fahrrad führt, kann gar nicht ausgiebig genug sein und sollte auch im Schulsport einen wichtigen Raum einnehmen.

BMX-Räder müssen strapazierfähig sein. Es lohnt sich, etwas mehr Geld zu investieren, damit man nicht ständiger Gast in der Reparaturwerkstatt ist. Unerläßlich ist, daß BMX-Räder für den Straßengebrauch mit zwei Bremsen und Licht ausgestattet sind.

Achten Sie auch hier wieder darauf, daß die Bremsgriffe kindgerecht sind.

Nackte BMX-Räder sind für den öffentlichen Straßenverkehr ungeeignet, sind dazu gar nicht zugelassen. Aber viele Unfälle könnten vermieden werden, wenn Kinder nicht nur in den Verkehrsvorschriften geschult, sondern auch in der Technik des Radfahrens besser ausgebildet würden.

Die richtige Rahmenhöhe

Über allen Ausstattungswünschen sollte man nicht vergessen, daß der wichtigste Faktor beim Fahrradkauf die richtige Rahmengröße ist, damit die Verstellungen für die individuell ideale Position auf dem Rad ausreichen. Der Käufer bedenke, daß er seine Wahl je nach dem angestrebten späteren Gebrauch treffen muß. Er sollte wissen, daß sich eine Rennmaschine weniger zum Spazierenfahren eignet als zum Beispiel ein Stadt- oder Hollandrad.

Bereits beim Stadtrad kann die falsche Rahmenhöhe zu Schwierigkeiten und unsicherem Fahren führen. Der Freizeitsportler, der sich mit einer Rennmaschine sportlich betätigen will, muß seinen Rahmen nach etwas anderen Kriterien aussuchen als der Rennsportler. Die Gründe dafür liegen darin, daß der Anfänger, vor allem dessen Rückenmuskulatur, noch nicht an die ungewohnte Sitzposition angepaßt ist und daher das Radfahren auf einer Rennmaschine zur Qual werden kann. Der Rennsportler muß dagegen je nach Sportdisziplin und erforderlichem Körpereinsatz den Lenker unterschiedlich tief einstellen, um einerseits mehr Kraft durch zusätzlichen Armzug und bessere Körperspannung auf die Pedale bringen zu können und andererseits durch die gebeugte Haltung möglichst wenig Windwiderstand zu bieten. Die Richtlinie beim Positionsbau richtet sich nach Kraftaufwand und Schnelligkeit der Disziplin. Am Beispiel einer Windkanaluntersuchung bei VW läßt sich dieses Problem verdeutlichen: Ein Rennfahrer in Rennkleidung und in aerodynamisch günstigster Haltung (Unterlenkergriff) muß bei einer Geschwindigkeit von 50 km/h ca. 0,6 PS an Kraft aufwenden. Für die gleiche Geschwindigkeit auf der gleichen Rennmaschine müßte ein ähnlich großer Mensch in Zivilkleidung und aufgerichteter Haltung, das heißt Oberlenkerhaltung, ca. 0,9 PS entwikkeln.

Beim Rennsportler gelten für den Rahmenkauf folgende Richtlinien: Die Rahmenhöhe errechnet sich aus der Schrittlänge minus ca. 25 bis 27 cm.

Beispiel: Bei einer Schrittlänge von 83 cm ist etwa ein Rahmen von 56 bis 58 cm Höhe erforderlich (Abstand: Tretlagermitte bis Oberkante Oberrohr, entlang des Sitzrohrs).

Die Rahmenhöhen von MTB's und Trekking Bikes sind geringer. Die Ursachen dafür sind in den andersgearteten Positionen zu suchen. Günstig dürfte es jedoch sein, den MTB-Rahmen ca. 6-10 cm kleiner als einen Rennrahmen zu wählen.

Für die *richtige Position auf dem Rad* gibt es für alle Fahrradmodelle drei Kriterien:

Der Sattel sollte grundsätzlich *waagrecht* eingestellt sein. Ist er nach vorne geneigt, rutscht der Fahrer bei intensivem Einsatz zu weit nach vorne; ist er nach hinten geneigt, entsteht Druck auf die Harnröhre, was zu schmerzhaften Entzündungen führen kann.

Sattelhöhe: Zum Einrichten der Sattelhöhe werden die Kurbeln senkrecht gestellt; der Fahrer sitzt auf dem Sattel, und die Ferse (mit Sportschuh) steht auf dem Pedal. Die richtige Höhe ist erreicht, wenn das Bein völlig durchgestreckt ist (ohne seitliches Kippen des Beckens). Später beim Fahren steht jeweils der Fußballen auf dem Pedal (Verstellmöglichkeit des Sattels am Sattelklemmbolzen, Arretierung der Sattelstütze im Rahmen).

Körperschwerpunkt über der Rahmenmitte (Tretlagerachse): Dieser wirklich wichtige Punkt wird leider selbst von der Industrie oftmals ignoriert. Doch ein Leichtlaufrad kann nur dann leicht gefahren werden, wenn man möglichst ideal auf ihm sitzt. Nur so kann man auch ökonomisch fahren. Zu diesem Zweck werden die Kurbeln waagrecht gestellt. Der Fahrer setzt sich auf das Rad (Großzehengelenk auf die Pedale). Die richtige Position ist erreicht, wenn von der Vorderkante der Kniescheibe (vorderes Bein) ein gedachtes Lot

Zur Einstellung der Sattelhöhe das Bein durchstrecken

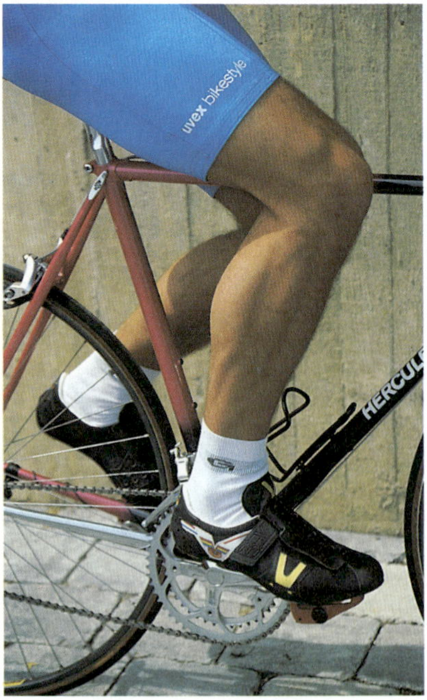

Die richtige Sitzposition: Körperschwerpunkt über der Rahmenmitte

durch die Pedalachse geht (Verstellmöglichkeit am Sattel: die entsprechenden Schrauben lösen und den Sattel so weit wie möglich nach hinten schieben. Steht bei einfacheren Sätteln der Sattelkloben nach vorne, muß der Sattel abmontiert und das Schloß nach hinten gedreht werden.)

Wichtig für den Fahrer einer Rennmaschine: die richtige Vorbaulänge

Zur Bestimmung der Rahmenhöhe und der Sitzposition empfiehlt es sich, den Rat eines Fachmanns einzuholen. In einem Fahrradfachgeschäft wird man im allgemeinen gut und sachgerecht beraten.

Die Kleidung des Radfahrers

Je intensiver und je länger man fährt, um so spezieller muß die Kleidung sein; auf Kurzstrecken ist sie kaum notwendig, ausgenommen Regenkleidung, Handschuhe etc. Doch auch dann muß man darauf achten, daß der Rücken im Bereich der Nieren und der Lendenwirbelsäule stets gut eingepackt ist, damit Erkältungen in diesen Körpergegenden vermieden werden.

Hose: Der Schmerz am Gesäß begrenzt am Anfang den Aktionsradius des Radfahrers. Die Radlerhose mit Rehleder-Sitzboden befindet sich modisch auf dem Rückzug. Alternativ gibt es schicke Shorts und Unterwäsche ohne scheuernde Nähte im Sitzbereich, allerdings nur im Versandhandel.

Mit Glyzerincreme eingeriebene Haut kann zwar nicht dem allgemeinen Schmerz vorbeugen, aber doch dieses schmerzhafte Wundscheuern eindämmen.

Weitergeschnittene Shorts in modischen Uni-Farben hat mittlerweile jede Sportkleidungsmarke im Programm. Hat der Fahrradhändler nichts davon, dann im Sportgeschäft oder Versandhandel nachschauen. Ebenso gibt es die atmungsaktiven Windjacken aus Mikoporen-Synthetics (z.B. Gortex®), die zwar wind- und regendicht sind, aber dennoch den Wasserdampf eines Schwitzenden rauslassen.

Bei großen Sattelproblemen lieber auf ein Liegerad mit autoähnlichem Sitzkomfort wechseln – besonders auch wegen des Krebs- und Impotenzrisikos für Dauerfahrer.

Unterkleidung: Unter jedem Trikot oder Hemd sollte grundsätzlich ein Unterhemd (schweißsaugend) getragen werden. Es sorgt für einen wichtigen Thermoschutz, vor allem dann, wenn man öfter anhalten und neu starten muß. Nur bei sehr warmem Wetter kann man darauf verzichten und sich mit einem Renntrikot aus entsprechendem Material begnügen.

Die Kleidung sollte bequem sein und genügend wärmen; das Bild zeigt Radler in passender Radkleidung

Renntrikots: Ihr Vorteil ist, daß sie in der Regel aus einem Material hergestellt sind, das, zumindest in Kombination mit einem entsprechenden Untertrikot, für genügend Thermoschutz sorgt. Sie sollten relativ eng am Körper anliegen. Günstiger Nebeneffekt ist natürlich auch die verbesserte Aerodynamik. Ein weiterer Vorteil dieser Renntrikots ist, daß sie Rückentaschen haben, in denen Rennsportler ihre Verpflegung und Freizeitsportler ihre persönlichen Utensilien problemlos unterbringen können.

Fahrradgerechtes Schuhwerk: Bei Schuhen mit zu weichen und elastischen Sohlen besteht die Gefahr, den Mittelfuß durchzutreten. Deshalb sollte auch der Radtourist auf entsprechendes Schuhwerk achten: auf Schuhe mit fester, rutschfester Sohle. Besonders zu empfehlen sind Radtouristikschuhe beziehungsweise Radrennschuhe – sie sind mit Platten zur Fixierung am Pedal versehen. Grundsätzlich sind solche Schuhe, die eng am Fuß anliegen und dafür ein Rutschen im Schuh verhindern, zum Radfahren gut geeignet.

Weitere Kleidung: Je nach Witterung braucht der Radfahrer noch zusätzliche Kleidung. Sie sollte nach Möglichkeit stets eng am Körper anliegen, aber auch elastisch sein, damit volle Bewegungsfreiheit gewährleistet ist.

Wie schon angedeutet, darf man sich nicht durch angenehmen Sonnenschein (vor allem in Frühjahr und Herbst) täuschen lassen, sondern muß berücksichtigen, daß die Temperatur meist nicht dem subjektiven Empfinden beim Blick aus dem geschlossenen Fenster entspricht. Ein kurzer Gang vors Haus in den Schatten oder ein Blick zum Thermometer bringt Klarheit darüber, wie man sich anzuziehen hat. Als Grundsatz sollte gelten: lieber etwas zu warm als zu leicht angezogen. Bei unklaren Witterungsverhältnissen wähle man die Kleidung so, daß jederzeit ein oder noch ein weiteres Stück abgelegt werden kann.

Auf dem Bekleidungsmarkt gibt es inzwischen für jede Temperatur und Witterung ein entsprechendes Angebot an Radsportbekleidung. Bei den Kaufüberlegungen bedenke man, wie häufig, wie lange und zu welchen Jahreszeiten man voraussichtlich fahren wird. Rennsportler die ganzjährig trainieren, kommen ohne zusätzliche Trainingskleidung (Thermoanzug, Überschuhe, Handschuhe, Mütze, Regenkleidung) nicht aus. Dagegen kann der „Schönwetterfahrer" auf viele dieser Utensilien verzichten und sich auf ein Minimum beschränken.

Kindersitze an Fahrrädern

Fahrräder – außer dem Tandem – sind nur für eine Person gebaut. Der Fahrer, der ein Kleinkind mitnimmt, muß sich in der Regel einschränken. Andererseits kann man Kinder schon frühzeitig das Fahrradfahren erlebbar und begreifbar machen. Man sollte aber bedenken, daß plötzliche Bewegungen das Fahrverhalten beeinflussen können. Es gibt drei Anbringungsarten für Kindersitze, die man im Fachhandel beziehen kann.

- Über dem Hinterrad: Man kann das Kind nicht beobachten und sich nur eingeschränkt mit ihm verständigen. Das Kind hat einen gewissen Witterungsschutz von vorn.
- Vor dem Lenker: Das Fahrverhalten wird beeinträchtigt, weil das Gewicht über die Vorderachse verlagert wird. Aber man kann sich gut mit dem Kind unterhalten.
- Zwischen Lenker und Sattel: Hier herrscht die größte Stabilität, und man kann am besten auf plötzliche Bewegungen des Kindes reagieren.

Gepäckträger und Fahrradtaschen

Gepäckträger haben den Nachteil, daß sie, ähnlich wie Kindersitze, leicht in Seitenschwingungen geraten, wenn sie beladen sind. Das gilt ab einer bestimmten Geschwindigkeit selbst für die stabilsten Modelle. Günstiger sind am Gepäckträger aufgehängte Fahrradtaschen, da sie die Schwingungen dämpfen, jedoch nur dann, wenn auf dem Gepäckträger zusätzlich nicht zuviel transportiert wird. Empfehlenswert sind Taschen im Rahmendreieck, die an Sitz-, Steuer- und Oberrohr befestigt, oder solche, die am oder vor dem Lenker angebracht sind. Bei Beladung des Vorderrads sollte man unbedingt den sogenannten Lowrider-Taschenträger für niederen Schwerpunkt wählen!

Transport von Fahrrädern

Viele Fahrradfahrer trauen sich nicht oder empfinden es als äußerst unangenehm, auf verkehrsreichen Straßen zu fahren. Sie möchten erst in einer ruhigeren Gegend aufs Rad steigen. Die Eisenbahn nimmt vollständige, das heißt unzerlegte Fahrräder nur im Gepäckwagen mit. Will man sein Fahrrad im Zugabteil, im Bus oder in der Straßenbahn bei sich haben, braucht man einen speziellen Radsack, der das auseinandergenommene Fahrrad (nur bei Rennrädern ohne Schutzbleche möglich) aufnimmt. Kein Kontrolleur kann diese Tasche beanstanden.

Die meisten aktiven Rennfahrer packen ihre Rennmaschine und die Ersatzlaufräder ins Auto, um Kugellager, Kette und Schaltung vor Auswaschungen bei Regen zu schützen. Ist das Auto mit mehreren Personen besetzt, kann man die Fahrräder auf dem Dach unterbringen. Dafür gibt es spezielle Fahrradhalter und Pedalriemen zur weiteren Sicherung. Schwachpunkte sind oftmals die Halterungen an der Dachkante. Deshalb sollte man beim Kauf darauf achten, daß sie aus einem stabilen, nicht verformbaren Werkstoff gearbeitet sind. Ein unsachgemäß befestigter Träger könnte sich selbständig machen.

Modernes stabiles Faltrad der Firma riese und müller mit Hinterradfederung; es läßt sich bequem zusammenlegen und in einen speziellen Radsack packen

AUFS RAD UND LOS

Wer sich auf seinem „Drahtesel" sicher fühlt, kann sofort aufsteigen und losfahren. Zuvor sollte er sich jedoch vergewissern ob sein Rad oder seine Rennmaschine auch tatsächlich in Ordnung ist. Grundsätzlich muß selbst der Vielfahrer vor Fahrtantritt den Reifendruck prüfen und, falls erforderlich, korrigieren (eine Fußpumpe im Hause erleichtert diese Arbeit). Hat das Rad längere Zeit unbenutzt dagestanden, müssen auch Bremsen, Schaltung, Kette (Öl?) und Lichtanlage überprüft werden.

Für Anfänger und „Wiedereinsteiger" (Erwachsene, die längere Zeit kein Fahrrad benutzt haben) beginnt mit dem Losfahren ein völlig neuer Lernprozeß im Umgang mit dem Fahrrad. Verkehrsgesetze fordern bestimmte Verhaltensweisen (sich umschauen, einhändig fahren usw.), die vom Neuling erst (wieder) erlernt werden müssen, will er sich gefahrlos im Straßenverkehr bewegen. Diese Grundübungen sollten in einem verkehrsfreien Raum, einem „Schonraum", so lange geübt werden, bis sie zur Routine geworden sind, so daß der Radfahrer über die Art und Weise seines Handelns nicht mehr viel nachdenken muß, sondern instinktiv das Richtige tut.

Die Grundübungen beginnen mit dem Anfahren und Halten – sie sind einfach für den, der sie bereits beherrscht.

Anfahren bedeutet, nicht mehr auf dem Pedal stehen und mit dem Standbein mehrmals anschieben, sondern mit einem Antritt auf die in 45°-Stellung stehende Pedalkurbel das Fahrrad in Schwung bringen. Beim Anfahren aus dem Stand kann man sofort geradeaus fahren, während beim Anschieben mit dem Standbein leicht „Wellen" entstehen, die zum Beispiel im laufenden Verkehr gefährlich werden können.

Anhalten: Dasselbe gilt für das Anhalten: Man sollte nicht mit dem Fuß auf dem Boden anhalten, sondern nur mit Hilfe der Fahrradbremsen; dann erst wird das Standbein durch seitliches Abkippen auf den Boden gebracht.

Fahren im Stehen: Um aus allen Situationen gefahrlos anfahren zu können, muß der Fahrer auch im Stehen fahren können. Durch diese Fahrhaltung erreicht man eine günstige Beschleunigung, da das Körpergewicht zusätzliche Hilfe leistet. Allerdings sind Stadt- oder Hollandräder für das Fahren im Stehen nur beschränkt geeignet, da die Lenker weit zurückgezogen sind; doch mit etwas Übung kann man es auch bei ihnen schaffen (schwieriger wird es allerdings an Steigungen).

Beim Fahren im Stehen sollte der Körperschwerpunkt über dem Tretlager liegen, damit man das Rad sauber „steuern" kann. Wem das Fahren im Stehen auf Anhieb schwerfällt, sollte sich an folgenden Übungsaufbau halten: Nach Tempoaufnahme (Ebene, leichtes Gefälle) die Kurbeln waagrecht stellen und im Wechsel aufstehen und sich setzen. Bei fortwährender Tretbewegung aus dem Sattel heben. Beim Hinsetzen jedoch zunächst die Tretbewegung einstellen. Erst mit zunehmender Sicherheit kann man auch während des Hinsetzens weitertreten. Beim Radfahren am Berg und beim Beschleunigen ist es sehr hilfreich, wenn man den Wechsel zwischen Fahren im Sitzen und Stehen beherrscht, ohne bei Positionswechseln die Tretbewegungen einstellen zu müssen, so daß man nicht soviel an Schwung verliert.

Geradeausfahren und Kurvenfahren: Radfahren heißt Gleichgewicht halten! Solange man geradeaus fährt, ist dies auch relativ einfach. Schwieriger wird es, wenn man Kurven fahren muß, zum Beispiel, um Hindernissen auszuweichen. Auch dies ist einfach, wenn man es versteht, die Fliehkraft richtig zu nutzen. Dem Anfänger aber bereitet es oft große Mühe, diese Fertigkeiten zu erlernen, da er im Unterbewußtsein Angst vor Stürzen hat. Doch diese Ängste können durch entsprechende Übungen abgebaut werden.

Schlangenlinien fahren (Übungen auf der Ebene oder auf einem Weg mit leichtem Gefälle): Aus einem geringen Grundtempo bei waagrechter Kurbelstellung Schlangenlinien fahren, und zwar zuerst lange, später kürzere Wellen. Das Fahrrad wird dabei weitestgehend mit dem Körpergewicht und mit nur geringem Lenkeinschlag gesteuert. Je höher das Tempo, desto geringer wird der Lenkeinschlag. Der Körper bleibt dabei stets in einer Linie zum Fahrrad (nicht hinaushängen, die Arme bleiben fixiert).

Wenn man diese Übung einigermaßen beherrscht, wiederhole man sie zunächst auf leicht ansteigenden Wegen, später mit Tretbewegungen auf der Ebene und dann auf abfallenden Wegen. Ziel muß sein, daß der Übende später in der Lage ist, durch seitliche Körperverlagerung, mittels einer „Welle", einem plötzlich auftretenden Hindernis ohne größere Bremsmanöver ausweichen zu können.

Diese Beweglichkeit auf dem Fahrrad führt natürlich auch zu sicherem Kurvenfahren. Dabei ist allerdings zu beachten, daß man bei schärferen Kurven die Tretbewegung unterlassen und die Pedale senkrecht stellen muß. Bei Fahrrädern mit Freilaufnabe kann beim Kurvenfahren die kurvenäußere Kurbel nach unten stehen, dies gibt dem Fahrer größere Stabilität. Bei Fahrrädern mit Rücktrittnabe müssen die Kurbeln waagrecht gestellt werden, damit eventuelle Korrekturen durch Bremsen (nur vor der Kurve) möglich sind.

Richtiges Bremsen: In Zusammenhang mit dem Kurvenfahren oder richtigen Ausweichen vor einem Hindernis muß natürlich auch über das „Bremsen zum richtigen Zeitpunkt" gesprochen werden. Viele Radfahrer nutzen gerne die Rücktrittnabe, sie ist ihnen sympathischer als die Handbremse. Das mag daran liegen, daß an den meisten Stadt- oder Tourenrädern die Handbremsen nicht richtig, also nur eingeschränkt, funktionieren. Zum sicheren Fahren gehören jedoch mindestens zwei, beim Tandem mindestens drei voll funktionsfähige Bremsen.

Bei einem gut ausgerüsteten Fahrrad hat die Vorderbremse eine größere Bremswirkung als die Rücktritt- beziehungsweise Hinterradbremse. Im Duett, wenn man also Vorder- und Hinterradbremse gleichzeitig betätigt, wird die Bremswirkung natürlich deutlich verstärkt – allerdings nur bei Geradeausfahrt. Bereits bei geringer Seitenneigung des Fah-

Schlangenlinien fahren und Kurvenfahren sind Grundübungen, die zu Sicherheit auf dem Fahrrad führen

rers kann beim Zug der Hinterbremse das Rad seitlich ausbrechen. Dies bedeutet, daß beim Kurvenfahren Bremskorrekturen fast ausschließlich mit der Vorderbremse vorgenommen werden müssen. Wird aber mit ihr zu stark gebremst, kann es vorkommen, daß sie blockiert und der Fahrer vornüber kippt.

Wenn man bei hohem Tempo stark bremsen muß, ist es ratsam, das Körpergewicht nach hinten zu verlagern, das heißt bei waagrechter Kurbelstellung sich aus dem Sattel zu heben und den Schwerpunkt möglichst weit hinter das Tretlager (den Sattel) zu bringen, um ein Vornüberkippen zu verhindern. Wenn man einem Hindernis ausweichen muß, kann man nur so lange beide Bremsen betätigen, wie geradeaus gefahren wird. Während der Schräglage darf man nur noch leicht mit der Vorderbremse bremsen.

Auf nasser Fahrbahn beginnt man bei einem Fahrrad mit Felgenbremsen früher mit dem Bremsvorgang, da zuerst der Wasserfilm von der Felge „gebremst" werden muß.

Einhändig fahren: Der Gesetzgeber schreibt vor, vor dem Abbiegen Zeichen zu geben (Hand heraus). Die Mehrzahl der Radfahrer ist jedoch nicht in der Lage, einhändig zu fahren! Also übe man es auf freien Plätzen oder Wegen mit möglichst großem Auslauf (Fluchtraum).

Zunächst werden beide Hände in die Lenkermitte neben den Vorbau

Einhandfahren lernen, denn die andere Hand muß Zeichen geben beim Abbiegen

gelegt, dadurch ergibt sich dann beim Geradeausfahren mit einer Hand eine größere Stabilität. Während der Fahrt hebt man zunächst die Hände wechselseitig nur leicht vom Lenker ab, später nimmt man sie gänzlich vom Lenker weg. Mit zunehmender Sicherheit kann man dann den Lenker außen anfassen und das gleiche Spiel wiederholen. Die am Lenker verbleibende Hand liegt ruhig (nicht verkrampft) auf, der Arm wird durchgesteckt und das Oberkörpergewicht auf diesen Arm verlagert.

Das Einhandfahren in Schlangenlinien, Kreisbogen und Achten sind weiterführende Übungen.

Freihändig fahren: Das Freihändigfahren ist zwar verboten, aber es ist eine der wichtigsten Übungen des Grundlagentrainings, denn dadurch wird das Gleichgewichtsgefühl am besten und intensivsten geschult. Wie alle Grundlagenübungen muß man auch diese zunächst ohne und später mit Tretbewegungen üben. Endziel sollte sein, freihändig Kreisbogen, Achten und Kurven fahren zu können. Die Vorübung dazu ist, bei Geradeausfahrt die Hände vom Lenker zu nehmen, später werden dann Schlangenlinien, Kreise usw. eingebaut.

Den Überblick behalten während der Fahrt: Zur persönlichen Sicherheit des Fahrradfahrers gehört, daß er stets in der Lage ist, sich über das Verkehrsgeschehen zu informieren. Dazu zählen auch die Vorgänge hinter seinem Rücken. Dem Anfänger sei angeraten, sich grundsätzlich nur während einer „Tretpause" umzuschauen, der Könner dagegen kann dies auch bei fortwährendem Treten tun oder Rückspiegel installieren.

Verhalten während des Umschauens: Kurbeln waagrecht stellen, Hände am Lenker, dann sich nach links und rechts umschauen. – Kurbeln waagrecht stellen, eine Hand am (Ober-)Lenker und sich nach der entgegengesetzten Seite umschauen. – Kurbeln waagrecht stellen, aufstehen und sich umschauen.

Fährt man neben einem Partner, eine Hand auf dessen Schulter legen (zwecks stabilerer Geradeausfahrt) und sich umschauen.

Hüpfen mit dem Fahrrad: Vorderrad und Hinterrad anheben, um Hindernisse überfahren zu können

Überfahren von Hindernissen: Treten Hindernisse auf, die man nicht mehr rechtzeitig umfahren kann, oder ist während der Fahrt ein Bordstein zu überwinden (zum Beispiel beim Auffahren auf einen Radweg), muß das Fahrrad zumindest vom Körpergewicht entlastet werden, was auch durch Hüpfen mit dem Fahrrad geschehen kann.

Technik der Radentlastung: Kurbeln waagrecht stellen und aufstehen; dabei zuerst das Körpergewicht etwas nach hinten verlagern, um das Vorderrad zu entlasten, dann nach vorne, um auch das Hinterrad zu schonen.

Technik des Hüpfens: Abwechselndes Hüpfen mit Vorder- und Hinterrad ist bei geringem Tempo notwendig, um beide Räder nacheinander über das Hindernis zu bringen. Bei hohem Tempo muß man mit dem gesamten Fahrrad springen (das ist nicht nur mit der Rennmaschine, sondern mit jedem beliebigen Fahrrad möglich).

Vorderrad anheben: Kurbeln waagrecht stellen, mit beiden Händen gleichzeitig den Lenker nach hinten/oben ziehen, dabei das Körpergewicht nach hinten zurücknehmen.

Hinterrad anheben: Kurbeln waagrecht stellen, durch Auftaktbewegung den Oberkörper kurzfristig nach vorne/oben bewegen und gleichzeitig mit den Händen den Lenker nach vorne drücken. Wichtig ist, daß die Auftaktbewegung schnell, nur über eine kurze Strecke erfolgt und der Kontakt der Füße mit den Pedalen bestehen bleibt.

Mit dem Fahrrad vom Boden abheben: Kurbeln waagrecht stellen, Auftaktbewegung nach oben, gleichzeitig mit den Händen den Lenker nach oben/vorne anreißen.

Vorher aber unbedingt prüfen, ob die Vorderachsmuttern angezogen sind. Sonst könnte das Rad aus der Gabel fallen – Stürze sind die Folge!

Fahren in der Gruppe: Ist der Radfahrer jedoch mit einer Gruppe unterwegs, muß er sich noch einige weitere Verhaltensformen (Technik) aneignen, um sich und die Partner nicht zu gefährden und eventuell durch die eigene technische Fertigkeit mitzuhelfen, daß in dieser Gruppe so ökonomisch wie möglich gefahren werden kann.

Grundsätzlich darf in einer Gruppe nicht unmotiviert gebremst werden, jegliches Bremsen muß angesagt oder durch ein Zeichen (Arm hochheben) angedeutet werden, damit sich die Partner darauf einstellen können.

Richtungsänderungen, auch ein kurzfristiges Ausweichen (z.B. bei einem Stein oder einem Schlagloch) ist ebenfalls anzuzeigen oder akustisch bekanntzugeben. Rennsportler deuten zum Beispiel bei einem Hindernis am Boden mit der rechten oder linken Hand nach unten; der Hintermann er-

Auch das Fahren in Gruppen erfordert Übung und die Beachtung bestimmter Regeln

kennt dann sofort, daß auf der betreffenden Seite ein Hindernis zu erwarten ist.

Beim Fahren im Windschatten des Vordermannes sollte man nicht direkt dem Hinterrad des Vordermannes folgen, sondern sich grundsätzlich leicht seitlich versetzt halten, damit man bei einem eventuellen Rhythmuswechsel oder beim Aufstehen des Vordermannes nicht selbst in Schwierigkeiten kommt. Temposchwankungen können weitgehend durch seitliches Vorbeifahren (Auflaufen) am Vordermann aufgefangen werden. Dieser muß grundsätzlich einen Sicherheitsabstand von 70 bis 80 cm zum Straßenrand halten, damit auch die Partner wenigstens eine kleine „Fluchtmöglichkeit" haben. Kommt der Wind von der Seite, muß sich die Gruppe so gegen den Wind formieren, daß möglichst viele im Windschatten ihres Vordermannes fahren können. Ist die Gruppe zu groß oder nimmt sie auf der Straße zu viel Platz ein, wird man sie in kleinere Gruppen aufteilen.

Das Fahren in Gruppen erfordert häufiges Üben, damit man sich ein Gefühl für das richtige Tempo aneignen kann. Eine weitere Schwierigkeit ergibt sich beim Wechsel der Führung (aus der Spitzenposition herausgehen und sich am Ende der Gruppe wieder einordnen). Der Anfänger macht in der Regel den Fehler, bei Übernahme der Führung zuerst einmal mit Ungestüm alles zu geben. Doch da die Kraft meist nicht lange reicht, kommt es zu Temposchwankungen, die den Gruppenrhythmus durcheinanderbringen. Natürlich ist der Kraftaufwand geringer, wenn man sich an das Hinterrad des Vordermannes hängen kann, als wenn man selbst

Verhalten bei Regen und Gewitter

Nicht immer ist es ratsam, sich bei Regen irgendwo unterzustellen. Ist man bereits längere Zeit im Nieselregen gefahren, droht bei ruhiger Haltung Auskühlung. Das ist auch der Fall, wenn man bei Fahrten mit hohem körperlichem Einsatz in feuchtem oder kaltem Wetter eine Pause einlegt. Vor Auskühlung schützt ein Kleidungswechsel oder, wenn man noch nicht durchnäßt ist, weitere Kleidung. Am besten gleich nach Hause fahren und dort sofort baden oder duschen. Eine Kaltwasserdusche zum Abschluß dämmt die Erkältungsgefahr ein.
Bei Gewittern gilt: Vom Fahrrad Abstand halten und sich unterstellen, jedoch nicht unter Bäumen. In offenem Gelände und eventuell auch in einem offenen Unterstand Kauerstellung einnehmen – auf den Fersen sitzen, Knie spreizen und den Kopf einziehen.

Führungsarbeit leisten muß. Die Belastung durch wechselnden Winddruck läßt sich überbrücken, wenn man die Umdrehungszahlen genau beobachtet und versucht, sie auch während der Führung einzuhalten.

Wahl der Übersetzungen: Wie beim Auto, so gibt es auch beim Radfahren günstige Drehzahlbereiche, in denen es sich ökonomisch, das heißt den Anforderungen entsprechend, lange und mit relativ geringem Krafteinsatz fahren läßt. Beim Rennsportler dagegen verhält es sich ähnlich wie bei einem Rennauto. Wie dieses muß er imstande sein, wesentlich höhere Drehzahlen zu fahren, im Gegensatz etwa zu einem Radfahrer, der zum Einkaufen fährt. Der allein fahrende Freizeitsportler fährt am günstigsten bei Umdrehungszahlen von 60 bis 70 U/min. Will er jedoch längere Distanzen mit erhöhtem Krafteinsatz durchhalten, muß er die Übersetzung etwas reduzieren und bei gleichzeitig erhöhter Drehzahl (70 bis 80 U/min) fahren, sonst ist er mit seiner Kraft bald am Ende. Bei Gruppenfahrten steigen auch im Freizeitsport die Umdrehungszahlen auf etwa 90 U/min an. Fährt ein Sportler dabei einen zu großen Gang, erschöpfen sich wegen der ständigen Korrekturen seine Kräfte zu rasch.

Bei Straßen-Radrennen werden durchschnittlich 90 U/min gefahren, jedoch steigen bei Sprints etc. die Umdrehungszahlen deutlich über 100 U/ min an. Bahnfahrer dagegen müssen in ihren Spezialdisziplinen zwischen 120 U/min (Verfolger) und 150 U/min (Sprinter) fahren können.

Training der Tritt-Technik: Spätestens dann, wenn innerhalb einer Gruppe etwas zügiger gefahren wird, stellt man fest, daß ohne gute Tritt-Technik ein höheres Tempo nur sehr kurze Zeit eingehalten werden kann. Deshalb muß jeder Freizeitsportler, der ein wenig Ehrgeiz hat, durch entsprechendes Training versuchen, seine Tritt-Technik auszufeilen. Dies beginnt damit, daß er die Füße im Fußgelenk fixiert, das heißt, die Füße werden ruhiggestellt – der „Anstellwinkel" (Winkel des Fußes zum Fußgelenk) verändert sich beim Treten nur noch unwesentlich. Außerdem sollte der Anfänger darauf achten, daß er die Beine parallel zum Rahmen führt, damit er die Körperkraft von oben voll auf die Pedale bringt.

Nun sollte man versuchen, trotz einer relativ geringen Übersetzung und bei Druck auf die Pedale relativ hohe Geschwindigkeiten zu fahren. Der Rennfahrer zum Beispiel fährt im Training vor Saisonbeginn häufig mit starrer Übersetzung (ohne Freilauf) und sehr kleinen Gängen (42 x 18 bis 16). Der Anfänger wird mit etwas höheren Übersetzungen beginnen und sie erst nach einer gewissen Trainingszeit herabsetzen.
Und nun viel Spaß – aufs Rad und los!

Halt! Bevor Sie aufs Rad steigen, setzen Sie doch bitte einen Sturzhelm auf. Sie können dann mit mehr Spaß und viel unbeschwerter radfahren.
Und nun nochmals: Viel Spaß beim Radfahren!

Erste Hilfe bei kleinen Unfällen

Auf längeren Touren sollte man eine kleine Reiseapotheke mitführen: Heftpflaster, Gaze (Gittertüll), Verbandmull, Desinfektionsmittel (Mercuro Chrom, Merfen Orange), Wundsalbe, Elastikbinden, Schere.
Schürfwunden müssen zu Hause gründlich gereinigt (unter der Dusche mit Seife), danach desinfiziert und eventuell mit Gaze und Verbandmull bedeckt werden. Im Sommer kann man sie an der Luft trocknen lassen. Um Blutergüssen vorzubeugen, steigt man bei kleinen Verletzungen am besten sofort wieder aufs Rad. Größere und tiefere Wunden muß der Arzt behandeln. Droht stärkerer Blutverlust, noch an der Unfallstelle die Wunde abbinden.
Empfohlen sei die aufmerksame Lektüre der Fibel „Erste Hilfe" des Deutschen Roten Kreuzes.

Wie wird das Wetter?

Diese Frage bewegt vor allem den vor Regen, Wind und Sonneneinstrahlung relativ ungeschützten Fahrradfahrer, bevor er eine längere Tour unternimmt. Um eine Antwort zu erhalten, kann er sich den Wetterbericht anhören oder das für sein Gebiet zuständige Wetteramt anrufen, das ihm detaillierte Auskünfte geben wird. Vielleicht aber möchte er selbst ein „Wetterprophet" werden und – da er seine Touren ja nicht nur

Stark emporquellendes Cumulusgewölk, in dem sich ein Amboß bildet

während einer stabilen Wetterlage plant – Überraschungen zuvorkommen, wenn er sich auf großer Fahrt befindet.

Tatsächlich lassen bestimmte Zeichen der Natur Deutungen zu, was hier aber nur in einer sehr allgemeinen Form behandelt werden kann. So läßt sich zum Beispiel aus verschiedenen Wolkenbildungen ablesen, daß Regen oder ein Gewitter aufzieht oder daß das Wetter möglicherweise sogar grundsätzlich umschlagen wird.

In bestimmten Höhen – in oberen, mittleren und niederen Luftschichten – bilden sich jeweils ganz bestimmte Wolkenformen aus, die dementsprechend in zehn Hauptgattungen eingeteilt werden. Außerdem unterscheidet man noch jeweils mehrere Nebenformen.

Als Schönwetterzeichen gilt, wenn sich die niederen Haufenwolken *(Cumulus)*, die in großer Formenvielfalt auftreten können, langsam auflösen (um dies festzustellen, ist genaue Beobachtung notwendig). Wenn sie sich jedoch zinnenförmig anordnen oder stark quellen und einen sogenannten Amboß bilden, kündigen sie ein Gewitter an. Aus einer dicken dunklen Wolkenschicht *(Nimbostratus)* kommt Niederschlag, der aber nicht immer den Boden erreicht, während die strukturlose niedere Schichtwolke *(Stratus)* meist keinen Niederschlag verheißt. Kleine helle Wolkenbällchen *(Cirrocumulus)* und auch die großen *(Altocumulus)* – diese Wolkenbildungen werden auch Schäfchen genannt – sind ziemlich sichere Anzeichen für Regen. Dünne Wolkenschleier *(Cirrostratus)*, mit denen oft Sonnenringe einhergehen, künden recht zuverlässig

Schäfchenwölkchen – lieblich, aber kein gutes Wetterzeichen

das Nahen eines Tiefdruckgebiets an. Und wenn sich gar eine hochgewachsene Gewitterwolke formiert hat, ist jeden Augenblick mit einem Guß zu rechnen.

Alte Wetterregeln stimmen längst nicht immer, manche aber fassen eine Erfahrung zusammen, die von der Wissenschaft bestätigt wurde. So trifft es zu, daß Abendrot einen schönen nächsten Tag verheißt, aber nur dann, wenn die Sonne nicht durch Wolken verdeckt ist, andererseits ist das Fehlen von Abendrot kein sicheres Zeichen für schlechtes Wetter. Dies ist aber der Fall beim Morgenrot – für sein Auftreten ist die Luftfeuchtigkeit verantwortlich.

Es ist nicht von der Hand zu weisen, daß auch der Mond ein Wetterverkünder ist, aber dies ist wissenschaftlich noch nicht exakt genug bewiesen. Sichere Prognosen zur Entwicklung des Wettergeschehens lassen sich aber aus Stabilität und Veränderung des Luftdrucks herleiten – wie schnell oder wie langsam er steigt oder fällt –, doch sind die Maßstäbe für die einzelnen Regionen, zum Beispiel Hochgebirge, Mittelgebirge, Flachland, sehr unterschiedlich.

VERHALTEN IM STRASSENVERKEHR

Dem geltenden Straßenverkehrsrecht liegt keine einheitliche Planung zugrunde, sondern es wurde im Laufe von Jahrzehnten zu dem, was es heute ist, in dem es sich den Erfordernissen der modernen Zeit anpaßte. Die ständige Zunahme des Verkehrs erzwang eine Vielzahl neuer Verfügungen, Verordnungen und Gesetze.

Welches sind nun aber die wesentlichen Grundbegriffe des Straßenverkehrs?

- Jeder, der sich im öffentlichen Verkehrsraum bewegt, ist Verkehrsteilnehmer, wenn er sich „verkehrserheblich" verhält, also auf den Ablauf eines Verkehrsvorgangs einwirkt.
- Die Teilnahme am Straßenverkehr steht jedermann frei auf allen Wegen, Straßen und Plätzen, wenn diese verkehrsüblich benutzt werden.
- Der Begriff „Straßenverkehr" umfaßt den Verkehr auf öffentlichen Straßen, Wegen und Plätzen, gilt aber auch für das Parken auf einem privaten Grundstück, wenn dieses nicht einem ganz bestimmten Personenkreis vorbehalten bleibt.

Die Grundregel, aufgeführt als § 1, Absatz 1 der Straßenverkehrsordnung, besagt, daß die Teilnahme am Straßenverkehr „ständige Vorsicht und gegenseitige Rücksicht" erfordert. Absatz 2 gebietet jedem Verkehrsteilnehmer, sich so zu verhalten, daß kein anderer geschädigt, gefährdet oder mehr, als nach den Umständen unvermeidbar ist, behindert oder belästigt wird.

Diese Generalklausel geht allen anderen Normen für den Straßenverkehr voraus. Jemand, der sein „Recht" erzwingen will und dadurch einen Unfall verursacht, steht im Unrecht. Wenn also der § 1 der StVO von allen Verkehrsteilnehmern gebührend beachtet würde, gingen die Unfallzahlen ganz rapide nach unten.

Der Trend zum Fahrradfahren, der seit vielen Jahren in der Bundesrepublik zu beobachten ist, überrollte – im wahrsten Sinne des Wortes – den Gesetzgeber wie auch den motorisierten Verkehrsteilnehmer. Während sich im benachbarten Ausland, zum Beispiel in Dänemark, Holland und Belgien, das rücksichtsvolle Miteinander aller Verkehrsteilnehmer im Laufe von Jahrzehnten allmählich entwickelte, ging dies bei uns beinahe ruckartig vor sich, und abgeschlossen ist dieser Prozeß keineswegs, neue Verkehrszeichen kamen hinzu.

Radfahren ist gesund, macht Spaß und ist umweltfreundlich. Wer mit dem Fahrrad fährt, verbraucht kein Benzin und kein Öl. Das Fahrrad kann man selbst warten und pflegen. Ein Fahrrad braucht wenig Platz.

Aber: Radfahren ist nicht ungefährlich. Daher sollte man einiges über das Verhalten im Straßenverkehr wissen, die Verkehrszeichen kennen, für ein sicheres Fahrrad Sorge tragen und beachten, wie man sich selbst am besten schützt.

Das sichere Fahrrad

Die technische Sicherheit des Fahrrades erhöht die Verkehrssicherheit und hilft, Fahrradunfälle zu vermeiden. Für alle am öffentlichen Verkehr teilnehmenden Fahrräder – auch für Kinderräder und BMX-Räder – schreibt die Straßenverkehrsordnung folgendes Sicherheitszubehör vor:

- Lichtmaschine, 3 Watt
- weißstrahlender Frontreflektor
- weißer Scheinwerfer

- zwei um 180 Grad versetzte gelbe Speichenreflektoren je Laufrad
- gelbe Pedalrückstrahler
- roter Breitbandrückstrahler
- roter Rückstrahler
- rote Schlußleuchte mit Innenspiegel
- zwei voneinander unabhängige Bremsen
- helltönende Klingel

Zum empfehlenswerten Sicherheitszubehör zählen:

- rutschfeste Pedalen
- massiver Ständer (Einbein hinten bzw. Zweibein mittig)
- Kettenschutz
- Tretlager mit Vierkantbefestigung
- Gepäckträger mit mehreren stabilen Streben
- Abstandskelle
- Lenkergriff mit weichen verdickten Enden
- Speichenschutz am Hinterrad
- Standlichtanlage mit Batterie oder Akku (s.S. 28)
- Fahrradhelm (es gibt leichte, sichere und modische Modelle, die auch für Kinder geeignet sind)
- helle, kontrastreiche Bekleidung.

Vor Beginn einer Fahrt sollte man prüfen

- ob das Fahrrad verkehrstüchtig ist: Klingel, Reifen (Druck und Profil), Bremsen, Sattel und Lenker (sitzen sie fest?), lichttechnische Einrichtung (siehe dazu S. 69f.)
- ob die Werkzeugtasche alles Notwendige enthält: Flickzeug oder Ersatzreifen, Schraubenzieher, Zehnlochschlüssel („Knochen" genannt) und Speichenspanner (siehe dazu S. 62).

Wichtig sind auch

- eine Diebstahlsicherung
- der Fahrradpaß.

Zu den Verkehrsschildern auf S. 51

Ampel: Radfahrer, die auf der Fahrbahn fahren, müssen die Lichtzeichen beachten, die für den ganzen Verkehr gelten. Wenn Autos „Rot" haben, gilt das auch für Radfahrer. – Fährt man auf einem Radweg mit Fahrradampel, hat man sich natürlich nach dieser zu richten. – Gibt es an Radwegen keine Fahrradampeln und liegt der Radweg neben dem Fußgängerüberweg, müssen Radler die Fußgängerampeln beachten. Der Sonderweg für Radfahrer ist innerhalb geschlossener Ortschaften nicht immer eigens ausgeschildert, aber am unterschiedlichen Fahrbahnbelag deutlich zu erkennen.

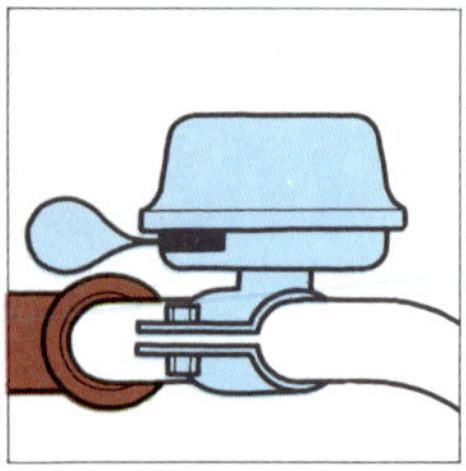

Vor Beginn einer Fahrt überprüfen, ob das Fahrrad verkehrstüchtig ist: Funktionieren zum Beispiel auch Klingel, die übrigens helltönend und leicht erreichbar sein sollte, und

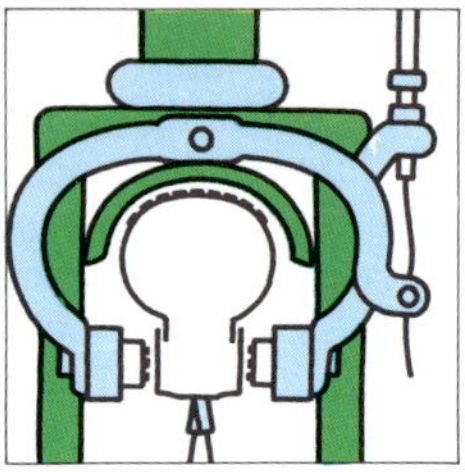

Handbremse – sind die Bremsklötze noch dick genug und richtig eingestellt?

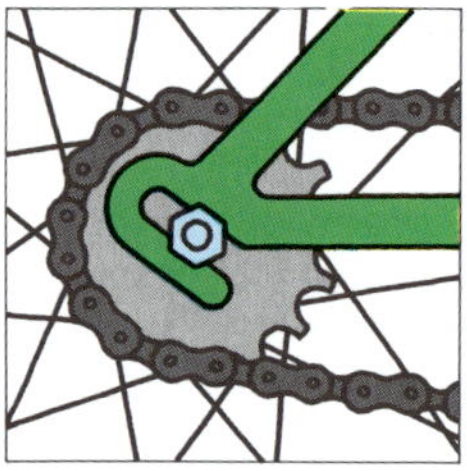

Die Kette sollte sich nur eine Daumenbreite weit durchdrücken lassen

Fußgängerüberwege: Fahrzeuge dürfen nur mit mäßiger Geschwindigkeit an den durch weiße Striche gekennzeichneten Fußgängerüberweg heranfahren und haben den Fußgängern das Überqueren der Fahrbahn zu ermöglichen. (Das gilt jedoch nicht für Schienenfahrzeuge.) Bei stockendem Verkehr dürfen Fahrzeuge den Überweg nicht besetzen.

An Überwegen darf man nur überholen oder an anderen Fahrzeugen vorbeifahren, wenn eine Gefährdung von Fußgängern ausgeschlossen ist. Wartet ein Fahrzeug vor dem Überweg, weil ein Fußgänger die Fahrbahn überschreitet, so dürfen andere Fahrzeuge es nicht überholen.

Lichtzeichenanlage (Verkehrsampel):

ROT Halt vor der Kreuzung
GELB Achtung! Kreuzung freimachen oder vor der Kreuzung auf das nächste Zeichen warten
GRÜN Verkehr freigegeben

Halt! Vorfahrt gewähren

Verbot für Fahrräder

Achtung! Vorfahrt gewähren

Kreuzung oder Einmündung mit Vorfahrt von rechts

Gefahrstelle

Verbot der Einfahrt (auch für Fahrräder)

Verbot für Fahrzeuge aller Art

Vorfahrt

Vorfahrtstraße

Ende der Vorfahrtstraße

Verlauf der Vorfahrtstraße

Warnung für Autofahrer: Radfahrer kreuzen

Überweg für Fußgänger

Sonderweg für Fußgänger

Fußgängerbereich! Radfahren nicht erlaubt!

Verkehrsberuhigter Bereich (auch für Radfahrer Schrittgeschwindigkeit)

Sonderweg für Radfahrer

Getrennter Rad- und Fußweg

Gemeinsamer Fuß- und Radweg

Zusatzzeichen zu einem Verkehrsschild

Zeichen am Überweg für Fußgänger

Einbahnstraße (vorgeschriebene Richtung auch für Radfahrer

Sackgasse

Vorgeschriebene Fahrtrichtung:

geradeaus

hier rechts

hier links

rechts

links

geradeaus oder rechts

links oder rechts

links vorbei

rechts vorbei

Beim Geradeausfahren immer äußerst rechts auf der rechten Fahrbahn

Kreuzung ohne Verkehrsschilder: Hier gilt der Grundsatz „rechts vor links".

Getrennter Geh- und Radweg: Der Radweg ist häufig auf Kosten des Gehwegs angelegt und z.B. durch eine Markierung gekennzeichnet. Wenn die Trennung undeutlich ist, wird der Gehweg zuweilen auch von Fußgängern benutzt. Für Radfahrer ist erhöhte Vorsicht geboten.

Gemeinsamer Geh- und Radweg: Innerorts wird für beide Gruppen von Verkehrsteilnehmern der Platz zuweilen knapp. Radfahrer sollten Rücksicht nehmen auf die „Schwächeren", die Fußgänger.

Radfahrer frei: Erscheint dieses Zeichen in Verbindung mit einem Verbots- oder Gebotszeichen, genießen Radfahrer Sonderrechte.

Verbot für Einfahrt: Als Fußgänger, d.h. mit geschobenem Rad, darf man natürlich hindurch. Es kann hier aber auch ein Radweg mit dem entsprechenden Gebotsschild angelegt sein.

Einbahnstraßen: Radfahrer, die unerlaubt gegen die vorgeschriebene Richtung fahren, setzen sich großer Gefahr aus. – Manche Einbahnstraßen sind neuerdings für Radler in beiden Richtungen geöffnet (Zusatzschild: Fahrrad mit zwei Richtungspfeilen).

Sackgasse: Häufig besteht für Radfahrer doch eine Durchfahrmöglichkeit.

Bei Dämmerung und Dunkelheit sollten auch Radfahrer helle oder lichtreflektierende Kleidung tragen

An parkenden Fahrzeugen mit möglichst einem Meter Seitenabstand vorbeifahren: Die Autotür könnte sich plötzlich öffnen

Verhalten im Straßenverkehr

Für Radfahrer gilt Rechtsfahrgebot. Es ist also verboten, mitten auf der Straße zu fahren oder gar am linken Fahrbahnrand.

Parken Fahrzeuge in geringen Abständen am Fahrbahnrand, sollte man nicht nach jedem Fahrzeug an die Bordsteinkante heranfahren. Es ist sinnvoll und sicherer, auf einer geraden Linie am rechten Rand der Fahrspur zu fahren.

An parkenden Fahrzeugen mit einem Sicherheitsabstand von mindestens einem Meter vorbeifahren – es könnte sich plötzlich eine Wagentür öffnen. An Haltestellen von Bussen und Straßenbahnen müssen auch Radfahrer anhalten, bis aussteigende Fahrgäste den Bürgersteig erreicht haben.

Das Abbiegen

Im Straßenverkehr ist es wichtig, sich eindeutig zu verhalten. Will ein Radfahrer abbiegen, muß er, nachdem er sich umgesehen hat, den Arm lange und deutlich ausstrecken.

Es gibt zwei Möglichkeiten, nach *links* abzubiegen.

- Man ordnet sich frühzeitig rechts in der nach links abbiegenden Fahrspur ein. Dann wird in weitem Bogen nach links gefahren, so daß man wieder am rechten Fahrbahnrand ankommt. Gibt es keine Fahrbahnmarkierung, fährt man bis zur Fahrbahnmitte und nach links,

Speichenrückstrahler an Vorder- und Hinterrad

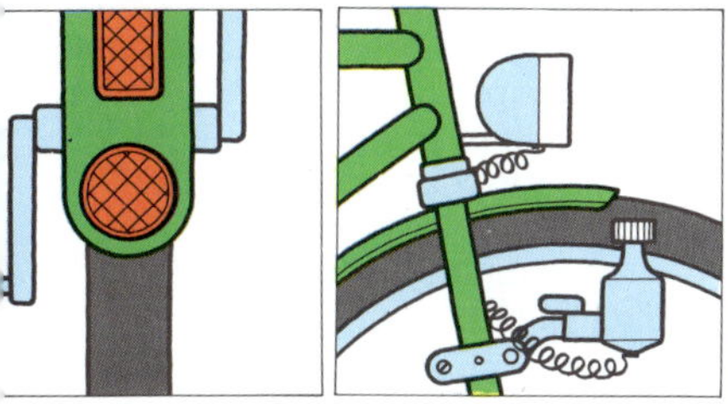

Schlußleuchte, Rückstrahler und Pedalstrahler dürfen nicht verschmutzt oder beschädigt sein. – Scheinwerfer und Dynamo (besser am Hinterrad) müssen richtig eingestellt sein. Die Anschlüsse sollten blank, die Verkabelung bruchfrei sein

wenn der entgegenkommende Verkehr durchgefahren ist (direktes Linksabbiegen).

- An unübersichtlichen Kreuzungen empfiehlt es sich, zusammen mit den Fußgängern die Kreuzung zunächst geradeaus, und dann nach links zu überqueren (indirektes Linksabbiegen).

Auch beim *Rechtsabbiegen* muß man seine Absicht deutlich durch Handzeichen zu erkennen geben. Besonders zu achten ist auf rechtsabbiegende LKW und Busse, deren Fahrer einen Radler oft nicht im Spiegel sehen (toter Winkel). Man sollte sich nicht neben ein solches Fahrzeug stellen.

Überholen

Langsamer fahrende Fahrzeuge werden links überholt.

Radfahrer dürfen Fahrzeuge, die auf dem rechten Fahrstreifen warten, mit mäßiger Geschwindigkeit (vorbeitasten) rechts überholen und bis zur Ampel vorfahren, wenn dafür ausreichend Raum (mindestens 1 m zwischen Auto und Bordstein) vorhanden ist.

Nebeneinanderfahren

Sofern der übrige Verkehr nicht behindert wird, ist Nebeneinanderfahren erlaubt.

Fahren in Gruppen

Mehr als 15 Radfahrer dürfen einen geschlossenen Verband bilden und dann zu zweit nebeneinander auf der Fahrbahn fahren. Der Führer hat dafür zu sorgen, daß die für geschlossene Verbände geltenden Vorschriften befolgt werden (siehe dazu S. 45)

Gefahrenpunkte auf Radwegen

Große Gefahren drohen demjenigen, der verkehrswidrig den linken Radweg benutzt, also in der falschen Verkehrsrichtung fährt.

An vorfahrtberechtigten Straßen wird die Sicherheit von rechts fahrenden Radlern durch rechtsabiegende Autos stark eingeschränkt. Besonders dann, wenn die Radwegeführung von der Fahrbahn abgesetzt ist oder eine schnell befahrbare Rechtsabbiegerspur für Autos vorhanden ist. Man vergewissere sich beim Überqueren einer solchen Straße durch einen Seitenblick, ob einem nicht doch ein Auto „in die Quere" kommt.

Große Umsicht ist auch geboten, wenn der Radweg zu Ende geht. Man mache rechtzeitig durch Armausstrecken deutlich, daß man sich wieder in den laufenden Verkehr einfädeln will.

Und immer daran denken: Ein Fahrrad hat keine Knautschzone!

Rücksicht

Fußgänger erschrecken leicht, wenn man von hinten zu dicht an sie heranfährt.

Manche ältere Menschen sind in ihrer Wahrnehmungsfähigkeit beeinträchtigt: es gilt, auf sie Rücksicht zu nehmen.

Kinder neigen zu spontanen Reaktionen. Deshalb: Kinder immer im Auge behalten, Geschwindigkeit verringern.

Radfahrende Kinder

Kinder bis zum vollendeten 8. Lebensjahr müssen den Gehweg benutzen, zwei weitere Jahre haben sie die Wahl zwischen Gehweg, Radweg und Straße.

Drei Personen auf einem Rad?

Das ist nur zulässig, wenn der Fahrer mindestens 16 Jahre alt ist und das oder die Kinder nicht älter als 7 Jahre. Außerdem sollte man Kinder nur in geprüften Sitzen mitnehmen. Wichtig ist auch der vorgeschriebene Beinschutz, damit die Füße der Kinder nicht in die Speichen geraten. (Zu „Kindersitzen an Fahrrädern“ s. auch S. 40.)

Verhalten bei Unfall:

Die Grundregeln lauten:

- sofort halten
- feststellen, was passiert ist
- Spuren sichern
- den Namen der Zeugen aufschreiben, wenn keine Polizei da ist
- auch wenn nicht genau feststeht, ob man selbst am Unfall beteiligt ist, am Unfallort bleiben
- keine Unfallspuren beseitigen, bis die Polizei alles festgestellt und aufgenommen hat.

Vom Umgang mit Karten

Reiseunternehmen, Stadt- und Gemeindeverwaltungen bieten Fahrradtouren an, doch viele Freizeitsportler möchten sich ihre Tages- oder Mehrtagestour selbst zusammenstellen. Anregungen dazu bieten zum Beispiel die vom Deutschen Wanderverlag, Ostfildern, herausgegebenen KOMPASS-Radwanderführer. Dazu gehören die übersichtlichen Wanderkarten im Maßstab 1:25000 oder 1:50000.

Bei der Kartenauswahl sind folgende Gesichtspunkte zu beachten:

- besser als eine schwarz-weiße ist eine farbige Karte, auf der Steigungen deutlich zu erkennen sind (topographische Karte)
- die Straßen verschiedener Ordnung sollten durch unterschiedliche Linienstärke kenntlich gemacht sein (B = Bundesstraßen; K = Kreisstraßen; L = Landstraßen; Autobahnen)
- besonders schöne Landschaftsstrecken sollten hervorgehoben sein; auf vielen Karten sind sie durch eine grüne Linie gekennzeichnet
- besondere Sehenswürdigkeiten, zum Beispiel ehemalige Römerbefestigungen oder Kanäle, Burgen, Schlösser, Ruinen, die sich oft nur wenige Meter abseits der Fahrstrecke finden lassen, sollten durch ein Symbol gekennzeichnet sein.

Festlegen der Strecke: Mit Bleistift zeichnet man auf der Karte den Verlauf der gewünschten Route nach und errechnet die Entfernung. Meist ist die Kilometerzahl von Ort zu Ort angegeben, doch es wird empfohlen, den Kilometerzähler zu verwenden und die Strecke auf dem Papier genau „abzufahren“. So können die Tageskilometer und auch die Übernachtungsorte festgelegt werden. Nun markiert man die Pausenpunkte – zumeist Orte mit Sehenswürdigkeiten – und stellt einen Tagesplan auf, der so aussehen könnte:

Abfahrt A-Dorf über B-Dorf nach Ruine X, dort 30 Minuten Pause, weiter nach C-Dorf durch Buschwald nach D-Städtchen; Mittagspause und Besichtigung des Rathauses ... usw. ... Ankunft Gasthof Y oder Jugendherberge Z = 90 Kilometer.

Die Karte ist immer im Gepäck und wird während der großen Pausen oder in der Unterkunft „gelesen“. Zur schnellen Orientierung während der Fahrt ist ein Handzettel bequemer.

Wer sich derart gerüstet – sei es allein, sei es mit der Familie oder mit Freunden – auf die Fahrt begibt, wird viel Freude erleben. Bleibt nur noch, ihm schönes Wetter zu wünschen.

RADFAHREN – DER GESUNDHEIT ZULIEBE

Die Menschen erbitten sich ihre Gesundheit von den Göttern. Daß sie aber selbst Einfluß auf ihre Gesundheit haben, wissen sie nicht", stellte der griechische Philosoph Demokrit um 400 v.Ch. fest.

Gesundheit setzen laut Umfrage bis zu 90 Prozent der Befragten an die erste Stelle ihrer Zukunftswünsche. Die Frage, was sie für ihre Gesundheit tun, beantworten 50 Prozent mit „Bewegung, Sport, Gymnastik" – da dürfte der sonntägliche Autoausflug, verbunden mit einem kleinen Spaziergang, einbezogen sein. Das beim heutigen "Gesundheitsboom" vielfach kanalisierte Wissen vom eigenen Einfluß auf die Gesundheit ist zwar abrufbar, wird aber kaum so recht in die Tat umgesetzt. Und so tritt denn auch der schicksalhafte Aspekt besonders der Zivilisationskrankheiten in den Vordergrund – Fatalismus obsiegt.

Gesundheitsbewußtsein wird oft erst durch Erfahrung verinnerlicht und aktiviert. Daß Fatalismus nicht angebracht ist, daß man etwas tun kann für seine Gesundheit, erfahren körperlich aktive, Sport und Gymnastik treibende Menschen immer wieder. Und begeisterte Radler „erfahren" sich dieses Wissen regelrecht. Sie fühlen, wie ihre Bewegungsform nicht nur die körperliche, sondern auch die psychische Leistungsfähigkeit steigert: Radfahren hält fit und macht Spaß (das vor allem mit dem Partner oder in der Gruppe), es lädt mit vitaler Energie auf und wappnet gegen den allfälligen psychosozialen Streß – kurz, es fördert das Wohlbefinden umfassend. So entspricht das Gesundheitsbewußtsein der Radler ganz der Gesundheitsdefinition der WHO (Weltgesundheitsorganisation): Gesundheit ist nicht nur körperliches, sondern auch seelisches und soziales Wohlbefinden – und gesund bleiben können wir nur in einer gesunden Umwelt. Natur und Umwelt sind in die Erlebniswelt der Radfahrer integriert. Sie freuen sich an der Natur und versuchen, die Umwelt zu schonen. Wenn möglich, lassen sie ihr Auto in der Garage und fahren mit

Rast nach vergnüglicher Fahrt

dem Rad zur Arbeit und zum Einkaufen; sie lieben einen Erlebnisurlaub mit dem Rad jenseits der Blechlawinen und Staus.

Risikofaktor Bewegungsmangel

Gesundheit zu erhalten und Krankheiten vorzubeugen setzt voraus, die krankmachenden Faktoren, die Risikofaktoren für die Gesundheit zu kennen – als da sind:

- Bewegungsmangel
- psychosozialer Streß und mangelnde Streßverarbeitung
- Persönlichkeitsstruktur (z.B. Magengeschwür Persönlichkeit)
- falsche Ernährung

- Übergewicht
- Drogenabhängigkeit (die sanktionierten Drogen Alkohol und Nikotin sowie die nichtsanktionierten Drogen Kokain, Heroin u.a.)
- Medikamentenmißbrauch und -abhängigkeit
- Umweltgifte und Gifte am Arbeitsplatz.

Bewegungsmangel ist der Teufelsfuß des zivilisatorischen Fortschritts. Rationalisierung, Arbeitserleichterungen durch Roboter und andere neue Technologien und vor allem ein immenses Freizeitangebot, das zur Passivität verleitet (Fernsehen, Video, Computerspiele, Sportveranstaltungen etc.), führen zu krankmachendem Bewegungsmangel.

Bewegung ist ein Symbol des Seins und der Lebensfreude, ist ein Anpassungsprozeß an die jeweiligen Umweltbedingungen und macht so unsere Organe und Organsysteme leistungs- und widerstandsfähiger. Bewegung dient dem körperlich-seelischen Gleichgewicht. Bewegungsmangel dagegen läßt Organe und Organsysteme erschlaffen und führt zu einem körperlich-seelischen Ungleichgewicht, das uns streß- und krankheitsanfällig macht, falsche Ernährung, Übergewicht und Drogen- oder Medikamentenmißbrauch fördert. Bewegungsmangel ist also der Katalysator all der anderen Risikofaktoren (mit Ausnahme der verbreiteten Umweltgifte).

Umgekehrt minimieren Bewegung, körperliche Aktivität und Sport als regulierender Faktor die Gesundheitsrisiken, auf die wir Einfluß haben, spielerisch wie von selbst – ohne Gebote und Verbote. Bewegungsaktive, ausdauertrainierte Mitmenschen, wozu vor allem Radsportler, aber auch alle begeisterten Radfahrer gehören – verarbeiten psychosozialen Streß besser, finden leichter zur richtigen Ernährung und brauchen keine vermeintliche Problemlösung durch Drogen- oder Medikamentenmißbrauch. Ausdauertrainierte leben meist aktiver und so auch natürlicher und gesünder, auch scheinen sie die Fähigkeit erworben zu haben, sich schnell und vertieft zu erholen.

Radfahren – der Gesundheitssport Nr. 1

Es zeichnet sich immer mehr ab: Radfahren, eine der schönsten Bewegungsformen, hat Jogging den Rang abgelaufen und ist bereits Gesundheitssport Nr. 1. Freilich geht es hier nicht darum, eine Sportart gegen die andere auszuspielen; denn der Radfreund tut gut daran, zum Ausgleich bisweilen auch anderen Bewegungsformen nachzugehen – und dann vor allem Jogging, Schwimmen und auch Skilanglauf. Die beiden letzteren Sportarten eignen sich nicht zuletzt auch dazu, die erreichte Leistungsfähigkeit im Winter zu erhalten. Und grundsätzlich sollte der Radfahrer regelmäßig eine leichte Gymnastik betreiben, um sich die Flexibilität seiner Gelenke zu bewahren. Dennoch, der Gesundheitsboom hat sich nicht ohne Grund mit dem Fahrradboom liiert:

- Radfahren kann jeder – vom Kind bis zum alten Menschen
- auch körperlich Behinderte (etwa Beinamputierte) können sich durch Radfahren fit halten
- High-tech machte das Rad zum hochqualifizierten Instrument für Freizeiterlebnisse (BMX, Mountain Bike, Trekking Bike, Rennrad)
- Radfahren fördert – mit dem Partner, der Familie oder in der Gruppe – das gemeinschaftliche Erleben
- macht einfach Spaß, bringt Lebensfreude und Erfolgserlebnisse
- bereits „Soft-Cycling“ (Radfahren ohne besondere Anstrengung) erhöht die körperliche und psychische Leistungsfähigkeit
- schont Gelenke, Sehnen und Bänder (bei richtiger Sattelhöhe usw.), denn das Körpergewicht wird vom Sattel getragen: die Gelenke arbeiten zwar, sind aber entlastet
- Radfahren kann Übergewicht abbauen
- stabilisiert die Gesundheit und läßt sich zur Vorbeugung, Therapie und Rehabilitation von Gesundheitsstörungen und Krankheiten einsetzen
- bremst den Alterungsprozeß.

Radfahren ist ein Training auf Ausdauer. Ausdauer ist die wichtigste motorische Beanspruchungsform. Und

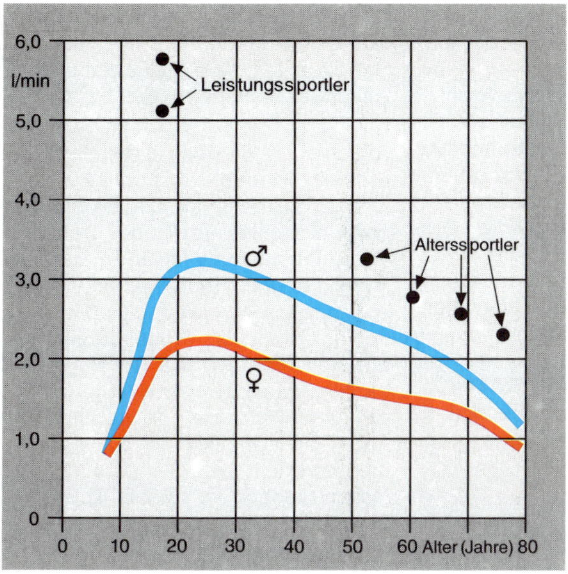

Maximale Sauerstoff-Aufnahmefähigkeit – ein wesentlicher Faktor des biologischen Alters. Durch natürliche und zivilisationsbedingte Alterungsprozesse nimmt diese Fähigkeit, die für die Gesundheit aller Organsysteme – vor allem aber für die sauerstoffdurstigen Organe Herz und Gehirn – essentiell ist, stetig ab: Ein untrainierter 25jähriger Mann kann maximal im Schnitt 3,2 Liter Sauerstoff pro Minute aufnehmen, ein 70jähriger nur noch ca. 1,8 l/min. Schnell einsetzende Kurzatmigkeit bereits bei mittlerer körperlicher Aktivität ist ein Warnsignal für ungenügende Sauerstoffaufnahme. Hauptrisikofakter vorschnellen Alterns ist die zivilisationsbedingte Bewegungsarmut. Positiv ausgedrückt: Durch ein Ausdauertraining, das ca. 60 Prozent der Skelettmuskulatur erfaßt, läßt sich die maximale Sauerstoff-Aufnahmefähigkeit auf den Stand von etwa 20 Jahre jüngeren Menschen bringen. Untrainierten „Alterssportlern“ gelingt dies schon nach 12wöchigem Fahrradtraining.

nur damit kann man die wertvollsten gesundheitlichen Reize erzielen. „Beim richtigen Radfahren kommt es nicht auf Schinden und Plagen, Pushen und Powern an – sondern auf genußvolles bewußtes Fahren in einem Bereich, der die notwendige Reizschwelle überschreitet, um die vielfältigen Anpassungserscheinungen der gesundheitlich wertvollsten Hauptbeanspruchungsform 'Ausdauer im eigenen Körper' anzuregen“, faßt der Sportmediziner Dr. Peter Konopka in seinem Buch „Spaß am Bike“ zusammen. Etwa 30 bis 40minutiges Radfahren sind der Gesundheit am zuträglichsten, wobei eine Trainingshäufigkeit von drei- bis viermal pro Woche ausreicht. Die wesentlichsten Anpassungserscheinungen sind

- eine Verbesserung der Sauerstoffaufnahme und der Atmung
- eine Anpassung der Gefäße durch das ideale Gefäßtraining per Muskelpumpe.

So wird Radfahren zu einer Bewegungsform, die vor allem Herzkreislaufkrankheiten (Herzinfarkt, Durchblutungsstörungen verschiedener Art, Bluthochdruck) vorbeugen kann, bei ihrer Therapie mitzuhelfen vermag und die Rehabilitation in puncto Erhöhung der körperlich-psychischen Leistungsfähigkeit beschleunigt. Auch bei verschiedenen Stoffwechselkrankheiten (z.B. bei Diabetes mellitus, Fettstoffwechselstörungen) kann Radfahren dem Ausbruch der Krankheit vorbeugen oder die ärztlichen Therapieformen unterstützen. Nicht zuletzt wirkt sich die Bewegungsform günstig auf die vielfältigen vegetativen und psychischen Störungen aus (mehr als 50 Prozent der Patienten, die einen Facharzt für Allgemeinmedizin aufsuchen, leiden darunter – Schlafstörungen sind noch die harmlosesten Erscheinungen dieses psychisch-körperlichen Ungleichgewichts), ja durch die Ausschüttung von morphinähnlichen Substanzen, den Endorphinen, vermag Radfahren auch bei der Bewältigung von Depressionen zu helfen. Wen diese Thematik interessiert, dem sei das bereits erwähnte Buch von Dr. Peter Konopka empfohlen.

Risiken des Radfahrens

Auch für das Radfahren gilt: jedwede Übertreibung beim Training kann zu Rückschlägen der Leistungsfähigkeit und möglicherweise auch zu gesundheitlichen Gefährdungen führen – vor allem dann, wenn nach der Belastung nicht die notwendige Erholung folgt. Das Verhältnis von Belastung und Erholung ist allerdings recht individuell. So sollte auch „die Kombination von Streckenlänge und Fahrtempo zu einer als angenehm empfundenen wohligen Ermüdung führen... Längere Strecken langsam zu fahren, das ist gesünder als kurze Strecken schnell" (Dr. Peter Konopka).

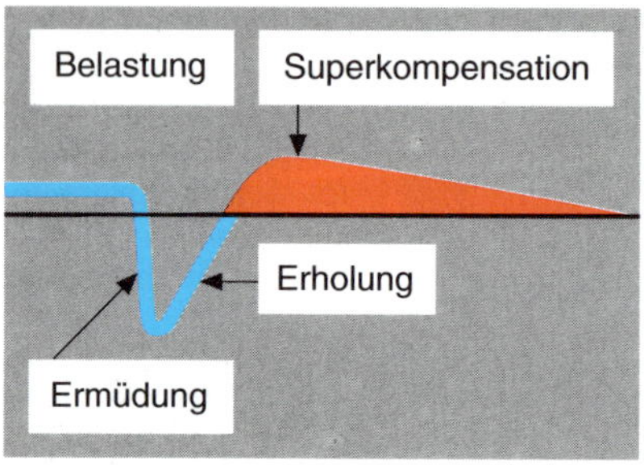

Das Geheimnis der kontinuierlichen Leistungssteigerung durch Ausdauertraining ist die Superkompensation:

- *Auf die Trainigsbelastung folgt die Ermüdung – die Leistungskurve ist auf der Talsohle.*
- *Der Leistungsverlust wird durch angemessene Erholung nicht nur ausgeglichen (kompensiert), sondern „superkompensiert": Der Organismus hat sich ein höheres Leistungsniveau (rotes Polster) erarbeitet, mit der er verhindern möchte, daß eine neuerliche gleichgroße Belastung wieder zum gleichgroßen Leistungsverlust führt.*

Das höhere Leistungsniveau ist freilich nur haltbar und auszubauen, wenn rechtzeitig – bevor das Polster der Superkompensation schwindet – ein neuer Belastungsreiz gesetzt wird. Tägliches Training ist optimal; doch im Gesundheits- und Breitensport reicht es aus, drei- bis viermal pro Woche zu trainieren (jeweils 30 bis 40 Minuten). Wichtig: Die Ermüdung sollte nur leicht bis mittel, also noch angenehm sein – Übertreibungen im Trainingsprozeß können zu Rückschlägen des Leistungsniveaus führen und die Gesundheit gefährden.

Anscheinend liegt es in der Natur von Freizeit- oder Breitensportlern, sich zu intensiv zu belasten. Bis sie merken, daß Übertreibungen in der Trainingsintensität zu Rückschlägen der Leistungsfähigkeit führen können, kann es möglicherweise zu spät sein. Schlimmstenfalls droht denjenigen, die ihr Herz über die Strecke jagen, ein Herzinfarkt. Zuvorderst jedenfalls gilt für Untrainierte, die zum Freizeit- oder Gesundheitssportler avancieren möchten, sich ärztlich untersuchen zu lassen (wichtig ist z.B. ein EKG unter Belastung). Die kritische Schwelle für jeden Freizeitsportler ist der Sauerstoffmangel: Im Stoffwechsel werden dann die Kohlenhydrate nicht mehr ausreichend mit Sauerstoff (aerob) abgebaut, Milchsäure (Laktat) häuft sich an (Kennzeichen: starker „Muskelkater"). Bei Ausdauer-Leistungssportlern (Radrennfahrer) steigen die Milchsäurewerte je nach Training erst bei immer höheren Belastungsstufen an. Um die Ausdauerleistung von Radrennsportlern zu überprüfen, wird die anaerobe Schwelle (Energiebereitstellung ohne Sauerstoff) benutzt. Diese Laktatschwelle liegt im Bereich zwischen 2-4 mmol/l Milchsäure im Blut. Im Gesundheits- oder Breitensport sollte diese Schwelle nie erreicht werden. (Siehe dazu Tabelle „Trainingsintensitätsstufe" S. 59 oben).

Ausdauertraining „ist mit einer hohen Sauerstoffaufnahme und einem hohen Energieumsatz verknüpft. Deshalb gilt es, vor allem bei längeren Radwanderungen die verbrauchten Glykogenvorräte (Glykogen = Kohlenhydratspeicher) in der Muskulatur wiederaufzufüllen – durch einen hohen Kohlenhydratanteil in der Ernährung", empfiehlt die Ernährungswissenschaftlerin Silke Fischer (Universitätsklinikum Freiburg) dem radfahrenden Breitensportler. Der Kohlenhydratanteil sollte mindestens 55 Prozent betragen und vor allem aus Naturreis, Kartoffeln und Vollkornprodukten gezogen werden. Außerdem sollten

Intensitätsstufe	Max. Sauerstoffaufnahme (in %)	Trainingsherz frequenz (Schläge/Min.) LA = Lebensalter	Beispiele verschiedener Lebensjahre Trainingsfrequenz				
			20 J.	30 J.	40 J.	50 J.	60 J.
I	30-50	160 ./. LA	140	130	120	110	100
II	50-60	170 ./. LA	150	140	130	120	110
III	60-75	180 ./. LA	160	150	140	130	120

Die Trainings-Intensitätsstufe wird in Prozent der maximalen Leistungsfähigkeit, d. h. der maximalen Sauerstoff-Aufnahmefähigkeit gemessen (s. dazu die Graphik S. 57). Da der Gesundheits- oder Breitensportler kaum je in den Bereich der maximalen Sauerstoff-Aufnahmefähigkeit gelangt, was selbst die Werte der Intensitätsstufe III zeigen, ist es für ihn praktikabel, die Trainings-Herzfrequenz (= Pulsschläge) als Maßstab für die Belastung heranzuziehen. Jeder Neuling sollte mit der Intensitätsstufe I beginnen, die Pulsschläge pro Minute sollten dann 160 minus Lebensalter nicht überschreiten. Die recht umständliche Pulsmessung während des Fahrens kann man sich durch ein Pulsmeßgerät einfach machen (s. Abb. rechts).

auch die beim Training verlorengegangenen Wasser- und Mineralstoffverluste rechtzeitig ersetzt werden. Empfehlenswert sind magnesiumsreiche Mineralwässer, gemischt mit einem kaliumreichen Fruchtsaft (Orangen- oder Apfelsaft). Günstiges Mischungsverhältnis: 1 : 3.

Grundsätzlich gilt bei Radtouren die Empfehlung:

- Trink, bevor Du Durst hast und
- iß, bevor Du Hunger hast.

Nur so bewahrt sich der Radwanderer davor, in ein „Erschöpfungsloch" zu fallen, das den Trainingseffekt aufhebt und gesundheitliche Nachteile bringen kann.

Pulsmaster®, ein Pulsmeßgerät zur Trainingssteuerung

Gefahr am Nachmittag: Ozon

An einem sonnigen Sommernachmittag durch eine idyllische Landschaft radwandern oder mit dem Mountain Bike steile Pfade bewältigen – solche Träume lassen sich verwirklichen, in „reiner Luft fernab der Luftschadstoffe von Ballungszentren" (so der Werbeprospekt einer radfahrerfreundlichen Gemeinde). „Radfahren in reiner Luft, da tue ich in zweifacher Hinsicht etwas für meine Gesundheit", glaubt der umweltbewußte Radler.

Doch wenn dann die letzten zehn von 40 Kilometern sehr „lang" werden, oder er sich gar nach der Tour abnorm müde fühlt, wundert er sich über die ungewöhnliche Leistungsminderung. Dem mitfahrenden 14jährigen Sohn ergeht es ähnlich, außerdem klagt er über eine Augen- und Rachenreizung. Erst Frau und Tochter, die zwei Tage später bei einer kürzeren Tour am Vormittag mitfahren, klären den Radsportler auf: Im Radio sei von hohen Ozonwerten die Rede gewesen, weshalb man besonders anstrengende körperliche Tätigkeiten am Nachmittag meiden sollte.

Sommer, Sonne und Ozon sind eine unheilige Allianz. Das aggressive Reizgas Ozon ist ein sekundärer Luftschadstoff, der seine Rohstoffe aus

Basel – Smog und Reinluftgebiet.
Blick von einer Jurahöhe (765 m) nach Nordwesten in den Smog des Ballungsraums Basel. Im „Reinluftgebiet" liegen an diesem sonnigen Märztag die Ozonwerte um gut ein Drittel höher als im Basler Smog (175 zu 125 Mikrogramm /m³). Der Ballungsraum produziert zwar die Vorläuferschadstoffe von Ozon wie Stickoxide und Kohlenwasserstoffe, die aber dort aufgrund ihrer hohen Konzentration das entstandene Ozon teilweise wieder abbauen.

dem zivilisationsbedingten Reservoir der Luftverschmutzung in den Ballungszentren bezieht – aus Stickoxiden und flüchtigen organischen Substanzen (Kohlenwasserstoffe). Motor der Ozonbildung ist die UV-Strahlung der Sonne. Ohne Sonne kein Ozon, nachts baut sich das gebildete Ozon wieder ab. Die größte Quelle der Vorläuferschadstoffe ist der Autoverkehr. Der morgendliche Berufsverkehr ist es vor allem, der den sogenannten Ozonberg aufzubauen beginnt: Der Berg hat dann eine flache Kuppe hoher Konzentrate zwischen 12 und 19 Uhr, danach fällt er wieder ab.

Die höchsten Ozonkonzentrationen treten im Sommerhalbjahr bei Schönwetterperioden (Hochdruckwetterlage) auf, und zwar nicht in den Ballungsräumen, sondern fatalerweise in den früher sogenannten Reinluftgebieten. Und das hat seinen Grund: In den Ballungsräumen reagiert Ozon mit seinen hier hochkonzentrierten Ausgangsschadstoffen und wird so teilweise abgebaut; andererseits treibt der Wind die Ausgangsschadstoffe weit übers Land, wo sich bei praller Sonne Ozon „in Ruhe" bildet – und infolge der hier geringeren Konzentration der Ausgangsschadstoffe wird es tagsüber geringfügiger abgebaut. So liegen die Ozonwerte der „Reinluftgebiete" im Lee der Ballungsräume oft um ein Drittel höher als in den Städten!

Ozon ist eines der stärksten Oxidationsmittel. Bei Mensch und Tier wirkt es als Reizgas und Zellgift. Aufgrund seiner geringen Wasserlöslichkeit dringt es weit in die feinsten Bronchienverzweigungen vor bis zu den Lungenbläschen. Auch bei Bäumen und Pflanzen wirkt Ozon als Zellgift. Das Waldsterben geht nicht nur auf das Konto des sauren Regens, sondern auch auf das Konto Ozon. Studien und Experimente an Menschen belegen eindeutig: Auf Ozon reagieren wir einmal mit subjektiven Symptomen und zum anderen mit einer objektiv überprüfbaren Beeinträchtigung und Leistungsminderung der Lungenfunktion. Subjektive Symptome können sein:

- Augenreizungen
- Trockenheit und Reizung im Rachen
- verstärkte Schleimhautbildung in den Bronchien, Husten
- Schmerz beim tiefen Einatmen
- Beklemmung hinter dem Brustbein
- Kurzatmigkeit, Atemnot
- Kopfweh, Übelkeit
- abnorme Müdigkeit
- Leistungsminderung (auch objektiv feststellbar).

Mit welchen Symptomen Menschen auf Ozon reagieren und wie stark diese ausgeprägt sind, z.B. wie sehr Ozon die Lungenfunktion beeinträchtigt, ist individuell unterschiedlich ebenso wie der Schwellenwert, ab dem Menschen reagieren. 20 bis 30 Prozent der Mitmenschen reagieren stark auf Ozon, bereits bei Konzentrationen zwischen 90 und 120 Mikrogramm Ozon pro Kubikmeter Luft sind ihre Lungenfunktion und Leistungsfähigkeit gemindert, Doch an Ozontagen kommt es hierzulande zu Werten zwischen 180 und 300 Mikrogramm.

Für uns alle aber gilt: Entscheidend für die Ozonwirkung sind erstens die Höhe des Ozonwertes, zweitens die Dauer, während der wir Ozon ausgesetzt sind, und drittens die körperliche Aktivität innerhalb dieser Expositionszeit. Der Grund für den letzten Faktor ist klar: Wenn wir körperlich aktiv sind, atmen wir verstärkt und atmen so auch mehr Schadstoffe ein. Ausdauersportlern – und hierzu gehören auch die Radfahrer, die im Sinne des Breiten- oder Gesundheitssports radeln – spielt demnach Ozon besonders übel mit: Das Reizgas schadet ihrer Gesundheit und schmälert ihre Leistungsfähigkeit. Um den gesundheitsfördernden Einfluß des Radfahrens nicht ins Gegenteil zu verkehren, bleibt nur:

- während des Sommerhalbjahres die täglichen Ozonmeldungen im Radio zu beachten und
- im Falle von Ozonepisoden das Ausdauertraining, Radwandern oder Mountain Bike-Fahren auf den

Ein Radsportler beim Smogkammer-Experiment am Institut für Hygiene und Arbeitsphysiologie, Universität Zürich. Solche Experimente zeigen eindeutig: Das Reizgas Ozon mindert die Lungenfunktion.

Vormittag oder in die Abendstunden zu verlegen.

Warnung: Das Reizgas Ozon kann man gar nicht ernst genug nehmen. Neuere Untersuchungen lassen auf die Entwicklung eines bleibenden Lungenschadens der Bevölkerung in Gebieten mit hohen Ozonwerten und auf ein vorzeitiges Altern der Lunge schließen. Und: Der in Deutschland angesetzte Grenzwert von 180 Mikrogramm, ab dem die Bevölkerung gewarnt werden soll, ist zu hoch angesetzt. Vorsicht ist schon bei einer Konzentration ab 120 Mikrogramm geboten, wenn sie als Mittelwert sechs bis acht Stunden anhält (WHO-Standard).

120 Mikrogramm hat die WHO denn auch als Zielwert gesetzt, der möglichst noch in diesem Jahrzehnt erreicht werden sollte. Doch dann müßten die Vorläuferschadstoffe drastisch um 60-70 Prozent gesenkt werden. Die begeisterten Radler, die öfters ihr Auto in der Garage lassen, tragen heute bereits ihr Scherflein dazu bei. Bleibt nur zu hoffen, daß der Fahrradboom weiter anhält.

PFLEGEN–REINIGEN–WARTEN

Alte Liebe rostet nicht", sagt der Volksmund. Gelegentlich scheinen Weisheiten wie diese tatsächlich einen sprichwörtlichen langen Bart zu haben. Zwar behaupten manche Hobbyradler, es gäbe nichts Schöneres für sie, als in freier Natur zu radeln, doch schaut man auf ihre Drahtesel, so ist oft vor Rost und Staub von „alter Liebe" keine Spur zu entdecken. Rostige Ketten knirschen, Laufräder „achtern", Lack und Chrom sind stumpf und matt. Klar, daß gelegentlich fröhlich begonnene Radtouren schon nach wenigen Kilometern abrupt enden. Denn ein Rad läuft nur so gut, wie es gepflegt wird.

Wie man seinen Drahtesel mit wenigen Handgriffen in Schuß hält, wie man ihn pflegt und wie der Laie einfache Reparaturen selbst ausführen kann, soll Ihnen dieses Kapitel zeigen.

Wartung, Pflege und Reparaturarbeiten lassen sich erleichtern, wenn man das Fahrrad auf einen Ständer montiert

Fahrradpflege

Unvermeidliche Begleiterscheinung einer Radtour über Feld und Flur sind Staub, Schmutz und Steine. Der Ölfilm auf der Kette wird zäh und schmierig, Lack- und Chromteile sind bedeckt von einem staubigen Belag. Das Aussehen und die Funktionstüchtigkeit des Fahrrades verschlechtert sich erheblich. Deshalb muß ein Rad regelmäßig gereinigt werden. Besonders nach langen Touren sollte man es einer intensiven Grundreinigung unterziehen. Man braucht dazu folgende Utensilien: Plastikeimer, harte Handbürste, Pinsel, Schwamm und mehrere feste Lappen. Reinigungsmittel sind Wasser, Spülmittel und umweltfreundliche Reiniger.

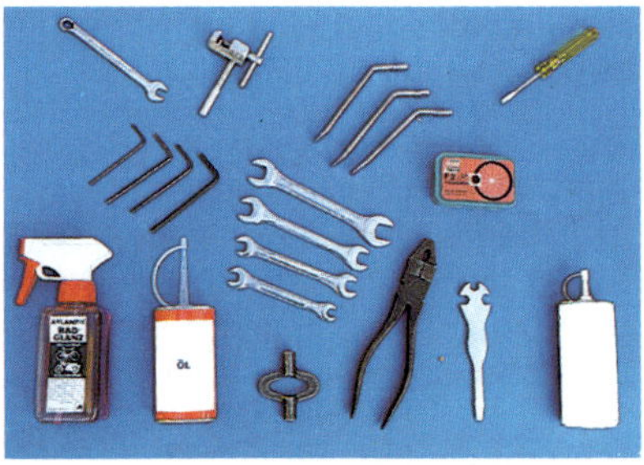

Werkzeug für den Hobby-Bastler: Inbusschlüssel, Schraubenzieher, Reifenheber, Kettennietendrücker, Zentrierschlüssel, Flickzeug, Kombizange.
Biologisch abbaubare Reiniger und umweltgerechtes Haushaltsöl dienen der Pflege

Stark verschmutzte Räder wäscht man gründlich mit Wasser und zugesetztem umweltfreundlichem Spülmittel ab. Dazu eignet sich gut ein Autoschwamm, mit dem man zuerst die weniger stark verschmutzten Teile

Das Fahrrad wird mit Schwamm, Wasser, dazu einen Schuß Spülmittel, gereinigt

am Rad wie Rahmen, Lenker, Oberseite der Schutzbleche behandelt. Dann erst kommen die Laufräder an die Reihe. Bei dieser Arbeit überprüft man die Lauffläche der Manteldecke auf eventuelle Schäden wie Risse, Löcher, eingedrungene Fremdkörper. Dem Restwasser setzt man zum guten Schluß noch einen kräftigen Schuß Spülmittel zu. Mit dieser Lösung und der Handbürste werden schließlich die Kette, der Zahnkranz und das Kettenblatt behandelt. Ebenso befreit man Schaltwerk und Umwerfer von altem Fett und Schmutz. Ist der Schmutz- und Ölfilm auf der Kette verhärtet, so reibt man sie mit einem in Waschbenzin getränkten Putzlappen gründlich ab. Die Zwischenräume der Kettenglieder putzt man am besten mit einer ausrangierten Zahnbürste. Zu guter Letzt wird das gesamte Rad mit klarem Wasser gründlich abgespült und mit einem weichen Lappen trockengerieben.

Leicht verschmutzte Drahtesel, deren Antriebssystem und Laufräder fast „reibungslos" laufen, sprüht man mit einem Putzöl ein, läßt es einwirken und poliert schließlich mit einem weichen Lappen die so behandelten Teile. Diese Reinigungsöle konservieren Lack, Chrom- und Aluminiumteile und schützen zusätzlich vor frühzeitiger Korrosion.

Lack- und Chrompflege

Glänzende Speichen, verchromte Fahrradgabeln oder blanke Naben verlieren durch Witterungseinflüsse sehr schnell ihren Glanz. Besonders aggressiv wirkt Salzwasser auf winterlichen Straßen. Ist der Lack schadhaft, so bilden sich sofort Roststellen, die Oberfläche von Aluminiumteilen wird regelrecht angefressen, und selbst Chromschichten beginnen nach kurzer Zeit abzublättern. Deshalb sollte man das Rad – besonders wenn man es auch im Winter benutzen will – vorbeugend präparieren. Dies geschieht auf die gleiche Weise und mit denselben Reinigungs- und Pflegemitteln, die auch bei der Autopflege Verwendung finden. Nach der Grundreinigung des Drahtesels werden zuerst kleine Lackschäden am Rahmen beseitigt. Matt gewordene Aluminium- und Chromteile poliert man mit den entsprechenden Pflegemitteln auf Hochglanz. Ist der Lack unansehnlich und glanzlos geworden, so frischt man ihn mit Lackreiniger auf und versiegelt ihn anschließend mit einem Wachs. Wiederholt man diese Fahrradkosmetik im Frühjahr, so wird das Rad über Jahre glänzen.

Viele Radfahrer stellen im Herbst ihr Fahrrad einfach in den Keller und wundern sich ein paar Monate später, daß weder Bremsen noch Schaltung richtig funktioniert. Die erste Frühjahrstour fällt dann oft wegen technischer Mängel aus. Meist sind die Bowdenzüge durch Oxydation verklemmt und die Kettenglieder so sehr verrostet, daß sie sich nur noch schwer bewegen lassen. Es ist deshalb notwendig, das Rad vor dem Einmotten gründlich nach oben beschriebenem Schema für den „Winterschlaf" zu präparieren. Ferner sollte es in einem möglichst trockenen Raum abgestellt werden. Um sicher zu gehen, daß das Antriebssystem, Laufräder, Bremsen und Schaltung auch im kommenden Frühjahr noch intakt sind, ölt oder fettet man sie gründlich ein.

Kettenkosmetik

Ein Blick auf Fahrräder zeigt oft, daß ihre Besitzer besonders bei der Kettenpflege nachlässig sind. Dabei ist der Kraftverlust durch erhöhte Reibung, die durch schadhafte oder schlecht gewartete Ketten entsteht, relativ hoch. Natürlich verschleißen ihre Glieder, der Zahnkranz und auch

Ölen: Eine gut geölte Kette gehört zu einem gepflegten Rad

die Schaltung unverhältnismäßig schnell, wenn Rost und schmirgelnde Schmutzpartikel an den Zähnen fressen. Deshalb sollten besonders die Kette, das an der Tretkurbel sitzende Kettenblatt und die Ritzel des Zahnkranzes sauber und die Kette immer gut geölt sein. Stark verschmutzte Ketten reinigt man in einem Waschbenzin- oder Petroleumbad. Rost wird mit einer Drahtbürste beseitigt. In Extremfällen läßt man die Kette über Nacht im Petroleumbad liegen. Nach dieser Prozedur sollten sich alle Glieder leicht und ohne feststellbaren Widerstand bewegen lassen. Danach taucht man sie in Fahrrad- oder Haushaltsöl. Es ist dünnflüssig und wirkt nicht als Schmutzfänger. Noch besser ist Fahrrad-Kettenöl. Wegen seiner guten Kriechfähigkeit dringt es auch in winzigste Zwischenräume der Kettenglieder und -hülsen. Seine guten Schmiereigenschaften wirken über lange Zeit. Motorenöl ist ungeeignet und höchst umweltschädlich. Nach Regenfahrten sollten jedoch alle Teile neu geölt werden.

Ketten dehnen sich durch die hohen Zugbelastungen, die auf ihre Einzelteile wirken. Deshalb sollte man die Kette austauschen, wenn sie bereits extreme Belastungen und hohe Kilometerzahlen ausgehalten hat. Dies gilt besonders bei Fahrrädern mit Kettenschaltung. Die Kettendehnung bei Fahrrädern mit Nabenschaltung läßt sich durch die Kettenspannschraube korrigieren. Aber auch hier gilt, daß sie ersetzt werden muß, wenn man sie mehr als 3 mm vom Kettenblatt abziehen kann. Der Austausch der Fahrradkette ist bei Rädern mit Nabenantrieb recht einfach. Man löst das Kettenschloß und nimmt sie von den Zahnkränzen. Bei Mehrgang-Kettenschaltungen ist die Kette endlos vernietet. Um sie zu lösen, benötigt man einen sogenannten Nietendrücker. Mit etwas handwerklichem Geschick ist aber auch diese Bastelarbeit leicht zu bewerkstelligen.

Schmieren und Ölen

Außer der Kette gibt es am Fahrrad einige wenige Teile, die regelmäßig ein paar Tropfen Öls oder Fetts bedürfen. Die meisten Lager besitzen eine Dauerschmierung, die erst nach einigen tausend Kilometern überprüft werden muß. Um aber zu kontrollieren, ob auch alle drehbaren Fahrradteile gut geölt laufen, überprüft man systematisch Bremsen, Bremsgriffe, Naben, Schaltsystem und Tretlager. Auch die Brems- und Schaltungszüge müssen mindestens einmal im Jahr gefettet werden, so daß sie sich leicht in der Schutzhülle und an Rollen und Scharnieren bewegen lassen. Ein paar Tropfen Öl an Drehpunkten, Scharnieren und Gelenken wirken oft Wunder. Diese Wartungsarbeit sollte unbedingt nach einer Grundreinigung des Rades durchgeführt werden.

Schaltung und Umwerfer müssen ebenfalls regelmäßig gereinigt und geölt werden

Reparatur und Wartung

Die häufigsten Defekte treten an der Bereifung auf.

Tourenräder, Mountain Bikes, Sport- und Rennsportträder sind mit sogenannten „Drahtreifen" ausgestattet. Sie bestehen aus einem Schlauch und einem Mantel, an dessen Seiten

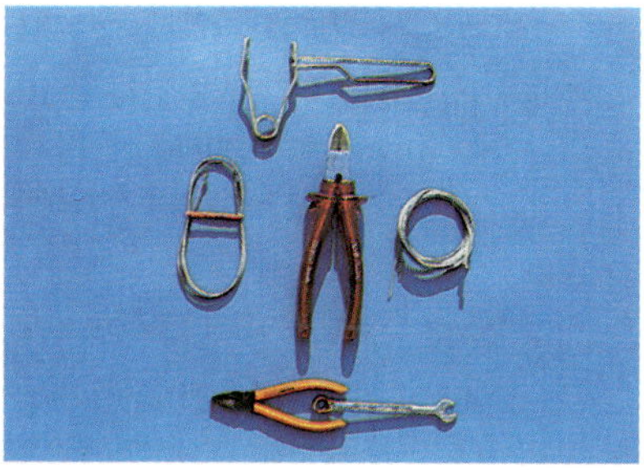

Spezialwerkzeuge zur Montage von Brems- und Schaltzügen: eine „Zweite Hand" zur Fixierung der Bremszange bei der Montage des Bremszuges (oben); Brems- und Schaltzug sowie eine Zange zum sauberen Abschneiden der Züge (Mitte); Ring-/Gabelschlüssel, Kombizange (unten)

dünne Drähte oder Kunststoffseile einvulkanisiert und in Vertiefungen der Felge befestigt sind. Bei Rennrädern gibt es außerdem spezielle „Schlauchreifen", die mit sogenanntem Reifenkitt auf eine Spezialfelge geklebt werden.

Vor Reifenpannen ist niemand gefeit. Selbst neue Reifen mit einem noch so guten Profil können durch scharfe oder spitze Gegenstände verletzt werden. Deshalb sollte jeder Radler einen Reifendefekt selbst beheben können.

Dazu braucht man folgendes Werkzeug: Reifenheber, Flickzeug, Maulschlüssel und natürlich eine Luftpumpe.

Die Reparatur im einzelnen:

Bei Rädern mit Nabengangschaltung: Bevor man den Reifendefekt beheben kann, muß das Laufrad ausgebaut werden. Besonders am Hinterrad ist diese Arbeit etwas komplizierter, da bei Nabenschaltungen der Bremshebel und der Einstellmechanismus zuerst demontiert werden müssen.

Bei Rädern mit Kettenschaltung: Man schaltet vor dem Ausbau des Hinterrades zuerst auf das kleinste Ritzel am Freilauf und legt die Kette vorne auf das innere Kettenblatt. Dann löst man die Flügelmuttern oder Schnellspanner am Laufrad, dieses hebt man anschließend mit einem leichten Schlag auf die Felge vom

Reifenflicken: Mit den Reifenhebern wird der Mantel aus der Felgenschulter gehoben

Der Schlauch wird vorsichtig herausgezogen

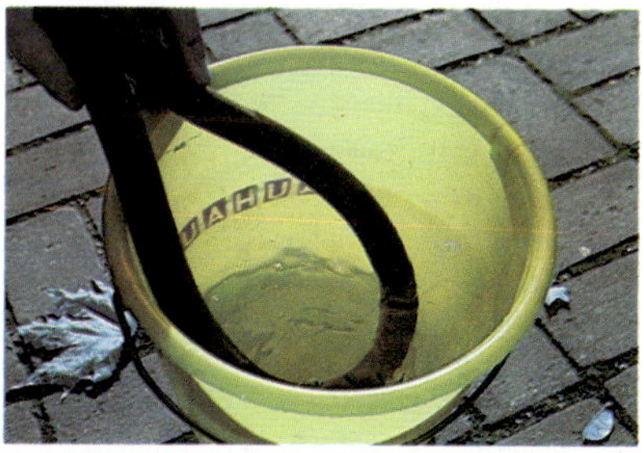

Aufsuchen der defekten Stelle: Der Schlauch wird leicht aufgepumpt und in einen mit Wasser gefüllten Eimer gehalten; aufsteigende Luftblasen zeigen das Loch an

Die defekte Stelle wird aufgerauht

Klebemittel auftragen und antrocknen lassen

Den Gummiflicken aufkleben

Schlauch ein wenig aufpumpen und in den Mantel schieben

Aufpumpen

Rahmen ab. Die folgenden Reparaturarbeiten sind dann bei allen Rädern mit Drahtreifenfelgen identisch:

- Rad ausbauen
- mit Reifenhebern Drahtreifendekke von der Felge lösen und mit der Hand schließlich abheben
- Schlauch vorsichtig herausziehen
- Schlauch aufpumpen und Schadenstelle suchen; man taucht ihn am besten in einen mit Wasser gefüllten Behälter und lokalisiert an aufsteigenden Wasserblasen das Loch
- Schlauch trocknen, Schadenstelle aufrauhen, Kleber dünn auftragen; nach drei Minuten Gummiflicken fest andrücken; Schlauch etwas aufpumpen
- Reifendecke sorgfältig auf ihrer Innenseite auf Fremdkörper abtasten
- Reifen und Schlauch vorsichtig montieren
- aufpumpen.

Schlauchreifendefekte werden auf eine andere Art behoben: Man reißt den platten Reifen aus dem klebenden Kittbett und zieht einen Ersatzreifen auf. Dieser Schlauchreifen sitzt jedoch nicht hundertprozentig fest auf der Felge, so daß der Radfahrer vorsichtig die restliche Fahrstrecke zurücklegen sollte. Vor der nächsten Fahrt sollte der Reifen unbedingt wieder aufgeklebt werden.

Schaltungsprobleme

An Touren-, Sport- und Rennsporträdern sowie Mountain Bikes werden mit Naben- oder Kettenschaltungen zwei Schaltungstypen montiert, die in Funktion und Haltbarkeit relativ robust sind. Gelegentlich auftretende Störungen lassen sich auch von Laien mit wenigen Handgriffen beseitigen.

Nabenschaltungen: Durch dauernde Belastung verstellt sich gelegentlich der Einstellmechanismus. Dies kann auch durch Stürze oder unsachgemäßes Abstellen des Rades geschehen. Die Gänge springen dann während der Fahrt heraus oder lassen sich nur noch schwer einstellen.

Man beseitigt diesen kleinen Defekt auf folgende Weise:

- Schaltzug, Clickschalter am Lenker und Führung des Zuges am Rahmen überprüfen; sind diese in Ordnung, so muß die Schaltung neu eingestellt werden, weil sich entweder die Schaltung verstellt hat oder der Schaltzug nach dem

Zum Einstellen der Dreigang-Nabenschaltung wird der Clickschalter auf 3 gestellt

Mit der Rändelschraube an der Clickbox wird die Einstellung justiert

ersten Gebrauch etwas längen kann

- Einstellen der Nabenschaltung; Clickschalter in Gangstellung 3 bringen; Pedale drehen, so daß der Gang auch einrastet
- die Einstellhülse an der Dreigangnabe verstellen, bis das Zugkettchen sich etwas aus der Kettenleitmutter bewegt
- alle Gänge schalten; klappt dieser Test, so ist die Schaltung richtig eingestellt
- mit der Rändelmutter die Einstellhülse fixieren.

Die Überprüfung von anderen Mehrganggetriebe-Naben ist ausführlich in den Einstellanleitungen der jeweiligen Produktbeschreibung verzeichnet.

Kettenschaltungen: Eine vom Zweiradmechaniker exakt eingestellte Kettenschaltung arbeitet über längere Zeit problemlos, solange der Radfahrer regelmäßig die gegen Spritzwasser und Staub weniger geschützte Schaltung reinigt und ölt. Schaltgruppe, Mehrfachzahnkranz und Kette bilden eine Einheit. Beim Austausch eines dieser Teile sollte der Zweiradmechaniker als Berater herangezogen werden, denn bestimmte Ketten passen nicht zu bestimmten Zahnkränzen. Dies gilt auch für Schaltungen und Freilauf-Zahnkränze.

Welche Defekte treten an Kettenschaltungen auf?

Es lösen sich gelegentlich die Befestigungsschrauben der Schaltzüge. Einzelne Gänge sind nicht mehr schaltbar. Auch verstellen sich Umwerfer und Schaltwerk, so daß sie sich zu weit nach links oder rechts bewegen. Zu schweren Stürzen kann es führen, wenn das Schaltwerk in die Speichen gerät. Die Einstellung von Umwerfer und Schaltwerk sollte deshalb auch der Laie beherrschen.

So wird's gemacht: Schalthebel nach vorne legen, Kurbel bewegen, bis die Kette auf dem kleinsten Zahnkranz liegt; wieder zurückschalten auf den größten Zahnkranz.

Springt die Kette vom kleinsten Ritzel nach außen oder vom größten Ritzel zwischen Freilauf und Speichen, so muß mit den Stellschrauben der Schaltweg neu justiert werden.

Mit dem Schraubenzieher wird die Kettenschaltung eingestellt

Dazu wird das Rad am Hinterbau aufgehängt. Dann den Schaltvorgang wiederholen. Liegt die Kette auf dem kleinsten Ritzel, so justiert man die betreffende Stellschraube so lange, bis die Kette ohne Nebengeräusche läuft.

Ebenso verfährt man, wenn die Kette auf das größte Ritzel geschaltet ist. In beiden Fällen darf die Kette nicht vom entsprechenden Zahnkranz springen, in beiden Fällen korrigiert man durch Stellschrauben den

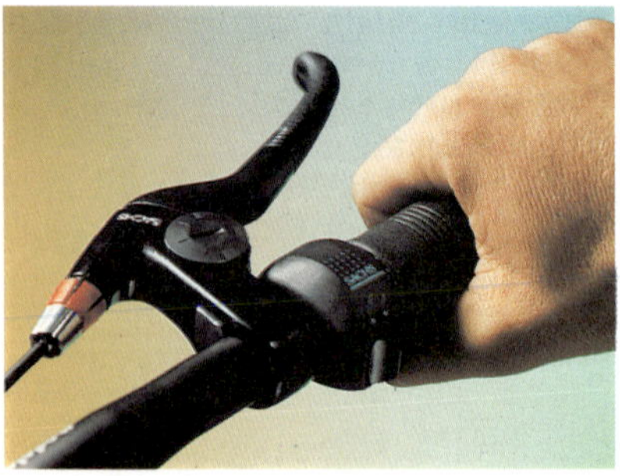

Moderner Drehgriffschalter

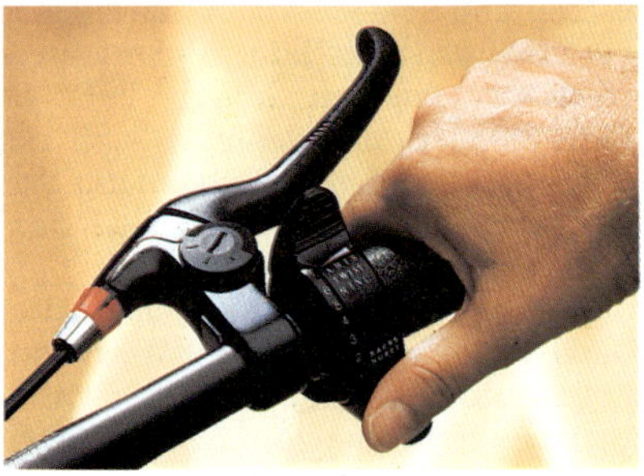

Neuer Drehringschalter

Schaltweg. Sind Fehlerquellen ausgemerzt, so überprüft man die Schaltung, indem man mehrmals flüssig vom größten auf den kleinsten Gang schaltet.

Die Kette sollte dabei leicht von einem Zahnkranz zum anderen geschaltet werden können und weder links noch rechts vom Ritzelpaket herunterspringen.

Bei einer Kettenschaltung mit mehreren Kettenblättern am Tretlager erfolgt die Einstellung des Umwerfers, der am Sitzrohr des Rahmens montiert ist, ebenfalls über Stellschrauben. Auch hier muß der Schaltweg so exakt eingestellt sein, daß die Kette weder nach außen noch nach innen von den Kettenblättern fallen kann.

Reißt auf einer Tour ein Kettenschaltungszug, so kann man sich auf folgende Weise helfen:

- defekten Zug beseitigen
- Kette auf den mittleren Zahnkranz legen
- mit den Stellschrauben den Bewegungsradius des Schaltwegs so fixieren, daß das Schaltwerk nur über diese Ritzel geführt wird.

Wartung der Bremsen

Nur wirklich begabte Hobbymechaniker sollten sich an die Reparatur einer Rücktrittbremse mit Nabenschaltung wagen. Defekte an ihrem komplizierten Mechanismus müssen von der Fahrradwerkstatt beseitigt werden. Bei Felgenbremsen jedoch kann auch der Laie kleinere Wartungsarbeiten ausführen. Eine Felgenbremse funktioniert nur dann optimal, wenn ihre Bremszüge ohne Widerstand durch die Bremszughülle gleiten und wenn sie die richtige Länge haben. Ferner sollten sich die Bremsgummis exakt auf die Felgenwandung pressen. Und: Die Felge muß rund laufen.

Die Bremsgummis müssen exakt auf den Felgen aufliegen

Austausch der Bremsgummis: Sie verschleißen relativ schnell. Anfänglich läßt sich die Abnutzung der Gummis durch Verstellen von Stellhülse und Rändelmutter an der Bremse ausgleichen.

Bremsgummis nutzen sich ab, die Bremsen verlieren an Wirkung

Sind die Bremsgummis aber profillos geworden, so tauscht man sie

Bremsgummis sitzen im Bremsschuh; bei der Montage muß die offene Seite des Schuhs nach hinten zeigen

gegen neue aus, die in den Bremsschuh gepreßt werden. Wichtig bei dieser Arbeit ist: Die offene Seite des Bremsschuhs muß immer nach hinten weisen, sonst rutschen die Gummis beim Bremsvorgang plötzlich heraus. Die Bremse ist dann absolut wirkungslos.

Nachspannen des Bowdenzugs: Gelegentlich ist dies notwendig. Es geschieht ebenfalls mit den Stellschrauben an der Bremse. Bei Mittelzug- und Cantileverbremsen befindet sie sich am Aufhängepunkt der Bremszughülle, bei Seitenzugbremsen direkt an der Bremszange. Grundsätzlich gilt jedoch besonders für Arbeiten am Bremssystem des Fahrrades: *safety first* – zuerst an die Sicherheit denken, denn Bremsen sind überlebenswichtig.

Höhen- und Seitenschläge in den Laufrädern

Laufräder bekommen durch Schlaglöcher, schlechte Wegstrekken, Fahrten über Bordsteinkanten gelegentlich einen sogenannten Achter. Ihn zu beseitigen oder, wie der Fachmann sagt, das Rad zu zentrieren setzt viel Fingerspitzengefühl voraus. Zu dieser Arbeit benötigt man einen Zentrierschlüssel, bei größeren „Schlägen" in der Felge auch einen speziellen Zentrierständer. Der Hobbyradler sollte jedoch in der Lage sein, leichte Defekte an den Laufrädern beseitigen zu können. Dies ist dann zwingend notwendig, wenn nach einem Sturz oder einem zu intensiven Berührungskontakt mit einer Bordsteinkante die Felge so stark „eiert", daß sie an den Bremsgummis schleift.

Nach folgendem Schema geht man dabei am besten vor:

- Seitenschlag feststellen
- schlägt die Felge nach rechts, so müssen an dieser betreffenden Stelle rechts die Speichen um eine Viertelumdrehung gelockert, an der linken Seite um die gleiche Umdrehung angezogen werden
- nachprüfen, ob die Felge runder läuft.

Man wiederholt dieses Wechselspiel – Anziehen und Lösen von Speichen – so lange, bis das Rad sauber läuft beziehungsweise die Radtour fortgesetzt werden kann. Ist die Felge verbogen oder sind ihre Schultern ausgeschlagen, so hilft nur noch der Gang zum Fachmann, der die Felge gegen eine neue austauscht.

Test der Lichtanlage

Der Gesetzgeber schreibt eine Lichtanlage vor, die funktionstüchtig ist. Gegen diese Vorschrift wird allzu häufig verstoßen: Schwere Unfälle als Folge sind oft zu beklagen.

Neben Katzenauge, Rückstrahler an den Pedalen, Seitenstrahler in den Speichen der Laufräder sollte ein verkehrstaugliches Rad mit einer geprüften Lichtanlage ausgestattet sein. Natürlich treten gelegentlich Defekte

Eine gut funktionierende Lichtanlage ist „überlebenswichtig"

auf, die man aber leicht beheben kann. Ist die Lichtanlage ausgefallen, so teste man sie folgendermaßen:

- Birne überprüfen; dazu benötigt man eine Flachbatterie; die Birne hält man zwischen Plus- und Minuspol; brennt sie, so liegt der Schaden am Dynamo oder am Lichtkabel
- Test des Kabels; das Lichtkabel schließt man an eine Flachbatterie an; brennt die Birne jetzt, so ist der Dynamo defekt
- brennt sie auch jetzt noch nicht, so kann ein Schaden des Kabels die Ursache sein, das dann auf schadhafte Stellen zu untersuchen und schließlich auszutauschen ist.

Der Dynamo (am besten am Hinterrad) muß fest angeschraubt sein

FAHRRADTOUREN IN DEUTSCHLAND

Auf dieser und der nächsten Doppelseite: Alle 222 Fahrradtouren dieses Buches auf einen Blick

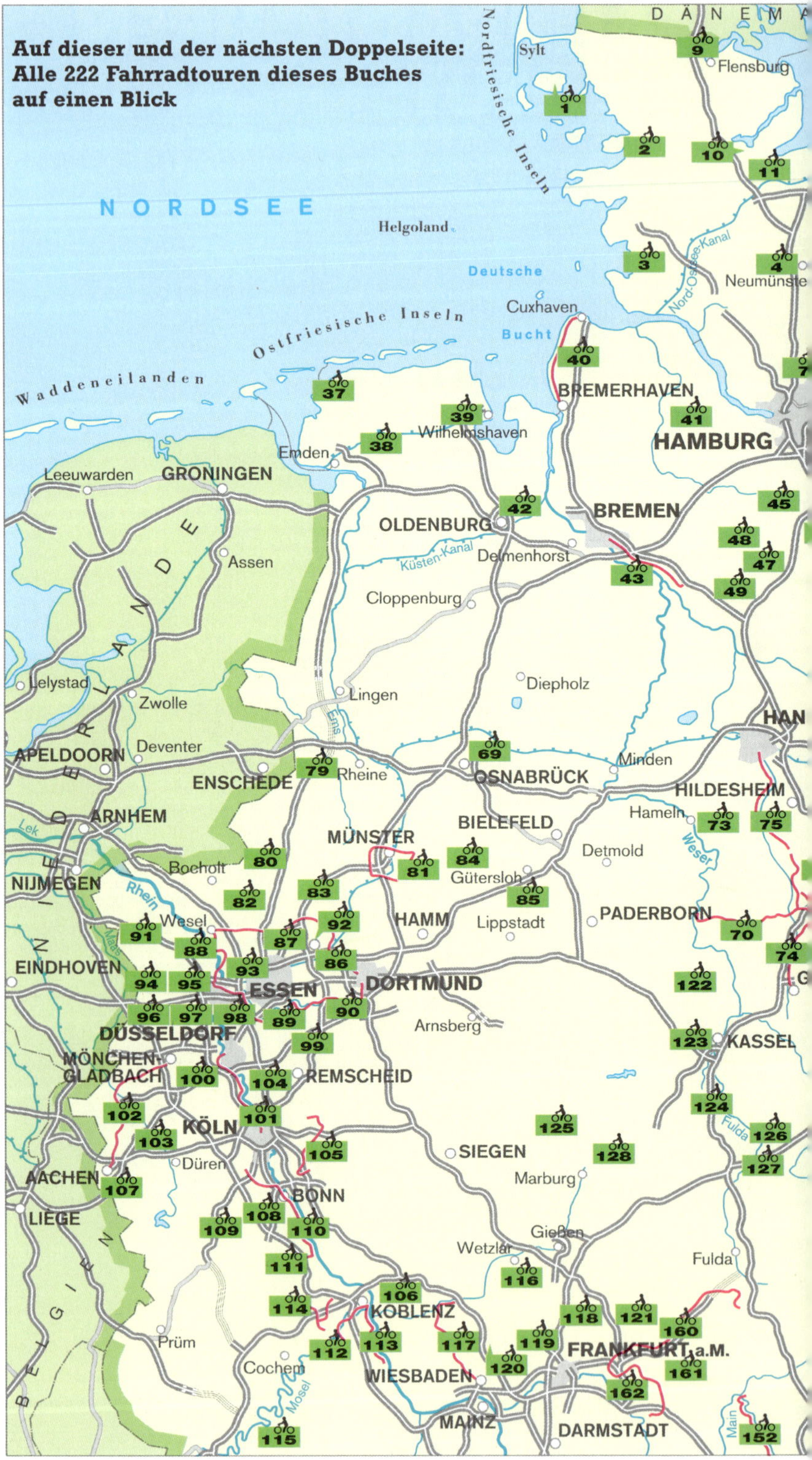

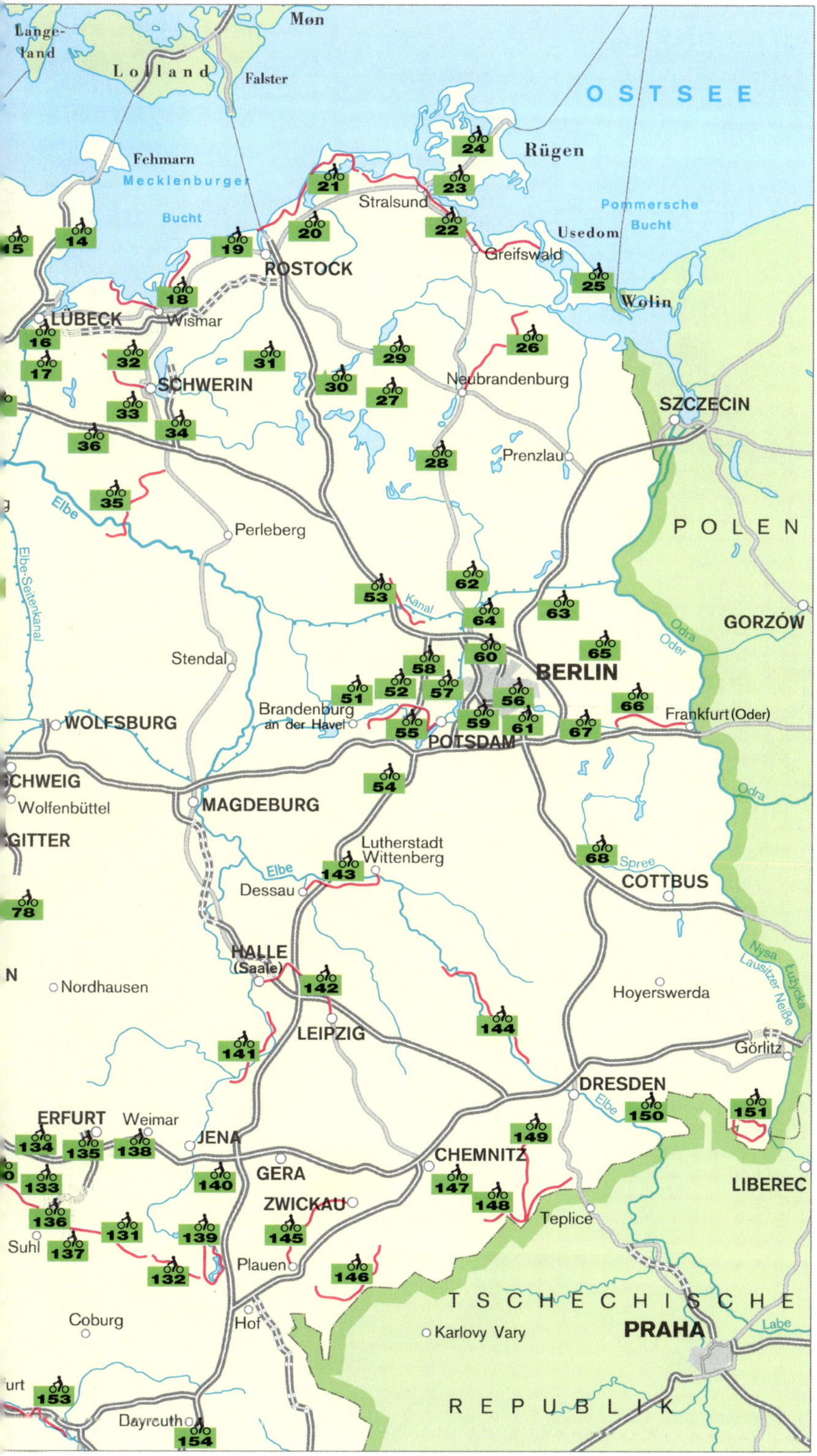
Lange-
land
Lolland
Møn
Falster
OSTSEE
Rügen
Fehmarn
Mecklenburger
Bucht
Stralsund
Pommersche
Bucht
Usedom
Greifswald
Wolin
ROSTOCK
LÜBECK
Wismar
SCHWERIN
Neubrandenburg
SZCZECIN
Prenzlau
Elbe
Perleberg
POLEN
Elbe-Seitenkanal
Kanal
GORZÓW
Odra
Oder
Stendal
BERLIN
WOLFSBURG
Brandenburg
an der Havel
Frankfurt (Oder)
POTSDAM
Odra
MAGDEBURG
Wolfenbüttel
Lutherstadt
Wittenberg
Elbe
Spree
Dessau
COTTBUS
HALLE
(Saale)
Nysa
Łużycka
Lausitzer Neiße
Nordhausen
Hoyerswerda
LEIPZIG
Görlitz
DRESDEN
Elbe
ERFURT
Weimar
JENA
CHEMNITZ
LIBEREC
GERA
ZWICKAU
Teplice
Suhl
Plauen
TSCHECHISCHE
REPUBLIK
Coburg
Hof
Karlovy Vary
PRAHA
Labe
Bayreuth
14
16
17
18
19
20
21
22
23
24
25
26
27
28
29
30
31
32
33
34
35
36
51
52
53
54
55
56
57
58
59
60
61
62
63
64
65
66
67
68
78
131
132
133
134
135
136
137
138
139
140
141
142
143
144
145
146
147
148
149
150
151
153
154

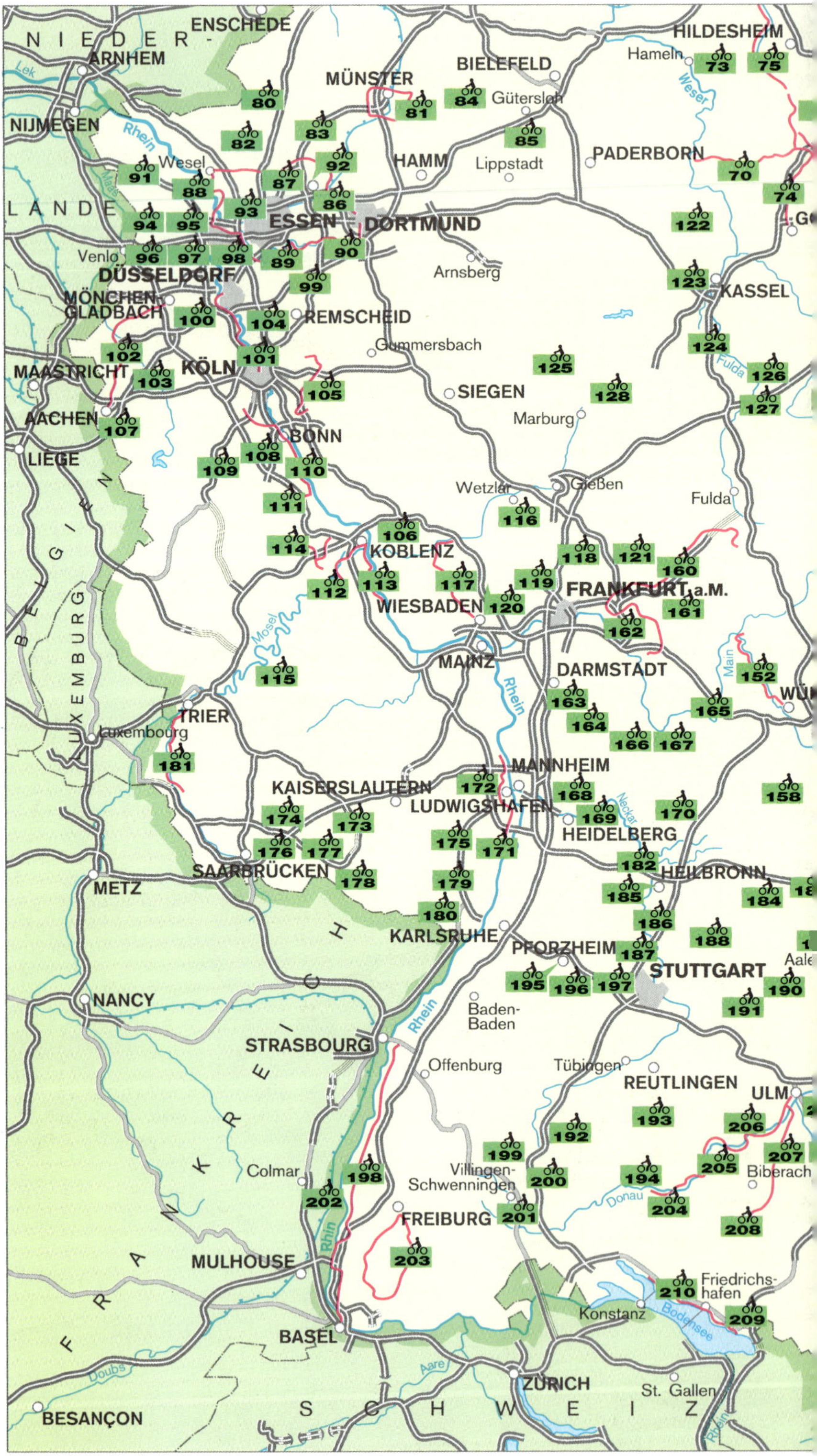
NIEDERLANDE
ENSCHEDE
ARNHEM
Lek
NIJMEGEN
Rhein
Maas
Wesel
MÜNSTER
BIELEFELD
Gütersloh
HILDESHEIM
Hameln
Weser
PADERBORN
HAMM
Lippstadt
ESSEN
DORTMUND
Venlo
DÜSSELDORF
MÖNCHEN-GLADBACH
Arnsberg
REMSCHEID
Gummersbach
KASSEL
Fulda
MAASTRICHT
KÖLN
AACHEN
LIEGE
SIEGEN
Marburg
BONN
BELGIEN
Wetzlar
Gießen
Fulda
KOBLENZ
WIESBADEN
FRANKFURT a.M.
Mosel
MAINZ
DARMSTADT
Main
LUXEMBURG
Luxembourg
TRIER
MANNHEIM
KAISERSLAUTERN
LUDWIGSHAFEN
Neckar
HEIDELBERG
SAARBRÜCKEN
HEILBRONN
METZ
KARLSRUHE
PFORZHEIM
STUTTGART
Aalen
NANCY
Baden-Baden
FRANKREICH
STRASBOURG
Offenburg
Tübingen
REUTLINGEN
ULM
Colmar
Villingen-Schwenningen
Biberach
Donau
FREIBURG
Rhein
MULHOUSE
Friedrichshafen
Konstanz
Bodensee
BASEL
Aare
Doubs
ZÜRICH
St. Gallen
BESANÇON
SCHWEIZ
73
75
80
81
84
82
83
85
91
92
70
88
87
74
94
95
93
86
122
96
97
98
89
90
99
123
100
104
124
102
101
125
126
103
105
128
127
107
108
109
110
111
116
106
114
118
121
160
112
113
117
119
120
161
162
152
115
163
165
164
166
167
181
172
168
158
174
169
170
173
176
177
175
171
182
178
179
185
184
180
186
188
187
195
196
197
190
191
193
206
192
199
207
205
198
200
194
202
201
204
208
203
210
209

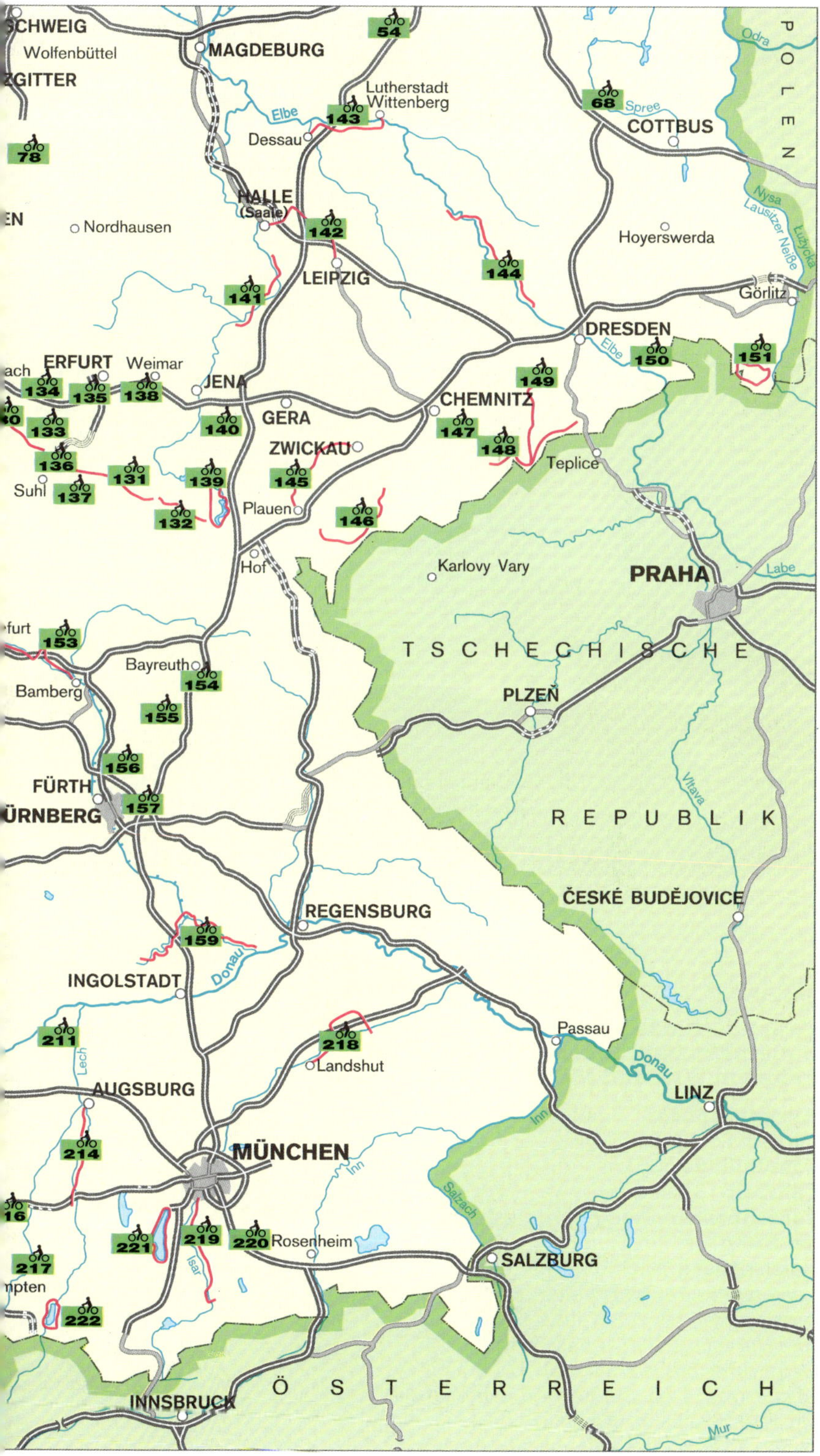

SCHWEIG
Wolfenbüttel
ZGITTER
MAGDEBURG
54
Lutherstadt Wittenberg
Elbe
143
Dessau
68
Spree
COTTBUS
Odra
POLEN
78
HALLE (Saale)
142
144
Nordhausen
Hoyerswerda
Nysa
Lausitzer Neiße
Łużycka
141
LEIPZIG
Görlitz
DRESDEN
Elbe
150
151
ERFURT
Weimar
JENA
134
135
138
149
CHEMNITZ
GERA
133
140
147
ZWICKAU
148
136
131
139
145
Teplice
Suhl
137
132
Plauen
146
Hof
Karlovy Vary
PRAHA
Labe
153
TSCHECHISCHE
Bayreuth
154
Bamberg
155
PLZEŇ
156
FÜRTH
157
NÜRNBERG
Vltava
REPUBLIK
ČESKÉ BUDĚJOVICE
REGENSBURG
159
Donau
INGOLSTADT
211
218
Passau
Landshut
Donau
Lech
AUGSBURG
LINZ
214
Inn
MÜNCHEN
Inn
Salzach
16
221
219
220
Rosenheim
SALZBURG
217
Isar
222
INNSBRUCK
ÖSTERREICH
Mur

NORDFRIESLAND UND HAMBURG

Besonderheiten der Landschaft im westlichen Schleswig-Holstein sind die künstlich errichteten Deiche, die einen Schutzwall gegen die brandende See bilden, das fruchtbare Marschland und die hochwasserfreie Geest, besetzt mit hübschen Dörfern und Städten, das Watt, das nur bei Ebbe freiliegt und der Lebensraum vieler seltener Wasservögel ist, und nicht zuletzt die der Küste vorgelagerten Inseln mit ihren herrlichen Sandstränden und Dünen.

Insel Föhr: Reetgedeckte Friesenhäuser

1 Rundfahrt auf der Insel Föhr zu Sandstränden, friesischen Bauernhäusern, Sehenswürdigkeiten in Wyk und Nieblum

Ausgangspunkt Von Dagebüll aus mit dem Schiff nach Wyk
Tourenlänge 35 km
Fahrzeit 3 Stunden
Tourenbeschreibung Wir starten am *Hafen* und fahren rechts auf dem Deich entlang. Nach Überqueren der *Schleuse* fahren wir weiter, an *Näshörn* vorbei, bis zur *Neuen Oevenumer Vogelkoje*. Hier verlassen wir den Deich und biegen links ab bis zum *Stedterweg*. Den Stedterweg fahren wir rechts entlang bis zum Ende der Straße. Hier wieder links bis *Oldsum-Klintum*. Erste Straße rechts abbiegen und bis zur Küste fahren. Von hier aus links weiter über *Dunsum* und *Uter-*

sum zum Badestrand. Von hier aus wenden wir uns auf der Straße nach *Borgsum*. In Borgsum biegen wir links ab und fahren zur *Vogelkoje*. An der Vogelkoje vorbei und immer geradeaus nach *Alkersum*.Von Alkersum aus fahren wir über *Wrixum* zurück zum Hafen. Man kann auch von Borgsum nach Nieblum fahren und von dort nach Wyk.

2 Rundfahrt auf der Insel Nordstrand, die durch einen Damm mit dem Festland verbunden ist

Ausgangspunkt Husum
Tourenlänge 50 km
Fahrzeit 5 Stunden
Tourenbeschreibung Von *Husum*

aus wenden wir uns zunächst nach *Schobüll* und weiter in Richtung *Wobbenbüll.* Vor Wobbenbüll biegen wir links auf den Damm ein, der uns zur *Insel* führt. Hier wenden wir uns zunächst nach links, biegen dann aber rechts ab und fahren durch *Pohnshallig.* Am Ende des Weges biegen wir rechts ab und in den nächsten Weg gleich wieder links ein. An der nächsten Straße rechts abfahren bis zum Ende der Straße. Jetzt links bis *Oben.* Hier rechts bis zum *Deich.* Von hier aus links, am Deich entlang, umfahren wir die Insel bis zum *Süderhafen.* Nun geradeaus auf der Straße bis zum Damm und zurück nach *Husum.*

3 Wesselburen, Hebbels Geburtsstadt (Museum), und Meldorf, berühmt für den Dom der Dithmarscher und das Landesmuseum, sind Ziele dieser Tour

Ausgangspunkt Jugendherberge in Heide
Tourenlänge 45 km
Fahrzeit 4½ Stunden
Tourenbeschreibung Von der Jugendherberge aus zunächst nach *Wesseln.* Weiter über *Wildpfahl* bis zur Straße. Hier rechts abbiegen und geradeaus nach *Weißenmoor.* Weiter über Neuenkirchen bis *Wesselburen.* Von Wesselburen aus wenden wir uns nach Hassenbüttel und fahren weiter nach *Wöhrden.* Von hier aus radeln wir nach *Ketelsbüttel.* In Ketelsbüttel wenden wir uns nach links. Den ersten Weg biegen wir dann rechts ab und fahren bis *Kanzlei.* Hier links, aber gleich wieder rechts bis zur nächsten Abzweigung. Jetzt rechts bis *Epenwöhrden.* Von Epenwöhrden nach *Meldorf* radeln. Jetzt auf der Straße nach Nindorf fahren. Aber schon am Ortsausgang von Meldorf biegen wir rechts ab und fahren nach *Wolmersdorf.* Von hier aus auf dem Wanderweg nach *Windbergen.* Von Windbergen weiter auf dem Wanderweg nach *Gudendorf,* dann auf der Straße bis *Sankt Michaelisdonn.*

4 Auf dieser Tour um Neumünster, das sehenswerte Bauten zu bieten hat, berühren wir auch den Heimattierpark, in dem etwa 400 Tiere leben

Ausgangspunkt Haus der Jugend in Neumünster
Tourenlänge 35 km
Fahrzeit 3½ Stunden
Tourenbeschreibung Vom *„Haus der Jugend"* in der Gartenallee aus fahren wir durch die Straßen Kleinflecken, Am Teich, Kuhberg, Carlstraße bis zum Forstweg. Hier links abbiegen, an den *Sportplätzen* vorbei bis zur Geerdtsstraße. Rechts einbiegen und durch den *Stadtwald* bis zum *Tierpark* radeln. Hier links in den Prehsfelder Weg einbiegen und immer geradeaus, über die Brücke der Autobahn bis zur nächsten Straße. Hier rechts abbiegen und auf dem näch-

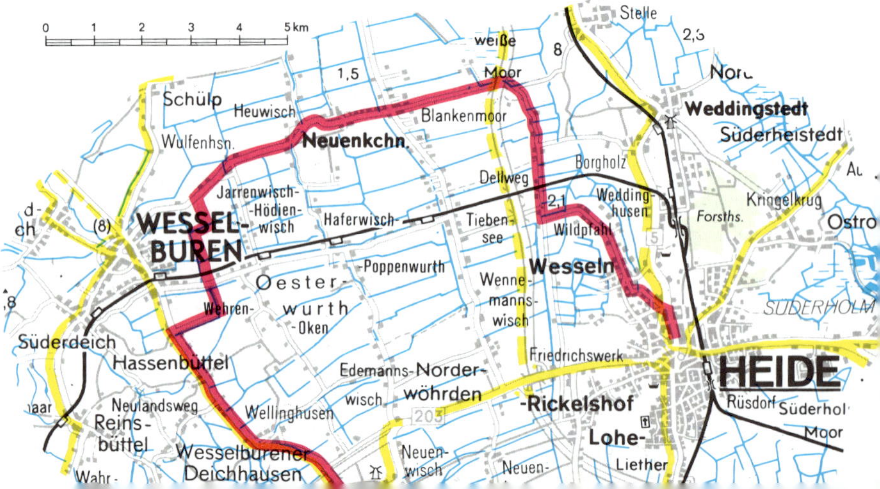

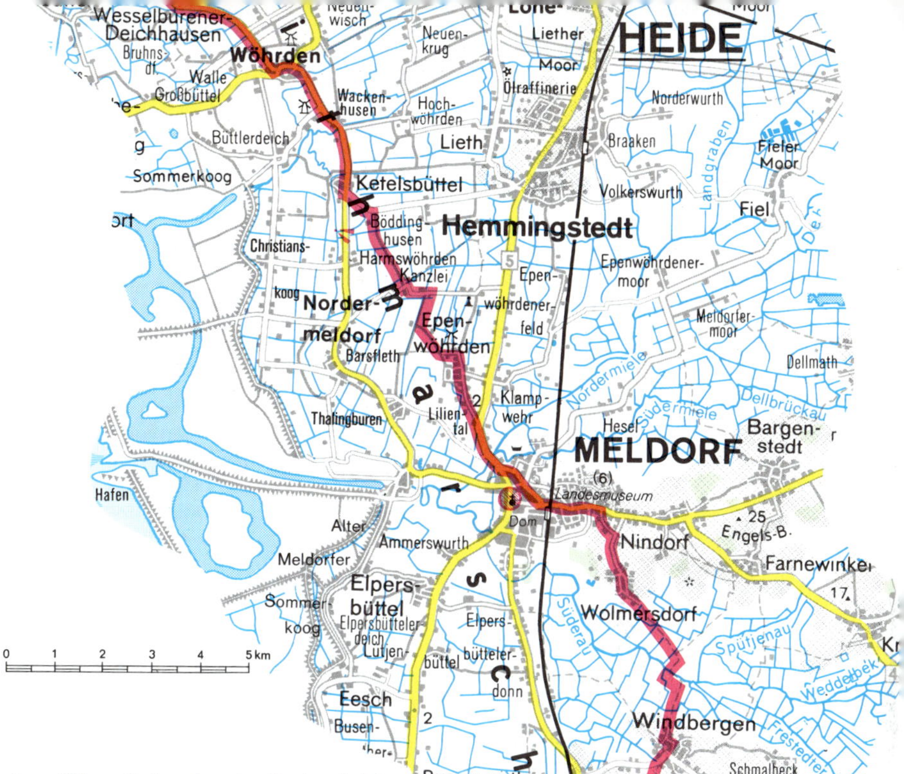
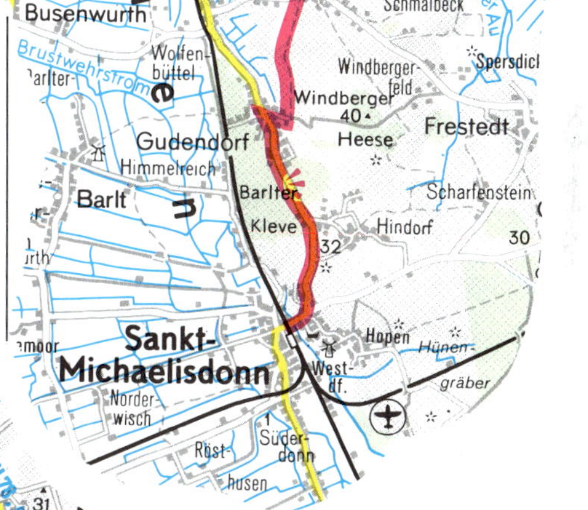

sten Weg links durch *Prehnsfelde* fahren in Richtung *Dorotheenhof.* Von dort auf den Weg nach *Wasbek.* In Wasbek an der Aalbek entlang, auf dem Waldweg durchs Waldstück nach *Ehndorf* fahren. Von hier aus auf die Straße nach Padenstedt. Jetzt durch die Hauptstraße, Padenstedter Landstraße, Mühlenstraße, Gadelanderstraße, bis zur Boostedter Straße. Hier links einbiegen und zurück zum Ausgangspunkt radeln.

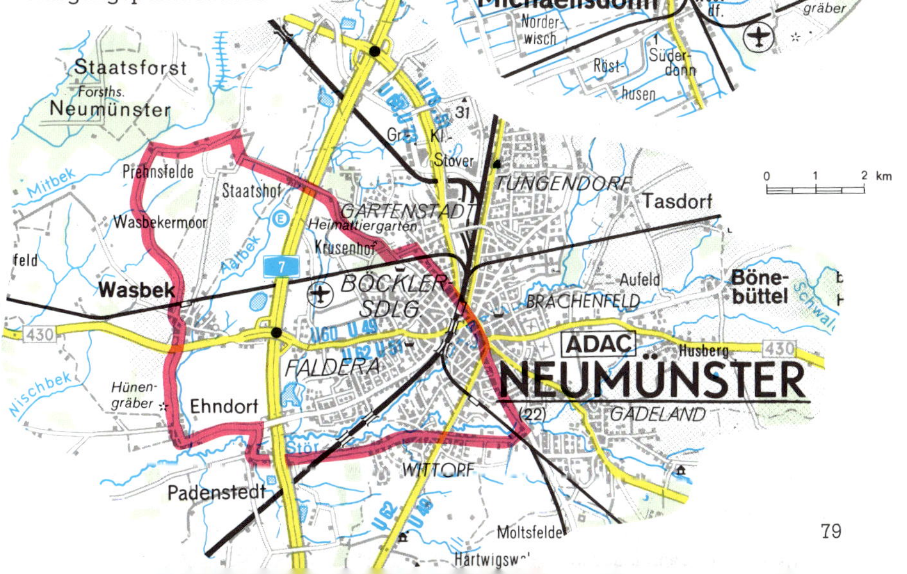

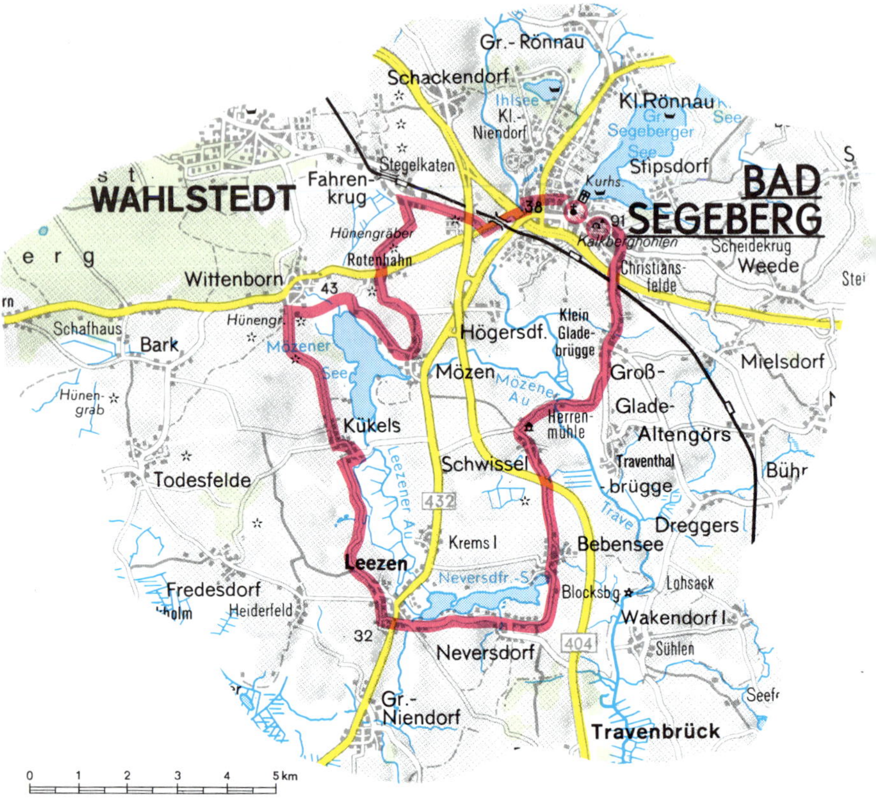

5 Von Bad Segeberg aus südwärts, vorbei an Hünengräbern und einem Badesee, dem Mözener See

Ausgangspunkt Jugendherberge in Bad Segeberg
Tourenlänge 35 km
Fahrzeit $3\frac{1}{2}$ Stunden
Tourenbeschreibung Von der *Jugendherberge Segeberg* aus wenden wir uns zunächst stadteinwärts. Gegenüber der Kirche biegen wir in die Straße ein, machen den rechten Bogen mit, überqueren die *B 206* und fahren weiter über *Christianshof* bis *Groß-Gladebrügge.* Hier biegen wir rechts ab und fahren weiter nach *Schwissel.* Von Schwissel aus radeln wir nach *Bebensee.* Jetzt geht es weiter nach *Neversdorf.* In Neversdorf biegen wir rechts ab und fahren am See vorbei bis zur *B 432.* Diese überqueren und nach *Leezen* radeln. Hier rechts abbiegen und geradeaus in Richtung Kükels. Von *Kükels* aus fahren wir, parallel mit dem Mözener See, nach *Wittenborn.* Hier biegen wir rechts ab und umfahren den See, bis wir nach *Mözen* gelangen. Jetzt links abbiegen und immer geradeaus, dann die B 206 überqueren und geradeaus weiter in den Weg fahren. Hier geht es rechts ab bis zur *B 404.* Hinter der B 404 weiter bis zur B 206. Hier links einbiegen und zurück nach *Bad Segeberg* radeln.

6 Drei Schlösser – in Ahrensburg, Jersbek und Tremsbüttel – und ein Badeteich liegen am Weg

Ausgangspunkt U-Bahnstation in Hamburg-Volksdorf
Tourenlänge 50 km
Fahrzeit $4\frac{1}{2}$ Stunden
Tourenbeschreibung Wir treffen

uns am U-Bahnhof Volksdorf und fahren durch die Claus-Ferck-Straße, von da in den *Lerchenberg.* Vom Lerchenberg aus biegen wir in den Ahrensburger Weg ein und fahren diesen entlang bis zur *Dorfkoppel.* Jetzt biegen wir links ab und fahren weiter, bis wir auf den *Bredenbeker Teich* stoßen. Hier links halten, um den See herum radeln, vorbei am *Sommerbad,* dann links abbiegen bis zur Querstraße. Jetzt rechts ab bis zur Straße Am Haidschlag. Hier rechts bis zum *Reesenbüttler Redder.* In diesen links einbiegen und weiterfahren bis zum Rosenweg, Verlängerung Stormarnstraße. Jetzt rechts einbiegen und bis zur Hamburger Straße. Von hier aus links bis *Ahrensburg.* Hinter dem *Schloß* in den Mühlenredder einbiegen, vorbei an der alten *Schloßmühle,* bis zum *Tiergarten.* Rechts in den Tiergarten und bis zur Bünningstedter Straße. Diese geradeaus weiter nach *Ammersbek.* In Ammersbek biegen wir rechts ab und fahren über *Steenhop* und *Schäferdresch* nach *Timmerhorn* bis zur B 434. Hier rechts bis *Bargteheide* radeln. In Bargteheide biegen wir links in Richtung Jersbek ab und fahren auf dem Radweg bis *Gut Jersbek.* Von Gut Jersbek aus wenden wir uns wieder zurück, biegen aber schon nach 400 m links in die Teerstraße ein und fahren durch ein Waldgebiet in Richtung Elmenhorst. Hier überqueren wir die B 75, fahren jetzt in Richtung Hüls und weiter in Richtung Bargteheide. Vor Bargteheide links abbiegen nach *Tremsbüttel.* Von Tremsbüttel aus fahren wir nach *Hammoor,* überqueren die Straße und fahren weiter auf dem Weg bis zu einem Querweg, wo wir rechts einbiegen. Vorbei am *Forst Trittau* und bis *Beimoor.* Hier wieder rechts bis *Ahrens-*

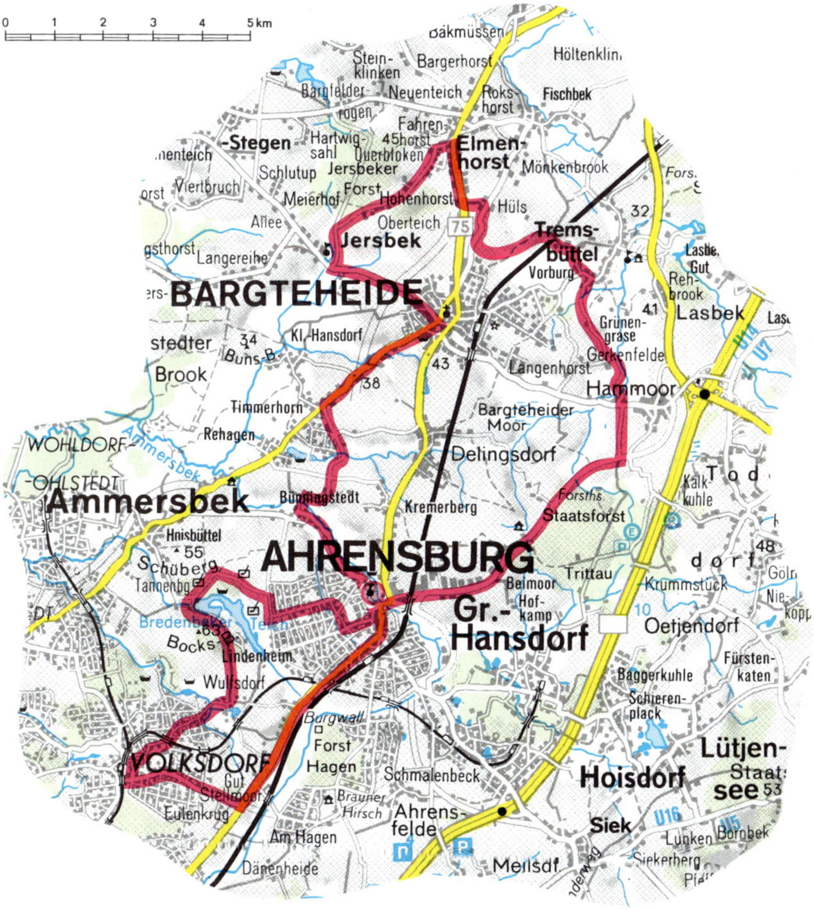

burg. In Ahrensburg rechts in den Ostring einbiegen und dann der Richtungsweisung nach Hamburg auf der B 75 durch die Ortsmitte bis zur Eulenkrugstraße folgen. Hier rechts abbiegen und zurück nach *Volksdorf* radeln.

7 Durch die Niederung der Oberalster mit dem Hochmoor in Wittmoor und dem Niederungsmoor im Duvenstedter Brook

Ausgangspunkt U-Bahnhof Ochsenzoll in Hamburg
Tourenlänge 40 km
Fahrzeit 3½ Stunden

Tourenbeschreibung Die Tour beginnt beim U-Bahnhof Ochsenzoll zuerst in Richtung Norden bis zum *Stockfleetweg.* Hier rechts einbiegen und bis zur *Tangstedter Landstraße* radeln. Nun biegen wir links ein, nach einigen Metern verlassen wir Hamburg. Rechts biegen wir in die *Poppenbüttler Straße* ein. Die zweite Straße, es ist der *Lehmsaler Weg,* biegen wir links ein und fahren über die Hauptstraße weiter in Richtung Lehmsal. Links hinter dem Hundedressurplatz biegen wir in den Sandweg (Am Wittmoor) ein und dann in den nächsten Sandweg wiederum rechts (rotweißes Eisengatter). Wir radeln jetzt durch das *Naturschutzgebiet Wittmoor.* Moorlandschaft, verbunden mit Birken und Grasbestand, begleitet

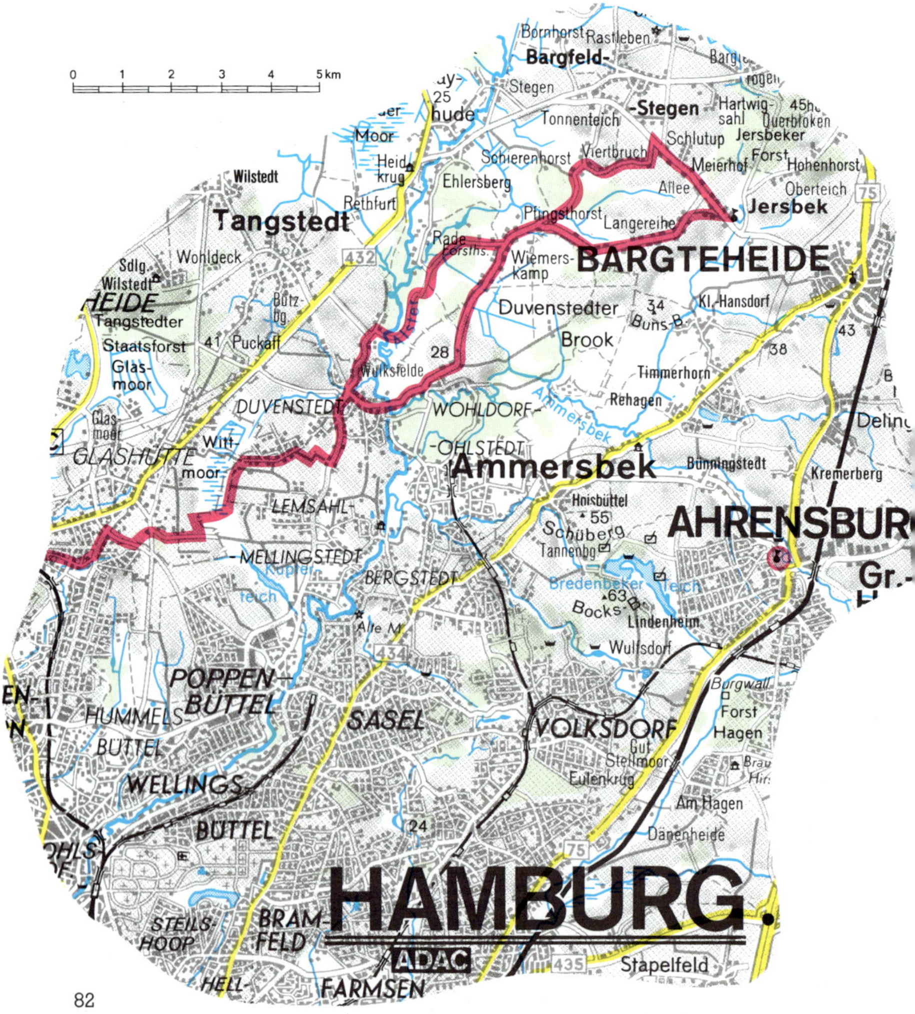

uns auf unserer Fahrt. Wir fahren auf dem Sandweg bis zur Wegegabelung, halten uns links bis zur nächsten Wegegabelung, wieder halb links bis zum *Reitstall*. Dort in den nächsten Sandweg rechts einfahren. Der Weg läuft auf dem *Kakenhaner Weg*. Die Straße mündet in den *Mesterbrooksweg*, wir biegen rechts ein und fahren bis zur *Poppenbüttler Chaussee*. Hier fahren wir links weiter bis zur Kreuzung. Wir radeln jetzt halb links in die Straße *Lohe* bis zum *Gut Wulksfelde*. Gleich hinter dem Hamburger Staatsgut Wulksfelde biegen wir rechts ein. Wir überqueren die Alster bei der *Wulksfelder Schleuse*. Jetzt benutzen wir den Sandweg, der linker Hand mit der Straße verläuft. Beim *Waldparkplatz* müssen wir leider wieder die Straße benutzen. Wir radeln auf der Straße weiter, durchs *Duvenstedter Brook*, in Richtung Wiemerskamp. Weiter fahren wir in den Wiemerskamper Weg in Richtung Pfingsthorst. In *Pfingsthorst* biegen wir links in die Straße Pfingsthorst ein. Wir radeln bis zum *Gasthaus Waldesruh*, biegen rechts in den *Forstweg* ein, dann bis zum Ort *Viertbruch*. Hier rechts in den *Viertbrucher* Weg weiter in Richtung Jersbek bis zur *Jersbeker Straße*. Jetzt rechts weiter in Richtung Jersbek. Leider müssen wir für etwa 2 km die Straße benutzen. Die Straße wird jetzt von einer wunderschönen Baumreihe umsäumt. Wir radeln unter diesen Bäumen bis zum *Gut Jersbek*. Gegenüber des Fasanenhofes biegen wir in die *Alte Dorfstraße* ein und fahren bis zur Straße, hier links wieder in Richtung Wiemerskamp. Beim Heideröschen biegen wir links ab und fahren bis zum *Duvenstedter Triftweg*. Rechts weiter bis zum *Duvenstedter Damm*. Weiter rechts bis zur *Poppenbüttler Chaussee*. Hier fahren wir auf der alten Strecke zurück zum Ausgangspunkt. Oder aber wir fahren Richtung Norderstedt in den Puckafferweg bis zur ersten Teerstraße links, wieder rechts in den Schaarbarksweg und halb links in den *Brunsteenredder* bis zur *Segeberger Chaussee*. Hier auf dem Radweg links in Richtung Ochsenzoll.

8 Eine Tour durch den Sachsenwald, seit 1871 im Besitz der Familie von Bismarck, und zu zwei Museen: dem Bismarckmuseum in Friedrichsruh und dem Eisenbahnmuseum in Aumühle

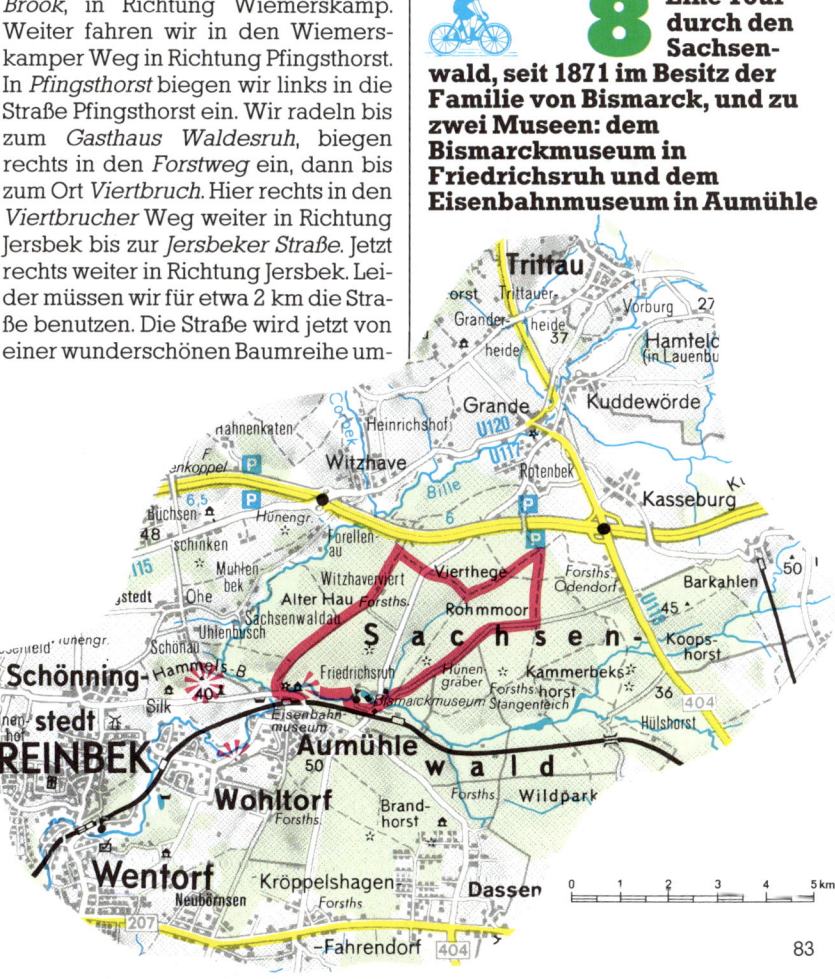

Ausgangspunkt Parkplätze an der S-Bahnstation in Aumühle
Tourenlänge 16 km
Fahrzeit 1 $^{3}/_{4}$ Stunden
Tourenbeschreibung Wir verlassen den *S-Bahnhof Aumühle* nach links. Gleich unterhalb des Bahnhofs liegt an einem Parkplatz ein großes Restaurant, an dem wir vorbeifahren. An der *Fürst-Bismarck-Mühle* biegen wir nach rechts ab, am Mühlenteich vorbei. Es geht eine kleine Steigung hoch, die uns direkt in den *Sachsenwald* führt. Auf einem breiten, etwas holprigen Forstweg kommen wir an der *Revierförsterei* vorbei. Nach 4,3 km biegen wir an einer Kreuzung nach rechts in einen ebenso breiten Forstweg ein. Wir überqueren eine Autostraße und radeln weiter durch den Wald.

Nachdem wir fast 6 km zurückgelegt haben, biegen wir an einer T-Kreuzung nach links ab. An der nächsten Kreuzung geht es geradeaus weiter. Und an einer weiteren Kreuzung – wir haben fast 8 km zurückgelegt – radeln wir in einem scharfen Knick nach rechts. Nach knapp 9,5 km haben wir die nächste große Kreuzung erreicht und biegen nach rechts in einen weiteren Forstweg ein.

Nach 12,8 km erreichen wir eine Teerstraße, den *Ödendorfer Weg.* 300 m weiter biegen wir nach links ab und kommen am *Bismarck-Museum* vorbei (Mo geschlossen, Di–Fr 9–16 Uhr, Sa + So 10–17 Uhr). Gleich hinter den Gleisen liegt rechts die *Gruftkapelle Bismarcks.* Wir fahren nach links den Fahrradweg hinauf, auf dem wir an einem der zahlreichen Grabhügel dieser Region vorbeikommen. Wir folgen diesem Weg bis zur großen Kreuzung. Dort biegen wir rechts ein und fahren auf dem Radweg entlang der Autostraße bis zu unserm Ausgangspunkt zurück.

OSTSEEKÜSTE UND HOLSTEINISCHE SCHWEIZ

Zahlreiche große und kleine Seen, Felder und Weiden, von Hecken, den reizvollen „Knicks“, durchzogen, reetgedeckte Häuser und wuchtige Backsteinkirchen prägen das Bild im östlichen Schleswig-Holstein, und nicht zuletzt auch richtige Berge, aufgeschüttet vom Gesteinsschutt, den die Gletscher der letzten Eiszeit mit sich führten – sie trugen diesem beliebten Ferienland die Bezeichnung „Holsteinische Schweiz“ ein.

Holsteinische Schweiz: Seenlandschaft bei Plön

9 Um die Flensburger Förde durch ein kleines Stück Dänemark und per Schiff zurück nach Flensburg

Ausgangspunkt Fördebrücke in Flensburg

Tourenlänge 29 km (dazu: Schifffahrt)

Fahrzeit 3 Stunden (dazu: Schifffahrt)

Höhenunterschiede 110 m

Tourenbeschreibung Von der *Fördebrücke* (Beginn der Schiffahrt der Förde-Reederei) in Flensburg fahren wir am Hafen entlang in nördlicher Richtung, durch Werftstraße, Industriegebiet und dann rechts in den Ostseebadeweg, der in Promenadenform zum Badestrand von *Wassersle-*

ben führt. Im Zug der B 76 zur deutsch-dänischen Grenze folgen wir dem Radweg, der die Bundesstraße bis zur *Grenze* begleitet. Im Grenzbereich fahren wir ein kurzes Stück auf einem Mittelstreifen zwischen den gegenläufigen Fahrbahnen für den Autoverkehr. Nach der dänischen Grenzkontrolle setzen wir unsere Fahrt auf dem Radweg auf der jetzt als A 205 (E 3) markierten Fahrstraße fort, passieren zwei *Sexshops* rechter Hand und biegen in *Kruså*, nachdem wir noch am Bernadotte-Denkmal vorbeigekommen sind, an der großen Straßenkreuzung nach rechts in Richtung *Sønderborg*.

Schon nach 200 m zweigen wir mit dem Wegweiser zur Graensehallen rechts ab und stoßen nach etwa 700 m auf den Fjordweg, der zu beiden Seiten einen Radweg hat. Auf ihm fahren wir rechts nach *Kollund*, das wir nach 2 km erreichen, und rollen abwärts durch den Ort, wobei wir den Abzweig zur Kollundmole passieren. Jetzt zeigen sich bald die ersten schönen Ausblicke auf die Flensburger Förde, die unsere nächste Strecke begleiten werden. An Kollunds Jugendherberge und Campingplatz vorbei und nach Verlassen des Orts bei der Fahrt in Richtung Sønderhav schöner Blick auf die kleinen Inseln Lille Okseø und Store Okseø (kleine und große Ochseninsel); auf der letzteren steht ein mit Fähre erreichbarer Kro (Gasthaus).

Am Wasser entlang erreichen wir *Sønderhav* mit mancherlei Gastbetrieben an beiden Straßenseiten. Die Straße steigt danach an und führt uns nach *Rønshoved*. Hier verlassen wir die Förde, haben jedoch vom links abzweigenden *Rønshovedvej* in Richtung Hokkerup auf ansteigender

Strecke einen der schönsten Blicke über die Weite der Förde. Sobald wir 500 m Anstieg bewältigt haben, geht es zwischen Feldern und Weiden auf wenig befahrener Straße weiter, teilweise an Knicks entlang. Wir überqueren die A 8, fahren durch *Hokkerup* und an der Querstraße geradeaus weiter auf dem Søndervejen (Südweg). Am Dorfende nehmen wir die Querstraße Hokkerup-Gade nach links und fahren an der nächsten Querstraße nach 500 m erneut links: zuerst durch eine Allee, dann bewaldete Strecke bis *Holbøl*, durch das wir beinahe 1 km fahren. Dann nehmen wir die links abbiegende Storegade nach *Hønsnap*, die uns durch ein Waldgebiet führt, in dem wir eine Au überqueren. Am Ortsbeginn von Hønsnap fahren wir rechts in die Bygade und kommen mit ihr erst rechts und dann im Bogen links auf den Sønderborgvej, zugleich die A 8. Auf ihr fahren wir einen guten Kilometer nach rechts und biegen am Ende eines Wäldchens links in Richtung Kollund ab, das wir auf dem Nørrevej (Nordweg) erreichen. In *Kollund*, das wir etwa einen Kilometer lang durchfahren, orientieren wir uns zur Förde und hier zur Mole für die Schiffe nach Flensburg. Über die Förde bringt uns das Schiff nach *Flensburg* zurück.

10 Auf stillen Wegen von der Eckernförder Bucht zur Schlei – eine Besichtigung des Doms und des Schlosses Gottorf in Schleswig sei angeraten

Ausgangspunkt Eckernförde, Bahnhof oder Reeperbahn
Tourenlänge 28 km
Fahrzeit 2 Stunden
Höhenunterschiede 70 m
Tourenbeschreibung Wir fahren von *Bahnhof* oder Reeperbahn in Eckernförde nordwestlich und durch Gaethjestraße und *Pferdemarkt*, um links unter Eisenbahn und B 76 hindurch ans Ufer des *Windebyer Noor* zu gelangen. Hier fahren wir am Ufer nach rechts entlang – zuerst unterhalb einer *Laubenkolonie*, dann einer militärischen Anlage und weiter durch freie Landschaft, bis rechter Hand der *Hof von Schnaap* liegt. Hier schließen wir uns dem Wanderweg am Windebyer Noor entlang an, der in diesem Streckenteil etwas abseits vom Noor-Ufer verläuft, bis wir im Zuge dieses Weges auf eine *Schutzhütte* stoßen. Unmittelbar hinter ihr gabelt sich der Weg. Der Noor-Wanderweg führt links zum Noor. Wir halten uns jedoch – auf zweigleisiger Betonspur – rechts bis zur Fahrstraße, die wir überqueren, so daß wir nach *Kochendorf* gelangen. Dabei können wir die Markierung des *Europäischen Fernwanderwegs* zur Orientierung benützen.

In Kochendorf fahren wir durch die Dorfstraße mit ihren hübschen älteren und neueren Häusern. An einer *Eiche* setzen wir unsere Strecke auf dem *Möhlhorstweg* fort, auf dem wir den Ort mit zweispuriger Betonbahn verlassen – unterhalb Knick mit Bank. Auf dem sich anschließenden Feldweg radeln wir durch ein Gehölz und die anschließende Allee, von der aus wir links einen Abstecher zum Gut Möhlhorst machen können, über eine Brücke hinweg. Halbrechts auf dem Feldweg weiter, beginnt links hinter einem Schlagbaum ein Redder, teils als Hohlweg, der abwärts nach Götheby-Holm führt, immer noch Europäischer Fernwanderweg!

Am Ortsanfang von *Götheby-Holm* stoßen wir auf eine Querstraße, die uns rechts zur B 76 führt, die wir schräg rechts überqueren – zunächst mit zweispurigem Betonweg, dann Redder und geschotterter Feldweg. Wir überqueren einen Stichkanal und wenden uns sofort links und über eine *Brücke* – Rad schieben! – passieren wir die *Große Hüttenerau*. Der Weg führt durch die Auniederung an einem Wäldchen vorüber und ansteigend rechts in *Fleckebys Hykamp* mit Siedlungshäusern.

An der Querstraße halten wir uns rechts und gelangen am *Sportplatz* vorbei abwärts durch Hochwald zum *Herrenhaus Louisenlund* an der Großen Breite der Schlei, wobei wir die Allee mit ihren prächtigen alten Bäumen bewundern. Am Ufer des heutigen Internatsgeländes links und 150 m wei-

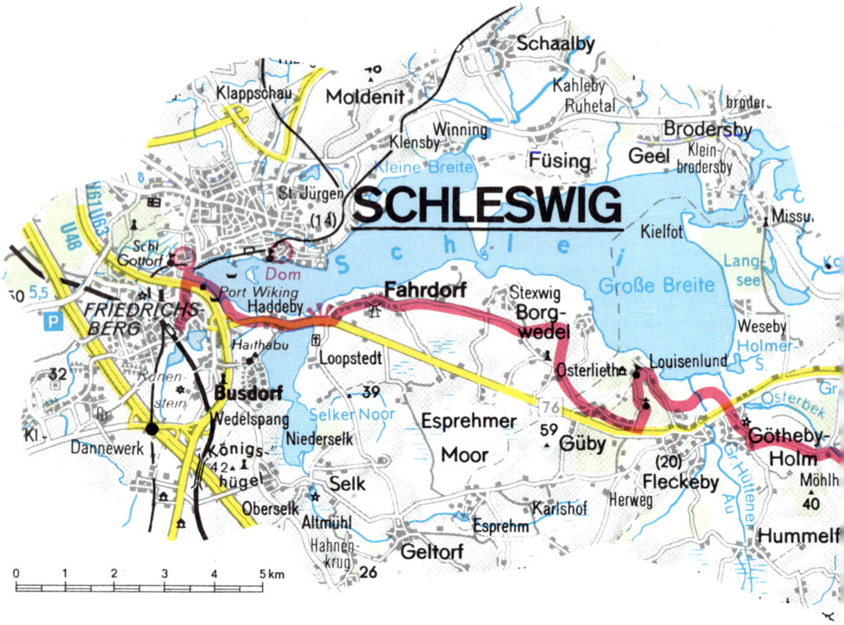

ter erneut links in die hohe Lindenallee, durch einen weißen Zaun und an zwei Tennisplätzen vorüber. Allerdings müssen die hundertjährigen Linden wegen gefährlicher Höhe gekappt werden, so daß das Bild sich etwas ändern kann. Im Zug der Allee gelangen wir in einen Buchenwald – rechts Gutsanlage! – und fahren leicht aufwärts. Nach einem reichlichen Kilometer von Louisenlund biegen wir dicht vor der B 76 in Ahrensberg rechts in Richtung Güby ab, bergab an älteren und modernen Reetdachhäusern am Buchenwald entlang und in *Güby* erneut ansteigend durch den Ort.

In Güby halten wir uns auf der Teerstraße links und an der alten Eiche nach einem Kilometer rechts in Richtung Borgwedel, wobei wir den Radweg benützen können. Nach einem Kilometer, wenn sich der Blick zur Schlei öffnet, fahren wir an der Gabelung nach Fahrdorf, also nicht nach Borgwedel, sondern geradeaus, erst ansteigend, dann eben und erneut auf Radweg. Nach rund 4 km wird zum ersten Mal Schleswig mit seiner Kirche sichtbar, und nach einem weiteren Kilometer haben wir *Fahrdorf* erreicht. Wir rollen abwärts und immer parallel zur Schlei auf die B 76 zu, in deren Radweg wir rechts einbiegen: Nun liegt Schleswig zum Greifen nahe.

Wir passieren auf dieser Fahrt *Haddebys Kirche* und das *Hotel Haddeby* und rechts von uns den Wiking-Wohnturm mit Segelhafen. Kurz danach führt der Radweg sanft abwärts in die Stadt. Auf der Straße Herrenstall, dann links unter der Brücke durch Friedrich- und Bahnhofstraße (ansteigend) gelangen wir zum *Bahnhof*, sofern wir nicht jetzt das *Schloß Gottorf* mit seinen Museen und dem Dom besichtigen wollen.

11 Der Wittensee hat ideale Badeplätze zu bieten, der Ort Bünsdorf eine Feldsteinkirche des 13. Jh.

Ausgangspunkt Eckernförde oder Dorfmitte von Groß-Wittensee
Tourenlänge (ohne Eckernförde, was zusätzlich 15 km bedeutet!) 25 km
Fahrzeit Gut 2 Stunden (mit Eckernförde: 4 Stunden)
Höhenunterschiede 65 m
Tourenbeschreibung Die Anfahrt von *Eckernförde* kann auf dem Rad-

weg der B 203 (Eckernförde – Rendsburg) erfolgen. Wir fahren auf Radwegen durch *Groß-Wittensee* mit Ausblicken auf den links gelegenen See, die sich auf der Strecke nach dem 2 km entfernten *Klein-Wittensee* fortsetzen. Den Ort durchqueren und am Ortsende der rechten Abzweigung nach *Bistensee* folgen. Die Strecke steigt kurz an, an der Gabelung links auf Gefällstrecke und über eine Kreuzung auf den *Bistensee* zu.

Wir halten uns an der Querstraße mit dem schönen Seeblick links in Richtung Holzbunge, am Waldrand und an Feldern entlang, bis wir auf die B 203 stoßen. Wir überqueren sie und haben nun abwärts einen schönen Blick auf den Wittensee. Durch *Sande* hindurch, dann rechts nach *Bünsdorf* abbiegen, wobei wir in einem Linksbogen unter der Straße hindurchfahren müssen, um ins Dorf zu gelangen. An der Gabelung nach 600 m wenden wir uns links in Richtung Wentorf und nach 400 m rechts in Richtung auf den Wittensee und Sehestedt, wobei wir

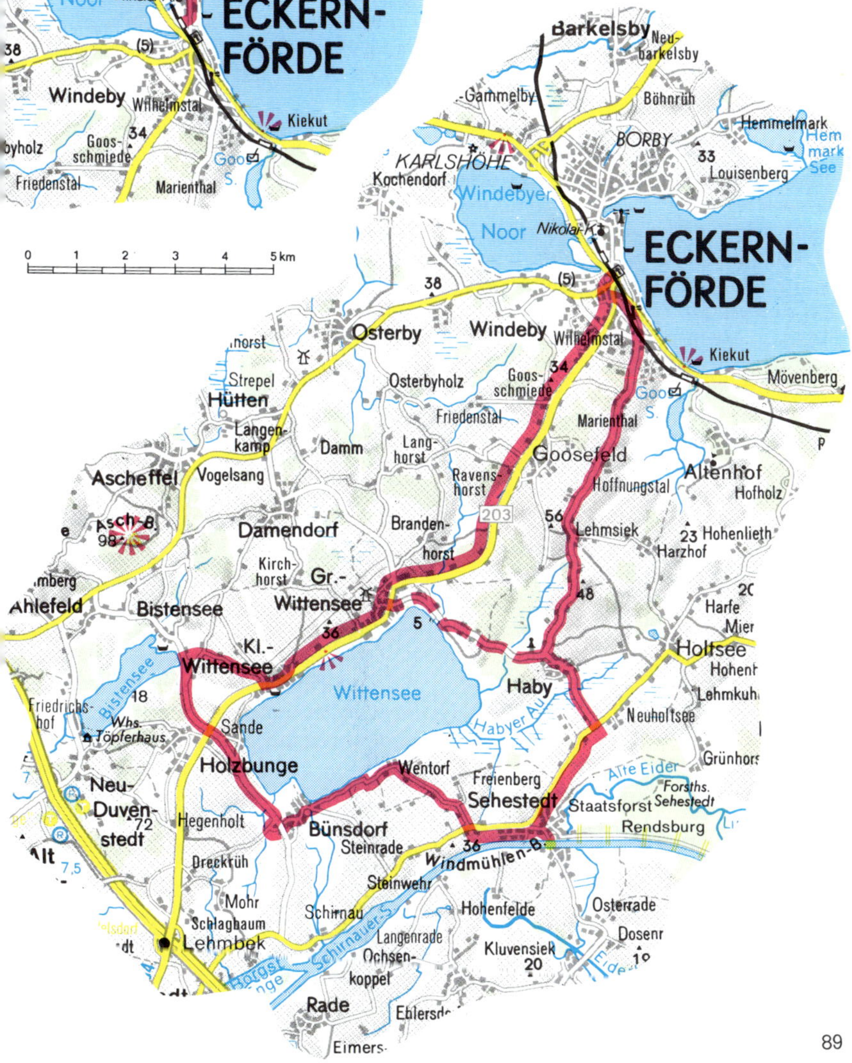

hier dicht an einer Badestelle mit Liegewiese sind – gute Gelegenheit für eine Rast. An der folgenden Gabelung bleiben wir links in Richtung Wentorf und fahren am See mit seinem bewaldeten Uferstreifen entlang, um nach 1 km ein *Sommerhausgebiet* zu erreichen, das in den letzten Jahren am Seeufer entstand: *Feriengebiet Wittensee* mit ca. 75 Holzhäuschen.

Geradeaus weiter halten wir uns nach 1 km vor der Sackgasse rechts auf einer leicht als Redder ansteigenden Strecke, die uns nach gut 2 km an die Strecke Rendsburg – Gettorf führt – auf der anderen Straßenseite befindet sich ein an Radargeräten zu erkennendes Militärgelände. Wir nehmen den Radweg rechts der Straße nach links, fahren auf ihm durch *Gruhl* und haben nach 1,5 km Gelegenheit, kurz einen Abstecher zur sehenswerten Kanalfähre von *Sehestedt* zu machen. Wir halten uns in Sehestedt links. Der Weg durch Felder führt zu einer Gabelung, an der wir links dem Wegweiser nach Eckernförde folgen, womit der Radweg endet. Zum Glück führt die Straße zügig abwärts, bis wir nach 1,5 km *Haby* erreicht haben. Wer den Ausgangspunkt Eckernförde ansteuert, biegt hier am Ortsende – dem Wegweiser folgend – rechts ab und erreicht dann über Lehmsiek und Gut Marienthal *Eckernförde* nach etwa 8 km. Um nach Groß-Wittensee zu gelangen, halten wir uns nach 500 m vor dem Ehrenmal an den Wegweiser. Die schöne Strecke führt leicht abwärts am Waldrand entlang, dann durch Hochwald und auf den *Wittensee* zu, den wir nach 2 km abermals erblicken. Von Haby können wir aber auch zum Ostufer des Wittensees abzweigen und dem Schlankweg nach *Groß Wittensee* folgen (Badestelle).

12 Alte Kirchen – in Flintbek und Kirchbarkau – liegen am Weg durch diese naturschöne Landschaft; Anfangs- und Endpunkt ist Kiel

Ausgangspunkt Kiel, Hamburger Chaussee

Tourenlänge 21 km, mit Verlängerung 30 km

Fahrzeit 2 bzw. 3 Stunden

Höhenunterschiede 60 m

Tourenbeschreibung Für die Ausfahrt von *Kiel* orientieren wir uns zur Hamburger Chaussee, von der wir kurz nach dem rechts gelegenen *Drachensee* links abbiegen, um vorbei am rechts liegenden *Schulensee* die Straße nach Molfsee und Bordesholm und die *Bahnlinie* Kiel – Bordesholm – Hamburg zu überqueren. So kommen wir – 1 km von der Bahnstrecke – nach *Meimersdorf*, wo wir uns im Dorf nach rechts orientieren. In südwestlicher Richtung rollen wir auf Flintbek zu, das wir zunächst mit *Klein-Flintbek* erreichen. Hier zweigen wir schon am Dorfanfang links ab, passieren die Kreuzung bei *Stover* und *Röthsaal* und folgen der Straße nach *Boksee* nach links.

Dabei passieren wir das rechts unserer Strecke gelegene *Fehltmoor* und das links liegende *Klein-Flintbeker Moor*. Am Rand eines Wäldchens entlang erreichen wir Boksee, und nach Süden aus dem Ort in Richtung Kirchbarkau fahrend kommen wir an einer Höhe mit dem originellen Namen *Erdbeerenberg* (62 m) vorbei. Der kurz danach folgende Rähkrug ist keine Gaststätte, sondern lediglich Name eines Hofes. Hier müssen wir uns entscheiden, ob wir nach Kiel zurückkehren oder unsere Tour noch um eine Stunde verlängern wollen.

Die Verlängerung führt südlich nach Klein-Barkau und an der Gabelung im Ort rechts und zwischen Wald und Bothkamper See entlang. Wir fahren bis zur Südspitze des Sees, die wir bei *Bissee* erreichen, und zweigen hier links ab. An der folgenden Querstrecke wenden wir uns nach links und fahren am östlichen Seeufer entlang. Dabei stoßen wir nach Passieren eines Waldgebiets auf das *Gut Bothkamp* und kommen an ihm vorbei nach *Kirchbarkau*. Landschaftlich ist die Verlängerung der Tour ungemein reizvoll. Wir müssen darauf achten, daß wir am Ortsrand von Kirchbarkau nicht bis zur B 404 kommen, sondern – dem Seeufer folgend – uns links halten, ständig in Seenähe und an der

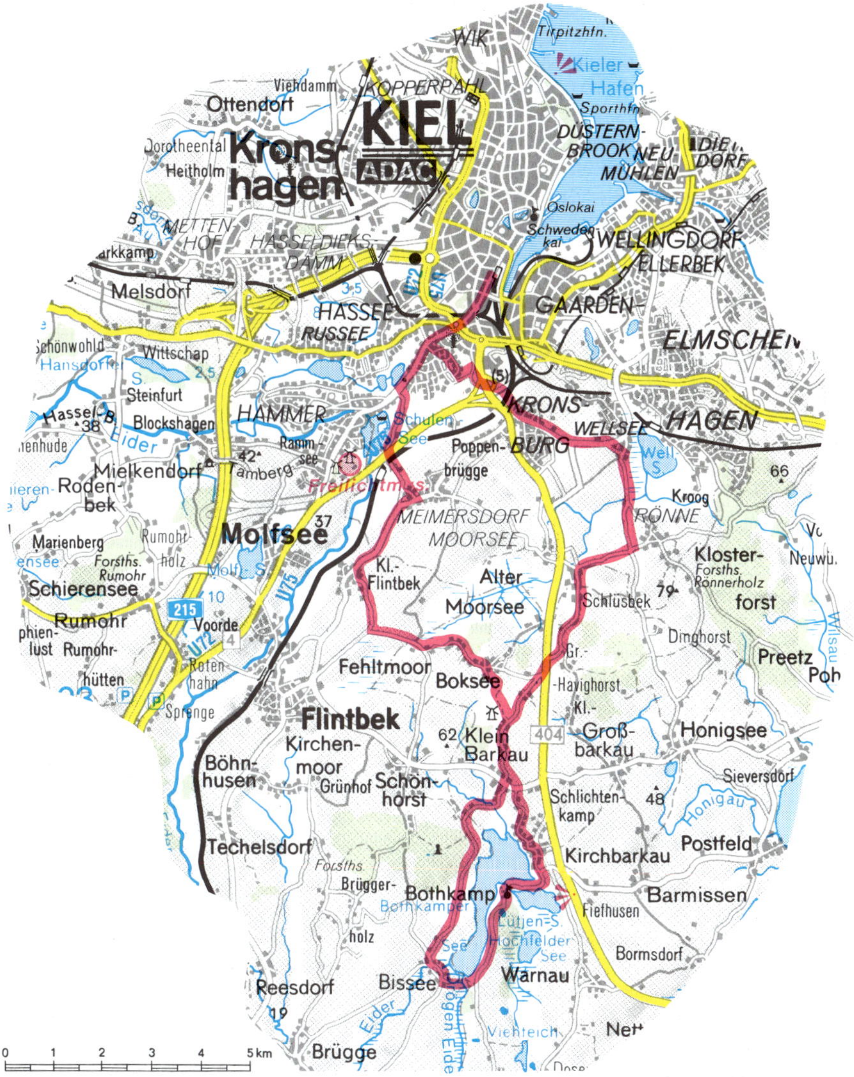

Badestelle vorbei, so daß wir die Ortsmitte von Kirchbarkau rechts liegen lassen. Weiter nach Norden über die Querstraße Groß-Flintbek – Groß-Barkau hinweg und durch *Klein-Barkau* stoßen wir zunächst auf die vom Herweg bekannte Strecke und nach knapp 2 km mit Rähkrug auf den Punkt, an dem die Haupttour abzweigt.

In ihrem Verlauf fahren wir nach Nordosten und überqueren die verkehrsreiche B 404. Hinter ihr halten wir uns links, an der folgenden Gabelung rechts, durch ein Wäldchen hindurch. Sobald von links die Straße aus Richtung Moorsee und B 404 kommt, fahren wir rechts in Richtung auf Rönne. Ehe wir in den Ort kommen, biegen wir links ab und gelangen – an Bekkate vorbei – nach *Wellsee*. Damit sind wir bereits wieder im Stadtbereich von Kiel. Je nach unserem Ziel können wir entweder von Wellsee direkt auf die B 76/202 bei Elmschenhagen fahren oder aber am Rand von Wellsee links abbiegen und die B 404 ansteuern. Über die Bahnstrecke und danach die B 404 hinweg erreichen wir durchs *Vieburger Gehölz* auf der Höhe des *Drachensees* die Hamburger Chaussee, auf der wir *Kiel* verlassen haben.

13 Wir umrunden den größten See Schleswig-Holsteins, den Plöner See, und besichtigen die alte Vizelinkirche in Bosau

Ausgangspunkt Kurverwaltung (Schwentine-Haus) in Plön
Tourenlänge 33 km
Fahrzeit $2^{1}/_{2}$ Stunden
Höhenunterschiede 45 m Steigungen
Tourenbeschreibung Wir verlassen *Plön*, den Wegweisern nach Eutin folgend, fahren seenah unterhalb des *Kurzentrums* an der Gaststätte „Fegetasche“ (weil hier früher der Zoll die „Taschen fegte“) vorüber. Wir folgen dem Wegweiser rechts nach Ruhleben, fahren an *Bundeswehrgelände* und *Campingplatz* vorbei und umfahren das *Gut Ruhleben*. Schöne Strecke durch Felder und Koppeln zwischen dem rechts liegenden Großen Plöner See und dem links gelegenen Vierersee. Über eine Brücke passieren wir den Wasserarm, der die beiden Seen verbindet. Am Südende des Vierersees halten wir uns links, bis wir – durch eine Schranke hindurch – die Fahrstraße erreichen. Auf ihr nicht links nach Waldshagen, sondern rechts nach *Bosau*, wo wir die Kirche besichtigen sollten.

Wir verlassen Bosau parallel zum Seeufer Richtung Süden. Die Straße verläßt am Südende bei *Stadtbek* den See, biegt nach Westen und bringt uns nach *Bredenbek*. An der Gabelung wenden wir uns rechts, überqueren die Tensfelder Au und biegen kurz danach rechts in Richtung auf *Gut Nehmten* ab. Bis zum Gut sind es ab Bosau etwa 8 km.

Jetzt bieten sich zwei Möglichkeiten. Wir können vor dem Gut links fahren, an der Querstraße rechts und an den hübschen Häusern von *Im Sande* vorbei mit Blick zum *Stocksee*. Dann links abbiegen (zwei Wege) zur Chaussee Dersau – Bad Segeberg und auf ihrem Radweg nach Dersau. Zweite Möglichkeit: nach Norden am Gut Nehmten vorbeifahren und auf der Straße parallel zum Plöner See

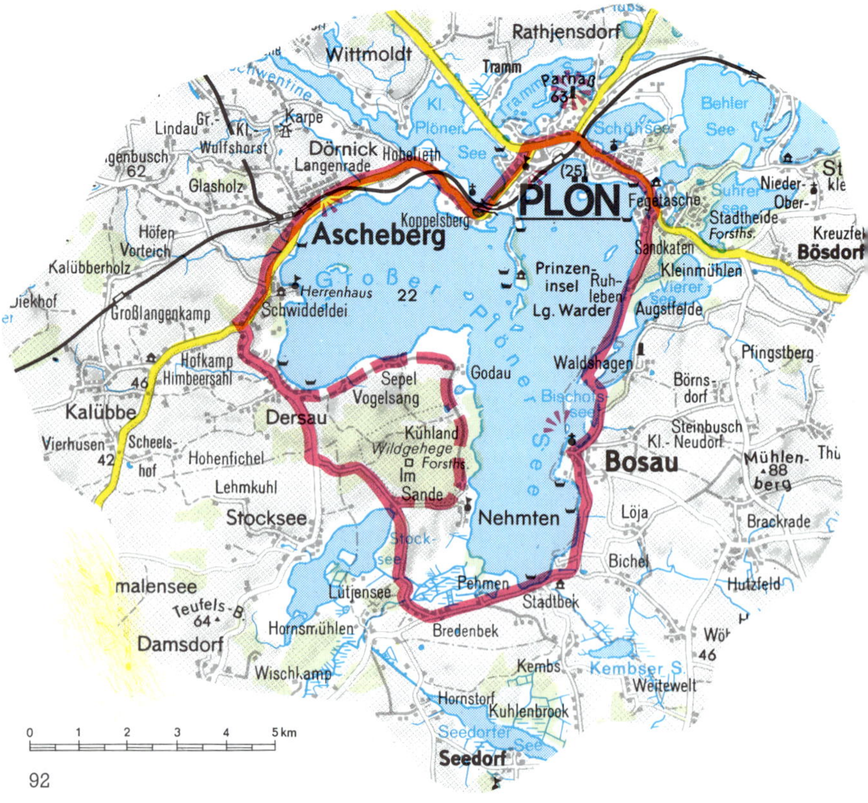

bleiben. Der Schotterweg (später Asphalt) führt uns an schönen Eichen vorüber zunächst nach *Godau*. Hier biegen wir links, haben kurz vor Sepel einen besonders schönen Seeblick und erreichen nach Sepel über den Hof Vogelsang den Ortsanfang von *Dersau*. Im Zug der Fahrstraße durch Dersau hindurch und so nach dem Ortsende bis zur querlaufenden B 430. Auf ihr wenden wir uns rechts, am *Gasthof Schwiddeldei* (eine Verballhornung von spital dei, Armenhaus) und am *Ascheberger Hof* vorbei. Durch *Ascheberg* fahren wir, mit vielen Blicken zum rechts gelegenen *Großen Plöner See*, auf dem Radweg der B 430 nach *Plön* zurück.

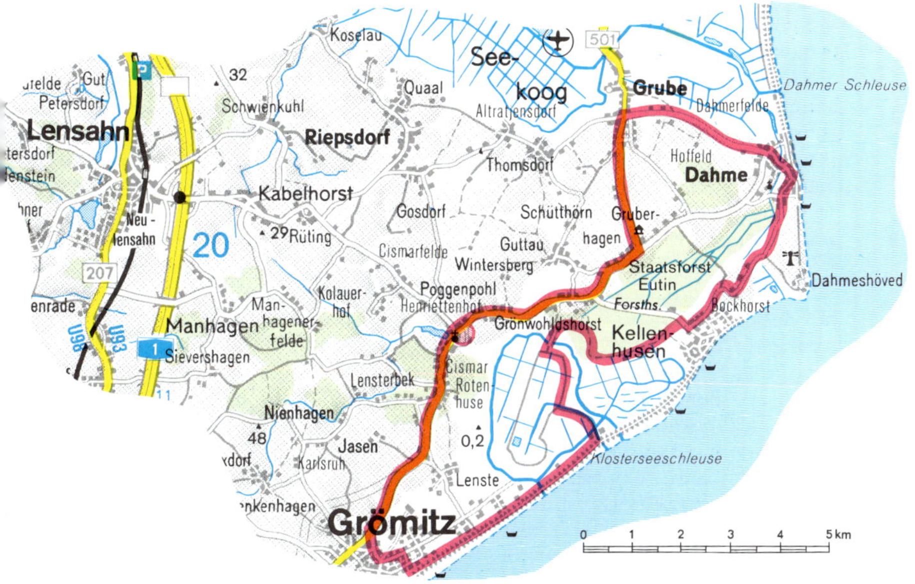

14 Im Ostseebad Grömitz, Anfang und Ziel dieser Tour, erwartet der Zoo „Arche Noah" die Kinder; in Cismar sollte man die Kirche in bester Backsteingotik besichtigen

Ausgangspunkt Kurzentrum in Grömitz

Tourenlänge 34 km

Fahrzeit 2½ Stunden

Tourenbeschreibung Vom Grömitzer *Kurzentrum* durch Seestraße, Fischerstraße, Birkenweg, Schützenstraße und Blankwasserweg parallel zur Ostsee zum *Zeltstrand* von Lenste, der zu Grömitz gehört. Weiterfahrt vor oder auf dem Deich zur Klosterseeschleuse. Der ursprünglich im Binnenland befindliche See wurde trokkengelegt und wird über die Schleuse entwässert.

Von der *Schleuse* nehmen wir den vom Deich links zum Hof Klostersee führenden festen Fahrweg zwischen Weidegelände. Hinter dem *Hof*, den wir umradeln, folgen wir dem rechts zum Guttauer Gehege führenden Weg, auf dem wir eine bedeutende Gruppe von mächtigen Eichen erreichen: zuerst die Wasserstandseiche mit der Erinnerung an die verheerende Sturmflut von 1872, danach Königs- und Kroneiche.

Unsere Fahrt durch den Wald führt uns auf dem Rittbruchweg an den Waldrand und in seiner Nähe, an Ferienhöfen vorüber, links zur Waldstraße von Kellenhusen. Von ihr aus können wir entweder mit einem Abstecher nach links das Wildgehege mit dem Waldlehrpfad des Guttauer Geheges aufsuchen oder uns rechts halten zur Ortsmitte von *Kellenhusen*. Hier biegen wir links in die Seestraße, passieren das IFA-Hotel und halten uns auf der folgenden Ostlandstraße ein Stück links.

Wir radeln den Fußweg nach Bockhorst nach rechts entlang, mit dem wir auf die Fahrstraße zwischen Dahme und Kellenhusen stoßen. Jetzt haben wir zwei Möglichkeiten: entweder auf der Fahrstraße rechts direkt nach Dahme, wobei der Umweg über den Leuchtturm Dahmeshöved empfehlenswert ist; oder durch den Wald nach *Dahme*. Und zwar auf der Fahrstraße, die wir hinter Bockhorst erreicht haben, kurz rechts und links in den Wald, bei dem hier Guttauer und Dahmer Gehege aufeinanderstoßen. Der befestigte Waldweg führt an zwei Hochsitzen vorbei ziemlich geradlinig durch den Wald. Kurz vor der Fahrstraße halten wir uns im Wald rechts, so daß wir auf die Fahrstraße nach Dahme stoßen, auf der wir in das Ostseebad hineinrollen.

Nach einem Fußweg über die Dahmer *Strandpromenade* oder über den aussichtsreichen Deich treten wir den Rückweg an. Wir nehmen von Dahme zunächst die Straße nach Grube, auf der wir den Ortsrand von *Grube* erreichen. Damit sind wir auf der B 501, auch „Kleine Bäderstraße" genannt, die uns links über *Gruberhagen* und hier rechts durch Grönwohldshorst und *Cismar* zurück nach *Grömitz* bringt. Das Fahren auf der im Sommer lebhaften Bundesstraße wird zwischen Gruberhagen und Cismar durch einen Radweg erleichtert. Wer es sich einrichten kann, wird die Strekke außerhalb der Hochsaison entlangradeln. Dann ist sie angenehmer.

Eine weniger belebte Abkürzung ergibt sich hinter Cismar: links nach *Lenste* abzweigen, hinter Lenste auf halbem Weg zum Strand erneut rechts abbiegen und so gewissermaßen im Hinterland über den Mittelweg nach Grömitz kommen und über Brookgang und Wicheldorfstraße ins *Kurzentrum* gelangen.

15 Eutiner See mit seinem efeuberankten Schloß, Griebeler See und Stendorfer See sind unsere Ausflugsziele

Ausgangspunkt Schloß Eutin
Tourenlänge 28 km
Fahrzeit Reichlich 2 Stunden
Höhenunterschiede 45 m
Tourenbeschreibung Wir nehmen vom *Schloß Eutin* aus den Weg, der unmittelbar am Südufer des Sees erst nach Süden, dann nach Osten entlangläuft, wobei wir nach Verlassen des Parks unterhalb von Forstamt und Baumschulen entlangradeln, links Blick auf die sogenannte Fasaneninsel. Der parallel zur Fahrstraße nach Schönwalde unterhalb am Seeufer verlaufende Wanderweg passiert den auf hohem Ufer liegenden „Redderkrug" und einige Häuser, bis wir, etwa 5 km von Eutin entfernt, die Ostspitze des Sees erreichen. Hier am *Parkplatz* fahren wir kurz nach rechts,

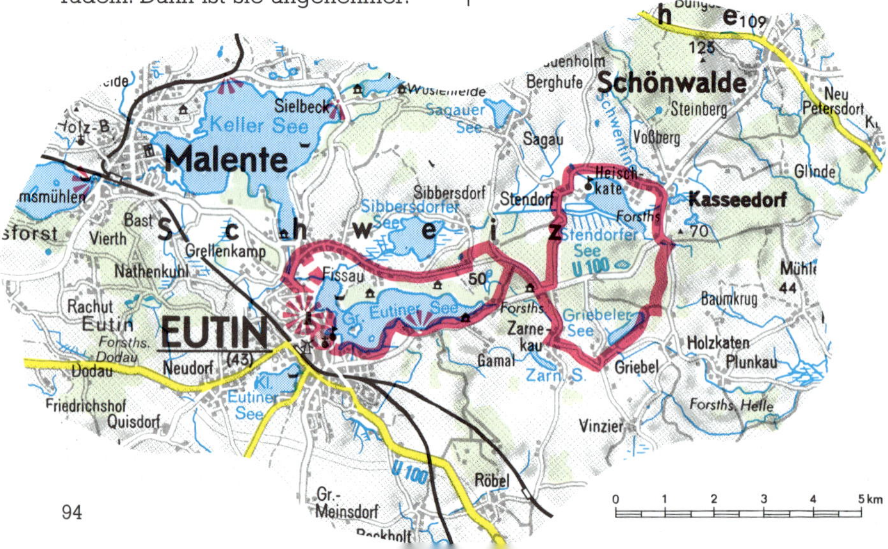

an der *Schäferei* vorbei in Richtung auf die Fahrstraße. Jedoch wenden wir uns kurz davor links, der Markierung des *Europäischen Fernwanderwegs* folgend, in den Wald, der die originelle Bezeichnung Ochsenhals trägt. Jedoch wenden wir uns auf der Betonstraße zum Schießplatz nicht links, sondern rechts. Durch schönen Wald erreichen wir nach einem Kilometer den an der Straße Eutin – Schönwalde gelegenen *Sandfeldkrug*. Wir fahren über die Straße hinweg (auf lebhaften Verkehr achten!), gelangen nach 800 m auf eine schräg laufende Querstraße und fahren rechts in das 1 km entfernte *Zarnekau* hinein. Bevor wir jedoch ins eigentliche Dorf kommen, nehmen wir die von der Kreuzung links abzweigende Straße nach Griebel, vorbei an Kiesgrube und Wäldchen – dieser Teil der Strecke gehört zugleich zum *Europäischen Fernwanderweg*. 250 m nach dem Waldende biegen wir im spitzen Winkel links ab und fahren im Rechtsbogen – am *Reitstall* vorbei – nach *Griebel* hinein, das wir auf der Querstraße nach rechts erreichen.

Wir radeln durchs Dorf. Wenn danach die Straße rechts abbiegt, bleiben wir geradeaus, um an den *Griebeler See* zu gelangen. An ihm fahren wir entlang – der See ist durch einen Waldstreifen von unserem Fahrweg getrennt. Unser Weg führt teilweise durch Wald. Sobald wir auf einen Querweg im Wald stoßen, biegen wir nach rechts in ihn ein. An der bald folgenden Gabelung halten wir uns links und fahren so – wieder im Zug des Europäischen Fernwanderwegs – durch den Wald namens Kieferngehege auf die Bekkate zu. Wer eine etwas bessere Wegstrecke als einen Waldweg vorzieht, der macht es ein wenig anders: Er nimmt an der eben erwähnten Gabelung die rechte Gabel und erst 300 m weiter den links abzweigenden Fahrweg, gleichfalls durch den Wald, zur *Bekkate*. In der Länge sind beide Strecken mit rund 2,5 km ziemlich gleich.

An der Bekkate halten wir uns links und stoßen dadurch nach 250 m auf die Fahrstraße Eutin – Schönwalde, und zwar unmittelbar beim *Forsthaus*. Auf dieser Straße rollen wir rechts nach *Kasseedorf* hinein und biegen nach einem guten Kilometer links ansteigend bei Bushaltestelle und Gasthaus nach *Stendorf* ab. Links erblicken wir den Stendorfer See mit einer Wohnsiedlung. Nach den letzten Häusern fahren wir am Waldrand entlang und in einer Linksbiegung auf die Gutsanlage von Stendorf zu, die am Westufer des Sees liegt. Wir bleiben auf der Straße, lassen das Gut links liegen, durchfahren das Dorf mit dem alten Wegweiser und der restaurierten „Schwarzen Kate“ von 1726, ohne die Straße von und nach Sagau zu beachten. Wir überqueren die Bungsberg — Schwentine. Bald erreichen wir den Waldrand und bleiben bis zur Rückkehr an die Straße Eutin — Schönwalde auf südlichem Kurs.

Auf der Fahrstraße wenden wir uns nach rechts und haben nach 300 m den bereits bekannten Sandfeldkrug erreicht. Wir biegen rechts ab und fahren bis zum Forstamt Ochsenhals. Hier biegen wir links ab und an der Querstraße erneut links. Damit stoßen wir rasch auf die Straße nach Fissau, der wir nach rechts folgen, zuerst über freies Feld, dann am Waldrand und an den Häusern von Sandfeld vorbei. Die Rückfahrt über *Fissau* nach *Eutin* läßt sich variabel gestalten: Auf der Fahrstraße bleiben, bei der Einmündung in die Straße nach Malente zum *Kellersee* (hin und zurück 1,5 km). Auf bekanntem Weg zurück.

16 Entlang dem Ratzeburger See und dem Elbe-Lübeck-Kanal zu schönen Backsteinkirchen und der mittelalterlichen Sieben-Kirchtürme-Stadt Lübeck

Ausgangspunkt Ratzeburger Allee in Lübeck
Tourenlänge (ab Mühlentorplatz) 43 km
Fahrzeit 4 Stunden
Höhenunterschiede 100 m Steigungen
Tourenbeschreibung Wir verlassen Lübeck im Zuge der *Ratzeburger Allee*, die wir vom Bahnhof auf ver-

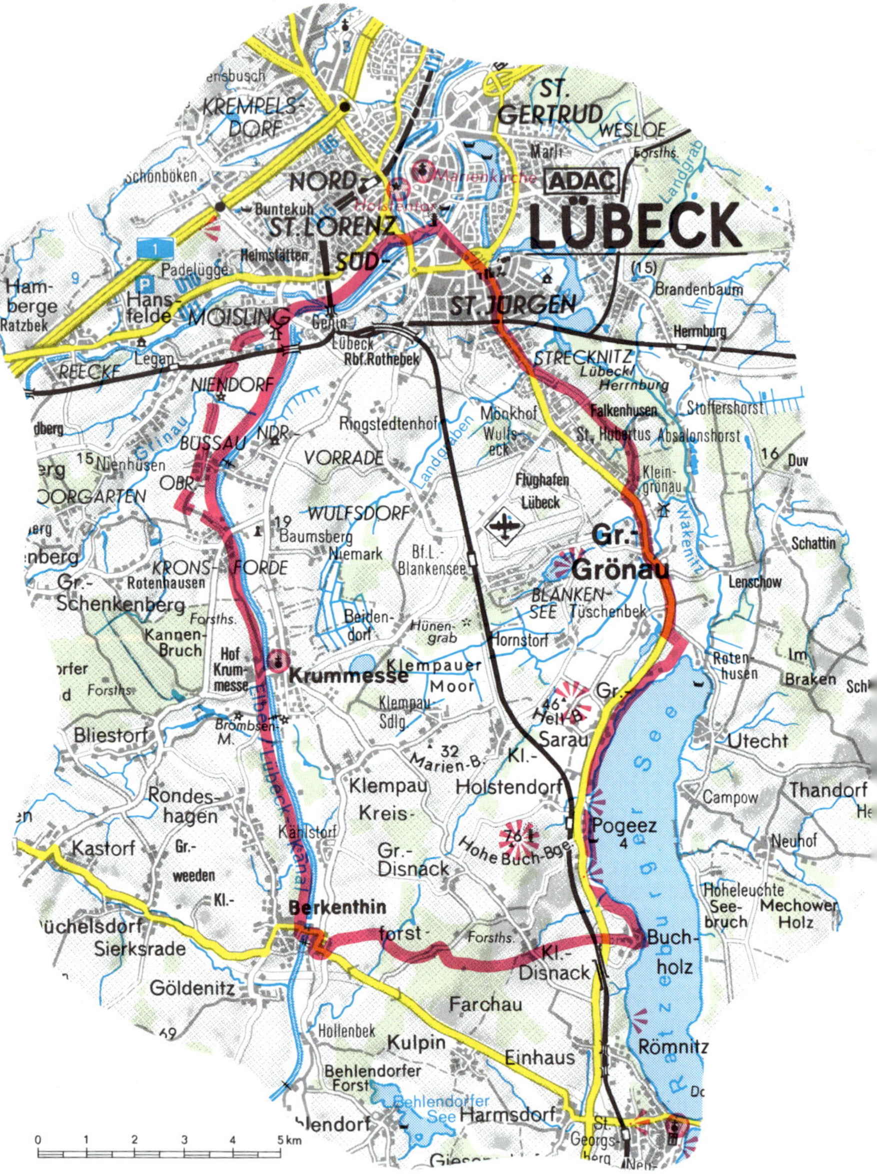

schiedenen Strecken (Stadtplan ratsam) erreichen können. Um die belebte B 207 zu vermeiden, können wir ab Grönauerbaum bis Klein-Grönau östlich von ihr durch die anschließenden Wohngebiete von St. Hubertus fahren oder uns ab Grönauerbaum nach dem Europäischen Fernwanderweg orientieren. So bieten sich uns gleich drei verschiedene Möglichkeiten, um nach Groß-Grönau zu kommen. Wir durchqueren das Dorf im Zug der B 207 und biegen dann nach 1 km links in Richtung Ratzeburger See zum Fährhaus Rotenhusen ab. Wir sind am Ratzeburger See angelangt.

Jetzt wenden wir uns vor dem Fährhaus nach rechts auf den Weg, der nun am Seeufer entlang nach Süden führt, zuerst in südwestlicher Richtung. Dabei bieten sich immer wieder prächtige Blicke über den See und Rastmöglichkeiten. Wir passieren Badestellen und Liegewiesen (unterhalb von Groß-Sarau und Pogeez sowie bei Buchholz). Im Hinterland verläuft, gleichfalls parallel zum See, die B 207 im Zuge der Alten Salzstraße, die im Mittelalter dem Salztransport von Lüneburg nach Lübeck (mit Verschiffung in die skandinavischen Länder) diente. Wir bleiben auf diesem schönen seenahen Weg etwa 7 km.

In *Buchholz* stößt der von Berkenthin kommende Europäische Fernwanderweg auf den Seeweg. So biegen wir kurz hinter der Schiffsanlegestelle ansteigend rechts ins Land ab und im Dort erst kurz rechts und dann links auf dem Schulweg zur B 207, die wir überqueren. Kurz danach führt der Weg über die Bahngleise und als schmaler Teerweg aufwärts weiter, wobei der Blick zurück über den Ratzeburger See ein Erlebnis ist. Wo der Weg durch eine *Pforte* in die Felder führt, wird es mit dem Rad ein kurzes Stück etwas unwirtlich, bis wir das nördliche Ende von *Klein-Disnack* erreichen, wo wir die Fahrstraße überqueren und Kurs auf den Wald des Bartelsbusch nehmen. Die Orientierung bei der Fahrt durch den Wald auf einer manchmal etwas schwierigen Strecke ergibt sich aus dem Andreaskreuz des Fernwanderwegs, auf dem wir – mehrfach die Richtung ändernd – durch den Wald auf freies Feld und hier in südwestlicher Richtung über eine ehemalige Bahnstrecke nach *Berkenthin* gelangen. Übrigens ist der Weg auch durch regionale Markierungen gekennzeichnet: von den Forsthäusern erst mit Markierung Eichel, dann mit der Markierung Schnecke, die uns bis Berkenthin bringt. Hier gelangen wir bei der Kirche an den *Elbe-Lübeck-Kanal*, den wir überqueren.

Die Strecke führt jetzt in nördlicher Richtung ständig am Kanal entlang – bei Berkenthin befindet sich eine Schleuse, eine weitere bei Krummesse, das auf dem jenseitigen Kanalufer liegt. Bis *Krummesse* dient der Weg am Kanal auch als Europäischer Fernwanderweg. Wir fahren bis an den Stadtrand von *Lübeck* etwa 15 km am Kanal entlang. Wem das zu eintönig erscheint, der kann auf der Höhe von Kronsforde bei der Straßenbrükke über den Kanal diesen links abbiegend verlassen und westlich vom Kanal durch Oberbüssau zum Lübecker Vorort Moisling fahren. Im Zuge des Kanals erreichen wir die Trave und stoßen nach Passieren der beiden Arme der Alten Trave auf die *Lachswehr-Allee*. Auf ihr links und dann in die Moislinger Allee einbiegend und am Lindenplatz links kehren wir zum *Bahnhof* zurück. Der Weg zum Mühlentorplatz führt über die Trave nach rechts in die Possehlstraße und von ihr über Geniner Straße und Kronsforder Allee zurück.

17 Nordwärts zur Trave durch die traditionsreiche Stadt Ratzeburg im Ratzeburger See

Ausgangspunkt Mölln, Brücke über den Möllner See
Tourenlänge 37 km
Fahrzeit 3 bis 3½ Stunden
Höhenunterschiede Insgesamt 56 m Steigung: Von Ratzeburg bis Einhaus 20 m, von hier bis Klosterberg 36 m

Tourenbeschreibung Von *Mölln* geht es zunächst über die *Brücke* vom *Möllner See* und dann rechts ab bis an eine *Straßengabelung*. Hier halten wir uns links und müssen ein ganzes Stück bergan klettern. Wir befinden uns in dem *Wald*, der sich Schmilau und Ratzeburg vorlagert. Es geht dann ein ganzes Stück über freies Feld bis an die *Bahnlinie* heran und gleich darauf nach *Schmilau* hinein. Im Ort macht die Straße einen *Rechtsbogen*, gleich dahinter geht es links weiter nach Ratzeburg. Es geht an zahlreichen *Knicks* vorbei, wie hier die Hekken heißen, und an den *Schaalseekanal* heran.

Von hier sieht man schon einen *Hochhauskomplex* links am Waldrand, bei dem es sich um ein Seniorenwohnheim handelt. Dann aber kommen wir nach Ratzeburg hinein, halten uns links und fahren über die *Insel* hinweg weiter in Richtung Lübeck. Doch am See können wir in Höhe eines kleinen *Parkplatzes* auf einen Radfahrweg nach rechts ausweichen. Dieser Weg senkt sich dann in ein kleines *Bachtal*. Dort fahren wir links weiter, erreichen erneut eine *Straße*, auf der es rechts unter einer *Eisenbahnunterführung* hindurch auf die *B 207* geht.

Wir bleiben auf der *Bundesstraße* nur bis zur Abzweigung nach *Klein-Disnack*. Hier geht es einen Berg hinauf und dann an *Groß-Disnack* vorbei auf *Klein-Sarau* zu. Gleich hinter dem Ortsausgang biegen wir rechts ab über die *Eisenbahn* hinweg nach *Hornstorf*. In *Groß-Grönau* stoßen wir erneut auf die B 207, auf der wir nach links abbiegen. Nun sind es nur noch wenige Kilometer auf guten Radfahrwegen bis nach *Lübeck*, dem Ziel dieser Langstreckentour.

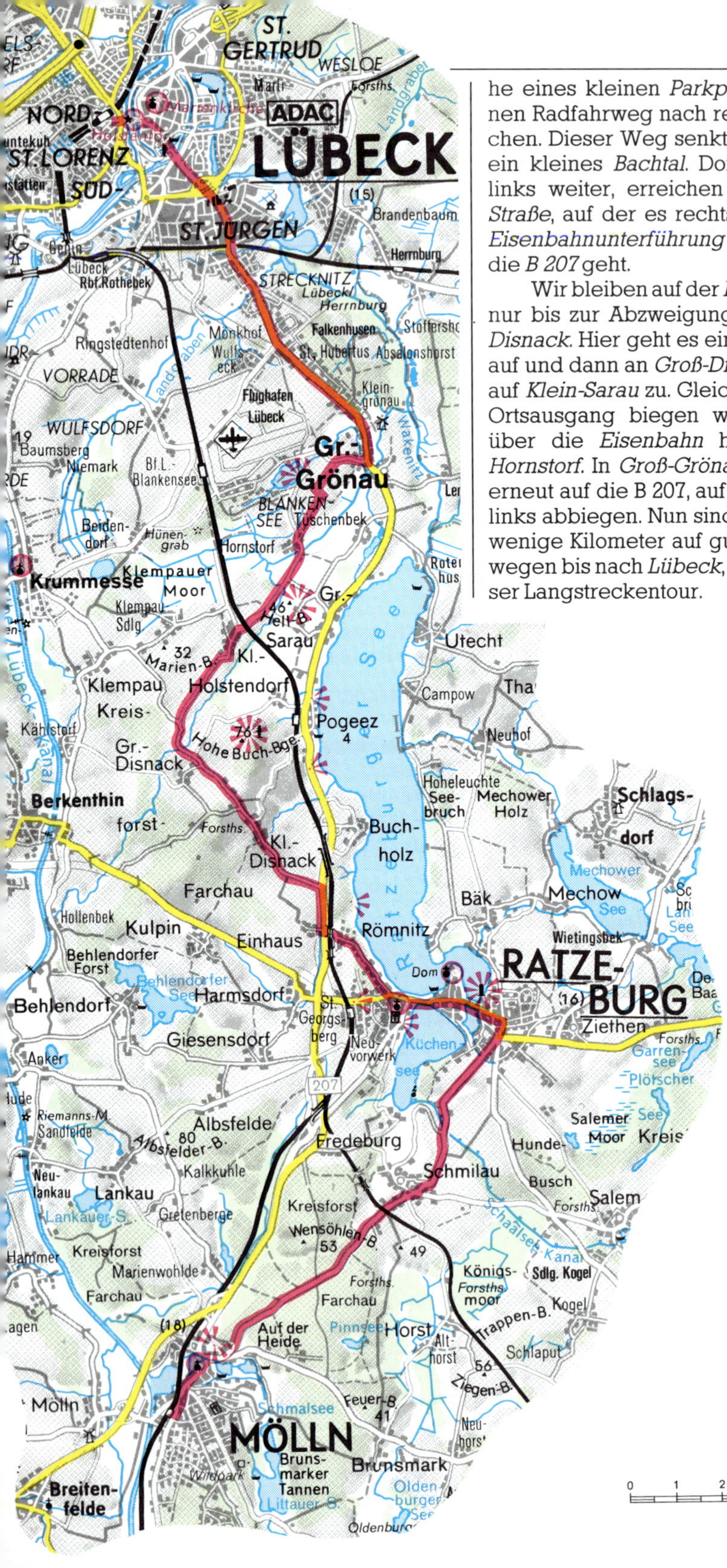

OSTSEEKÜSTE IN MECKLENBURG UND VORPOMMERN

Reich gegliedert und abwechslungsreich bieten sich die faszinierenden Küstenlandschaften dar: von Strandhafer bewachsene Dünen, seichte Meeresbuchten an Flachküsten, Bodden genannt, die aus Sanden und Schotter bestehenden, heute mit Wald bedeckten Sandergebiete und nicht zuletzt die einzigartigen steilen Kreidefelsen auf der Insel Rügen. Sie auf Radwandertouren zu erfassen gehört sicherlich zu den schönsten Erlebnissen.

Insel Rügen: Kreidesteilküste von Stubbenkammer

18 Vom Ostseebad Boltenhagen zum Ostseebad Rerik – streckenweise entlang der Küste mit schönem Blick auf die See und durch das traditionsreiche Wismar mit seinen eindrucksvollen Bauten

Ausgangspunkt Postplatz im Ostseebad Boltenhagen
Tourenlänge Etwa 60 km
Fahrzeit 7 Stunden
Höhenunterschiede Jeweils etwa 100 m Steigung und Gefälle
Tourenbeschreibung Am Postplatz vor der Kirche im Ostseebad Boltenhagen beginnen wir unsere Fahrt.

Zunächst geht es durch Boltenhagen, wo schon 1826 reger Badebetrieb herrschte, nach *Tarnewitz.* Vor dem Ort überqueren wir den Tarnewitzer Bach, folgen dann der Dorfstraße nach rechts in den südlichen Ortsbereich. An einer Eiche gabelt sich die Straße. Hier fahren wir links bergan zum Ortsende und geradeaus weiter über die Kuppe bis zum ersten nach links abzweigenden Feldweg (Radwegweiser *Grevesmühlen/Wohlenberger Wiek*), dem wir über die Felder mit sehr schönem Blick über die Wohlenberger Wiek und zum Hohen Wieschendorfer Huk zur Landstraße Klütz – Wismar folgen. Hier gehr es nach links zum etwa 1 km entfernten *Wohlenberg.* Auf der Landstraße radeln wir die Wohlenberger Wiek entlang entlang zum *Campingplatz Wohlenberger Wiek.*

Am Campingplatz verlassen wir die Straße nach links, schieben das Rad ein kurzes Stück durch den Campingplatz, bevor wir nach etwa 200 m nach rechts abzweigen (Hinweisschild „Jugendherberge"). Der Weg führt geradeaus weiter zur *Jugendherberge Beckerwitz.* Etwa 150 m danach zweigen wir nach rechts ab, fahren auf der Straße nach *Beckerwitz,* dann ca. 250 m nach links in die Ortsmitte (*Gaststätte „Bauernstube"*).

Vor dieser Gaststätte folgen wir dem Feldweg nach rechts aus dem Ort bis in die Senke. Dort, zwischen zwei Häusern, zweigt scharf links ein Feldweg ab, der nach Landstorf/ Eggerstorf führt. An den ersten Häusern von *Landstorf* geht es nach rechts, am folgenden Wegdreieck nach links, durch ein Wäldchen und weiter auf dem Landsträßchen nach *Zierow.*

In *Zierow* fahren wir zunächst geradeaus, dann dort, wo die Vorfahrtstraße nach rechts abzweigt, geradeaus (Wegweiser *Fliemstorf*) auf dem schmalen Sträßchen aus dem Ort. Wir fahren durch Fliemstorf und weiter nach *Hoben.* Bergab durchqueren wir auch diesen Ort, der fast nur aus reetgedeckten Häusern besteht, und kommen an einen asphaltierten Strandweg. Schön ist die Fahrt am Strand entlang und durch ein Wäldchen zum ehemaligen Seebad *Wendorf.* Wir erreichen das Hotel Seeblick und die *Seebrücke Wismar.* Nun rechts hinauf zur *Rudolf-Breitscheid-Straße* in *Wismar*, der wir auf dem Radweg zur B 105 folgen.

Auf der B 105 fahren wir nach links in Richtung Zentrum und haben dann die Möglichkeit, entweder durch die Altstadt oder die B 105 entlang und dann in Richtung Bahnhof und über den Bahnübergang nach dem Bahnhof die Ausfallstraße in Richtung Insel Poel zu erreichen.

Etwa 2 km vor dem Bahnübergang zweigen wir vor einer Arztpraxis rechts nach *Müggenburg* ab (kein Wegweiser). An der Abzweigung in Müggenburg fahren wir geradeaus weiter durch den Wald und an dem folgenden Wegdreieck geradeaus nach *Gagzow.* In Gagzow bietet sich die Möglichkeit, die holprige Straße zu verlassen. An drei Pappeln führt ein Feldweg nach rechts, über den wir, vorbei an Weiden und Backsteinhäusern, den Ortsrand von *Krusenhagen* erreichen. Wir fahren geradeaus weiter auf der Asphaltstraße durch ein Tälchen und ansteigend nach *Farpen,* dort ebenfalls geradeaus über die Kreuzung zum 2 km entfernten *Robertsdorf.* Am Ortsende biegt die Vorfahrtstraße nach links ab. Wir folgen dem Sträßchen nach rechts nach *Friedrichsdorf* (Wegweiser), fahren durch den Ort, am Dorfteich geradeaus weiter und etwa 200 m nach dem letzten Haus nach links. Auf dem Feldweg geht es mit Blick auf die Windmühle von Stove nach *Niendorf.* (Nach Regen ist das letzte Wegstück

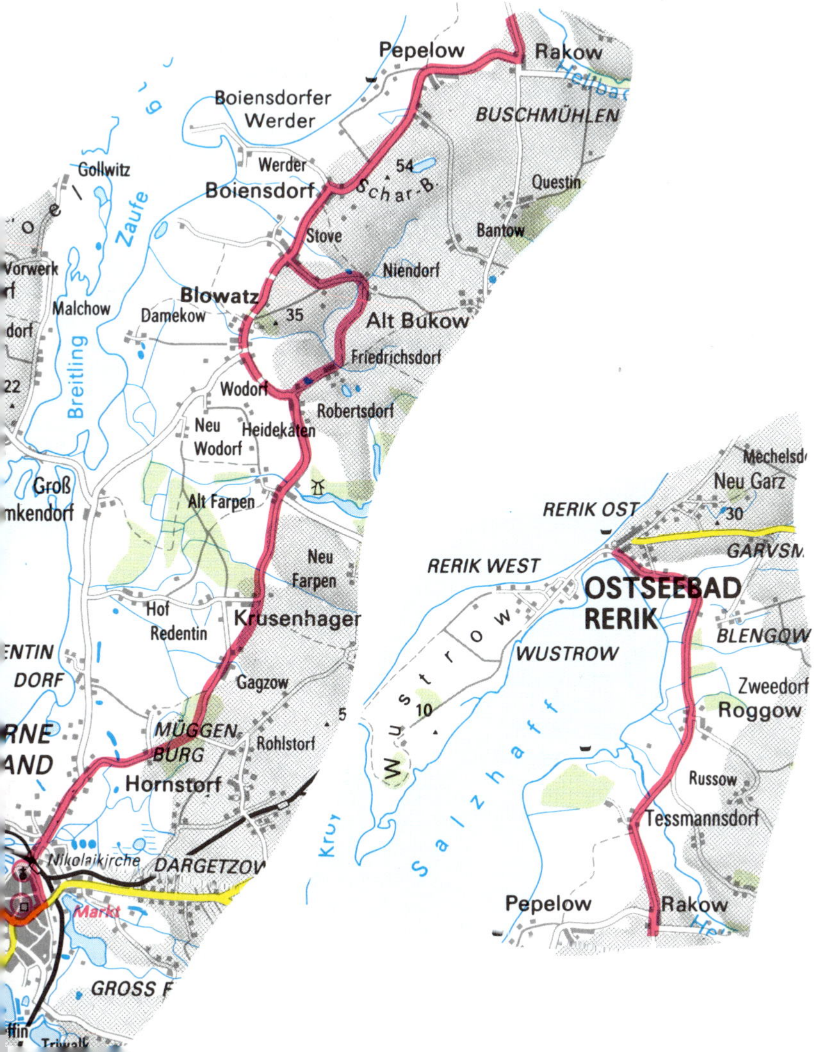

schlecht zu befahren, es empfiehlt sich dann, von Robertsdorf über Blowatz nach Stove zu fahren.) In Niendorf halten wir uns nach links und kommen zur breiten Brücke über den Bach, hinter dem die Straße nach links nach *Stove* führt.

In Stove empfiehlt es sich, an der Kreuzung etwa 200 m nach links zur Holländer Mühle zu fahren. Diese Windmühle ist ein funktionsfähiges technisches Denkmal. Sie wurde 1889 erbaut und hat erst 1976 den Mahlbetrieb eingestellt. Von der Anhöhe, auf der die Mühle steht, bietet sich eine schöne Aussicht auf die Insel Poel, auf die Zaufe Golwitz und den Boiensdorfer Werder.

Zurück zur Kreuzung in Stove und weiter auf der Landstraße über Boiensdorf, Klein Strömkendorf und und Pepelow nach *Rakow*. Im Ort links in ein schmales Sträßchen nach *Teßmannsdorf* (Wegweiser „Rerik"). In Teßmannsdorf halbrechts, dann geradeaus zur Straße Neubukow – Rerik. In diese biegen wir links ein und fahren durch Roggow und am Gaarzer Hof vorbei zum *Ostseebad Rerik.*

Die Stadt liegt an der Stelle, wo die schmale Landbrücke zur Halbinsel Wustrow das Salzhaff von der Ostsee trennt. Unweit des Salzhaffs steht die frühgotische Kirche mit dem weithin sichtbaren Turm. Das Heimatmuseum des Ortes informiert mit vielen interessanten Exponaten über die mecklenburgische Geschichte, über Landwirtschaft und Seehandel dieses Raums.

19 Faszinierende Landschaften bieten sich östlich und westlich von Nienhagen dar, dazu Dörfer mit reetgedeckten Häusern und schließlich der Badeort Warnemünde

Ausgangspunkt Bushaltestelle in Nienhagen-West
Tourenlänge 23 bzw. 31 km über Börgerende
Fahrzeit $2^{1}/_{4}$ bzw. $3^{1}/_{2}$ Stunden über Börgerende
Höhenunterschiede Keine nennenswerten
Tourenbeschreibung Nienhagen hat sich erst relativ spät zum Badeort entwickelt. Unmittelbar an die Häuser grenzt am Steilufer ein wegen seiner im Uferbereich bizarren Baumformen bekannter Buchenwald, der Gespensterwald (Naturschutzgebiet).

Am Parkplatz bei der Bushaltestelle Nienhagen-West beginnen wir die Rundfahrt, folgen zunächst der Landstraße nach Warnemünde bis *Diedrichshagen,* durchfahren dabei (teilweise auf einem Rad- und Gehweg) Nienhagen und Elmenhorst. Links und rechts der Straße liegen inmitten schöner Gärten einige alte Häuser mit moosbedeckten Reetdächern. In Diedrichshagen fahren wir bei der Gaststätte Ostsee-Eck nach links (schräg gegenüber ein Findling und eine Tafel, mit der an den Ersten Weltkrieg erinnert wird) und nach etwa 200 m auf dem Asphaltsträßchen nach rechts zur Betriebsferiensiedlung Stoltera. An der Stelle, wo der Weg auf die bewaldete *Stoltera,* eine aus Geschiebemergelschichten bestehende Erhebung, die bis 19 m über dem Meeresspiegel liegt, trifft, zweigen wir nach rechts ab und folgen dem Geh- und Radweg auf der Landseite der Stoltera zur Straße am Ortsbeginn von Warnemünde (immer wieder sind Abstecher zum Hochufer möglich).

Ab *Waldeslust*, am Ortsrand von Warnemünde, fahren wir auf dem Rad- und Gehweg nach links bis auf die Höhe der *Jugendherberge* oder des *Hotels Stoltera.*

Hier sollten wir die Fahrräder abstellen, da die Strandpromenade, die wir durch den anschließenden kleinen Park erreichen, für Fahrräder gesperrt ist. Zum Meer hin dehnen sich die mit Strandhafer bepflanzten Dünen, die in den Warnemünder Sandstrand übergehen. Vorbei am Hotel Neptun erreichen wir den 1897/98 erbauten Leuchtturm, die Gaststätte Teepott und von dort nach

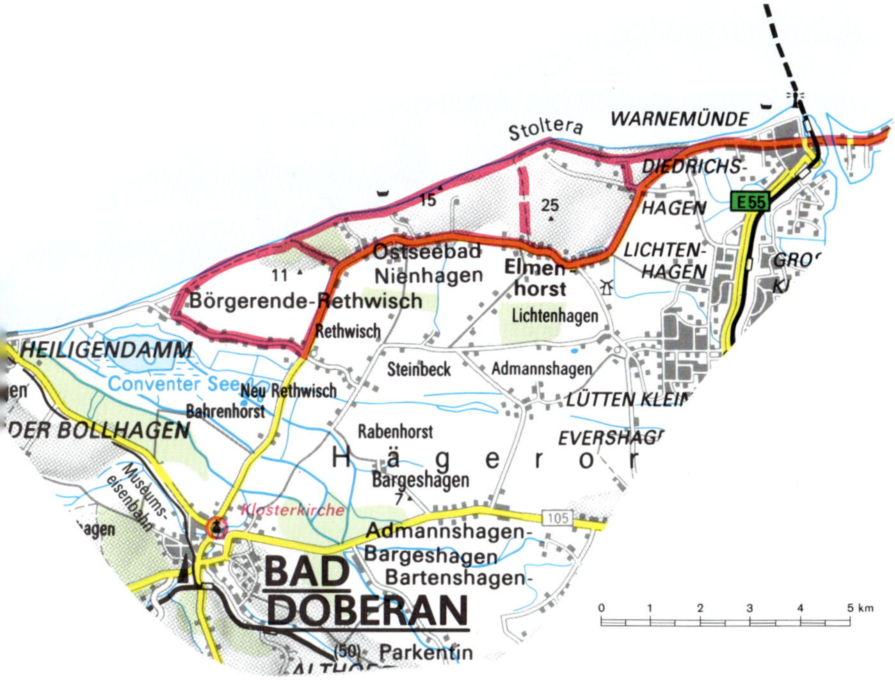

links die 587 m lange *Mole.* Sie schützt den Fischerei- und Fährhafen sowie den Seehafen von Rostock, zu dessen Stadtgebiet Warnemünde gehört. In einem typischen Fischerhaus aus dem 18. Jh. ist das Warnemünde-Museum untergebracht, das über Gebräuche der Seefahrer und Fischer informiert.

Den gleichen Weg zurück bis Waldeslust. Wir fahren auf dem seeseitigen Weg durch das Waldgebiet der Stoltera zum Ende des Waldes, *Geinitzort*, wobei eine zum Meer hinabführende Rinne landeinwärts umfahren wird. Wieder bieten sich schöne Ausblicke auf die Ostsee und zurück nach Warnemünde.

Von Geinitzort erreichen wir nach 1 km die Stelle, wo der Wanderweg (Markierung blauer Balken auf weißem Grund) landeinwärts abzweigt. Wir folgen dem Weg, der direkt an der Küste entlang führt, geradeaus, kommen an einem ehemaligen Militärgelände vorbei und erreichen *Nienhagen* am *Restaurant Nienhäger Strand*.

Zurück zum Ausgangspunkt bei der Bushaltestelle Nienhagen-West: Entweder vor dem Restaurant Nienhäger Strand durch die Strandstraße nach links zur Straße Warnemünde – Doberan und auf ihr nach rechts zum Parkplatz. – Oder wir schieben das Rad durch das *Nienhagener Holz*, den Gespensterwald (Naturschutzgebiet), und folgen dann dem Betonweg nach links, der etwa 100 m weiter links versetzt im Wald beginnt.

Für diejenigen, die die Radtour noch etwas ausdehnen möchten, bietet es sich an, zunächst das *Nienhagener Holz* zu durchqueren, um dann auf dem schmalen Küstenweg zum *Campingplatz Bögerende* zu gelangen. Auf der Zufahrtstraße zum Campingplatz geht es noch etwa

700 m weiter geradeaus zur *Seestraße*. Hier nach links zur etwa 2,5 km entfernten Straße Bad Doberan – Warnemünde, die nach links (Richtung Warnemünde) zum Parkplatz an der Bushaltestelle in *Nienhagen-West* führt.

20 Vom Ostseebad Graal-Müritz aus erkunden wir die Schönheiten des Sandergebiets Rostocker Heide mit ihren reichen Rotbuchen-Eichenwäldern und Birken-Erlenbrüchen

Ausgangspunkt Bahnhof in Graal-Müritz
Tourenlänge Etwa 30 km
Fahrzeit Etwa 3 1/2 Stunden
Höhenunterschiede Keine nennenswerten
Anmerkung Von Neu Hirschburg bis etwa 2 km hinter Hinrichshagen folgt die Route dem Fernwanderweg Kap Arkona – Zittau mit der Wegmarkierung blauer Balken auf weißem Grund. Der Weg ist gut markiert, nur in Wiethagen ist die Markierung an einer Stelle irreführend.
Tourenbeschreibung Das Sandergebiet Rostocker Heide beginnt gleich am Stadtrand von Graal-Müritz. Es besteht aus Schottern und Sanden, die im Vorfeld der Gletscher und Inlandeismassen durch die Gletscherbäche abgelagert wurden. Durch die unterschiedliche Bodenqualität und -struktur treten verschiedenartige Waldgesellschaften auf, die der Rostocker Heide ein besonderes Gepräge geben.

Vom Bahnhof in dem *Ostseebad Graal-Müritz* fahren wir etwa 300 m den Graaler Landweg entlang, dann nach rechts in den Kiefernweg und auf diesem geradeaus bis zu den letzten Häusern. Hier geht es geradeaus weiter in den Wald und etwa 300 m am Waldrand an den Tabakwiesen entlang. Wir folgen dem mit dem Rad befahrbaren Weg nach links in den Wald, fahren nach etwa 80 m nach rechts und auf dem Waldweg weiter bis zu einem stark befahrenen Querweg. Auf dem radeln wir nach rechts. Der Weg geht in ein Asphaltsträßchen über, das weiter geradeaus führt, bis es an einer alten Buche nach links abbiegt. Wir bleiben auf diesem Sträßchen, das etwa 50 m vor einer mächtigen Eiche auf das Verbindungssträßchen Müggenburg – Neu Hirschburg trifft. Diesem folgen wir

nun nach links zum etwa 2 km entfernten *Neu Hirschburg*.

Etwa 30 m nach dem ersten Haus zweigt eine Straße nach rechts ab. Nach weiteren 200 m verlassen wir wir diese nach rechts (Straße zum Forsthof), fahren auf dem Weg am Waldrand entlang, bis der stärker befahrene Weg nach links abzweigt. Hier geht es geradeaus in den Wald (Wegmarkierung blauer Balken auf weißem Grund). Wir folgen dem Weg etwa 3 km immer geradeaus bis vor eine Feuchtwiese (links ist ein Schornstein zu sehen). Vor dieser Wiese geht es nach links zum Wegkreuz, hier dann rechts nach *Gelbensande* und auf der Vorfahrtstraße, bis diese in der Ortsmitte nach links abbiegt. Hier fahren wir geradeaus weiter (Wegweiser *Köhlerhof/Wiethagen, Lindenweg 1*),

am Wegkreuz nach dem letzten Haus ebenfalls geradeaus weiter, und folgen dem Weg zur B 105.

Wir fahren auf der B 105 nach rechts, verlassen diese Straße jedoch schon nach etwa 50 m wieder nach rechts (nicht den ersten Weg nehmen. Wegmarkierung 30 m weiter an Buche beachten!) und fahren in den Wald zurück. Nach etwa 500 m stoßen wir auf einen stark befahrenen Querweg, dem wir nach links folgen. Über die beiden folgenden Wegkreuze hinweg geht es geradeaus, bis unser Weg wieder in einen stark befahrenen Querweg mündet. Die letzten 500 m auf dem weniger stark befahrenen Zwischenstück sind etwas beschwerlich, jedoch schön, da sie uns an Restbeständen des hier naturnahen Rotbuchen-Traubeneichenwaldes vorbeiführen.

Auf dem Querweg fahren wir nach links und nach etwa 300 m am nächsten Wegkreuz wieder nach rechts. Diesem gut befahrenen Waldweg folgen wir zu einem Wegkreuz vor einem ehemaligen Militärgelände. Hier geht es geradeaus (Wanderwegweiser *Schnatermann*) und nach 50 m auf dem Natursträßchen nach links, dann über die Bahn und weiter geradeaus (ohne abzuzweigen) nach *Wiethagen* und durch den Ort bis zum links liegenden Dorfteich (100 m vor dem Ortsendeschild). Hier biegt er scharf nach rechts ab zurück in das Wäldchen (Wegmarkierung an einer Robinie). Wir durchqueren nun das Wäldchen, fahren geradeaus weiter und kommen an einer Baumreihe entlang zum Waldrand. An einer mächtigen Eiche geht es nach links und immer am Waldrand entlang nach *Hinrichshagen.*

Geradeaus radeln wir in die Landstraße nach Markgrafenheide, bis nach etwa 2 km der Wanderweg zum Jäger-Brandt-Kreuz nach rechts abzweigt (Wegmarkierung gelber Balken auf weißem Grund). Wir folgen dem Weg zum Kreuz von 1669 (erneuert 1962) und setzen unsere Fahrt auf dem Weg vor dem Kreuz fort (vom Kreuz zurückkommend nach rechts). Nach etwa 250 m stoßen wir auf einen stärker befahrenen Waldweg. Der markierte Wanderweg verläuft hier nach links, während wir dem Waldweg nach rechts folgen. Auf diesem geht es an einem Wegkreuz geradeaus weiter – vorbei an einer links liegenden Baumschule –, ohne abzuzweigen am Naturschutzgebiet Hütelmoor entlang (Kellerheidenweg) zum Asphaltsträßchen.

Auf dem Asphaltsträßchen fahren wir nach rechts, bis dieses nach etwa 1,5 km nach rechts zur Landstraße Hinrichshagen – Graal-Müritz abzweigt. An diesem Wegkreuz biegen wir in den rechten der beiden nach links abgehenden Wege ein (nahezu geradeaus; Wegmarkierung grüner Balken auf weißem Grund). Nach etwa 300 m führt ein Weg geradeaus zum Gedenkstein für den Forstinspektor Garthe vor der Reminschen Wiese. Wir folgen dem Hauptweg nach links, bis dieser nach einer Rechtskurve auf eine Kiefernaufforstung an einem Wegdreieck stößt. Hier fahren wir geradeaus weiter (Wegmarkierung gelber Balken an Buche), bleiben aber auf dem stark befahrenen Waldweg bis zum nächsten Wegkreuz (etwa 1,5 km), von dem wir nach rechts durch einen Fichtenforst, dann durch einen schönen Rotbuchen-Eichenhochwald zum Verbindungssträßchen Torfbrücke – Campingplatz Uhlenhorst gelangen.

Es geht 100 m nach links, dann nach rechts auf dem Heuweg bis vor den Strand, wobei wir uns im Campingplatz an der Weggabelung nach links halten. Nach rechts über die Brücke über den Stromgraben, der hier zu einem kleinen See aufgestaut ist, kommen wir zum Rhododendron-Park des *Ostseebades Graal-Müritz.* Links am Park vorbei fahren wir zum Lindenweg, auf diesem nach links, dann geradeaus und durch das Natursträßchen Am Wasserturm zurück zum Bahnhof *Graal-Müritz.*

21 Eine Fahrt durch die Rostocker Heide, das Fischland und den westlichen Bereich der Boddenausgleichsküste; mehrere Ostseebäder liegen am Weg

Ausgangspunkt S-Bahnhof in Warnemünde
Tourenlänge 76 km
Fahrzeit Etwa 9 Stunden
Höhenunterschiede Keine nennenswerten
Tourenbeschreibung Vom S-Bahnhof in Warnemünde erreichen wir durch die Bahnunterführung oder über den Bahnübergang am Ende des Alten Stromes die Fähre, mit der wir zum Ortsteil *Hohe Düne* übersetzen.

Vom Ortsteil Hohe Düne fahren wir auf der Landstraße nach *Markgrafenheide.* Ein Besuch der Dünen und des Strandes lohnt sich (Bademöglichkeit). Es geht weiter durch Markgrafenheide auf der Straße in Richtung Hinrichshagen. 100 m nach dem Ortsendeschild können wir die Straße nach rechts verlassen. Sollte der Weg auf der Ferngaststraße zum Parkplatz Schnatermann Weg noch nicht völlig fertiggestellt sein, gibt es folgenden Weg. Nach 100 m nach rechts auf dem Wanderweg zum *Parkplatz Schnater-*

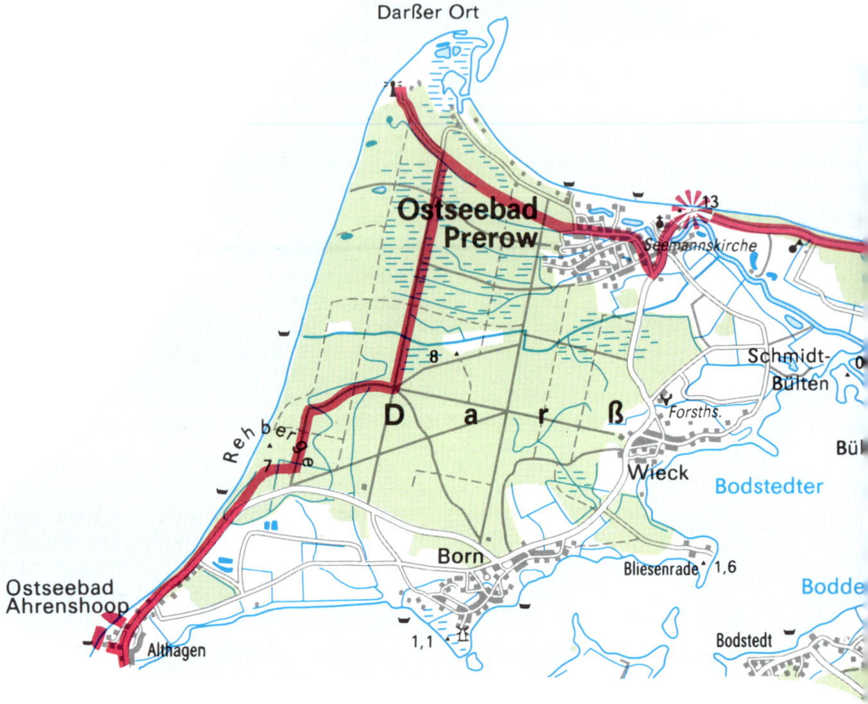

mann Weg, dabei der Wegmarkierung gelber Balken auf weißem Grund folgen.

Ab Parkplatz nach rechts auf die Ferngaststraße Richtung Hinrichshagen. Nach etwa 150 m zweigt ein *Forstweg* links ab (Wegmarkierung gelber Balken auf weißem Grund). Nach 250 m, nach einer Rechtskurve, bleiben wir auf dem stärker befahrenen Waldweg nach links. Es geht über ein Wegkreuz geradeaus, an einer links liegenden Baumschule vorbei, weiter ohne abzuzweigen am Naturschutzgebiet Hütelmoor entlang durch einen Birkenwald und in weiter Linkskurve (Kellerheidenweg) zum Asphaltsträßchen. Auf dem radeln wir nach rechts, bis es nach etwa 1,5 km nach rechts zur Landstraße Hinrichshagen – Graal-Müritz abbiegt. An diesem Wegkreuz nehmen wir zur Weiterfahrt den rechten der beiden nach links abgehenden Wege (nahezu geradeaus).

Nach 300 m führt ein Weg geradeaus zum Gedenkstein für den Forstinspektor Garthe vor der Reminschen Wiese. Wir folgen dem Hauptweg nach links, bis er nach einer Rechtskurve auf eine Kiefernaufforstung an einem Wegdreieck stößt. Hier fahren wir auf dem rechtem Weg weiter (Wegmarkierung gelber Balken auf weißem Grund an einer Buche) und bleiben auf dem Waldweg bis zum nächsten großen Wegkreuz (etwa 1,5 km). Hier geht es nach rechts (Wegmarkierung gelber Balken auf weißem Grund) durch einen Fichtenforst, dann durch einen schönen Rotbuchen-Traubeneichenwald zum Asphaltsträßchen, das Torfbrücke mit dem Campingplatz Rostocker Heide verbindet. Nach 80 m nach links verlas-

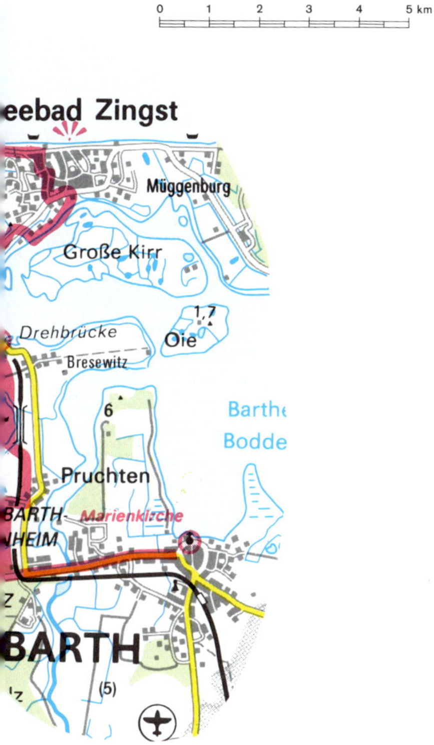

sen wir das Asphaltsträßchen, radeln nach rechts den Heuweg entlang. Im Campingplatz gabelt sich der Weg; wir nehmen den linken und kommen zur Schleuse. Hier überqueren wir den Stromgraben und gelangen zum Rhododendronpark des *Ostseebades Graal-Müritz.*

An der Litfaßsäule (50 m vor der Gaststätte Seeblick) fahren wir nach rechts auf dem Buchenweg am Rhododendronpark entlang zum Lindenweg, auf ihm immer geradeaus und durch die Friedhofstraße und die Straße zur Seebrücke nach rechts zur Vorfahrtstraße in Richtung Ribnitz-Damgarten.

Nach 50 m beginnt neben der Straße der Radweg, auf dem wir bis Ortsende, wo die Straße nach Ribnitz-Damgarten nach rechts abbiegt, bleiben. Dieser Straße folgen wir bis *Klein-Müritz*, wo der Fischländer Weg links nach Neuhaus abzweigt. Geradeaus geht es am *Haus Torfwärter* vorbei nach Ribnitz-Damgarten – Dierhagen-Strand am Ortseingang von *Neuhaus.* (Der erste Abschnitt des Fischländer Wegs ist bei trockenem Wetter sehr sandig. Es gibt jedoch keine Alternative.) Hier fahren wir geradeaus auf der Landstraße nach *Dierhagen-Strand.*

Unsere Fahrt geht nun weiter durch das *Niedere Fischland.* Von den Kiosken am Strand fahren wir durch den Badesteig (Straße) zum *Fischländer Weg*, ein Asphaltsträßchen, auf dem wir nach links das Hotel Käpp'n Brass erreichen. Hier bietet sich der Rad- und Gehweg auf der Deichkrone für die Weiterfahrt an. Vorbei am Leuchtturm kommen wir zur neuen Windmühle, die an der Stelle steht, an der früher der Saaler Bodden durch den Permin mit der Ostsee verbunden war. Auch weiterhin bleiben wir auf dem Radweg bis auf die Höhe der *Seebrücke Wustrow* beim Fischland-Café.

Etwa 50 m geht es nun nach links zur Seebrücke und vor dem Fischland-Café auf dem Rad- und Gehweg nach rechts ansteigend zum Hochufer. Am ehemaligen Militärgelände fahren wir auf der Zufahrtstraße nach rechts (Wegweiser *Ahrenshoop/Born/Prerow*) nach *Niehagen* an der Straße Wustrow – Ahrenshoop.

Die Straße ist stark befahren. Daher bevorzugen wir zur Weiterfahrt folgenden Seitenweg durch Niehagen und Althagen: Von der Zufahrt zum ehem. Militärgelände geht es etwa 50 m auf der Landstraße nach rechts, dann scharf nach links (Weg zum Kiel) in Richtung Ortsmitte (Hinweisschild auf die Gaststätte Kap zur Guten Hoffnung). Wir fahren an der Gaststätte vorbei geradeaus weiter auf dem Plattensträßchen Fulge zum Schilfgürtel am Bodden und schieben das Rad auf dem Plattenweg durch eine schöne Häusergruppe zur Landstraße. Auf dem Geh- und Radweg geht es nach rechts zur Gaststätte Zur Ostsee am Ortsbeginn des landschaftlich sehr reizvoll gelegenen *Ostseebades Ahrenshoop.*

Diejenigen, die das Hohe Ufer anschauen wollen, zweigen hier nach links ab und folgen dem Weg Zum Hohen Ufer zum Steilufer. Es geht 30 m nach rechts, dann den Fahrweg etwa 30 m nach rechts, nun den Fahrweg nach links und parallel zum Steilufer am Haus Windeck vorbei abwärts und dem Sträßchen folgend zur Dorfstraße im Ostseebad Ahrenshoop.

Auf dem Rad- und Gehweg an der Straße nach Born fahren wir zur Reha-Klinik (Strandübergang 2–4) am Ortsende, zweigen hier nach links ab, überqueren den Deich und folgen dem Dünenweg über den Vordarß, bis dieser zum Deich hinführt. Hier beginnt der erkundenswerte *Nationalpark Vorpommersche Boddenlandschaft*.

Die stark befahrene Landstraße zum Parkplatz Drei Eichen meiden wir, sondern fahren lieber auf der befestigten Deichkrone, und zwar nach links. Etwa 250 m vor dem Ende des Deiches zweigt ein Waldweg nach links ab. Von dieser Stelle sind es etwa 50 m nach links zur Düne, von der wir einen schönen Blick zur Küste und zum Waldgebiet des Westdarß haben.

Wir folgen dem Weg landeinwärts (Wegweiser *Parkplatz Drei Eichen*) etwa 700 m geradeaus zu einem Wegkreuz. Dort geht es nach links in Richtung Wieck/Prerow/Leuchtturm über Großer Stern (Wegweiser) und diesem Hinweis folgend zum *Großen Stern*.

Auf dem Weg nach links fahren wir weiter in Richtung Leuchtturm/Prerow (Wegweiser) immer geradeaus durch den Neudarß. (Zweimal bietet sich die Möglichkeit, rechts nach Prerow zu fahren (Wegweiser) und die Tour abzukürzen.) Den Wegweisern *Leuchtturm* folgend, kommen wir zu einem großen Wegkreuz, an dem es nach links zum *Leuchtturm* und zum *Natureum Darßer Ort* (Ausstellung über den Naturraum Darßer Ort und zur Geschichte des Leuchtturms) geht. Eine Wanderung durch die einzigartige Landschaft des Darßer Ortes sollte man hier nicht versäumen.

Wir kehren zum Wegkreuz zurück, fahren geradeaus weiter auf dem Radweg durch den herrlichen Dünenkiefernwald zum Bernsteinweg am Ortsrand des *Ostseebades Prerow*. Hier nach rechts zur Waldstraße, auf ihr nach links am Darß-Museum vorbei und durch die Strandstraße zum südlichen Ortsteils des Ostseebades Prerow. Zuvor jedoch kann man durch die Straße Im Schüning und über den Prerow-Strom zum Strand gelangen (Fußgängerzone).

An der *Tankstelle* in Prerow geht es geradeaus weiter, dann die folgende *Lange Straße* nach links. Wenige Meter (Einbahnstraße) sind es bis zum Prerow-Strom und zur Straße Zum Ostseebad Zingst. Wir wählen links die befestigte Deichkrone zur Fahrt zum *Ostseebad Zingst*. Beim Kurhaus verlassen wir die Deichkrone, folgen der Vorfahrtstraße ins Zentrum und fahren weiter zum Hafen. Schöner Blick auf die Insel Große Kirr. Schön geht es nach rechts auf dem Deich am Bodden entlang in Richtung Prerow (Wegweiser), der Rad- und Gehweg biegt nach rechts ab und überquert die Landstraße. Etwa 250 m danach

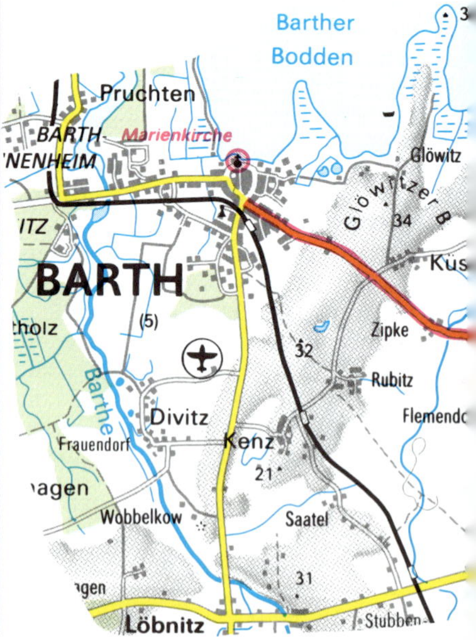

zweigen wir nach links ab (kein Wegweiser) und folgen nun der alten Bahntrasse (Wegmarkierung blauer Balken auf weißem Grund) zur Landstraße nach Barth.

Unsere Route verläuft geradeaus weiter, doch wir fahren auf der anderen Straßenseite auf dem alten Bahndamm zur *Meiningenbrücke*, auf der wir die Verbindung zwischen dem Bodstedter und dem Barther Bodden überqueren. Nach der Meiningenbrücke führt der Weiterweg rechts der alten Schienentrasse nach *Pruchten.* Kurz vor dem Ort geht es über den Bahnübergang und parallel zur Bahn weiter zum Bahnhof. Danach fahren wir nach rechts über den Bahnübergang und nach 20 m nach links auf den Radweg in Richtung Barth. Entlang der Eisenbahntrasse radeln wir bis zur Landstraße, die von Bodstedt nach Barth führt.

Auf dem Geh- und Radweg nach links erreichen wir das Zentrum von *Barth.* Schon aus einiger Entfernung sind der 87 m hohe Turm der gotischen Marienkirche (14. Jh.) und das einzige erhalten gebliebene Stadttor, das Dammtor (15. Jh.), zu sehen. In diesem schönen Städtchen beenden wir unsere Fahrt.

22 Diese Tour läßt sich an die vorige anschließen und berührt die sehenswerten historischen Orte Stralsund und Greifswald

Ausgangspunkt Ortszentrum von Barth

Tourenlängen 30 km bis Stralsund, 61 km bis Greifswald, 93 km bis Wolgast

Fahrzeiten 2 1/2 Stunden bis Stralsund, 5 1/2 Stunden bis Greifswald, 8 Stunden bis Wolgast

Höhenunterschiede Zwischen Barth und Flemensdorf insgesamt 50 m Steigung und Gefälle. Sonst keine nennenswerten Höhenunterschiede

Anmerkung Da die alten Verbindungen zwischen den Dörfern oftmals nicht mehr existieren, muß vielfach auf der Landstraße gefahren werden (wie z.B. zwischen Zansebuhr und Klein Kordshagen). Zwischen Stralsund und Greifswald empfehlen wir die alte Trasse der B 96.

Tourenbeschreibung (Kurzbeschreibung) Von *Barth* fahren wir zunächst auf der Landstraße in Richtung Niepars über *Zipke, Flemendorf* nach *Groß Kordshagen.* Etwa 2,5 km nach diesem beschaulichen Ort geht es weiter Richtung Günz und Altenpleen

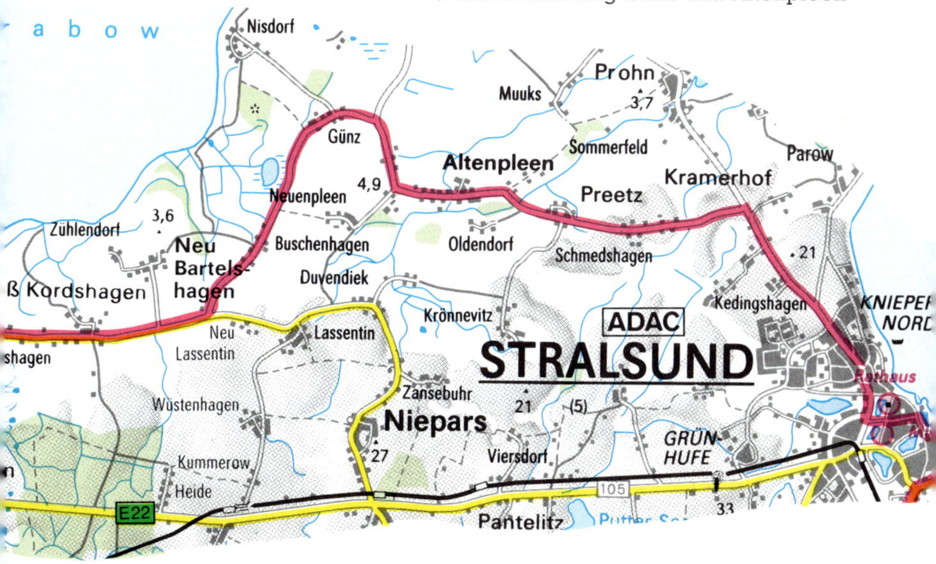

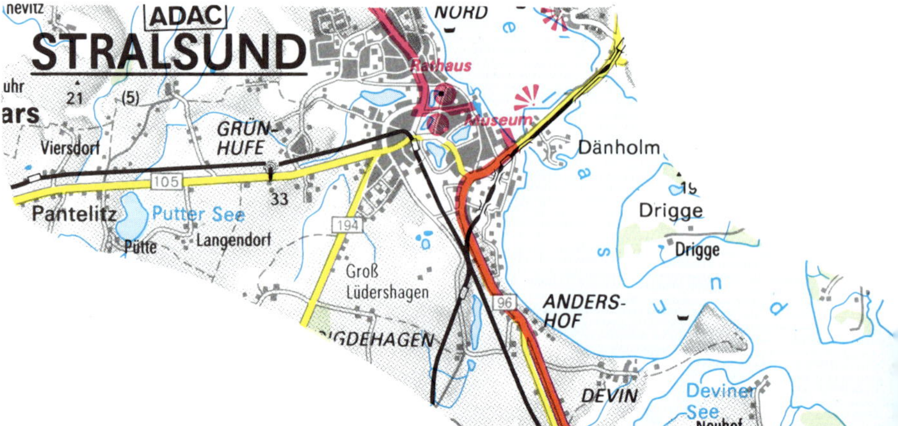

weiter über *Kremerhof* nach *Stralsund* (Radweg ab der Stadtgrenze). Der Kern der alten Hansestadt gehört mit seinen gotischen Kirchen und Klöstern, dem Backsteinrathaus und den charakteristischen Giebelhäusern des 17. und 18. Jahrhunderts zu den am besten erhaltenen historischen Stadtanlagen Deutschlands.

Das geschichtsträchtige Stralsund durchqueren wir in Richtung Zentrum und Hafen, dann auf dem Radweg am Knieperwall und der Bundesstraße entlang in Richtung Greifswald. Am Stadtrand folgen wir der alten Trasse der B 96 über *Brandshagen* und *Reinberg* zur Tankstelle vor Greifswald. Es folgt ein kurzes Stück auf der stark befahrenen B 96 (Vorsicht!), dann auf dem Rad- und

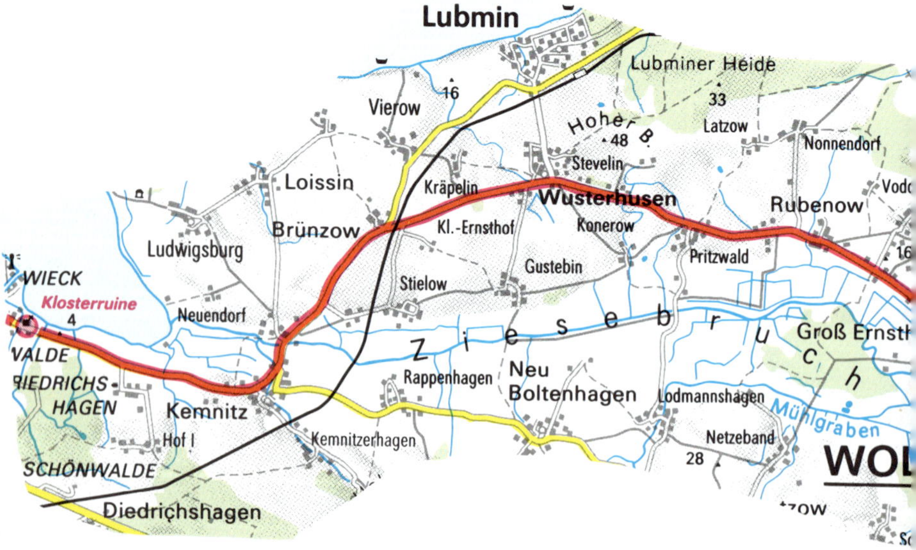

Gehweg nach *Greifswald.* Auch Greifswald gehörte der Hanse an und war nach der Universitätsgründung 1456 ein geistiges Zentrum Pommerns. Aus der Hansezeit haben sich zahlreiche, spätgotische Häuser und mehrere bedeutende Kirchenbauten erhalten.

Wir verlassen Greifswald in Richtung Lubmin und fahren auf dem Radweg neben der Straße nach *Eldena.* Am Ortschild führt der Rad- und Gehweg nach halblinks zur Klappbrücke in *Wiek*. Über den Studentensteig nach links erreichen wir die Straße nach Wolgast in *Eldena*, auf wir nach links die Ruine des 1199 von Zisterziensermönchen gegründeten Klosters passieren.

Die Weiterfahrt auf der Landstraße führt uns durch *Kemnitz*, *Brünzow*, *Wusterhausen* und *Rubenow* nach *Wolgast*.

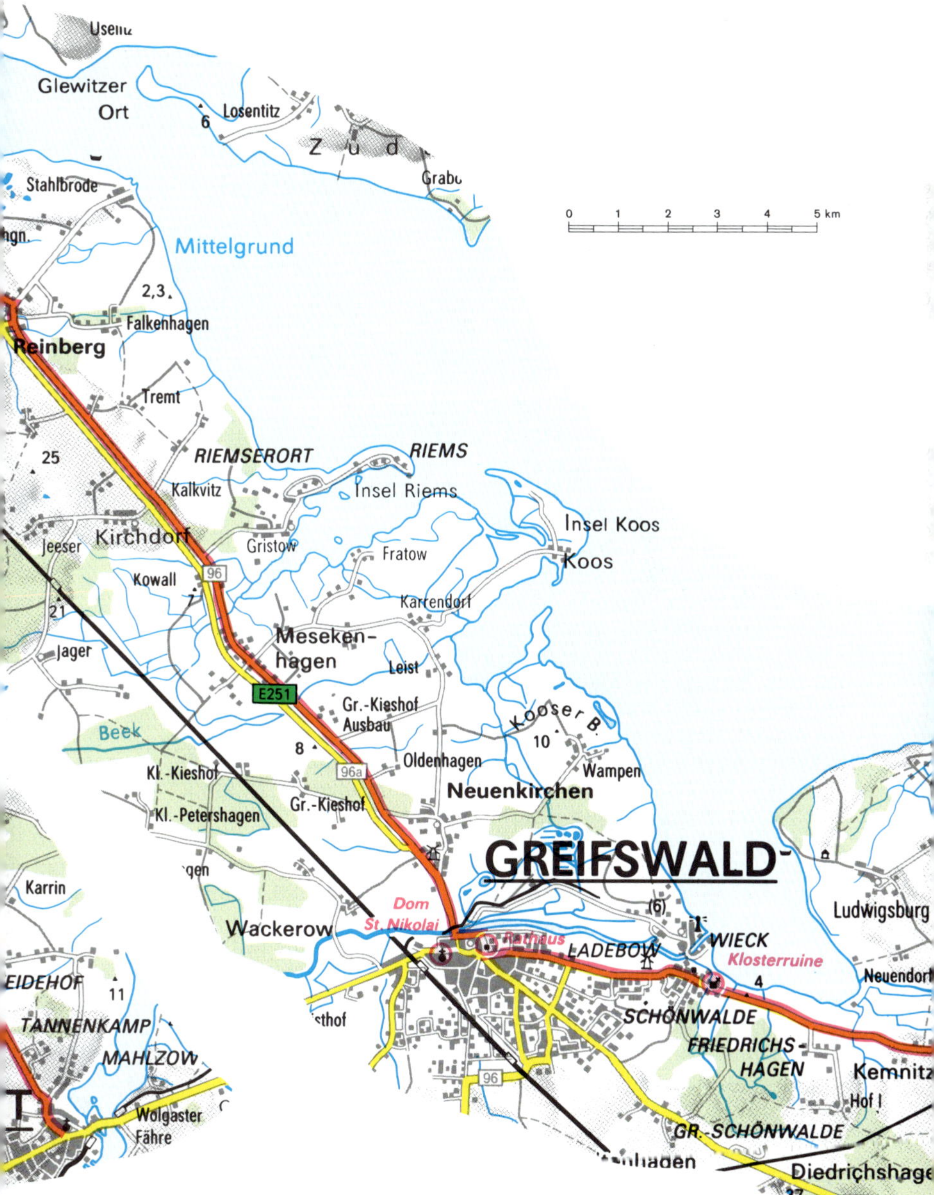

23 Über den Rügendamm auf die Insel und dort landschaftliche Reize entdecken

Ausgangspunkt Bahnhof Stralsund-Rügendamm in Stralsund
Tourenlänge Etwa 35 km
Fahrzeit Etwa 4 Stunden
Höhenunterschiede Jeweils etwa 80 m Steigung und Gefälle
Tourenbeschreibung Vom Bahnhof Stralsund-Rügendamm aus fahren wir auf dem Radweg über den 2,5 km langen Damm, der seit 1936 den Strelasund durchquert und Deutschlands größte Insel mit dem Festland verbindet (während der Sommermonate verkehren auch eine Personenfähre zwischen Stralsund und Altefähr). Vom Damm aus ist die Silhouette Stralsunds mit den Türmen der Marien-, Jakobi- und Nicolaikirche sowie die Reede zu bewundern. Der kleine Fährhafen von *Altefähr* ist zunächst unser Ziel, bevor wir unsere Radtour durch den ruhigen Teil Westrügens beginnen. Ruhig und gemütlich wirkt das 1240 erstmals erwähnte Altefähr, abseits der überaus stark befahrenen B 96. Von der Kirche fahren wir in Richtung Stralsund (Bahnhofstraße) zur B 96, dann 300 m auf dem Radweg nach rechts, an der Abzweigung nach Garz – Putbus nach links durch die Bahnunterführung beim Bahnhof Altefähr und auf der Landstraße zur Abzweigung nach *Jarkvitz.* Nun verläuft der neue Radweg durch Felder. Rechts liegt der Ort Nesebranz. Am Teich treffen wir auf die Straße, fahren auf ihr etwa 50 m nach links und dann nach rechts auf dem Feldweg nach Gustow. Hier zweigt unser Radweg nach rechts ab und führt in einem Linksbogen leicht bergab zur Landstraße am Ortsbeginn von *Gustow*.

Wir überqueren die Straße, folgen dem Feldweg, der nach etwa 500 m in den Radweg übergeht. Leicht

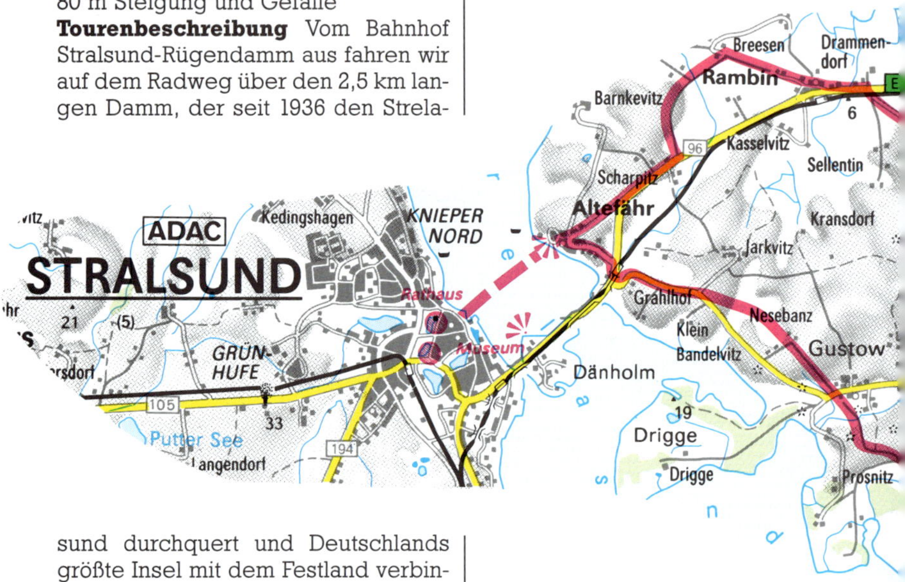

ansteigend führt er zur Anhöhe, an dem einzelstehenden Haus weiter geradeaus und rechts an *Sissow* vorbei zum Plattensträßchen, auf dem es in unserer Fahrtrichtung zur Bushaltestelle in *Venzvitz* geht.

Hier radeln wir auf dem Radweg nach links, vorbei an Glutzow Hof und nach etwa 350 m nach rechts auf dem Weg leicht bergan mit Blick auf die Kirche von Poseritz.

An den ersten Häusern von *Poseritz* verlassen wir den Radweg, fahren nach links und dann etwa 100 m durch die *Stralsunder Straße*, jetzt hier nach rechts in Richtung Samtens bis zum Ende der Lindenallee in Poseritz Hof. Hier zweigen wir nach links auf das Plattensträßchen ab (Wegweiser Datzow) und fahren auf ihm, einer

Rechtskurve folgend, nach *Datzow.* Am Ende des kleinen Dorfes stoßen wir auf einen Querweg, biegen nach links ab und folgen dem Plattensträßchen. Nach 200 m, am Wegdreieck, geht es nach rechts, durch eine Häusergruppe und auf dem Feldweg geradeaus weiter. Es folgt ein schlechtes Wegstück. Danach er-

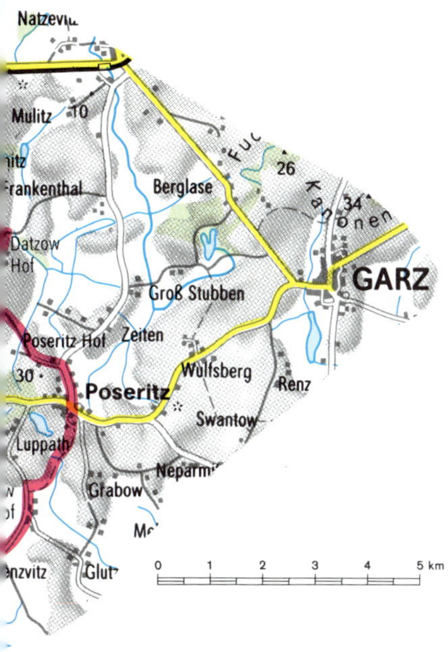

reichen wir nach einer Linkskurve *Götemitz.*

Am Wegkreuz nach dem Transformatorenhäuschen bietet sich die Möglichkeit, nach rechts zu den Neun Bergen (35 m) mit den Hügelgräbergruppen zu fahren. Dieser Abstecher lohnt sich auch wegen des landschaftlichen Reizes: Wir blicken vom Moränenrücken auf eine verträumte Landschaft mit einzelnen Gehöften und auf den Kubitzer Bodden. Nach der Kuppe führt nach rechts ein Feldweg zu zwei baumbestandenen Hügelgräbergruppen. Wir hätten die Möglichkeit, geradeaus weiter zur B 96 und auf dieser nach links nach Rambin zu fahren. Da jedoch an der B 96 kein Radweg entlangführt, empfiehlt es sich, nach *Götemitz* zurückzukehren und einen etwas anderen Weg zurück nach Altefähr zu nehmen.

Am Transformatorenhäuschen in Götemitz geht es nach rechts und dem Sträßchen folgend bald wieder nach rechts nach *Bantow* und von dort zur B 96. Auf der gegenüberliegenden Straßenseite beginnt der Radweg, dem wir nach *Rambin* folgen. Dort läuft er in einem Rechts-Links-Bogen um das Kloster herum. Geradeaus geht es weiter zur Querstraße, auf ihr nach links zur Dorfstraße vor der Kirche. Auf der *Dorfstraße* fahren wir nach rechts und nehmen an der folgenden Weggabelung den rechten Weg, einen von einer Pappel- und Ulmenreihe gesäumten Plattenweg, Richtung Breesen (kein Wegweiser). Etwa 400 m vor Breesen, zu Beginn einer Pappelreihe, zweigen wir nach links ab, fahren vorbei an einem Schotterwerk (Wegmarkierung weißer Pfeil) und stets geradeaus weiter auf dem Feldweg zur B 96.

In der Ferne sind die Kirchtürme von Stralsund zu sehen.

Etwa 1 km müssen wir nun auf der B 96 ohne Radweg bis zur Abzweigung nach Altefähr zurücklegen, von der die alte Straße geradeaus zur Kirche von *Altefähr* führt. Am Fährhafen kann man wieder übersetzen nach Stralsund.

24 Höhepunkt dieser Tour bei Bergen auf Rügen ist der Blick auf den eindrucksvollen Jasmunder Kreiderücken

Ausgangspunkt Marktplatz in Bergen
Tourenlänge Etwa 31 Kilometer
Fahrzeit Etwa 3 1/2 Stunden
Höhenunterschiede Jeweils etwa 90 m Steigung und Gefälle
Tourenbeschreibung Bergen erhielt 1613 Stadtrecht und ist heute das wirtschaftliche Zentrum der Insel Rügen. Das älteste Gebäude der Stadt ist die 1180 unter dem Dänenkönig Waldemar I. als romanische Basilika begonnene Marienkirche, die wertvolle Wandmalereien birgt. Auf dem in die Westwand eingelassenen slawischen

Grabstein ist vermutlich Swantevit dargestellt. Am Marktplatz steht Rügens ältestes Fachwerkhaus. Hier beginnen wir unsere Rundtour.

Wir fahren auf der alten Straße von Bergen in Richtung Lietzow (Raddastraße) nach Norden zur B 96, der wir etwa 2,5 km folgen (Radweg). Dann biegen wir links nach Jarnitz ab. Nach 500 m, vor dem Sägewerk, geht es nach rechts und auf dem Sträßchen abwärts nach *Ralswiek*. Vom 9. bis 12. Jahrhundert war die Bucht von Ralswiek ein wichtiger slawischer Handelsplatz. 1891 wurde das von einem schönen Park umgebene Schloß Ralswiek erbaut.

Wir verlassen den Ort in Richtung Rappin. Zunächst geht es bergan, dann abwärts mit schönem Blick auf Hügelgräber (u.a. Lycham) nach *Gnies*. Wir fahren nach rechts, kommen durch *Lüssmitz* und zweigen danach rechts nach *Moisselbritz* ab. In dem aus wenigen Häusern bestehenden Ort geht es rechts an einem querstehenden Haus vorbei und scharf nach links (Wanderwegmarkierung blauer und roter Balken auf weißem Grund) wieder aus dem Ort hinaus. Am Wassergraben folgen wir dem Hauptweg nach rechts. Vor uns liegt nun der Große Jasmunder Bodden, eingerahmt im Süden von den Schwarzen Bergen mit dem Schloßberg, und jenseits des Dammes, der den Großen vom Kleinen Jasmunder Bodden trennt, erkennen wir die Schmale Heide, hinter der die Steilküste der Granitz aufragt. Östlich wird der Bodden von der Steilküste der Semper Heide begrenzt, hinter dem nach Norden anschließenden Ufer wölbt sich der Kreiderücken Jasmunds empor. Im Norden zieht das Band der Schaabe entlang, dahinter ragt Kap Arkona auf. Nicht zuletzt erkennen wir die Kopie des Schlosses Lichtenstein in Lietzow und die auf einem Hügel liegende Kirche von Bobbin.

Wir treffen auf das Pappelwäldchen vor den *Banzelvitzer Bergen*. Hier liegen die Fundstellen der Lietzow-Kultur, die den Übergang von der Stufe des wandernden Jägers zum seßhaften Ackerbauern vor etwa 5000 Jahren auf Rügen belegen.

Bevor wir unsere Tour fortsetzen, sollten wir die wenigen Meter zur Boddenküste vorgehen und den Blick über den Großen Jasmunder Bodden genießen. In der Nähe des Badestrandes 200 m weiter trifft man auf den Küchenschellenhang, der als Naturdenkmal ausgewiesen ist (bitte nicht betreten!).

Wir fahren nun weiter. Bei dem erwähnten Pappelwäldchen geht es nach links zu den wenigen Häusern von *Groß Banzelvitz* und hier wiederum links nach *Rappin*. Wir durchqueren den Ort und folgen der Vorfahrtstraße zur Abzweigung nach Gnies. In Richtung Gnies/Ralswiek geht es nach links. Am Ortsschild von *Kartzitz* (nach etwa 1,5 km) zweigen wir nach rechts ab und fahren auf diesem Weg auf die Woorker Berge (eindrucksvolle bronzezeitliche Gräberanlage, Hügel bis 8 m Höhe) zu, auf den Betonplatten geradeaus weiter und dort, wo diese nach rechts, nach Woorke, abbiegen, weiterhin geradeaus. Unsere Rückfahrt nach Bergen führt uns auf einem schönen Landsträßchen durch *Patzig* (in der Dorfkirche ein spätgotischer Flügelaltar, 15. Jh.) und *Thesenvitz* zur Straße Gingst-Bergen. Dort fahren wir den knappen Kilometer nach links zur B 96, queren diese geradeaus und folgen der Vorfahrtstraße zur Bahnhofstraße. Durch sie und durch die Marktstraße geht es bergan zu unserem Ausgangspunkt, dem Marktplatz in *Bergen*.

Eine Rundfahrt durch die Usedomer Schweiz mit ihren idyllischen Binnenseen zum Kleinen Haff

Ausgangspunkt Bahnhof im Seebad Ahlbeck (es besteht eine Bahnverbindung von Wolgaster Fähre auf dem Festland zur Insel Usedom bis Ahlbeck und eine Straßenverbindung von Anklam über Murchin nach Usedom [Stadt])

Tourenlänge Etwa 42 km
Fahrzeit Etwa 4 Stunden
Höhenunterschiede Je etwa 100 m Steigung und Gefälle
Tourenbeschreibung Das Städtchen Ahlbeck entstand 1883 aus der Kolonistensiedlung Ahlbeck-Königlich (2. Hälfte 17. Jh.) auf der rechten Seite des Aalbaches (Ahlbeck) und der Fischerkolonie (1818) Ahlbeck-Adlig.

Vom Bahnhof im Seebad Ahlbeck fahren wir etwa 300 m in Richtung Grenze (ein kleiner Teil der Insel Usedom mit Swinemünde gehört zu Polen), dann rechts in Richtung Usedom/Anklam. Nach etwa 150 m beginnt rechts der Straße der Radweg zum Wolgastsee bei Korswandt. Schön führt er durch die waldreiche Stauchendmoränenlandschaft zu den ersten Häusern von *Korswandt*. Hier geht es nach links zur Straße und ihr folgend zum idyllisch gelegenen Wolgastsee.

Wenige Meter sind es zur Straße in Korswandt. Auf ihr geht es etwa 50 m nach links, dann wieder nach links zum Radweg (Radwander-Wegweiser *Garz*). An der bald folgenden Weggabelung nehmen wir den rechten Weg, der ansteigend in den schönen Buchenwald führt. An den Abzweigungen zum Krebssee und nach Zirkow fahren wir geradeaus weiter. Am Ende des Waldes kommen wir zur Landstraße und fahren auf dem Radweg nach links weiter. Er verläuft zunächst rechts der Straße, zweigt dann nach rechts ab und führt durch die alte Eisenbahnlinie nach *Garz* (jeweils Radwander-Wegweiser *Garz*).

In Garz fahren wir auf der Vorfahrtstraße an der Kirche vorbei nach *Kamminke*, so genannt nach Felsblöcken (Kamen) vor der Küste. Im Ort geht es nach rechts zum Hafen am Kleinen Haff, von dem der Blick über das hier etwa 15 km breite Kleine Haff zur Festlandküste bei Ueckermünde reicht und nach links zum Naturschutzgebiet Golm. Hier zeugt ein Burgwall von früheisenbronzezeitlicher Besiedlung. Bis in die jüngste Zeit wurden hier Steinwerkzeuge und Bronzegeräte gefunden. Am Osthang liegen ein Friedhof für die Opfer des Luftangriffs auf Swinemünde und eine Gedenkstätte für die Toten.

Zurück nach Garz fahren wir entweder auf demselben Weg oder etwa

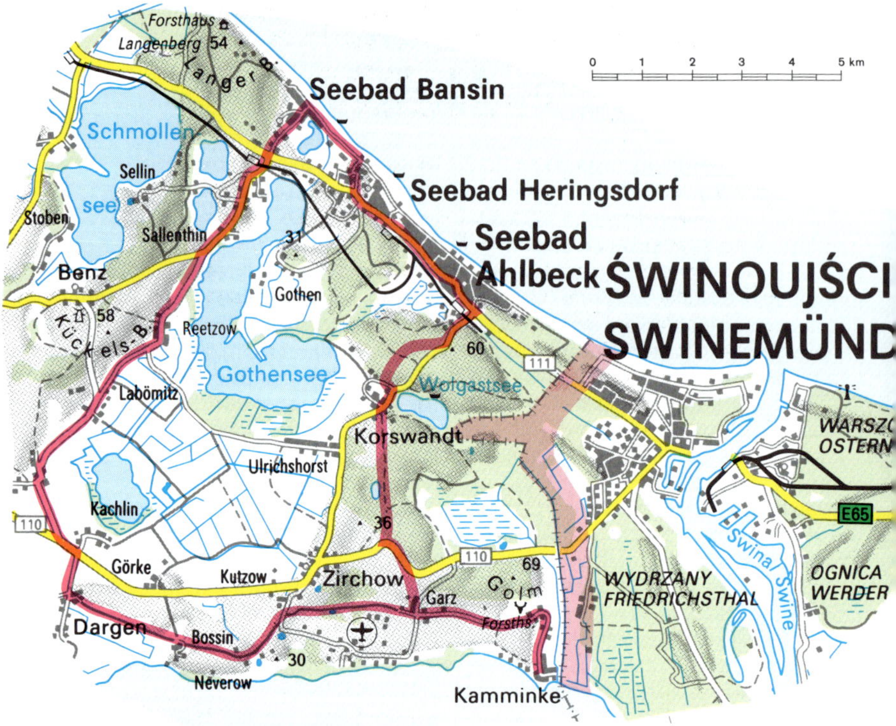

50 m nach dem Hafen steil nach links bergan durch die Bergstraße auf die Hochfläche und hier auf dem Radweg nach links nach Garz (Radwander-Wegweiser). Bei den ersten Häusern geht es nach rechts in den Ort.

Kommen wir von der Kirche, radeln wir in der Rechtskurve geradeaus weiter, kommen wir über den Radweg, fahren wir nach links in Richtung Zirkow/Görke (Wanderwegweiser). Nach einem kurzen Stück geht der Plattenweg in den Geh- und Radweg über, auf dem wir zur Bahntrasse und weiter geradeaus auf dem Feldweg zur Straße Zirkow – Heringsdorf gelangen. Hier geht es nach links auf die Kuppe vor dem Flugplatz, dann nach rechts in Richtung Neverow, an der Weggabelung wiederum nach rechts, am Kiefernwald entlang und am Wegdreieck nochmals nach rechts durch einen Teil des zerstreuten Ortes Never*ow.* Das folgende Wegstück nach *Bossin* ist in schlechtem Zustand. Wir fahren geradeaus durch Bossin, weiter über einen Feldweg entlang einer Weidenreihe mit schönem Blick auf das Kleine Haff nach *Dargen.*

Im Ort radeln wir zunächst nach links, um ihn schon nach 100 m nach rechts zur B 110 zu verlassen. Auf ihr nun etwa 400 m nach links, dann rechts in Richtung Labömitz/Benz. In Katschow treffen wir dann auf Kopfsteinpflaster, folgen dem Pflastersträßchen und verlassen den Ort nach rechts nach *Labömitz,* an dessen Ende wir nach rechts nach *Reetzow* weiterfahren. Hier treffen wir nochmals auf Kopfsteinpflaster, bis es vom Ortsende in zügiger Fahrt abwärts durch ein Tälchen zum rechts liegenden Gothensee und an der Vorfahrtstraße nach rechts nach *Sallenthin* geht. Unser Weiterweg führt nochmals über einen Hügel mit Blick auf den Gothensee und auf die Ostsee nach Bansin, dem jüngsten Badeort (ab 1897) auf Usedom. Er liegt südöstlich des waldreichen Langen Berges (54 m).

Wir überqueren die Bahnlinie und die B 111 geradeaus und fahren in Richtung Strand. Etwa 200 m vor dem Strand geht es dann nach rechts durch die Waldstraße, am Schloonsee vorbei zum *Seebad Heringsdorf.* Hier durch die Labahnstraße zur B 111, und auf ihr nach links zum Bahnhof in *Ahlbeck.*

MECKLENBURGER SEENLAND

Nicht nur waldreiche Heideebenen mit weiten Wiesentälern, Niederungsmoore mit ihrer selten gewordenen typischen Vegetation und sanfte Hügelrücken machen den Reiz dieser Landschaft aus, sondern vor allem die Vielzahl der Seen. Rund 660 mögen es sein, häufig zu Ketten aneinandergereiht. Müritzsee, Schweriner, Plauner, Kummerower, Malchiner und Krakower See sind wohl die bekanntesten. Parklandschaften umgeben die Landsitze und Schlösser des früheren Adels, und in dem historischen Kern zahlreicher Städte bestimmt mittelalterliche Backsteinarchitektur das Bild.

Mecklenburgs größter See, der Müritzsee bei Waren

26 Von Neubrandenburg durch Wiesenniederungen, Flußauen und Moorlandschaften nach Anklam und weiter zur Insel Usedom

Ausgangspunkt Stadtmitte von Neubrandenburg

Tourenlänge 60 km; Neubrandenburg – Anklam 50 km, Anklam – Usedom 21,5 km

Fahrzeit Etwa 5 Stunden

Anmerkung Um die stark frequentierten Bundesstraßen B 197 Neubrandenburg – Anklam oder B 109 Pasewalk – Anklam – Greifswald zu meiden, wurde eine Route ausgewählt, die abseits dieser Hauptstraßen verläuft. Touristen, die lieber auf Landstraßen fahren, können auch die Strekke Neubrandenburg – Friedland, ab Ihlenfeld über Neverin – Dahlen – Salow radeln. Doch diese Route ist weitaus weniger reizvoll.

Tourenbeschreibung Im Jahr 1248 gründeten die brandenburgischen Grafen als östlichen Vorposten im Gau der wendischen Redarier die Stadt *Neubrandenburg*. Doch bereits 1292 ging das Gebiet durch Heirat an Mecklenburg über. Damals begann der Ausbau der starken Befestigungsanlage mit Mauerring aus Feldstein, zwei vorgelegten Wällen und Gräben. Große Teile der Mauer und zahlreiche der ihr vorgebauten Wiekhäuser sowie die zum Teil mit reichem Blend- und Maßwerk überzogenen vier Torbauten (14. und 15. Jh.) haben sich erhalten, während im Stadtkern nur wenige alte Häuser den Zerstörungen des Zweiten Weltkriegs entgingen. Das, was von der Marienkirche in Backsteingotik blieb, läßt noch ihren einstigen Glanz erahnen.

In *Neubrandenburg* wenden wir uns der Ihlenfelder Straße zu und folgen ihr bis zum Ortsteil *Ihlenfeld* (Gutshaus von 1850). Dort verlassen wir die Landstraße und fahren weiter nach *Neuenkirchen-Magdalenenhöhe* und *Staven*. Hinter der Kirche halten wir uns rechts und schlagen den Weg nach *Roga* ein (Gutshaus von 1890 mit ausgedehntem Landschaftspark;

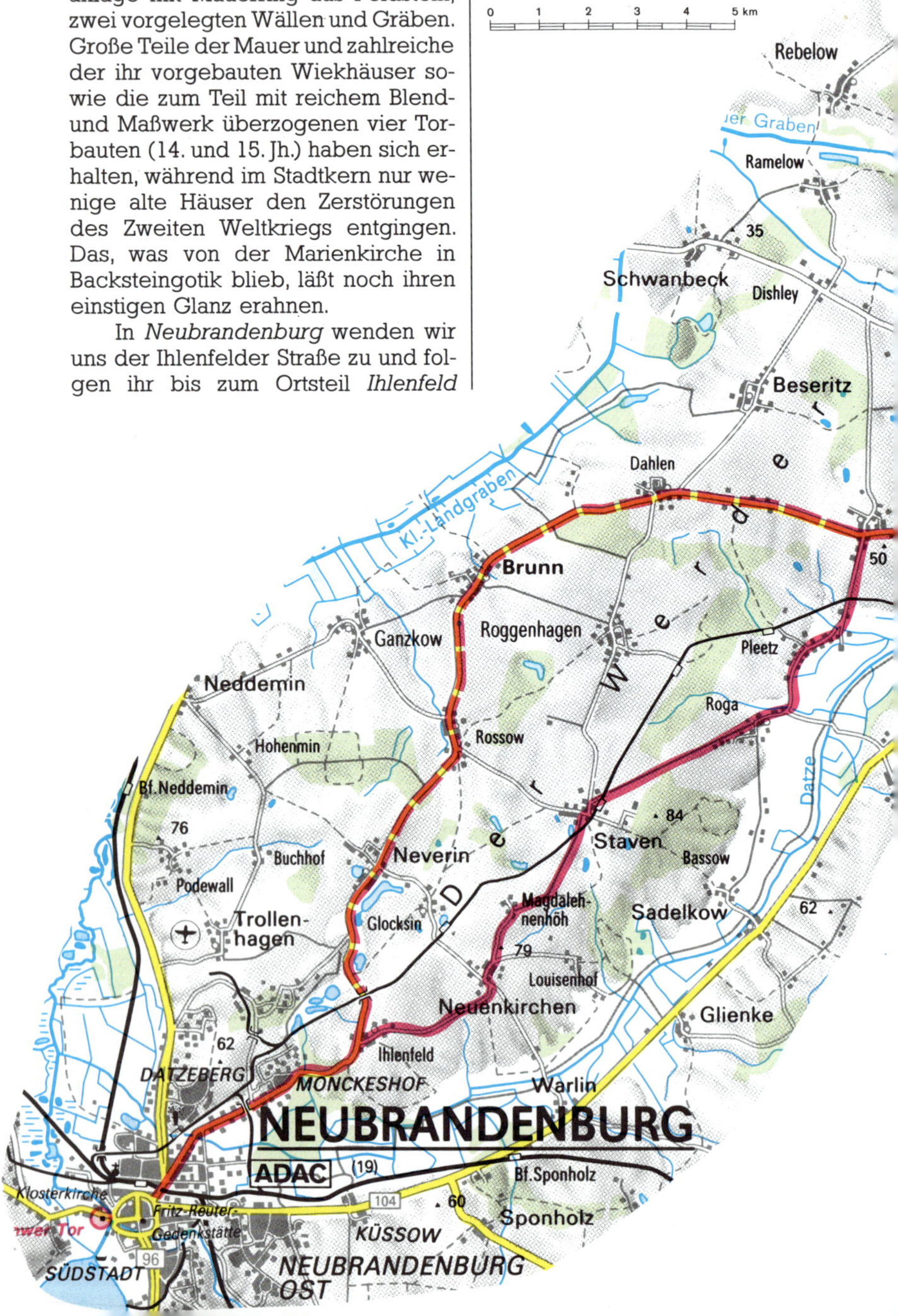

Dorfkirche mit Storchennest). In der Niederung der Datze fahren wir bis *Pleetz* und dort über *Salow* nach *Friedland*. Die im Mecklenburgisch-Pommerschen Grenzland gelegene mittelalterliche Festung wurde durch Kriege und Feuersbrünste mehrmals zerstört. 1945 brannte die Innenstadt fast völlig aus. Von der 1304 begonnenen 6 m hohen Stadtmauer aus Feldsteinen sind noch große Teile erhalten, ebenso ihre Ausbauten im 15. Jh. wie Fangelturm, Fischerburg mit Staffelgiebel, Anklamer und Neubrandenburger Torturm (Heimatmuseum). In St. Marien, einer Backstein-Hallenkirche (13.-15. Jh.; Ausstattung Mitte 18. Jh.) ist u.a. die Empore für Garnweber bemerkenswert. An der Datze trifft man auf eine Wassermühle mit Krüppelwalmdach (um 1800), am Mühlenhof Fachwerkspeicher.

Abstecher könnten dem *Putzarer See* (Vogelschutzgebiet) und der *Friedländer Großen Wiese* (156 km²) gelten, einem ehemaligen Niederungsmoor östlich von Friedland, das zu großen Teilen 1958-65 durch Meliorationsarbeiten zu Wiesenflächen umgestaltet wurde.

Unser nächstes Ziel ist Spantekow, ab Friedland auf zwei Wegen zu erreichen: auf der B 197 durch die Wiesenniederung über den Landgraben hinweg in Richtung Anklam und nach 4 km bei *Cavelpaß* wieder links abbiegen nach *Zinzow*; dann 8 km über *Rubenow* und *Borntin* nach Span-

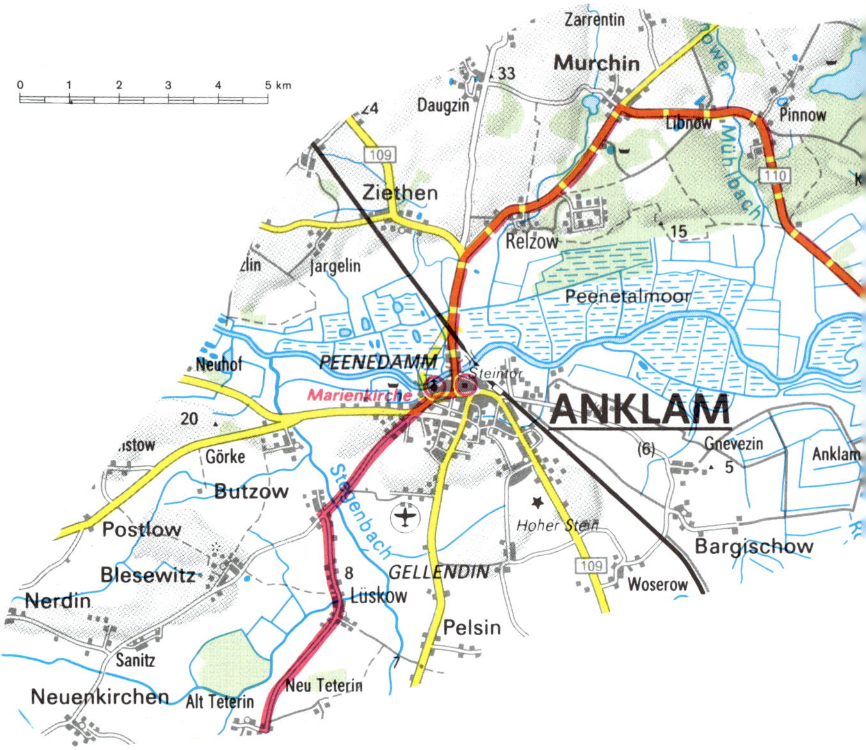

tekow. Oder: Friedland – *Sandhagen* – *Klockow* – *Schwichtenberg* – über den Großen Landgraben nach *Löwitz*; dort über *Sophienhof* nach *Putzar* und rechts über *Glien* – *Wendfelde* nach *Sparnow*; die B 197 überqueren und über *Drewelow* nach *Spantekow*.

Die Renaissancefestung Spantekow mit Wassergräben, Bastion und Kasematten ließ Ulrich von Schwerin 1558-67 auf einer mittelalterlichen Burg anlegen; die 4 m dicken Erdwälle sowie verschiedene Wirtschaftsgebäude sind noch erhalten. 1908 wurde das Hauptgebäude des Schlosses wieder ausgebaut. Am Eingangsportal erinnert ein fast lebensgroßes Hochrelief an den Bauherrn der Festung und dessen Frau.

Nun fahren wir auf der Landstraße bis *Neuenkirchen*, wo wir rechts nach *Müggenburg* abbiegen und uns dort die mittelalterliche Wasserburg anschauen, deren Bergfried in den Neubau des neugotischen Schlosses von 1889-91 einbezogen wurde. Am Ortsausgang biegen wir links in den Plattenweg ein und radeln nach *Alt-Teterin* (Kopfsteinpflaster). An der Kirche nehmen wir die Straße nach *Lüskow* und *Butzow*. Hier wird der Stegenbach überquert und bald danach *Anklam* erreicht.

Um eine Herzoglich-Pommersche Burg entwickelte sich die Stadt an der Peene – 1264 erstmals erwähnt –, die auch Mitglied der Hanse war. Von 1648 bis 1815 gehörte sie zu Schweden, die Peene bildete die Grenze zwischen Preußen und Schweden. Von der Stadtbefestigung des 15. Jh. ist noch das 32 m hohe Steintor mit Staffelgiebel und Blendarkaden erhalten. Der Wartturm mit Zinnenkranz und Mauerhelm der ehemaligen Landwehr "Hoher Stein" steht 3 km östlich der Stadt an der B 109. Die Marienkirche, eine dreischiffige Hallenkirche (13.-15. Jh.), birgt bedeutende Wandmalereien und zahlreiche sehenswerte Grabdenkmäler. Im Anklamer Moor beobachtete Otto von Lilienthal den Vogelflug und führte dort selbst Flugversuche durch. Das nach ihm benannte Heimatmuseum erinnert auch an diesen ersten Menschen, der durch die Lüfte segelte.

Nach *Usedom* auf der gleichnamigen Insel führt der Weg von Anklam auf der B 110 über *Murchin*.

27 Ziel dieser von der Reuterstadt Stavenhagen ausgehenden Tour ist Mecklenburgs größter See, der Müritzsee

Ausgangspunkt Ortsmitte Stavenhagen
Tourenlänge 32 km Stavenhagen – Faulenrost – Waren; oder 31 km Stavenhagen – Varchentin – Waren
Fahrzeit Etwa 2½ Stunden
Anmerkung Von der Reuterstadt Stavenhagen führt die Landstraße über Kittendorf – Varchentin – Groß Plasten – Schloen – nach Waren (Müritz). Unsere Route über Faulenrost ist abwechslungsreicher in der landschaftlichen Gliederung, jedoch für Radwanderer wegen der kuppigen Moränenlandschaft anstrengender.
Tourenbeschreibung Von der Reuterstadt *Stavenhagen* (s.Seite 129) fahren wir auf der Chaussee in Richtung Waren (Müritz). Nach 2 km verlassen wir sie und radeln über *Pribbenow* nach *Jürgenstorf*. Hier lohnt es sich, das ehemals barocke, jedoch 1910 durch Umbau stark veränderte Schloß zu besichtigen, dessen Einfahrt Torhäuser flankieren, sowie die um 1700 erbaute Dorfkirche, die einen um 1500 geschaffenen Schnitzaltar birgt.

Im Dorf Jürgenstorf biegen wir rechts ab, und es geht zunächst nach *Rottmannshagen* (1728-32 erbautes Gutshaus; von der 1945 zerstörten Schloßanlage blieben nur die Kavaliershäuser und einige Stallungen erhalten). Dann kommen wir nach *Zettemin*, wo ein Barockschloß aus Backstein, Mitte des 18. Jahrhunderts erbaut, und die Dorfkirche aus Feldstein (13. Jh.) unsern Blick fesseln. Am Ortsausgang bleiben wir auf der geradeaus führenden Straße und erreichen über *Carlsruhe* die Chaussee von Malchin nach Waren. Hier biegen wir links nach *Faulenrost* ab. Der Ort besitzt ein sehenswertes Bauernhaus aus der Mitte des 18. Jahrhunderts mit großem Walmdach und einem Laubengang. Die barocke Schloßanlage entstand 1760-64; die Hauptgebäude wurden 1968 durch Brand vernichtet, zu sehen sind noch das Kavaliershaus sowie Torhäuser und Scheune.

Wir wählen nun die Straße über *Rittermannshagen* (Dorfkirche, ein frühgotischer Backsteinbau) und *Alt Schönau* (frühgotische Feldsteinkirche des 14. Jh. mit Backsteingiebel) zur Müritzstadt *Waren*.

1. Variante
Wer Lust hat, noch mehr von der reizvollen Landschaft zu sehen, kann bereits ab Faulenrost über Schwabendorf – Hungersdorf nach Groß Gievitz fahren. Sehenswert sind hier eine Feldsteinkirche aus dem 13. Jh. mit markantem Turm und beachtenswerten Wandmalereien (um 1300) im Innern und ein ehemaliger Gutshof, dessen Marstall noch in alter Form steht (17. Jh.), während der Hauptbau im Stil der Tudorgotik (19. Jh.) umgestaltet wurde. Im Park 30 Gehölzarten.

Von Groß Gievitz aus geht es auf einem Sträßchen in Ufernähe des Torgelower Sees über *Alt Schloen* (Feldsteinkirche mit reich gegliederter Fassade, 14. Jh.) nach *Schloen*. Am See entlang erreichen wir über den Galgenberg den idyllisch gelegenen Ort *Torgelow*, wo wir uns das Schloß und im Park den altdeutschen Turmhügel (12./13. Jh.) ansehen. Die abgestorbenen Bäume auf der linken Insel im See beherbergen zur Brutzeit die größte Kormorankolonie im Müritzgebiet. Auf der Chaussee kommen wir, vorbei am See Tiefwaren und am Melzer See, nach *Waren*.

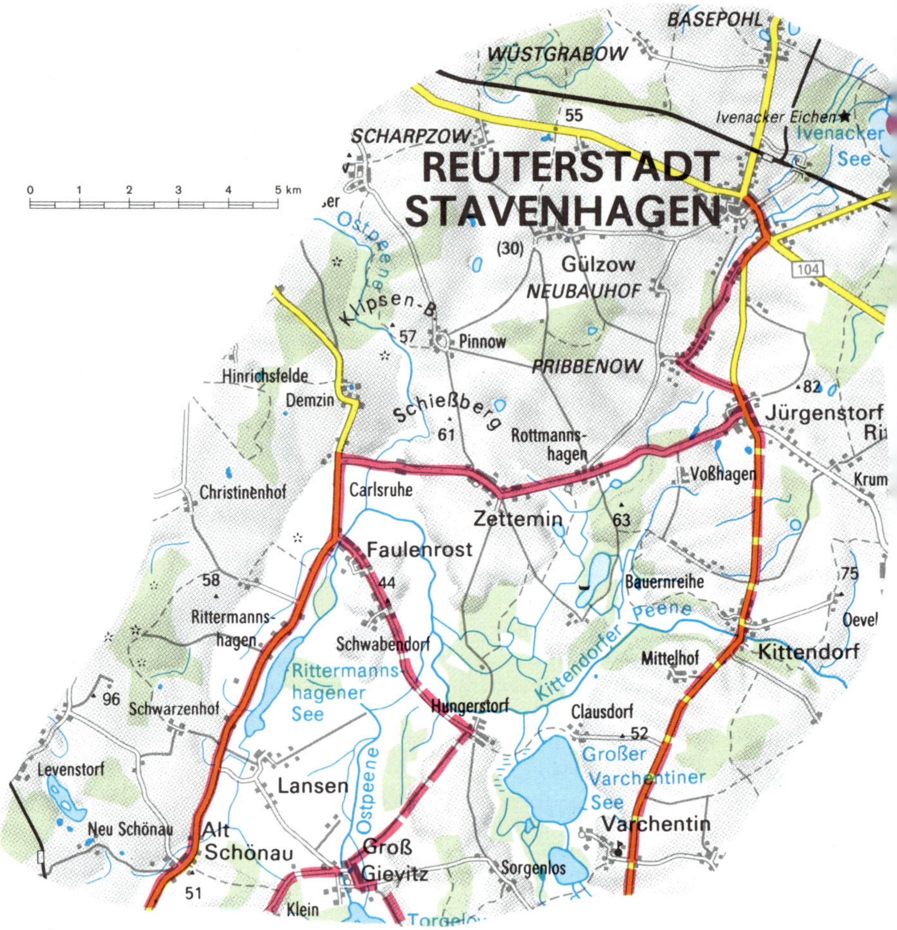
BASEPOHL
WÜSTGRABOW
55
Ivenacker Eichen
Ivenacker See
SCHARPZOW
0 1 2 3 4 5 km
REUTERSTADT STAVENHAGEN
Ostpeene
(30)
Gülzow
NEUBAUHOF
104
Klipsen-B.
57
Pinnow
PRIBBENOW
82
Hinrichsfelde
Demzin
Schießberg
61
Rottmannshagen
Jürgenstorf
Christinenhof
Carlsruhe
Voßhagen
Krum
Zettemin
63
Faulenrost
58
44
Bauernreihe
75
Rittermannshagen
Schwabendorf
Peene
Oevel
Kittendorfer
Mittelhof
Kittendorf
Rittermannshagener See
96
Schwarzenhof
Hungerstorf
Clausdorf
52
Levenstorf
Großer Varchentiner See
Lansen
Ostpeene
Neu Schönau
Alt Schönau
Varchentin
Groß Gievitz
Sorgenlos
51
Klein

Levenstorf
Lansen
Großer Varchentiner See
Varchentin
Neu Schönau
Alt Schönau
Groß Gievitz
Sorgenlos
ALT FALKENHAGEN
51
Klein Gievitz
Torgelower See
ND. gr. Buche
Deven
JÄGERHOF
107
Torgelow
Groß Plasten
Vielist
NEU FALKENHAGEN
RÜGEBAND
Alt Schloen
45
Schloen
Klein Plasten
108
90
WARENSHOF
Tiefwaren
Schmachthagen
192
Schwastorf
Kargow
Godow
Binnenmüritz
WAREN
(80)
192
0 1 2 3 4 5 km

Auch von *Jägerhof* aus kann man von der Warener Chaussee in eine Nebenstraße abbiegen, die auf der Ostseite des Tiefwarensees nach Waren führt. Zu empfehlen ist, ab *Amsee* (Fachkrankenhaus) auf dem Wanderweg „Rund um den Tiefwarensee" ins Stadtzentrum zu fahren.

2. Variante

Wer sich für die oben angegebene Variante, die Fahrt auf der Landstraße von Reuterstadt Stavenhagen über Varchentin nach Waren (Müritz) entschieden hat, könnte in *Varchentin* eine Rast einlegen. Die weitläufige Schloßanlage im Tudorstil schuf 1847 der Schweizer Baumeister Mouson. Motive der Hubertusjagd schmücken Teile der Innenräume. Im historischen Backsteingewölbe des Kellers befindet sich die rustikale Gaststätte Hubertus-Keller. Der 25 ha große Landschaftspark am Schloß wurde nach Plänen von Lenné unter Einbeziehung des Varchentiner Sees angelegt.

Die Weiterfahrt kann dann auf der Straße 192 über *Klein Plasten* oder über *Schloen* und *Torgelow* (s. o.) erfolgen.

Bemerkenswert in dem Städtchen Waren sind die zahlreichen Fachwerkhäuser (Löwenapotheke, Altes Rathaus), die Kreuzigungsgruppe (14. Jh.) in der Georgikirche und natürlich seine Lage an dem von der Elde durchflossenen Müritzsee (117 km^2 Wasserfläche).

28 Von Feldberg nach Fürstenberg durch die Strelitzer Seenplatte – Ketten von hügelumgebenen Seen prägen das Bild dieser Landschaft

Ausgangspunkt Bahnhof in Feldberg

Tourenlänge Etwa 42 km

Fahrzeit Etwa 3 1/2 Stunden

Anmerkung Autotouristen sollten besser die Landstraße Feldberg – Triepkendorf – Beenz – Lychen – Ravensbrück – Fürstenberg nutzen

Tourenbeschreibung Das Städtchen Feldberg, wo wir unsere Tour beginnen, ist von mehreren schönen Seen umgeben, die sich leicht auf einer Wanderung erreichen lassen, so Schmaler Luzin, Breiter Luzin, Carwitzer See, Dreetz und Krüselin. Einige liegen an unserer Route.

Vom Bahnhof in *Feldberg* aus fahren wir in Richtung *Carwitz* auf dem Küstersteig zum Westufer des *Schmalen Luzin,* den wir am Karrengrund erreichen. Ein schmaler Uferpfad führt bis *Carwitz.* Im *Hans-Fallada-Haus* gedenkt die Stadt mit verschiedenen Exponaten zu Leben und Werk des Schriftstellers, der eigentlich Rudolf Ditzen (1893-1947) hieß. In seinen Romanen schildert er mit realistischer Eindringlichkeit das Schicksal kleiner Leute zwischen den beiden Weltkriegen („Kleiner Mann – was nun?", 1932; „Wer einmal aus dem Blechnapf frißt", 1934).

Wer den Ort nicht besuchen möchte, kann gleich an der Badestelle vor dem Ort nach Süden weiterfahren und erreicht über den Zufahrtsweg zum *Campingplatz C/22* und *C/86* an der Wald-Feldgrenze die Südspitze des Sees „Der Dreetz". Am Camp C/86 führt der Waldweg geradeaus weiter zur *Krüseliner Mühle.* Der Krüselin bleibt nun rechts liegen und das Naturschutzgebiet Großer Kernbruch (Hochmoorgebiet) links in der Talniederung. Der mit „Krüseliner Mühle" ausgezeichnete Waldweg führt bergab zur Mühle. Den Abfluß zum Kleinen Mechow See überqueren wir auf dem Feldweg nach *Mechow,* der hinter der Mühle wieder steil ansteigt. Den Feldsteinbau der Mechower Dorfkirche lassen wir auf der rechten Seite liegen und benutzen den Fahrweg Richtung Westen, der zu dem kleinen Ort *Beenz* führt.

Dort biegen wir an der Dorfkirche links ab und treffen nach 6 km in *Lychen* ein. Die Stadt wurde 1248 als Grenzfeste zwischen Brandenburg-Mecklenburg und Pommern errichtet, einige Reste der Stadtbefestigung sind noch zu sehen. In *Lychen* bilden Wurlsee, Nesselpfuhl, Stadtsee und Großer Lychensee ein „Seenkreuz", das durch die Woblitz mit den Seen um *Himmelpfort* (Haussee, Moderfitzsee) verbunden ist, die hier im Stolpsee die Havel erreicht.

Für den weiteren Weg nach Himmelpfort sind zwei verschiedene Routen möglich. Zum einen am *Nordufer des Großen Lychensees* am Bahnhof vorbei auf dem Uferweg zwischen dem Kleinen und Großen Lychensee entlang der Woblitz bis zum *Plansee*. Von dort um den *Moderfitzsee* nach *Himmelpfort*. Der andere Weg führt am West- und Südufer des Großen Lychensees entlang (Strandbad und Camp C/77). Den Brennickens Werder lassen wir rechts liegen und biegen zum Forstweg zur Hohen Ablage beim *Forsthaus Woblitz* (Naturschutzstation) ab. Dort biegt der Waldweg links ab und führt parallel zur Woblitz nach *Himmelpfort*.

Die Schleuse am Lychener Kanal wurde 1882 gebaut. Hier befand sich früher eine der zehn Klostermühlen, die zum 1299 gegründeten Zisterzienserkloster Himmelpfort gehörte. Die ehemalige Klosterkirche dient seit 1663 als Dorfkirche und wurde auf Initiative der Kirchengemeinde wieder instand gesetzt. Vom Klostergarten zeugt noch der alte Baumbestand

(Sommerlinden und Weißbuchen), und vom ehemaligen klösterlichen Brauhaus blieb der spätgotische Backstein-Blendgiebel erhalten. Die Weiterfahrt nach Fürstenwalde ist am Nordufer des Stolpesees zu empfehlen, dabei bleibt der Sidowsee rechts liegen.

Auf geradem Weg wird der Ortsteil *Ravensbrück* erreicht, der seit 1951 zur Stadt Fürstenberg/Havel gehört. Auf dem Gelände des ehemaligen größten faschistischen Frauenkonzentrationslagers Ravensbrück wurde 1959 eine Nationale Mahn- und Gedenkstätte errichtet. Im damaligen Arrestbau befindet sich ein Lagermuseum zur Geschichte des KZ. Die Stadt *Fürstenberg* liegt am gegenüberliegenden Ufer des Schwedtsees. Zu den Sehenswürdigkeiten im Ort gehört das Schloß, das Ch. J. Löwe 1741-52 als zweistöckige Dreiflügelanlage mit reichem Außendekor erbaute. Die Pfarrkirche, ein gelber Backsteinbau im Rundbogenstil der Schinkelnachfolge, entstand 1845-48.

Bei Fürstenberg bildet die Havel mit Schwedtsee, Baalensee und Röblinsee eine weitere Seenkette, die durch die Steinhavel ihre Wasserzufuhr aus der Mecklenburgischen Kleinseenplatte erhält. Die Landesgrenzen zwischen Mecklenburg und Brandenburg haben sich in diesem Gebiet oft verändert, wie allein die wechselvolle Geschichte Fürstenbergs zeigt: 1318 als brandenburgische Stadt erwähnt, 1327 an die Grafen von Lindow verpfändet, 1333/34 durch die brandenburgischen Markgrafen wieder eingelöst, 1348 in mecklenburgischem Besitz. 1471 gehörte die Stadt zu Mecklenburg-Schwerin, 1621 zu Mecklenburg-Güstrow, 1701 bis 1950 zu Mecklenburg-Strelitz. Dann wieder zu Brandenburg (Kreis Templin), von 1952-1990 zum Kreis Gransee.

Fürstenberg ist verkehrsmäßig gut erschlossen, es könnten von hier aus weitere Fahrten unternommen werden. Wer nach Neustrelitz radeln möchte, sollte folgende Route wählen: Von Fürstenberg auf der Fernverkehrsstraße B 96 bis Düsternförde, dort rechts abbiegen, die Fürstenseen an der Südspitze umfahren – eine Rast in der schönen Landschaft ist jedoch sehr zu empfehlen – und über den Ort Fürstensee nach Alt-Strelitz fahren. Von dort ins Stadtzentrum von Neustrelitz (insgesamt 37 km).

29 Von Malchin geht es über Ivenack mit seinem berühmten Naturdenkmal in die Reuterstadt Stavenhagen

Ausgangspunkt Ortsmitte in Malchin

Tourenlänge Etwa 22 km

Fahrzeit Etwa 2 Stunden

Anmerkung Von Malchin nach Stavenhagen verkehren Busse und Eisenbahn. Auf der Bundesstraße beträgt die Entfernung lediglich 11 km. Unsere Route führt jedoch über Basepohl nach Ivenack und dann erst nach Stavenhagen. Für Motortouristen wäre eine Fahrt über Kummerow – Grammentin – Basepohl – Stavenhagen – Ivenack interessant.

Tourenbeschreibung Ab *Malchin* zuerst auf der B 104 in Richtung Reuterstadt Stavenhagen, dann links auf die Landstraße nach Leuschentin – Kummerow einbiegen.

Wer einen Abstecher nach *Kummerow* macht: Hier gibt es ein von einem englischen Landschaftspark umgebenes Schloß (1730) und eine Dorfkirche mit Patronatsloge zu besichtige. Die Romane von Ehm Welk „Die Heiden von Kummerow" (1937) und „Die Gerechten von Kummerow" (1942) spielen jedoch nicht in diesem Ort, sondern in des Schriftstellers Heimatdorf Angermünde.

Noch vor *Leuschentin* verlassen wir die Straße und schlagen den Landweg nach *Maxfelde* und *Wüst Grabow*

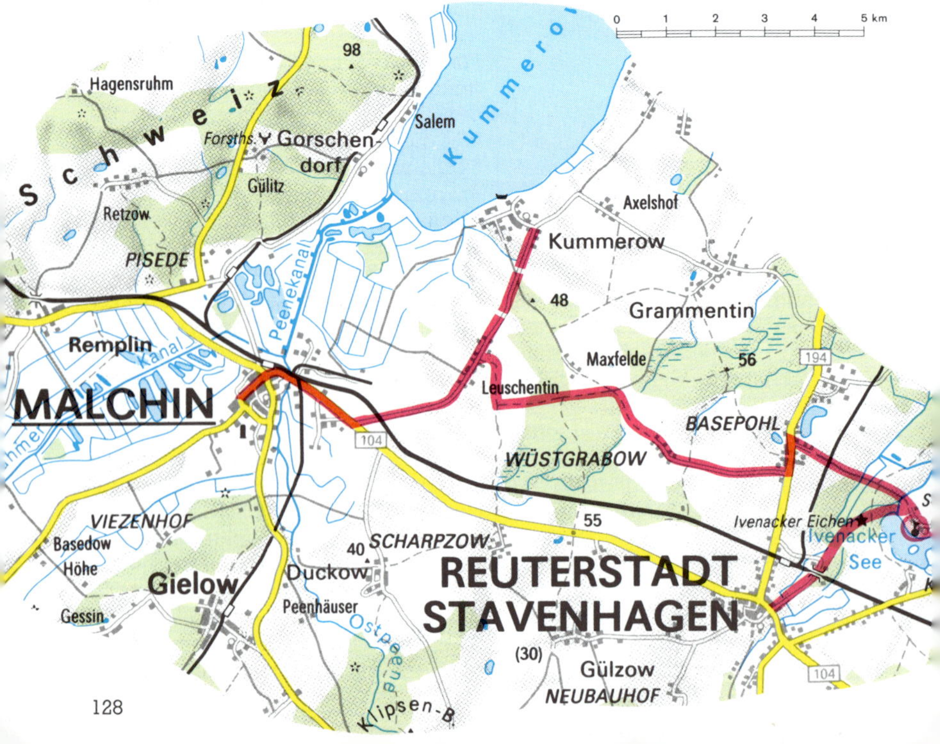

ein. Von dort fahren wir auf der Landstraße nach *Basepohl*. Nach einer kurzen Strecke auf der B 194 im Ort biegen wir rechts auf den Feldweg nach Ivenack ein. Den Besuch des Wildgatters stellen wir noch zurück, um zuerst die Kirche und das Schloß von Ivenack kennenzulernen. Das 1252 gegründete Zisterzienser-Nonnenkloster wurde im 18. Jahrhundert in spätklassizistischem Stil neuerbaut (heute Senioren-Pflegeheim). Marstall und Orangerie sind noch erhalten (Gaststätte). Die Klosterkirche wurde um 1700 zur Dorfkirche umgestaltet. Der Landschaftspark grenzt an einen See. Hier oder im Eis-Café lohnt es sich, eine kleine Pause einzulegen.

Nun müssen wir auf dem Landweg wieder zurück bis zum Parkplatz am Eingang zum Landschaftsschutzgebiet "Wildgatter und Naturdenkmal Ivenacker Eichen" mit Damwildgehege (in dem 90 ha großen Gatter leben 60 bis 80 Tiere). Die Wege innerhalb des Gatters, die auch von Radfahrern genutzt werden können, führen direkt zu den alten Eichen (Hinweisschilder; in der Mitte des Gatters eine Schutzhütte mit Info-Tafeln). Die Ivenacker Eichen zählen zu den stärksten und ältesten Bäumen Mitteleuropas (Beispiel: Höhe 35,50 m, Stammumfang 10,96 m, Stammdurchmesser 3,48 m, Kronenumfang 29 m^2, Holzvolumen ca. 180 Festmeter, Alter über 1000 Jahre, wahrscheinlich 1200 Jahre). Die legendäre Herodot-Eiche, in der 1806 der Hengst Herodot vor den französischen Besatzungstruppen versteckt wurde, ist allerdings schon 1861 umgestürzt. Nur durch den starken Verbiß des Unterholzes war es möglich, daß die Ivenacker Eichen dieses Alter erreichten. Täglich zwischen zehn und elf Uhr findet sich das Damwildrudel am Futterplatz auf der Wiese vor der Ruine der alten Försterei ein, und man kann die Tiere in aller Ruhe beobachten.

Der Weg nach Stavenhagen (ausgeschildert) führt durch den „Thiergarten", den es schon Mitte des 18. Jahrhunderts gab. Vom Ausgang des Wildgatters sind es noch 2 km bis zum Marktplatz der Reuterstadt. Im Jahr 1810 wurde Fritz Reuter als Sohn des Bürgermeisters in Stavenhagen geboren. Das Fritz-Reuter-Literaturmuseum im ehemaligen Rathaus bietet einen umfassenden Überblick über Leben und Werk dieses bedeutenden plattdeutschen Dichters. Die Brüstungreliefs vor dem Gebäude stellen Szenen aus seinem wohl berühmtesten Roman „Ut mine Stromtid" (1864) dar. Das Denkmal wurde 1911 von Wilhelm Wandschneider geschaffen.

Stavenhagen wurde 1282 erstmals als Stadt urkundlich erwähnt, die Urkunde soll bereits früher von den Herzögen von Pommern-Stettin und Pommern-Demin unterzeichnet worden sein. Seit 1317 gehört die Stadt zu Mecklenburg. Die Burg mußte 1606 dem Bau eines Schlosses weichen, jetzt ein Putzbau (1740), der eine Schule beherbergt. Die Stadtkirche von 1782 besitzt eine umlaufende zweigeschossige Empore.

30 Mehrere mit Kostbarkeiten ausgestattete und von prächtigen Parks umgebene Schlösser liegen am Weg dieser Rundtour bei Teterow

Ausgangspunkt Ortsmitte von Teterow

Tourenlänge Etwa 60 km (20 km Teterow – Burg Schlitz – Blücherhof; 16 km Blücherhof – Basedow; 24 km Basedow – Malchin – Teterow)

Fahrzeit Etwa 5 Stunden

Anmerkung Für Radwanderer eine ideale, abwechslungsreiche Strecke. Im hügeligen Bergland ist die Straße streckenweise unübersichtlich, deshalb verstärkt auf Verkehrssicherheit achten.

Tourenbeschreibung In *Teterow* sind die Backsteintürme des Rostokker und des Malchiner Tors mit ihrem reichen Blendenschmuck (beide 15. Jh.) sowie in der Stadtkirche die Bemalung im Chor (14. Jh.) und der große gotische Schnitzaltar (15. Jh.) sehenswert.

Von der Ortsmitte in Teterow wenden wir uns zur Bundesstraße 108 und fahren – den markanten Höhenzug Mecklenburger Schweiz überquerend – in Richtung Waren (Müritz) durch *Hohen Demzin* (innerhalb des Ortes Steinobelisk von 1820 als Meilenstein) zum Ortsteil *Burg Schlitz*. Das 1806-24 erbaute klassizistische Schloß birgt u.a. gemalte Landschaftstapeten (um 1820) und einen von Schinkel entworfenen Porzellanofen. Den weitläufigen englischen Landschaftspark (60 ha), berühmt für dendrologische Besonderheiten, beleben zahlreiche Denkmäler und Kunstwerke, so der von Walter Scott im Jugendstil geschaffene Nymphenbrunnen, das Blücherdenkmal (1816) und die Bronzeplastik „Bärengruppe" von Emil Manz (1939). Leider kann man z.Zt. weder das Schloß noch den Park besichtigen (Kreispflegeheim), wohl aber die als Museum eingerichtete ehemalige Gutschmiede mit spiralförmig gemauertem Schornstein und das klassizistische Landgasthaus Zum goldenen Frieden an der Auffahrt zum Schloß.

Auf der B 108 fahren wir weiter bis Ziddorf. Hier kann man dem Wassermühlenmuseum einen Besuch abstatten. Im Ort biegen wir rechts ab, radeln bis *Kirch Grubenhagen* (die Dorfkirche besitzt eine reiche Innenausstattung) und machen einen Abstecher zum *Schloß Grubenhagen* (mittelalterliche Burgruine und 1843 erbautes Gutshaus). Auf der Malchower Landstraße geht es weiter über den Bahnübergang am *Bahnhof Rehberg* nach *Vollrathsruhe*. Parallel zur Bahnlinie führt ein Fahrweg zum *Schloß Blücherhof*. Hier lohnt es sich, den 8 ha großen Park zu besichtigen, der zahlreiche dendrologische Kostbarkeiten enthält. Alexander König, seinerzeit Museumsdirektor in Bonn, ließ ihn 1900-06 mit mehr als 150 verschiedenen Gehölzen aus aller Welt anlegen und das neobarocke Schloß erbauen.

Weiterfahrt über *Klocksin*. Im Tal zwischen Klocksin-Rehberg und der Fernverkehrsstraße liegt das Naturschutzgebiet Hellgrund, ein Erosionstal mit Kalktuffbildung und einem Vorkommen des Riesenschachtelhalmes. Wir möchten das Schloß Ulrichshusen besuchen und fahren auf der B 108 weiter bis *Marxhagen*, dort biegen wir links ab nach *Ulrichshusen*. Die Schloßanlage stammt aus der 2. Hälfte des 16. Jahrhunderts. Ein viergeschossiger Treppenturm trägt das Wappen derer von Maltzahn. Im Schloßhof steht noch das alte Torhaus.

Wir fahren weiter nach Rambow (Dorfkirche 17. Jh. und Ruine einer Kirche 13. Jh.). Von hier folgen wir dem Feldweg über den *Sachsenberg* (Aussichtspunkt) nach Dahmen. Man könnte aber auch die Fahrstraße Rambow – Moltzow – Neu Klocksin nach Dahmen wählen. Von *Dahmen* aus (Backstein-Dorfkirche mit spätgotischem Altar) radeln wir auf der Landstraße am *Malchiner See* entlang in Richtung Malchin. Rechts der Straße

herrliche alte Buchenwälder bei *Rothenmoor* und *Neuhäuser*, die sich hinter *Seedorf* fortsetzen. Hier biegt rechts ein Fußweg nach *Basedow* ab.

In den nun folgenden Wäldern befand sich früher der Basedower Saupark. Linker Hand liegt eine früheisenzeitliche slawische *Höhenburg* (etwa 300 v.Chr.), Reste der Verteidigungsanlagen (Wälle und Graben) sind noch erkennbar. In *Basedow* besichtigen wir die Dorfkirche und die Schloßanlagen mit dem großzügigen Landschaftspark. Die Dorfkirche besitzt eine prachtvolle Innenausstattung (16. und 17. Jh.). Berühmt ist die Orgel mit einem Originalwerk von

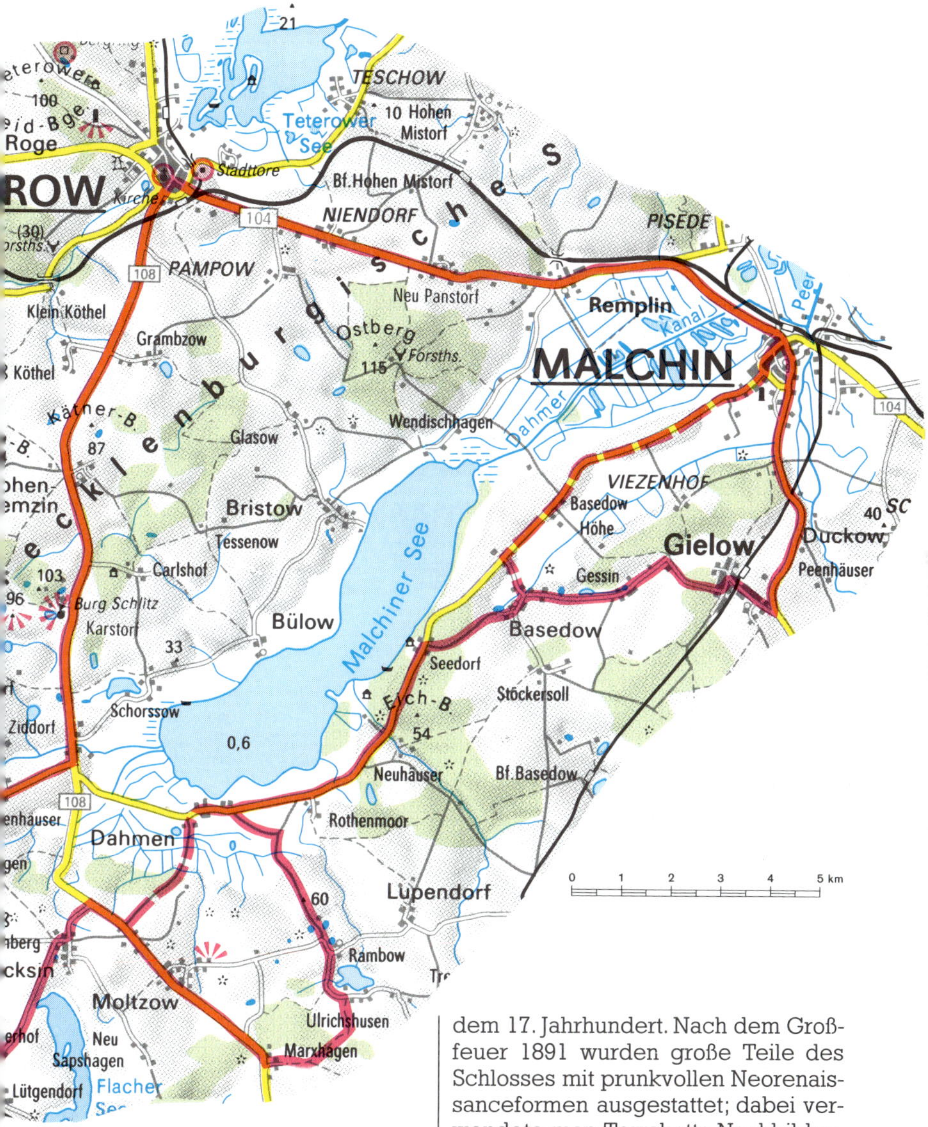

1680. Die in den Sommermonaten stattfindenden klangvollen Orgelkonzerte erfreuen sich großer Beliebtheit. Sandstein-Epitaphe erinnern an die Familien von Hahn, von Maltzahn, von der Schulenburg, von Putlitz u.a. Das dreiflügelige Schloß war der Stammsitz der mecklenburgischen Grafenfamilie von Hahn. Es zählt zusammen mit der Kirche zu den schönsten Bauwerken der Mecklenburger Schweiz und zu den eindrucksvollsten norddeutschen Herrensitzen. Der Mittelbau mit dem Treppenturm stammt aus der 2. Hälfte des 16., der Nordwestflügel aus dem 17. Jahrhundert. Nach dem Großfeuer 1891 wurden große Teile des Schlosses mit prunkvollen Neorenaissanceformen ausgestattet; dabei verwendete man Terrakotta-Nachbildungen. Der weitläufige Landschaftspark in englischem Stil entstand nach Plänen des berühmten preußischen Gartenarchitekten Peter Joseph Lenné. Am Rand des Parks trifft man auf ein *Großsteingrab* der Jungsteinzeit (Kugelamphoren-Kultur).

Die Weiterfahrt nach Malchin kann entweder über die *Basedower Höhe* entlang der Westpeene erfolgen oder auf der Landstraße über *Gessin – Gielow – Gielower Mühle* (Ort der Handlung in Fritz Reuters „Ut de Franzosentid", 1859) nach *Malchin*. Von dort auf der Bundesstraße 104 durch die Niederung der Westpeene mit dem Dahmer Kanal nach *Remplin*. Das dortige dreiflügelige Barockschloß wurde 1944 durch Brand weitgehend zerstört, nur Nordflügel, Torturm und einige Wirtschaftsgebäude blieben erhalten. Der Park zählt zu den bedeutendsten Gartenanlagen Mecklenburgs. Hier findet man die restaurierte Ruine der Sternwarte – eine der ältesten Mecklenburgs – des Gutherrn Friedrich II. von Hahn (1745-1805).

Nun fahren wir auf der B 104 zurück nach *Teterow*.

31 Von Güstrow nach Krakow am See durch einen wundervollen Talabschnitt der Nebel – einer der romantischsten Flüsse Mecklenburgs

Ausgangspunkt Marktplatz in Güstrow

Tourenlänge 28 km

Fahrzeit 2½ Stunden

Wegmarkierung Naturlehrpfad im Nebeltal: grüner Schrägstrich auf wei-

ßem Grund; Hauptwanderweg (ab Dobbin – Güstrow): blauer Querstrich auf weißem Quadrat.

Anmerkung Für unerfahrene Fahrradtouristen ist diese Route nicht geeignet. Sie können ab Güstrow die Straße am Südufer des Sumpf-Sees bis Gutow fahren, dort links abbiegen auf die Landstraße nach Zehna (Dorfkirche 13. Jh. mit interessanter Innenausstattung 16. Jh.). Dort links in Richtung Krakow am See über Bellin (spätromanische Feldsteinkirche 13. Jh.; bronzezeitliche Hügelgräber und eine ringförmige Steinsetzung im Forst Koitendorfer Tannen; vom Kanonenberg gute Aussicht) und Marienhof – Groß Tessin nach Krakow am See. Campingplatz (B 005) am Nordufer des Gruber Sees; Touristenstation, Jugendherberge (Güstrower Chaussee).

Tourenbeschreibung Güstrow war zeitweilig eine Residenz der Herzöge von Mecklenburg. Von ihrem Schloß sind noch Süd- und Westflügel (1558-66) erhalten mit einer reizvollen dreigeschossigen Arkadenhalle, Stuck- und Malereischmuck in den Innenräumen. Der Dom, eine Pfeilerbasilika von 1226 (später erweitert), birgt als Zweitguß Ernst Barlachs berühmte Bronzeskulptur „Schwebender Engel" von 1927, die den Gefallenen des Ersten Weltkrieges gewidmet ist.

Vom Markt in *Güstrow* fahren wir auf dem bereits beschriebenen Weg bis zum *Barlach-Atelierhaus* am Heidberg (Gleviner- und Plauer Straße – Barlachweg am Nordufer des Inselsees). Barlach ließ sich 1910 in Güstrow nieder, in der Gedenkstätte sind einige seiner Werke zu sehen.

Auf dem markierten Hauptwanderweg geht es nun über *Mühl Rosin* nach *Kirch Rosin* (Dorfkirche, Backsteinbau 14. Jh. mit hübschem Schnitzaltar 16. Jh.). Hinter der Brücke über den *Teuchel-Bach* führen drei Wege durch den *Güstrower Forst.* Wir wählen den mittleren Waldweg, der nach *Lüdershagen* führt. Von der Dorfkirche (Feldsteinbau 13. Jh. mit Gewölbemalerei im Chor) über die Bahnstrekke bis zur Bundesstraße 103. Diese überquert hier die Nebel. Dem direkten Flußlauf durch die „tote Schlucht" können wir nicht folgen. Unsere Route geht deshalb auf dem östlichen Landweg weiter, der, von Kölln kommend, nun rechts über *Koppelow* nach *Ahrenshagen* führt, wo wir wieder die Nebel erreichen. Im Nebeltal fahren wir weiter stromauf bis zur Wassermühle *Kuchelmiß.* Hier befinden wir uns bereits im wildromantischen Tal des *Nebel-Holzes* (Landschaftsschutzgebiet).

Am Schloß (mittelalterlicher Turmhügel) biegt der Wanderweg nach Süden ab. Wir folgen dem Naturlehrpfad durch die naturnahen Buchenwälder des Naturschutzgebietes Großes Holz, parallel zur stark strömenden Nebel, die zwischen Kuchelmiß und Serrahn die Endmoränenkette durchbricht. Auf der relativ kurzen Strecke zwischen Wassermühle und Serrahner See überwindet der Bach einen Höhenunterschied von über 10 m. Besonders eindrucksvoll ist das Nebeltal an der Brücke in Richtung Serrahn. Von hier aus sind auch die bronzezeitlichen Hügelgräber (Kegelgräber) erreichbar, die Großsteingräber direkt von Serrahn aus.

Vor dem Dorf Serrahn biegt unser Weg rechts zur Straße ab, die dann über die *Nebelbrücke* am Nordufer des *Serrahner* Sees entlangführt. Auf der linken Seite wieder Hügelgräber, die von einer frühen Besiedelung dieses Gebietes zeugen. Der Wanderweg verläuft westwärts zur Siedlung *Seegruben Abbau* und weiter zur Försterei *Windfang.* Hier erreichen wir das Nordufer des *Gruber Sees,* wo wir, am Campingplatz und der Jugendherberge vorbei, über den Blechenkrug nach *Krakow am See* kommen.

32 Eine Rundfahrt bei Schwerin – zu Seen und Schlössern, durch Flußlandschaften und schöne Wälder

Ausgangspunkt Schwerin, Stadtmitte
Tourenlänge Etwa 36 km
Fahrzeit Etwa 3 1/2 Stunden
Höhenunterschiede Keine nennenswerten

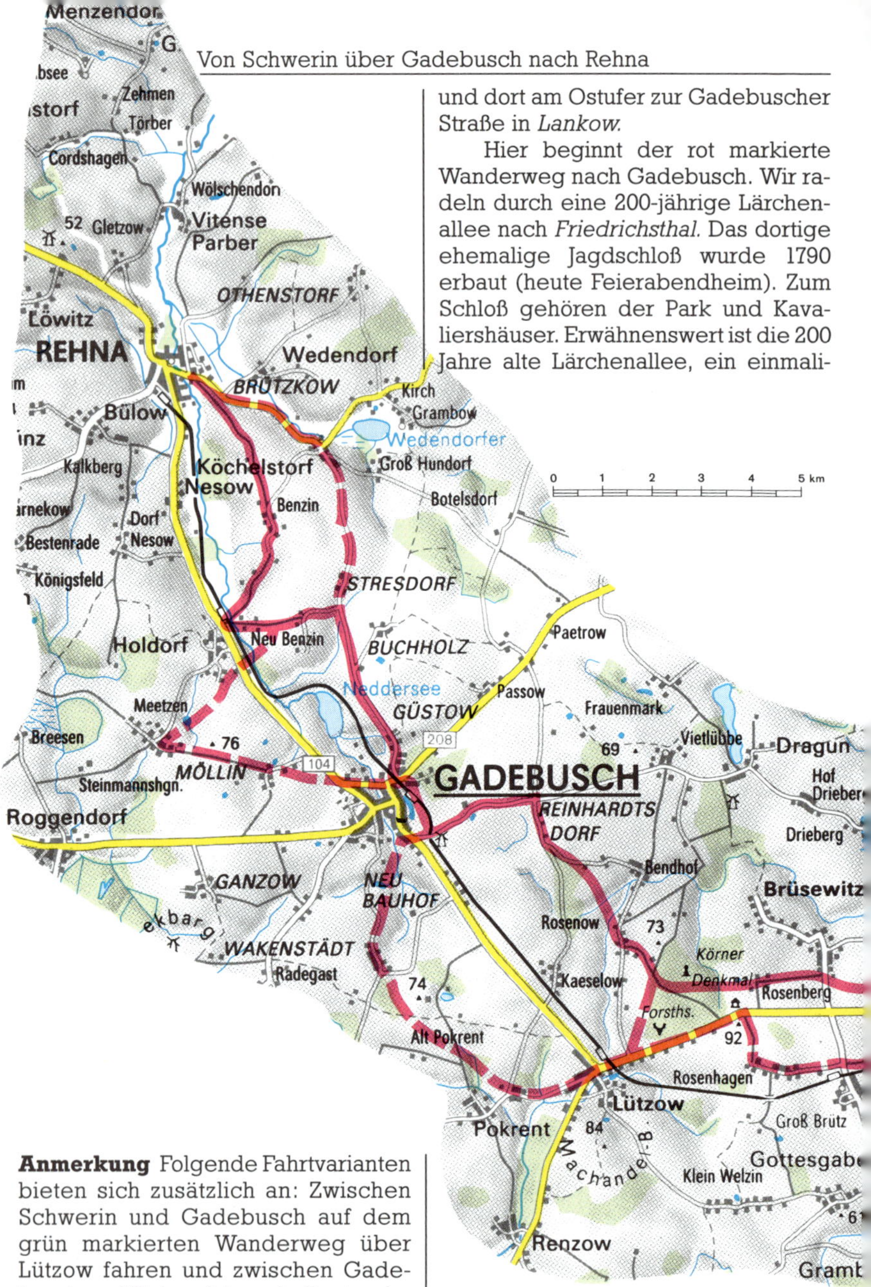

Anmerkung Folgende Fahrtvarianten bieten sich zusätzlich an: Zwischen Schwerin und Gadebusch auf dem grün markierten Wanderweg über Lützow fahren und zwischen Gadebusch und Rehna folgende Route einschlagen: Von der B 208 links abbiegen nach Möllin (Rauchhaus besichtigen) und auf grün markiertem Weg nach Neu Benzin – über Stresdorf – Köchelstorf nach Rehna radeln.

Tourenbeschreibung Um nun in Schwerin die verkehrsreiche Lübekker Straße zum Stadtteil Lankow zu meiden, fahren wir über den *Jungfernsteig* und die Lessingstraße zum *Lankower See* (Naherholungszentrum) und dort am Ostufer zur Gadebuscher Straße in *Lankow.*

Hier beginnt der rot markierte Wanderweg nach Gadebusch. Wir radeln durch eine 200-jährige Lärchenallee nach *Friedrichsthal.* Das dortige ehemalige Jagdschloß wurde 1790 erbaut (heute Feierabendheim). Zum Schloß gehören der Park und Kavaliershäuser. Erwähnenswert ist die 200 Jahre alte Lärchenallee, ein einmaliges Naturdenkmal, das dadurch erhalten blieb, daß die durch Stürme umgeworfenen Bäume ständig ersetzt wurden. Am Jagdschloß vorbei, durch den Ort und dann links abbiegend geht es weiter zum Ufer des *Neumühler Sees* (Trinkwasserreservoir). Hier wählen wir den besseren Weg an der Oberkante des Steilufers. Damit wird der Blick frei über den schmalen, aber

7 km langen See. Die Fahrt geht nun durch Buchenwald bis zum Ende des Sees weiter.

Durch den *Friedrichsthaler Forst* fahren wir nun am Waldrand zurück zur Hauptstraße. Durch eine mit Linden und Kastanien bestandene Allee gelangen wir, am alten *Eulenkrug* vorbei, nach *Brüsewitz.* Wir können bereits vor dem Ort nach Rosenberg abbiegen und gelangen durch die *Rosenauer Fichten,* am Denkmal für den Dichter Theodor Körner (der hier bei einem Gefecht gegen die Franzosen in den Befreiungskriegen fiel) vorbei nach *Rosenow.* Hier führt ein grünmarkierter Weg über Lützow weiter nach Gadebusch, während der rot markierte Gebietswanderweg durch zwei Waldstücke nach *Reinhardtsdorf* abzweigt. Bis nach Gadebusch muß mit einer wenig befahrenen Landstraße vorliebgenommen werden. In Gadebusch sehenswert: das Schloß der mecklenburgischen Herzöge von 1571 mit Terrakotta-Schmuck, das Rathaus von 1618 mit Gerichtslaube und die sehr interessante spätromanisch-gotische Stadtkirche, ein 1220 begonnener Backsteinbau mit Resten von Wandmalereien.

Durch *Gadebusch* führt der Weg über die Bahnschienen nach *Güstow.* Wir fahren auf der asphaltierten Straße bis kurz vor *Stresdorf*, biegen links ab und erreichen auf dem leicht ansteigenden Klein Hundorfer Weg *Neu Benzin.* Dort rechts in den Feldweg, der ebenfalls ansteigt, nach *Benzin.* Auf der Dorfstraße durch den Ort und auf dem Feldweg (Rehnaer Weg; Radwander-Wegweiser) und dem anschließenden Benziner Weg nach *Rehna.*

Anmerkung: In Neu Benzin treffen wir auf den *Bach Radegast.* Dieses Tal (Landschaftsschutzgebiet) mit seinen ausgeprägten Flußmäandern ist im mecklenburgischen Raum heute schon eine Seltenheit. Über den dortigen Naturlehrpfad informiert eine Broschüre.

Das ehem. Benediktinerinnenkloster in Rehna bestand bereits vor 1236, wurde später, zum Prämonstratenserorden gehörend, säkularisiert und als herzogliches Amt weitergeführt. Die

1456 geweihte Klosterkirche (wertvolle Wandmalereien und schöne Innenaustattung) bestimmt zusammen mit der alten Klosteranlage (Kreuzgang aus der Hälfte des 15 Jh.) das Bild dieser mecklenburgischen Kleinstadt. Auch das hübsche Rathaus, zu Beginn des vorigen Jahrhunderts errichtet, sowie zahlreiche Fachwerkhäuser, darunter die Gastwirtschaft Deutsches Haus aus dem 17. Jahrhundert, sind denkmalgeschützte Kleinode in Rehna.

Für die Rückfahrt können wir eine andere Route nach Gadebusch wählen: Von Rehna folgen wir der Straße in Richtung Grevesmühlen durch das bewegte Relief nach *Köchelsdorf.* Von hier aus lohnt sich (Richtung Benzin) ein Abstecher zur *Köchelstorfer Wassermühle* (Gaststätte) und eine Besichtigung der *Großsteingräber.*

In Köchelstorf verlassen wir die Straße nach Grevesmühlen und fahren nach rechts durch *Stresdorf* und *Güstow* nach Gadebusch.

33 Von Schwerin aus durch Niederungsmoore mit ihrer typischen Vegetation zum beliebten Ausflugsziel Dümmer See

Ausgangspunkt Schloß am Schweriner See bzw. Stadtmitte
Tourenlänge 47 km; Schwerin – Klein Rogahn – Stralendorf – Dümmer See: 18 km; Rundwanderweg um den Dümmer See: 13 km; Schwerin – Wittenförden – Grambow – Perlin am Dümmer See: 16 km
Fahrzeit 4 Stunden
Höhenunterschiede Geringfügig
Anmerkung Der Weg um den Dümmer See ist ein beliebtes Wanderziel in der Umgebung von Schwerin. Die dortigen Campingplätze Dümmer (B 024) und Perlin (B 023) oder die Zeltplätze am Schweriner See Retgendorf (B 030) und der Intercamping-Platz Seehof (B 032) sind günstige Ausgangspunkte für Radwanderungen. Dort befinden sich auch mehrere Badestellen.
Tourenbeschreibung Vom *Schloß am Schweriner See* zum *Ostorfer* See,

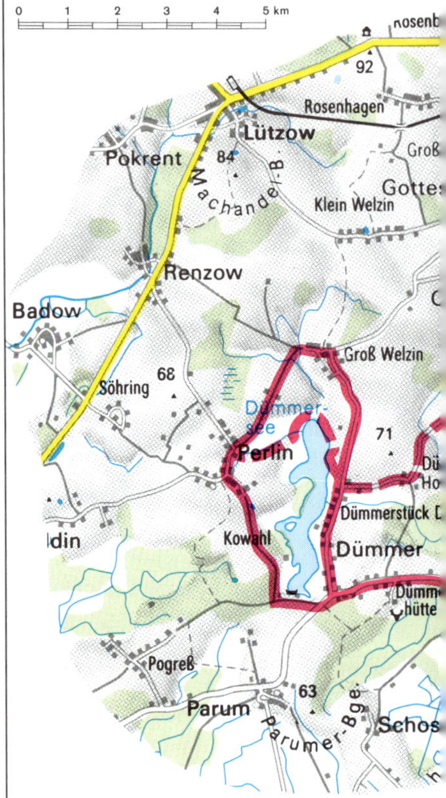

dort entlang der Bahnlinie nach *Görries,* weiter auf der Rogahner Straße über den alten Flugplatz (jetzt Industriegelände) zum *Fasanenhof* und nach *Klein Rogahn.* Hier wählen wir nicht den asphaltierten Fahrweg, der vor dem Ort links abbiegt und zur Schweriner Deponie führt, sondern am Ortsausgang die Straße links nach *Groß Rogahn* und *Stralendorf.*

Dabei durchqueren wir ausgedehnte Moorgebiete, die sich in den Niederungen beidseits unseres Weges befinden. Östlich sind es große Niederungsmoore, wogegen die westlich gelegenen Moore noch typische Hochmoorvegetationen aufweisen. Diese zweitgrößten Moorvorkommen Mecklenburgs stehen unter Naturschutz. Am Rande des Reservats wird noch heute Torf abgebaut. Eine artenreiche Flora und Fauna ist anzutreffen. Der Kranich brütet hier ebenso wie der Flußregenpfeifer, Sonnentau

und Sumpfporst blühen auf dem üppigen Schwingrasen. Von Groß Rogahn kann man einen Abstecher in Richtung Grambow unternehmen, um einen umfassenden Eindruck von dieser Moorlandschaft zu gewinnen.

In Stralendorf ist die Dorfkirche, ein Feldsteinbau des 15. Jh., sehenswert. Sie birgt eine von Säulen getragene Herrschaftsempore (1754) und die Grabkapelle der Familie von Schack.

Von *Stralendorf* aus folgen wir der Straße nach *Walsmühlen*. Am Ortsausgang die große steinzeitliche Grabanlage beachten, die rechter Hand der Straße liegt. Mit einer Länge von 125 m ist sie die größte in Mecklenburg. An der Abzweigung der Straße nach Zülow können wir zwei mit Buchen bestandene Hügelgräber aus der Bronzezeit entdecken. In *Walsmühlen* wird die *Sude* überquert, an dieser Stelle befand sich einstmals eine bedeutende Wassermühle. Bald danach biegen wir rechts ab und erreichen über Dümmerhütte das Dorf *Dümmer*. Der Campingplatz liegt 1,5 km entfernt am Südwestende des Dümmer Sees.

Variante Von der *Stadtmitte* in *Schwerin* aus gelangen wir durch die *Wittenburger Straße* zum *Treppenberg* am Südende des *Lankower Sees*. Wir folgen der *Neumühler Straße* auf dem rot markierten Wanderweg bis zum Südende des *Neumühler Sees*. Danach geht unsere Fahrt auf der Chausee bis *Wittenförden* weiter. Hier biegt an der Kirche links ein grün markierter Wanderweg ab, der am Rande des Naturschutzgebiets „Großes Moor" über Zülow – Dümmerhütte ebenfalls zum Dümmer See führt.

Wir radeln jedoch auf der rot markierten Route weiter und gelangen in südwestlicher Richtung durch Wälder (Mischwald, der in Moorwald übergeht) nach *Grambow*. Hier befindet sich eines der herzöglichen Schlösser mit einer sehenswerten Parkanlage. Interessant ist auch der mittelalterliche Turmhügel der alten Burganlage.

Bei der Weiterfahrt erfreuen wir uns an einer Allee, die noch mit starken Eichen bestanden ist und südwärts in das *Grambower Moor* führt. Wir treffen auf eine typische Moorlandschaft mit alten Torfstichen und einer charakteristischen Moorvegetation – Sumpfporst und Sonnentau. Wir verlassen das Hochmoorgebiet, wenden uns der wenig befahrenen Straße nach *Wodenhof* zu, fahren weiter über *Dümmerstück-Hof* nach *Dümmerstükken* (Besichtigung des Vogelparks) und gelangen an den *Dümmer See*. Die Landstraße über Groß Welzin überquert die *Sude*, und wir erreichen auf einer alten Kastanienallee *Perlin*.

Rundfahrt um den Dümmer See

Vom Campingplatz am Südwestende des *Dümmer Sees* folgen wir dem Betonweg entlang dem Westufer bis zur Waldkante. Die grüne Markierung wird hier durch die rote ersetzt. Zunächst geht es am Waldrand entlang, dann biegen wir rechts auf den Feldweg ein, der uns nach *Perlin* leitet. Am Pfarrhaus befindet sich eine Gedenktafel für Heinrich Seidel, den Dichter und Konstrukteur des Anhalter Bahnhofs in Berlin. Er wurde 1842 in diesem Haus geboren.

Der *Dümmer See* liegt im Endmoränengebiet des Frankfurter Stadiums der Weichselkaltzeit; er ist der größte See in dieser Landschaft, die als Sandergebiet ins Urstromtal der Elbe übergeht. Der See war als Trinkwasserreservat vorgesehen, die Wasserqualität wird jedoch durch einen starken Eintrag von Nährstoffen aus der Landwirtschaft (Düngung, Enten- und Forellenmast) sowie durch kommunale Abwässer beeinträchtigt und hat nicht mehr die erforderliche Güteklasse. Als Bade- und Sportgewässer ist der See gut geeignet (Landschaftsschutzgebiet).

In *Perlis* wird die Straße nach rechts verlassen und der Wiesenweg zum *Dümmer See* eingeschlagen. Bei schlechter Witterung jedoch sollte man die mit Kastanien und später mit Weiden bestandene Straße über *Groß Welzin* nutzen. Der Wiesenweg führt am Graben entlang zur Bungalow-Siedlung am Dümmer See. Auf dem Uferweg erreicht man die Badestelle am Nordufer des Sees. Vorbei an einem schmalen Erlenbruch und entlang der Ackergrenze erreichen wir die Wochenendsiedlung *Dümmer*. Die Bungalows stehen hier am Hang, es ist aber ein Durchgang offen.

Der Weg verläßt nun die Uferpartie und führt links bergan zum Dorf *Dümmerstück*. An der Abzweigung der Straße Groß Welzin und Wodenhof befindet sich der private Vogelpark, der besichtigt werden kann. In *Dümmer-Dorf* haben sich in mehreren alten großen Bauernhäusern bildende Künstler und Kunsthandwerker niedergelassen. Wir folgen nun der Dorfstraße und biegen rechts ab, wo der Wegweiser die Richtung zum Campingplatz angibt. Vorbei an der Badeanstalt ist bald wieder der Ausgangspunkt unserer Wanderung um den Dümmer See ereicht. Für den Rückweg nach Schwerin könnte man auch den grün markierten Weg über Dümmerhütte – Zülow – Wittenförden benutzen.

34 Von Parchim aus in die Ruhner Berge – interessante Strecken mit steilen Anstiegen und Abfahrten

Ausgangspunkt Bahnhof in Parchim oder Autobahnparkplatz bei der Auffahrt Suckow

Tourenlänge 51 km; Parchim Ruhner Berge: 15 km; Ruhner Berge – Meierstorf – Parchim: 16 km

Fahrzeit 5 Stunden

Höhenunterschiede Kurze steile Anstiege und Abfahrten

Anmerkung Die Tour ist für Radwanderer gedacht, die einmal Mecklenburger Höhenluft und Bergstraßen kennenlernen möchten. Abfahrt vom Autobahnparkplatz bei Suckow oder vom Bahnhof Parchim. Hier beginnen die Rundwanderwege, die stets zum Ausgangspunkt zurückführen.

Tourenbeschreibung Vom Bahnhof *Parchim* zum *Neuen Markt* durch die Bahnhofstraße, an der St. Marien-Kirche rechts auf dem *Fischerdamm* zum Platz der Arbeit. Von dort die *Buchholzallee* bis zum Dorf *Slate*, das auf eine alte slawische Siedlung zurückgeht; die Dorfkirche stammt aus dem 15. Jh. Die Sommerlinde auf dem Friedhof ist über 250 Jahre alt.

Am Dorfausgang biegt eine Nebenstraße ab, die durch Felder, später durch den Wald nach *Siggelkow* führt. Im Ort gleich wieder rechts in Richtung *Mühlenberg*, dort halten wir uns rechts, immer am Rande der Niederung, bis die Wege wieder etwas besser werden. Hier nutzen wir die alte Landstraße, die von Tessenow kommt, und fahren in Richtung Suckow weiter. Drei km nach der *Malower Mühle* biegt die Straße rechts nach *Marnitz* ab. In diesem recht großen Dorf ist die Dorfkirche, ein geräumiger Fachwerkbau des 18. Jh., sehenswert.

In Marnitz wird die Bundesstraße B 321 überquert, und wir halten uns links, wo wir auf die Straße zu den Ruhner Bergen stoßen. Diese Straße wird immer schlechter und über Kopfsteinpflaster geht es weiter. Lediglich das Stück über die Autobahn ist davon ausgenommen. Nachdem wir sie überquert haben, beginnt die Berg- und Talpiste durch den Buchenwald der *Ruhner Berge*. Mit einer Höhe von

178 Metern über NN sind sie die höchsten Endmoränen der Saalekaltzeit. Diese für mecklenburgische Verhältnisse etwas ungewöhnliche gebirgige Landschaft ermöglicht dem Wanderer bei klarer Sicht einen herrlichen Rundblick weit über das Land. Mit dem Fernglas kann man die Türme des Schweriner Doms im Norden und die des Havelberger Doms im Süden erkennen.

Variante Von *Marnitz* aus (bzw. vom Parkplatz aus, falls man hier die Tour beginnt) folgen wir der B 321 über Suckow hinaus. Wir überqueren die Autobahn und biegen 1 km weiter bei Krumbeck rechts ab, um nach *Mentin* zu kommen. Die Straße verläuft parallel zur Autobahn. Vor dem Ort müssen wir auf den alten Fahrweg überwechseln, der links nach *Griebow* führt. Dem Kopf- und Feldsteinpflaster folgen wir bis zur *Griebower Mühle*, wo wir am Waldrand rechts abbiegen.

An der Kreuzung geht es nun rechts in die Ruhner Berge. In der Ortschaft *Ruhn* ist der Funkmast (Umsetzer für Fernsehübertragungen) aus Beton Zielpunkt unserer Tour.

Hier teilen sich auch die Wege für die Rückfahrt. Wer zum Parkplatz an der Autobahn zurück möchte, folgt dem Kopfsteinpflaster entlang der Hänge im Buchenwald. Es geht vorwiegend bergab, bis wir kurz vor der Autobahn rechts abbiegen, um über *Mentin* wieder nach Suckow zu gelangen. Wiederum über *Krumbeck* wird die Auffahrt zur Autobahn erreicht.

Wer jedoch nach Parchim zurückfahren möchte, verläßt den Ort *Ruhn* in westlicher Richtung, ebenfalls über eine alte Feldstein-Pflasterstraße in Richtung Neu Drehfahl, am Rande der Ruhner Berge. Von dort immer nordwärts über *Meierstorf* nach *Alt Polnitz*, wo die Autobahn von der Landstraße nach *Poitendorf* überquert wird. Anschließend geht es auf einem Hauptgestellweg durch die Wälder nach *Slate*, von wo aus es dann nur noch wenige Kilometer bis *Parchim* sind. In der Parchimer Gegend wird großflächig Schafschwingel angebaut. Diese Grasart wird nach Australien exportiert, wo sie als Saatgut für die Schafzucht Verwendung findet.

35 Diese Tour führt in die großen Sandergebiete bis ins Urstromtal der Elbaue, später durch Kiefernforste und über Deiche durch die Auenniederung

Ausgangspunkt Ludwigslust, Ortsmitte

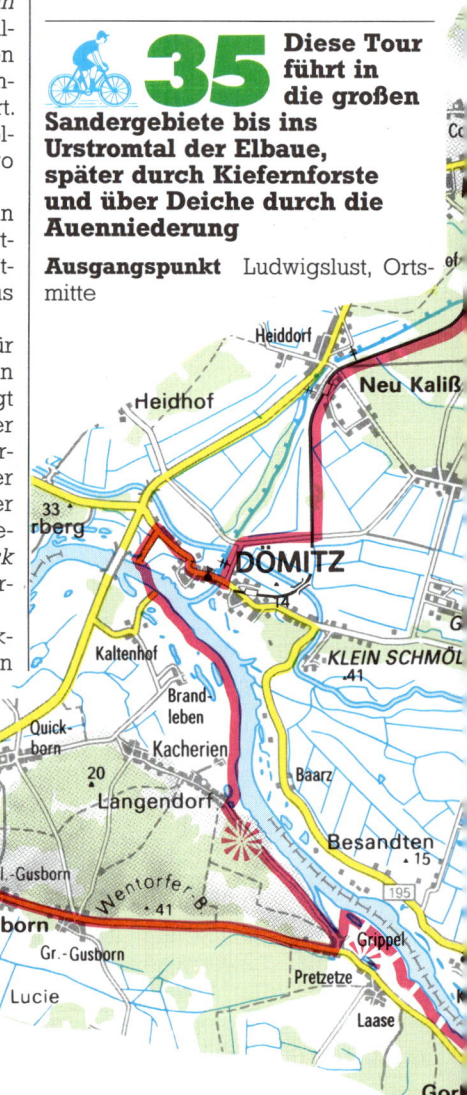

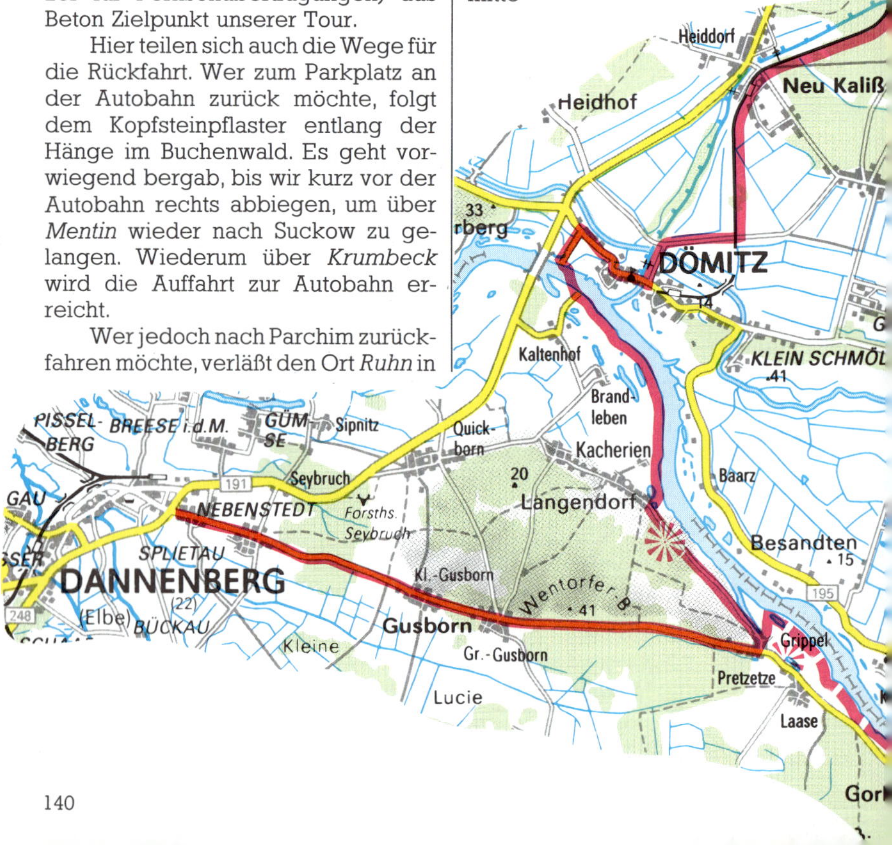

LUDWIGSLUST
Kummer
Schloß
(36)
HEIDEHOF
38
Elde
TECHENTIN
Kanal
Göhlen
Rögnitz
s
e
HORNKATEN
38
191
39
GRABOW
Karstädt
Glaisin
Neu Karstädt
Pris
FRESENBRÜGGE
33
39
Güritz
Wasserstraße
Müritz- Elde-
n
d
Krohn
WANZLITZ
Beckentin
Eldena
Krons-B.
57
Forst
Dadow
Kremmin
Meynbach
Forsths.
46
Göhren
Tegel-B.
65
Schwarzer-B.
Stuck
Semmerin
Boek
Kastorf
Pröttlin
Gorlosen
Milow
Strassen
Neu Göhren
32
Lehm-B.
48
Zapel
Deibow
Liepe
35
47
Krinitz
Grittel
Steesow
Mellen
Gosedahl
Rambow
Göbengraben
Zuggelrade
Görnitz
40
Bol
Langer B
40
P
Bochin
MÖLEN
r
Alte Elde
50
NAUSDORF
Polz
Moor
Eldenburg
Leuengarten
BAEKERN
Rudower See
Breetz
Seedorf
Ferbit
LENZEN
Mödlich
Funkstelle Höhbeck
Thal-M.
15
17
Burgwall
Höhbeck
Wootz
Vietze
40
Pevestorf
0 1 2 3 4 5 km
Höhbeck
Brünkendorf
Meetschow
Laascher See

Tourenlänge 36 km Ludwigslust – Dömitz; 11 km Dömitz – Dannenberg auf der B 191 oder 22 km auf dem Wanderweg Elbuferstraße über Preetze Rückweg: 30 km Dannenberg – Lenzen (Autofähre) und 44 km Lenzen – Ludwigslust. – 45 km Dömitz – Niendorf – Göhlen-Ludwigslust

Fahrzeit Jeweils 3-4 Stunden

Anmerkung Die Route entlang der Elde bis zur Einmündung ins Elbtal bei Dömitz muß natürlich nicht mit einer Überfahrt nach Dannenberg enden, sondern kann auch als Rundtour fortgesetzt werden. Jugendherbergen und Campingplätze stehen in Neustadt-Glewe (Neustädter See), bei Lenzen (Rudower See), in Grabow, Dannenberg und Gartow zur Verfügung. Besonders empfehlenswert ist die Fahrt zwischen Eldena und Dömitz, die auf dem Deich der Eldewasserstraße sowie auf Waldwegen verläuft (20 km). Weitere Radwanderungen sind im Gebiet des Naturparks Elbufer-Drawehn (westlich Dannenberg/Hitzacker) möglich. Z.B.: „3 Tage Radwandern – ohne Gepäck". Information: Kurverwaltung Hitzacker, Weinbergsweg 2, 29456 Hitzacker.

Tourenbeschreibung Nach der Besichtigung von *Ludwigslust* bietet es sich an, auf einer Radtour durch die Rögnitz-Niederung und entlang der Müritz-Elde-Wasserstraße auch die Umgebung der Stadt kennenzulernen.

Vom *Alexandrinenplatz* fahren wir durch die Lindenstraße zur B 5, hier nach rechts in Richtung Lauenburg und auf der Clara-Zetkin-Straße zwischen dem Schloß (rechts) und der Stadtkirche (links) hindurch. Danach zweigen wir nach links in den Schlachthofweg ab (Radwander-Wegweiser *Dömitz*), auf dem wir geradeaus (Radweg) *Techentin*, einen Ortsteil von Ludwigslust, erreichen. Weiter geht es durch die Bauernallee, bis die Schulstraße die Bauernallee kreuzt. Nun radeln wir nach rechts in Richtung Hornkaten aus dem Ort und in angenehmer Fahrt durch die flache *Rögnitz-Niederung*. An der Querstraße geht es nun links nach *Hornkaten* und vor dem Ortsendeschild in Richtung Glaisin (Wegweiser) am links liegenden Hornwald vorbei nach *Glaisin*.

Im Ort geht es nach links in Richtung Bresegard über den Schlächter Berg (Teil von Glaisin) nach *Bresegard*. Hier zeigt uns ein Wegweiser die Route nach *Eldena*. Bahnlinie und Elde werden in der Stadt überquert und die Straße in südlicher Richtung bis zum Dorf *Stuck* genutzt. Hier biegen wir rechts ab, um auf einem Waldweg abseits des sonstigen Fahrverkehrs unsere Radtour zu genießen.

Durch Kiefernwald und Felder geht die Fahrt weiter, bis wir rechts die *Wasserstraße der Elde* erreichen. Es ist für Mecklenburg ungewöhnlich, einem Fluß ohne Wiesenniederung direkt im Wald zu folgen. Wir fahren immer auf dem Damm entlang der Elde bis nach *Neu Göhren*. Dort nicht über die Brücke, sondern nur ein paar Meter nach links versetzt geht es weiter geradeaus bis zu einer historischen Stelle, die durch einen großen *Findling* auf einem Feldsteinsockel gekennzeichnet ist. Nachdem Fritz Reuter aus seiner Dömitzer Festungszeit am 25. August 1840 entlassen worden war, kam er mit seinem Hund an dieser Kreuzung vorbei und soll sich gefragt haben: „Ja, öwer welcher Weg is de rechte?" Diese Lebensfrage muß sich jeder selbst stellen! Für uns ist es an dieser Kreuzung eindeutig: rechts halten, der rechte Weg nach Dömitz führt über *Neu Kaliß*.

In *Neu Kaliß* sollte man sich die Wassermühle und den Speicher der Mühlenwerke ansehen. Hier befindet sich auch eine Feinpapierfabrik, die über die Landesgrenzen hinaus bekannt ist. Mehrere Schleusen regulieren den Wasserspiegel. Eine Klappbrücke führt über die Müritz-Elde-Wasserstraße.

Hier geht es nun an der Bahn entlang. Wir überqueren am Ende des Ortes die Bahngleise und fahren auf der Krone des Deichs an der Elde. Der Weg ist nur für Fußgänger und Radfahrer zugelassen, so daß man in aller Ruhe die weite Niederung der Elde-Müritz-Wasserstraße überschauen kann, die dann ins Elbtal übergeht. (Die Alte Elde nimmt bereits ab Eldena einen anderen Verlauf und mündet bei Eldenburg, in der Nähe von Lenzen, in die Löcknitz.)

In *Dömitz* ist die bedeutendste erhalten gebliebene Flachlandfestung in Nordost-Deutschland zu besichtigen. Im Kommandantenhaus (1554-65) befindet sich heute das Heimatmuseum (Ausstellungen zur Elbschiffahrt und zur bäuerlichen Volkskultur). Ein Gedenkraum ist dem mecklenburgischen Dichter Fritz Reuter gewidmet, der hier von 1839 bis 1840 die letzten Jahre der Festungshaft verbringen mußte. – In dem bei Dömitz gelegenen Naturschutzgebiet *Klein Schmölen* haben sich bis nahezu 30 m hohe Elbtaldünen entwikkelt, die durch den Wind geformt werden.

In *Dömitz* fahren wir auf der Hauptstraße bis zur Fährstelle an der Elbe. Die Wartezeit bis zur Überfahrt nach Dannenberg sollte durch die Besichtigung der alten Festung verkürzt werden. Die Fähre setzt uns zum westlichen Elbufer über. Wir kommen nun auf der Fernverkehrsstraße nach *Dannenberg,* die über Nebenstedt ins Stadtzentrum führt.

Wer etwas mehr Zeit zur Verfügung hat, sollte den Radwanderweg auf der *Elbuferstraße* nutzen und nach Süden in Richtung Gorleben radeln. Nach 9 km Fahrt am Elbeufer – stromauf – erreichen wir den kleinen Ort *Pretzetze.* Dort biegt der Wanderweg scharf rechts ab und verläuft nun parallel zur Landstraße von Gorleben nach Dannenberg. Hier werden die Gemeinden Groß und Klein Gusborn umgangen, so daß man unmittelbar bei *Splietau* die Einfahrtstraße nach Dannenberg wieder erreicht (22 km).

Variante Wer diese Tour für die Rückfahrt wählt, kann auch über *Gorleben* dem Radwanderweg weiter folgen und bei *Lenzen* mit der Fähre über die Elbe setzen (bei Vietze mehrere Burgwälle und die sogenannte Schwedenschanze mit weitem Rundblick auf die Elbniederung). Ab Lenzen dann über *Nausdorf – Rambow – Pröttlin – Grabow* nach *Ludwigslust.*

36 Von Hagenow nach Redefin – zu allen Jahreszeiten ein lohnendes Ziel für jeden Naturfreund

Ausgangspunkt Bahnhof in Hagenow

Tourenlänge 21 km; (Ludwigslust – Hagenow: 25 km)
Fahrzeit 3 ½ Stunden
Höhenunterschiede Geringfügig
Anmerkung Eine Radtour zum Hengstdepot Redefin zählt besonders im Herbst, der Zeit der Hengstparaden, zu den „Pilgertouren" der Pferdeliebhaber aus nah und fern. Unsere Route verläuft von Hagenow aus durch ausgedehnte Kiefernforste des Sandergebiets der Hagenower Heide, die hier Redefiner Wildbahn genannt wird. Es kann vorkommen, daß die Sandwege schwer zu befahren sind, noch dazu wenn sie auch für die Reittouristik genutzt werden. Deshalb können alle Gestellwege in der Hagenower Heide befahren werden, die nach Süden führen. Als Begrenzung dienen die beiden kleinen Flüsse Sude (im Osten) und Schmaar (im Westen). Der Rückweg ab Redefin kann selbst gewählt werden, wobei die günstigsten Bahnverbindungen die ab Bahnhof Hagenower Land oder Ludwigslust sind.
Tourenbeschreibung Von *Ludwigslust* nach Hagenow kann die Bahnverbindung genutzt werden. Radtouristen fahren über *Kummer – Picher – Kuhstorf – Hagenower Land.* (Sollten Sie nicht nach Hagenow wollen, kann hier bereits in Richtung Redefin abgebogen werden).

Hagenow, wo unsere Radtour beginnt, ist eine kleine Kreisstadt im ehemals größten mecklenburgischen Landkreis. Sie liegt verkehrsmäßig günstig zwischen Berlin und Hamburg. Als Dorf erstmals 1200 erwähnt, etwa seit 1370 Stadtrecht. Beim großen Brand 1538 wurde die Stadt fast völlig eingeäschert. Schlichte Fachwerkhäuser (18./19. Jh.), teilweise vom niedersächsischen Hallenhaus abgeleitet, säumen die langgestreckte Hauptstraße. Neugotische Stadtkirche (1875/79); Rathaus (Klinkerbau 1928). Museum, Ausstellung zur Ur- und Frühgeschichte und zum Handwerk.

Vom Stadtzentrum in *Hagenow* fahren wir durch die Bahnhofstraße nach *Hagenow Land.* Bei den ersten Häusern rechts abbiegen, bis zu den Bahngleisen und nochmals rechts durch den Ortsteil *Hagenower Heide* in die Sanderlandschaft der *Redefiner Wildbahn.* Wiederum rechts, fahren wir durch eine 7 km lange Schneise, die in südlicher Richtung durch den Wald verläuft. Später wird sie auf der linken Seite von einem Graben begrenzt. Wir setzen unseren Weg auf diesem Waldweg fort, der auch durch alte Lärchenbestände führt. Nach einiger Zeit erreichen wir die Bundesstraße 5 mit dem Hinweisschild zum *Hengstdepot Redefin.* Bereits seit dem 17. Jahrhundert besteht das Gestüt für mecklenburgische Pferdezucht; 1812 offizielle Einrichtung des Großherzoglich Mecklenburgischen Landesgestüts und 1820 Bau der Gestütsgebäude durch den Oberlandesbaumeister C. H. Wünsch. Der klassizistische Gebäudekomplex mit Verwaltungsgebäude, Pferdeställen, Paradeplatz und Reithalle ist noch heute Sitz des Staatlichen Hengstdepots Redefin. Durch die Pferdezucht, Reittouristik und die alljährlich veranstalteten Hengstparaden ist Redefin weit über die Grenzen Mecklenburgs bekannt geworden.

Für den Rückweg wählen wir ebenfalls einen Waldweg, der aber weiter rechts verläuft. Wir überqueren die *Sude* und radeln nun auf der östlichen Seite des Flüßchens nach *Kuhstorf.* Von hier aus geht es durch eine offenere Feld-Wiesenlandschaft. Hierzu wird in Kuhstorf die linke Straße eingeschlagen, die direkt nach *Hagenow Land* führt. Eine andere Variante wäre, bis zum Bahnhof Pritzier zu fahren, um den Abendzug nach Schwerin zu erreichen.

OSTFRIESLAND UND UNTERWESER

Auch das Bild Ostfrieslands mit seinen vorgelagerten Inseln, allesamt als ausgezeichnete Badeplätze berühmt, wird durch Deiche und Priele, Dünen, Wiesen und Marschen wie auch durch schmucke Friesendörfer und traditionsreiche Städte bestimmt. Etwas weiter landeinwärts findet man sehenswerte Schloßbauten und Kirchen – so in Jever, Rastede und Verden. Für das Ammerland sind mächtige reetgedeckte Bauernhäuser und windzerzauste alte Bäume und für das Alte Land bei Stade prachtvolle Häuser mit weißem Fachwerk typisch.

Altes Land: Typischer, mit weißem Fachwerk verzierter Backsteinbau

37 Rundfahrt auf der Insel Norderney, die zu Wattwanderungen und einem Besuch des Vogelschutzgebiets einlädt

Ausgangspunkt Marktplatz in Norden oder Anlegestelle des Fährschiffs in Norddeich

Tourenlänge 27 km (ohne Fährfahrt)

Fahrzeit 5–7 Stunden je nach Schiffsfahrplan

Tourenbeschreibung Vom Marktplatz in *Norden* fahren wir zur B 70, die auf der Westseite den Marktplatz berührt. Auf Radwegen an dieser Bundesstraße geht es Richtung Norddeich. Am Stadtrand liegt rechts die

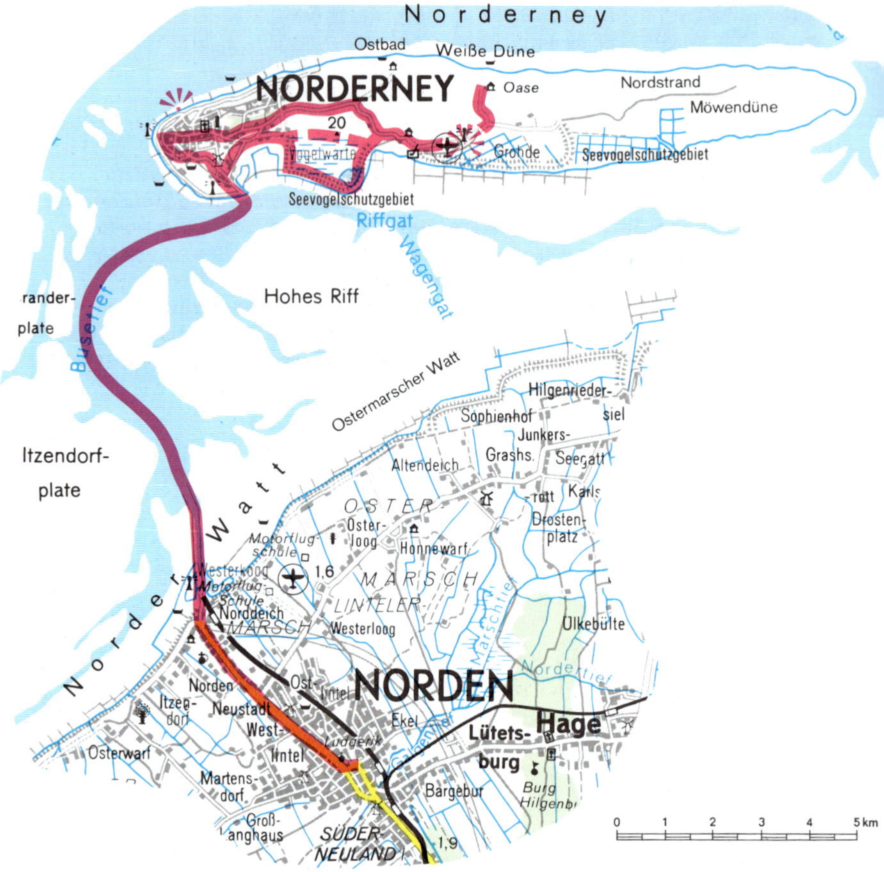

alte *Windmühle.* In *Norddeich* fahren wir entlang der Bundesstraße durch den Ort, über den *Seedeich* zum *Fähranleger* nach Norderney. Mit dem Fährschiff (auch Personenfährschiff möglich) nach *Norderney.* In Norderney zusammen mit den Kraftwagen Fähre verlassen, in weitem Bogen nach rechts, über die Kreuzung mit der Hafenstraße hinweg auf dem Fahrdamm (Deich) Richtung Nordhelm-Siedlung. Nach kurzem Straßenabschnitt linken Radweg benutzen. Ab der Südstraße auf dem *Deich* bleiben (ab hier nur noch Erdweg/Schotterweg). An der Kläranlage nach rechts abbiegen und, immer auf dem Deich (Erdweg) verbleibend, den Südstrandpolder (etwa 4 km) bis zum *Campingplatz Um Ost* umfahren. (Eindeichung für Flugplatz, heute jedoch als Vogelschutzgebiet entwickelt.) Am Campingplatz (gute Einkehrmöglichkeit) zur benachbarten Asphaltstraße schieben, dieser in Richtung Osten (Leuchtturm) folgen. Wir kommen am Golfhotel und Golfplatz vorbei. Nach 1,5 km, hinter dem *Inselwäldchen,* lohnt zumeist der kurze Abstecher zur Aussichtsplattform am *Flughafen* (Blick über das Rollfeld auf Wattenmeer und Festland). Es geht zur Straße zurück und weiterhin ostwärts, am *Leuchtturm* (1872 errichtet, mit einem Bündel von 24 Strahlen mit der Norderneyer Kennung noch in Betrieb) vorbei. Nach den Dünen auf der Straße durch das Grünland (Grohde), die Straßenabzweigung nach links (Richtung *Oase*) benutzen. Nach Durchfahrung des pflanzenkundlich interessanten Dünentales beim *Gasthaus Oase* (FKK-Strand) Bademöglichkeit. (Wendepunkt.) Etwa 3 km auf derselben Route bis *zum Campingplatz Um Ost* zurück, hier jedoch nun immer der *Fahrstraße* folgen (weitgehend können parallele Fußwege mitbenutzt werden). Die Straße führt an der Jugendherberge und der Meierei vorbei in den Ort *(Richthofenstraße).* An der Kreuzung mit der Mühlenstraße kurzer Abstecher (100 m bzw. 200 m) nach links zur historischen Napoleonschanze und einzigen Inselwindmühle möglich. Die Fortsetzung als *Jann-Berghaus-Straße* nutzen wir bis zu ihrem Ende (historische *Marienhöhe* bietet weiten Ausblick aufs Meer). Die Weiterfahrt zum Hafen geht über *Damenpfad* und *Brunnenstraße,* rechts an den *Kuranlagen* (Bademöglichkeit im Wellenhallenbad oder Meerwasserwellenfreibad, beschildert) vorbei zur *Hafenstraße* und zum *Fähranleger.*

Die Rückfahrt mit der *Fähre,* ab *Norddeich* wie Hinfahrt bis Norden.

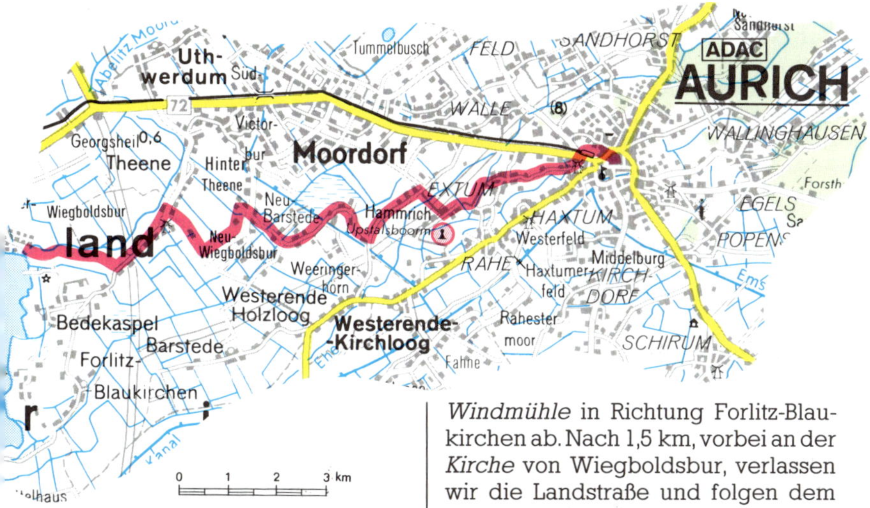

38 Zum Großen Meer bei Aurich – zum Baden oder Rasten

Ausgangspunkt Marktplatz in Aurich
Tourenlänge 31 km (hin und zurück)
Fahrzeit Etwa 3 Stunden
Tourenbeschreibung Vom *Marktplatz* in *Aurich* wenden wir uns nördlich, biegen nach links in die Marktstraße/Friedhofstraße ein und queren dic Wallanlagen. An der B 72 fahren wir nach links (Radweg an V.-Ihering-Str.), nach der zweiten Signalanlage geht es links in den *Extumer Weg.* Wir folgen dem Straßenzug Teestraße, Extumer Brückenstraße, Krummackerweg und *Im Extumer Hammrich.* Von diesem Weg biegen wir rechtwinklig rechts in Zum Kiefmoor ab und queren den Bach *Sandhorster Ehe.* Danach geht es nach links auf der roten Betonsteinpflasterstraße (Heuweg) 1,5 km weiter. Hier folgen wir dem rechts abgehenden *Herrenhüttenweg,* fahren (nach 1,5 km) über den *Ringkanal* geradeaus weiter. Auf dieser Landstraße (Holzlööger Straße) rollen wir weitere 1,5 km durch *Neu Barstede* nach *Theene.* An der Straßeneinmündung müssen wir uns in Richtung *Wiegboldsbur* wenden. Nach etwa 2,5 km Fahrt (Radweg) biegen wir an der *Windmühle* in Richtung Forlitz-Blaukirchen ab. Nach 1,5 km, vorbei an der *Kirche* von Wiegboldsbur, verlassen wir die Landstraße und folgen dem Wandererhinweis zum *Großen Meer* (rechts ab, der Dörpweg als Erdweg). Rechter Hand kommt dann die Wochenendhaussiedlung und – für unsere Stärkung – das Landhaus „Großes Meer", linker Hand die Campingplätze mit *Badestrand* in Sicht. Für die Rückfahrt wird dieselbe Route empfohlen.

39 Auf dieser Tour passieren wir Jever – sehenswertes Schloß und Rathaus

Ausgangspunkt Rathaus in Wilhelmshaven

Tourenlänge Strecke: Wilhelmshaven – Fedderwarden – Wilhelmshaven 25 km; Strecke: Wilhelmshaven – Jever – Wilhelmshaven 33 km (bei Rückfahrt über Fedderwarden 35 km); Strecke: Wilhelmshaven – Jever – Wittmund – Wilhelmshaven 50 km

Fahrzeit 2½ bzw. 3½ oder 5 Stunden

Tourenbeschreibung Wir starten am *Rathaus* in Wilhelmshaven, wenden uns zur B 69 (Bismarckstraße) und folgen ihr binnenwärts 1,5 km weit. Dann biegen wir rechts ab in Richtung Horumer Siel. Auf diesem Radweg an der *Schaarreihe* bleiben wir weitere 1,5 km, überqueren die Straßenkreuzung und halten uns nun in Richtung Jever/Accum. Über *Langewerth* (größtenteils Radwegstrekken) erreichen wir *Accum* und radeln weiter nach *Grafschaft*. Am Ende des Ortes biegen wir am *Kaffeehaus Barkel* rechts in die Birkenstraße. Sie führt uns durch den Wald und nach 1,5 km auf die Jeversche Landstraße, der wir über *Moorwarfen* bis zur Bundesstraße folgen. Auf dem Radweg an der B 210 erreichen wir schnell den *Schloßplatz* in *Jever* (Besichtigungsmöglichkeit Stadtmitte, Schloß und Schloßpark).

Wenn wir noch nach *Wittmund* weiterfahren wollen, können wir den durchgehenden Radweg an der B 210 (8 km lang) nutzen.

Die Rückfahrt von Wittmund oder Jever bis *Moorhausen* wie Hinfahrt (über Moorwarfen). In Moorhausen jedoch gerade weiter nach *Sillenstede*. Im Ort links und wieder rechts in Richtung Sengwarden fahren, hinter der *Kirche* jedoch schon wieder rechts über die Klinkerstraße nach *Fedderwarden*. Im Ort rechts der Poststraße nach Wilhelmshaven folgen. Wir kommen dabei an der *Wasserburg Kniphausen* vorbei (Stammsitz derer von In- und Kniphausen). 1 km weiter stoßen wir wieder auf unsere Route bei der Hinfahrt, der wir bis zum *Rathausplatz* von *Wilhelmshaven* folgen.

40 An der Küste entlang von Cuxhaven nach Bremerhaven

Ausgangspunkt Jugendherberge in Cuxhaven-Duhnen

Tourenlänge 45 km

Fahrzeit Etwa 4½ Stunden

Tourenbeschreibung Durch Duhnen fahren wir westwärts immer möglichst dicht an der Küste, teils vor dem Deich bis zur Ecke des *Wernerwaldes*. Dem entlang haben wir eine schwere Strecke an den Schienen und am Spülsaum, vom Bauhof ab ist es wieder ein guter Schotterweg. Wir werden vom Ufer weggeführt auf einer Teerstraße bis zum Erholungsheim der Post, dann geht's wieder vor dem Deich auf sehr guten Spurplatten

WILHELMS-
HAVEN
ADAC
VOSLAPP
Solthörner
Watt
Niedersachsenbrücke
SENGWARDEN
FEDDERWARDERGRODEN
ALTEN-GRODEN
RÜSTERSIEL
NEUENGRODEN
RÜSTRINGEN
LANGEWERTH
Ölhafen
Reede
Kopperhörn
Mariensiel
Neuende
Eckwarderdeich
Mundahn
Tossenser Altendeich
Großwürden
Eckwarder Ahndeich
Hayenschloot
0 1 2 3 4 5 km

CUXHAVEN
Kugelbake
DUHNEN
DOSE
STICKENBÜTTEL
Radarturm
Alte Liebe
Bf. Cuxhvn. Hafen
Amerikahafen
Kratzsand
Hamburgisches Seehospital
Watt
SAHLENBURG
SPANGEN
WESTERWISCH
RITZEBÜTTEL
HOLTE
SÜDERWISCH
GRODEN
ARENSCH
Höltjer Höhe
Forst
ALTENWALDE
Altenwalde
BERENSCH
Altenbruch
Oxstedter Heide
Gr. Helmers-B.
Franzenburg
Wester
Lüdingworth-Westerende
Oxstedt
Gudendorf
Strichweg
Spieka
Neufeld
Nordholz
Wursterheide
Kösters-weg
Lüdingworther-Westermoor
Deichsende
Spiekaer Altendeich
Cappel
Spiekaer Nordermarren
Spieka
Knill
Scharnstedt
Harting-specken
Fischzucht-anstalt
Häveschenberger Moor
Wanhöden
Steingräber
Spiekaer Südermarren
Northum
Midlum
Dorumer
Midlumer Nordermarren
Großenbüttel
Sorthum
Hügelgräber
Midlumer Moor
Cappel
Land
Wursten
Midlumer Südermarren
Kransburg
Dorumer Marren
Krempel
Sonnen-B
Uberhausen
Pading

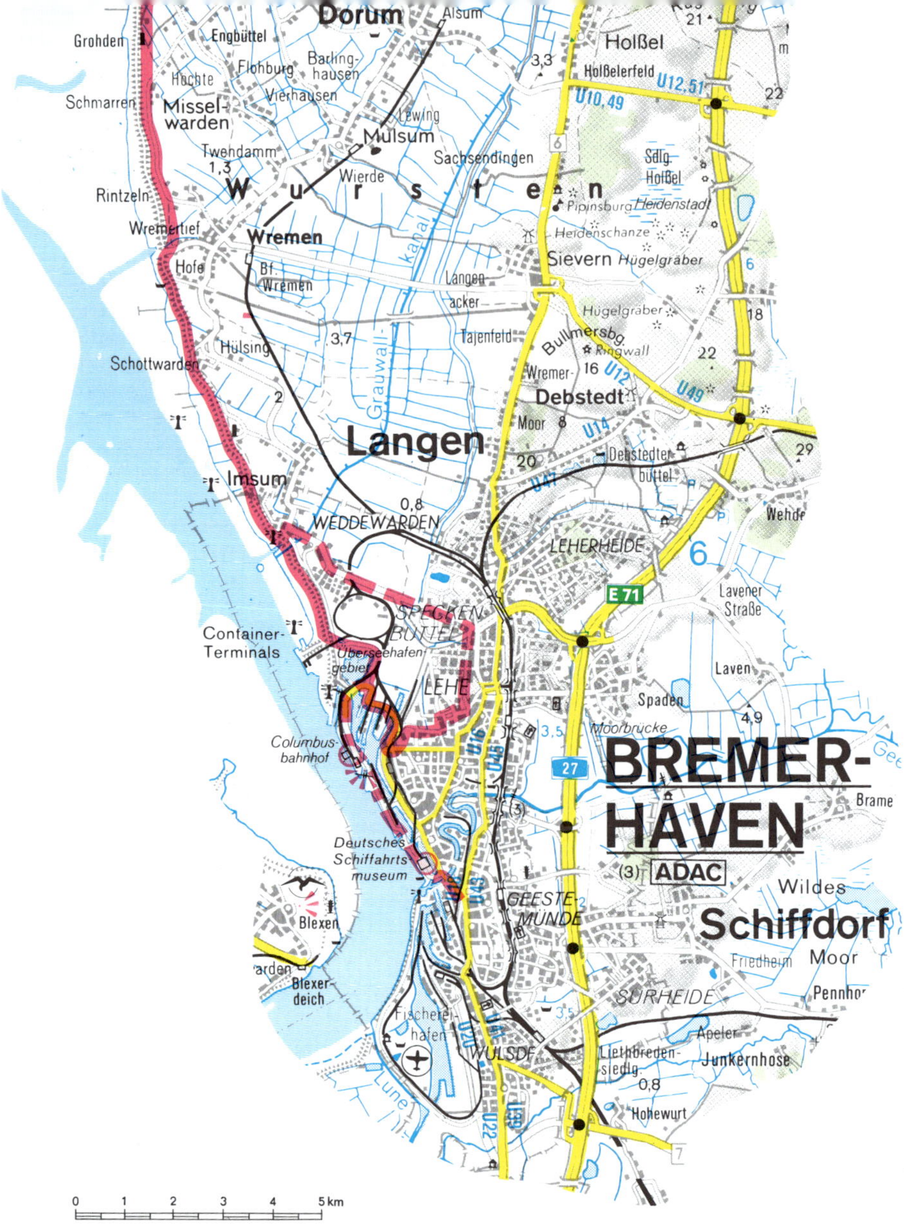

2 km weiter. Dann müssen wir hinter dem Deich auf einer sehr guten Straße bleiben, vorbei an den Badeplätzen *Spieka-Neufeld, Cappel-Neufeld* und *Dorumer Neufeld.* Ab *Wremen* können wir wieder auf der Deichkrone fahren, zuerst recht holprig, ab dem Ochsenturm von *Imsum* ist der Weg dann gepflastert bis *Weddewarden.* Wer möglichst schnell und einfach in die Jugendherberge will, fährt über die *Morgensternstraße* auf die *Wurster Straße* und auf ihr nach Bremerhaven herein, bis rechts die *Gaußstraße* zur Jugendherberge abbiegt. Wir schlagen vor, statt dessen lieber vom „Schloß Morgenstern" weiter den *Imsumer Deich,* links *Am Nordhafen,* weiter *Am Erzhafen* und auf die *Brükkenstraße* zu fahren. Wenn wir auf sie links einbiegen, kommen wir zur Jugendherberge. Biegen wir rechts ein, gelangen wir auf dem Weg durch den Hafen zur Innenstadt.

41 Zu drei alten Wassermühlen und Hügelgräbern südlich von Stade

Ausgangspunkt Jugendherberge oder Bahnhof in Stade

Tourenlänge 40 km ohne den Abstecher nach Deinste, der ist 6 km weit

Fahrzeit Etwa 4 Stunden

Tourenbeschreibung Man fährt zum Bahnhof und folgt ein Stück der *Harsefelder Straße* nach Süden und biegt bald halb rechts in die *Thuner Straße* ab. Man überquert die B 73, biegt links in den *Mühlenkamp* und dann rechts *Am Mühlenteich* ein. Während man auf dieser Straße Stade verläßt, sieht man schon den baumbestandenen Ringwall der *Schwedenschanze* der Burg von Groß Thun vor sich. Betreten kann man sie über den Bauernhof, zu dessen Weiden sie gehört. Es ist ein herrlicher, zur Schwinge hin offener Ringwall, seine Eichen laden zum Rasten ein. Ein schmaler Teerweg führt uns bis zum Friedhof. Dort biegen wir rechts auf einen Schotterweg ein. Während man links Hagen sieht, wird der Weg schmaler und sandiger. Zum Lohn steht man plötzlich auf dem Hof der Hagener Mühle, einer ehemaligen Wassermühle, heute ein landwirtschaftlicher Betrieb, der die Anlage vorzüglich erhält. *Auf dem Hagel* biegt man links nach Deinste ab, dort heißt der Weg *An der Bahn.* Von hier kann man einen Abstecher zu den Hügelgräbern machen, indem man nach links über die Schienen und dann rechts die Hauptstraße mit wechselnden Namen und altertümlichem Pflaster südwärts fährt. Man biegt in die Straße *Bei den Hügelgräbern* links ein und findet dort mehrere Grabhügel im Acker. Nach Deinste zurück fährt man hinten herum *Auf der Hain.* In den Teichen der Deinster Wassermühle werden jetzt Forellen gezüchtet und im zugehörigen Restaurant angeboten. Der Kirchturm von *Fredenbeck* ist am Ortsausgang schon zu sehen. Wenn wir gleich hinter der Kirche *Am Steinkamp, Im Heisterbusch* und dann dem *Mühlenweg* folgen, kommen wir zu der schönsten der drei Wassermühlen. Die Gebäude und die Wasserführung sind noch weitgehend erhalten und die idyllische Lage verzaubert

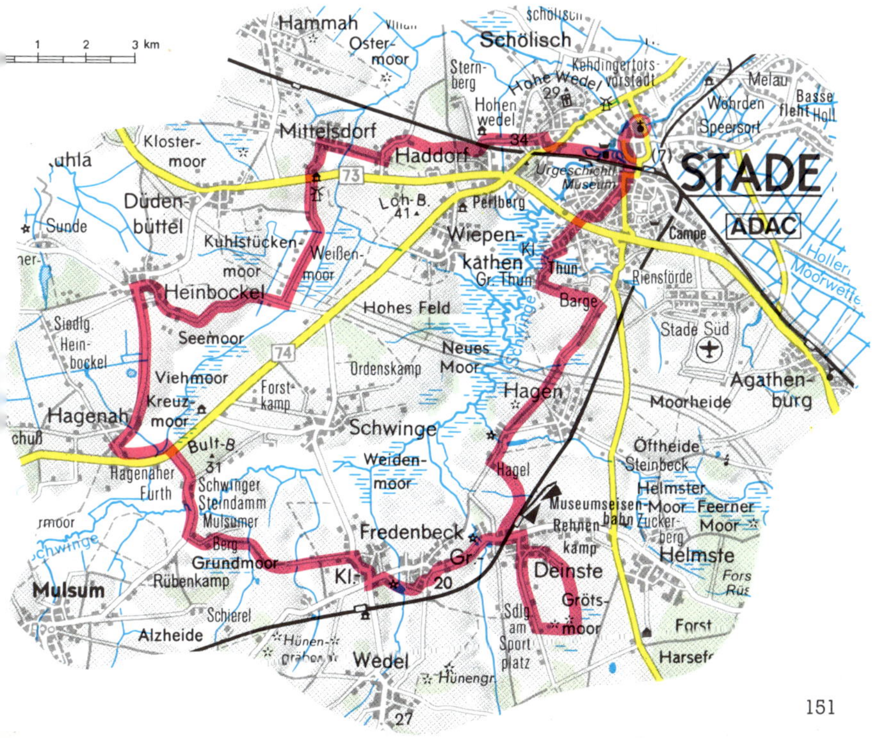

die Besucher. Der *Mühlenweg* führt wieder auf die Hauptstraße, der wir kurz folgen, um dann rechts nach Schwinge abzubiegen. Wir folgen westlich dem *Neulandweg* zum Mulsumer Berg. Der Weg ist meist geteert und sonst gepflastert bis kurz vor Beverbeck. Der Sandweg stößt bald auf einen gepflasterten Weg bei den Häusern von *Mulsumer Berg;* wir folgen ihm links, gelangen auf eine größere Teerstraße, die auf die B 74 stößt. Der Radweg der B 74 führt uns nach *Hagenah,* wo am Ortseingang ein Schild zum Steingrab gegenüber dem Friedhof weist. Unter den Eichen sitzend, hat man einen Ausblick über das offene Steingrab und weiter über das Tal der Schwinge. Für den Rückweg nehmen wir den Weg nach *Heinbockel,* das wir in südöstlicher Richtung verlassen, um im Bogen über *Weißenmoor* bei *Grefenmoor* auf die B 73 zu gelangen. Bei den letzten Häusern von Heinbockel ist links ein offenes Steingrab zu sehen (das nicht in der Karte steht). Der Weg ist erst geteert, später gepflastert. Man folgt dem Pflaster auch an der Abzweigung nach links mit dem Schild „Düdenbüttel, Ortsteil Weißenmoor". Als Abschluß grüßt uns die gut erhaltene Windmühle von Grefenmoor an der B 73, die wir überqueren. Und bei der *Siedlung Mittelsdorf* stoßen wir dann auf den Weg, der uns über Haddorf wieder zurück nach Stade bringt.

42 Hauptziel dieser Tour ist das Schloß in Rastede mit seinem schönen englischen Park

Ausgangspunkt Schloßplatz in Oldenburg

Tourenlänge Gesamt 42 km, davon Oldenburg – Bornhorster See – Oldenburg (Rundfahrt) 17 km

Fahrzeit Etwa 4 Stunden bzw. 2 Stunden

Tourenbeschreibung Vom *Schloßplatz* in *Oldenburg* fahren wir auf dem Radweg in Richtung Hafen, dann geht es rechts ab, über die neue *Huntebrücke* (1980, sehenswerte Detailgestaltung). 400 m hinter der Brücke biegen wir links ab und fahren auf dem Radweg an der Landstraße 3 km weit auf die Autobahn zu. In Sichtweite der Autobahn (etwa 500 m vorher) biegen wir jedoch links in einen kleinen Schotterweg (geschnitzter Wegweiser zur Huntebrücke). Über diesen Weg und eine fast 1 km lange Rampe kommen wir zur *Autobahnbrücke* über die Seeschiffahrtsstraße *Hunte.* Wir können hier einen sicheren Fußweg zum 400 m entfernten, jenseitigen Ufer nutzen. Der Fußweg ist unter die Fahrbahntafeln der Autobahn gehängt worden (weiter Ausblick!). Am anderen Ufer fahren wir die lange Rampe hinab. Am Ende kommen wir unter der Autobahn hindurch und benutzen nach 500 m die links abgehende Kleinbornhorster Straße bis zum Gasthaus (Minigolf). Hier überqueren wir die Landstraße. Gleich danach, am großen Parkplatz, umfahren wir den halben *Bornhorster See,* wenden uns vom See weg und fahren auf dem Sandweg 3 km durch das *Beestermoor.* Schließlich stoßen wir auf den gepflasterten *Gellenerweg,* dem wir links und nach 1 km halb links nachfahren. Am Wald überwinden wir den markanten *Geestrand* (Wellenstraße). Hinter dem Geestrand (Waldparzellen) biegen wir rechts in die Geestrandstraße ein. Auf diesem Asphaltweg radeln wir 2 km geradeaus bis zum Wald. Über Erdwege geht es durch die *Ipweger Büsche* und *Funchsbüsche* zur Landstraße. Der Landstraße folgen wir nur kurz nach rechts, dann hinter der Feuerwehrschule in *Loy* links rein, über die alte Bahnbrücke und die Osterbergstraße herunter, über die Wegekreuzung hinweg zum Deichweg und auf dem Wanderweg quer durch den *Ellernbusch* (2 km). Die querende Straße kreuzen wir, fahren weiter durch den *Schloßpark* und kommen schließlich bei der St.-Ulrichs-Kirche (1059) in *Rastede* aus.

Die Rückfahrt geht 1,5 km über den Radweg an der B 69 in Richtung Oldenburg. Hinter dem Park biegen wir links ab und nach 200 m gleich wieder rechts in den Loyer Weg bis zum *Reithof* und Gasthof. Hier fahren

wir halb rechts in den Denkmalsweg ein. Nach einem kurzen Linksversatz (etwa 100 m) fahren wir in der alten Richtung weiter. Auf der B 211 geht es rechts zur B 69 und auf dieser wieder links, unter der Autobahn hindurch (alles Radwege). 150 m hinter der Unterführung nutzen wir den Brombeerweg zur Weiterfahrt. Zweimal rechts haltend, kommen wir über den Erdweg zur Siedlung *Wahnbek*. Auf dem Radweg nach links und bald (400 m) rechts auf dem Radweg an der Butjadinger Straße kommen wir über die Autobahn hinweg nach *Etzhorn*. Im Ortskern fahren wir halb links über den Dellweg und die Straße Dornstede nach *Bornhorst* weiter. 400 m hinter dieser Einmündung erreichen wir die Landstraße von Elsfleth, der wir auf dem Radweg über die Ortsteile *Ohmstede, Donnerschwee* zum Zentrum von *Oldenburg* folgen.

43 Vorbei an der Schwedenschanze in Baden nach Verden zu berühmten Kirchen und dem Reitermuseum

Ausgangspunkt Jugendherberge in Bremen

Tourenlänge 46 km

Fahrzeit 3½–4 Stunden

Tourenbeschreibung Von Bremen aus fahren wir zunächst bis an das hintere Ende des Werdersees, verlassen den Deich und steuern dann schräg auf die Brückenstraße zu. Am Wehr-

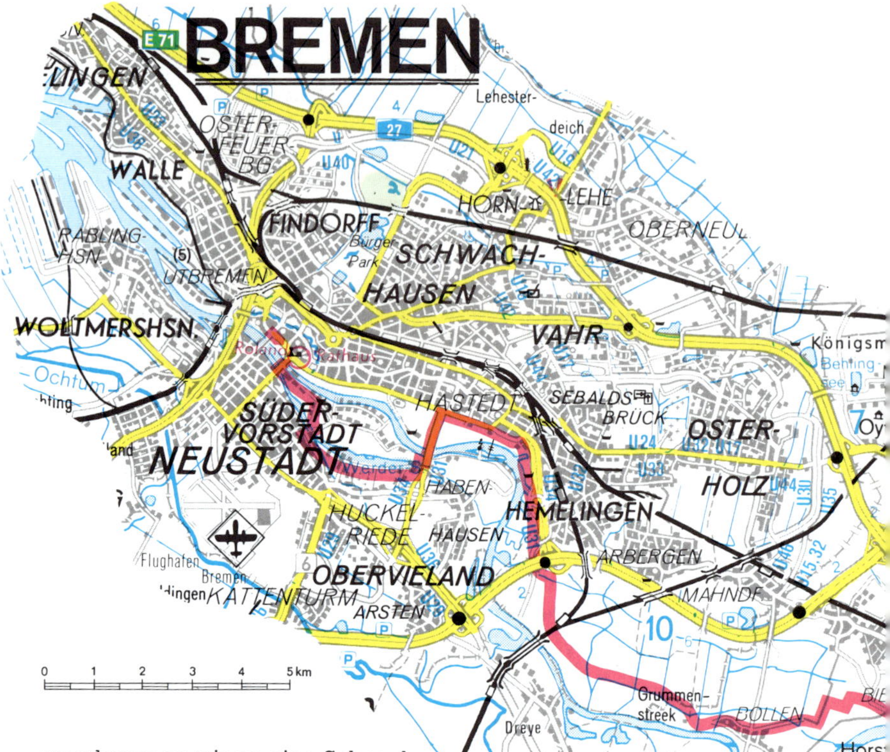

weg kommen wir an eine Schnecke, die hinauf zur Brücke führt. Oben fahren wir dann nach rechts über die Weser. Auf der anderen Seite an der Ampel biegen wir wieder rechts ab auf den *Osterdeich*, dem wir am Weserwehr vorbei bis an sein Ende im Industriegebiet folgen, wo wir links abbiegen müssen in die *Föhrenstraße.* Hier biegen wir wieder an der nächsten Ampel rechts ab auf die *Pfalzburger Straße.* Hinter den drei unbeschrankten Bahnübergängen folgen wir dem Schild „Allerhafen" nach rechts. Wir folgen der Straße noch einmal nach rechts und danach zweimal links auf den *Hemelinger Hafendamm*, den wir ganz entlangfahren. Wir gelangen an die Autobahnunterführung und fahren hindurch. Hinter der Autobahn fahren wir den zweiten Weg rechts ab, über das Eisenbahngleis hinweg und auf die Unterführung unter die Eisenbahnlinie zu. Hinter der Unterführung halten wir uns rechts und fahren dann links die Deichverteidigungsstraße entlang. An einem Pumpwerk hört diese auf, und der Weg führt dann auf dem Deich weiter. Schließlich verläßt man den Deich wieder und kommt an eine X-Kreuzung, die man geradeaus überquert, und fährt nun auf der Straße in einigem Abstand neben dem Deich her. Dies ist die *Bollener Dorfstraße*, und wir folgen ihr bis an die *Bollener Landstraße*, die wir rechtwinklig kreuzen. Diese Straße macht außerhalb von Bollen einen scharfen Linksknick. Wir folgen ihm noch bis unter die Hochspannungsleitung und biegen genau darunter rechts in einen Feldweg ein. Jeweils bei der nächsten Möglichkeit biegen wir zunächst links, dann rechts ab und gelangen bald wieder auf besseres Pflaster. Die Straße führt geradeaus auf den Deich zu und folgt dann wieder dem Deich weseraufwärts. Wir kommen nach *Bierden* und biegen hinter den ersten Häusern auf der rechten

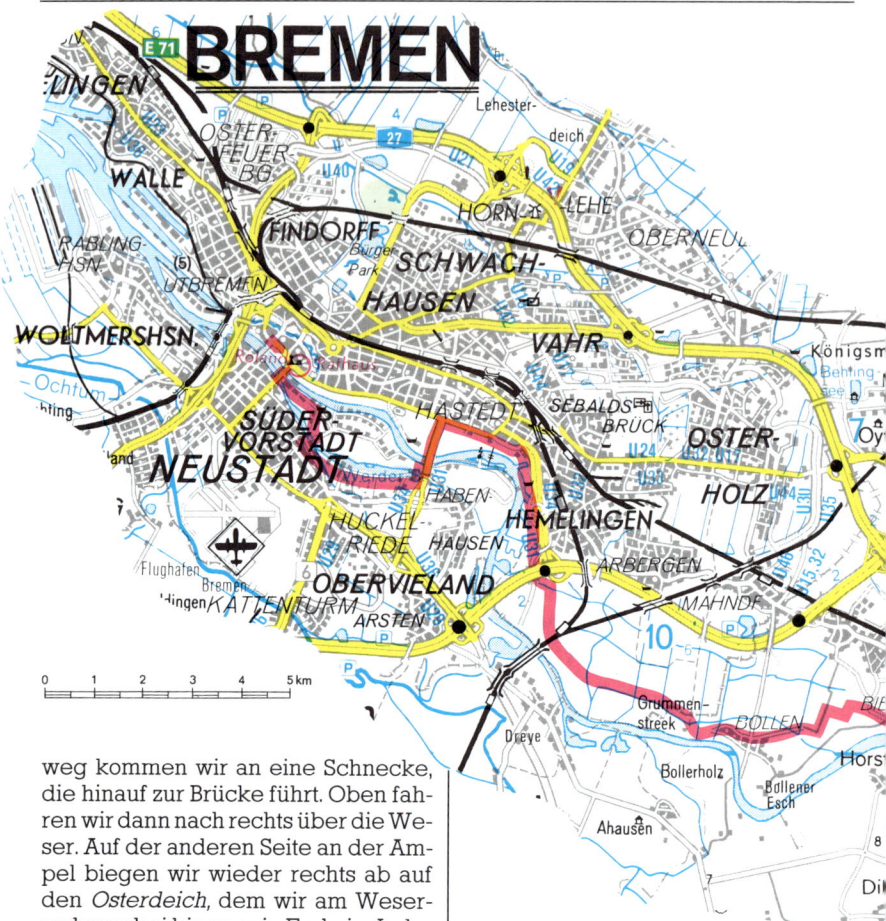

Straßenseite rechts ein in die Straße *Auf der Wurth.* Am Ende wird dann links gefahren und auf der Anhöhe wieder rechts. Dieser Schotterweg führt durch zwei Schikanen (nur für Geübte! Notfalls absteigen!) bergab und geradeaus auf die *Grüne Straße.* Sie führt auf den Deich, den wir wiederum links entlangfahren. Diese Straße heißt *Am Werder* und führt nach Achim hinein. Bei den ersten Häusern auf der rechten Straßenseite geht die sehr holprige *Unterstraße* rechts ab (gute Räder lieber schieben). Wir gelangen an eine Gabelung und halten uns schräg links. Danach folgen wir der *Unterstraße* nach rechts bis auf die Langenstraße, der wir auch nach rechts folgen. Das Pflaster wird schlechter, bessert sich aber bald wieder. Der Weg heißt *An der Marsch* und führt in Uesen bergan auf eine Einmündung. Hier fahren wir rechts ab auf die *Alte Dorfstraße* und folgen ihr bergab in die Linkskurve. Wir überqueren jetzt zwei Straßen und fahren die Straße *Am Osterfeld* geradeaus weiter. Erst in Baden müssen wir links der *Schwedenschanze* auf die Hauptstraße, die *Verdener Straße,* und folgen ihr. Wir biegen rechts ab und durchfahren den Ort *Baden* und biegen kurz vor dem Ortsausgang rechts ab in die *Allerstraße.* Sie führt hinunter an den Schleusenkanal, den wir auf der Straße etwa 5 km entlangfahren. In Cluvenhagen führt die Straße kurzfristig vom Deich weg; man kann jedoch wieder rechts abbiegen und zurückfahren. Nach einem weiteren Linksknick bei Daverden folgt man dem ersten Weg rechts und fährt in größerem Abstand zum Deich. Hier fahren wir immer geradeaus, bis wir auf die Straße nach Eißel kommen und rechts abbiegen. In Eißel folgen wir den Schildern nach Verden. Nach 2,5 km kommen wir an

eine Brücke, hinter der wir rechts ab in den *Klärweg* fahren. Der *Klärweg* führt auf die *Weserstraße,* von der wir rechts ab in die *Allerstraße* und wieder links an das *(Am) Allerufer* fahren. Hier geht es dann etwas links versetzt weiter auf der *Reeperbahn* an die Brückstraße. Diese überqueren wir nach schräg rechts und fahren durch die kleinen Gassen auf den Dom zu. Sie heißen *Lahusenstraße, Untere Straße* (Heimatmuseum) und *Lugenstein.* So gelangt man auf den *Von-Einem-Platz,* von dem man links in die *Obere Straße* abbiegt. Hier nimmt man die erste rechts *(Georgstraße),* die nächste links *(Nicolaiwall)* und dann die dritte Straße rechts, die Ostertorstraße. Vom Bahnübergang aus kann man entweder rechts zum Bahnhof fahren oder noch 2,5 km die *Lindhooper Straße* geradeaus und dann rechts ab die *Carl-Hesse-Straße* zur Jugendherberge.

LÜNEBURGER HEIDE

Diese Landschaft ist in ihrer Ausdehnung einzigartig in Europa – ein dichter Heidekrautteppich bedeckt große offene Flächen, die mit Gruppen von Wacholderbüschen, mit Besenginster, birkenbestandenen Sandwegen, versteckt liegenden Mooren, kleinen Seen und Wäldern wechseln. Am schönsten wirkt die Heide im Mai, wenn die Glockenheide, oder im August, wenn die Besenheide blüht, und vielleicht begegnet man auf der Radtour auch einer der allerdings seltener werdenden Heidschnuckenherden.

Lüneburger Heide: Schäfer in typischer Kleidung mit Heidschnuckenherde

44 Lüneburg, einst bedeutende Salz- und Hansestadt, ist Start- und Endpunkt dieser Tour; am Weg liegt Bardowick

Ausgangspunkt Hauptbahnhof oder Jugendherberge in Lüneburg
Tourenlänge 35 km
Fahrzeit 3 ½ Stunden
Tourenbeschreibung Vom *Hauptbahnhof* in *Lüneburg* radeln wir nach links zur nahen bevorrechtigten Straße, in die wir rechts einbiegen. Wir überqueren die *Ilmenau* (zwei Arme) und fahren zum Platz Am *Sande.* Von hier links in die *Rote Straße.* An der nächsten Ampelanlage lenken wir halbrechts in die *Lindenstraße* (Radweg), die in die *Soltauer Straße* übergeht. Nach 1200 m, am „Spar"-Geschäft, nach rechts in die Straße *Heitkamp.*

Von der *Jugendherberge* zunächst nach links. In die *Scharnhorststraße* nochmals nach links und zur kreuzenden Vorfahrtstraße, in die wir rechts einbiegen (Radweg). An der folgenden Straßengabelung bleiben wir geradeaus Richtung *Kurzentrum/Stadtmitte.* Am „Spar"-Geschäft nach links in die Straße *Heitkamp.*

Nach wenigen Metern fahren wir nach links in den *Ginsterweg,* der nach 600 m in die *Ringstraße* übergeht. Nun in die Straße *Auf der Höhe* nach links. Genau in der zweiten (!) Rechtskurve dieser Straße (nach etwa 1,2 km) nach links und nach 50 m in den geteerten Wirtschaftsweg nach rechts. Etwa 900 m weiter, an der Wegegabelung mit Bank, nach links

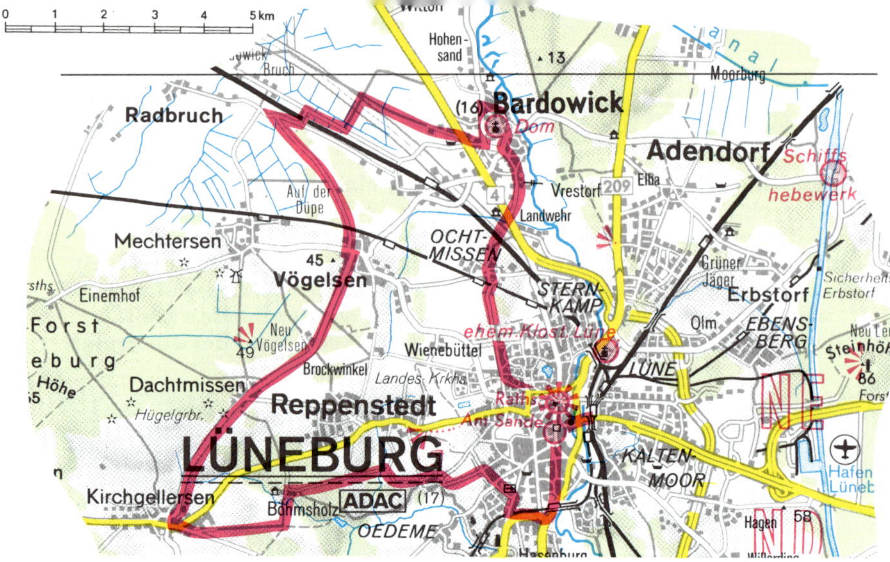

und diesem Teersträßchen zum *Waldhof Böhmsholz* folgen.

Vor dem Gelände dieses Jugendheims halblinks auf dem Teersträßchen weiter. Kurz darauf (am Fachwerkhaus) nach links auf der Forststraße in den Wald. An der nahen Pferdekoppel folgen wir dem Fahrweg nach rechts, überqueren eine kleine Brücke (nun Teerbelag) und radeln geradeaus nach *Kirchgellersen.*

In die kreuzende Vorfahrtstraße biegen wir nach rechts ein, in die folgende Vorfahrtstraße nach links (Richtung *Salzhausen).* An der Kreuzung bei der Kirche nach rechts in die Straße *Im Dorfe.* Bald leicht rechts und auf der *Dachtmisser Straße* (Radweg) den Ort verlassen. Über *Dachtmissen* erreichen wir *Vögelsen.* Hier biegen wir in die kreuzende Vorfahrtstraße kurz links ein, um nach 10 m in die kleine Straße nach rechts zu lenken. An der nahen Straßeneinmündung folgen wir dem Teersträßchen nach links. Wir passieren einen unbeschrankten Bahnübergang. Nach 2500 m in die kreuzende Vorfahrtstraße nach rechts in Richtung *Bardowick.* An der Schulbushaltestelle (350 m weiter) nach links in ein Teersträßchen und die Bahnlinie überqueren. Hinter der Brücke nach rechts und nach 800 m links in ein Teersträßchen. An der Kreuzung (800 m weiter) rechts in das birkengesäumte Sträßchen nach *Bardowick.* Die B 4 überqueren und leicht rechts halten. Am Stoppschild nach links, nach 400 m (am *Party-Service)* nach rechts zum *Dom.* Der Straße *Beim Dom* folgen und an der Dom-Bäckerei leicht rechts in die *Steinstraße.* In die kreuzende Vorfahrtstraße nach links und in die nächste Vorfahrtstraße *(Große Straße,* Radweg) nach rechts (nicht nochmals rechts, Richtung Lüneburg!) und auf dieser Straße Bardowick verlassen. In die B 4 *(Hamburger Straße)* biegen wir links ein (rechtsseitigen Radweg nehmen). In die *Bernsteinstraße* nach rechts (Radweg) *Ochtmissen* durchfahren. In den *Imkerstieg* kurz nach links, mit der Straße nach rechts und geradeaus auf dem *Brückensteig* weiter. Wir überqueren die Bahn und verlassen (Radweg) den Ort.

Auf dem *Ochtmisser Kirchsteig* erreichen wir *Lüneburg* In die kreuzende Vorfahrtstraße nach rechts (weiterhin *Ochtmisser Kirchsteig).* Am Restaurant *Fuchsbau* nach links in die *Schomakerstraße,* die in die *Van-der-Mölen-Straße* übergeht. In die *Stöteroggestraße* biegen wir rechts ein, kreuzen die Hindenburgstraße und fahren halbrechts auf der *Bastionstraße* durch eine Grünanlage weiter. Am Ende des Parks schräg links in die *Egersdorffstraße.* Am nahen *Marienplatz* rechts in die Straße *Neue Sülze,* die in die *Salzstraße* übergeht. Am *St.-Lamberti-Platz* (Parkplatz) fahren wir links in die *Heiligengeiststraße* und zum Platz *Am Sande.* Nun zum *Bahnhof* oder zur *Jugendherberge.*

45 Durch typische Heidedörfer – sehenswert in Undeloh die Magdalenenkapelle, in Wilsede die alten Bauernhäuser und das Heidemuseum

Ausgangspunkt Postamt im Zentrum von Undeloh
Tourenlänge 28,5 km
Fahrzeit 3 Stunden
Tourenbeschreibung Am *Postamt* in *Undeloh* wenden wir uns nach links und fahren links in die *Wilseder Straße*, auf der wir schon nach kurzer Zeit den Ort verlassen (ab Ortsrand Fahrverbot für Kraftfahrzeuge). Unser Weg, der durch ursprüngliche Heidelandschaft führt, ist grob gepflastert, doch wir können einen parallellaufenden (streckenweise sandigen) Wander- und Radweg benutzen. Nach etwa 3500 m haben wir *Wilsede* erreicht. Das 1287 erstmals erwähnte Heidedorf bildet den touristischen Mittelpunkt des *Naturparks Lüneburger Heide* (bereits 1909 als Naturschutzpark gegründet) und ist einer der wenigen Orte in Deutschland, die man nicht mit dem Auto erreichen kann.

An *Witthöfts Gästehaus* (nicht am Gasthaus vorher) radeln wir nach halbrechts. Am Dorfrand biegen wir rechts in ein (bald geteertes) Sträßchen in Richtung *Haverbeck* ein. Nach 1800 m an der Wegegabelung halbrechts in Richtung *Niederhaverbeck.* Auf dem nun wieder gepflasterten Fahrweg (Wander- und Radweg parallellaufend) erreichen wir nach etwa 2000 m (ab Gabelung) *Niederhaverbeck.*

Im Dorf (nicht zum Parkplatz abbiegen) passieren wir das „Haus der Naturinformation" (Ausstellung) und biegen danach nach links in die öffentliche Straße ein. Nach etwa 50 m nach rechts lenken in den für Kraftfahrzeuge gesperrten gepflasterten Fahrweg (schmaler parallellaufender Wander- und Radweg), der durch die Niederung der Wümme führt. Nach einiger Zeit hört die Pflasterung auf.

Am Waldrand (nach 1600 m) schwenken wir mit dem breiten Fahrweg nach links, um wenig später mit dem Weg einen Rechtsbogen zu beschreiben. 700 m weiter halbrechts zunächst in Richtung *Barrl* abbiegen, nach weiteren 200 m dann nochmals halbrechts in Richtung *Wintermoor.* Diesem Fahrweg folgen wir dann etwa

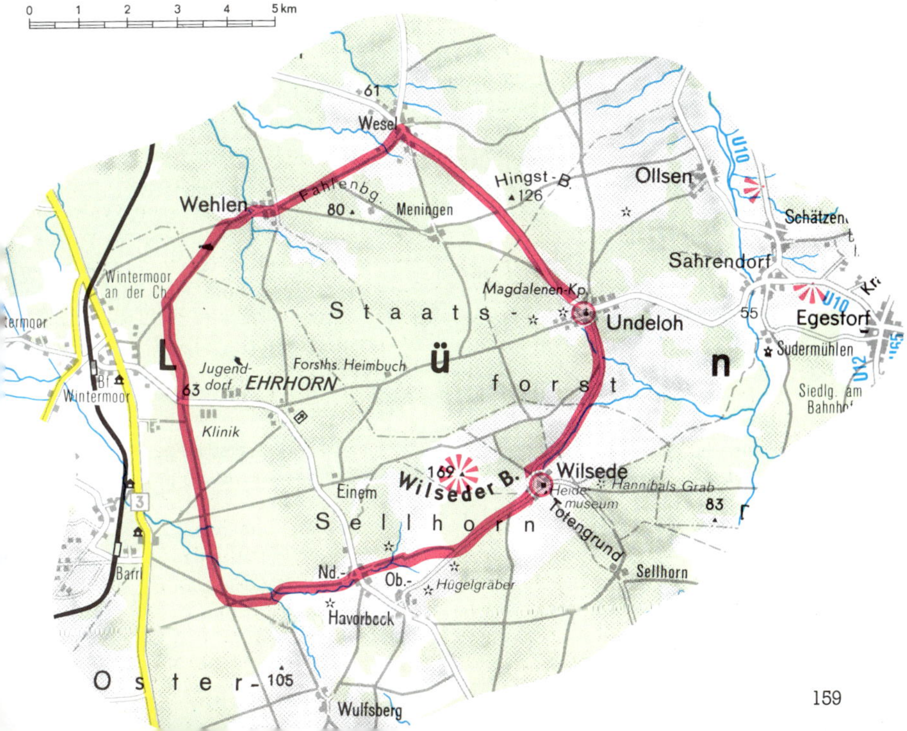

4000 m durch den Wald (Hinweisschilder *Wintermoor* beachten). Nach dieser Distanz kreuzen wir eine öffentliche Straße und radeln auf dem Forstweg geradeaus in Richtung *Wehlen* weiter. 2000 m weiter wenden wir uns nach halbrechts und fahren auf der streckenweise grob gepflasterten, streckenweise sandigen Forststraße nach *Wehlen.*

Durch das Dorf auf dem gepflasterten Fahrweg. An der Wegespinne am Dorfende wählen wir das Teersträßchen halblinks in Richtung *Wesel.* Nach 2600 m halten wir uns an der Teerstraßengabelung halblinks und sind kurz darauf in *Wesel.*

In die kreuzende Vorfahrtstraße biegen wir rechts ein. In Richtung Undeloh (Radweg) verlassen wir Wesel. Im Auf und Ab radeln wir wieder durch die schöne Heidelandschaft. Wir erreichen nach gut 5 km *Undeloh* und wechseln mit dem Radweg vorsichtig auf die linke Straßenseite. Kurz darauf sind wir wieder im Ortszentrum. – Das alte Dorf bildet einen Ausgangspunkt für Heideausflüge.

46 Nach Egestorf mit seiner schönen Fachwerkkirche und dem über 1000 Jahre alten Heidedorf Amelinghausen

Ausgangspunkt Postamt im Zentrum von Undeloh
Tourenlänge 52 km
Fahrzeit 5 1/2 Stunden
Tourenbeschreibung Vom Ortszentrum in *Undeloh*, am Postamt, wenden wir uns nach links und fahren dann links in die *Wilseder Straße* ein. Ab dem Undeloher Ortsende folgen wir dem Fahrweg (rechtsseitiger Randstreifen für Radler und Wanderer).

Wenn dieser Weg nach 600 m bergauf führt, radeln wir auf dem nach links abzweigenden Fahrweg weiter (Richtung *Sudermühlen, Egestorf Döhle).* An der nahen Wegegabelung in Richtung *Döhle* leicht nach rechts. Auf dem Fahrweg (Randstreifen) fahren wir im leichten Auf und Ab 2500 m durch die Heidelandschaft. Dann links den Weg in Richtung *Sudermühlen, Egestorf* nehmen, die nahe Brücke

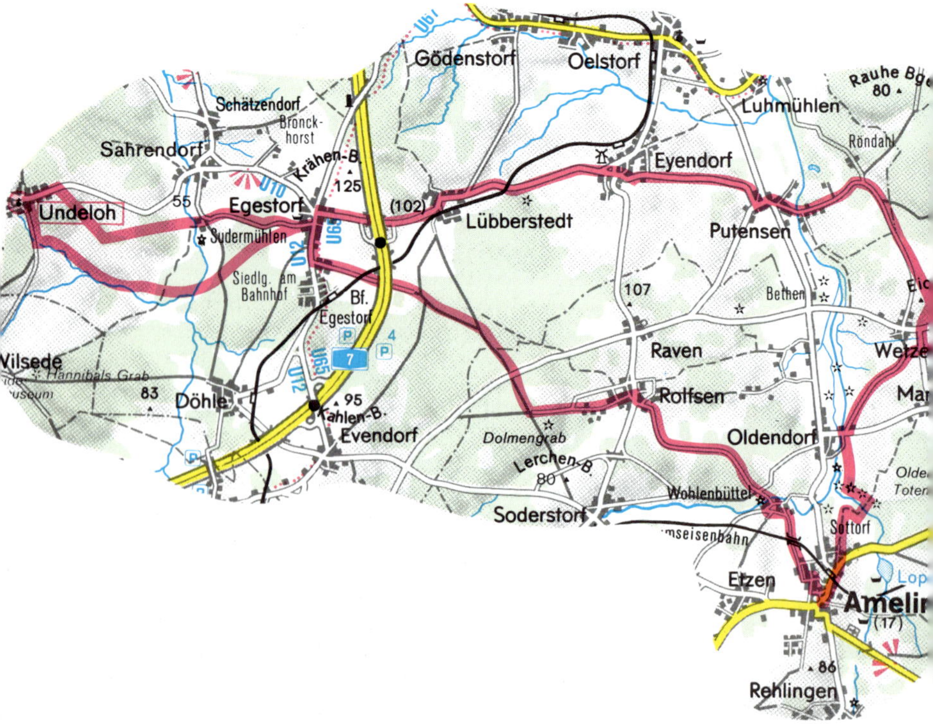

überqueren und kurz darauf rechts in den Fahrweg (Randstreifen) in Richtung Egestorf einbiegen. Wenn dieser Fahrweg nach knapp 1000 m nach links führt, bleiben wir auf dem etwas schmaleren Weg geradeaus (Richtung *Egestorf).* Nach etwa 300 m leicht nach rechts an der Holzbarriere vorbei und auf dem Holzbohlenweg durch die Talaue. Wir überqueren auf der schmalen Steinbrücke das Flüßchen *Schmale Aue.* Auf dem Pfad weiter. Hinter der zweiten Barriere nach links *(Egestorf)* und nach wenigen Metern an der Wegegabelung rechts in den ordentlichen Fahrweg 1400 m sehr stark bergauf. Nach der Höhe (schöner Ausblick; Schutzhütte) geradeaus weiter nach *Egestorf* (900 m).

In das Teersträßchen halbrechts und in die Vorfahrtstraße (Alte *Dorfstraße)* nach rechts. 200 m nach dem Ortsendeschild biegen wir links in die *Soderstorfer Straße* ein. Dieses Teersträßchen geht bald in eine gepflasterte Straße, später in eine Erdfahrstraße über. Nach 900 m überqueren wir eine Bahnstrecke und unterqueren kurz darauf auf nunmehr wieder gepflastertem Weg die Autobahn. Weiter geradeaus (leicht bergauf). Wenn nach 800 m (ab Autobahn) das jetzt geteerte Sträßchen nach links führt, lenken wir nach rechts (!) in den linken (!) der beiden abzweigenden Waldwege. Nach 1400 m auf dem sacht bergauf führenden Weg fahren wir an der Wegegabelung (mit Bank) nach rechts in den Forstweg. Wir folgen diesem sehr sandigen Weg 1200 m, kreuzen eine Teerstraße und radeln geradeaus weiter. Nach 750 m (hinter Ackerfläche) links in das Teersträßchen und geradeaus bis *Rolfsen.*

Im Ort folgen wir der Straße *Im Sande.* In die *Alte Rolfsener Straße* rechts einbiegen, die nahe Vorfahrtstraße kreuzen und, leicht rechts versetzt, geradeaus auf dem *Oldendorfer Weg* fahren. Wir bleiben geradeaus (!) und verlassen das Dorf in Richtung *Wohlenbüttel.* Nach 3700 m auf der Teerstraße (auf den letzten 1500 m kräftig bergab) sind wir in *Wohlenbüttel.* An der Kreuzung (mit Wegweisern) hinter der Brücke nach links in Richtung *Amelinghausen.*

In *Amelinghausen* fahren wir geradeaus auf der *Bergstraße* weiter (sehr stark bergauf). Am Ende der Steigung nach links in die Straße *Auf der Höhe.* Nun geht es rechts in die *Haselhopstraße,* in den *Jungfernstieg* nach links. Wenn diese Straße nach links führt, fahren wir nach rechts zur nahen Vorfahrtstraße (B 209), in die wir links einbiegen. Den Bahnübergang passieren und in die zweite (!) Seitenstraße nach den Schranken nach links *(Triangel)* lenken. Die Straße geht in den *Röthenweg* über (ab Ortsende Erdfahrweg).

Nach etwa 800 m (ab Bundesstraße) lenken wir rechts in Richtung *Marxer Paradies.* Nach 400 m links in den Erdfahrweg mit dem Verkehrszeichen „Verbot für Fahrzeuge über 3,5 t". Wir überqueren die nahe Brükke und bleiben anschließend geradeaus auf dem leicht bergauf führenden Weg. An der Wegekreuzung nach knapp 200 m nach links in den Erdfahrweg, dem wir folgen (Abzweige nicht beachten), vorbei an der *Oldendorfer Totenstadt* (rechts), und erreichen *Oldendorf.* In die kreuzende Vorfahrtstraße kurz nach rechts, dann links in den dorfauswärtsführenden geteerten *Wetzener* Weg. 500 m nach der Höhe links in das Teersträßchen.

Im nahen Wetzen kreuzen wir die Vorfahrtstraße und radeln geradeaus auf der Straße *Am Butterberg* in Richtung *Putensen.* Für 800 m bergauf. An der Straßenkreuzung (3 km ab Wetzen) links nach *Putensen.* Im Ort folgen wir der Straße nach halblinks. In die bevorrechtigte *Luhestraße* rechts (linksseitiger Radweg), kurz darauf in Richtung *Eyendorf* nach links, wenig später nach rechts. Die Straße führt 3000 m bergauf. In *Eyendorf* weiter geradeaus, auch dann, wenn die Vorfahrtstraße einen Rechtsbogen beschreibt (jetzt Straßenzug Am *Wasserwerk/Feldstraße.).* In die Straße *Lütt Hörpel* nach rechts und an der nahen Straßengabelung leicht nach rechts. Auf der Straße *In de Mees* geradeaus zur kreuzenden Vorfahrtstraße und hier nach links. Diese Straße führt 2000 m bergab, dann geht es hinter dem Bahnübergang leicht bergauf nach *Lübberstedt* Auf der Vorfahrtstraße durch das Dorf. Es folgt ein etwa 1000 m langer Anstieg bis kurz hinter der Autobahn. Nun geradeaus nach *Egestorf.*

Hier nach links in Richtung *Sudermühlen.* An der Kirche rechts in den *Sudermühler Weg* Nach einer kurzen Steigung folgen wir dem Teersträßchen (streckenweise gepflastert) bergab nach *Sudermühlen.* Wir überqueren eine Brücke und folgen dem Fahrweg (linksseitiger Rad- und Wanderweg) durch die Heidelandschaft nach *Undeloh* (nicht vorher links in Richtung „Parkplatz Undeloh"!).

In *Undeloh* biegen wir in die bevorrechtigte Teerstraße links ein und erreichen auf diesem Weg rasch das Ortszentrum.

47 Der Heidepark nahe der alten Stadt Soltau ist ein Freizeitpark mit Wildgehegen

Ausgangspunkt Der Bahnhof in Soltau

Tourenlänge 37 km
Fahrzeit 31/2 Stunden
Tourenbeschreibung Vom *Bahnhof* in *Soltau* fahren wir nach rechts. In die bevorrechtigte *Walsroder Straße* biegen wir links (Radweg) ein. An der Ampelanlage nach rechts in die Straße *Am Sandberg.* Diese Straße macht einen Linksbogen und mündet in eine kreuzende Straße ein, hier nach rechts. Hinter der nahen Eisenbahnunterführung fahren wir nach links in den kombinierten Rad-/Fußweg (Schild *Nach Tetendorf),* der auf der ganzen Strecke am Flüßchen *Böhme* entlangführt.

Am *Gasthaus Drewes* folgen wir dem geteerten Zufahrtsträßchen (links) zu der nahen öffentlichen Straße *Im Dorfe,* in die wir rechts einbiegen (Radweg). Nach etwa 200 m (kurz nach dem Ortsendeschild von Tetendorf) nach links in Richtung *Marbostel.* Am nahen Abzweig bleiben wir auf der breiteren Teerstraße geradeaus. Nach etwa 2000 m passieren wir das *Jagdhaus Weiß* (kein Zugang) und biegen 150 m weiter links in ein kleines Teersträß-

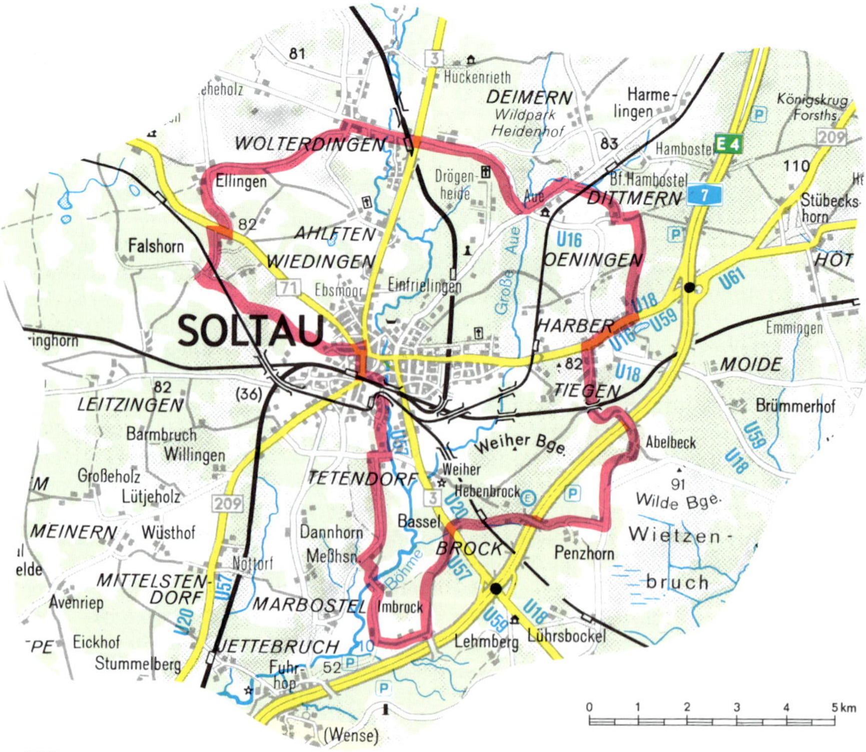

chen ein, fahren durch eine Ansiedlung *(Imbrock)* und an einem Campingplatz entlang. Bei der nächsten Hausgruppe (900 m weiter; *Öhlshof)* scharf nach links in ein Teersträßchen. An der Einmündung nach 1000 m links in das Teersträßchen. Auf diesem Sträßchen (nicht zum Restaurant abbiegen) erreichen wir nach etwa 1400 m die *B 3,* in die wir nach links einbiegen.

Im nahen *Bassel* nach rechts in Richtung *Penzhorn.* Nach gut 600 m passieren wir den unbeschrankten Bahnübergang und folgen weiter dem Teersträßchen. An der Hausgruppe *Hebenbrock* vorbei überqueren wir nach 1,4 km die Autobahn (kurzer gepflasterter Anstieg). Auf dem anfangs noch gepflasterten, dann asphaltierten Sträßchen weiter. An der Gabelung kurz nach der Brücke fahren wir halblinks und beschreiben mit dem Teersträßchen einen weiten Rechtsbogen. Dann 1 km weiter biegen wir an der Hausgruppe *Penzhorn* links in die kreuzende Vorfahrtstraße ein.

Nach knapp 400 m radeln wir am Beginn der Rechtskurve der Straße geradeaus auf dem Erdfahrweg weiter, der wenig später zu einem Teersträßchen wird. Weiter geradeaus. 450 m weiter bleiben wir geradeaus auf der Erdfahrstraße, passieren ein Waldstück, fahren durch die Hofgruppe *Abelbeck* (kein Schild, leicht links halten) und rollen auf dem Teersträßchen zur Autobahn und über sie hinweg. Anschließend folgen wir dem Pflastersträßchen, das bald geteert ist. Nach 1,2 km unterqueren wir die Bahnstrecke und radeln auf dem Asphaltsträßchen (keine Abzweigungen beachten) nach *Harber* (kein Schild) und zur *B 71/209.*

In die Bundesstraße biegen wir rechts ein (linksseitiger Radweg). 50 m hinter dem Ortsendeschild von Harber lenken wir links in den *Dittmerner Mühlenweg.* Auf diesem Teersträßchen, das in einen sandigen Erdfahrweg übergeht, radeln wir 2 km geradeaus. In die kreuzende Straße dann nach links.

In *Dittmern* (beim Campingplatzschild) nach rechts. In die kreuzende Vorfahrtstraße (nach 1300 m) biegen wir links ein (Radweg), um nach 1200 m nach rechts in Richtung *Heidepark* zu fahren (linksseitiger Radweg). Nach etwa 1000 m passieren wir den *Heidepark* (einen US-amerikanischen Vorbildern nachempfundenen Vergnügungspark), der sich rechts der Straße erstreckt.

Wir bleiben auf der Straße geradeaus, kreuzen nach 1500 m die B 3 und radeln weiter nach *Wolterdingen.* An der Kirche (mit freistehendem Holzturm) links in die *Brinkstraße,* am Ortsende rechts in die *Ellinger Straße* und an der nahen Wegegabelung halblinks.

Nach 2500 m – am Ortsanfang von *Ellingen* – halten wir uns wiederum halblinks. Am Gasthaus *Zum Schwedenstein* (der Name bezieht sich auf die schwedische Besetzung des Landes während des Dreißigjährigen Krieges) lenken wir nach links in Richtung *B 71.* Diese Bundesstraße erreichen wir nach 1300 m. Hier nach rechts (Radweg). Nach 400 m (an einer Waldlichtung) biegen wir links in ein Teersträßchen ein in Richtung *Falshorn.*

800 m weiter kreuzen wir in *Wiedingen* einen unbeschrankten Bahnübergang. An der nahen Wegegabelung nehmen wir links den Feldweg und überqueren kurz darauf nochmals die Bahnlinie. Anschließend bleiben wir auf dem anfangs schlechten Forstweg geradeaus. Nach 1300 m scharf nach links (schräg rechts liegt eine Waldwiese). Am Waldrand geradeaus weiter. Unser Weg mündet in ein Teersträßchen, auf dem wir geradeaus weiterradeln und bald die ersten Häuser von *Soltau* erreichen.

Auf dem *Wiedinger Weg* weiter geradeaus. In die *Seilerstraße* nach links. Kurz vor der Kirche nach rechts und dieser vorfahrtberechtigten Straße zum *Soltauer Bahnhof* folgen.

48 In dem Dorf Behningen ist ein großer Gemeinschaftsbackofen zu sehen

Ausgangspunkt Kirche in Neuenkirchen
Tourenlänge 25 km
Fahrtzeit 2 1/2 Stunden

In *Leverdingen* lenken wir zwischen Wartehäuschen und Bauernhaus rechts in den Feldweg. An der nahen Wegegabelung halblinks. Wir durchfahren einen kleinen Waldstreifen. Anschließend auf dem Teersträßchen weiter (die Häuser gehören zum Dorf *Limbeck*).

In die kreuzende Vorfahrtstraße links einbiegen. Nach 450 m kreuzen

Tourenbeschreibung Vom Ortszentrum in *Neuenkirchen* (Kirche) fahren wir nach links. Am Obelisken biegen wir kurz links in die *B 71* ein, um nach wenigen Metern rechts auf der Straße *Auf dem Horn* weiterzuradeln. Wenn diese Straße nach etwa 150 m nach rechts führt, bleiben wir geradeaus (Richtung *Gilmerdingen*).

Wir überqueren ein Bahngleis, halten uns danach halblinks und fahren auf dem bergauf führenden Weg an einem Teich entlang. Auf der nahen Teerstraße geradeaus weiter. Nachdem wir die Vorfahrtstraße gekreuzt haben, geht es auf dem Wirtschaftsweg geradeaus weiter. Nach knapp 1000 m mündet dieser Spurstreifenweg in einen Querweg (links ein Schuppen), in den wir nach rechts lenken. Wir folgen dem Weg (anfangs Spurstreifen, dann Feldweg) 1000 m weit, kreuzen dann eine öffentliche Straße und fahren geradeaus in den Feldweg. Nach 900 m rechts in das geteerte Quersträßchen. Wir kreuzen nach weiteren 900 m eine Vorfahrtstraße und folgen dem nach *Leverdingen* ausgeschilderten Sträßchen.

wir die B 71 und fahren geradeaus auf dem gepflasterten Fahrweg weiter (Richtung *Birkenmoor/Falshorn*; Radspur links). Nach 800 m überqueren wir ein Bahngleis. Anschließend folgen wir dem Fahrweg geradeaus (weiter Radspur), bis wir nach knapp 1000 m eine große Waldwegekreuzung (mit Schutzhäuschen) erreicht haben. Hier rechts in den breiten Forstweg (Richtung *Neuenkirchen).*

Nach etwa 1000 m gerader Fahrt durch das Waldgebiet der *Riensheide* lenken wir nach (!) dem Wanderparkplatz (rechts des Weges ein großer Schafstall) links in den breiten Forstweg (Markierung „Wildschwein"). Nach 750 m kreuzen wir eine Teerstraße und radeln geradeaus auf dem Teersträßchen in Richtung *Stichter See.* An der Wegekreuzung nach 1100 m bleiben wir auf dem Teersträßchen geradeaus (zum Stichter See nach links). In die Vorfahrtstraße (700 m später) nach links.

Am Ortsanfangschild von *Behningen* nach rechts in den Feldweg. Wenig später haben wir den Dorfbackofen erreicht. In das Pflastersträßchen ganz kurz rechts, sofort links in den Feldweg (Markierung „Hase“). Kurz darauf biegen wir in den geteerten Querweg rechts ein. Leicht bergab rollend, gelangen wir nach 1600 m nach *Drögenbostel.*

In die Vorfahrtstraße kurz nach rechts, dann nach links in das *Rutenmühle* ausgeschilderte Teersträßchen. Nach 1700 m lenken wir rechts in das Sträßchen (Richtung „Rutenmühle“, Schild; Radlerpilz am Abzweig). Dieses Asphaltsträßchen mündet nach 1200 m bei der idyllisch gelegenen *Rutenmühle* in einen geteerten Querweg ein. Hier nach rechts.

Wir folgen der kleinen Straße über *Hertel* nach *Neuenkirchen.* Im Ort bleiben wir zunächst weiter geradeaus (Radweg). In die Vorfahrtstraße biegen wir links ein und kehren zur Kirche zurück.

49 Ein Ziel dieser Tour ist das Grab des Heidedichters Hermann Löns, der im Ersten Weltkrieg bei Reims fiel

Ausgangspunkt Jugendherberge in Fallingbostel

Tourenlänge 25,5 km

Fahrzeit 2 1/2 Stunden

Tourenbeschreibung Von der *Jugendherberge* in *Fallingbostel* nach rechts zur nahen *Bundesstraße 209 (Soltauer Straße),* in die wir rechts einbiegen (Radweg). Auf dieser Straße radeln wir ins Stadtzentrum und durchqueren es – stetig bergan radelnd – in Richtung *Nienburg.*

Vom *Bahnhof* in *Fallingbostel* fahren wir geradeaus durch die *Bahnhofstraße.* Am nahen Bahnübergang nach links in die kreuzende Straße (Radweg). Im Ortszentrum (Kirche) biegen wir in die *Bundesstraße* links ein.

Etwa 150 m hinter dem Hotel „Berlin“ lenken wir nach links in die *Teichstraße.* Wir kreuzen eine Bahnstrecke und unterqueren die B 209a. An der Wegegabelung (300 m weiter) wählen wir den Verbundsteinweg halblinks. Er mündet nach 700 m in ein kreuzendes Teersträßchen, in das wir rechts einbiegen. Nach etwa 2500 m ist *Bockhorn* erreicht.

Am Ortsanfang nach links, in die kreuzende Vorfahrtstraße nach rechts und an der nächsten Kreuzung (hier eine Telefonzelle) nach links in Richtung *Krelingen.* Sogleich beschreiben wir mit diesem Teersträßchen einen Rechtsbogen und radeln anschlie-

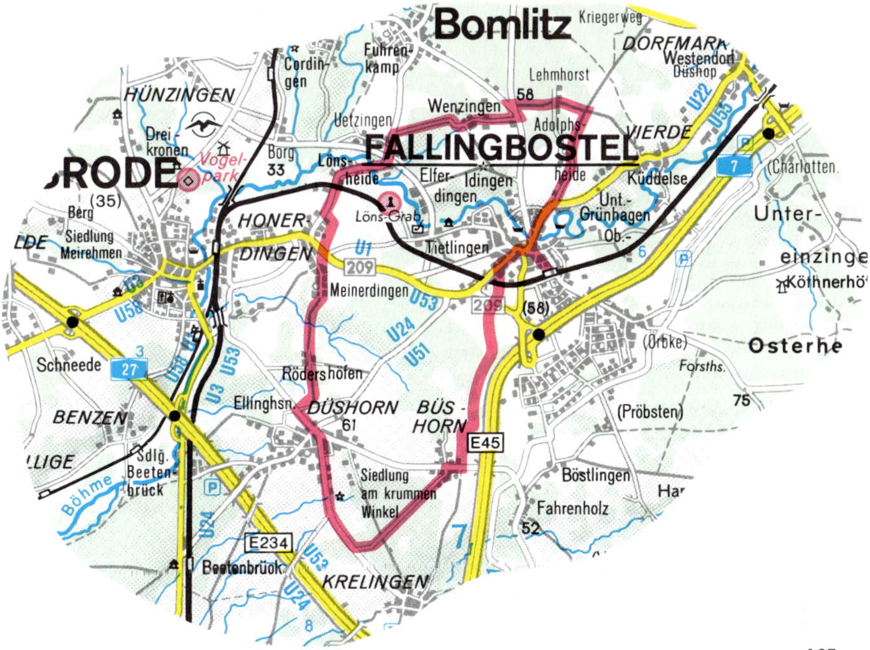

ßend durch ein Waldgebiet. Nach etwa 2200 m biegen wir in die kreuzende Vorfahrtstraße rechts in Richtung *Düshorn* ein (nicht vorher den Waldweg nehmen!).

In *Düshorn* geradeaus bis zur kreuzenden Vorfahrtstraße, hier links einbiegen, Richtung *Walsrode.* Wir kreuzen eine bevorrechtigte Straße, radeln geradeaus weiter *(Walsrode)* und verlassen Düshorn (Radweg). An der Hochspannungsleitung (500 m weiter) in den betonierten Wirtschaftsweg nach rechts. 200 m weiter nach dem kleinen Waldstreifen – in den Erdfahrweg nach links. Noch etwa 1000 m bis *Rödershöfen.*

Auf dem holprigen Fahrweg (für eine kurze Strecke Teerbelag) fahren wir nach *Meinerdingen,* bleiben dort geradeaus. Auf dem *Schäferweg* zur kreuzenden Vorfahrtstraße, die wir überqueren. Wir radeln dann, leicht links versetzt, auf einem betonierten Wirtschaftsweg geradeaus weiter (Verkehrsschild „Gesperrt über 5 t"; nicht den Weg nach Tietlingen nehmen!). 1100 m rollen wir geradeaus durch Felder. Wenn dann unser Weg in einen Feldweg übergeht, nach links in den betonierten Weg. In die kreuzende Vorfahrtstraße (300 m weiter) rechts einbiegen (linksseitiger Radweg) und ihr folgen. Nach etwa 1300 m rechts der Straße (ausgeschildert) das *Löns-Grab.*

Auf der Straße weiter nach *Uetzingen,* das wir geradeaus in Richtung *Bomlitz* durchqueren. Am Ortsende schräg nach rechts in das Teersträßchen nach *Wenzingen* (1400 m). Auf der Teerstraße das Dorf durchqueren und hinter seinem Ende an der kreuzenden Vorfahrtstraße links in Richtung *Kroge* einbiegen (linksseitiger Radweg). An der Straßenkreuzung nach 300 m nach rechts in ein Teersträßchen mit dem Verkehrsschild „Gesperrt über 3 t". In die zweite (!) Seitenstraße nach rechts (etwa 1,6 km weiter) einbiegen (am Abzweig Radlerpilz). Auf dieser Straße 2,1 km geradeaus zur *B 209,* hier nach rechts (Radweg; = *Soltauer Straße*).

Auf dieser Vorfahrtstraße radeln wir geradeaus (zur *Jugendherberge* rechts in den *Liethweg*) ins Zentrum von *Fallingbostel.* An der Kirche in Richtung *Bahnhof* und links in die *Vogteistraße* (Radweg links). Vor dem Bahnübergang rechts in die *Bahnhofstraße* einbiegen und zum Bahnhof.

50 Von der sehenswerten Stadt Uelzen geht es zum Heidekloster in Ebstorf mit seiner gotischen Backsteinkirche

Ausgangspunkt Bahnhof in Uelzen
Tourenlänge 32 km
Fahrzeit 3 Stunden
Tourenbeschreibung Vom *Bahnhof* in *Uelzen* die Bahnhofszufahrt leicht bergab zur kreuzenden Vorfahrtstraße, in die wir rechts einbiegen (linksseitiger Radweg; wenig später Straßenschild *Sternstraße).* Wir radeln bergauf und lenken dann nach rechts in die *Nothmannstraße.* Hinter der kreuzenden Ebstorfer Straße schräg nach links in den Rad/Fußweg *(Richard-Schirrmann-Weg),* der in den Wald führt. Am *Löwen-Denkmal* halbrechts, dann 1300 m geradeaus durch den Forst zur *Jugendherberge.*

In den kreuzenden geschotterten Fahrweg (unmittelbar vor der Herberge) nach links. Am Sportplatz entlang. Nach 700 m (hinter dem Teich rechts im Wald) rechts in die kreuzende Forststraße (Radweg). Nach 600 m, direkt am Ortsschild von *Weserweyhe,* nach links in den Waldweg. Nach etwa 1000 m kreuzen wir eine öffentliche Straße und bleiben auf dem holprigen Waldweg geradeaus (nicht den Weg halblinks nehmen!), der an einem Feld entlangführt und nach 1000 m eine leichte Linkskurve macht. An der Wegekreuzung (700 m weiter) dann nach rechts. Auf diesem breiten Forstweg erreichen wir (ab Waldrand geteert) nach insgesamt 2,7 km *Barnsen.*

Im Ort kreuzen wir die Vorfahrtstraße und fahren geradeaus auf der Kopfsteinpflasterstraße weiter. In die nächste Vorfahrtstraße, *Barnser Ring,* links einbiegen. Kurz hinter dem Ortsschild dann nach rechts in den geteerten Wirtschaftsweg, der nach *Stadorf* führt (3,2 km).

Am Ortsanfang schräg rechts, die nahe Vorfahrtstraße kreuzen und dann geradeaus in Richtung *Lin*den. Wenig später – hinter der Brücke – nach rechts in den geteerten Wirtschaftsweg. Nach 2,9 km sind wir in *Altenebstorf.* In die bevorrechtigte *Dorfstraße* rechts einbiegen und ihr folgen. Hinter der Brücke nach links und auf der *Celler Straße* nach *Ebstorf.*

Im Ortszentrum kreuzen wir die *Hauptstraße* und radeln auf der *Lüneburger Straße* weiter (zum Kloster: am Domänenplatz nach links). In die *Bahnhofstraße* nach rechts. Nach wenigen Metern lenken wir vor dem Modegeschäft links in die *Stadionstraße,* biegen kurz danach in den *Mittelweg* ein. Auf dieser Straße verlassen wir Ebstorf in Richtung *Siedlung.*

Hinter (!) dem *Weiler Ebstorf* nach rechts in die *Waldstraße.* Nach etwa 250 m fahren wir schräg nach links in ein Teersträßchen (Schild „Forstwirtschaftlicher Verkehr und Rad frei"), das durch das Landschaftsschutzgebiet *Bobenwald* führt. Wir folgen dem Teersträßchen (später abwechselnd Schotter und Betonplatten) knapp 3 km durch den Wald. Danach biegen wir an der deutlich ausgeprägten Waldwegekreuzung nach rechts (!) in den breiten Erdfahrweg ein (beachte: unser bisheriger Weg führt als Grasweg geradeaus weiter). Mit dem Weg schwenken wir (400 m weiter) vor einer Böschung nach links und radeln an der Böschung entlang. Die Bahnbrükke (800 m weiter) beachten wir nicht, sondern wir folgen dem geschotterten Fahrweg, der wenig später einen Linksbogen beschreibt und dann als Teersträßchen (ab Waldrand) nach *Westerweyhe* führt. Im Ort biegen wir rechts in die abknickende Vorfahrtstraße ein. Auf der Straße *Stadtberg* bleiben wir geradeaus, kreuzen die Bahnlinie, fahren halblinks auf der Straße *Am Stadtwald* weiter und verlassen Westerweyhe. Auf der vom Hinweg bekannten Strecke radeln wir zur Uelzener *Jugendherberge* und zum *Bahnhof.*

HAVELLAND UND FLÄMING

Ein Netz von idyllischen Kanälen durchzieht das Havelland, das einstmals ein riesiges Überschwemmungsgebiet war. Wie Spiegel in der Landschaft wirken die Seen. Dazwischen ausgedehnte Sumpfgebiete, sogenannte Luche, Kiefernforste, weite sandige Flächen und Dörfer mit kopfsteingepflasterten Straßen von altertümlichem Reiz. Der hügelige Fläming verdankt seinen Namen den flämischen Kolonisten, die Markgraf Albrecht im 12. Jh. ins Land holte.

Brandenburg (Stadt): Dominsel, von der Havel umflossen

51 Eine Rundfahrt bei Brandenburg durch Waldgebiete und zu schönen Seen

Ausgangspunkt Hauptbahnhof in Brandenburg
Tourenlänge 42 km
Fahrzeit 4 Stunden
Höhenunterschiede Keine
Anmerkung Die Rundtour läßt sich leicht halbieren: Hinter Radewege an der Gabelung rechts nach „Brandenburg"; über den schmalen Beetzsee und am Abzweig geradeaus.
Tourenbeschreibung Brandenburg ist die älteste Stadt der Mark. 948 eroberte der spätere Kaiser Otto II. die wendische Inselfeste. Sehenswerte Bauten in der Altstadt sowie der Dom (12.-14. Jh.) auf der Insel und in der Neustadt die spätgotische Katharinenkirche. – Vom Hauptbahnhof über den Vorplatz und rechts in die *Straße Am Hauptbahnhof* (Radweg). An der Ampel lenken wir links zum „Zentrum" (Radweg). An der großen Kreuzung rechts in die Straße *Neustadt Markt* („Nauen"). Mit der Vorfahrtstraße *Molkenmarkt* halblinks („Nauen"). An der

Kreuzung geradeaus („Tempo 30“-Schild). Vorbei am Wasserturm kommen wir auf die von der *Havel* umgebene Dominsel. Auf dem Straßenzug *Mühlendamm / Domlinden / Krakauer Straße* den *Dom* und die „Mühlenwerke Brandenburg“ passieren. Wir folgen der Vorfahrtstraße nach links (*Grilldamm* mit Radweg) und überqueren auf der *Homeyerbrücke* die *Havel*. Sogleich rechts in die Kopfsteinpflasterstraße. Auf der Promenade radeln wir am *Beetzsee* entlang. Am Linksknick der Straße bleiben wir geradeaus auf dem Uferweg (Rad-/Fußweg), vorbei an Kleingärten. Vor dem Abhang tragen wir unser Rad die Treppe hoch und überqueren auf der *Brielower Brücke* nach rechts den *Silokanal*. Anschließend in die erste Querstraße rechts (Schild „Regattastrekke“). Wir folgen der Straße nach links („See-Restaurant“) in den *Fritze-Bollmann-Weg*. An der Verzweigung geradeaus bleiben und zwischen der „Kleingartensparte Traumland“ und der „Wochenendsiedlung Beetzseeufer“ fahren. Die Asphaltstraße wird zum Erdweg. Am Siedlungsende verläuft der Weg nach links und mündet bald in eine Teerstraße.

100 m hinter dem Bahnübergang biegen wir rechts in den Sandweg *Birkenbruch* („Frei für Anlieger“). Hinter einer Häusergruppe an der Wegekreuzung geradeaus (schwarzer Schotter). In *Brielow* an der T-Gabelung rechts in die Hauptstraße; hinter der Kleingartenkolonie „Eintracht Brielow“ an der Gabelung scharf links. Das pappelgesäumte Teersträßchen führt schnurgerade durch Felder und Wiesen und passiert die landschaftsgeschützten *Radeweger Erdlöcher*. In *Radewege* am Gasthaus Zum Beetzseeknick geradeaus durch die langgezogene Dorfstraße. Hinter dem Ort (nach 1 km) wählen wir den linken Abzweig nach „Barnewitz/Gortz“ (s. Anmerkung). In *Butzow* mit der Vorfahrtstraße nach rechts (am Dorfende schöner Blick über den *Beetzsee*). Die wenig befahrene Chaussee führt durch eine Wiesen- und Felderlandschaft mit kleinen bewaldeten Hügeln. In *Gortz* mit der Vorfahrtstraße nach rechts („Bollmannsruh/Päwesin“). Nach leichtem Anstieg (200 m) mit gleich langem Gegengefälle durch ein Wäldchen liegt rechts das „Ferienhotel Bollmannsruh“. In *Bagow* an der Fachwerk-Dorfkirche rechts in die leicht abfallende Kleinpflasterstraße, dann an der Nordspitze des *Beetzsees* ins benachbarte *Päwesin*. An der T-Kreuzung rechts in die Vorfahrtstraße („Brandenburg“). Nach 3 km (links ein Waldstück) biegen wir rechts in den kreuzenden Weg (Schild „Ferienanlage Lünow“). Der festgrundige, baum-

bestandene Weg (holprig und steinig) führt hinter einigen Teichen ins abgeschiedene *Lünow*. An der T-Gabelung links. Weiter nach „Grabow“. Wir begleiten ein Stück den hier sehr schmalen *Beetzsee*. *Grabow* bleibt rechts liegen. Hinter dem Bushalteschild an der T-Gabelung links in die Vorfahrtstraße.

Wenig später durchqueren wir *Mötzow*, fahren durch ein Landschaftsschutzgebiet (links schöner Birkenhain auf dem Wasenberg, rechts einige Seen) und erreichen auf der *Mötzower Landstraße* den nördlichen Stadtrand von *Brandenburg*. Rechts in die Vorfahrtstraße zum „Zentrum“. Auf der *Krakauer Straße* (Radweg mit lädierten Platten) überqueren wir an der Vorstadtschleuse den *Silokanal*, eine zweite Brücke und bleiben am Abzweig geradeaus („Zentrum“). Auf dem vom Hinweg bekannten Weg zurück zum *Bahnhof*.

52 Durch das idyllische Havelland mit seinen Seen und alten Dörfern

Ausgangspunkt Bahnhof Potsdam-Wildpark
Tourenlänge 42 km
Fahrzeit 4 ½ Stunden
Höhenunterschiede Geringfügig
Anmerkung Havelfähre Ketzin ganzjährig; max. Wartezeit 10 Min.
Tourenbeschreibung Der Bahnhof Wildpark, unser Startpunkt, wurde 1905-09 als „Kaiserbahnhof“ für Wilhelm I. gebaut. – Vom *Bahnhof* geht es links durch die Unterführung in die Straße *Am Wildpark*. An der Verzweigung fahren wir geradeaus vorbei am Tierheim Potsdam (früher Forsthaus Sanssouci) und über den Parkplatz (Schild „Radwanderroute“ nach Bornim, weiß-grün-weiße Markierung) geradewegs in den schönen, 1841-42 für Friedrich Wilhelm IV. von Lenné gestalteten *Wildpark*. Wir bleiben geradeaus auf dem beschilderten Wanderweg, ignorieren alle Waldwegkreuzungen und -abzweigungen.

Nach Passieren des *Forsthauses Nordtor* geradeaus auf der Kleinpflasterstraße (Ortsendeschild „Golm Ortsteil Kuhfort“). Wir biegen links in die Vorfahrtstraße und unterqueren zwei Eisenbahnbrücken. Dann radeln wir am Militärischen Sicherheitsbereich („Korps territorial/Kommando Ost“ der Bundeswehr) entlang und durchqueren ein „Geschütztes Feuchtgebiet“. An der T-Kreuzung (Panoramablick auf die Inselstadt Werder) schwenken wir rechts in die Havelpromenade und durchqueren die Siedlung Wildpark-West (Villen, Landhäuser, Datschen). An der Kreuzung links in die Straße *Am Ufer*. Geradeaus auf dem Sand-Schotterweg

(„Allgemeines Durchfahrtsverbot außer Fußgänger zum Bahnhof Werder“). Nach der Links-/Rechtskurve fahren wir auf dem Fußpfad am Bahndamm entlang über die seenartig verbreiterte *Havel*.

Nach etwa 300 m führt der Weg rechts unter der Eisenbahnbrücke hindurch. Wir folgen dem markierten Wanderweg (weiß-grün-weiß) ein Stück neben dem Bahndamm, bis er sich nach links von ihm abwendet. Auf dem schwarzgrundigen *Galliner Damm* radeln wir durch das *Golmer Luch* (Feuchtwiesen). An der Häusergruppe (kurze Asphaltierung) bleiben wir geradeaus. Der anfangs löchrige, später festsandige Fahrweg *(Mühlendamm)* verläuft nahe am Ostufer des

Großen Zernsees. Vorbei an Müllkippe und Pappelhain, dann kurz durch ein Feld. An der ausgeprägten Gabelung wählen wir den linken Weg (weiß-grün-weiß). Zwischen dem Schilfgürtel der *Wublitz* und dem Pappelwald führt der Wanderweg nach *Nattwerder*.

Rechts in die Dorfstraße (Gaststätte An der Wublitz). Nach einem Linksknick rollen wir auf dem *Nattwerder-Damm* (Betonplatten) an einem kleinen See vorbei nach *Grube*. An der T-Gabelung links durch die *Neue Dorfstraße* (bald Kopfsteinpflaster) mit der namenlosen Gaststätte. Wenige Meter danach geradeaus in den *Schlänitzseer Weg* (Betonplatten, ab Friedhof schwarzer Schotter) zur Bungalowsiedlung *Schlänitzsee*. An der Wegkreuzung fahren wir geradeaus (Sackgasse Am Wiesenrain) und biegen rechts in den grasbewaschsenen Uferpfad entlang des idyllischen *Sacrow-Paretzer-Kanals*.

Anschließend tragen wir unser Rad die Treppe hoch, um die *Eisenbahn-Kanalbrücke* (separater Fußweg) zu überqueren. Sofort links den breiten Weg bergab. Links in die Kleinpflasterstraße, die nach *Marquardt* ansteigt. 1 km hinter Marquardt biegen wir links in die vielbefahrene bevorrechtigte *B 273* und unterqueren die Autobahn. Wir zweigen links ab nach Uetz und fahren durch ein Feuchtgebiet. Im winzigen *Uetz* folgen wir der Durchgangsstraße.

Nun rollen wir auf einer ruhigen Strecke durch riesige verödete Feldflächen (bis 1991 Plantagen der LPG Marquardt Obstproduktion), überqueren den *Havelkanal* und einen Nebenarm und kommen nach *Paretz*. Am Dorfeingang durch zwei Torhäuser, dann links in den kopfsteingepflasterten *Parkring* (*Schloß*, Landsitz von König Wilhelm III. und Königin Luise; Parkanlage). Hinter der *Feldsteinkirche* nach rechts *(Parkring)*. An der Kreuzung links in die Vorfahrtstraße („Brandenburg/Ketzin"). Fast übergangslos gelangen wir, vorbei an einer Mühle, nach *Ketzin* (Kopfsteinpflaster). Am Abzweig „Groß Kreutz/Schmergow" folgen wir der scharfen

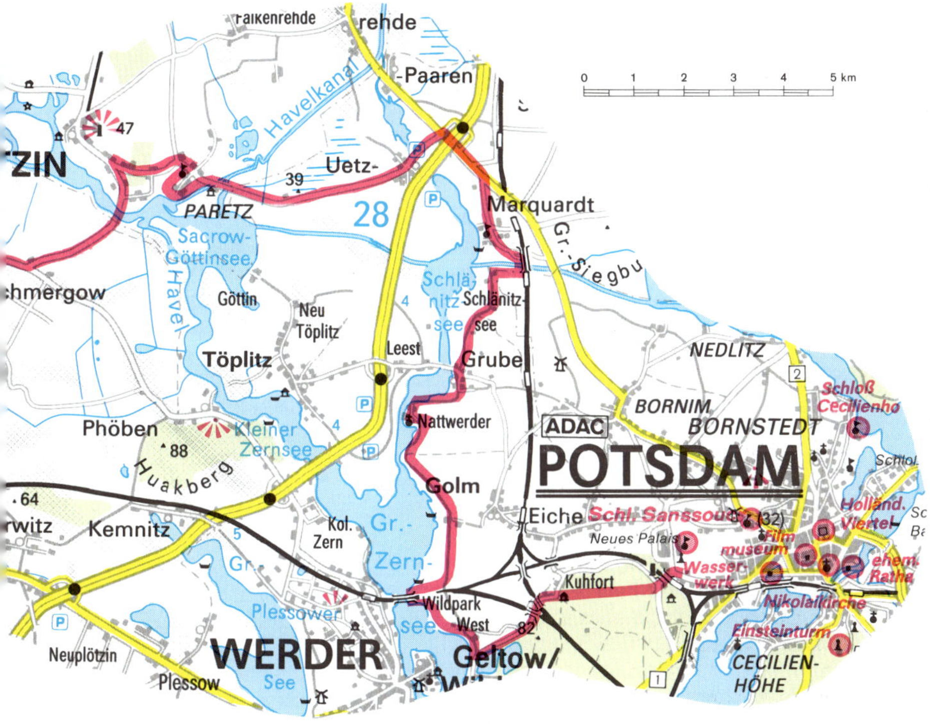

Linkskehre. Hinter der leichten Steigung mit der Vorfahrtstraße nach rechts („Groß Kreutz") und 100 m steil bergab (zuletzt Katzenkopfpflaster!) zur *Havelfähre Ketzin*. Wir setzen über die *Havel*. Am anderen Ufer geht es durch Felder. Hinter der *Ketziner Siedlung* (nach 1,8 km) geradeaus in die Vorfahrtstraße. Bald danach *Schmergow* auf der Dorfstraße durchqueren.

Am Ortsausgang mit der Vorfahrtstraße nach links. Auf der Pflaumenbaum-Chaussee passieren wir die Mülldeponie Deetz und zweigen nach leichtem Anstieg rechts nach Deetz (linksseitiger Rad-/Fußweg) ab. An der Gabelung in der Ortsmitte von *Deetz* (Platz) rechts in die *Dorfstraße*. Mit der Vorfahrtstraße nach links; kurz danach erneut nach links *(Ziegeleiweg)*. Nun folgen wir dem Betonplattenweg durch die *Havelwiesen* (rechts Datschensiedlung). Im Wald passieren wir ein Holzhaus (rechts) und ein Durchfahrt-Verbotsschild („Anlieger frei"). Am geschotterten Parkplatz links in den Grasweg. Rechts eine Datschenreihe, links ehemalige *Tonlöcher*. Am nächsten (Gras-) Parkplatz rechts in den Fußweg (verwittertes Schild „Durchfahrtverbot für Autos/Motorräder„) auf dem Damm zwischen den Tonlöchern. An der Verzweigung (nach 50 m) wählen wir den rechten Weg (bald Fahrrinne) und an der Gabelung (nach etwa 500 m) den linken Weg entlang der Strommasten. Beim Verlassen der Auen folgen wir dem Schotterweg in den Ort *Götzer Berge*. Rechts in die Teerstraße. Am Ortsende mit der Vorfahrtstraße nach links („Götz"). Auf der ausgebesserten Teerstraße zunächst durch Wald, dann am Waldrand entlang um die Götzer Berge herum. In *Götz* bleiben wir mit der Vorfahrtstraße nach links (große Betonplatten). Hinter der Schrankenanlage rechts zum *Bahnhof Götz*.

53 Durch ausgedehnte Flachmoore des Rhinluchs zum Ruppiner See

Ausgangspunkt Bahnhof in Kremmen
Tourenlänge 34 km
Fahrzeit 3 Stunden
Höhenunterschiede Geringfügig

Tourenbeschreibung Vom *Bahnhof Kremmen* über den Bushalteplatz rechts in die *Berliner Chaussee*. Leicht bergab durch die Eisenbahn-Unterführung. An der Verzweigung leicht links in die kleingepflasterte *B 273*, Richtung Nauen. Hinter der Bushaltestelle (nach 2,1 km) zweigen wir rechts in die *Neuruppiner Straße* („Neuruppin"). Nach 4 km auf der schönen Eichenchaussee biegen wir an der Kreuzung nach rechts (Schild „Wustrau/Linumhorst" nur von der anderen Richtung lesbar!) Die baumbestandene Chaussee (teilweise holprige Strecke) führt schnurgerade ins *Rhinluch* (satt-grüne Wiesen, umzäunte Weiden, Netz von Wassergräben). Wir durchqueren das winzige Straßendorf *Linumhorst* und überbrücken den *Kremmener Rhin* (urwaldähnlich bewachsene Ufer). Das einspurige Sträßchen ist jetzt mit Katzenkopfsteinen gepflastert (meist Rand mit ausgefahrener Sandspur). An der Verzweigung geradeaus. Nach 4 km durch das einsame Luch passieren wir die Zuchtstation Märkischen Saaten Potsdam.

In *Wustrau* rechts in die Vorfahrtstraße, Richtung Herzberg (Gasthof Zum alten Zieten; der Ort war Besitz des Husarengenerals von Zieten, sein Grab auf dem Kirchplatz; Schloß mit großem englischen Park). Hinter der Getreidewirtschaftsanlage am Ortsende kommen wir zur Südspitze des *Ruppiner Sees*. Im Nachbarort *Altfriesack* an der Gabelung links über den Verbindungskanal zwischen Ruppiner See und Bützsee (rechts die Schleuse Altfriesack). Knapp 100 m hinter der Ortsendetafel zweigen wir links ab nach Karwe. Auf der *Lange Straße* durchqueren wir das langgezogene Straßendorf *Karwe* (Richtung Gnewikow). Am Dorfende folgt eine Kopfsteinpflaster-Strecke (etwa 1 km, Sandstreifen zum Ausweichen). Über den Flecken *Seehof* mit Seeblick gelangen wir nach *Gnewikow*. Wenn die Durchgangsstraße hinter der kleinen Kirche nach rechts verläuft, bleiben wir geradeaus auf der Verbundsteinstraße. Diese wird zum sandig-steinigen Weg, der parallel zur Stromleitung durch die Felder führt. An den ersten Häusern von *Wuthenow* folgen wir dem breiten Weg nach rechts. Bald rechts in das Asphaltsträßchen. 300 m weiter links in die mit „Neuruppin“ beschilderte Straße.

Auf ein kurzes Gefälle folgt ein kurzer Gegenanstieg (je 100 m). Hinter dem Ostzipfel der *Lanke* (Ausbuchtung des Ruppiner Sees) links in die *Lindenallee* (grünes Schild „Café Waldfrieden“). Am Stopschild links. Auf dem breiten *See-Damm* (Schotter-Radweg) überqueren wir mit Blick auf die zweitürmige Klosterkirche den *Ruppiner See*. Im Anschluß fahren wir auf der *Steinstraße* ins Zentrum von *Neuruppin*. Wir folgen der Vorfahrtstraße nach rechts *(Karl-Marx-Straße)* zum *Bahnhof Neuruppin Rheinsberger Tor*. – Neuruppin ist der Geburtsort des Dichters Theodor Fontane und des Baumeisters K.F. Schinkel; Heimatmuseum). Die gesamte Stadt mit ihren klassizistischen Bürgerhäusern, der Marienkirche und der ehem. Klosterkirche steht unter Denkmalschutz.

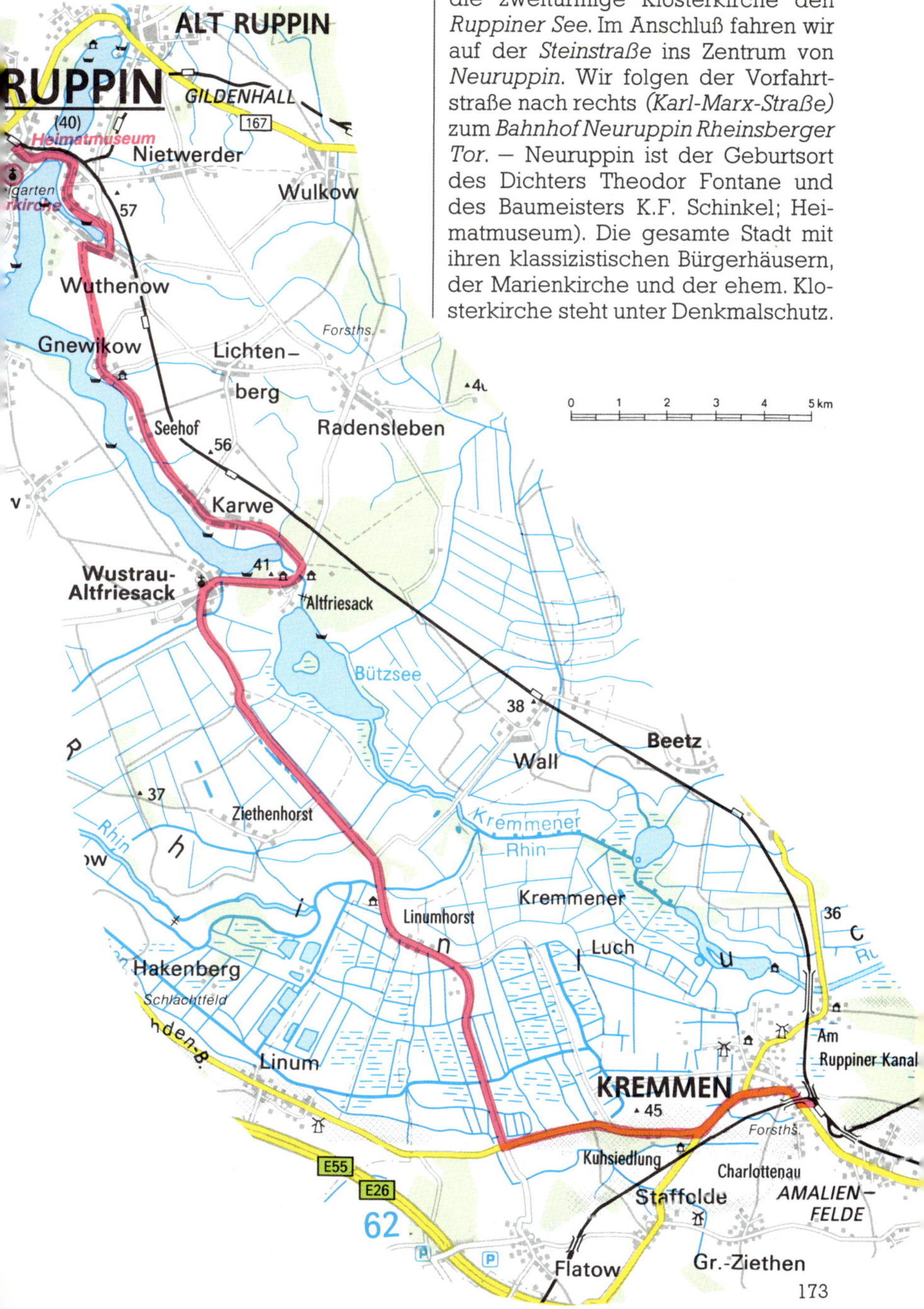

54 Eine Rundfahrt über Hügel und durch Täler des Hohen Fläming bei Belzig

Ausgangspunkt Bahnhof in Belzig
Tourenlänge 42 km
Fahrzeit 4 Stunden
Höhenunterschiede Eine Vielzahl von Steigungs- und Gefällstrecken, aber nie anstrengend
Tourenbeschreibung *Belzig*, das Tor zum Hohen Fläming, entwickelte sich im Schutz von Burg Eisenhardt, der größten mittelalterlichen Höhenfeste Norddeutschlands. Sehenswert in der Stadt: Bürgerhäuser des 17. und 18. Jh., Bricciuskapelle (15. Jh.), Marienkirche. – Vom *Bahnhof* über den Vorplatz nach links in die *Bahnhofstraße* (250 m steil bergab). An der Vorfahrtstraße geradeaus (150 m langer Gegenanstieg) vorbei an *Burg Eisenhardt*. Auf der Kuppe zweigen wir nach links, nach Bergholz, und unterqueren die Eisenbahnbrücke. Nun geht es zunächst 400 m steil, danach sanft bergan (insgesamt 1,5 km) durch die weite Feldmark. Der Militärische

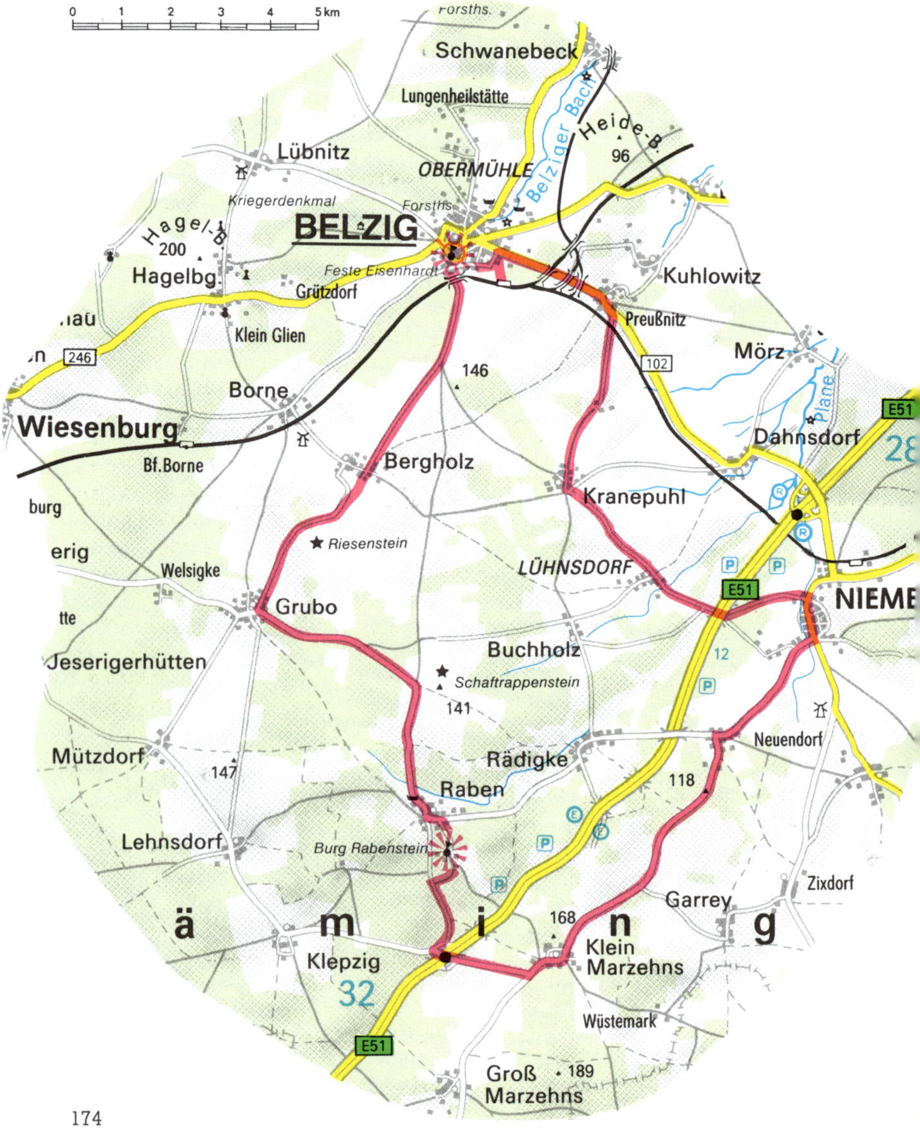

Sicherheitsbereich links trübt den schönen Landschaftseindruck. In *Bergholz* (der Ortskern liegt rechts) bleiben wir geradeaus Richtung Grubo und rollen durch sanftgeschwungene Felder (links am Feldrand Hinweisschild „Riesenstein/Brautrummel“ (Rummeln sind geologisch interessante Trockentäler aus der Eiszeit). Von der Hochfläche fällt die Landstraße etwa 400 m steil ab nach *Grubo*. An der Gabelung scharf links nach Niemegk/Raben. Die verkehrsarme Asphaltstraße führt durch Kiefernwald. Nach einer markanten Rechtskurve rollen wir erst allmählich, dann steil bergab (1,5 km) und überqueren im Tal die *Plane*.

In *Raben* (kopfsteingepflasterte Dorfstraße mit spätromanischer *Feldsteinkirche*) bleiben wir hinter der Rechtskurve am Platz mit Bänken und Wanderhinweisen geradeaus (Raben-Schild zur „Burg Rabenstein“). Jetzt müssen wir unser Rad den steilen Hang auf Kopfsteinpflaster knapp 500 m weit hinaufschieben. Auf der Anhöhe (Schotterweg) passieren wir den Zugang zur *Burg Rabenstein* (Rittersaal; vom Bergfried schöner Fläming- Rundblick) und rollen dann den Berg hinunter (400 m). Im Tal links in den kreuzenden breiten Sand-/Schotterweg (später 300 m Kopfsteinpflaster, dann Asphaltierung). Hinter der Autobahn-Auf-/Abfahrt an der Gabelung nach links („Wittenberg“), durch die Autobahnunterführung und mit der Vorfahrtstraße links Richtung Wittenberg. 1,6 km später nach links („Klein Marzehns“). Wir radeln durch *Klein Marzehns* (Kopfsteinpflaster) und lenken hinter dem Fläming-Eck nach links. Nach kurzer Steigung folgt eine lange Gefällstrecke (1,6 km). Felder und Wiesen wechseln sich in der gewellten Landschaft ab. Erneuter kurzer Anstieg mit weiterem Gegengefälle. Nach 2 km durch Kiefernwald radeln wir auf Kopfsteinpflaster durch *Neuendorf*. Hinter der Kirche mit der Vorfahrtstraße nach rechts. Kurz darauf öffnet sich uns die ausgedehnte Felderlandschaft. Schnurgerade steuern wir auf der schönen Lindenchaussee *Niemegk* an. Nach Überqueren eines Wassergrabens auf der *Lindenstraße* stadteinwärts. An der Kreuzung (Postmeilensäule) lenken wir links in die *Großstraße*. Hinter dem *Kirchplatz* der Straße nach links folgen dann nach rechts *(Belziger Straße)*. Wir biegen in die erste Querstraße links nach Lühnsdorf (Richtungsschild nur von der anderen Seite lesbar!) und lassen auf der pappelgesäumten *Werderstraße* Niemegk hinter uns.

Wir fahren durch ein Waldstück und nähern uns auf Kopfsteinpflaster der Autobahn. An der Verzweigung nach rechts (Kopfsteinpflaster) durch die Autobahnunterführung. Wir überqueren die *Plane*, strampeln kurz bergan (250 m) und rollen von der Anhöhe hinunter nach *Lühnsdorf*. An der Vorfahrtstraße bleiben wir geradeaus („Kranepuhl“) und fahren auf dem schmalen Teersträßchen über die Fläming-Hügel. In *Kranepuhl* links in die Vorfahrtstraße; an der folgenden Kreuzung rechts nach Belzig. In ständigem leichten Auf und Ab radeln wir auf der wenig befahrenen Landstraße zwischen den bewaldeten Trockentälern des Hohen Fläming und den Ausläufern der Kiefernwälder des Niederen Fläming. Wir kreuzen ein schrankenloses Bahngleis (nach 3,2 km) und biegen links in die belebte *B 102*. *Preußnitz* lassen wir rechts liegen, unterqueren hintereinander drei Eisenbahnbrücken und erreichen wenig später wieder *Belzig*. Auf der Höhe des Krankenhausgeländes zweigen wir links in die *Karl-Marx-Straße* (Richtung Bergholz) zum nahen *Bahnhof Belzig*.

55 Von Schloß Glienicke aus eine Rundfahrt durch Potsdam und die Havellandschaft bei Schloß Babelsberg

Ausgangspunkt Königstraße, beim Schloß Glienicke
Tourenlänge Etwa 18 km
Fahrzeit 2 Stunden
Tourenbeschreibung Auf der Königstraße – rechts liegt Schloß Glienicke – fahren wir geradeaus Richtung Westen und überqueren auf der *Glienicker Brücke/Brücke der Einheit* die Havel. Wir sind jetzt in *Potsdam*.

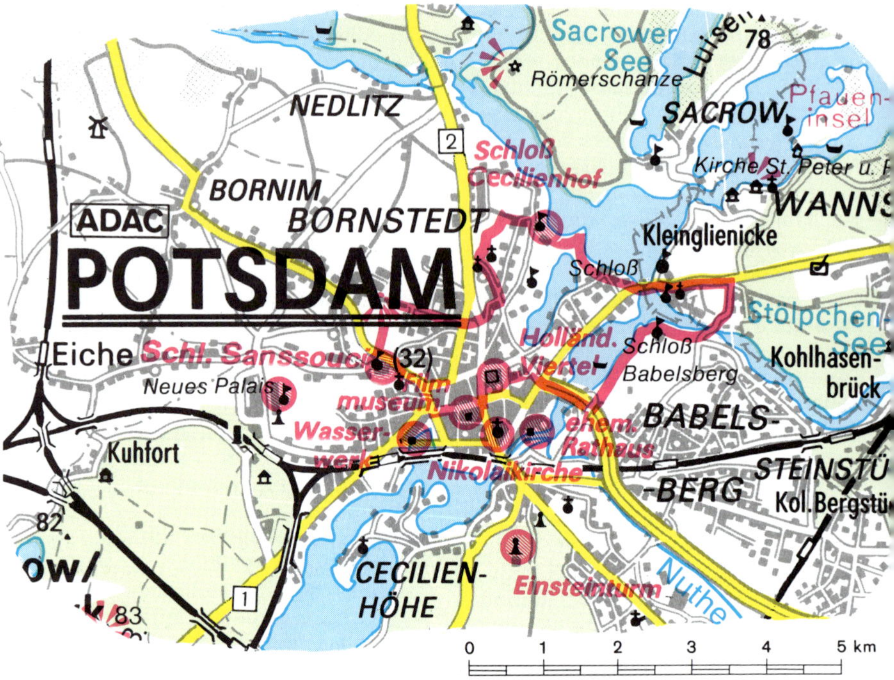

Hinter der Brücke befindet sich die Fährstation nach Sacrow. Hier lenken wir rechts in die *Schwanenallee* (Schild „Stadtwanderroute nach Sanssouci" und Markierung Gelber Punkt). Wenig später überqueren wir den *Hasengraben* und sind im *Neuen Garten*. Im Park müssen wir auf Spaziergänger Rücksicht nehmen. Radfahren ist hier offiziell verboten. Wir wählen den Parkweg, der am *Jungfernsee* bleibt – er befindet sich rechts von uns. Links liegt der Heilige See. Nach 1 km kommen wir am *Schloß Cecilienhof* vorbei, das links unseres Parkwegs liegt. Wir bleiben geradeaus und erreichen wenig später die *Meierei*. Geradeaus passieren wir die nahe Durchfahrt, kreuzen die bevorrechtigte Straße und fahren in Richtung „Restaurant am Pfingstberg" halblinks weiter.

Wir sind jetzt auf der *Großen Weinmeisterstraße* (kein Schild, jedoch Markierung Gelber Punkt) und fahren durch die *Nauener Vorstadt*, einen Ortsteil von Potsdam. An der nahen Straßengabelung radeln wir halbrechts in die kopfsteingepflasterte Straße, die leicht bergauf führt (nicht in die Sackgassen rechts und links!). Nach 200 m biegen wir links in die geteerte, markierte Sackgasse ein und müssen für etwa 300 m bergauf radeln. Wir kommen am *Restaurant am Pfingstberg* vorbei und bleiben geradeaus. Bald verläuft unser Weg eben. Wenig später befindet sich links der Straße in einem schönen Gebäude das *Pflegeheim am Pfingstberg*. Anschließend folgen wir dem Erdfahrweg nach halbrechts und radeln dann geradeaus zum nahen *Belvedere* (die Ruine darf nicht betreten werden – Lebensgefahr!).

Die Markierung Gelber Punkt leitet uns nach links um die Ruine herum. Dann folgen wir dem breiten Erdfahrweg bergab. Hinter der Mauer bzw. dem Zaun befindet sich rechts des Weges der *Jüdische Friedhof*. Rasch erreichen wir eine kreuzende kopfsteingepflasterte Straße (Puschkinallee; kein Schild). Wir bleiben auf dem Erdfahrweg geradeaus und fahren zur nahen *Russisch-Orthodoxen Kirche* auf dem *Kapellenberg*. Vor der Kirche wenden wir uns nach links und folgen an der Kirche der Markierung nach halbrechts. Bergab rollen wir zu einer öffentlichen Teerstraße (*Puschkinallee*; kein Schild), in die wir rechts einbiegen.

Bald begleiten Straßenbahngleise unsere Straße, und wir sehen das erste Blockhaus der *Russischen Kolonie Alexandrowka*. Wenig später überschreiten wir das Gleis nach halbrechts und radeln auf der breiten Erdfahrstraße durch die Russische Kolonie. Nach 200 m kreuzen wir eine Vorfahrtstraße und folgen weiter dem Erdfahrweg. Nach weiteren 200 m überqueren wir vorsichtig die nächste bevorrechtigte Straße und fahren geradeaus auf der geteerten *Pappelallee* (kein Straßenschild) weiter (die Markierung Gelber Punkt beachten wir nicht mehr). Die relativ stark befahrene Straße besitzt einen Radweg. Rechts sehen wir die Kasernen der früheren sowjetrussischen Streitkräfte. In die zweite Seitenstraße biegen wir links ein (am Abzweig eine Bushaltestelle). Wir sind auf der kopfsteingepflasterten *Ruinenbergstraße* und radeln durch eine Wohnsiedlung der 20er Jahre. Am Ende der Straße lenken wir kurz nach links und fahren dann nach 10 m rechts in den Erdfahrweg. Auf diesem Waldweg (links Kleingärten), der sich bald zu einem Erdfahrweg verbreitert, radeln wir geradeaus zur kreuzenden *Bornstedter Straße* (kein Straßenschild), in die wir links einbiegen (linksseitiger Radweg). Kurz darauf sind wir an einer verkehrsreichen Kreuzung, die wir überqueren.

Wir bleiben auf der B 273 (= *Schopenhauerstraße*) geradeaus (linksseitiger Radweg). Rechts der Straße befindet sich der *Schloßpark Sanssouci*. An der Ampelkreuzung fahren wir vorsichtig nach halbrechts (jetzt rechtsseitiger Radweg). Nach 200 m lenken wir am *Brandenburger Tor* nach links und durch die Fußgängerzone der *Brandenburger Straße* (Potsdamer Einkaufs- und Stadtzentrum). Es besteht kein Radfahrverbot, doch sollten wir auf die vielen Passanten Rücksicht nehmen und eventuell die Räder schieben. Wir kreuzen die Friedrich-Ebert-Straße und bleiben auf der Brandenburger Straße noch ein Stück weit geradeaus. Vor der *Peter-Pauls-Kirche* (1867-70 erbaut) fahren wir links. Am Platzrand biegen wir rechts in die *Gutenbergstraße* ein (vorerst kein Straßenschild, später Radweg) und rollen an den denkmalgeschützten Häusern des *Holländischen Viertels* entlang. Wir folgen dieser Straße bis zur abknickenden Vorfahrtstraße, in die wir halbrechts einbiegen. An der nahen Ampelkreuzung bleiben wir vorsichtig geradeaus (Radweg) und radeln auf der *Humboldtbrücke* über die Havel.

Hinter der Brücke biegen wir scharf rechts ab, fahren auf dem kleinen Weg zum Fluß hinunter und rollen nach rechts unter der Brücke hindurch. Wir folgen dem Uferweg und sind bald am *Schloßpark Babelsberg*. Die Gaststätte am Parkanfang und das Strandbad umfahren wir und folgen anschließend dem geteerten Sträßchen am Havelufer. Wir kommen am *Kleinen Schloß* vorbei und radeln weiter auf dem Erdweg am Wasser entlang. Wenig später sind wir an der Einmündung der *Glienicker Lake* in die Havel. Hier stoßen wir auf den geteerten früheren Grenzweg der DDR-Truppen. Wir folgen dem Weg nach rechts und radeln nun an der Glienikker Lake entlang. Wir kommen am *Maschinenhaus* vorbei. Weiter am Ufer entlang bis zur Parkbrücke. Wir überqueren sie und gelangen dann geradeaus auf die *Königstraße* und zum *Schloß Glienicke* (klassizistische Bauten und stimmungsvoller, als Landschaftsgarten konzipierter Park).

BERLIN

Es stimmt ja nicht, daß Berlin nur aus einem riesigen Häusermeer besteht, Berlin hat auch seine „Dörfer" wie Lankwitz, Rudow, Gatow und Kladow, wie Kaulsdorf, Blankenburg und Rahnsdorf, deren Mitte alte Dorfkirchen, zumeist aus Feldsteinen, bilden. Auch Marienfelde und Lichterfelde haben sich noch etwas von ihrem einst rein dörflichen Charakter bewahrt. Und an den Havelseen und in dem großen Seengebiet im Südosten sowie im Tegeler Forst und Berliner Stadtwald vergißt man leicht, daß man sich in einer Großstadt befindet.

Berlin: Pferdekoppeln im ehemaligen Dorf Lübars im Norden Berlins

Die folgenden vier Touren sind Etappen einer zusammenhängenden Rundfahrt, wie sie die Karte auf Seite 180/181 zeigt

56 Erste Etappe: Durch Kreuzberg, Rudow und Buckow nach Lichterfelde

Ausgangspunkt U-Bahnhof Kochstraße
Tourenlänge 47 km
Fahrzeit Etwa 5 Stunden
Tourenbeschreibung Ausgangspunkt der Berlin-Rundfahrt – erste Etappe – ist der *U-Bahnhof Kochstraße.* Wir verlassen den Bahnhof in Fahrtrichtung Tegel und stehen am Ende der Treppen auf einer Mittelinsel der *Friedrichstraße.* Wir wenden uns nach rechts und fahren auf der relativ verkehrsreichen *Kochstraße* bis zur *Lindenstraße* (kurz vor der Kreuzung links das Verlagsgebäude des Axel-Springer-Konzerns). In die *Lindenstraße* biegen wir rechts ein und bald nach links in die *Ritterstraße.* Wir durchfahren zunächst ein Neubaugebiet. Nach etwa 1,5 km auf der *Ritterstraße* (zunächst Kopfsteinpflaster, dann Teerbelag) haben wir den Platz *Kottbusser Tor* erreicht.

Wir umfahren den Platz (Vorsicht! Starker Verkehr), bis die *Reichenberger Straße* (Radweg) abzweigt. Wir sind jetzt in einem Gebiet mit der für Kreuzberg typischen Mischstruktur aus Wohnungen und Gewerbebetrieben. Nach etwa 1,4 km auf dieser Straße fahren wir nach rechts in die *Glogauer Straße* und überqueren bald den *Landwehrkanal,* der die Grenze zum Bezirk *Neukölln* bildet. Hinter der Brücke biegen wir nach links in die Straße *Maybachufer* (Kopfsteinpflaster). In die *Weichselstraße* nach rechts, aber nach wenigen Metern in die Straße *Weichselplatz* nach links (jetzt wieder Teerbelag). Diese Straße geht in die Straße *Weigandufer* über, auf der wir für etwa 1,25 km am *Neuköllner Schiffahrtskanal* entlangradeln.

In die *Thiemannstraße* geht es nach rechts und bald wird die stark befahrene *Sonnenallee* gekreuzt. In die folgende Querstraße – die *Böhmische Straße* – lenken wir nach links, um in die *Schudomastraße* links einzubiegen. Diese Straße mündet in die *Saalestraße;* hier nach rechts. An der nächsten Kreuzung nach links in die *Niemetzstraße* (Kopfsteinpflaster) und unter der S-Bahn-Brücke hindurch. In die *Lahnstraße* (Teerbelag) geht es nach rechts. Wir sind jetzt im Neuköllner Industriegebiet. Der Weiterweg führt durch die *Naumburger Straße* (links einbiegen) zur *Grenzallee.* Auf dieser Straße ein kurzes Stück nach rechts, dann links in die *Ballinstraße.* In das Sieversufer nach rechts und auf dieser Straße zur verkehrsreichen *Buschkrugallee.* Wir schieben unsere Räder nach links über die nahe *Buschkrugbrücke* und fahren auf der Straße *Delfter Ufer* (links einbiegen) weiter.

Diese Straße endet bald als Sackgasse. Wir bleiben geradeaus und fahren nun auf dem Teersträßchen am *Teltower Kanal* entlang, nach ca. 700 m leicht links auf dem festgrundigen Uferweg weiter. Rund 200 m vor (!) der nächsten *Brücke* nehmen wir links den schmaleren Weg, der am

HENNIGS-
DORF
Wansdorf
Wansdorfer
Wiesen
Schönwalde
Teufels-
bruch
Sdlg.
Schönwalde
NIEDER-
NEUENDF.
Havelkanal
Nd. Neuendorfer Kanal
heide
Neubrück
Stolpe-
Süd
FROHNAU
Berliner Fors
HEILIGEN-
SEE
Schulzen-
dorf
Baum-B.
61
Schl.Tegel
Papen-Bge.
49
KONRADS-
HÖHE
TEGEL
Tegeler
See
TEGELORT
Flughafen
Berlin-Tegel
„Otto Lilienthal"
Jungfern-
heide
HASEL-
HORST
Falkenhagener Alpen
Hitze-B.
45
Berliner
Forst
Spandau
Reh-Bge.
40
Falkenhagen
ALDHEIM
SDLG.
FALKENHÖH
FALKENHAGEN
Falkenhagener
See
SEEGEFELD
Hakenfelde
Neustadt
NSEE
Neu-
Seegefeld
Seegefeld-Ost
Königsgrbn.
Neu-
staaken
SPANDAU
SIEMENS-
STADT
Spree
Dallgow
Klosterfelde
STAAKEN
Ruhleben
WESTEND
50
Hasenheiden-B.
58
Hahne-B.
Wilhelm-
stadt
Pichels-
berg
Pichelsdorf
46
Champagner-B.
Seeburg
120
Teufels-B.
Eichkamp
75
Finken-B.
GATOW
Grunewald-Turm
Grunewald
GRUNEW
Groß
Glienicke
Flugplatz
Gatow
Hohen-
gatow
79
E51
97
Krampnitz
GR.-GLIENICKE
Gr.-Glienicker
See
Havel
Havel-B.
115
Krumme
Lanke
Aue
28
Lehnitz-
see
Schwanen-
werder
ZEHLENDORF
Neu Fahrland
Sacrower
See
Luisen-B.
78
KLADOW
Römerschanze
Schlachtensee
SACROW
Gr.
Wann-
see
NIKOLAS-
SEE
Museumsdorf
Düppel
Kirche St. Peter u. Paul
WANNSEE
RNSTEDT
Kleinglienicke
Schloß
AM
Stölpchen-
see
Pohle-S.
Dreilinden
Klein-
machnow
Schönow
Schloß
Babelsbg
Kohlhasen-
brück
BABELS-
-BERG
Teltow
Kanal
TEL
STEINSTÜCKEN
Kol. Bergstücken
Stahnsdorf
CECILIEN-
Mühlen
61

BERLIN
ADAC
Schildow
Stadtforst
BUCH
Friedrichs-
hof
Schwane-
beck
BLANKENFELDE
LÜBARS
BUCHHOLZ
ROSENTHAL
KAROW
Neu-
Lindenberg
Lindenberg
Nordend
BLANKEN-
BURG
Wilhelmsruh
NIEDER-
SCHÖNHSN.
MALCHOW
Schönholz
HEINERSDORF
FALKENBER
WARTENBERG
REINICKEN-
DORF
Schiller-
park
PANKOW
WEISSEN-
SEE
HOHEN-
SCHÖNHSN.
WEDDING
PRENZLAUER
BERG
Planetarium
Herzberge
Friedrichs-
hain
FRIEDRICHS-
HAIN
LICHTEN-
BERG
Reichs-
tag
Bellevue
Sieges-
Säule
ZOO
Nikolaiviertel
Gedächtnis-
kirche
FRIEDRICHS-
FELDE
Rummels-
burg
Tiergarten
KREUZBG.
Stralau
Ehrenmal
KARLS-
HORST
Schönebg.
Raths.
Zentralflughafen
Bln.-Tempelhof
NEUKÖLLN
TREPTOW
BAUM-
SCHLWG.
OBER-
SCHÖNE-
WEIDE
SCHÖNE-
BERG
NIEDER-
SCHÖNE-
WEIDE
TEMPELHOF
Rias
JOHANNIS-
THAL
ADLERS-
HOF
STEGLITZ
MARIEN-
DORF
BRITZ
Teltowkanal
Spree
LANKWITZ
Trabrennbahn
BUCKOW II
BUCKOW I
RUDOW
ALT
GLIENICKE
MARIEN-
FELDE
LICHTEN-
RADE
Großziethen
Osdorf
Heinersdorf
Friederikenhof
Schönefeld
Birkholz
Kleinziethen
Flughafen
Berlin-
Schönefeld
0 1 2 3 4 5 km

Ufer bleibt und die Brücke unterquert (Vorsicht!). Nach etwa 100 m dann rechts hinauf zum breiteren Weg, der parallel zum Kanal verläuft. Weiter geradeaus. Vor einem Fabrikgebäude folgen wir dem Weg nach rechts. In die nahe öffentliche Straße, *Seidelbastweg* (kein Schild), biegen wir links ein. Die Straße geht in die *Kanalstraße* über (Radweg) und endet nach 1,5 km an der *Köpenicker Straße*.

In die *Köpenicker Straße* fahren wir ganz kurz nach rechts, dann nach links in einen Weg, der durch die *Kleingartenkolonie Neues Heim* führt (am Abzweig Schild mit der Aufschrift „Weg 1"). Im Schlußteil führt dieser Weg eine kurze Strecke nach rechts, dann wieder nach links und endet an einer querenden öffentlichen Straße – am *Neudecker Weg*: Auf dieser Straße fahren wir nach links, biegen aber gleich danach rechts ein (*An der Werderlake*). In den *Glashütter Weg* geht es nun für wenige Meter nach rechts, dann links in ein motorfreies Teersträßchen, auf der wir am Fuß der *Rudower Höhe* (ein künstlicher begrünter Berg) entlangfahren.

Weiter geradeaus auf dem Teersträßchen, dem sogenannten *Grenzweg*, der später im Zickzack verläuft. Bald rollen wir parallel zu einer Autostraße, die auf dem ehemaligen Grenzstreifen angelegt wurde. Rechts Kleingartengelände, später Felder. Etwa 200 m vor einer Hausreihe versperrt eine Pferdekoppel den Weiterweg. Wir wechseln nach links zum ehemaligen *Grenzweg* der DDR-Truppen.

Bald erreichen wir die kreuzende *Waltersdorfer Chaussee*, in die wir für eine kurze Strecke rechts einbiegen. Unmittelbar am Ortsschild „Berlin" lenken wir vorsichtig nach links und fahren auf dem ehemaligen *Grenzweg* der Westalliierten weiter. Nun an der Stadtgrenze entlang auf diesem autofreien Weg, der bald zwei öffentliche Straßen kreuzt. Dann auf festgrundigem Erdweg links unterhalb des *Trümmerbergs Dorfblick*. Nach 400 m folgen wir dem Weg scharf nach rechts. 200 m weiter wecheln wir nach links zum parallellaufenden früheren *Grenzweg* der DDR-Truppen (schlechter Zustand). Vor uns die Hochhauskulisse der Gropiusstadt.

Nach 1,2 km erreichen wir die kreuzende *Groß-Ziethener-Chaussee*, in die wir rechts einbiegen und auf der wir wieder auf Berliner Gebiet zurückkehren. Dann links in die Seitenstraße *Lößnitzer Weg* (Kopfsteinpflaster mit Seitenstreifen). Wir radeln durch die sogenannte *Postsiedlung*. Nach 500 m kreuzen wir den *Zwickauer Damm* und radeln auf der *Anliegerstraße* (= Straße 229, Schild erst später) geradeaus durch die nette *Siedlung am Zwickauer Damm*. Links in den *Söderblomweg* und kurz darauf rechts in den *Löheweg*. In den nahen *Matthäusweg* geht die Fahrt nach links.

Nach 50 m folgen wir dem *motorfreien Weg* nach rechts. Am nahen *Wäldchen* (rechts ein Sportplatz) halten wir uns leicht links und fahren auf dem schmalen Erdweg links am Waldrand entlang. Bald kreuzen wir eine Teerstraße und radeln auf dem breiten Teerweg geradeaus weiter.
Vor dem Bahngleis am Kölner Damm mündet der *Stuthirten Weg*, in den wir links einbiegen. Wir folgen dieser Straße auch über den *Buckower Damm* hinweg. Nach etwa 1,4 km (ab Buckower Damm) endet unser Weg dann am *Töpchiner Weg*, in den wir links einbiegen. Auf dieser breiten Straße bleiben wir für etwa 1,3 km und fahren dann links in die *Wiesbadener Straße*. In die *Braunfelsstraße* nach rechts. Die Straße endet an der *Groß-Ziethener Straße*, die wir kreuzen und geradeaus auf einer Feuerwehrzufahrt durch eine Neubausiedlung fahren (an der Einfahrt Tafel mit der Aufschrift „Häuser 104-102-100"). Bald darauf erreichen wir wieder eine öffentliche Straße – *Skarbinastraße* –, auf der wir geradeaus weiterfahren. Auch auf der Verlängerung – *Aschaffenburger Straße* – geht es weiter geradeaus. In die *Witteisbacher Straße* kurz nach rechts, dann links in die *Fechsteinstraße* einbiegen. Wir bleiben auf dem Weg bis zur *Tutzinger Straße*.

Diese Straße endet vor einem *Wäldchen*, in das wir auf einer für den Kraftfahrzeugverkehr gesperrten

Teerstraße hineinfahren. An einer Teerstraßengabelung im Wald halten wir uns rechts und erreichen bald eine öffentliche Straße, den *Kirchhainer Damm,* in den wir rechts einbiegen. Kurz vor der Gaststätte „Zum alten Hirten“ fahren wir nach links in einen schmalen Erdweg, der durch einen Waldstreifen zur *Lützowstraße* führt. Hier nach rechts, dann in die *Horstwalder Straße* nach links. Vor einer stillgelegten Bahnstrecke beschreibt die Straße eine Rechtskurve. Dort, wo die Goltzstraße beginnt, radeln wir nach links über die ehemalige Bahnstrekke.

Hinter einem kleinen Platz fahren wir auf der *Lortzingstraße* weiter, biegen in die *Brahmsstraße* links ein, dann in die *Weberstraße* nach rechts. Hinter dem Wendekreis dieser Straße schwenken wir vor einem Graben nach links und fahren auf einem Erdweg zum *Löwenbrucher Weg,* auf dem es nach rechts weitergeht. Diese Straße führt uns in die *Nachtbucht,* ein Wäldchen, das wir auf einem Teersträßchen (für den Kraftfahrzeugverkehr gesperrt) durchfahren.

Wir erreichen die *Wolziger Zeile* und verlassen hier das Waldstück. Auf dieser Straße eine kurze Strecke nach rechts, dann nach links in die *Rangsdorfer Straße* (teilweise Kopfsteinpflaster). In die *Blohmstraße* biegen wir links ein. Dort, wo der *Gätschmannpfad* von rechts einmündet, radeln wir nach links in ein kleines Teersträßchen, das bald vor der ehemaligen Grenzmauer nach rechts führt. Dieser Weg ist wiederum nur uns Radfahrern und den Fußgängern vorbehalten. Nach etwa 2,4 km führt dieses Teersträßchen dann allmählich in eine öffentliche Straße, *Diedersdorfer Weg* genannt.

Auf dem *Tilkeroder Weg,* in den wir links einbiegen, fahren wir durch eine Einfamilienhaussiedlung zur *Marienfelder Allee.* Hier kurz nach rechts, aber gleich nach links in den *Klausenburger Pfad.* In den *Kronstadter Weg* geht es nach rechts. Mit dieser Straße schwenken wir später nach rechts und fahren in den folgenden Abzweig nach links. Wir treffen auf einen Querweg (*Wiesauer Straße* – für Kraftfahrzeugverkehr gesperrt), in den wir links einbiegen. In den *Pfabener Weg* geht es kurz darauf nochmals nach links. Diese Straße mündet in die *Waldsassener Straße;* hier nach links.

Kurz vor der ehemaligen Grenze radeln wir auf einem Teersträßchen (rechts einbiegen) quer durch Felder und gelangen zum *Lichterfelder Ring,* in den wir links einbiegen. Nach wenigen Metern nochmals nach links in den Jenbacher Weg. Diese ruhige Wohnstraße führt uns direkt zur *Osbacher Straße.* Jetzt rechts und nach etwa 600 m nach links in den *Landweg,* der in die *Réaumurstraße* mündet. Wir biegen links ein (Radweg), dann rechts in die *Celsiusstraße* (Neubauwohngebiet). Dort, wo sich die Straße gabelt (in beiden Richtungen Celsiusstraße), geht es nach links in einen Fußgängerweg. Wir überschreiten bald darauf die S-Bahngleise (Schranke) und fahren anschließend nach links *(Fürstenstraße)* an der Bahn entlang zum *S-Bahnhof Lichterfelde-Süd,* dem Endpunkt der ersten Etappe.

57 Zweite Etappe: Von Lichterfelde durch den Düppeler Forst zum Wannsee

Ausgangspunkt S-Bahnhof Lichterfelde

Tourenlänge 31,5 km

Fahrzeit Etwa 3 Stunden

Höhenunterschiede Etwa 450 m Steigung ab Stölpchenweg mit anschließender Gefällstrecke

Tourenbeschreibung Ausgangspunkt der zweiten Etappe der Berlin-Rundfahrt ist der *S-Bahnhof Lichterfelde Süd.* Wir verlassen den Bahnhof, halten uns rechts und erreichen bald die *Fürstenstraße.* Auf dieser Straße radeln wir weiter, bis links die *Müllerstraße* abzweigt. Diese Straße führt uns zur *Lindenstraße,* in die wir links einbiegen. Bald darauf kreuzen wir den verkehrsreichen *Ostpreußendamm* und fahren auf der stark befahrenen *Wismarer Straße* geradeaus weiter. In die verkehrsreiche *Goerz-*

allee biegen wir links ein (Radweg). Wir kommen an Kasernen (ehemals belegt von US-amerikanischen Streitkräften) vorbei. Nach etwa 2,2 km geht die *Goerzallee* in den *Beeskowdamm* über, und bald haben wir den kreuzenden *Teltower Damm* erreicht (Ampelregelung).

Jenseits des Dammes fahren wir auf dem ruhigen *Kleinmachnower Weg* geradeaus weiter (links und rechts Kleingartenkolonien). Diese Straße mündet in die *Sachtlebenstraße,* in die wir für eine kurze Strecke nach rechts einbiegen. Nach etwa 100 m geht es nach links in ein *Teersträßchen,* das für den öffentlichen Kraftfahrzeugverkehr gesperrt ist. Wir folgen dem Straßenverlauf so lange, bis das ruhige Teersträßchen nach rechts abbiegt und dem *Buschgraben* folgt.

An der *Machnower Straße,* in die wir rechts einbiegen, erreichen wir wieder öffentliches Straßenland: In die *Ludwigsfelder Straße* geht es nach links weiter und bald nochmals links in die *Neuruppiner Straße.* Diese Straße endet an der *Berlepschstraße,* auf der wir nach links radeln. Hinter dem nahen Wendekreis radeln wir dann auf einer Verbindungsstraße unmittelbar bis zur *Benschallee.* In den *Königsweg* lenken wir nach links ein. Dieses kleine Sträßchen führt uns direkt an einem schönen Wald entlang. Wir erreichen nach etwa 2,1 km reizvoller Wegstrecke die *Königswegbrücke,* die die Autobahn nach Hannover, Nürnberg überquert.

Nach der Brücke halten wir uns zunächst rechts und bleiben in der Folgezeit immer nahe an einem Zaun, der ein großes Schießplatzgelände umgibt (früher für US-Streitkräfte). Nach etwa 750 m (ab Brücke) haben wir die *Potsdamer Chaussee* erreicht. Wir radeln scharf links (!) in einen breiten Erdweg, der dem Zaun weiter folgt. Dieser Weg steigt leicht an, und bald sind wir oberhalb der Potsdamer Chaussee. Dort, wo rechts eine Treppe zur Straße hinunterführt, fahren wir nach links und gelangen bald zur *Revierförsterei Dreilinden.* Vor dem Grundstückzaun radeln wir nach rechts und erreichen wenig später eine kreuzende Straße, den *Stahnsdorfer Damm.*

Wir bleiben geradeaus und fahren auf einem breiten Waldweg weiter durch den *Düppeler Forst.* Nach etwa 200 m biegen wir am Waldbriefkasten halb links in einen etwas schmaleren Waldweg, der anfangs mit einem *roten Eichhörnchen* markiert ist. Wir schwenken nach rechts und biegen dann unmittelbar vor der stillgelegten Bahntrasse nach links ein. Wir radeln eine ganze Weile auf dem eingeschlagenen Weg weiter und halten uns dabei stets parallel zur Bahnlinie bis zur Brücke. Hier überqueren wir die Bahngleise (nach rechts) und fahren auf einem breiten Waldweg *(Königsweg)* geradeaus weiter. Wir bleiben auf dem Königsweg (immer geradeaus!) und folgen dem Hinweisschild „Kohlhasenbrücke").

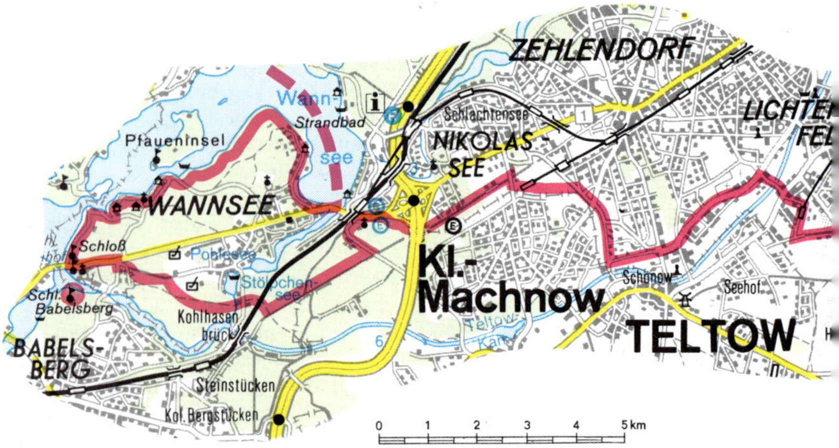

Nach weiteren 500 m – an einer großen Waldwegekreuzung mit Gedenkstein und Wetterschutzhäuschen – fahren wir nach rechts (Schild „Wannsee“). Vor der Fernbahnstrecke kreuzen wir den *Bürgermeister-Stiewe-Weg* und unterfahren anschließend die Bahn (zwei Unterführungen). Etwa 100 m nach der letzten Unterführung radeln wir nach links in einen etwas schmaleren Waldweg, der an der kreuzenden *Kohlhasenbrücker Straße* endet. Wir bleiben geradeaus und überqueren bald die *Hubertusbrücke.*

Hinter der Brücke geht es nach rechts in den *Stölpchenweg.* Nach wenigen Metern auf dieser Straße fahren wir – auf Höhe des Forsthauses an der Hubertusbrücke (Gaststätte) – scharf links in den Wald. Unser Weg (rechts von uns zunächst ein Golfplatz) führt für etwa 450 m bergan, anschließend wieder leicht bergab. Vor dem Zaun der Müllkippe (auf alten Karten noch Kiesgrube) fahren wir nach rechts und schwenken bald mit dem Zaun nach links. Wenige Meter nach diesem Abzweig radeln wir halb rechts wieder in den Wald hinein (auf Karten *Wacholderweg).* Rechts sehen wir bald den eingezäunten Golfplatz. Mit dem Zaun schwenken wir halb rechts und fahren auf einem Erdweg am Golfplatz entlang. Unser Weg stößt auf einen breiten Querweg, in den wir links einbiegen. Wir kreuzen eine Teerstraße *(Roedenbecksteig)* und bleiben geradeaus auf dem breiten Waldweg. 100 m hinter einem kleinen, freistehenden Holzhäuschen (links) fahren wir nach rechts in ein Teersträßchen, das nach etwa 300 m am *Roedenbecksteig* endet. In diese Straße biegen wir links ein. Auf der Straße *Am Waldrand* geht es nach rechts zur *Königstraße.*

In die *Königstraße* (Radweg) fahren wir nach links. Nach etwa 1,2 km auf dieser breiten Straße (rechts der Volkspark Kleinglienicke mit Schloß Glienicke) haben wir die *Glienicker Brücke/Brücke der Einheit* erreicht (wenige Kilometer bis Zentrum Potsdam). Wir fahren vor der Brücke nach rechts in den *Haveluferweg* (kombinierter Fußgänger-/Radweg), der uns für insgesamt 7 km an der *Havel* entlangführt. Wir kommen am *Krughorn* vorbei und umfahren später die kleine Bucht bei *Moorlake.* Am „Wirtshaus Moorlake“ geht es an der Wegegabelung nach links (für wenige Meter Radfahrverbot) weiter an der *Havel* entlang. Auf Höhe der Pfaueninsel erreichen wir eine Teerstraße – *Pfaueninselchaussee* –, auf der wir eine kurze Strecke nach rechts fahren. An der nahen Straßengabelung nach links und wenige Meter später halb links in die *Haveluferpromenade.* Wir fahren am *Großen* und *Kleinen Tiefehorn* vorbei und erreichen schließlich das Denkmal *Flensburger Löwe.* Hier nach rechts in die holprige Erdstraße (Einkehrmöglichkeiten), auf der wir zur kreuzenden Straße *Am Großen Wannsee* fahren.

Auf der Straße *Zum Heckeshorn* geht unsere Tour geradeaus weiter. Diese Straße findet ihre Fortsetzung in der *Straße zum Löwen.* Dann auf der *Conradstraße* nach rechts zur nahen *Königstraße,* in die wir links einbiegen (Radweg). Wir überqueren die *Wannseebrücke* und biegen vor der S-Bahnbrücke nach links in den *Kronprinzessinnenweg* (Radweg) und sind kurz darauf am Endpunkt *S-Bahnhof Wannsee.*

58 Dritte Etappe: Durch Kladow und den Berliner Forst Spandau zum Tegeler Forst

Ausgangspunkt S-Bahnhof Wannsee
Tourenlänge 37 km
Fahrzeit Etwa 4 Stunden
Tourenbeschreibung Ausgangspunkt der dritten Etappe der Berlin-Rundfahrt ist der *S-Bahnhof Wannsee.* Am Ende der Bahnsteigtreppe halten wir uns rechts und erreichen den *Kronprinzessinnenweg.* Der Weg gegenüber führt zur Anlegestelle der *BVG-Fähre* nach Kladow (Abfahrzeiten unverbindlich: werktags stündlicher Verkehr von 7 bis 19 Uhr; sonn- und feiertags stündlicher Verkehr von 10 bis 18 Uhr. Da die Mitnahmekapazität für Fahrräder begrenzt ist, kann

es an schönen Wochenenden zu Engpässen kommen; BVG-Fahrscheine haben auf der Fähre Gültigkeit). Nach etwa 20 Minuten haben wir *Kladow* erreicht (links die Pfaueninsel, rechts die Halbinsel Schwanenwerder).

Auf der Uferstraße, der *Imchenallee,* fahren wir nach rechts zum *Imchenplatz.* Hier nach links und auf der Straße Alt-Kladow kurz bergan zur *Sakrower Landstraße,* in die wir links einbiegen (am Abzweig rechts die schöne Dorfkirche aus dem 14. Jh.). Nach wenigen Metern führt hinter der Sparkasse eine kleine *Privatstraße* nach rechts. Nach etwa 150 m haben wir ein kleines Wäldchen erreicht. In das Waldstück führen drei Wege hinein; wir wählen den mittleren. Bald kreuzen wir einen breiteren Querweg *(Am Dorfwald),* wir bleiben geradeaus und fahren nunmehr auf einem gleichmäßig breiten Weg weiter. Rechts neben uns der Grundstückszaun einer nahen Schule. Bald beschreibt der Weg eine Rechtskurve. Vor einem Birkenhain (wir erkennen schon eine nahe Straße – *Gautinger Weg)* fahren wir links einen breiten Weg bergab. Auch nach der Gefällstrecke bleiben wir geradeaus (jetzt rechts von uns Einfamilienhäuser). Wir kommen zu einer Lichtung. Geradeaus führt die Straße 136 weiter, wir fahren aber halb rechts (!) auf einem breiten Erdweg weiter (links bald wieder Wald; rechts eine Gärtnerei, später Häuser).

Unser Weg geht in die Straße *Pegnitzring* über. In die *Kreutzwaldstraße* fahren wir nach links – leicht bergan – und lenken nach wenigen Metern rechts in den *Zingerleweg.* Wo diese Straße eine Linkskurve beschreibt, bleiben wir geradeaus und fahren auf einem schmalen Pfad in den Wald hinein. Linker Hand bald ein Grundstückszaun. Mit dem Zaun schwenken wir nach links. Wir bleiben noch etwa 50 m in Zaunnähe und fahren dann scharf nach rechts. In der Folgezeit halten wir uns leicht links und erreichen bald den großen Parkplatz am *Groß-Glienicker See.*

Am Parkplatz nach rechts zur Straße – *Verlängerte Uferpromenade* – hinunter; hier nach rechts (am See Bademöglichkeit). Eine kurze Strecke hinter (!) der Seitenstraße Im Dohl geht es nach rechts in einen Fußgängerweg, der bald in die *Waldallee* übergeht. In die *Kurpromenade* fahren wir nach links und durchqueren ein Villenviertel. Diese Straße mündet in den verkehrsreichen *Ritterfelddamm,* in den wir links einbiegen. Wir fahren am *Flughafen Gatow* entlang, bis schließlich rechts die ruhige *Privatstraße* abzweigt. Auf dieser Straße erreichen wir die *Potsdamer Chaussee,* auf deren Radweg (mit Gegenverkehr) wir geradeaus weiterfahren.

Auf der Chaussee werden wir für eine Weile (insgesamt 4,75 km) bleiben. Rechter Hand breiten sich große *Rieselfelder* aus. Der Radweg führt zunächst dicht an der Straße entlang, später findet sich zwischen ihm und der Chaussee ein Waldstreifen. Auf Höhe der Seitenstraße *Daberkowstraße* geht die *Potsdamer Chaussee* in die *Wilhelmstraße* über.

In den *Weinmeisterhornweg* biegen wir links ein und bleiben auf dieser Straße, bis nach etwa 1,75 km rechts der *Reimerweg* abzweigt. Wir erreichen die verkehrsreiche *Heerstraße,* in die wir links einbiegen und schwenken aber gleich nach rechts in den *Gärtnereiring.* Diese Straße verläuft zunächst parallel zur Heerstraße, beschreibt später aber eine Rechtskurve. Gleich hinter der Kurve fahren wir nach links in die Straße *Zur Bergstraße.*

Vor der ehemaligen Mauergrenze führt uns unsere Radwanderung dann nach rechts in die *Bergstraße.* Die folgende Strecke werden wir immer in unmittelbarer Nahe der alten Grenzlinie bleiben, und zwar auf den Straßen: *Nennhauser Damm* und *Finkenkruger Weg,* der in die *Pestalozzistraße* übergeht. (Wir befinden uns jetzt außerhalb des Berliner Stadtgebiets.) Sie trifft auf die *Falkenseer Straße,* in die wir rechts einbiegen (Radweg). Nach wenigen Metern lenken wir dann nach links in den geteerten *Grenzweg* der früheren DDR. (Rechts, also unmittelbar an der früheren Grenze zur DDR, liegt die Stadtrandsiedlung mit ihren hübschen

Straßennamen wie Glühwürmchenweg und Goldkäferweg.) Nach 1,5 km beschreibt dieser Grenzweg eine deutliche Linkskurve. An dieser Stelle wechseln wir nach rechts auf Berliner Gebiet zum ehemaligen *Grenzweg* der Westalliierten, in den wir nach links einbiegen. Wir folgen dem autofreien Sträßchen (rechts Landesnervenklinik und Waldkrankenhaus), das entlang der Stadtgrenze durch den *Spandauer Forst* führt, bis zu dem (breiten) dritten Waldweg, der unsere Route kreuzt. In den biegen wir rechts ein. Nach etwa 300 m befindet sich rechts vom Weg ein Bauernhof mit einigen Feldern, später Kleingartenparzellen. Wir bleiben weiter geradeaus. Nach weiteren 500 m fahren wir nach links (Schild „Waldweg"). Auf diesem – teilweise sandigen – gleichmäßig breiten Weg radeln wir für etwa 1,6 km durch den *Berliner Forst Spandau,* kreuzen die *Kuhlake* und erreichen schließlich eine kreuzende Teerstraße, die *Schönwalder Allee.*

In diese Straße biegen wir rechts ein (Radweg mit Gegenverkehr auf der linken Straßenseite). Nach etwa 750 m fahren wir an einem Parkplatz nach links in einen festen Erdweg (Schild „Jagdhaus an der Bürgerablage"). Wir radeln am Gelände des *Johannesstifts* entlang und erreichen nach etwa 900 m eine Waldwegkreuzung mit Notrufsäule und Wetterschutzpilz. Hier geht es nach rechts. Nach weiteren 900 m kreuzen wir die *Bötzowbahn* und gelangen kurz darauf zu einer öffentlichen Straße – *Pappelweg,* in die wir links einbiegen. Die Straße geht sogleich in einen Waldweg über, wir halten uns möglichst geradeaus und erreichen die kreuzende *Niederneuendorfer Allee.* Auf der Straße nach rechts (Radweg). In die nächste Seitenstraße – *Aalemannufer* – geht es nach links. Mit der *Autofähre „Hol Über"* setzen wir nach *Tegelort* über.

Nach Verlassen der Fähre fahren wir auf der *Jörsstraße* geradeaus, bis sie die *Friederikestraße* kreuzt. Hier nach links. Unser Weiterweg führt auf dieser Straße, dann auf der *Eichelhäherstraße* und *Sandhauser Straße* immer geradeaus. Nach etwa 2,25 km (ab Jörsstraße) sind wir unmittelbar am Ufer der *Havel.* Hier geht es bald nach rechts von der Havel weg. Wir fahren auf einem Erdweg, der als *Wanderweg 7* markiert ist, über eine Waldlichtung in den *Tegeler Forst* hinein. Hinter einem nahen Kinderspielplatz radeln wir nach rechts und sind auf dem *Mühlenweg* (Markierungen: *Wanderweg 7* und *gelbes Kleeblatt*). Auf diesem gleichmäßig breiten Waldweg bleiben wir für etwa 1,3 km. Wir kommen an einem Schutzhäuschen vorbei, das links vom Weg auf einem Hügel steht. Wir bleiben noch wenige Meter geradeaus, lenken dann aber vor (!) einer Bank nach links. Dieser schmalere Weg führt uns zum *Elchdamm.*

Wir kreuzen diese Straße und fahren auf dem *Schauflerpfad* geradeaus weiter. Bald geht es nach rechts in die *Dambockstraße.* Nach etwa 1,2 km auf dieser Straße haben wir ein kleines Einkaufszentrum erreicht. Wir schieben (Fußgängerzone) die Räder geradeaus weiter. Anschließend unterfahren wir eine S-Bahnbrücke und radeln gleich hinter der Unterführung nach links in einen schmalen Weg, der uns – am Bahndamm entlang – zum Endpunkt der dritten Etappe, dem *S-Bahnhof Schulzendorf,* führt.

59 Vierte Etappe: Durch Tegeler Forst, Märkisches Viertel, Wedding und Tiergarten nach Kreuzberg

Ausgangspunkt S-Bahnhof Schulzendorf
Tourenlänge 34 km
Fahrzeit Etwa $3^1/_2$ Stunden
Tourenbeschreibung Ausgangspunkt der vierten und letzten Etappe der Berlin-Rundfahrt ist der *S-Bahnhof Schulzendorf.* Nach Verlassen des Bahnhofs fahren wir rechts an der „Gaststätte Schulzendorf“ vorbei zur *Ruppiner Chaussee,* in die wir links einbiegen (Radweg). Gegenüber der einmündenden Schulzendorfer Straße fahren wir auf einem breiten Erdweg nach rechts in den *Berliner Forst Tegel* (Hinweisschild am Abzweig „Hermsdorf, Frohnau“). Unser Weg ist für die erste Zeit als *Wanderweg 4* ausgewiesen. Nach etwa 450 m (ab Straße) haben wir eine große Waldwegkreuzung mit Parkplatz erreicht. Wir folgen weiter dem *4er-Weg.* Später ist der Weg auch mit einem *roten Eichhörnchen* markiert. An einer weiteren Waldwegkreuzung (Notrufsäule und Wetterschutzhäuschen rechts) verlassen wir den Wanderweg 4 und fahren halb links in den Weg, der mit dem *roten Eichhörnchen* ausgewiesen ist. An der nächsten Kreuzung (Beginn des „Waldsportpfads Tegelgrund“ – Schild) bleiben wir geradeaus und richten uns nun nach dem Zeichen *Wanderweg 1* und erreichen nach etwa 300 m eine öffentliche Straße *(Am Eichenhain).*

Auf dieser Straße radeln wir geradeaus weiter und verlassen bald darauf den Wald. In den *Karmeliterweg* biegen wir rechts ein. Wir sind im Villenviertel *Frohnau.* In die *Donnersmarckallee* geht die Fahrt nach links. Vor dem *Donnersmarckplatz* fahren wir nach links zur Straße *Sigismundkorso,* in die wir rechts einbiegen. Nach wenigen Metern radeln wir nach links in die *Alemannenstraße,* auf der wir bis zur kreuzenden *Neubrücker Straße* bleiben. Jetzt nach rechts. Hinter der Bahnbrücke geht diese Straße in die *Schönfließer Straße* über. Wir bleiben auf dieser Straße bis zur *Oranienburger Chaussee.*

In die *Oranienburger Chaussee* biegen wir rechts ein und fahren auf der Chaussee immer geradeaus, bis wir auf die *Verbindungsstraße* zum *Edelhofdamm* stoßen. Wir folgen der Verbindungsstraße. An der Einmündung zum Edelhofdamm steigen wir ab und schieben die Räder über die Mittelpromenade dieser Straße zur gegenüberliegenden Straßenseite und fahren hier geradeaus auf einer kleinen Teerstraße weiter. Diese für den öffentlichen Kraftfahrzeugverkehr gesperrte Straße endet schließlich am *Fürstendamm,* in den wir rechts einbiegen. Durch die *Langohrzeile* (links einbiegen) gelangen wir zur Straße *Am Rosenanger.* Hier nach rechts, um in die Straße *Am Pfingstberg* links einzubiegen. Danach in die *Burgfrauenstraße* nochmals links. Jenseits der *Berliner Straße* auf der *Veltheimstraße* geradeaus weiter. Diese Straße endet nach etwa 1,3 km als Sackgasse.

Es geht geradeaus weiter auf einem Fußweg (absteigen), der teilwei-

se auf einer langen Holzbrücke als *Naturlehrpfad* durch die Niederung des *Tegeler Fließ* führt. Am Ende der Brücke fahren wir geradeaus auf ein Schutzhäuschen zu, radeln links am nahen Parkplatz vorbei, durchfahren eine offene Pforte und sind in der Siedlung *AEG Kienwerder.* Wir stoßen auf eine kleine Teerstraße; hier nach rechts (Straße *Am Vierrutenberg).*

Auf dieser Straße erreichen wir nach etwa 500 m die Straße *Am Freibad*, in die wir kurz links einbiegen, aber sofort auf der Straße *Am Vierrutenberg* weiterfahren. In die *Benekendorffstraße* lenken wir nach links und radeln bald an den Feldern und Wiesen von *Lübars* entlang. In die Straße *Alt-Lübars* geht es nach rechts (!) weiter (Kopfsteinpflaster). In die *Quickborner Straße biegen* wir links ein (zunächst Kopfsteinpflaster mit Erdseitenstreifen, später Teerbelag). Auf dieser Straße rollen wir dann etwa 2,1 km lang immer geradeaus in Richtung Osten.

Kurz vor der ehemaligen Mauergrenze fahren wir nach rechts in ein Teersträßchen. Rechts neben uns erstrecken sich die Hochhäuser des *Märkischen Viertels.* Nach etwa 1,2 km biegt das kleine Teersträßchen nach rechts ab und folgt dem Lauf des *Nordgrabens.* Nach weiteren 900 m knickt unsere Teerstraße nach links. Rechts neben uns befindet sich jetzt der S-Bahndamm (Strecke nach Frohnau). In der Folgezeit halten wir uns etwa für 2,5 km immer geradeaus. Nach dieser Distanz endet das Teersträßchen schließlich an der *Klemkestraße.*

In diese Straße biegen wir rechts ein, unterfahren die S-Bahnbrücke und schwenken sofort hinter der Unterführung nach links in einen Trampelpfad, der über ein unbebautes

Grundstück am Bahndamm entlangführt. Bald haben wir eine Straße erreicht – *Seebeckstraße* –, auf der wir geradeaus (!) an der Bahn entlang zur kreuzenden *Provinzstraße* fahren. Wir überqueren diese Straße und radeln geradeaus auf einem Erdweg weiter. Auf der *Verlängerten Koloniestraße* weiter. Sie endet an der *Kühnemannstraße,* in die wir links einbiegen.

Nach etwa 200 m auf der *Kühnemannstraße* – wir sind jetzt im Innenstadtbezirk *Wedding* – fahren wir vor (!) der *Panke* nach rechts in einen Weg, der am Fluß entlangführt. Bald erreichen wir eine Brücke und wechseln auf die linke Uferseite. Hinter einem Kinderspielplatz halten wir uns an der Wegegabelung rechts. Immer in *Pankenähe* gelangen wir zur kreuzenden *Soldiner Straße.* Hier über die Brücke nach rechts, dann links und am rechten *Pankeufer* weiter. An der *Osloer Straße* wechseln wir wiederum das Ufer und fahren auf der *Travemünder Straße* weiter. In die verkehrsreiche *Badstraße* eine kurze Strecke nach rechts, dann links in die *Exerzierstraße,* aber gleich nochmals links in die *Uferstraße* (kurz absteigen, da Sackgasse). An der einmündenden *Martin-Opitz-Straße* geht es nach links auf einer Holzbrücke über die *Panke.* Am anderen Ufer nach rechts in die *Orthstraße.* In die kreuzende *Wiesenstraße* nach links und an der nächsten Kreuzung in die *Pankstraße* nach rechts.

Wir erreichen auf der *Pankstraße* den Verkehrsknotenpunkt *Nettelbeckplatz* (erhöhte Vorsicht!), umrunden diesen Platz, bis die *Reinickendorfer Straße* zum zweitenmal (!) abzweigt. Auf dieser Straße (schmaler Radweg) unterfahren wir am stillgelegten *Bahnhof Wedding* die S-Bahn und radeln halb rechts in die *Fennstraße.* Hier bleiben wir weiterhin auf dem ungefährlichen Radweg. Wir kreuzen die *Müllerstraße,* überqueren den *Spandauer Schiffahrtskanal* und fahren auf der *Perleberger Straße* weiter.

In der *Lehrter Straße* nach links und an der folgenden Einmündung nach rechts in die *Kruppstraße* (Kopfsteinpflaster). In die *Wilsnacker Straße* (wieder Teerbelag) geht die Fahrt nach links weiter. Wir kreuzen die *Turmstraße* und bald darauf die Straße *Alt-Moabit.* Wir fahren auf der *Thomasiusstraße* weiter. Am *Helgoländer Ufer* haben wir die *Spree* erreicht. Hier nach links. Auf der *Lüneburger Straße* (links einbiegen) gelangen wir zur *Paulstraße,* hier rechts.

Wir überqueren die *Spree* und biegen hinter der Brücke links in die *John-Foster-Dulles-Allee* (am Abzweig rechts der Berliner Amtssitz des Bundespräsidenten, das *Schloß Bellevue;* der Öffentlichkeit nicht zugänglich). Diese Straße folgt zunächst der *Spree* und kommt später am *Haus der Kulturen der Welt/Kongreßhalle* vorbei (links). (Anmerkung: Unterhalb der früheren Entlastungsstraße verläuft jetzt der Tunell zum Regierungsviertel.) Einige Meter weiter führt rechts die *Große Querallee* in den *Tiergarten.* Wir kreuzen die *Straße des 17. Juni* (links das Brandenburger Tor, rechts die Siegessäule) und stoßen auf die Bellevueallee, in die wir links einbiegen. Sie endet vor der *Philharmonie* am *Kemperplatz.* Hier biegen wir nach rechts in die *Tiergartenstraße,* um nach etwa 400 m links in die *Stauffenbergstraße* zu lenken. Jenseits des *Landwehrkanals* geht diese Straße in die *Kluckstraße* über. In die *Lützowstraße* nach links. Nach etwa 750 m mündet sie in die *Flottwellstraße,* in die wir links einbiegen.

Vor dem *Landwehrkanal* nach rechts in die stark befahrene Straße *Schöneberger Ufer* (Vorsicht!). Nach wenigen Metern nach links über die *Köthener Brücke* und auf der *Köthener Straße* geradeaus weiter. In die Straße *Hafenplatz* nach rechts, dann links in die *Dessauer Straße.* Auf dieser Straße fahren wir zur *Stresemannstraße.* Auf ihr kurz nach rechts, dann links in die *Niederkirchner Straße* (rechts der Gropius-Bau und die Gedenkstätte „Topographie des Terrors"), die in die *Zimmerstraße* übergeht. Wir stoßen auf die *Friedrichstraße* – hier befand sich der legendäre Checkpoint Charlie. Wir biegen hier rechts ein, kreuzen die nahe *Kochstraße* und sind wieder am Anfangspunkt dieser Berlin-Rundfahrt.

60 Durch ehemalige Dörfer und zu Schloß Niederschönhausen im Norden Berlins

Ausgangspunkt U-Bahnhof Pankow (Vinetastraße)
Tourenlänge 22,5 km
Fahrzeit 2 1/2 bis 3 Stunden
Höhenunterschiede Brückenrampe; sonst unbedeutend
Tourenbeschreibung Der Name des heutigen Nordberliner Bezirks *Pankow* leitet sich ab von dem Flüßchen Panke. Die frühere slawische Siedlung wurde als Angerdorf erstmals 1370 erwähnt und gehörte über Jahrhunderte hinweg der Stadt Berlin bzw. den Kurfürsten. Ab dem 18. Jh. entstanden hier Sommersitze Berliner Bürger, und das Dorf verschmolz mit der Großstadt. Der alte Dorfanger mit der Kirche (Ostteil aus Feldsteinen 15. Jh.) und dem Jugendstil-Rathaus ist noch gut zu erkennen. – Vom *U-Bahnhof Pankow (Vinetastraße)* radeln wir auf der Berliner Straße geradeaus nach Norden. Nach 800 m die S-Bahnbrücke überqueren, dann links in die *Florastraße* einbiegen. Wir kommen am nahen S-Bahnhof Pankow vorbei und lenken dann rechts in die kopfsteingepflasterte *Grunowstraße.* Am Gesundheitsbaus (1926-28 erbaut) entlang (links der Straße). In die kreuzende *Schulstraße* links einbiegen und nach wenigen Metern nach rechts auf dem Betonplattenweg durch die Parkanlage rollen. Wir fahren rechts in die nahe kreuzende Straße und sind im alten Kern des früheren Dorfes *Pankow.* Am ehemaligen Dorfanger entlang, an der *Alten Pfarrkirche* (Altbau 15. Jh.) vorbei. An der zweiten Ampel lenken wir vorsichtig nach links und radeln ein kurzes Stück am Dorfanger zurück. Dann in die kopfsteingepflasterte *Ossietzkystraße* rechts einbiegen.

Nach 400 m fahren wir vor dem Schloßpark Niederschönhausen rechts in die geteerte Straße *Am Schloßpark* und radeln am Schloßpark entlang (zunächst Kopfsteinbelag).

Den 1664 von der Gräfin Dohna angelegten Landsitz in *Niederschönhausen* ließ der spätere König Friedrich I. (damals noch Kurfürst von Brandenburg) gegen Ende des Jahrhunderts zu einem Schloß umbauen. Ab 1740 war es Wohnsitz der Gemahlin Friedrichs des Großen. Der ursprünglich französische Garten wurde von Lenne, Generaldirektor der königlich-preußischen Gärten, in einen Landschaftspark umgestaltet.

Nach 400 m haben wir das *Freibad Pankow* erreicht. Unsere Tour führt geradeaus am Rand des Parks weiter auf dem geteerten kombinierten Rad-/Fußweg, der schon bald in eine öffentliche Straße übergeht. Weiter geradeaus, auch auf der *Galenusstraße.* In die *Prenzlauer Chaussee* biegen wir vorsichtig links ein (Radweg) und überqueren sogleich das kleine Rinnsal der *Panke.* An der nahen Ampelkreuzung passieren wir den rechts abzweigenden Autobahnzubringer, schieben die Räder auf der anderen Straßenseite auf dem Fußweg nach rechts und überqueren nochmals die *Panke.* Anschließend links in den anfangs geteerten Weg, der dem Lauf des Flüßchens folgt.

Wenig später kommen wir an Fischteichen vorbei und radeln auf dem guten Weg rechts der Panke weiter durch die Grünanlage (rechts bald Kleingärten). Wir kreuzen eine Teerstraße (= *Bahnhofstraße,* kein Schild) und radeln links versetzt am linken Ufer der *Panke* weiter. Unser Weg ist jetzt stellenweise schmal (auf Gegenverkehr achten).

Nach gut 1 km (ab Bahnhofstraße) unterqueren wir eine Fußgängerbrücke (nicht hinüber!) und radeln geradeaus auf dem Teersträßchen an Kleingartenkolonien entlang. 800 m weiter auf der nächsten Fußgängerbrücke (steile Auffahrt) die *Panke* und die Autobahn überqueren. Unmittelbar am Ende des Geländers der Brückenrampe geht es scharf links auf steilem Weg (unbedingt schieben!) hinunter zum Querweg, hier rechts. Wieder parallel zu Autobahn und Panke. Nach gut 300 m links in die kleine kreuzende Teerstraße und wenig später an der Panke die *Bahnbrücke* unterfahren. In der nahen Rechtskurve links in den sehr schmalen Weg, der

dem Fluß folgt. Nach 600 m achtsamer Fahrt wird eine Teerstraße (= *Pankgrafenstraße*, kein Schild) gekreuzt; hier auf die andere Seite der Panke wechseln. Auf schönem breitem Weg radeln wir am Fluß entlang. Nach 1,2 km geht unser Weg in eine Erdfahrstraße über, wir bleiben geradeaus. 400 m weiter die Eisenbahn unterqueren und kurz danach auf nun geteertem Sträßchen die Autobahn überqueren. Parallel zur S-Bahnstrekke geradeaus zum *S- Bahnhof Buch* (Einkehrmöglichkeit).

In die kreuzende *Wiltbergstraße* rechts einbiegen. Links unserer Straße, hinter der Bahnunterführung, der Schloßpark. Zum letzten Mal die *Panke* überqueren und an der nächsten Ampelkreuzung links in die *Straße Alt-Buch*. An der nahen Schloßkirche rechts in die *Karower Straße*. Vorbei an Gebäuden, die zum Klinikum Buch gehören. Am Ende der Straße (Sackgasse) links in den *Lindenberger Weg* und am Gelände des Klinikums entlang. Wir erreichen den Buswendeplatz und verlassen das Berliner Stadtgebiet. Auf der holprigen Erdfahrstraße (später geteert) geradeaus weiter durch Felder, dann die Autobahn (Berliner Ring) überqueren. Nach 600 m ist die Straße grob gepflastert – auf den parallellaufenden Erdfahrweg ausweichen. Im Dorf *Lindenberg* vorsichtig die Vorfahrtstraße kreuzen und ge-

radeaus weiter. Am nahen Dorfanger (Einkehrmöglichkeit) rechts abbiegen, Richtung Berlin-Malchow. Hinter dem Dorfteich links in die Straße („Nur für Anlieger"; = *Wartenberger Straße*, kein Schild). An der Feldsteinkirche vorbei dorfauswärts.

Nach gut 1 km sind wir wieder in Berlin. Geradeaus bleiben und auf der Allee (später Schild „Lindenberger Straße") auf die Hochhäuser von Wartenberg zufahren. In *Wartenberg* rechts in die Dorfstraße und durch den kaum noch erkennbaren Kern des alten Dorfes. Auf der *Ernst-Barlach-Straße* (früher Fritz-Große-Straße) geradeaus durch das Neubauviertel. Mit der abknickenden Vorfahrtstraße links in die *Egon-Erwin-Kisch-Straße*, dann hinter dem Postamt nach rechts zum *S-Bahnhof Wartenberg*, dem Endpunkt dieser Tour.

61 Große Seenfahrt im Südosten Berlins – nicht nur der Große Müggelsee, auch einige kleinere Gewässer liegen am Weg

Ausgangspunkt *S-Bahnhof Köpenick*

Tourenlänge 19 km Köpenick – Erkner; ca. 25 km Erkner – Köpenick (s. außerdem Variante)

Fahrzeit 2 Stunden bis Erkner; gesamte Route 4 ¹/₂ bis 5 Stunden

Höhenunterschiede Geringfügig

Tourenbeschreibung Wir verlassen den *S-Bahnhof Köpenick* in Richtung Elcknerplatz. Am Bahnhofsvorplatz nach links und wenig später der Vorfahrtstraße nach rechts folgen. Links in die nahe verkehrsarme *Thürnagelstraße* einbiegen, dann bald rechts in die *Gelnitzstraße.* In die kreuzende verkehrsreiche Seelenbinderstraße (Namensänderung möglich) vorsichtig links einbiegen. Bis zur *Bellevuestraße*, hier nach rechts. An der nahen Ampelanlage geradeaus, Richtung Müggelheim. Wir sind auf der *Salvador-Allende-Straße* (breiter Bürgersteig und Radweg), auf der wir die Spree überqueren. Hinter der Brücke die Räder rechts hinuntertragen und zur Spree. In den Uferweg rechts einbiegen (Einkehrmöglichkeit hinter der Brücke). Auf schönem Weg rollen wir direkt am Fluß entlang und kommen nach 2,7 km beim Spreetunnel (1926/27 erbaut) zum *Großen Müggelsee.* Unser Weg führt nach rechts, vorbei an den Resten einer Treppe, die einst zur Gaststätte Müggelschloß gehörte. Am Ufer weiter, vorbei an der *Gaststätte Zum Skipper* und an einigen Badestellen. Nach 2,4 km erreichen wir die *Gaststätte Rübezahl* und nach einem weiteren Kilometer die *Gaststätte Müggelseeperle.* Nach weiteren 2,5 km treffen wir auf eine öffentliche Straße (kein Straßenschild), in die wir rechts (!) einbiegen. Nach 300 m vor dem einzelstehenden weißen Haus nach links. Nach Passieren einer Barriere kommen wir zum *Kleinen Müggelsee*, an dem wir auf einem Teersträßchen (ohne Motorver-

kehr) entlangradeln. Nach 600 m führt das Sträßchen vom See fort und kreuzt bald eine öffentliche Straße. Geradeaus weiter auf festgrundigem Waldweg, auch über die Kreuzung mit einer Teerstraße hinweg.

Dann in das nächste Teersträßchen links einbiegen und ihm nach 100 m nach rechts folgen. Es geht leicht bergauf. Nach 800 m zweigt eine Teerstraße ab, wir bleiben aber geradeaus. An Häusern vorbei, die zur *Siedlung Schönhorst* gehören. Nach ca. 200 m rechts in den Erdfahrweg einbiegen (Schild „Hessenwinkel, 2 km"). Dem breiten, mit gelbem Querstrich markierten Weg ca. 1 km weit durch den Wald folgen. Dann

halblinks in den Betonplattenweg lenken und zur Fußgängerbrücke über den *Alten Spreearm*. Am anderen Ufer links in die *Triglawstraße* und eine weitere Brücke überqueren. Wir sind im Villenvorort *Hessenwinkel*.

In die *Straße Im Haselwinkel* rechts einbiegen, dann wenig später links in die *Kanalstraße*. Wir radeln jetzt parallel zum Ufer des *Dämeritzsees*. Auf der *Lindenstraße* geht es halbrechts weiter. Dann in die *Lutherstraße* links einbiegen. Wir erreichen bald die verkehrsreiche *Fürstenwalder Allee*, hier rechts (linksseitiger Radweg). Nach 800 m verlassen wir das Berliner Stadtgebiet und sind nun in *Erkner*. Auf der *Berliner Straße* geradeaus weiter. 700 m weiter, an der Tankstelle, links in die Bahnhofstraße und die Eisenbahnbrücke unterqueren. Dann nach links über den Bahnhofsvorplatz zum *S-Bahnhof Erkner.*

Erkner wurde 1579 erstmals urkundlich erwähnt. Um die Mitte des 19. Jh. entwickelte sich das Dorf zu einem Industriestandort (Steinkohlenteer-Destillation, Kunststoffherstellung). Im Jahr 1885 bezog der Dichter und spätere Nobelpreisträger Gerhart Hauptmann die Villa Lassen (heute Museum), um sich in der waldreichen Umgebung von seiner Lungenkrankheit zu erholen.

Variante: Von Erkner um den Flakensee nach Rahnsdorf (10 km)

Vom *Vorplatz* des S-Bahnhofs Erkner biegen wir rechts in die *Bahnhofstraße* ein und unterqueren sogleich die Bahnbrücke. Am nahen Kreisverkehr *(= Friedensplatz)* lenken wir nach links und überqueren das Flakenfließ. In die nächste Seitenstraße, die *Beuststraße,* fahren wir vorsichtig nach links. Nach 200 m biegen wir rechts in die verkehrsarme *Ernst-Thälmann-Straße* (Namensänderung wahrscheinlich) ein. 500 m weiter fahren wir links in die kreuzende *Fürstenwalder Straße.* Wir passieren den Bahnübergang und folgen der Vorfahrtstraße.

Wenig später überqueren wir das Flüßchen *Löcknitz* und biegen unmittelbar hinter der Ausfluggaststätte *Löcknitzidyll* links in die kleine Straße ein, die mit Verbundsteinen gepflastert ist. Das Sträßchen geht bald in einen breiten Erdweg (als Wanderweg markiert) über, auf dem wir geradeaus weiterradeln. Auf dem manchmal etwas holprigen Waldweg (Baumwurzeln) rollen wir parallel zur *Löcknitz.* Nach 400 m halten wir uns an der Weggabelung, an der zwei Holzbänke und ein Holztisch stehen, leicht links und folgen weiter dem gleichmäßig breiten Weg (nicht die Trampelpfade zum Fluß nehmen!).

Nach 600 m erreichen wir den *Flakensee,* an dessen Ostufer wir nun entlangradeln. Wenig später kommen wir an einem Campingplatz und einer sandigen Badebucht vorbei und bleiben weiterhin am Ufer. 600 m weiter stoßen wir auf die ersten Häuser von *Woltersdorf.* Auf der Strandpromenade rollen wir am Flakensee weiter. Wir gelangen zu einer öffentlichen Straße, auf der wir noch ein kurzes Stück geradeaus weiterfahren. An der nahen Kreuzung biegen wir links ab und passieren sogleich die *Woltersdorfer Schleuse* (sie wird seit 1557 benutzt, die heutige Anlage ist von 1860).

Hinter der Schleusenbrücke folgen wir dem Gleis der Straßenbahn und der anfangs kopfsteingepflasterten Vorfahrtstraße (= *Schleusenstraße),* die für 400 m leicht bergauf führt. An der Kreuzung vor der Kirche bleiben wir auf der bergan führenden Straße mit dem Kopfsteinpflaster geradeaus. Hinter dem Dorfanger biegen wir halblinks in die Allee ein. Wir sind auf der kopfsteingepflasterten *Köpenicker Straße* und radeln durch eine Einfamilienhaussiedlung. Wenn die bevorrechtigte Straße nach etwa 1 km als Waldstraße nach rechts führt, radeln wir auf der Köpenicker Straße halblinks weiter. Am nahen Waldrand bleiben wir auf dem schmalen Weg, der leicht bergab führt, geradeaus. Nach 500 m stoßen wir auf einen schrägverlaufenden Querweg, in den wir rechts einbiegen. Auf diesem schnurgeraden Waldweg radeln wir nun durch den *Berliner Stadtforst,* der schöne Mischwaldbestände aufweist. Nach 1,5 km verläuft links neben uns die S-Bahntrasse. Weiter geradeaus. Nach einem weiteren Kilometer mündet unser Waldweg in eine öffentliche Straße, auf der wir geradeaus weiterradeln und wenig später den *S-Bahnhof Rahnsdorf* erreichen (in der Dorfstraße stuckverzierte, zumeist einstöckige Häuser).

Von Rahnsdorf zurück nach Köpenick: Kurz vor dem S-Bahnhof Rahnsdorf links in den *Hegemeister Weg* einbiegen, an der Weggabelung den rechten Weg nehmen und bis zur Kreuzung fahren. Hier rechts einbiegen in den *Müggelseedamm* (Fortsetzung der Fürstenwalder Allee) und dieser Straße, die parallel zum Nordufer des Großen Müggelsees verläuft, über *Friedrichshagen* bis *Köpenick* folgen.

Weiter auf der Hauptroute

Wir setzen von Erkner aus die Haupttour fort. Von der *Berliner Straße* biegen wir nicht links in die Bahnhofstraße ein, sondern wenden uns am Kreisverkehr des *Friedensplatzes* nach rechts zur *Karl-Marx-Straße*. Dieser Straße folgen wir nach *Neu-Zittau* (3,5 km). Dort an der Kreuzung rechts und nach *Gosen* (2 km). Wie manch andere Dörfer in dieser Gegend ist Gosen eine friederizianische Kolonistengründung aus der Mitte des 18. Jh. Zur Zeit der DDR hatte hier die berüchtigte Funküberwachungszentrale der Staatssicherheit ihren Sitz.

Wir bleiben geradeaus auf der Hauptstraße, bis wir das Ufer des *Seddinsees* erreicht haben. Hier biegen wir links ab in den Fahrweg und rollen am See entlang. Rasch erreichen wir den *Uferplatz* und biegen hier rechts in den Erdfahrweg ein. Nach etwa 100 m (50 m vor dem Tierarzt) halblinks in den schmalen Weg mit dem Schild „Motorräder verboten". Dieser Weg, der sich bald verbreitert, führt durch eine Datschensiedlung parallel zum nicht mehr sichtbaren Seddinsee. Am kleinen Platz (300 m später) folgen wir dem Erdfahrweg nach rechts. 300 m weiter mündet unser Weg in ein Teersträßchen (= *Eichwalder Ausbau*), auf dem wir geradeaus weiterradeln. Nach 400 m fahren wir an der Gabelung nach halbrechts und gelangen rasch zum Ufer. Auf der Erdfahrstraße *Zwiebusch* fahren wir dann geradeaus weiter.

Wir erreichen die Halbinsel *Zwiebusch* mit der gleichnamigen Siedlung und folgen hier dem Sträßchen erst nach links, dann nach rechts. Am Ende der Siedlung biegen wir hinter dem Parkplatz halblinks in die Betonplattenstraße ein. Nach 500 m hört der Betonplattenbelag auf, und wir setzen unsere Fahrt geradeaus auf dem breiten Forstweg fort. Nach 300 m stoßen wir auf den *Oder-Spree-Kanal* und biegen in den Uferweg links ein. Nach 500 m überqueren wir rechts den Kanal auf der Fußgängerbrücke und lenken auf der anderen Kanalseite nach rechts in den breiten Weg, der parallel zu der schnurgeraden Wasserstraße verläuft.

Nach gut 1 km am Kanal kommen wir an einem Unterstellhäuschen vorbei. Kurz darauf gabelt sich der Weg. Wir bleiben auf dem schmalen Weg am Wasser geradeaus und müssen nun vorsichtig radeln. An der Einmündung des *Oder-Spree-Kanals* in den Seddinsee wird unser Weg zu einer Erdfahrstraße. Wir kommen an ein paar Wochenendhäuschen vorbei und folgen anschließend dem guten, aussichtsreichen Weg am Seddinsee entlang nach Schmöckwitz. Wir rollen auf dem nun geteerten Weg an den Seegrundstücken entlang. Ein paar Stufen geht es dann hinauf zur *Wernsdorfer Straße* (Radweg), in die wir rechts einbiegen und die nahe Brücke überqueren.

Variante: Rundfahrt am Zeuthener See (ca. 11 km)

Kurz vor der *Schmöckwitzer Brükke* biegen wir links in den Erdfahrweg ein. Wir befinden uns nun auf dem *Schmöckwitzer Werder*, einer großen Halbinsel. Über den nahen Parkplatz fahren wir dann in den Wald, rechts eine sandige Badestelle und etwas weiter ein Campingplatz. Geradeaus am *Schmöckwitz Conferenz Center* vorbei. 50 m nach dem Grundstückende biegen wir an den vier Betonpfosten rechts in den schmalen Weg ein und kommen bald zum Ufer des *Zeuthener Sees*. In den Uferweg nach links und auf dem aussichtsreichen Weg 2,5 km weit direkt am Wasser entlang. Danach erreichen wir eine Teerstraße, den *Schmöckwitzer Damm* (kein Schild), auf dem es geradeaus weiter geht.

Wir sind in *Rauchfangswerder* (Einkehrmöglichkeit). Wenn die Fährallee rechts abzweigt, bleiben wir geradeaus. 500 m weiter biegen wir in die *Böhmallee* links ein und kurz danach nach rechts in die Straße *Moßkopfring*, auf der wir die Südspitze der Halbinsel (südlichster Punkt Berlins) umrunden. Beim Haus Nr. 13 führt die geteerte Straße nach links, wir bleiben aber geradeaus auf der Erdfahrstraße (weiterhin *Moßkopfring*). Am nahen Waldrand biegen wir in Richtung Wernsdorf rechts in den Querweg ein, erreichen rasch das Ufer des Sees

Großer Zug und folgen hier dem Weg nach links. Dann auf schönem, teilweise steinigem Weg wieder am Wasser entlang. Nach knapp 2 km kommen wir an einem Campingplatz vorbei und folgen weiter dem Uferweg. Nach 2,5 km passieren wir den früheren *Inter-Campingplatz*, fahren durch eine Bungalowsiedlung hindurch und kommen zu einer öffentlichen Straße (Erdfahrweg), auf der wir geradeaus zu einer kreuzenden Teerstraße (= Wernsdorfer Straße, kein Schild) radeln.

In die Landstraße biegen wir für wenige Meter rechts ein, um sogleich in Richtung Schmöckwitzwerder Nord links in die kopfsteingepflasterte Straße (Randstreifen) zu lenken. Nach 400 m stoßen wir auf die bereits bekannte *Fußgängerbrücke*, vor der wir links in den breiten Weg abbiegen. Wir fahren am Kanal entlang und sind nun wieder auf der Hauptroute der Tour (s. oben).

Weiter auf der Hauptroute

Auf der *Wernsdorfer Straße* radeln wir ins Zentrum von *Schmöckwitz* und biegen hinter der *Dorfkirche* rechts in die verkehrsreiche Straße *Adlergestell* ein. Nach 500 m verlassen wir sie und fahren rechts in die kleine Straße *Zum Seeblick*. In die nahe *Windwallstraße* biegen wir links ein. Die Straße endet als Sackgasse.

Auf dem schmalen Waldweg rollen wir geradeaus an den Rückfronten der Häuser weiter. Wir kreuzen zwei Erdfahrstraßen und bleiben jedesmal auf dem Waldweg geradeaus. Schließlich erreichen wir wieder eine öffentliche Straße, die *Rohrwallallee* (Erdfahrstraße), in die wir rechts einbiegen. Auf der bald geteerten Straße (später Kleinpflasterbelag), radeln wir durch das 1895 gegründete Villenviertel *Karolinenhof*. In die kopfsteingepflasterte Schappachstraße lenken wir nach links und biegen kurz danach rechts in die *Vetschauer Allee*.

Auf der relativ verkehrsarmen Straße rollen wir parallel zur Straßenbahnlinie durch den *Berliner Stadtforst* und sind bald nahe am *Langen See*. Nach etwa 2,5 km kommen wir am *Strandbad Grünau* vorbei. Weiter geradeaus. Auf der verkehrsreichen *Regattastraße* geht es geradeaus weiter. Nach gut 2 km (ab Strandbad) biegen wir in die *Wassersportallee* links ein (linksseitiger Radweg) und kommen zum *S-Bahnhof Grünau*. – Wenn wir der Regattastraße weiter geradeaus folgen, erreichen wir nach gut 3 km die Altstadt von *Köpenick*. Neben Berlin/Cölln und Spandau ist Köpenick die dritte aus dem Mittelalter stammende Stadt innerhalb der heutigen Stadtgrenze. Siedlungsursprung ist die Schloßinsel, auf der sich ein frühgeschichtliches Dorf und im 19. Jh. eine slawische Burganlage befand. Das Schloß (im Innern Kunstgewerbemuseum), heute in Formen des Barock, entstand ab 1558, die elegante Schloßkapelle gegenüber 1684/85. Das Rathaus, in Formen märkischer Backsteingotik 1901-04 erbaut, wurde durch die Posse des „Hauptmanns von Köpenick" weltbekannt.

MARK BRANDENBURG (ÖSTLICHER TEIL)

Die sanftwelligen Hügel der Märkischen Schweiz, waldreiche, von der Spree durchflossene Gebiete im Süden sowie zahlreiche kleine und größere Seen geben der Landschaft das Gepräge. Man trifft auf ländlich gebliebene Ortschaften und auf Städte, in denen es noch manch architektonisches Kleinod zu entdecken gilt.

Prächtiger Giebel am Rathaus in Frankfurt/Oder

62 Von Liebenwalde über Zehdenick durch die von „Tonlöchern" durchsetzte Havelniederung

Ausgangspunkt Bahnhof in Liebenwalde
Tourenlänge Ca. 38 km
Fahrzeit Ca. 3½ Stunden
Höhenunterschiede Geringfügig
Anmerkung Ab Basdorf (früher ab Berlin-Wilmersdorf) fährt nach Groß Schönebeck oder Liebenwalde die im Volksmund so genannte „Heidekrautbahn" (im Spätsommer wächst in den Wandergebieten im Norden Berlins viel Heidekraut).

Tourenbeschreibung Am *Bahnhof Liebenwalde* wenden wir uns nach rechts (Kopfsteinpflaster). Links in die Vorfahrtstraße zum Zentrum des Ortes. In Richtung „Neuruppin" (F 167), vorbei am Anger (Kirche mit Campanile) und Marktplatz, bleiben wir geradeaus auf der *Havelstraße* stadtauswärts. Kurz darauf überbrückt die Straße den *Voßkanal.* Diese Wasserstraße ist Teil des alten, von 1605-20 ausge-

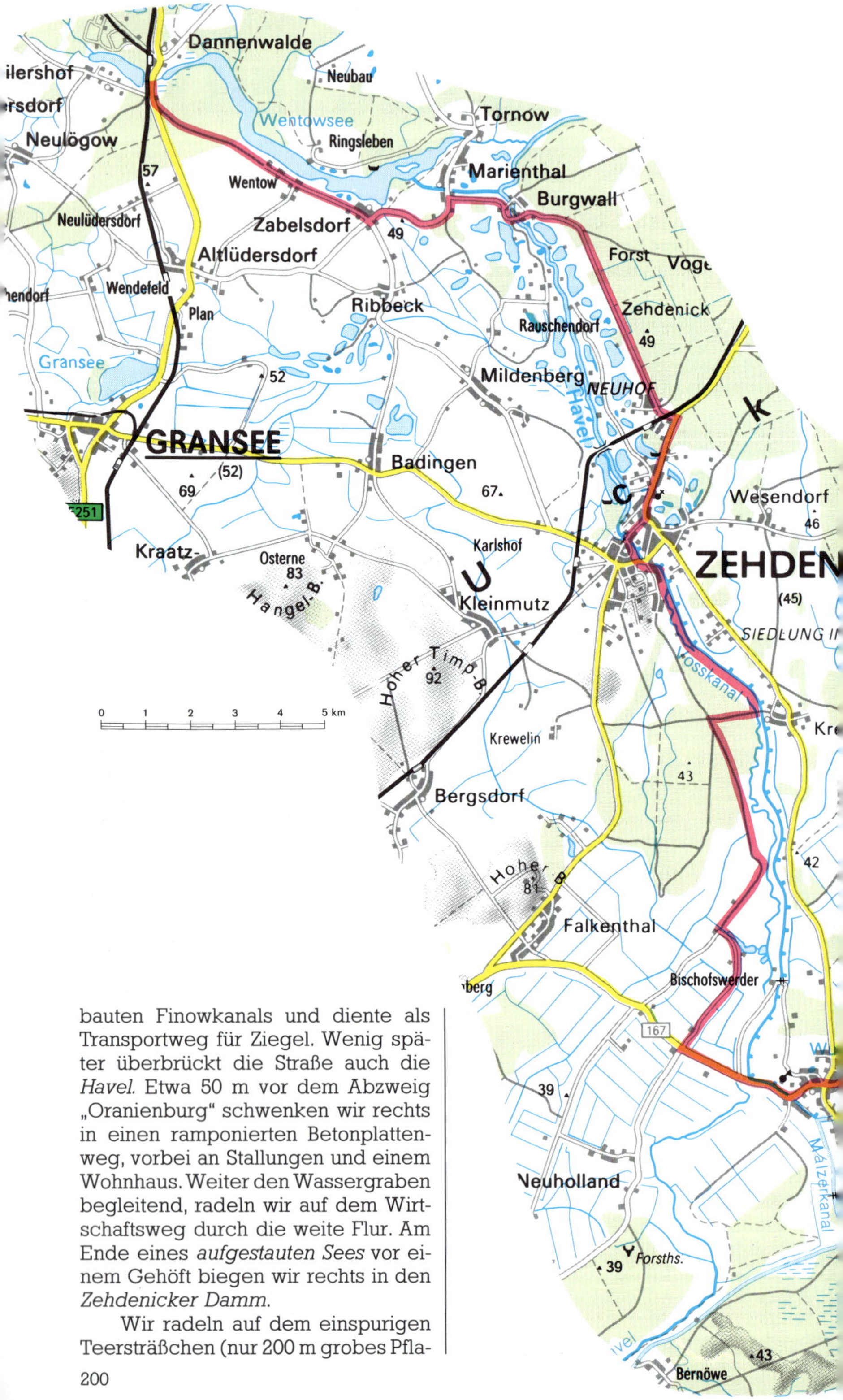

bauten Finowkanals und diente als Transportweg für Ziegel. Wenig später überbrückt die Straße auch die *Havel*. Etwa 50 m vor dem Abzweig „Oranienburg" schwenken wir rechts in einen ramponierten Betonplattenweg, vorbei an Stallungen und einem Wohnhaus. Weiter den Wassergraben begleitend, radeln wir auf dem Wirtschaftsweg durch die weite Flur. Am Ende eines *aufgestauten Sees* vor einem Gehöft biegen wir rechts in den *Zehdenicker Damm*.

Wir radeln auf dem einspurigen Teersträßchen (nur 200 m grobes Pflaster) durch die weiten bewirtschafteten Ackerflächen. Hinter dem letzten Gehöft macht der (nunmehr) Erdfahrweg eine Links- Rechtskurve und verläuft als zunehmend sandiger Feldweg auf den Wald zu und hinein. Nach 1,5 km an der ausgeprägten Wegespinne im Wald rechts in den breiten, birkengesäumten Sandweg. An der Wegegabelung (nach 150 m) geradeaus. Beiderseits des Wegs sieht man eingeritzte Baumrinden zur Harzgewinnung. Hinter dem Waldausgang überqueren wir auf der asphaltierten Straßenbrücke die *Havel*. Vor der zweiten Brücke (dahinter liegt das Dörfchen *Krewelin)* lenken wir links hinunter zum *Voßkanal*, den wir auf dem steinigen Fahrdamm begleiten. Daneben windet sich die *Havel* durch die Wiesen.

Nach 4 km (ab Krewelin) haben wir das Hafengelände von *Zehdenick* erreicht. Das Kleinpflaster-Sträßchen führt nach links über eine backsteinerne Brücke (die Havel fließt hier in den Voßkanal). Am Straßenende nach rechts (linker Hand der *Stadtpark*) und an der nahen Vorfahrtstraße geradeaus durch die *Parkstraße*, vorbei an der *Klosterruine*. Das Zisterzienser-Nonnenkloster wurde 1230 gegründet, 1801 brannte es nieder.

An der Ampelkreuzung fahren wir rechts zum „Zentrum“ von Zehdenick. Dieser Ort ist Mittelpunkt der märkischen Ziegelproduktion mit zahlreichen Ringöfen.

Hinter dem *Marktplatz* geradeaus („Nur für Anlieger“). Wir überqueren die Fußgänger-Holzbrücke der *Havel* und halten uns sogleich links über die kleine Asphaltrampe zur nahen *Havelschleuse*. Hier rechts in die kopfsteingepflasterte *Schleusenstraße* (festgrundiger Bürgersteig). Wir fahren an Schiffsreparaturwerften und anderem Betriebsgelände vorbei. Links in die bevorrechtigte Straße, die wenig später als *Templiner Chaussee* stadtauswärts führt.

Durch ein kurzes Waldstück, dann am Abzweig „Burgwall/Neuhof“ links in den *Neuhofer Weg*. Wir passieren den kleinen *Bahnhof Neuhof* und rollen auf der *Burgwaller Landstraße* am Waldrand der *Zehdenicker Heide* entlang. Zur Linken liegen in der Havelniederung zahlreiche kleine Seen; es sind alte Tonlöcher (19. Jh.), die durch den Abbau von Ziegelton entstanden sind. Dahinter ragen die Schornsteine der Ziegelwerke empor. Nach 4 km (Linkskurve) liegt links die *Revierförsterei Burgwall*. Am Ortsanfang von *Burgwall* (1 km später) biegen wir mit der Vorfahrtstraße nach links (Abstecher geradeaus durch die Dorfstraße zur ehemaligen Fähre an der Havel), überqueren die schmale *Havel-Brücke* (Vorsicht! Gleise einer Lorenbahn!) und fahren in einer doppelten Rechts-/Linkskurve nach *Marienthal*. An der T-Kreuzung lenken wir links in die Vorfahrtstraße und bleiben auf dieser bis nach *Zabelsdorf*.

Auf grobem Pflaster folgen wir in Rechts-/Linkskurve der Durchgangsstraße. Wenn die Vorfahrtstraße nach links (Richtung „Zehdenick“) verläuft, lenken wir rechts in die *Neue Dorfstraße* (Kindergarten). Hinter einer Ferienhaussiedlung am Dorfende kommt der *Große Wentowsee* ins Blickfeld. Wenig später durchradeln wir das bäuerliche Straßendorf *Wentow*. Auf schadhafter Asphaltdecke weiter geradeaus. Rechts führen

Stichwege durch das schmale Waldband zum Seeufer.

Am Ende der Asphaltierung bleiben wir auf dem breiten sandigen Fahrweg geradeaus (weiß-rot-weiße Markierung). Die letzte, steinige Wegstrecke führt uns an einem Kasernenkomplex (ehemalige Station der Roten Armee) vorbei. Dahinter schwenken wir an der Bushaltestelle rechts in die vielbefahrene F 96. Sanft ansteigend, überbrückt sie die Verbindung zwischen dem *Kleinen* und *Großen Wentowsee.* Im nahen *Dannenwalde* biegen wir direkt hinter dem Restaurant *Märkisches Wappen* nach links (Schild „Gemeindeverwaltung") zum *Bahnhof Dannenwalde,* wo wir diese Tour beenden.

63 Am Weg von Eberswalde-Finow nach Bad Freienwalde liegt die bedeutende Klosteranlage Chorin

Ausgangspunkt Bahnhof in Eberswalde
Tourenlänge Ca. 36 km
Fahrzeit Ca. 3 Stunden

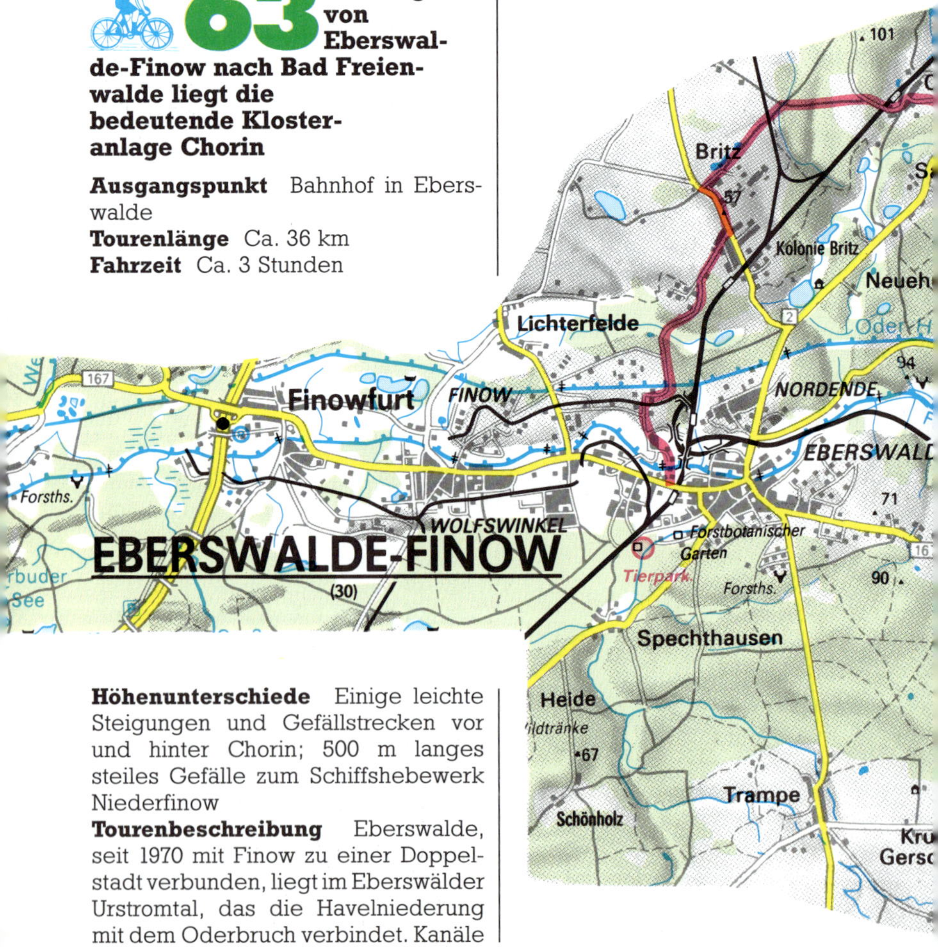

Höhenunterschiede Einige leichte Steigungen und Gefällstrecken vor und hinter Chorin; 500 m langes steiles Gefälle zum Schiffshebewerk Niederfinow

Tourenbeschreibung Eberswalde, seit 1970 mit Finow zu einer Doppelstadt verbunden, liegt im Eberswälder Urstromtal, das die Havelniederung mit dem Oderbruch verbindet. Kanäle erschließen das Tal: erster und zweiter Finowkanal, Oder-Havel-Kanal (1906-14). Die Stadt ist heute ein wichtiger Industriestandort für die Metallverarbeitung und die Herstellung von Hafenkrananlagen. Der Forstbotanische Garten enthält etwa 1000 verschiedene Baumarten. Aus dem Anfang des 14. Jh. stammt die Pfarrkirche St. Maria Magdalena, ein dreischiffiger Bau der Backsteingotik.

Am *Bahnhof Eberswalde* links über den Vorplatz unter der Brücke hindurch. Am Stoppschild rechts über die Eisenbahnbrücke. An der Ampel schwenken wir nach rechts (vor dem Busbahnhofgelände) und sogleich mit der Vorfahrtstraße nach links („Tempo 30"-Schild). An deren Ende halten wir uns rechts und überqueren den *Fi-*

nowkanal. Anschließend durchqueren wir in einigen Kurven den Ortsteil *Kupferhammer*. Weiter in Richtung „Joachimsthal/Briz" überqueren wir den *Oder-Havel-Kanal*, rollen durch Kiefernwälder, passieren die Mauer eines militärischen Komplexes und folgen der Vorfahrtstraße nach rechts.

Durch die *Kolonie Britz*, dann links in die bevorrechtigte Straße zum alten Dorfkern von *Britz*. Vor der Dorfkirche rechts in die *Kirchstraße*. Am Ende des Angers weiter geradeaus und an der nahen Straßengabelung nach links auf Kopfsteinpflaster kurz bergan. Hinter dem letzten Haus geht es auf einer Obstbaumallee (Sand-Schotterbelag) durch die Felder. Nach etwa 1,4 km (ab Ortsende) kreuzen wir ein Bahngleis. Der nun schwarzgrundige Weg schlängelt sich kurvig leicht abwärts. An der Verzweigung am Waldrand weiter geradeaus auf dem „schwarzen" Belag. An der nächsten, etwa 300 m entfernten Wegegabelung (jetzt Kopfsteinpflaster) wenige Meter geradeaus, dann rechts in den nach „Chorin" ausgeschilderten Wanderweg (weiß-rot-weiße Markierung). Auf ständig wechselndem Belag durchradeln wir das sanft-wellige Waldgebiet. Leicht bergab geht es nach *Chorin*.

Dieses kleine Angerdorf, das bis 1935 Chorinchen hieß, steht ganz im Schatten der bedeutenden Ruine des ehemaligen Zisterzienserklosters. Dieses berühmte, großangelegte Werk der norddeutschen Backsteingotik, die übrigens von hier ihren Ausgang nahm, entstand in mehreren Bauabschnitten zwischen 1273 und 1334. Rühmenswert ist vor allem die Westfassade, die als eine der schönsten Schöpfungen der märkischen Backsteinkunst gilt. Nach der Reformation als Viehstall und Steinbruch

genutzt, verfiel die Anlage. Durch umfangreiche Rekonstruktion ist das Baudenkmal heute weitgehend restauriert. Eine besondere Attraktion sind die Sommerkonzerte („Choriner Musiksommer") im Kirchenschiff.

Am Ortsanfang überqueren wir eine Bahnbrücke. Am Ende des *Golzower Weges* lenken wir scharf nach links („Bahnhof"). Auf der *Dorfstraße* leicht aufwärts rechts des Dorfangers. Am Stoppschild rechts in den *Hüttenweg*. (Zum nahen Bahnhof hier geradeaus). Auf dem glatten Asphaltsträßchen rollen wir sanft den Hügel hinab. Nach etwa 800 m (direkt hinter der Bushaltestelle) schwenken wir rechts in die breite, sandig-steinige *Neue Klosterallee* und passieren wenig später die erhöht liegende *Neue Klosterschänke*. Hier geradeaus auf dem Uferweg des *Amtssees*, dann nach links (Holzgeländer) einige Meter steil bergab (Vorsicht! Absteigen!) über den Holzsteg. Der schmale Pfad verläuft an der Nordspitze des Sees und führt hinauf zur Rückseite des *Klosters Chorin* (eingezäunter Friedhof).

Links an der Hecke entlang zum Parkplatz. Jetzt kreuzen wir die Fernstraße 2. Der mit groben Kopfsteinen gepflasterte Wanderweg (Richtung „Schiffshebewerk"; weiß-grün-weiße Markierung) führt kurzfristig steil bergan in die *Mönchheide*. Hinter der ersten Wegekreuzung (nach 1 km) geht der kopfsteinlastige Untergrund in festgrundigen Sandbelag über. An der folgenden Wegekreuzung hinter einer Linksbiegung (vorher wieder grobes Pflaster) nach rechts in Richtung „Klosterbrücke" (Markierungsstein).

Ein Stück auf schwarzem, gut befahrbarem Untergrund. An der nächsten Wegegabelung links (Kopfsteinpflaster). Am Wegende (nach 600 m) biegen wir rechts in die kreuzende Asphaltstraße, die wenig später den *Oder-Havel-Kanal* überbrückt. Kurz dahinter (vor der Bushaltestelle) links in löchrige Asphaltstraße, die sogleich scharfe Linkskehre macht. Wir fahren ein Stück an der Kanalböschung entlang auf wechselndem Belag (Kopfsteinpflaster, Sand/Schotter). Der Weg entfernt sich von der Böschung und führt etwa 500 m steil und steinig bergab zur kreuzenden Asphaltstraße. Links das *Schiffshebewerk Niederfinow*, ein bedeutendes technisches Denkmal. In dieser vierstöckigen Schleuse werden innerhalb weniger Minuten Schiffe bis zu 1 200 Bruttoregistertonnen 36 m aufwärts oder abwärts bewegt.

Hier biegen wir nach rechts in Richtung „Bahnhof Niederfinow" (weiß-blau-weiße Wandermarkierung) und durchradeln auf schmaler Fahrbahn das Straßendorf *Niederfinow*. An der Gaststätte *Zur Schleuse* folgen wir der Vorfahrtstraße nach links („Eberswalde-Finow") und fahren über die Schleusen-Klappbrücke des *Finowkanals*. In *Struwenberg* (rechts der Bahnhof Niederfinow) hinter dem Bahnübergang an der Straßengabelung links nach „Freienwalde". Auf der Kopfsteinpflasterstraße (mit ordentlich befahrbarem, festsandigem Randstreifen) kommen wir 2 km später nach *Falkenberg*. Hier lohnt sich ein Spaziergang auf dem Kammweg (Theodor-Fontane-Naturlehrpfad), von dem aus sich reizvolle Ausblicke auf das Odertal ergeben.

In der Mitte des langgestreckten Dorfes, wo die Vorfahrtstraße (F167) Kurve beschreibt, biegen wir links in die *Bahnhofstraße* (Kopfsteinpflaster). Hinter dem *Bahnhof Falkenberg* rollen wir durch eine Pappelallee und überqueren den *Reiherbuschkanal* auf einer Holzbrücke. An der T-Gabelung vor einer Baumreihe nach rechts (noch Asphaltbelag bis zu einer Backsteinscheune). Auf dem steinigen Fahrweg kommen wir nach *Wendtshof* (nach 1,5 km), einem Häuserfleck inmitten bewirtschafteter Felder. Weiter geht es geradeaus auf dem erhöhten Damm durch die Niederungen mit Blick auf die schilfgesäumten Ufer der *Alten Oder*. Unser Fahrweg folgt dem sich nach links windenden Flußbett. Wieder mit Asphalt unter den Rädern, kreuzen wir ein Bahngleis. An der Kreuzung (nach 1,5 km) biegen wir rechts in die sehr belebte Landstraße (= F 158). 500 m (am Hinweisschild mit Tankstellen-Symbol) halbrechts in die Chaussee (weiter die F 158), die in leichten Kurven nach *Bad Freienwalde* führt. Hinter dem beschrankten Bahnübergang nach links zum *Bahnhof Bad Freienwalde*. Mineralhaltige Quellen haben Freienwalde bereits 1684 zum Kurort gemacht. Seit 1840 ist es als Moorbad und Rheuma-Kurort bekannt. – Das Oderlandmuseum informiert über die Kolonisierung der Sumpflandschaft. Sehenswerte Bauten: Rathaus (1855), backsteingotische Nikolaikirche (15 Jh.), Georgenkapelle (barocker Fachwerkbau von 1698), Kulturhaus (ehem. Schloß in klassizistischer Bauweise von 1799).

64 Schloß Oranienburg ist unser Ziel. Der Weg von Bernau aus dorthin führt durch die Bernauer Heide, an Liepnitz- und Wandlitzsee vorbei

Ausgangspunkt Bahnhofsvorplatz in Bernau
Tourenlänge Ca. 42 km
Fahrzeit Ca. 4 Stunden
Höhenunterschiede Mit Ausnahme einiger kurzer Steigungs- und Gefällstrecken am Nordufer des Liepnitzsees insgesamt gering
Anmerkung Personenfähre zur Insel *Groß Werder* im Liepnitzsee (Fahrradmitnahme möglich)
Tourenbeschreibung Der sehenswerte Ort Bernau erhielt schon um 1230 Stadtrecht. Große Teile der streckenweise bis zu 8 m hohen Stadtmauer aus Feldstein vom Ende des 13. Jh. mit Gräben, Wällen und Wehrgang, Steintor (nach 1450; Museum zur Militär-, Handwerks- und Brauereigeschichte) und Hungerturm sind noch erhalten. Durch Beschluß des ZK der SED wurde der mittelalterliche Stadtkern Ende der 70er Jahre zu 80 Prozent abgerissen. Erhalten blieben die spätgotische Hallenkirche St. Marien (14./15. Jh.), das klassizistische Rathaus (1805), das Henkerhaus (Fachwerkbau des 18. Jh.), das Kantorhaus (Fachwerkbau von 1582) und die historische Gaststätte Schwarzer Adler mit spätgotischem Gewölbe.

Am Vorplatz des *Bahnhofs Bernau* geht es links am Taxistand vorbei zur Vorfahrtstraße, in die wir links einbiegen. Sogleich rechts in die *Goethestraße* (Einbahnstraße), dann links in die *Berliner Straße*. Am Hotel *Schwarzer Adler* schieben wir unser Rad nach rechts *(Bürgermeisterstraße)* durch die Fußgängerzone mit dem *Marktplatz*. An der *Marienkirche* können wir, leicht links versetzt, weiterradeln *(Mühlenstraße)*. Hinter der alten Stadtmauer mit Wallanlage an der Ampelkreuzung weiter geradeaus (Richtung „Autobahn/Oranienburg"). Wenn die Vorfahrtstraße links wegführt, am *Wasserturm* weiter geradeaus.

Auf der *Oranienburger Chaussee* (gut befahrbares Kleinpflaster) stadtauswärts. Hinter dem Ortsendeschild beginnt breiter Betonplattenweg, der bald zum „Fuß- und Radwanderweg Liepnitzsee-Wandlitz" wird (weiß-gelb-weiße Wandermarkierung). Wenig später überqueren wir die Autobahn. Auf sandigem Untergrund leicht abwärts zum Restaurant *Waldkater*. Schnurgerade radeln wir auf dem breiten Erdweg neben der F 273 durch ein ausgedehntes Waldgebiet. Etwa 1 km hinter der Waldgaststätte *Anglersruh* führt die nun glatt asphaltierte Piste nach halbrechts („Bf. Wandlitzsee/Badestelle Liepnitzsee").

Wir unterqueren einen Autobahnzubringer und kommen nach kurzer Abfahrt an Wegekreuzung (Stoppschild). Hier rechts in den Asphaltweg in Richtung „Badestelle". Direkt hinter dem Beginn des *Natur- und Lehrpfads* lenken wir halbrechts zur „Badestelle" („Durchfahrtsverbot"). An der Wegespinne rechts zur nahen *Badestelle*. Der Liepnitzsee ist ein zwischen steil abfallenden Ufern tief eingebetteter Rinnensee. Eine Insel, der Große Werder, teilt ihn in zwei Wasserarme. Zwischen Liepnitzsee und Wandlitzsee verläuft die Ostsee-Nordsee-Wasserscheide.

Von hier aus gelangt man über eine kleine Brücke aus Baumstämmen auf einen schmalen baumwurzelreichen Erdweg. Wir radeln nun am Seeufer entlang und passieren die Fähranlegestelle zur Insel „Groß Werder". Nachdem zwei andere Wege in unseren gemündet sind, entfernt

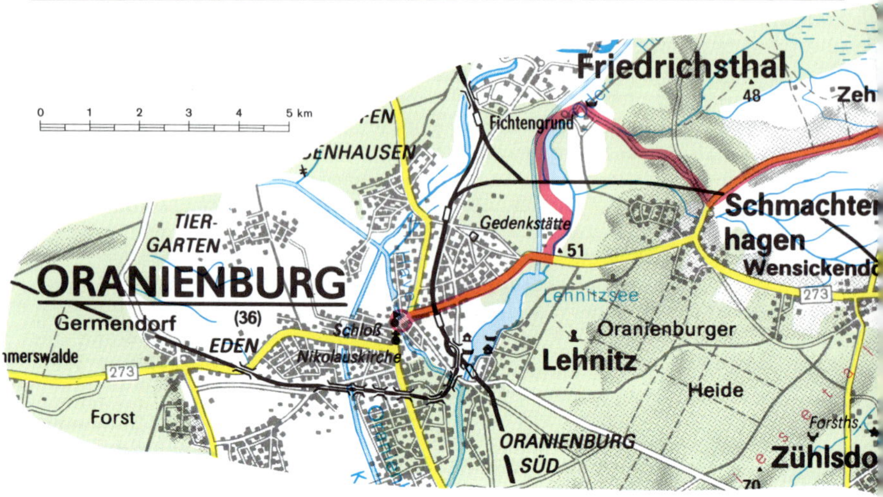

sich unser Wanderweg vom Seeufer, steigt leicht an und trifft (hinter Übersichtskarte des Naturpfades) auf schmalen Asphaltweg. Hier nach links bergab in Richtung „Ützdorf".

Über den nahen Parkplatz, dann links in die Asphaltstraße. Zur Rechten liegt in dem Häuserflecken *Ützdorf* die *Jugendherberge*. Hinter der Gaststätte *Jägerheim* biegen wir halblinks in die Betonplattenstraße Richtung „Zeltplatz" („Sackgasse"). Nach kurzem Anstieg (200 m) verläuft die Route (ab der Zufahrt zum *Zeltplatz Nordufer/Lanke*) als autolose Asphaltpiste durch eine schöne Waldlandschaft oberhalb des (nicht sichtbaren) Liepnitzsees. Wenn es steil bergab geht, schwenken wir halbrechts in den festsandigen Forstweg (altes Hinweisschild am Baum „Versunkene Glokke"). An der Wegeteilung (nach etwa 400 m, rechts junge Kiefernschonung) nach halblinks und über den Parkplatz zur Teerstraße.

Wir folgen jetzt der gelben Wanderwegmarkierung vorbei an der Gaststätte *Versunkene Glocke*, dann nach links *(In den Pfühlen)*, kurz darauf wieder links *(An der Bogenheide)*. Weiter auf der Asphaltstraße, die vor dem Bahngelände einen Linksknick macht. Am Ende der Asphaltierung an der Wegekreuzung rechts in den *Lanker Weg* über die Bahngleise und schließlich rechts in die verkehrsreiche Vorfahrtstraße (F 109). Wir passieren den zurückversetzt liegenden *Bahnhof Wandlitzsee* und lenken 500 m später nach halblinks (Beschilderung Waldschänke „Rote Katze"). Am Transformatorenhäuschen nach links („Allgemeines Durchfahrtsverbot"). Der Wandlitzsee ist wegen der privaten Seegrundstücke nicht zugänglich.

Als slawische Siedlung wurde Wandlitz bereits 1242 gegründet. Die Feldsteinkirche aus dem 15. Jh. birgt einen Barockaltar. Die Waldsiedlung Wandlitz, das frühere bestens abgeschirmte Refugium der SED-Prominenz, ist heute ein Sanatorium (keine Besichtigung möglich).

Im weiteren Verlauf verengt sich die Straße, führt leicht abwärts, wird erst zum schmalen Erdweg (Markierung gelber Punkt), dann zum sandigen Fahrweg (rechts Wald, links Seegrundstücke). An der Wegegabelung bleiben wir geradeaus auf kurzfristig tiefsandigem Weg *(Straße am See)*.

Jetzt folgen wir der Wanderwegbeschilderung (grüner Punkt) entlang der Datschen-Grundstücke am *Stolzenhagener See*. Wir radeln ein Stück auf breiter kastaniengesäumter Allee (Sand/Schotter). Dann schwenken wir links in die kreuzende Teerstraße. In *Stolzenhagen* mit der Vorfahrtstraße nach links („Oranienburg") und sogleich wieder in die erste Querstraße nach rechts aus dem Ort heraus. Auf der baumbestandenen Landstraße durch die weiten Felder und Wiesen ins 3 km entfernte *Zehlendorf* (am Ortsbeginn links der kleine Bahnhof),

das wir auf der Vorfahrtstraße durchqueren. Nach weiteren 5 km auf der Landstraße erreichen wir *Schmachtenhagen.* Im Forst fand man im März 1990 Massengräber von Häftlingen aus dem sowjetischen „Internierungslager Sachsenhausen", angelegt von der Geheimpolizei NKWD.

Wenn die Vorfahrtstraße links wegführt, schwenken wir rechts in die Kopfsteinpflaster-Straße (sandiger Randstreifen) Richtung „Grabowsee" und 400 m später nach links („Grabowsee").

Die holprige, aber fast autolose Wegstrecke (kurz noch Kopfsteinpflaster, dann welliger Asphalt) führt durch die südliche *Liebenwalder Heide*. Hinter dem Komplex der *Landesversicherungsanstalt Brandenburg* schwenken wir am Nordzipfel des *Grabowsees* (Orientierungstafel und Holzschranke) nach links. Ein Stück am Seeufer entlang. Wenn die Uferlinie nach links verläuft, bleiben wir geradeaus. Wenig später hinter der Holzschranke links in den Uferweg am *Oder-Havel-Kanal* entlang. Wir unterqueren eine Eisenbahnbrücke, umfahren am Kanalbecken das eingezäunte Betriebsgelände (Kieshalden) und folgen der breiten Erdstraße an der *Schleusenanlage Lehnitz* vorbei. Anschließend lenken wir nach rechts in die kreuzende Vorfahrtstraße (rote Klinkerwand zum Gedenken an das ehemalige *Klinkerwerk* als *Außenlager des KZ Sachsenhausen*) und überqueren auf der Lehnitzer *Schleusenbrücke* den *Oder-Havel-Kanal*, der hier in den *Lehnitzsee* fließt.

Nach einer Linkskurve rollen wir in *Oranienburg* auf der Hauptverkehrsstraße (mit plattiertem Bürgersteig, später Radweg) vorbei an einer Bundeswehr-Kaserne, einer Holzhaus-Siedlung (1936 als SS-Siedlung gebaut) und einem sowjetischen Ehrenfriedhof. Kurz dahinter Abstecher zur „Nationalen Mahn- und Gedenkstätte" des ehemaligen Konzentrationslager Sachsenhausen; ein Architekturkollektiv entwarf die Baulichkeiten der

Gedenkstätte. Direkt hinter der Bahnunterführung nach links zum *Bahnhof Oranienburg*.

Bötzkow hieß dieser schon 1216 urkundlich erwähnte Ort, bis er 1652 nach wechselvoller Geschichte den Namen Oranienburg bekam, so benannt nach Luise Henriette von Oranien, der Gemahlin des Kurfürsten Friedrich Wilhelm, die das Amt Bötzkow als Geschenk erhalten hatte. Im gleichen Jahr begann man, die Mittelalterliche Wasserburg, die als Jagdschloß gedient hatte, in ein Renaissanceschloß umzuwandeln. Im 19. Jh. wurde es als Fabrik genutzt – hier entdeckte der Chemiker Friedrich Ferd. Runge das Anilin und die Karbolsäure. Im Innern ist die aufwendige Stuckdecke des Porzellanzimmers sehenswert. Der frühere barocke Lustgarten mit Orangerie (1754) und Barockportal wurde im 19. Jh. zu einem Landschaftspark umgestaltet.

65 Von Bad Freienwalde nach Trebnitz – durch abgelegene Oderbruchdörfer und zum Schloß des preußischen Staatskanzlers von Hardenberg

Ausgangspunkt Bahnhof in Bad Freienwalde
Tourenlänge 42 km
Fahrzeit 3½ Stunden
Höhenunterschiede Mit Ausnahme einer 1 km langen leichten Steigungsstrecke hinter Wulkow keine nennenswerte Höhenunterschiede
Tourenbeschreibung (Näheres zu Bad Freienwalde siehe S. 205.) Am *Bahnhof Bad Freienwalde* nach rechts über den Vorplatz, dann in die *Bahnhofstraße* über die beschrankte Bahnanlage. Nach 250 m hinter dem Gebäude „Dienstleistungs GmbH" rechts in ein Teersträßchen („Allgemeines Durchfahrtsverbot außer Anlieger"). Dieses führt in Rechts-Linkskurve an einigen Betriebsgebäuden vorbei und mündet in bevorrechtigte Straße. Weiter in Fahrtrichtung. Am Stoppschild über die belebte Fernstraße 158 hinweg (Erhöhte Vorsicht! Gefährliche

Stelle!) vorbei an der Holzsperre („Allgemeines Durchfahrtsverbot") auf festgrundigem Weg. Kurz darauf kreuzen wir eine Asphaltstraße in Richtung „Altranft" (weiß-gelb-weiße Wandermarkierung) und passieren auf dem Teersträßchen den *Deichhof* und die *Kleingartenanlage Dr. Schreber*. Nunmehr folgen wir auf dem breiten, sandigen und baumbestandenen Erdfahrweg den Windungen des *Freienwalder Landgrabens*.

Anschließend rechts in die Asphaltstraße und am nordöstlichen Ortsausgang von *Altranft* (600 m später) links in die kreuzende Straße. (Das Dorf Altranft mit seinen alten Häusern ist zum Freilichtmuseum erklärt worden.) Wenig später durchqueren wir *Zuckerfabrik* (Altranfter Ortsteil) und überqueren die *Alte Oder*. An *Croustillier*, das wir links liegen lassen, führt die Straße im Rechtsknick vorbei. In *Neureetz* an der Straßengabelung (Kriegerdenkmal) geradeaus in Richtung „Altreetz". Wir fahren durch das langgestreckte Dorf und kommen 2 km später nach *Altreetz*. Am begrünten Platz vor der Dorfkirche nach rechts („Wriezen/Altmädewitz").

In kurzer Abfolge rollen wir nun durch die kleinen abseits und einsam gelegenen Oderbruchdörfer *Alt Mädewitz, Neu Mädewitz* und *Neukietz*. Auf der Landstraße, die durch die platten Felder der dünn besiedelten Gegend

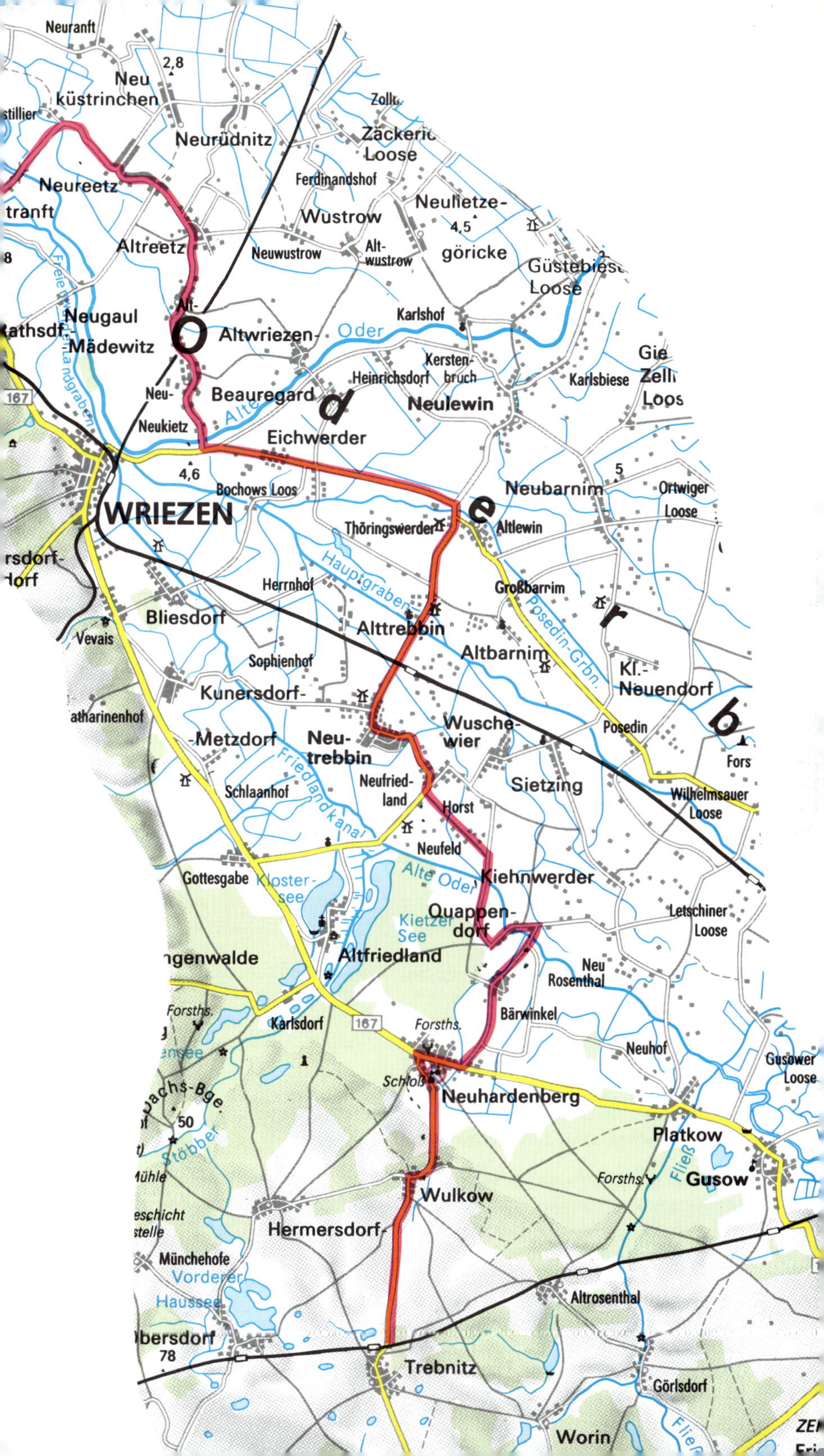

Neuranft
Neu
küstrinchen
Neurüdnitz
Zollb.
Zäckeric
Loose
Ferdinandshof
Neureetz
Wustrow
Neulietze-
göricke
Altreetz
Neuwustrow
Alt-
wustrow
Güstebiese
Loose
Freie
Landgraben
Neugaul
Mädewitz
Alt-
Altwriezen-
Karlshof
Oder
O
d
e
r
b
Kerstenbruch
Heinrichsdorf
Karlsbiese
Gie
Zelli
Loos
Neu-
Neukietz
Beauregard
Alte
Neulewin
Eichwerder
167
4,6
Bochows Loos
Neubarnim
Ortwiger
Loose
WRIEZEN
Thöringswerder
Altlewin
Hauptgraben
Herrnhof
Großbarrim
Posedin-Grbn.
Bliesdorf
Vevais
Alttrebbin
Altbarnim
Sophienhof
Kl.-
Neuendorf
Kunersdorf-
Metzdorf
Neu-
trebbin
Wusche-
wier
Posedin
Fors
Neufried-
land
Sietzing
Wilhelmsauer
Loose
Schlaanhof
Friedlandkanal
Horst
Neufeld
Alte Oder
Kiehnwerder
Gottesgabe
Kloster-
see
Quappen-
dorf
Letschiner
Loose
Kietzer
See
Altfriedland
Neu
Rosenthal
Bärwinkel
Forsths.
Karlsdorf
Neuhof
Gusower
Loose
Schloß
Neuhardenberg
50
Stöbber
Platkow
Fließ
Gusow
Wulkow
Hermersdorf-
Münchehofe
Vorderer
Haussee
Altrosenthal
78
Trebnitz
Görlsdorf
Worin

verläuft, verkehren kaum Autos. Über die schmale *Alte Oder*. Links in die kreuzende Straße („Letschin") und wenig später mit der Vorfahrtstraße nach rechts („Letschin/Eichwerder"). Auf Kleinpflaster durch das Straßendorf *Eichwerder*, dann 3 km weit auf der bodenwelligen Asphaltstraße, vorbei an den Schloten des *Zuckerwerks Thöringswerder*.

Hinter dem *Pelletierwerk Neulewin* mit der Vorfahrtstraße nach rechts („Neutrebbin"), kurz darauf an der Straßengabelung geradeaus („Neutrebbin"). Über *Alttrebbin* und die Häuseransammlung *Schließkenberg* kommen wir schließlich in das auseinandergezogene und langgestreckte *Neutrebbin*, das größte der 43 nach 1753 von Friedrich dem Großen angelegten Kolonistendörfer. „Gemeinde der Geflügelverwertung" – in der Tradition der sogenannten Oderbruch-Fettgänse – ist Neutrebbin und Veranstalter von weithin berühmten Dorffestspielen.

Kurz hinter dem Bahnübergang (links zum Bahnhof) beginnt ein Rad-/Fußwanderweg links der *Bahnhofstraße*. Wo diese in die *Hauptstraße* übergeht (am dreieckigen Platz mit Kriegerdenkmal), bleiben wir geradeaus in Richtung „Altfriedland" (separater rechtsseitiger Radweg). Vor dem Dorfplatz *(Gasthof Zum Alten Fritz)* mit der Hauptstraße nach links. Wenig später erneut nach links der Vorfahrtstraße folgend dorfauswärts.

Nach 1 km (hinter der Bushaltestelle) an der Straßenkreuzung weiter geradeaus durch den Quappendorfer Ortsteil *Neufeld*. Wir folgen dem Straßenverlauf nach rechts und überqueren die *Alte Oder*. In *Quappendorf* kurz hinter der Ortstafel links in die *Lindenstraße*. Hinter der Kälbermastanlage erneut über die *Alte Oder*. 500 m hinter dem Dorfende biegen wir rechts ab in Richtung „Neu-Hardenberg" (früher Marxwalde). Zum dritten Mal geht es über die *Alte Ode* mit ihren stillverträumten Windungen. Über den Ortsteil *Bärwinkel*, in dem der einzige noch erhaltene Bau des jungen Schinkel, das Molkenhaus (nach 1815), steht, haben wir 2 km später *Neu-Hardenberg* erreicht.

Rechts in die vielbefahrene F 167 in Richtung „Wriezen". Wir passieren den langgestreckten Dorfanger mit der *Schinkel-Kirche*. Links liegt Schloß Neu-Hardenberg. Erst seit dem 1.1.91 trägt der Ort, der zu SED-Zeiten Marxwalde hieß, wieder den ihm 1815 gegebenen Namen Neu-Hardenberg: Nach der Niederwerfung Napoleons vermachte Friedrich Wilhelm III. die Besitzung dem Staatskanzler Karl August von Hardenberg. Zu dem 1763 erbauten, 1820-23 von Schinkel umgestalteten Schloß gehört ein von Lenné entworfener Park.

Kurz hinter dem *Gasthof Zentral* lenken wir nach links („Fürstenwalde") und passieren einige Betonplatten-Wohnquartiere. Hinter Neu-Hardenberg, am Westrand des Oderbruchs, verändert sich das Landschaftsbild. Das platte Land wird allmählich zum hügeligen Gelände.

Nach einem kurzen Anstieg kommen wir nach *Wulkow*, das wir auf der Vorfahrtstraße durchqueren. Am Dorfende müssen wir kräftig strampeln, um die zwar lange (1 km), aber nicht hochprozentige Steigung zu bewältigen. Nach 4 km schnurgerader Fahrt auf der Chausseestraße gelangen wir in das langgestreckte Angerdorf *Trebnitz* mit seiner fein herausgeputzten Kirche. In dem arg vernachlässigten Schloß des ehemaligen Brünneckschen Guts befindet sich eine Spiritus- und Kalkbrennerei.

Hinter der beschrankten Bahnanlage (links alter *Kalkofen* mit Storchennest) lenken wir rechts in die *Bahnhofsstraße* zum *Bahnhof Trebnitz*, dem Endpunkt dieser Tour.

66 Durch kleine Ortschaften mit alten Dorfkirchen und Mühlen geht es auf reizvollen Wegen zu der bedeutenden Handelsstadt Frankfurt/Oder

Ausgangspunkt Bahnhof in Fürstenwalde
Tourenlänge 45 km
Fahrzeit 4 ½ Stunden
Höhenunterschiede Insgesamt gering. Fünfprozentige Gefäll- und Stei-

gungsstrecke vor und in Trebus; leichte Steigungs- und Gefällstrecken hinter Trebus und in Frankfurt/Oder

Anmerkung Für einen Abstecher von Frankfurt/Oder ins polnische Slubice genügt ein gültiger Reisepaß

Tourenbeschreibung In der heutigen Industriestadt Fürstenwalde, wo diese Tour beginnt, bieten das spätgotische Backstein-Rathaus und die wiederaufgebaute, aus dem 15. Jh. stammende Marienkirche, einst Dom der Bischöfe von Lebus, ein reizvolles Ensemble. Der Ort wird 1272 erstmals genannt, und schon 1298 betrieb man Schiffahrt auf der Spree. 1668 wurde der Friedrich-Wilhelm-Kanal angelegt, den man 1891 zum Oder-Spree-Kanal erweiterte. Einen Besuch lohnt auch das Stadt- und Kreismuseum.

Am *Bahnhof Fürstenwalde* schieben wir unser Rad nach links auf dem Bürgersteig (Einbahnstraße). Dann nach links über die beschrankte Bahnanlage. Hier beginnt ein Radweg. An der Straßengabelung radeln wir geradeaus, vorbei an einer Siedlung gesichtsloser Wohnblocks. Am Stoppschild links in die Straße *Weinbergsgrund* (Richtung „Trebus") und an der nächsten großen Straßenkreuzung rechts in Richtung „Trebus" (kurzfristig Kopfsteinpflaster, dann Asphalt). Die Straße führt 300 m steil bergan (fünfprozentige Steigung). Auf der Anhöhe radeln wir auf der Obstbaumchaussee, bis die Straße steil bergab führt (fünfprozentiges Gefälle; Vorsicht „Gefährliche Kurve" und „Unfallschwerpunkt"!)

Am Ortsbeginn von *Trebus* passieren wir in der Senke den östlichen Zipfel des *Trebuser Sees* und strampeln bergan zur Ortsmitte. Hinter der Kirche auf der Vorfahrtstraße nach rechts („Müncheberg"). Wenn die Vorfahrtstraße links wegknickt, bleiben wir geradeaus (*Buchholzer Straße*/ „Tempo 30"). Zunächst auf Asphalt leicht bergan und vorbei an Reihenbungalows. In der Senke an der Weggabelung geradeaus auf dem festgrundigen Wirtschaftsweg durch kurze Waldstücke, am Waldrand und weiten Feldern entlang. Am kleinen Friedhof kreuzen wir eine Teerstraße. Auf dem breiten, steinigen Erdweg radeln wir durch die weite Feldmark. Nach etwa 3 km lenken wir links in die Asphaltstraße *(Fürstenwalder Straße)*.

In *Buchholz* an der Straßenkreuzung rechts in die *Steinhöfeler Straße* an drei Dorfteichen vorbei. Auf der fast autolosen Asphaltstrecke haben wir 4 km weiter den Nachbarort *Steinhöfel* erreicht. Am Stoppschild rechts in die bevorrechtigte Straße. Der kleine Ort besitzt eine Dorfkirche in frühgotischer Ziegelbauweise und einen schönen Stieleichen- und Hainbuchenwald mit Gartenhaus. Das Schloß von 1797 wirkt recht verwahrlost.

Hinter der Dorfkirche am Gasthaus *Ulmenhof* nach links („Demnitz"). Sogleich hinter dem denkmalgeschützten Kriegerdenkmal rechts in die *Demnitzer Straße*. Am Dorfbeginn von *Demnitz* (50 m hinter Ortstafel) links in die breite, bodenwellige Schotterstraße (Richtung „Falkenberg"). Kurz darauf (links Gehöft) wählen wir an der Wegegabelung den mittleren sandigen Weg, der in den Wald führt. Am Ende des Waldstücks liegt *Falkenberg* vor uns.

An der Straßenkreuzung (*Gasthof zum Falken)* nach links durch den Ort. Etwa 500 m danach zweigen wir an der Häuseransammlung *Wilmersdorfer Vorwerk* rechts ab (überteerter Rollsplitt). An der Straßenkreuzung geradeaus. Im nahen *Alt-Madlitz*, wo man auf das Herrenhaus des Grafen Fink von Finkenstein treffen kann (Mitte 18. Jh.), vor der Kirche links in die Vorfahrtstraße und sogleich nach rechts *(Mühlenstraße)* an der alten *Mühlenanlage* vorbei. An der Straßengabelung (nach 150 m, Schild „Ferienheim") rechts in die Schotterstraße. In der Folge führt der nunmehr breite Erdfahrweg in den Wald hinein. An der Wegekreuzung geradeaus („Ferienheim Bauernverband e. V."). Der jetzt sandige Weg fällt ab zur Südspitze des *Madlitzer Sees*.

Hinter der *alten Mühle* und dem *Waldcafé* führt der Weg aufwärts. An der Wegegabelung (nach gut 50 m) rechts in Waldweg und an der nahen Wegekreuzung (nach 100 m) weiter geradeaus (Schildsymbol: „Vorfahrt für Panzer"). Wir fahren durch ein Waldstück, dann entlang einer gero-

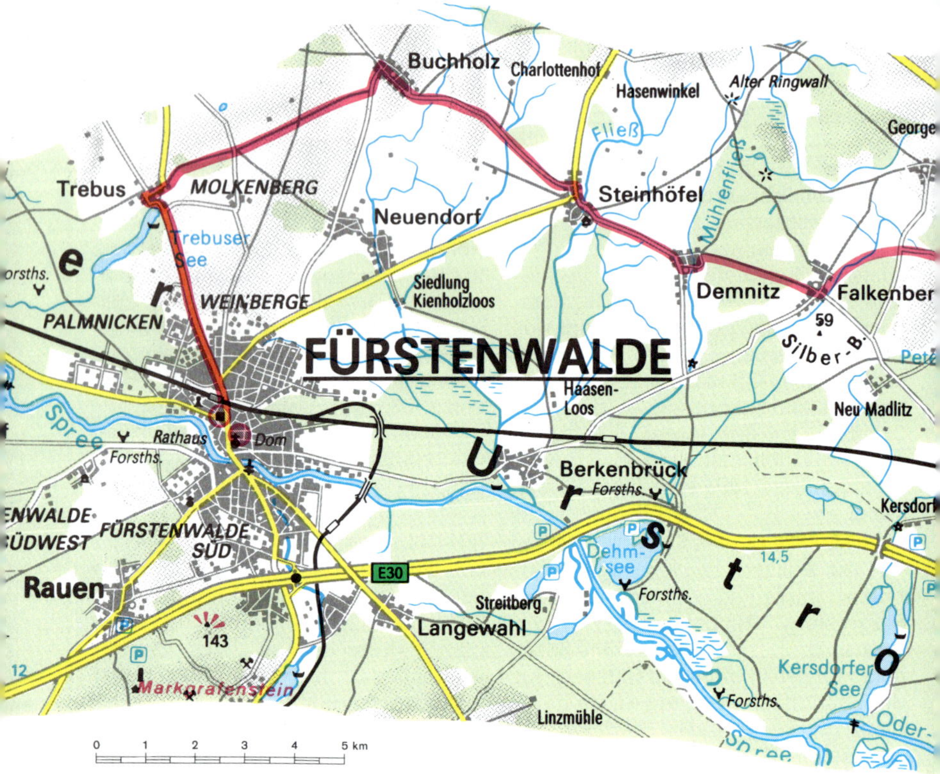
Buchholz
Charlottenhof
Hasenwinkel
Alter Ringwall
George
Fließ
Mühlenfließ
Trebus
MOLKENBERG
Steinhöfel
Neuendorf
Trebuser See
orsths.
Demnitz
Falkenber
Siedlung Kienholzloos
WEINBERGE
PALMNICKEN
59
Silber-B.
FÜRSTENWALDE
Haasen-Loos
Neu Madlitz
Spree
Rathaus
Dom
Forsths.
Berkenbrück
Forsths.
ENWALDE-SÜDWEST
FÜRSTENWALDE SÜD
Kersdorf
Dehm-see
14,5
Rauen
E30
Forsths.
Streitberg
143
Langewahl
12
Markgrafenstein
Kersdorfer See
Forsths.
Linzmühle
Oder-
Spree
0 1 2 3 4 5 km

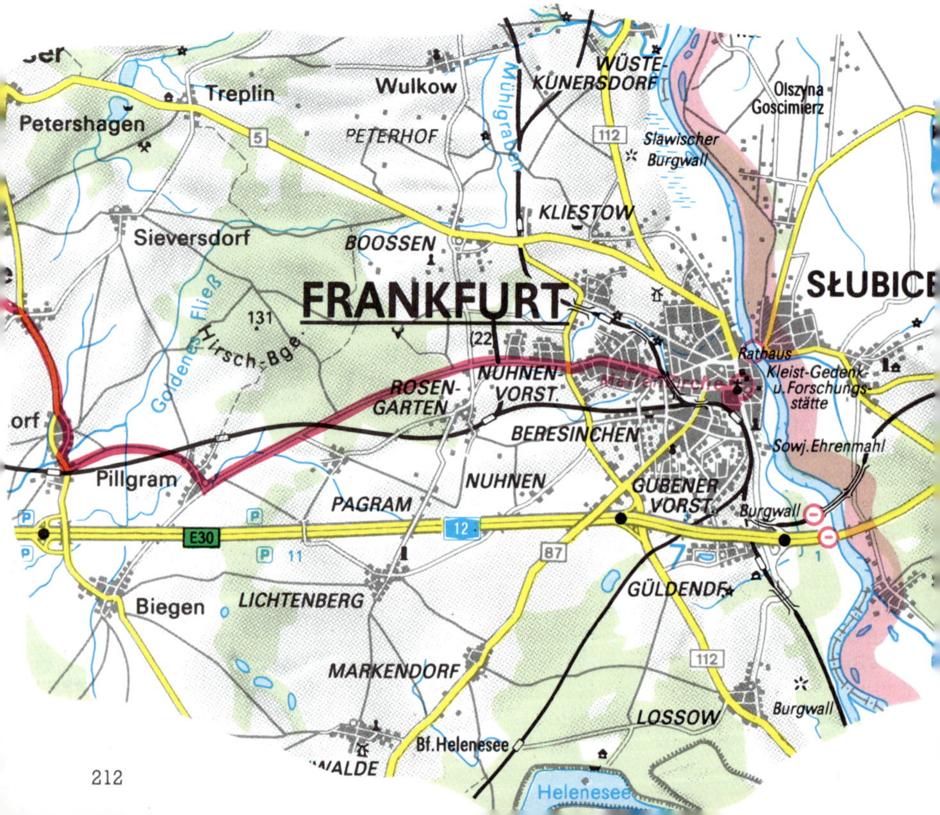
Treplin
Wulkow
WÜSTE-KUNERSDORF
Olszyna Goscimierz
Petershagen
5
PETERHOF
Mühlgraben
112
Slawischer Burgwall
KLIESTOW
Sieversdorf
BOOSSEN
SŁUBICE
FRANKFURT
Goldener Fließ
131
Hirsch-Bge.
(22)
Rathaus
Kleist-Gedenk- u. Forschungsstätte
NUHNEN-VORST.
Marienkirche
ROSEN-GARTEN
BERESINCHEN
orf
Sowj. Ehrenmahl
Pillgram
NUHNEN
GUBENER VORST.
PAGRAM
Burgwall
E30
12
11
87
1
Biegen
LICHTENBERG
GÜLDENDF.
112
MARKENDORF
Burgwall
LOSSOW
Bf. Helenesee
WALDE
Helenesee

deten Fläche mit Kiefernkultur, anschließend auf baumgesäumtem Weg (Katzenkopf-Steinpflaster) durch die Feldmark nach *Petersdorf*. An der Straßenkreuzung biegen wir nach rechts und verlassen den Ort in Richtung „Autobahn Frankfurt/O."

Das benachbarte *Jacobsdorf* (2 km weiter) durchqueren wir auf der kopfsteingepflasterten *Hauptstraße*. Hinter der *Feldsteinkirche* am Ende des *Dorfangers* folgen wir der Vorfahrtstraße nach links (Rad-/Fußweg). 50 m vor dem Bahnübergang (direkt dahinter rechts zum Bahnhof) schwenken wir nach links in Richtung „Pillgram". Nach Überqueren zweier Bahngleise rollen wir auf schönem glatten Asphalt durch das landwirtschaftlich geprägte *Pillgram*. Wenn die Vorfahrtsstraße rechts wegführt, bleiben wir geradeaus *(Frankfurter Straße)*.

Am Dorfende halten wir uns halbrechts und fahren auf dem holprigen Feldweg (teilweise Kopfsteinpflaster) durch die Ackerflächen. An der Wegegabelung weiter geradeaus (am zweiten Baum rechts weiß-rot-weiße Wandermarkierung). Hinter der Bahnlinie fahren wir auf dem festgrundigen Wanderweg durch Nadelwald. An der markanten Wegekreuzung geradeaus Richtung „Waldhaus" (grüner Wegweiser). Leicht bergauf und bergab zum 1,6 km entfernten Restaurant *Waldhaus Rosengarten*. Weiter geradeaus auf einer Schotterstraße, die bald asphaltiert ist. An der Straßenkreuzung geradeaus in die Vorfahrtstraße, und wir erreichen 300 m weiter den Stadtrand von *Frankfurt/Oder* (Ortseingangschild).

Wir bleiben geradeaus auf der Hauptstraße, vorbei an Wohnhäusern und Kasernen (hier linksseitiger Radweg). Hinter der Ampelkreuzung beginnt ein rechtsseitiger Radweg, auf dem wir leicht auf- und abwärts durch Wohngebiete fahren. Wir unterqueren in einigem Abstand zwei Eisenbahnbrücken und halten uns hinter der zweiten mit dem Durchgangsverkehr rechts. Wenig später vorbei am *Kleist-Park*, über eine Straßenbrücke, dann bergab. Wir biegen links in die sehr breite, belebte Vorfahrtstraße. Kurz darauf an der Ampelkreuzung rechts in die *Bahnhofstraße*, die steil bergan geradeaus auf den Vorplatz des *Bahnhofs Frankfurt/Oder* zuführt.

Als deutsche Marktsiedlung wurde Frankfurt/Oder 1226 gegründet. Als wichtige Handels- und Messestadt gehörte es von 1368-1518 zur Hanse. An der 1506 als erste brandenburgische Hochschule gegründeten Universität studierten die Gebrüder Humboldt und der 1777 hier geborene Dichter Heinrich von Kleist (Gedenk- und Forschungsstätte in dem Spätbarockbau der ehem. Garnisonsschule, Faberstraße 7). Nur wenige alte Bauten entgingen der Zerstörung des Zweiten Weltkriegs: das Rathaus mit seiner prachtvollen märkischen Giebelarchitektur (13. Jh., mehrfach umgebaut; Ratskeller mit altem Gewölbe), die frühgotische Halle der ehemaligen Franziskaner-Klosterkirche (jetzt Konzerthalle „Carl Philipp Emanuel Bach"), die Friedenskirche (frühgotisch mit neugotischen Zusätzen), die bedeutende Ruine der einst reichen fünfschiffigen Marienkirche am Markt mit prächtigen Details sowie zwei barocke Wohnhäuser: das sogenannte Türmchenhaus (Oderallee 28) und das Junkerhaus (heute Bezirksmuseum, Bachstr. 11), dessen Renaissancehauptportal dasjenige des alten Kollegiengebäudes zeigt.

67 Mehrere idyllische Seen, kleine Waldstücke und weite Wiesen säumen auch diese Strecke, die von Königs Wusterhausen nach Fürstenwalde führt

Ausgangspunkt Bahnhof in Königs Wusterhausen
Tourenlänge 50,5 km
Fahrzeit 4½ Stunden
Höhenunterschiede Geringfügig Ausnahme ist eine 1 km lange Gefällstrecke hinter Reichenwalde
Tourenbeschreibung In dem ehemaligen Jagdschloß aus dem 16. Jh. (1717-18 und nach 1945 erneuert) versammelten sich einst die Gäste des Tabakkollegiums von Friedrich Wilhelm I., des Soldatenkönigs. – Ein technisches Denkmal sind die 243 m hohen Sendetürme auf dem Funkerberg, die über den Mittelwellensender am 22.12.1920 Deutschlands erste Rundfunksendung ausstrahlten.

Am *Bahnhof Königs Wusterhausen* über den Vorplatz nach rechts *(Storkower Straße)*. Kurz darauf rechts („Storkow/Neue Mühle") durch die Bahnunterführung und sogleich links in den *Kirchsteig* (weiß-rot-weiße Wandermarkierung). Am Straßenende an der Gaststätte *Zur Schleuse* lenken wir nach links und überqueren an der Schleusenanlage *Neue Mühle* die *Dahme* (auf der einspurigen Brücke Vorrang vor dem Gegenverkehr!). Dahinter nach rechts („Friedersdorf/Zernsdorf"). Nach einer Linkskurve durchqueren wir *Neue Mühle* auf dem Rad-/Fußweg der *Zernsdorfer Straße*. An der Straßengabelung halbrechts.

Am Ortsanfang von *Zernsdorf* (nach 1,5 km) endet der Radweg. Weiter geradeaus auf der langgezogenen *Karl-Marx-Straße*. Hinter der *Dorfaue* folgen wir der grob gepflasterten Vorfahrtstraße nach links *(Friedrich-Engels-Straße)* und kreuzen wenig später den beschrankten Bahnübergang. Mit Blick auf den *Zernsdorfer Lankensee* können wir dem grobem Pflaster auf dem linksseitigen Platten-Fußweg ausweichen. Nach 500 m leicht halbrechts vorbei am Fußballplatz. Am kleinen Platz (eine Art Kreisverkehr) nehmen wir die erste große Straße rechts. Auf Kleinpflaster rollen wir an Ferienheimen und -bungalows vorbei, streifen einen *Zeltplatz* und durchqueren ein Waldstück. Die Straße (nun Katzenkopfpflaster) steigt leicht an.

Auf der Anhöhe vor der Autobahn nach rechts bergab zum Zernsdorfer

Ortsteil *Kablow-Ziegelei.* Direkt hinter einer kleinen Brücke über einen Seezufluß schwenken wir nach links in Richtung „Dannenreich" (gelbes verblaßtes Schild). Vorbei an Fußballplatz und Dorffriedhof geht es auf dem

ausgefahrenen Waldweg ins benachbarte *Dannenreich.* Wir kreuzen die Vorfahrtstraße und passieren anschließend auf der *Dorfstraße* den kommunikativen *Dorfanger* (Gaststätte *Zur Friedenseiche*, überdachte *Freiluft-Kegelbahn, Spielplatz*).

Hinter dem Dorfende („Tempo 30") radeln wir geradeaus auf dem steinigen Feldweg. Vor dem *Skabyer Torfgraben* schwenken wir mit dem Weg nach links und kommen an einer *Gänse- und Hühnerfarm* vorbei. An der Wegverzweigung (400 m weiter) biegen wir nach rechts über den *Torfgraben* und fahren auf den Kirchturm zu. Am Ortsanfang von *Friedersdorf* hinter dem *Mühlenkomplex* links in die grob gepflasterte *Mühlenstraße.* Kurz darauf in die Vorfahrtstraße, links am Dorfanger vorbei. Am Abzweig geradeaus in Richtung „Storkow" auf dem Straßenzug *Lindenstraße/Storkower Straße* (vor dem Bahngleis rechts zum Bahnhof). Bei der mittelalterlichen Feldstein-Wehrkirche in Friedersdorf finden sich verwitterte Grabdenkmäler derer von der Marwitz.

Hinter dem Dorf folgen wir der Vorfahrtstraße nach links („Storkow") und passieren die ausgedehnte Wiese des *Flugplatzgeländes Friedersdorf.* Wenig später überqueren wir den *Storkower Kanal*, der hier in den *Wolziger See* fließt. Gleich hinter der Brücke mit der Vorfahrtstraße nach links. Im Nachbarort *Kummersdorf* geht es am Restaurant *Kastanienhof* erneut über den *Storkower Kanal.* Weiter in Richtung „Storkow". Nach 2 km durch die weiten Felder biegen wir rechts in die kreuzende Straße ("Storkow/Beeskow") ein.

Nach etwa 150 m zweigen wir in den zweiten (!) Feldweg nach links ab (Telefonleitung) zur nahen Häuseransammlung *Neu-Boston.* Am kreuzenden Weg nach links, dann sofort rechts der Gabelung (Haus mit zwei Garagentoren) und wieder in den ersten Weg rechts. Wir fahren am nahen südlichen Ufer des schilfumgürteten *Lebbiner Sees* entlang. An der Wegverzweigung nach links, am *Pflegeheim Storkow/Haus 2* vorbei. An der T-Kreuzung schwenken wir nach rechts und durchqueren ein Waldstück und Felder. Anschließend biegen wir rechts in die Vorfahrtsstraße und erreichen an einer Neubausiedlung *Storkow*. Die „Stadt der Störche" ist einer der ältesten Orte der Mark, 1209 erstmals erwähnt. Von der Wasserburg des 15. Jh. sind noch Reste erhalten (Brauhaus, Burgmauern). Jagdschloß Hubertushöhe entstand 1908.

Am Straßenende geradeaus in die Vorfahrtstraße („Beeskow") und sogleich links („Bad Saarow/Reichenwalde"). Auf der *Reichenwalder Straße* begleiten wir ein kurzes Stück das Nordufer des *Großen Storkower Sees*. Nach holpriger Fahrt kommen wir nach *Reichenwalde*. Wenn die Vorfahrtstraße hinter der Dorfkirche links wegknickt, geradeaus nach „Saarow". Jetzt fahren wir in sanftem Auf und Ab durch die wellige Hochfläche des *Saarower Hügellands*. Von der Kuppe lassen wir uns steil bergab zum *Scharmützelsee* rollen.

An der Straßenkreuzung nach links („Bad Saarow Bahnhof"). Auf der *Silberberger Straße* durchqueren wir das *Dorf Saarow*, das seit 1932 mit *Pieskow* eine Doppelstadt bildet. Auf 12 km Länge umschließt sie halbkreisförmig das Nordufer des Sees. 1905 kaufte die Landbank Berlin AG die Güter Saarow und Pieskow und gründete eine Villensiedlung, das heutige Saarow-Strand, das seit 1914 Moorbad ist. 1927 wurde hier eine Chlor-Kalzium-Solequelle entdeckt. In der Weimarer Republik war Saarow ein mondäner Kurort. Max Schmeling, Käthe Dorsch, Walter Kollo und andere besaßen hier Villen. An den Literaten und ersten Kulturminister der DDR Johannes R. Becher, der hier ein Sommerhaus besaß, erinnert ein Denkmal. Der lungenkranke russische Dichter Maxim Gorki weilte 1922-23 im Sanatorium Eisenhof zur Kur. Auch an ihn erinnert eine Gedenkstätte.

An der Straßengabelung (am Café *Haus Birkenhain)* geradeaus. Die *Seestraße* führt als Einbahnstraße durch *Saarow Strand (Seepromenade* mit Ausflugsrestaurant, Schiffsanlegestelle, Kurverwaltung, Strandbad) am Nordufer des Scharmützelsees entlang. Vor dem *sowjetischen Landambulatorium* verläuft die Straße nach links und vor dem Kirchplatz nach rechts. Wir passieren auf der *Ulmenstraße* einen alten *Wasserturm* und die *Maxim-Gorki-Gedenkstätte.*

Am Vorplatz des dreiflügeligen *Bahnhofs Bad Saarow-Pieskow* biegen wir links in die Vorfahrtstraße und kurz darauf hinter dem *Bahnhofshotel* nach rechts („Neu Golm"). Nach 2 km holpriger Fahrt lenken wir in *Neu Golm* vor einem kleinen Plätzchen (knorriger Ast mit Wegweisern) links in die *Fürstenwalder Straße.* Wenn die Straße am Ortsende leicht ansteigend nach links verläuft, zweigen wir vor einem Gatterzaun (Stallungen) nach halbrechts in den steinigen Fahrweg. 50 m weiter steht rechts ein einzelnes Haus (Kindergarten).

In der Folge passieren wir auf dem stellenweise tiefsandigen Weg ein von Wald umgebenes Feld und eine Kiefernschonung. Hinter dem Friedhof durchqueren wir *Langewahl (Neu-Golmer Straße).* Am Stoppschild *(Märkischer Hof)* nach links in die *Chausseestraße.* Wenig später überqueren wir die Autobahn und gelangen nach *Fürstenwalde.* Auf der *Beeskower Chaussee* durchqueren wir die graue *Waldrandsiedlung.* Hinter dem Bahngleis bleiben wir geradeaus *(Langewahler Straße)* in Richtung „Zentrum". Auf dem Radweg fahren wir an einer sowjetischen Wohnsiedlung entlang, bis die Straße (nach 1,5 km) in die Vorfahrtstraße mündet.

Auf dem Radweg nach rechts überqueren wir den *Oder-Spree-Kanal* an der Schleusenanlage. Anschließend halblinks zum „Zentrum". An der Ampelkreuzung (Platz mit Uhr) geradeaus zum „Bahnhof" auf der kopfsteingepflasterten Einbahnstraße. Vor dem beschrankten Bahnübergang nach links zum *Bahnhof Fürstenwalde.*

68 Durch die zauberhafte Landschaft des Spreewalds von Lübben nach Vetschau

Ausgangspunkt Hauptbahnhof in Lübben
Tourenlänge 44 km
Fahrzeit 4 ½ Stunden
Höhenunterschiede Keine
Tourenbeschreibung In *Lübben*, dem Zentrum des Spreewalds, vereinigen sich vorübergehend alle Arme der Spree zu einem. – Vom *Hauptbahnhof* aus überqueren wir, leicht nach rechts, den großen Vorplatz, kreuzen die Straße und fahren auf dem Erdfahrweg („Allgemeines Durchfahrtsverbot") diagonal durch die kleine parkähnliche Anlage. An der Straßenecke geradeaus (Straße mit Kopfsteinpflaster). Wir biegen rechts ab zum „Zentrum" (Schild) und fahren auf dem breiten Erdfahrweg in den *Lübbener Hain* (ursprünglicher Auenwald). An der Weggabelung (nach 100 m) geradeaus über die Holzbrücke (Rad-/Fußweg). Wir folgen diesem leicht nach links verlaufenden Parkweg mit Laternen.

Nach Überqueren des *Stadtgrabens* (rechts die *Hainschleuse*, links schöne *Postmeilensäule*), geht es durch die Fußgängerzone (*Breite Straße*). An der Ampelkreuzung rechts in die Straße *Am Spreeufer* (Richtung „Strandcafé/Fährhafen"). Links in die *Lindenstraße*. Wir passieren den Lübbener *Kahnfährhafen* und das *Schloß* (Backsteinbau von 1682). An der Vorfahrtstraße geradeaus *(Ernst-von-Houwaldt-Damm)* über die Brücke. Sogleich rechts in den *Mühlendamm* (Kleinpflaster). Vor der Einfahrt zur „Wasser und Tiefbau GmbH" rechts in den Teerweg. Bald überqueren wir den *Umflutkanal* (überdachte Wehrbrücke). Geradeaus durch die birkengesäumte *Friedrich-Ludwig Jahnstraße* (weiß-rot-weiße Markierung). Wir überbrücken den *Deichgraben* und fahren am östlichen Ortsrand durch die Deichsiedlung. Außerhalb der Bebauung dann rechts in die Asphaltstraße (Schild „Pension Birkengrund 0,8 km") und radeln auf der fast verkehrslosen Birkenallee durch die weite Feldflur. Nach Überfahren von *Wassergraben* und *Eichkanal* (auch *Nord-*

umfluter genannt) schwenken wir links in das Teersträßchen (Schild „Speise-Restaurant Bukoitza") und radeln parallel zum *Eichkanal*. An der T- Kreuzung mit Stopschild nach links erneut *Eichkanal* und *Wassergraben* (links die Spreewald-Gaststätte Bukoitza) überqueren.

Beim ersten Haus der kleinen Waldsiedlung Bukoitza zweigen wir rechts in den Wanderweg (Schild „Naturschutzgebiet", weiß-blau-weiße Kennzeichnung). Auf sandig-steinigem Feldweg durch die ausgedehnten Wiesen. Am Ortsbeginn von *Alt Zauche* (nach 1,8 km) bleiben wir an der Gabelung geradeaus (weiß-blau-weiße Markierung). Das Teersträßchen mündet in die breite Dorfstraße. Vor dem *Dorfplatz* (Bushaltestelle, Kriegerdenkmal) rechts in die *Hauptstraße*, im Anschluß rechts in den *Mühlenweg* (Schild „Kahnabfahrtstelle"). Kurz darauf zweigen wir nach links (weiter *Mühlenweg*; am zweiten Haus links Wandgemälde mit Spreewaldmotiv „Heuschober"). Vor einem Gehöft (Ende der Asphaltierung) nach links. Der Sandweg führt aus dem Dorf hinaus durch die Wiesen. Nach markanter Rechtskurve beginnt am „Schöpfwerk Wußwerk" mit imposanter Trauerweide ein wunderbares Teersträßchen. Nach etwa 600 m rechts in die kreuzende Straße über einen Wassergraben und sogleich wieder links. Jetzt radeln wir ohne lästigen Autoverkehr durch die Weite des herrlichen *Wiesenspreewaldes*, den sogenannten *Nordpolder* (links in einiger Entfernung die kleinen Dörfer Wußwerk und Neu Zauche). Links erhebt sich der 89 m hohe *Weinberg*. Das Sträßchen führt scharf nach links, überbrückt ein Fließ und verläuft sofort nach rechts. Am Ende des Sträßchens links in die kreuzende Asphaltstraße.

Am südlichen Ortsrand von *Straupitz* umfahren wir das ehemalige *Schloß* (heute Gesamtschule) und kommen auf der *Kirchstraße* durch zwei *Obeliske* zur Ortsmitte (zweitürmige Schinkel-Kirche 1828-32; Dorfplatz). An der Kreuzung rechts in die bevorrechtigte, stärker befahrene *Cottbusser Straße*. Durch ein Waldgebiet (zwischendurch 400 m lange Steigung). 1,2 km hinter dem Abzweig „Byhlen" biegen wir vor der Bushaltestelle rechts in Teerstraße (Schild „Reit- und Kremserfahrten"). Die kleine Häuseransammlung *Siedlung* (weiß-blau-weiße Markierung) durchqueren. Ein Sand-/Schotterbelag löst die Asphaltierung ab. Wenig später passieren wir im kleinen *Mühlendorf* einen mächtigen ausgehöhlten Baumstumpf. An der markanten Wegekreuzung bleiben wir geradeaus (Richtung „Burg"). Wir überqueren den *Nordumfluter*. Am Wegende links in die breite Schotterstraße (weiß-blau-weiße Kennzeichnung) vorbei an einigen zurückversetzt liegenden Gehöften. Anschließend rechts in die stärker befahrene Landstraße („Burg/Cottbus") und über zahlreiche Fließe und Wassergräben. Links thront der Bismarkturm auf dem Schloßberg. Mit der Vorfahrtstraße nach rechts. Am nördlichen Ortsrand von *Burg Dorf* überqueren wir die *Hauptspree* (rechts *Kahnfährhafen*). Hinter dem Gasthaus zur Linde rechts in die kopfsteingepflasterte *Ringchaussee* (Schild „Jugendherberge", 300 m Kopfsteinpflaster).

Außerhalb von Burg Dorf rollen wir durch eine schöne Obstbaum-Chaussee. An der Kreuzung mit Stopschild geradeaus Richtung „Leipe". Wir fahren nun durch *Burg Kolonie*, überqueren die *Hauptspree* und passieren ein *Wehr*. An der Verzweigung (Schilder „Wald") mit der Vorfahrtstraße nach links. In kurzem Abstand überqueren wir *Hauptspree* und *Südumfluter* und folgen anschließend der Asphaltstraße in Rechtskurve (Schild „Spreewaldkrone", weiß-grün-weiße Markierung „Bhf. Vetschau 7 km"). Über das *Vetschauer Mühlenfließ* und geradeaus nach „Vetschau/Stradow". Wenn die Vorfahrtstraße einen Rechtsknick macht (nach etwa 500 m), bleiben wir geradeaus („Teichanlagen", „Binnenfischerei Peitz"). Das Teersträßchen schlängelt sich in einigen Kurven durch die *Stradower Fischteiche* (Karpfenzucht). In *Stradow* am Dorfplatz (Wiese) geradeaus auf der Dorfstraße. In *Vetschau* an der Kreuzung rechts in die Vorfahrtstraße. Gleich hinter der Schrankenanlage links zum *Bahnhof*.

ZWISCHEN HARZ UND TEUTOBURGER WALD

Mit Harz und Weserbergland beginnt die Mitteldeutsche Gebirgsschwelle, sie löst, von Norden her gesehen, das Norddeutsche Flachland ab. Die Landschaftsformen sind vielfältig: im Oberharz tief eingeschnittene Flußtäler, deren Wasser von Talsperren und Seen aufgefangen wird, und zumeist von Nadelwald besetzte Hänge; im Oberen Weserbergland als dessen wohl reizvollster Teil das windungsreiche Wesertal; im Unteren Weserbergland Wiehengebirge und Teutoburger Wald, dessen zwei bis drei parallellaufende, zum Teil steil abfallende Bergketten am weitesten ins Norddeutsche Flachland hineinragen.

Weserbergland: Blick vom Hugenottenturm auf Karlshafen und das Wesertal

69 Rundfahrt nördlich von Osnabrück – am Weg die frühgeschichtliche Befestigungsanlage Wittekindsburg, Kloster Rulle, die Adelssitze Krebsburg und Haus Kuhof bei Osterkappeln

Ausgangspunkt Hauptbahnhof in Osnabrück
Tourenlänge 48 km
Fahrzeit Etwa 4 Stunden
Höhenunterschiede Insgesamt nur 180 m. Keine starken und lang anhaltenden Steigungen

Tourenbeschreibung In Osnabrück vom Hauptbahnhof über *Goethering* und *Remarquering* zum *Bahnhof Hasetor*. Danach rechts unter der Bahn durch, die *Bramscher Straße* entlang und am *Hasefriedhof* vorbei. Dann über die *Nettebrücke* zu großer Kreuzung (Beginn des Wittekindsweges). Hier rechts den *Wittekindsweg* an der *Nette* entlang, am Bad vorbei und danach links haltend wieder zur Nette. Durch das Wäldchen am *Klostergut Nette* vorbei und auf dem *Östringer Weg* zu den *Östringer Steinen*. Weiter am Bach entlang *(Im Nettetal)*. Nach einer Linksbiegung des Tales liegt rechts oberhalb im Wald die *Wit-*

tekindsburg. Weiter den Weg entlang der Nette am Ort *Rulle* vorbei zum *Kloster Rulle.*

Vom Kloster auf der *Klosterstraße* rechts zum Ort *Rulle* und beim *Wittekindsplatz* links. An Schule und Sportplätzen vorbei zur Niederung der *Ruller Flut.* Hinter dem Bach rechts zu den Häusern *Vor dem Bruche.* Nun schräg links den *Barenauer Weg* hoch zum Wald und gerade hinauf zum *Steinberg* (Kamm des Wiehengebirges). Jenseits geradeaus hinab, an *Uptrup* vorbei und über zwei Querstraßen hinweg bis zur Gipfelkuppe des *Dornsberges.* Hier schräg rechts auf dem behäbigen Rücken des *Kalkrieser Berges* den *Pickerweg,* ein Sträßchen, etwa 3,5 km verfolgen bis zur Gabelung (Aussichtsturm). Schräg rechts am *Hof Bünte* und am *Schlarhof* vorbei, etwa 2,5 km zur Autostraße. Diese etwa 1 km nach links. Dann bei großer Linkskurve geradeaus über *Darpvenne* nach *Driehausen* (*Steingräber,* Gaststätte). Die Straße in Richtung Schwagstorf 1,5 km weiter, danach rechts ab. An einem Steingrab vorbei (rechts auf dem Feld). Später kurz vor der *Krebsburg* die Bahnlinie

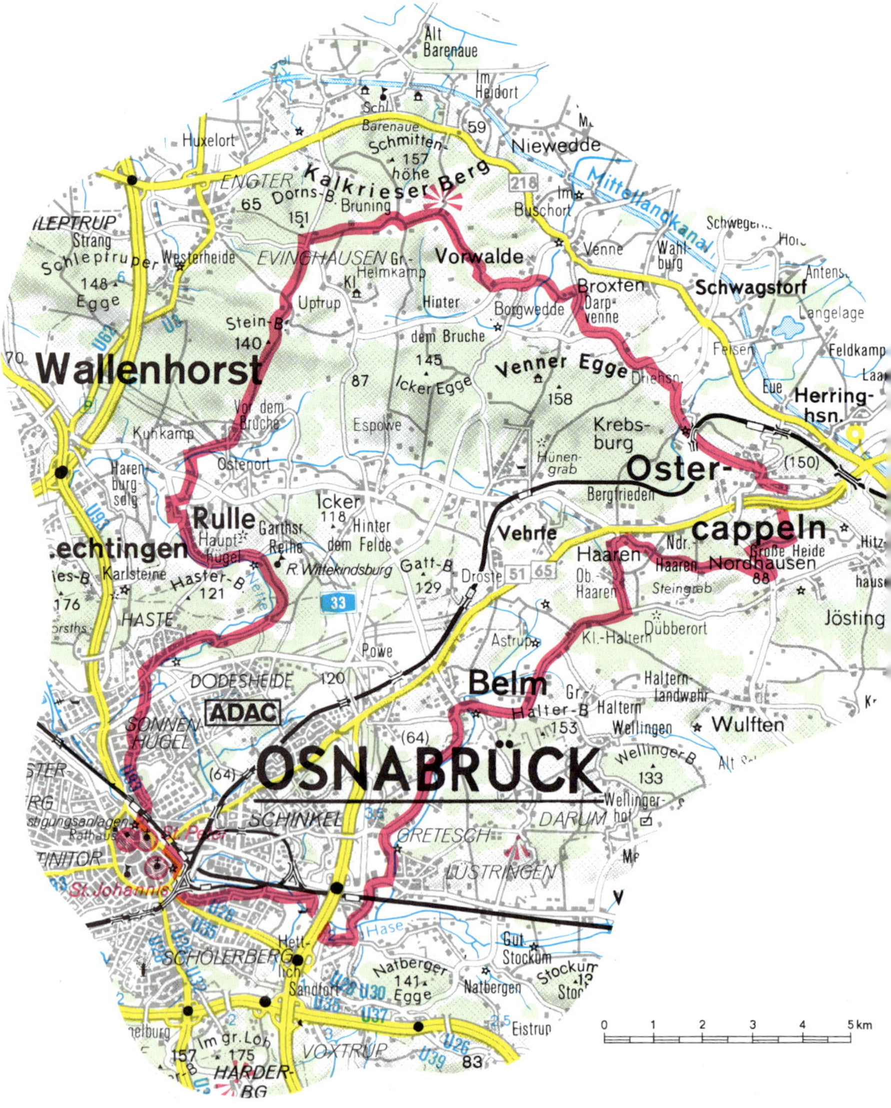

kreuzen (danach rechts Abstecher zur Krebsburg möglich) und etwas ansteigend nach Osterkappeln.

Im Ortskern rechts und 300 m danach schräg links. Nach 500 m rechts unter der Umgehungsstraße durch und durch ein Waldstück. An der Abzweigung der Straße in Richtung Ortsteil *Große Heide*, an dem vorbei und 100 m weiter hinter dem Bach rechts hinauf *(Zum Fange)* zur Autostraße Osterkappeln–Schledehausen. Auf dieser etwa 700 m nach links. Dann hinter dem Wald (aber noch vor dem Bach) scharf rechts *(Alter Schulweg)* und am Bach entlang aufwärts nach *Nieder-Haaren.* Hier geradeaus weiter und nach etwa 700 m links haltend nach *Ober-Haaren* (vorher Abstecher zum Kuhhof möglich). Geradeaus 1,5 km zum Wald. Dort rechts 800 m auf weniger gutem Weg (Haarener Weg), dann wieder besser befestigtem Weg weiter nach *Klein-Haltern.* In gleicher Richtung auf etwa 2,5 km nach *Westerheide.* Dort 400 m auf der Autostraße nach rechts, dann links in der vorigen Richtung weiter *(Krämerweg, Auf der Egge)* nach *Fulle.* Auf dem *Fuller Weg* rechts über den *Belmer Bach.* Danach links auf der *Belmer Straße,* nach 2 km an den *Sundermann-Steinen* (Steingrab) vorbei zur Papierfabrik *Burg Gretesch.* Davor links auf der *Grunerstraße* an Teich vorbei und nach den Fabrikanlagen rechts auf dem schmalen Weg *(Scheideweg)* unter der Autostraße Ostumgehung durch. Vor dem Wäldchen links und dann rechts den *Weitkampsweg* bis in Siedlung. Dort die dritte Straße links *(Boltenweg),* die Bahn kreuzen und zur *Mindener Straße.* Auf dieser rechts stadteinwärts, später links nahe der Hase auf der *Rotenburger Straße* gegenüber den *Klöckner-Werken* bis vor die Bahnlinie. Links die *Hamburger Straße* und dann rechts durch die Unterführung zum Hauptbahnhof von *Osnabrück.*

Sehenswert in dem von Karl d. Gr. 765 gegründeten Bischofssitz: mehrere Kirchen, vor allem Dom St. Peter, das monumentale Rathaus (1487-1512) mit dem Friedenssaal, Schloß, die Wallanlagen und die Fachwerkgiebel mit buntem Schnitzwerk.

70 Eine großartige Solling-überquerung – es bieten sich schöne Waldszenerien und eindrucksvolle Ausblicke

Ausgangspunkt Uferpromenade in Höxter (Variante: ab Uslar, s. unten)
Tourenlänge 59 km
Fahrzeit Etwa 7 Stunden
Höhenunterschiede Insgesamt 660 m; stetige Steigung von Boffzen (100 m) bis Schrodhalbe (440 m) und von Neuhaus (360 m) bis Doktorsbusch (470 m); danach nur noch kürzere Steigungen und häufiges Gefälle
Anmerkung Trotz der Steigungen keine sehr strapaziöse Tour; Übernachtungsmöglichkeiten gibt es in Neuhaus und Silberhorn

Variante Die Tour läßt sich verkürzen, wenn man Uslar als Ausgangspunkt wählt (41 km; die Höhenunterschiede betragen dann nur insgesamt 360 m): Von Uslar auf schmaler Asphaltstraße durch den Grund des Itals nach Donnershagen (Gaststätte), dann auf dem Forstweg rechts der Straße 1,5 km hinauf zum flachen Sattel des Parkplatzes Spann (weiter s. unten).

Tourenbeschreibung Von der *Uferpromenade* direkt an der Weser in *Höxter* fahren wir nach *Boffzen.* Geradeaus das Dorf durchqueren. Dann über die Bahn und auf dem Feldweg hinauf nach *Fürstenberg* (Renaissanceschloß; sehenswerte Porzellanausstellung der hier seit 1745 betriebenen Manufaktur). Im Ort fahren wir zur Kirche hinauf und weiter ansteigend am Sportplatz und der Försterei vorbei zum Wald. Auf dem *Kuhkampsweg,* später auf der *Fürstenberger Allee* immer geradeaus den flachen Bergrücken hinauf. Zuletzt geht es an der flachen Kuppe der *Schrodhalbe* vorbei (Denkstein). Immer auf dem Bergrücken bleibend, überwinden wir eine weitere Kuppe. Dann geht es schließlich hinab nach *Neuhaus* (von Höxter 16 km, 350 mH; Schloß in einfachem Spätbarockstil und sehenswerter Wildpark, zugänglich nur von der Uslaer Straße aus).

In Neuhaus hinter dem Kurhaus nach rechts in die *Eichenallee* und

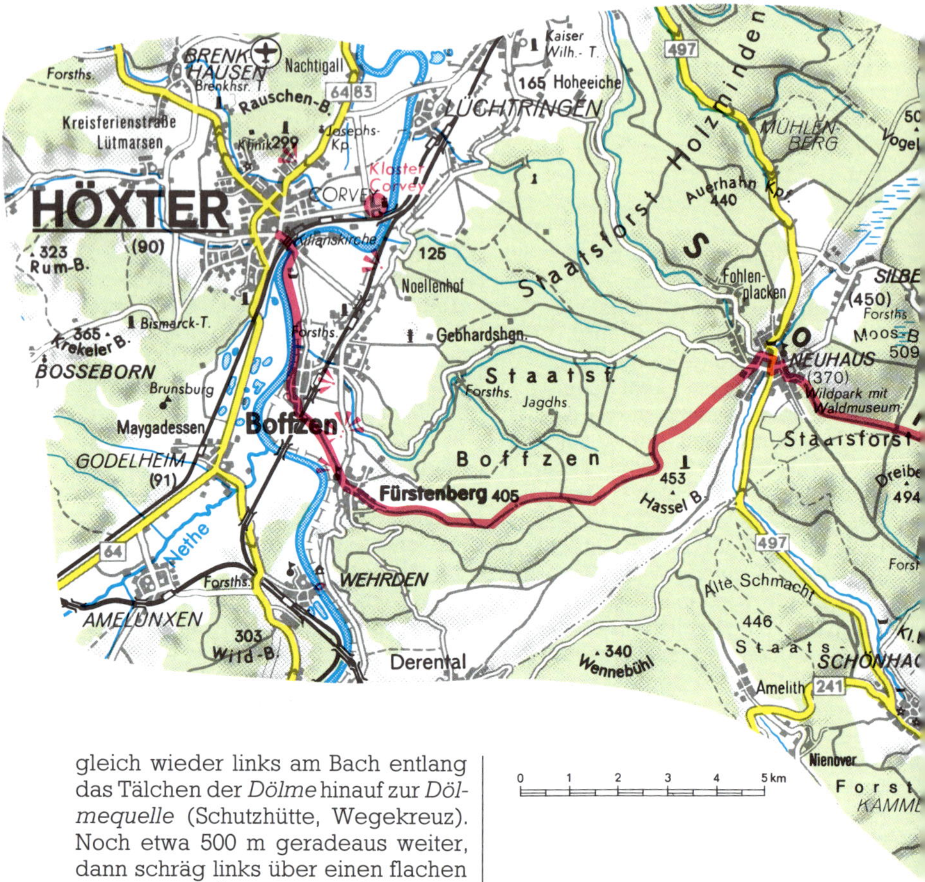

gleich wieder links am Bach entlang das Tälchen der *Dölme* hinauf zur *Dölmequelle* (Schutzhütte, Wegekreuz). Noch etwa 500 m geradeaus weiter, dann schräg links über einen flachen Bergrücken *(Doktorsbusch)* und hinab zur Autostraße. Auf ihr rechts hinab zum *Lakenhaus*. Über einen kleinen Sattel weiter zum Neuen Teich und in Richtung Uslar nochmals hinauf zum Sattel vor dem Ital (*Parkplatz Spann*; 9 km von Neuhaus; s. oben: Variante von Uslar aus).

Nun links auf der Forststraße hinauf und später durch ein Tälchen abwärts zur Forststraße im obersten Tal des *Wolfsbachs*. Hier rechts zur Quelle des Wolfsbachs und weiter hinauf, etwa 2 km, zum Wegekreuz. Von hier hinab zur *Gehrenbornquelle* und dann das Tal hinab zur Einmündung in das Tal der *Lummerke*. Im Tal rechts, 500 m hinauf zur Weggabelung. Links über einen kleinen Bergrücken und danach das obere *Riepenbachtal* queren. 600 m danach beim Wegekreuz geradeaus und 1,5 km hinab zum Wegekreuz *Grasborn* (Schutzhütte, unauffällige Reste einer Wüstung).

Nun rechts über den flachen Bergrücken des *Eisenstiegs*, nach ca. 1,6 km scharf links, ein Tälchen hinab zur *Försterei Grimmerfeld* (auf der Wiese unauffällige Trümmerreste der Kirchenruine). Im Tal stets rechts des Bachs hinab zum *Forellenhof* (Teiche) und schließlich zur Autobahn im *Diessetal.* Rechts aufwärts nach *Fredelsloh* (Töpferhandwerk und Zentrum Kunstgewerblicher Aktivitäten; romanische Pfeilerbasilika des 12. Jh.). Geradeaus durch den Ort. Am Ortsende links in Richtung Moringen, auf dem Feldweg hinauf zum Waldrand. Daran entlang mit Blick in das schöne *Bölletal.* Immer abwärts, an der *Drucksteinquelle* vorbei, zur *Försterei Gieseberg* und gleich darauf, oberhalb der *Stennebergsmühle*, zur Autostraße Moringen – Einbeck.

Auf dieser Straße links ein kurzes Stück weiter und dann auf einem Feldweg schräg rechts hinab. Durch ein Waldstück, oberhalb von Teichen vorbei und dann rechts hinauf zum *Gut Wickershausen.* Mit schönem Blick auf das Leinetal hinab nach *Hollenstedt.* Auf der Autostraße in Richtung Northeim über die Leine und die Rhume und gleich danach rechts in der Niederung weiter. Unter der Autobahn hindurch, an Kiesteichen vorbei und schließlich kurz vor der Bahnlinie rechts über die *Rhume* und nach *Northeim.*

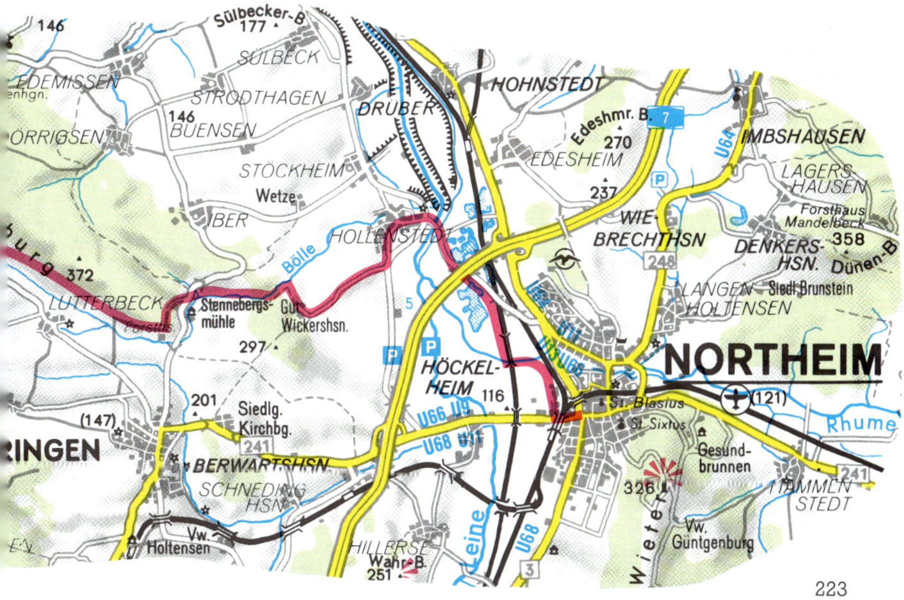

71 Rundfahrt durch die abwechslungsreiche und kulturhistorisch interessante Landschaft des südlichen Sackwalds und bei Bad Gandersheim

Ausgangspunkt Bahnhof in Freden
Tourenlänge 57 km (s. Anmerkung)
Fahrzeit Etwa 7 Stunden
Höhenunterschiede Insgesamt 390 m; stetige Steigung von Freden (97 m) bis Winzenburg (280 m) sowie am Gehlenberg (auf 40 mH) und an der Hohen Schanze (327 m) auf 50 mH; außerdem von Wettenborn (200 m) bis Bergkamm Helleberg (280 m); stetige Steigung von Brunshausen (150 m) bis Heber (280 m) und von Försterei Bilderlahe (180 m bis Wittekoppswiese (314 m)
Anmerkung Die Tour läßt sich mannigfach variieren und verkürzen.
Tourenbeschreibung Von *Freden* aus in einem hübschen Tälchen aufwärts nach *Winzenburg*. Hinauf durch den Ort und an Fischteichen vorbei zu den *Apenteichquellen* (prähistorische Kultstätte, es wurden hier Opfergaben aus der Jungsteinzeit und der Bronzezeit gefunden; aus Gründen des Naturschutzes ist das Quellgebiet nur teilweise zugänglich). Wir lassen die Quellen rechts liegen und radeln auf der Forststraße am Waldrand entlang (rechts oberhalb die Wälle der Tiebenburg) und dann im Wald ein Tälchen hinauf. Nach etwa 700 m auf der ersten rechts emporführenden Straße ein Seitentälchen hinauf auf den Bergsporn (600 m rechts die Tiebenburg, die im 10. Jh. als Vorwerk zur Winzenburg angelegt wurde). Dahinter den nächsten Talanfang queren und nach etwa 1,5 km zum nächsten Bergsporn. Hier rechts einen Abstecher über den Kamm etwas abwärts zur 1,3 km entfernten *Winzenburg* (sie wurde 845 angelegt und 1109 ausgebaut, dann 1522 endgültig zerstört; zu sehen sind nur noch Reste des Bergfrieds).

Zurück zur Forststraße und auf ihr weiter aufwärts zum Wegedreieck am oberen Ende des Tals vor der Kuppe des *Gehlenbergs*. Vom Wegedreieck scharf rechts. Nach etwa 700 m gelangen wir zu einer rechtswinkligen Straßenbiegung nach links bei der *Samesbuche*. Von hier aus ergibt sich ein Abstecher (1,5 km) zur *Hohen Schanze* (Historischer Lehrpfad). Die früher „Olenburg“ (alte Burg) genannte Schanze war die erste Befestigungsanlage in diesem Gebiet, ihr hohes Alter wird durch steinzeitliche und

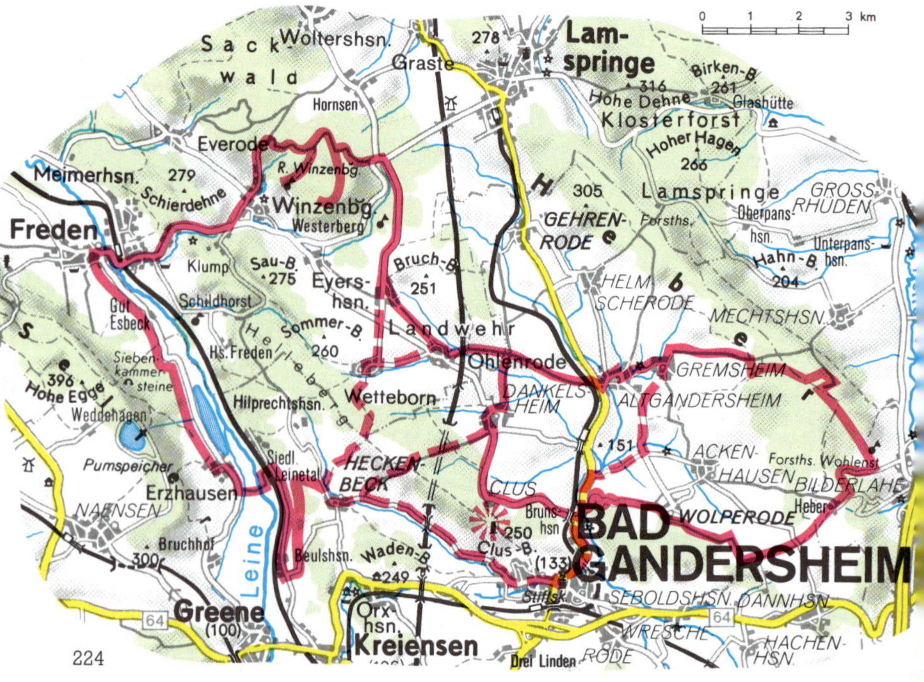

bronzezeitliche Bodenfunde belegt. Um 900 errichteten die Franken hier eine Burg (zugunsten der Winzenburg aufgegeben), 845 eine Klosterzelle (nach Lamspringe verlegt).

Zurück zur *Samesbuche* und auf der Forststraße weiter. Nach 400 m wieder rechts hinab zum *Parkplatz Hohe Schanze* an der Kurve der Autostraße Lamspringe – Winzenburg, am oberen Ende des *Römergrundes.* Dann fahren wir links die Autostraße aufwärts. Nach 300 m kommen wir zu einer Linkskurve. Gleich danach rechts und auf der Straße nach *Eyershausen.* Am Ortsausgang verlassen wir die Autostraße nach links und fahren auf einem Feldweg nach *Ohlenrode.* Dort am Ortsausgang nach links und ca. 600 m auf dem Feldweg bis zur Wegekreuzung. Hier rechts ab nach *Dankelsheim* (Alternative, s. unten). Im Ort etwas rechts halten. Danach in der vorherigen Richtung weiter, die Straße queren und über zwei kleine Bergrücken nach *Clus* (ehem. Kloster, 12. Jh.). Links an der alten Domäne vorbei und das Tal hinab (zwei schöne alte Eichen) zum *Vorwerk Brunshausen.*

Alternative: In Dankelsheim etwas rechts halten und am Ortsausgang nicht der Straße nach Clus folgen, sondern in spitzem Winkel rechts auf einem Feldweg nach Heckenbeck. Weiter s. unten.

Abstecher von Brunshagen nach *Bad Gandersheim:* Noch vor dem Vorwerk Brunshausen geht es rechts ab durch das Gandetal, vorbei an der Heilquelle, in den Ort. Sehenswert in dieser traditionsreichen, 852 als Reichsstift gegründeten Stadt: das Münster, eine dreischiffige Basilika (Bauteile aus vorottonischer Zeit, im wesentlichen, wie auch die Krypta, aus dem 11. Jh.), Georgskirche (12.-16. Jh.), ehem. Abtei mit bildnisreichem Kaisersaal, das imposante Renaissancerathaus mit gotischer Moritzkirche und alte Fachwerkhäuser am Markt.

Wir kehren zum *Vorwerk Brunshausen* zurück und setzen die Tour fort. Hier nun rechts, zuerst in steilen Kehren das Sträßchen nach *Wolperode* hinauf. Gleich hinter dem Ortseingang rechts hinauf und auf der von Bäumen gesäumten Straße mit weitem Blick über die von bewaldeten Höhen eingerahmten Ackerflächen bis fast an den breiten Bergrücken. Vor dem Tälchen rechts, dann auf dem Rücken des *Steinbrinks* links und am *Wasserwerk Heber* vorbei zum Wald.

Dort über die Autostraße Dannhausen – Ackenhausen hinweg. Geradeaus weiter am Waldrand entlang und über die beackerte Kuppe zu den Höfen von *Heber* (weiter Ausblick zum Harz). Die kleine Asphaltstraße hinab zum Wald und dort links auf der Forststraße (Markierung weißes X) im Bogen hinab zum *Wanderparkplatz von Bilderlahe.* Hier links an Teichen und Forsthaus vorbei. Zuerst im Wald, dann das Sträßchen am Tal aufwärts. Rechts einen Abstecher (zu Fuß) zur *Ruine Wohlenstein.* Dann das Tal weiter hinauf zur *Wittekoppswiese* (Baumschule). An der Wiese vorbei und im Wald nach etwa 400 m zu einer Schranke. Hier links den Weg hinauf zum obersten Ende der Wiese. Dort rechts im Wald an einem kleinen Steinbruch vorbei, den unbefestigten Weg etwa 300 m weiter (alte Grenzsteine). Dann links fast weglos im Wald etwa 50 m hinab zu einem neueren Steinbruch. Auf der Zufahrt rasch zum Forstweg. Diesen links hinab bis zum Waldrand. An diesem rechts auf einem unbefestigten Weg zur mächtigen, auf dem Acker stehenden *Kopfbuche* (Bänke, weiter Ausblick).

Am Waldrand weiter und dann geradeaus auf gleicher Höhe dem Feldweg folgend zu einer kleinen Asphaltstraße. Diese in genußvoller Abfahrt hinab nach *Gremsheim.* Durch den Ort hinab und weiter nach *Altgandersheim* zur Autostraße Bad Gandersheim – Lamspringe. Etwa 150 m nach rechts. Dann links über die Bahnlinie und auf geradem Feldweg etwa 2 km zu der vom Hinweg bereits bekannten Wegkreuzung. Nun geradeaus weiter nach *Ohlenrode.* Hier entweder zurück nach *Eyershausen* (dort links ab auf der Autostraße nach Wetteborn) oder direkt nach *Wetteborn* (dort von der Hauptstraße links ab).

In Wetteborn am Transformatorenhäuschen rechts ab (von Eyershausen kommend) bzw. geradeaus weiter (von Ohlenrode kommend). Nach 150 m links und auf dem Feldweg hinab ins Tälchen (oberhalb kleiner Steinbruch). Dann geht es rechts aufwärts und zu einem Wegekreuz. Hier links das Tälchen hinauf. Am Ende der Wiesen rechts und im Wald hinauf zum Kamm des *Hellebergs*. Jenseits dann steil hinab nach *Heckenbeck*. Gleich rechts am Ortseingang einen Feldweg hinauf zum nächsten Bergrücken. Von dort links einen steinigen Weg hinab zur Autostraße im Leinetal. Auf ihr rechts. Nach 1 km gelangt man zu einem Bahnübergang und durch die Leineaue nach *Erzhausen*. Durch das Dorf und am unteren Staubecken des Pumpspeicherwerks vorbei zum *Gut Esbeck* und nach *Freden*.

72 Vom Harzrand durch das westliche Vorland zum Leinetal – eine sehr reizvolle Tour, vor allem für geologisch Interessierte

Ausgangspunkt Bahnhof Osterode-Süd

Tourenlänge 36 km

Fahrzeit Etwa 3 ½ Stunden

Höhenunterschiede Insgesamt 250 m; relativ starke Steigung von Osterode (230 m) bis Alte Warte (Galgenturm; 287 m) und von Nienstedt (151 m) bis zum Westerhöfer Paß (280 m)

Varianten Wer die Steigung bis zum Galgenturm (40 m) vermeiden möchte, folgt in Osterode der B 4. –

Die Tour läßt sich abkürzen (auf 33 km), wenn man in Rittierode links nach Einbeck-Salzderhelden (Bahnhof) fährt.

Tourenbeschreibung Vom *Bahnhof Osterode Süd* über die Bahnlinie und dann steil bergauf, dabei die Schnellstraße unterqueren. Auf der Höhe rechts an der Kaserne vorbei zum Uehrder Berg mit dem *Galgenturm* (Aussicht). Am Waldrand entlang, über den Bergrücken hinab zum *Umspannwerk* und der *B 241*. Auf ihr links in Richtung Katlenburg. Nach etwa 1,5 km bei der Linksbiegung der Bundesstraße geradeaus weiter und im Bogen hinab nach *Förste*. Über die *Söse* nach *Nienstedt*. Auf der *Westerhöfer Straße* hinauf zum Forsthaus am Waldrand. Rechts hinauf zum *Wildgehege Westerhöfer Wald* (schöner Blick zurück zum Harz) und weiter zur Paßhöhe *(Nienstedter Paß)*.

Hier links auf dem *Fastweg* am Steinbruch (Parkplatz) vorbei und leicht ansteigend gelangt man nach etwa 800 m zum Bergrücken. Hier 500 m links hinab. Dann scharf rechts, am Hang schräg abwärts zum Talgrund. Darin zum Waldrand und dann im Bogen durch Feldmark nach *Westerhof*. Am Ortseingang gleich links, auf dem Damm zur Brücke und links auf der Autostraße das *Auetal* hinab nach *Willershausen*. Etwa 500 m hinter dem Sportplatz kurz vor dem Ortsende nach links und gleich wieder rechts. Auf dem asphaltierten Feldweg geradeaus nach *Echte* (schönere Aussicht, wenn man nach 1 km links einen ebenfalls asphaltierten Weg hinaufschiebt und weiter oben am Hang entlangfährt).

Geradeaus durch den Ort und in gleicher Richtung wie vorher auf einer geraden Straße zu Einzelhöfen. Dann unter der Autobahn hindurch zum *Schnedekrug* und links nach *Eboldshausen*. Rechts haltend durch das Dorf und etwa 2,5 km danach zur Querstraße. Hier rechts nach *Ahlshausen*. Links haltend weiter in der Mulde, zwischen Gehren (Vogelsburg) und Hainberg über den flachen Sattel und dann hinab nach *Rittierode* am Rand des Leinetals. Rechts über *Olxheim, Haieshausen* und *Billerbeck* nach *Kreiensen* oder links nach *Einbeck-Salzderhelden*. – In Einbeck zeugen mehr als hundert zum Teil üppig verzierte Fachwerkhäuser, zumeist aus dem 15. Jh., vom Wohlstand der alten Bierbrauerstadt. Sehenswert sind außerdem das eigenwillige Rathaus und mehrere Kirchen.

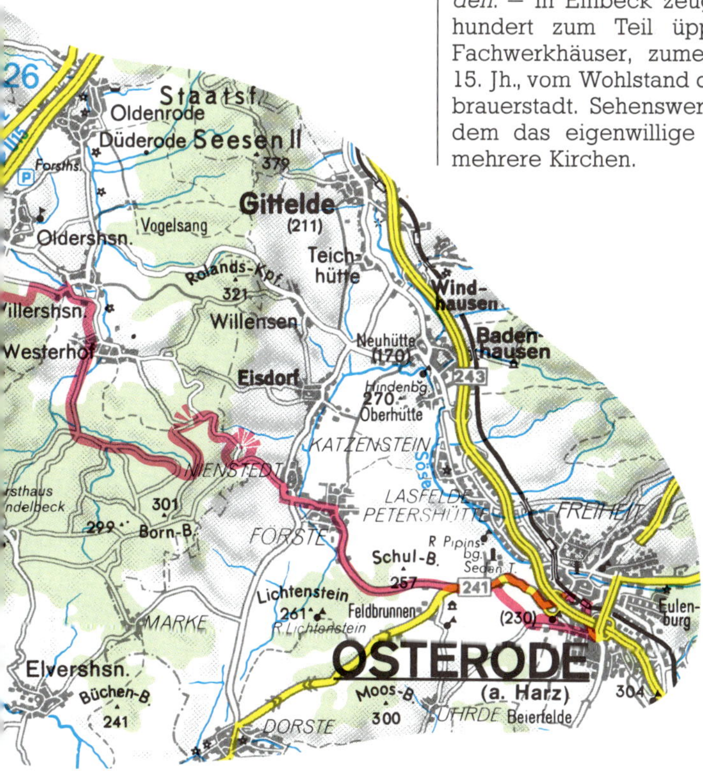

73 Rundfahrt von Hameln aus – Sehenswürdigkeiten in Bisperode, Coppenbrügge und Hasperde

Ausgangspunkt Bahnhof in Hameln

Tourenlänge 35 km

Fahrzeit Etwa $2\frac{1}{2}$ Stunden

Höhenunterschiede Insgesamt etwa 130 m; deutliche Steigung hinter Voremberg (auf 70 m) und von der Wohltmühle (119 m) bis auf den Ruhbrink (164 m)

Abkürzungsmöglichkeiten Durch Bahnfahrt bis oder von Coppenbrügge läßt sich die Tour auch teilen (Hameln – Coppenbrügge 18 km, Coppenbrügge – Hasperde – Hameln 16 km)

Tourenbeschreibung Vom Bahnhof *Hameln* links, unter der Bahnlinie durch und hinter der Bahn entlang zur B 1. Auf dieser rechts über die *Hamelbrücke* und dann geradeaus weiter nach *Hastenbeck* (rechts Schloß). An der Straßenkreuzung hinter dem Ort links nach *Voremberg* und über einen kleinen Sattel nach *Bisperode* (Schloß, jetzt Reithof). Nun links nach *Bessingen* (rechts weiter oben im Dorf die Schwefelquelle) und auf der Straße in Richtung Coppenbrügge über eine kleine Kuppe. Etwa 300 m vor Erreichen der B 1 auf dem Feldweg rechts und etwas aufwärts unterhalb des Ith entlang nach *Coppenbrügge*.

Im Ort unter der Bahn durch zur *B 1*. Auf dieser etwa 50 m nach rechts, dann links auf gerader Straße in die Feldmark und nach etwa 1,5 km rechts hinab zum *Gelbbach*. Daran entlang, nach rechts zur *Wohltmühle* an der *B 442*. Links über die Brücke und 150 m danach, bei der Linkskurve, geradeaus den holprigen Feldweg steil hinauf zur Kuppe des *Ruhbrink* (großartige Rundsicht). Jenseits hinab, links zur B 442 und auf dieser rechts über den flachen Bergrücken nach *Brullsen*.

Hier links auf einer schmalen Teerstraße nach *Hohnsen*. Rechts am Rande des Dorfes entlang und gleich wieder rechts auf befestigtem Feldweg hinauf zur Kuppe. Dort links weiter, bis der Feldweg bei einem Vorwerk des Hasperder Schlosses endet. Hier rechts etwa 30 m am Feldrain entlang hinab und dann links im Wald abwärts zu einem kleinen gepflasterten Weg. Auf diesem rechts über die *Hamel* und zum *Schloß Hasperde*. Dahinter auf der Straße links und geradeaus auf dem *Hilligsfelder Weg* nach *Groß-Hilligsfeld*. Dort wieder links über die *Hamel* und rechts auf gerader Autostraße bis kurz (1 km) vor *Afferde*. Hier rechts hinab nach *Rohrsen*, über den Bach und dann links auf dem Sträßchen zwischen Bach und Bahnlinie nach *Hameln*.

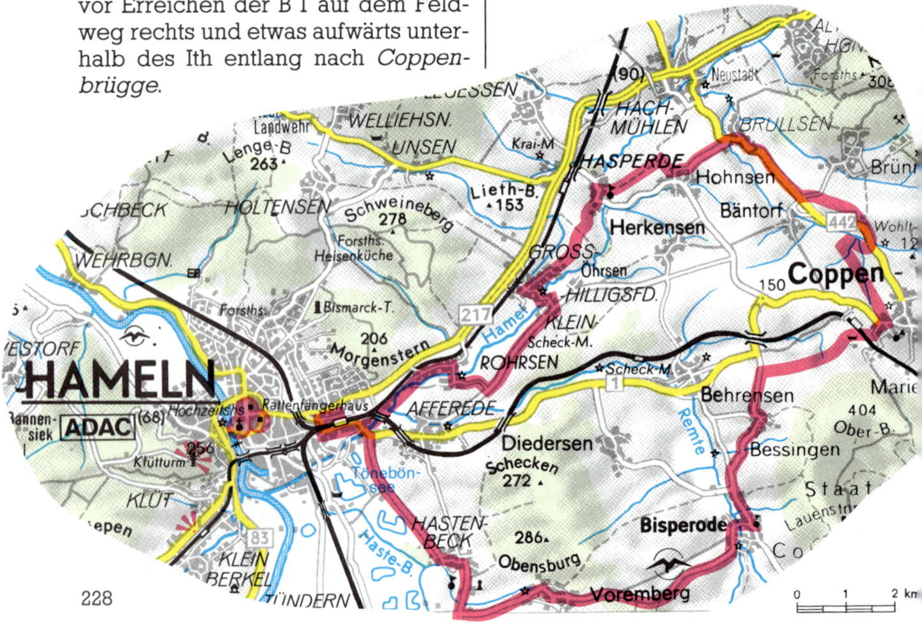

Von Göttingen nach Hannover in zwei Etappen

74 Erste Etappe: Durchs schöne Leinetal nach Alfeld

Ausgangspunkt Bahnhof in Göttingen
Tourenlänge 65 km
Fahrzeit Etwa 4 Stunden
Höhenunterschiede Insgesamt nur etwa 40 m Steigungen (in Rittierode)

Tourenbeschreibung In *Göttingen* gleich nördlich vom Bahnhof unter der Bahnlinie durch und über die *Leine*. Bei der Kirche rechts die Straße *Pfalz Grona Breite* bis zum Ende und steil hinauf zur Kirche auf dem *Hagenberg*. Nun Radweg am Rand des bewaldeten Steilhangs entlang, über den Autobahnzubringer und weiter zum *Holtenser Berg*. Links auf Feldstraßen abwärts, immer parallel zur Autobahn, in der Leineaue bis kurz vor Bovenden. Hier links in der Niederung auf Feldstraßen weiter, später auf das andere Leineufer und bis kurz vor Parensen. Auf Autostraße zur Querstraße Nörten-Hardegsen.

Hier rechts bis vor die *Leine*. Nun links den Feldweg in der Leineaue weiter nach *Elvese*. Auf der kleinen Autostraße am Rande der Niederung über *Hillerse* nach *Höckelheim*. Hier links durch den Ort und 500 m danach rechts, unter der Autobahn durch, nach *Hollenstedt*. Über *Stöckheim, Drüben, Sülbeck* und *Immensen* nach *Einbeck-Salzderhelden*. Hier rechts über die *Leine* und zum Bahnhof (38 km von Göttingen).

Nun am Ostrand der Leineaue nach *Rittierode*. Im Ort hinauf (die einzige nennenswerte Steigung der Tour) und dann links abwärts nach *Olxheim*. Dort über die Leine und nach *Garlebsen*. Rechts nach *Ippensen* am Westrand der *Leineaue* entlang und im Bogen um den Knollen herum nach *Greene* (47 km; von hier 2 km zum Bahnhof Kreiensen). An der

Kirche vorbei, über *Am Kirchplatz, Marktstraße, Twete* und geradeaus auf dem befestigten Feldweg nach *Erzhausen.* Danach am Kraftwerk und dem unteren Wasserbecken des *Pumpspeicherwerkes Erzhausen* vorbei und auf kleiner Autostraße weiter zum *Gut Esbeck* und nach *Freden.* Hier wieder über die Leine und die Bahnlinie hinweg und dann links über *Meimerhausen* und *Röllinghausen* nach *Alfeld,* wo man sich die geschnitzten szenischen Darstellungen an der Alten Lateinschule (Museum) und das hochgiebelige Renaissance-Rathaus ansehen sollte.

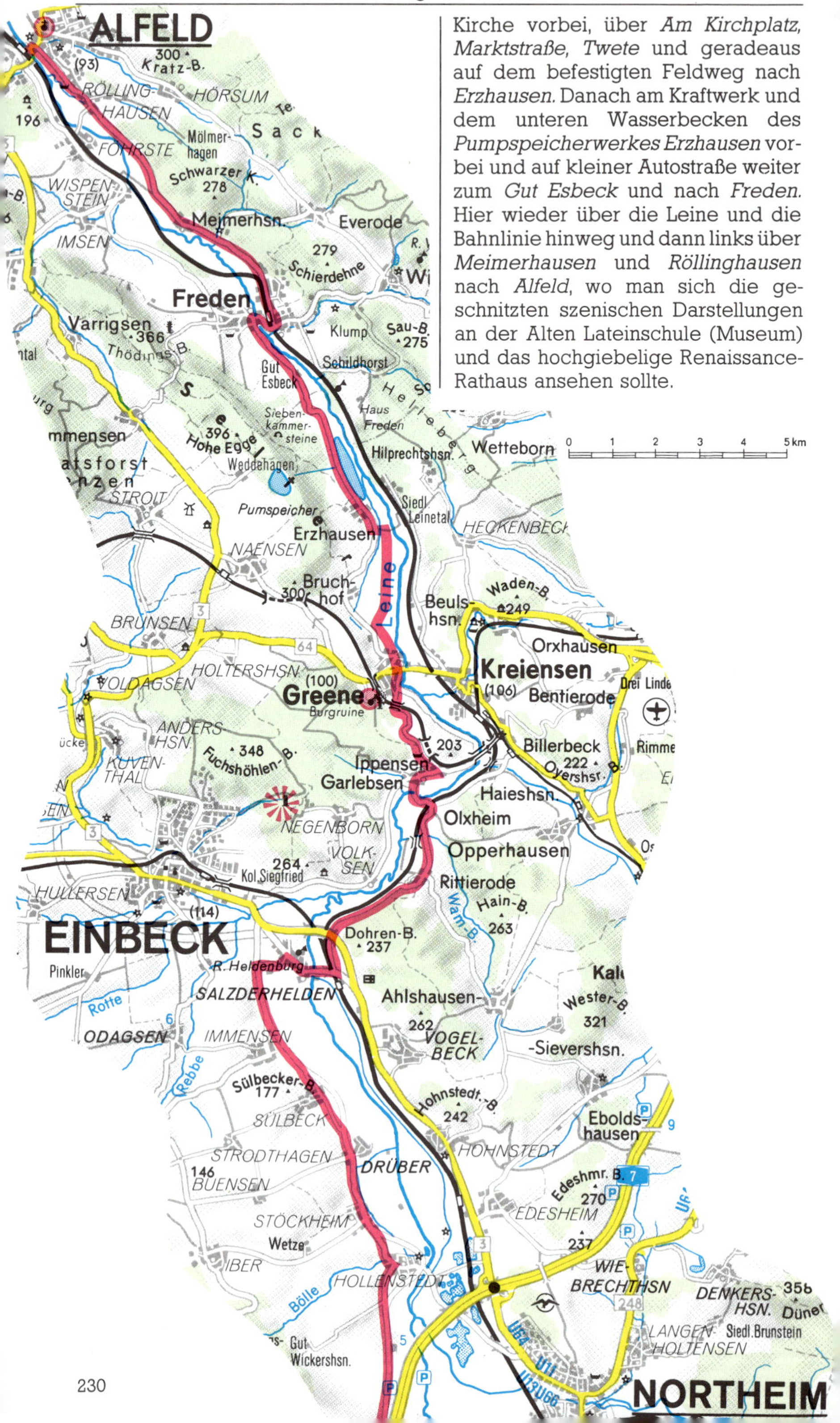

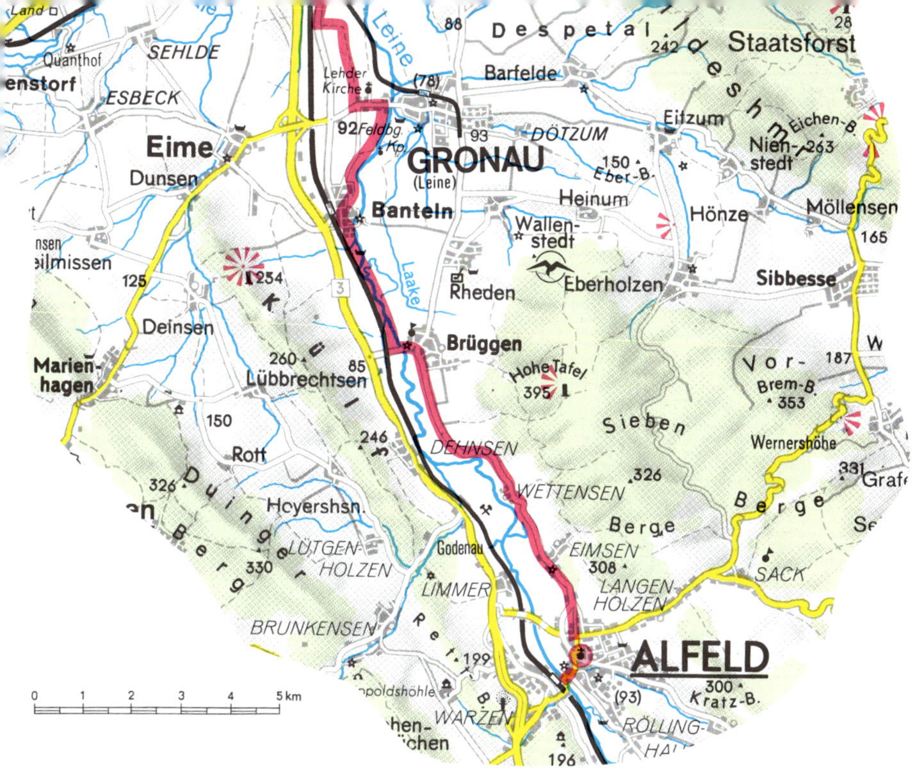

75 Zweite Etappe: Weiter durchs Leinetal, vorbei an alten Kirchen und der neugotischen Marienburg

Ausgangspunkt Alfeld, Leineaue in Richtung Eimsen
Tourenlänge 57 km
Fahrzeit Etwa 4½ Stunden
Höhenunterschiede Insgesamt etwa 100 m. Markante Steigung zur Marienburg (50 m)
Tourenbeschreibung Von *Alfeld* am östlichen Rand der Leineaue über *Eimsen* und *Wettensen* nach *Brüggen.* Hier links über die *Leine* und danach noch vor der Bahnlinie rechts nach *Banteln.* Nahe an der Leine haltend, an Mühle vorbei, durch den Ort. Dann hinter dem Gut rechts den Weg am oberen Rande des Steilhanges entlang, über der Leineaue zur *Feldberger Kirche* und nach *Gronau.* Etwas links haltend weiter, an der *Lehder Kirche* (auch Friedhof) vorbei und auf Feldwegen weiter. Später vor der Bahn links und zuletzt auf der alten Bundesstraße über den Bahnübergang und nach *Elze.*

Durch den Ort und rechts auf dem Radweg entlang der *B 1* 3 km nach *Burgstemmen.* Dort wieder über die Bahnlinie und die Leine hinweg. Gleich danach links an der *Domäne Poppenburg* vorbei nach *Nordstemmen.* Dort links über die Bahn und durch die Niederung. Hinter der Leinebrücke rechts, in Serpentinen steil hinauf zum *Schloß Marienburg.* Rechts hinab, kurz hinter dem Waldrand auf dem Feldweg rechts und nach 1 km wieder links nach *Schulenberg* (hinter dem Ort rechts 1 km Abstecher zur Calenberger Mühle und nach Alt Calenberg möglich). Von Schulenberg weiter entlang der Leineniederung nach *Jeinsen* und in gleicher Richtung nach *Schliekum.* Danach vor der Leine links an der *Domäne Ruthe* vorbei und auf Feldwegen nach *Koldingen.* Dort die *B 443* queren und über *Reden* nach *Harkenblock.* Schräg rechts weiter nach *Wilkenburg* und rechts haltend durch die Teichlandschaft an *Wülfel* und *Döhren* vorbei. Dann unter der Südtan-

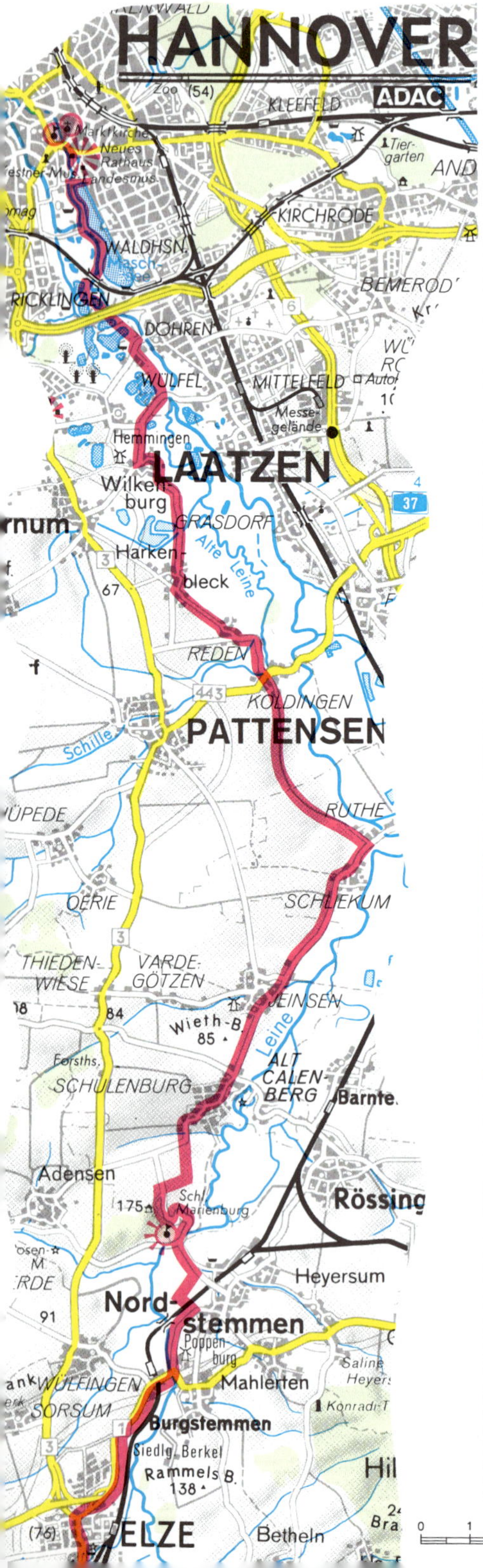

gente durch und hinter den Teichen rechts. Unter der Bahnlinie durch und über die Leine zum *Maschsee* und hinein nach *Hannover.*

76 Rundfahrt bei Braunschweig, auf der man die von Mönchen angelegten Teiche des Klosters Riddagshausen passiert

Ausgangspunkt Braunschweig, Fortsetzung der Grünewaldstraße
Tourenlänge 33 km
Fahrzeit Etwa 3 bis 4 Stunden
Höhenunterschiede Insgesamt etwa 30 m. Vor Schandelah eine 4 m hohe, recht steile Böschung
Tourenbeschreibung In *Braunschweig* am angenehmsten in der Fortsetzung der *Grünewaldstraße* über die Bahnlinie und hinab in die Niederung von *Mittelriede* und *Wabe.* Hinter den Bächen rechts und später links haltend auf dem Radweg zum *Europareservat Riddagshausen.* Auf dem *Fischerweg* am Nordwestufer des *Kreuzteiches* und *Mittelteiches* entlang. Geradeaus zwischen *Schapenbruchteich* (rechts, am Damm das Fischerhaus), *Jürgensteich* und *Ziegelkampsteich* weiter. Wo der Weg im Bogen nach links zum Waldrand führt, um den *Reinersteich* herum und danach immer geradeaus am Waldrand entlang nach *Schapen.* Auf der *Lindenallee* in den Ort und geradeaus auf der *Weddeler Straße* zum Ortsausgang.

In gleicher Richtung geradeaus weiter, über die Autostraße hinweg und auf dem Feldweg weiter. Auf dem Querweg rechts zu den ersten Häusern von *Weddel.* Dort links durch die Siedlung und später links am nördlichen Ortsrand bleiben. Dort auf schnurgerader Feldstraße weiter, über die Autostraße Hordorf – Cremlingen hinweg und in den Wald *(Echterhai).* Dort auf einem schmalen unbefestigten Weg geradeaus und dann rechts. Nach einem Wiesenstreifen links halten (stellenweise etwas weicher Untergrund) und nach etwa 5 Minuten über eine 4 m hohe, recht steile

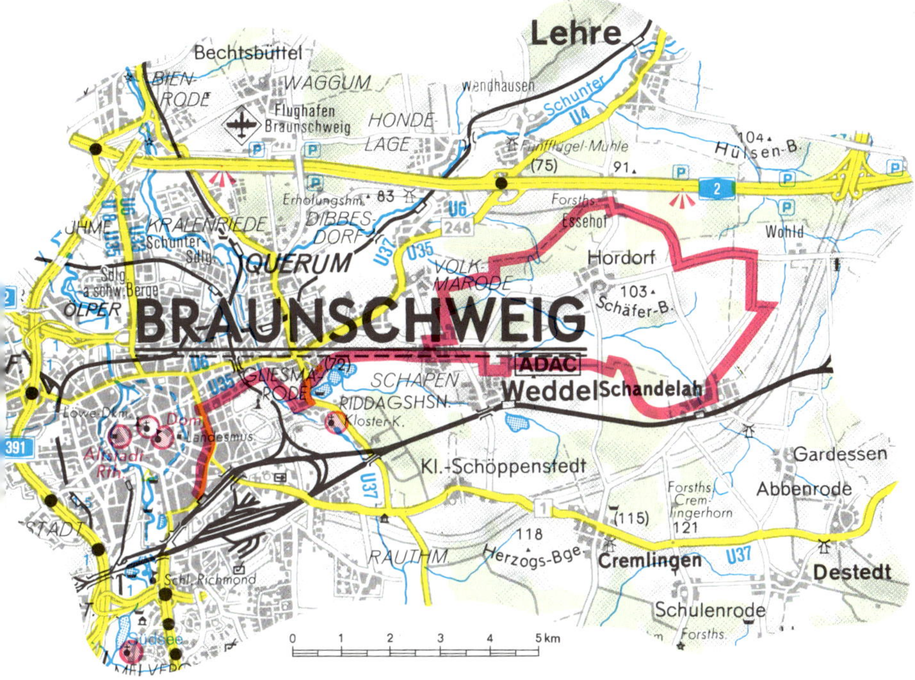

Böschung das Fahrrad hochschieben (nach Regen glatt; notfalls seitlich schräg hochschieben). Danach abwärts, am Bahnübergang vorbei und zur Gabelung. Rechts zum Waldrand und an der alten Halde mit ausgeschweltem Ölschiefer (dieses ist eine Versuchsanlage aus dem Zweiten Weltkrieg) vorbei nach *Schandelah*.

Im Dorf links zum nördlichen Ortsausgang halten. Dort bei den letzten Häusern schräg rechts und auf dem geraden Feldweg aufwärts. Dieser leitet zuletzt an einem Wäldchen vorbei bis vor die verfallene alte *Ölschiefergrube* (teilweise frische Anschnitte). Noch vor der Grube links und auf dem nächsten rechts abzweigenden Weg wieder rechts. So gelangt man zur asphaltierten Autostraße Hordorf – Scheppau. Auf dieser halten wir uns erst links, und nach etwa 1,5 km geht es rechts durch den Wald nach *Essehof*.

Durch den kleinen Ort und dann links. Einige hundert Meter am Waldrand entlang und dann schräg links (Markierung: X, Europäischer Fernwanderweg E 6) in den Wald. Der Markierung folgend, den unbefestigten Weg immer etwa in gleicher Richtung bis zum Waldrand. Daran entlang nach links zur Waldecke. Dann rechts auf dem Feldweg bis kurz vor die Volkmarode. 200 m vor dem Dorf scharf links und wieder am Waldrand entlang, zuletzt etwas rechts nach *Schapen*. Wie beim Herweg an den *Riddagshäuser Teichen* vorbei zurück nach *Braunschweig*.

77 Von Seesen über Berge und Täler am Rand des Westharzes

Ausgangspunkt Seesen, B 248 in Richtung Hahausen

Tourenlänge 34 km

Fahrzeit Etwa 4 Stunden

Höhenunterschiede Insgesamt etwa 400 m. Auf 3,5 km starke Steigung vom Talgrund des Steimker Baches (250 m) bis zum Sattel vor dem Lindtalskopf (500 m). Dafür dann schöne lange Abfahrten

Tourenbeschreibung In *Seesen* auf der *B 248* in Richtung Hahausen/ Braunschweig bis kurz hinter die

Brücke über die *Schildau.* Links zum Sportplatz. Dann rechts und später wieder links haltend durch die Aue zur *Winkelsmühle* (Gaststätte, Teiche). Hinter den Teichen links haltend am Rand der *Auewiesen* nach *Bornhausen.* Im Ort vor der Bahnlinie nach rechts an der *Schaller* entlang. Nach 2,5 km unter der Bahn durch und nach *Hahausen.*

In Hahausen wird am Fuß des Langenberges die Bahnlinie Seesen – Goslar und die B 248 überquert. Weiter auf der Langelsheimer Straße am Waldrand entlang etwa 2 km zur Mündung der Steimker Straße (das zweite große Tal). Nach Einfahrt in das Tal rechts hinauf in Richtung Vereinspark. Nahe beim oberen Ende des Tales passiert man den *Filderborn* und erreicht wenig später den Sattel zwischen Bakenberg (rechts) und Lindtalskopf (links). Über den Vereinsweg zum Vereinsplatz. Von hier unbedingt lohnender Abstecher zu Fuß auf den *Lindtalskopf* (Rundsicht).

Zurück zum Sattel und links weiter abwärts zur Gabelung der Forststraße. Hier links, auf der *Hohesteinstraße* am Hang entlang abwärts zum oberen *Neiletal.* Ansteigend, um den nächsten Bergsporn herum zum Talanfang des *Kaltebachtales* und weitere Tälchen querend zum *Taternberg* (Markierung rotes Dreieck). Nun über den Sporn rechts abwärts und dann bald links zum Wegekreuz am Sandbrink. Hier auf der *Herzog-Wilhelm-Schneise* über den Bergrücken weiter bis zum Harzrandweg. (Geradeaus Abkürzung nach Seesen.) Dort rechts, über eine schöne Straße mit schönen Ausblicken genüßlich abwärts. Schließlich auf der Straße im Grunde des *Wiesentales* des *Wrochsenbaches* links hinab zur B 248. Links zur Bahn und dann rechts in Richtung Bornhausen. Nach 1 km oberhalb von Klingenhagen links ab zur *Winkelsmühle* und nach *Seesen.*

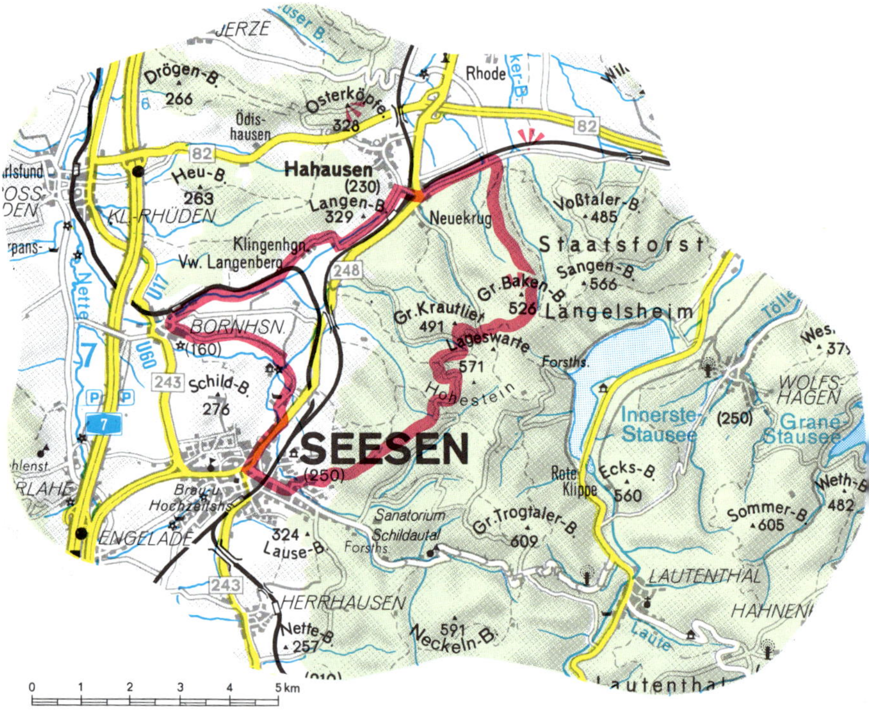

Sehenswürdigkeiten dieses Erholungsorts sind das alte Rathaus, schöne Fachwerkhäuser, das fürstliche Jagdschloß und die Andreaskirche. Das Heimatmuseum informiert über Geschichte und Kultur des Raums.

78 Rundtour bei Wernigerode – durch das Tal der Ilse und herrliche Wälder

Ausgangspunkt Bahnhof in Wernigerode
Tourenlänge 38 km
Fahrzeit 3 Stunden
Höhenunterschiede Zahlreiche Steigungen und Gefällstrecken, zwischen Ilsenburg und dem Gasthof Plessenburg mehr als 250 m
Tourenbeschreibung Die *Bahnhofstraße* führt in die Altstadt des kleinen Harzstädtchens *Wernigerode* (malerisches, abwechslungsreiches Stadtbild. Fachwerkhäuser mit Schnitzwerk; das Rathaus von 1550 gilt als schönster Fachwerkbau am Harz und in Thüringen).

Wir verlassen die Altstadt am *Westerntorturm*, überqueren den Zillerbach, dann die Gleise der Schmalspurbahn und fahren auf der *Friedrichstraße* einige hundert Meter geradeaus, Richtung Braunlage, Schierke. Dann nach rechts in den *Mönchstieg* (*Radweg R 1*, dem wir bis Ilsenburg folgen). An der Rechtskurve der Hauptstraße halten wir uns leicht links. Durch die *Pfälzergasse* bis zum Ende, dann bei der Möbelfabrik in den Wald. Der Weg steigt ständig an. Links einige Teiche (sie gehören zum ehemaligen Augustinerkloster). An der nächsten Wegkreuzung rechts und wenige Meter bergauf, dann hinunter nach Darlingerode (Achtung! Als Naturpfad

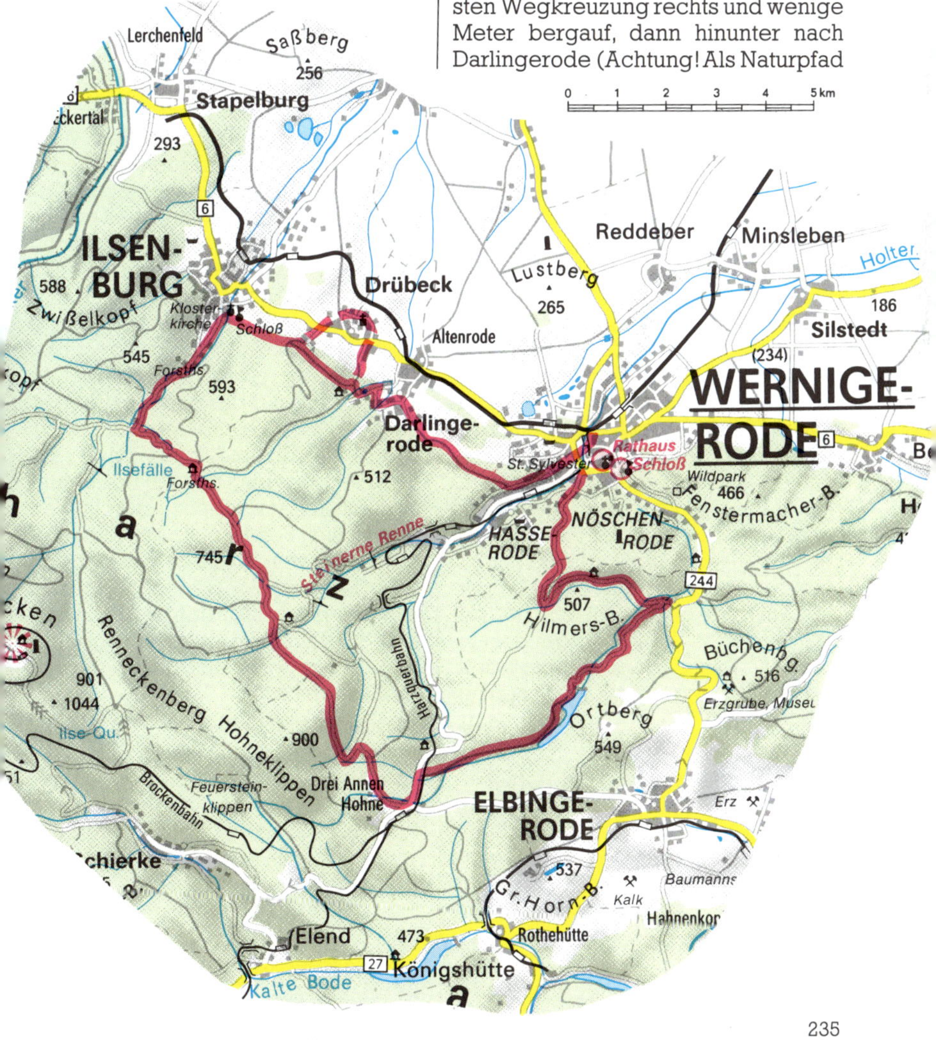

ist ein Teil der Strecke mit Schlagbäumen gesichert). Bei den ersten Häusern von *Darlingerode* links halten und immer am Ortsrand entlang, dem Symbol R 1 mit der radelnden Brokkenhexe folgend. Neben einem idyllischen Teich führt unser Weg wieder in den Wald (wer einen Abstecher zum Kloster in Drübeck machen möchte, fährt kurz danach rechts; romanische Kirche St. Viti, 10.-12. Jh., einer der ältesten erhaltenen Sakralbauten des Harzes; ornamentale Kapitelle).

Wir halten uns links. Ein Stück verläuft der Weg parallel zum Mönchsgraben (der einst dem Ilsenburger Kloster Wasser zuführte). Vor Ilsenburg einige kurze, aber steile Anstiege und Abfahrten; für die letzten Meter bis ins *Ilsetal* sind sehr gute Bremsen erforderlich (sonst lieber das Rad schieben). Wir erreichen den *Plochhammerplatz* am Ortsrand von *Ilsenburg* (Eisengewinnung und Hüttenindustrie seit dem 11. Jh., weithin bekannt sind auch die eisernen Ofenplatten; Hüttenmuseum; neoromanisches Schloß und ehem. Klosterkirche). Auf verkehrsarmer Straße – zunächst Kleinpflaster, dann feingeschotterte Oberfläche – neben der Ilse bergan. Bald verengt sich das Tal, vor allem durch den Ilsestein, einen Felssporn mit weithin sichtbarem Kreuz. An der nächsten großen Weggabelung biegen wir links ab (steinerner Wegweiser „Plessenburg, Steinerne Renne"). Am nächsten Abzweig geradeaus. Es geht steil bergan (das Rad schieben). Ein typisches Bild des Harzes sind die hier unter den hohen Buchen verstreut liegenden Felsbrokken. Am Ende des Steilabschnitts treffen mehrere Wanderwege zusammen, wir folgen dem Fahrweg zum *Gasthof Plessenburg* (als Jagdhaus 1776 erbaut). Von hier zurück zum Hauptweg und hier rechts ab. Den Wegweisern „Steinerne Renne" folgen (Markierung roter und grüner Punkt). Die fein gekiesten Waldwege sind fast eben.

Nach ca. 3,5 km zweigt der Weg zur Steinernen Renne links von unserer Route ab. Wir treffen bald wieder auf eine Weggabelung (rechts geht es zum Brocken und zu den Zeterklippen), wo wir uns leicht links halten. Später vorbei an einem Skilift, dann im Linksbogen abwärts. Kurz danach, vor der *Schutzhütte*, scharf rechts und zum *Bahnhof Drei Annen Hohne*. Von der Kreuzung am Bahnhof nach links in die Straße einbiegen und 700 m parallel zur Harzquerbahn talwärts fahren. Dann nach rechts in einen Waldweg (Wegweiser „Zillerbach-Talsperre"). Über die Gleise der Schmalspurbahn und durch herrlichen Wald leicht bergab. Am Einlauf des *Staussees* geradeaus weiter und auf steilem Weg über die Staumauer (unterhalb der Staumauer eine Schutzhütte zum Rasten). Weiter am Zillerbach entlang ins Tal. Einige majestätische Weißtannen säumen den Weg, bevor wir nach links in spitzem Winkel ins *Kalte Tal* einbiegen. Auf schmaler asphaltierter Straße leicht bergan. An der Wegkreuzung geht es in einer langgezogenen Rechtskurve auf das andere Ufer des Baches (Wandermarkierung grüner Strich). Ein kurzer Anstieg, dann sind der *Parkplatz* und der Abzweig zum Gasthof Armeleuteberg erreicht. Von dieser auch Försterplatz (mit Sitzgruppe) genannten Stelle bietet sich ein phantastischer Blick auf den Brocken (noch bessere Aussicht vom Kaiserturm auf dem Armeleuteberg aus). Auf steiler, kurvenreicher Straße zurück nach *Wernigerode*.

MÜNSTERLAND UND DARÜBER HINAUS

Das Münsterland, eingefaßt von Teutoburger Wald, Paderborner Hochfläche, Lippeauen und der Niederung des Niederrheins, ist eine einzige große Parklandschaft englischen Stils mit Weiden, kleinen Waldstücken und Wallhecken, durchsetzt von Bauernhöfen, gräftenumgebenen Schlössern und Burgen, sehenswerten größeren und kleineren Städten.

Die mächtige Burg in Bad Bentheim

79 Durch den Bentheimer Wald zum Gildehauser Venn

Ausgangspunkt Bad Bentheim, Parkplatz an der Schüttdorfer Straße
Tourenlänge 40 km
Fahrzeit $3\frac{1}{2}$ bis 4 Stunden
Höhenunterschiede Insgesamt etwa 25 m Steigung, vom Ravenshorster Bach bis Bentheimer Berg
Tourenbeschreibung Man kann vom *Parkplatz* aus die Tour sofort nach links auf der *Schüttorfer Straße* beginnen. Sie mündet auf die *B 403*. Wir fahren 100 m links und biegen rechts in die *B 65* ein. Nach etwa 300 m biegen wir links auf einen *Waldweg* ab, der als Fußweg zum Schwefelheilbad gekennzeichnet ist. Es geht jetzt 1,5 km geradeaus durch den *Wald* über ein *Bahngleis* hinweg bis an die *Wegeinmündung*. Hier halten wir uns links, kreuzen erneut ein *Bahngleis* und fahren rechts am *Kurpark* von *Bad Bentheim* vorbei bis an die *B 403* - heran.

Auf der Bundesstraße geht es rechts weiter und nach einem Kilometer links ab in einen *Waldweg*. Hier steht links ein *Schild* mit der Aufschrift „Forstlehrpfad kreuzt die B 403". Der gesamte, jetzt vor uns liegende Weg durch den Wald beträgt etwa 3,5 km. An der ersten *Wegegabel* biegen wir links ab. Hier steht am *Baum* eine *grüne 8*. Es geht nun weiter über die *Strenge* bis zu einem *Rastplatz* mit *Schutzhütte* und zahlreichen *Bänken*. Wir fahren weiter geradeaus, bis der Weg dann sichtlich schmaler wird, ehe er vor einem *Werk* der Westgas GmbH mündet. Hier geht es nun auf der *Deilmannstraße* weiter bis zur *Hilgenstiege*, in die wir rechts abbiegen. Wir fahren über eine *Bahnlinie* hinweg und dabei gleichzeitig unter einer anderen *Bahnlinie* hindurch weiter geradeaus. Wir nähern uns nun der *B 65/403*, biegen jedoch kurz vorher rechts ab, fahren an einem kleinen *Friedhof* und einem *Gut* vorbei bis an eine *Straßengabel* heran. Wir fahren rechts, kreuzen dann eine *Bahnlinie* und fahren links weiter. Vor dem Hof *Ohmsgerds* überqueren wir die *Straße* an dem Schild „Nordhorn 14 km" auf eine *Scheune* zu.

Diese *Straße*, mit einer *9* gekennzeichnet, mündet schließlich stumpf. Hier fahren wir rechts und biegen vor der *Laubwaldecke* links ab. Wir kreuzen die *Bahn* erneut, fahren parallel zur *Bahnlinie* und biegen hinter einem *Weiher* links ab. Die *Straße* ist gepflastert und führt an die *B 65* heran. Wir biegen links und an der *Gehöftgruppe* sofort wieder rechts ab. Wir kommen an einem kleinen *Sportplatz* vorbei und fahren an der *Wegegabel* auf der mittleren Straße weiter.

Es geht erneut über eine *Bahnlinie* hinweg und an der bevorrechtigten *Straße* rechts weiter, über die *Bahnlinie* und den *Ravenshorster Bach*. Gegenüber von der *Einfahrt* zum *Kloster Bardel* biegen wir links ab. Es geht jetzt 4 km geradeaus über *Bach* und *Bahnlinie* und an einer *Wegegabel* halb links weiter dem Weg mit 12 nach. Schließlich mündet der Weg stumpf. Hier fahren wir links weiter, bis wir am *Gildehauser Venn* vorbei nach 5 km eine *Querstraße* erreichen. Wir fahren rechts und gleich wieder links weiter. Wir haben einen *Anstieg* vor uns, halten uns rechts auf der *Alten Poststraße* entlang bis zur *Siedlung*. Hier geht es rechts weiter auf der Straße *An der Müst*, von der wir links in die *Glückaufstraße* abbiegen. Wir fahren nun geradeaus bis zur *Hauptstraße*, biegen dort rechts ab bis zur *Bahnhofstraße*. Auf ihr kommen wir nach rechts zurück zum *Parkplatz*.

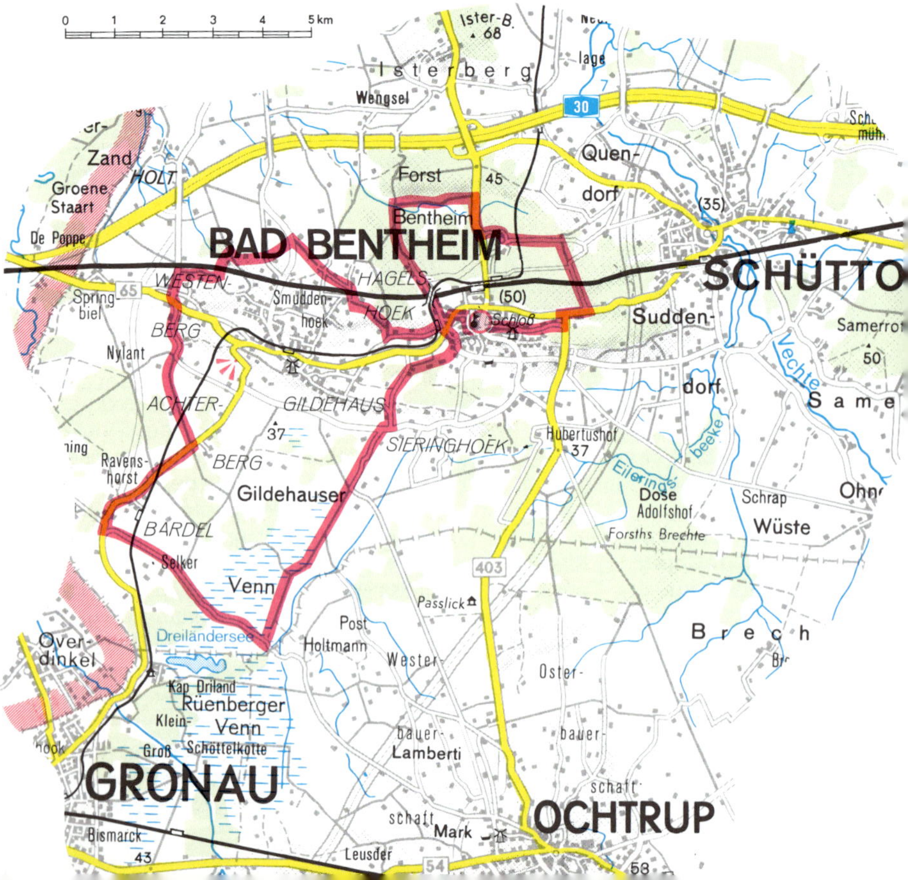

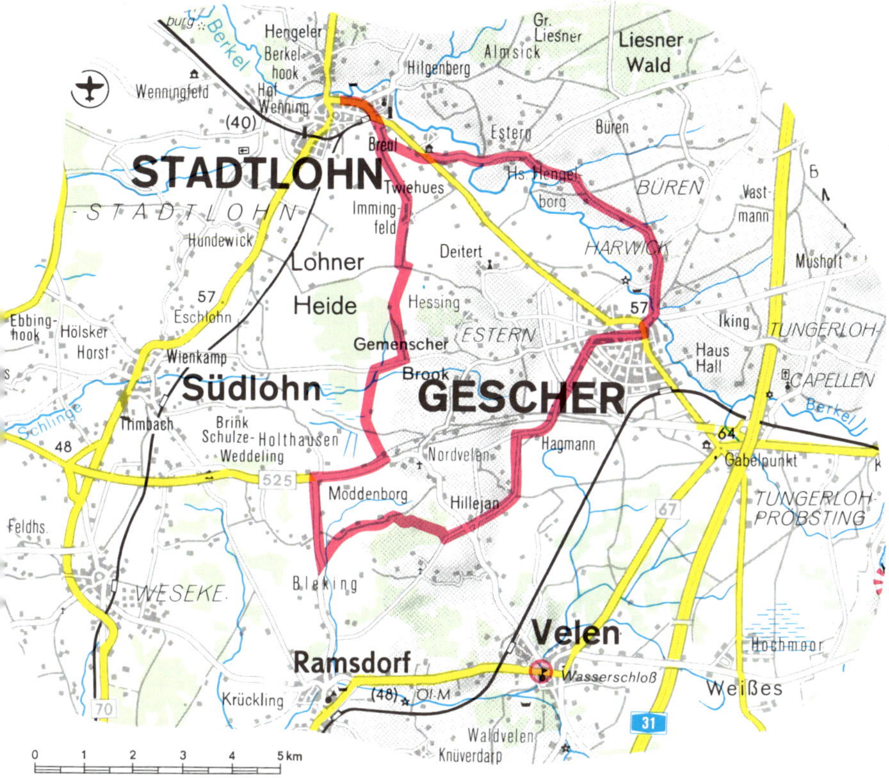

80 Von der alten Textil- und Töpferstadt Stadtlohn aus zur Glockengießerstadt Gescher

Ausgangspunkt Stadtlohn, Parkplatz am Sport- und Erholungszentrum an der Uferstraße
Tourenlänge 31 km
Fahrzeit 3 Stunden
Tourenbeschreibung Vom Parkplatz vor dem *Sport- und Erholungszentrum* an der *Uferstraße* fahren wir links heraus auf die Straße Coesfeld/Gescher. Wir kommen an die Bahnstation Stadtlohn, biegen rechts in die zweite Straße namens *Alter Dyk* ab. Die Straße macht eine leichte Linkskurve, hinter der wir rechts in die *Immingfeldstraße* abbiegen. Die Straße macht eine Linkskurve und führt unter zwei Hochspannungen hindurch.

Wenn unsere *Straße* stumpf mündet, biegen wir links und nach 200 m rechts ab. An einer *Scheune* macht die Straße eine kleine *Kurve*, führt dann am Gehöft *Osterholt* vorbei an eine bevorrechtigte *Straße* heran. Hier biegen wir an der *Marienfigur* rechts ab. Auf dieser wenig befahrenen *Landstraße* fahren wir bis zur *Straßeneinmündung* auf der linken Seite, wo drei alte hohe *Pappeln* stehen.

Wir haben jetzt etwa 2 km vor uns, bevor wir an die nächste bevorrechtigte Straße kommen. Hier geht es gegenüber von *Brockhaus* rechts weiter, unter der *Hochspannungsleitung* hindurch bis zur Abzweigung in Richtung Ramsdorf. Nach knapp 2 km müssen wir bei *Bleking* an der *Bushaltestelle* scharf nach links zum *Gut Barnsfeld* abbiegen. Der Weg steigt ein bißchen an, führt unter einer *Hochspannungsleitung* bis an den *Waldrand* heran. Wir fahren zunächst unmittelbar am *Waldrand* nach rechts weiter, folgen dem Kennzeichen X und erreichen dann nach zwei leichten *Rechtskurven* eine *Straße*.

Wir befinden uns auf dem *Borkener Damm*, fahren links weiter über eine bevorrechtigte *Straße* und dann über eine Stoppstraße hinweg. Von hier an heißt die Straße *Hellweg* und führt durch die Streusiedlung *Nordvelen*. In Höhe des Hofes *Einck* fahren wir dann links an einem Kruzifix weiter. Nach gut 1 km biegen wir rechts ab in die bevorrechtigte *Eschstraße*. Nach einer *Linkskurve* führt sie in einem großen *Rechtsbogen* nach *Gescher* hinein. Wir fahren auf dem *Borkener Damm* geradeaus weiter auf die *Lindenstraße*, biegen dann nach rechts in die *Armlandstraße* ab. Es geht dann rechts auf der *Frieterhofstraße* weiter und links ab in die *Hofstraße*. Nun links auf der *Hauskampstraße* weiter, dann rechts auf der *Holtwicker Straße* über die *Berkel* hinweg.

Hinter der Brücke geht es auf der Holtwicker Straße weiter. Vor der Ziegelei biegen wir links ab, halten uns an der ersten Gabelung vor dem Wartehäuschen mit Andreaskreuz links, bleiben weiter auf dieser wenig befahrenen Landstraße und unterqueren eine Hochspannungsleitung. Unsere Straße mündet bei *Estern* in eine andere *Straße*, auf der wir links bis an die *Hauptstraße* Stadtlohn-Gescher heranfahren. Wir biegen links und gleich darauf rechts in den *Bohnenkamp* ab. Es geht wenige Meter weiter rechts auf den *Gescher Dyk*. Auf ihm erreichen wir dann die *Bahnlinie* und fahren links weiter zurück zum *Sport-und Erholungszentrum*.

Der Sitz der Grafen von Lohn war häufig umkämpft. In der Pfarrkirche Gewölbemalereien des 15. Jh.

81 Von Telgte, einem alten Wallfahrtsort, aus rund um Münster

Ausgangspunkt Telgte, Parkplatz Am Dümmert, an der Ems
Tourenlänge 76 km
Fahrzeit 7–8 Stunden
Höhenunterschiede Unbedeutend
Tourenbeschreibung Vom Parkplatz fahren wir links über die Ems in den Ort hinein, überqueren die Bahnlinie und biegen rechts in die Straße *Orkotten* ab. Vor dem nächsten Bahngleis mit Ampelanlage nach links auf den Radweg. Vorbei am *Haus Mariahilf*, kommen wir dann links auf die Straße *Am St.-Rochus-Hospital*, der wir folgen.

Hinter dem Hospital fahren wir rechts in die Straße *Wöste* ab. Auf dem Radweg unterqueren wir eine Hochspannungsleitung und fahren an der Kreuzung (mit Kruzifix) geradeaus auf den Feldweg weiter. Er führt am Waldrand entlang und macht schließlich eine Linkskurve. Kurz vor einer Birkengruppe geht er in eine befestigte Straße über. Gleich dahinter an der Straßengabelung nach rechts und hinter einer Eiche am Waldrand nach links.

Vor dem nächsten Kruzifix halblinks weiter, an einer Pappelallee vor-

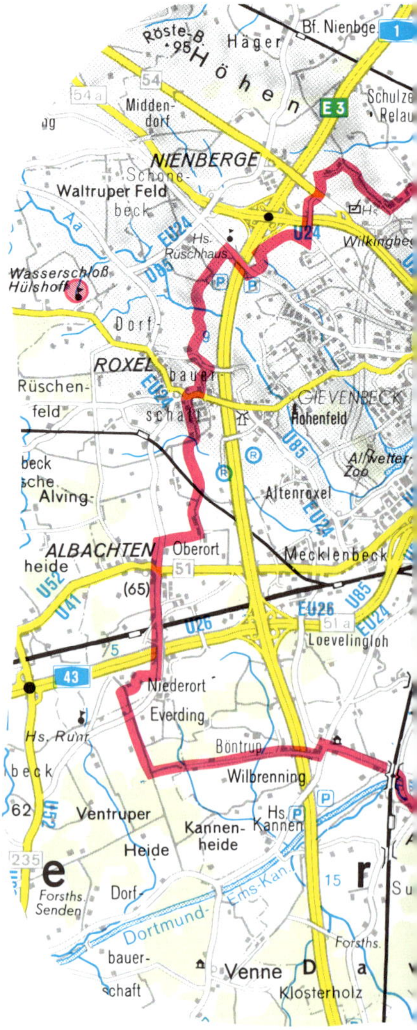

bei, dahinter dann rechts in eine Asphaltstraße. Nach zwei S-Kurven kommen wir durch den *Hof Farwick*, fahren auf dem *Kasewinkel* an zwei weiteren Bauernhäusern vorbei und biegen am *Alten Mühlenweg* links über den *Kreuzbach* ab.

Es sind jetzt etwa 3 km bis zur *Münsterstraße*, in die wir erst links abbiegen und fahren gleich darauf rechts auf dem *Alten Postweg* nach *Angelmodde*. Hinter der Angelbrücke links ab bis zur Vorfahrtstraße. Hier geht es erneut links weiter und rechts auf der Straße *Haus Angelmodde* über ein Bahngleis hinweg. Wir fahren nun wenige Meter links auf der *Gallitzinstraße* weiter und biegen sofort rechts in die *Uferstraße* ab. Am Ende der Straße rechts in den *Twenhövenweg* bis zur *Hiltruper Straße*. Hier rechts und nach 100 m erneut links (Hiltruper Straße 83–85). Wir kommen dann an *Haus Dahl* vorbei und folgen dem *Radweg R 40*, der an der *Werse* entlangführt. Wir überqueren den Fluß und gelangen an eine Hauptstraße. An dem gegenüberliegenden Wirtshaus biegen wir halblinks in die Straße

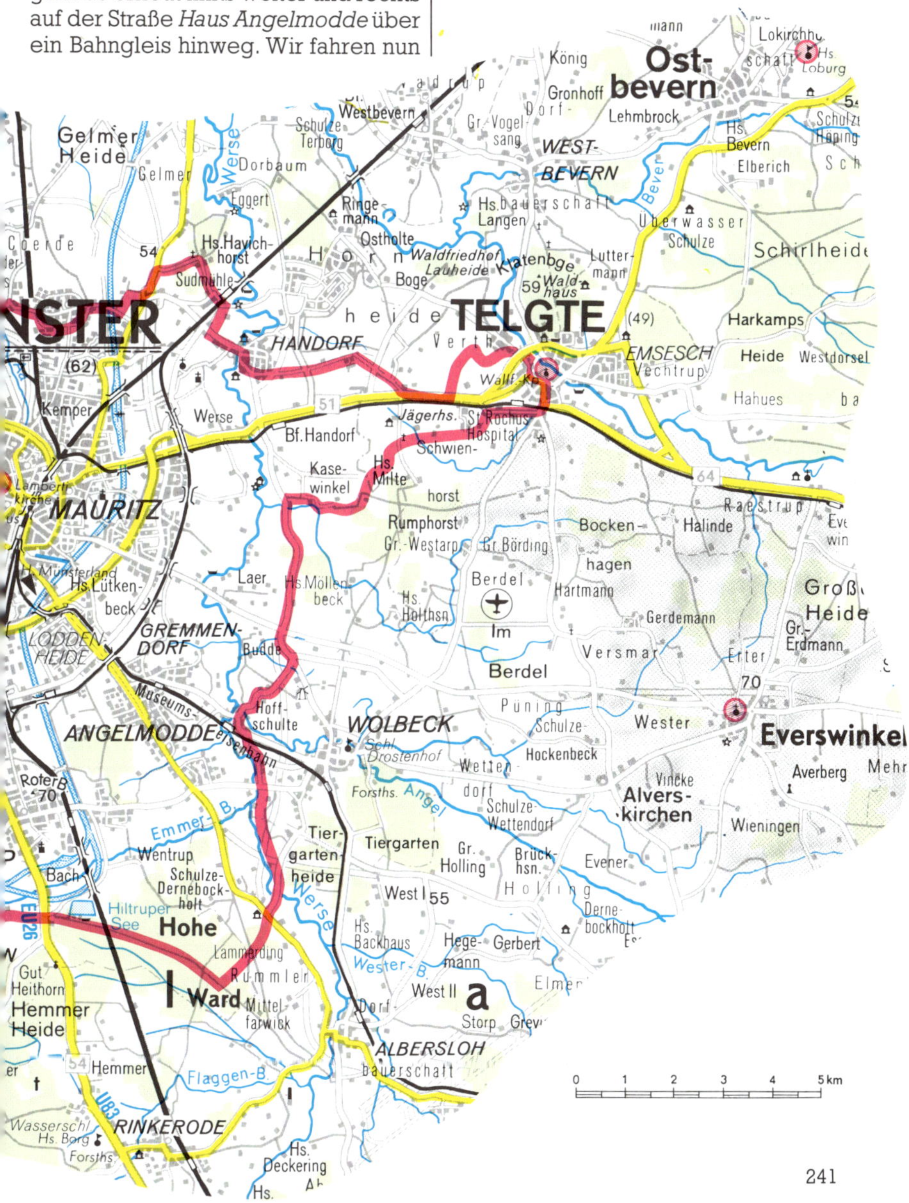

Rummler ab und an der nächsten Waldecke vor dem Schild „Wasserschutzgebiet" halbrechts auf einen Feldweg. Er mündet stumpf, und es geht rechts durch die *Hohe Ward* weiter. In diesem *Waldgebiet* mit Kiefern und sandigen Wegen wird Wasser gewonnen. Wir fahren dann auch bald an einer *Pumpstation* und *Wassergewinnungsteichen* vorbei, bis wir dann eine *Bahnlinie* überqueren.

Rechter Hand liegt der *Hiltruper See* und anschließend eine große Zahl von *Parkplätzen.* So erreichen wir die *B 52*, überqueren sie und fahren auf einem *Feldweg* weiter, der nach einer S-Kurve an *Haus Köbbing* vorbeiführt. Sobald wir den kleinen *Bach* erreicht haben, müssen wir links abbiegen. Der Weg führt uns durch den *Hof* von Schulze-Rahring. Hinter dem *Hoftor* geht es rechts auf der kleinen *Straße* weiter nach *Amelsbüren* hinein. Hier biegen wir in die Straße *Am Dornbusch* nach links und gleich wieder rechts in die *Pater-Kolbe-Straße* ab. Wir kommen an einer *Kirche* vorbei und biegen dann links ab in *Zum Häpper* weiter. An der nächsten Stoppstraße, bei der zweiten Kirche, rechts auf der *Davertstraße* über den *Emmerbach*. Hinter dem Kanal links ab, unter der Bahnlinie hindurch und auf der *Wiedaustraße* weiter.

Auf dem *Kappenberger Damm* geht es dann links weiter bis zur *Feuerstiege,* in die wir rechts abbiegen. Von hier sind es über die *Autobahn* hinweg bis zur nächsten *Querstraße* etwa 3,5 km. Wir biegen nun nach rechts ab, überqueren nach 2,5 km die *Osthofstraße* (*K 60*) und fahren gegenüber auf der *Alten Viehstraße* weiter. Vor dem Sackgassenschild biegen wir rechts und an der Straßengabel links auf den *Tweehues* ab, auf dem wir wieder die Osthofstraße erreichen. Es geht links weiter über die *Autobahn* und *Bahnlinie* nach *Albachten*, das wir auf der *Osthausstraße* erreichen. An der *Kreuzung* fahren wir geradeaus weiter bis an den Waldrand, wo wir rechts in *Möselerhook* abbiegen, eine Hochspannungsleitung unterqueren und bis zu dem Bauernhaus mit der weißen Fahnenstange weiterfahren.

Links in die *Welsingheide* über die Bahnlinie hinweg nach *Roxel* hinein. Hier rechts in den *Nottulner Landweg* und links in die *Dorffeldstraße* abbiegen. Etwa in Höhe der Kirche rechts in die *Roxeler Straße* einbiegen und hinter der Rechtskurve an dem Bauernhaus mit den zwei großen grünen Scheunentoren links halten in die *Bredeheide*. Um eine Baumschule herum. Kurz vor der Autobahnbrücke links halten am Gehöft *Schulze Stodtbrock* und an der Kapelle vorbei, dann rechts in den *Stodtbrocker Weg* lenken.

Nun auf dem *Twerenfeldweg* durch den Bachgrund der *Aa*, unter einer Hochspannungsleitung hindurch und über eine Kreuzung hinweg, bis die Straße stumpf mündet. Rechts auf dem *Rüschhausweg* über die Autobahn hinweg. Sobald das Gefälle hinter der Brücke aufhört, biegen wir links ab in den *Gievenbach*, stoßen dann hinter dem Soldatenfriedhof auf den *Horstmarer Landweg*, in den wir links einbiegen. Wenig später geht es links auf der *Steinfurter Straße* über die Autobahn hinweg an die L 510 heran, die wir überqueren. Vor dem Sackgassenschild rechts und an Wirtschaft erneut rechts ab.

Wir fahren nun auf der *Gasselstiege* weiter, an einem *Teich* und einem *Gutstor* mit Löwen auf den Pfeilern vorbei. Dann biegen wir an der abknickenden *Vorfahrt* links in den *Idenbrockweg* ab und an dessen Ende geradeaus auf der *Westhoffstraße* weiter bis zur ersten Ampel. Hier rechts in *Am Burloh* einbiegen, zwei Ampelkreuzungen überqueren und geradeaus weiter (*Bröderichweg*) und an der Sparkassen-Akademie vorbei bis zur *Kanalstraße*. An dieser Ampelkreuzung geht es gegenüber auf der Straße *Zum Rieselfeld* und am *Haus Bröderich* vorbei. Die Aa überqueren und dann rechts hinter der *Bahnlinie* in den *Holtmannsweg*, der an den britischen *Kasernen* vorbeiführt. Auf der *Königsberger Straße* durch *Coerde*, am Heizwerk vorbei, über den Kanal und links auf der Straße an der *Kleinmannbrücke* weiter.

Ein schmaler roter Schotterweg führt an eine Brücke und ein Sandplatzgelände heran, wir biegen rechts ab bis zum *Schiffahrter Damm*, fahren hier links weiter, an der *Ampel* geradeaus, bis wir rechts in die *Havichhorster Mühle* abbiegen können. In Höhe des *Teiches* von *Haus Havichhorst* biegen wir rechts ab in die *Allee*. Wir überqueren die Gleisanlage, fahren dann auf der Dyckburgstraße an der Mühle vorbei bis zur *Sudmühlenstraße*, in die wir links abbiegen. Es geht über die *Werse* nach *Handorf* hinein, hier rechts weiter auf der *Handorfer Straße*, bis wir dann links in die *Kötterstraße* abbiegen können. Auf ihr überqueren wir zwei Kreuzungen, kommen an einer britischen Kaserne vorbei und stoßen auf die *Lauheide*. Gegenüber auf einem schmalen Feldweg weiter, der auf eine Wegspinne mündet. Nun rechts auf dem asphaltierten *Kiebitzpohl* bis an die B 51 heran.

Wir biegen links ab und fahren bis kurz vor die *Tankstelle*. Hier biegen wir links ab in *Kiebitzpohl*. An dem Gehöft halten wir uns rechts, genau wie wenig später in Höhe der *alten Weide*. Es folgt nun noch ein kurviges Stück *Weg*, der an einem *Kinderspielplatz* vorbei auf die *August-Winkhaus-Straße* mündet. Wir halten uns rechts bis zu dem alten knorrigen *Baum* und biegen hier links ab nach *Telgte* hinein. Wir bleiben auf der *Einbahnstraße*, bis wir links in die *Bahnhofstraße* abbiegen können. Gleich hinter der Stoppstraße *Am Markt* fahren wir rechts auf der *Emsstraße* weiter und gelangen links über die Ems hinweg zum Parkplatz *Am Dümmert*.

82 Zu Schlössern und Hügelgräbern bei Borken

Ausgangspunkt Schloß Gemen in Borken
Tourenlänge 33 km
Fahrzeit 3 Stunden
Tourenbeschreibung Wir verlassen den *Parkplatz* und überqueren die *Straße* und fahren vor der *Kirche* auf eine kleine *Brücke* zu. Hinter der *Bocholter Aa* biegen wir rechts in den *Schloßgraben* ein. Vor dem *Eingangstor* am *Schloßgraben* biegen wir links und dann rechts in die *Neustraße* ab. Hier halten wir uns nun halb rechts und fahren auf der *Hagenstiege* bis zum nächsten *Tor*, das von der *Rückseite* zum Schloß führt. Hier biegen wir links in eine *Allee* mit dem Namen *Am Sternbusch* ab. Es handelt sich hier um ein größeres *Waldstück*, das gleichzeitig *Vogelschutzgebiet* ist. An der ersten *Schranke*, die den Weg versperrt, biegen wir rechts ab. Hinter dem zweiten *alleinstehenden Hof* biegen wir halb links ab in die Straße *Südlohn*, die dann in *Weseke* übergeht. Neben einem *Gasthof* geht es dann über eine *Hauptstraße* hinweg.

Wir biegen nun in die erste Straße links ein, fahren am Bahnhof *Messling* vorbei, bis wir rechts ein Haus mit grünem Schuppen erreichen. Hier geht es nun rechts weiter bis an die Vorfahrtstraße heran. Wir biegen links ab, fahren unter einer Hochspannungsleitung hindurch und nähern uns *Ramsdorf*. Auf der *Weseker Straße* kommen wir in den Ort, fahren am Friedhof vorbei auf der B 67 geradeaus bis zur Kirche durch den verkehrsberuhigten Ort und an der Ampelkreuzung geradeaus auf der *Ostenstraße* zum *Südring*. Rechts halten und nach links in die Straße *Barkhook*.

Hinter einem großen Bauernhof knickt die Straße links ab und führt nun am Waldrand entlang. Am Ende des Waldstücks biegen wir rechts ab und stoßen dann auf eine Vorfahrtstraße. Wir biegen links ein, fahren durch eine Rechtskurve und haben einen Anstieg durch die bewaldete Höhe *Die Berge* vor uns. Rechts liegt der Truppenübungsplatz von Borken.

Nach einer kurzen Abfahrt überqueren wir auf einer Brücke die neue B 67, erreichen den Römersee und biegen etwa 300 m weiter rechts in die *Römerseestraße* ein. Wir bleiben auf dieser Straße, bis sie auf eine *Hauptstraße* mündet und fahren hier nun rechts weiter. Wir kommen schließlich über die *Eisenbahn* hinweg nach *Borken* hinein. Wir biegen nach links in die *Mühlenstraße* ab. Sofort hinter der *Borkener Aa* wieder links weiter und vor dem *Parkhaus* rechts abbiegen. Wir stoßen auf die *Raesfelder Straße*, also die *B 70*, und biegen rechts ab in den *Zunftweg*. Am

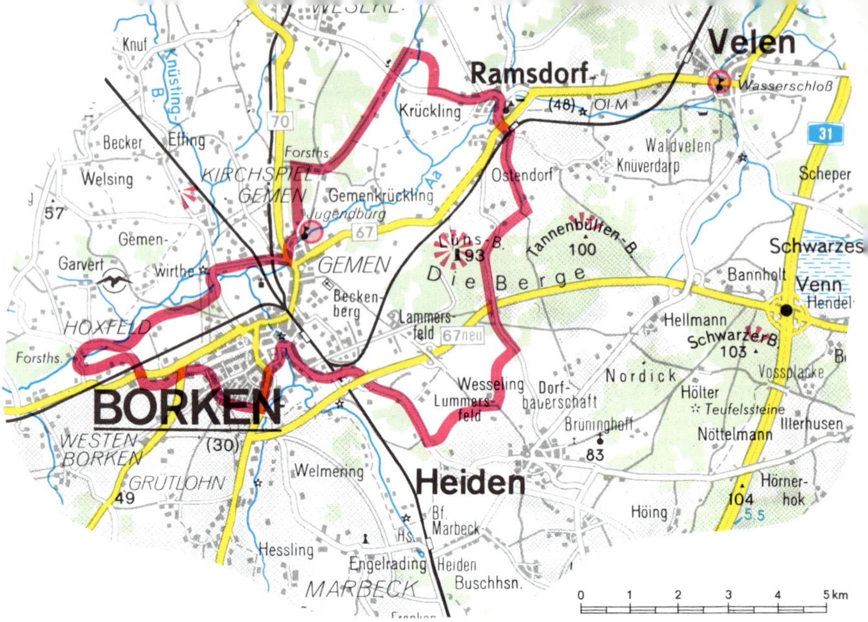

Grötlohnerweg geht es erneut rechts und links ab in den *Alten Kreuzweg.* Er wird zum *Zweilindenweg*; von ihm dann nach links in den *Bocholter Weg.*

Auf dieser Straße werden wir an eine breite *Straße* herangeführt. Wir überqueren sie, fahren ein Stück rechts weiter und stehen an der *B 67.* Hier geht es links auf einem *Radfahrweg* neben der *Bundesstraße* einher, bis wir rechts eine *Abzweigung* erreichen, die zum Flugplatz ausgeschildert ist. Wir fahren hier eben über die *Bahnlinie* hinweg und biegen sofort wieder links ab. Der Weg wird nun sandig, führt an einem *Reitplatz* vorbei und weiter bis an die große *Freizeitanlage* bei *Haus Pröbsting.* Vor dem See biegen wir rechts ab und halten uns hinter der zweiten kleinen *Brücke* erneut rechts. Wir stoßen bald auf eine breitere *Straße,* halten uns rechts, überqueren die *Bocholter Aa* und biegen gleich darauf wieder links ab. Es geht zunächst neben dem *Bach* und dem kleinen *Teich* entlang, dann ein kurzes Stück durch den *Wald* bis an eine *Straße.* Hier geht es links weiter an einem *Wirtshaus* vorbei bis zur *Neuen Mühle.* Hier halten wir uns rechts und fahren ein längeres Stück völlig geradeaus weiter. Man kommt dann über zwei *Bahnlinien* hinweg bis an die B 70 heran, wo wir rechts bis zur *Ampel* und sofort links bis zum Parkplatz fahren.

83 Am Wildpark bei Dülmen vorbei zur Schwedenschanze

Ausgangspunkt Dülmen, Parkplatz Am Lohwall, bei der Feuerwache
Tourenlänge 32 km
Fahrzeit 3–3½ Stunden
Höhenunterschiede Insgesamt etwa 52 m Steigung. Vom Parkplatz 10 m Gefälle bis zum Wildpark, 18 m Steigung vom Oedlerteich zur Schwedenschanze, von hier 17 m Steigung bis Welte, dann 16 m Gefälle bis Karthaus, von hier 17 m Steigung bis Ortsrand Dülmen
Tourenbeschreibung Auf dem *Parkplatz* wenden wir uns den *Gebäuden* der *Feuerwehr* zu, biegen rechts auf die *Straße* ab und halten uns links in den *Hinderkingsweg.* Vor dem Zaun des *Wildparks* biegen wir links ab und fahren am Ende des *Zauns* rechts auf der Straße *Westhagen* weiter. An der nächsten *Straßengabelung* halten wir uns rechts.

Wir befinden uns auf dem *Brokweg* und fahren am Ende des Zauns an der Wegspinne über die Straße *Borgplacken* hinweg geradeaus weiter. Wir kommen über einen *Bachlauf* und erreichen hinter der *Brücke* über den *Kettbach* den Oedlerteich.

Der *Feldweg* führt rechts an zwei Seen vorbei, wird schließlich befestigt und mündet in eine *Querstraße*, auf der wir rechts über die Autobahnbrükke weiterfahren. Wir halten uns erneut rechts. An der nächsten *Richtungsbake* geht es weiter geradeaus und an der zweiten *Kreuzung* dann links weiter über den *Franzosenbach* und *Mühlenbach* nach *Merfeld*. Wir kommen auf der *Laversumer Straße* in den Ort und biegen nach links in die *Rekener Straße* zur Ortsmitte ab. An der *Kirche* vorbei auf eine *Hauptstraße* (Radweg).

In der *Rechtskurve* halten wir uns geradeaus zwischen *Stallungen* hindurch und vor der *Gehöftgruppe* links weiter bis an eine *Wegegabel*. Vor dem rot verklinkerten *Gehöft* geht es rechts weiter am *Wald* entlang. Wir bleiben auf der befestigten *Straße*, die in einen *Waldweg* übergeht. Hinter dem *Wald*, in dem links die *Schwedenschanze* liegt, wird die *Straße* wieder befestigt. Vor dem *Umspannmast Roters* geht es rechts weiter, über einen *Bach* und dann über ein *Gleis*.

Bei *Stipperhook* erreichen wir die *B 474*, fahren rechts bis zum *Waldrand*, biegen links ab und nach 100 m rechts. In *Welte* kreuzen wir zwei querverlaufende *Straßen*, bis wir nach leichtem Gefälle einen *Bauernhof* erreichen, an dem links eine *Straße* vorbei über den *Karthäuser Mühlenbach* führt. Auf der querverlaufenden *Straße* rechts weiter nach *Empte*, wo wir an einer *Bushaltestelle* eine bevorrechtigte *Straße* kreuzen. An der nächsten Straße biegen wir rechts ab über den *Mühlenbach* nach *Karthaus*. Hinter dem *Teich* biegen wir rechts ab und kommen an dem *Anna-Katharinen-Stift* vorbei.

Vor der *Hochspannungsleitung* biegen wir links ab in die bevorrechtigte *Straße*. Dort geht es zwischen dem *Feldkreuz* und der *Bushaltestelle* halbrechts weiter. In *Mitwick* unter der Autobahn hindurch, in der Linkskurve rechts ab über die Autobahn und dann an einem Waldrand vorbei bis an eine Stoppstraße heran. Wir biegen links in die Billerbecker Straße ein, überqueren die Stoppstraße Nordlandwehr und biegen rechts in die B 51 ein. Dann passieren wir einen beschrankten Bahnübergang und biegen hinter der zweiten Ampelkreuzung rechts ab auf den Großparkplatz.

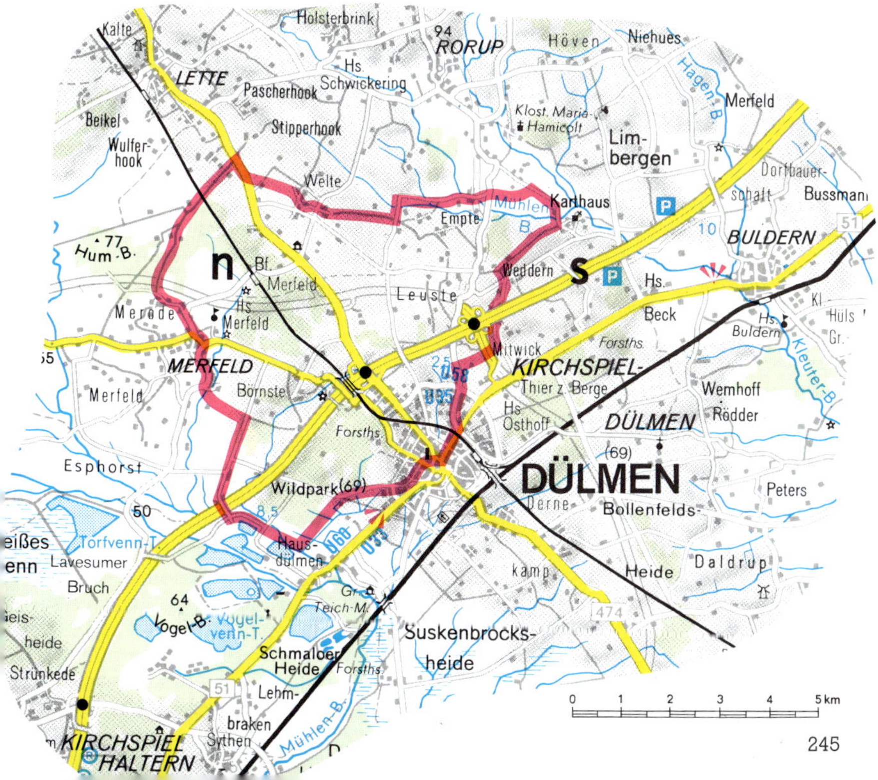

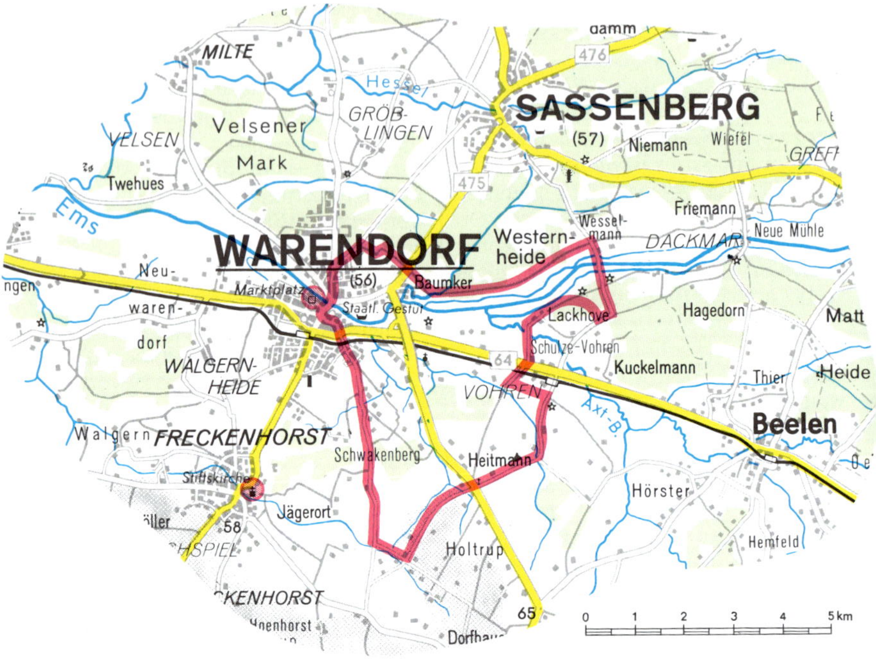

84 Von dem westfälischen Pferdezuchtzentrum Warendorf aus beiderseits der Ems

Ausgangspunkt Warendorf, Am Lohwall
Tourenlänge 24 km
Fahrzeit 2 Stunden
Tourenbeschreibung Vom Parkplatz aus fahren wir über die *Ems* und auf der *Dreibrückenstraße* bis an die *Gabelung* nach Sassenberg heran. Hier geht es rechts weiter und genau dort, wo wir an die rückwärtige Seite des Geländes der Sportschule der Bundeswehr gelangen, biegen wir rechts ab in Richtung *Wiesenhof*. Dort biegen wir dann links und gleich darauf weiter rechts ab bis zur *B 475*. Hier fahren wir 200 m nach links und biegen dann rechts ab auf einen *Wiesenweg*. Am Ende dieses Weges biegen wir rechts und nach kaum 10 m links in Richtung *Dackmar* ab.

Vor dem *Reiterhof* mit dem Teich geht es links weiter und etwa 4 km an *Waldrändern* entlang, bis wir dann auf eine bevorrechtigte *Straße* gelangen, auf der wir nach rechts die *Ems* überqueren. Es geht nun erneut ein Stück durch den *Wald*, bis wir eine Rechtskurve erreichen, an der links zum „Golfplatz“ ausgeschildert ist. Hier biegen wir nun rechts ab, erreichen ein großes Backsteingebäude mit Mauer und halten uns hier links, fahren an einem Wasserwerk vorbei und über den *Axtbach* hinweg. Immer weiter geradeaus über die B 64 und eine Bahnlinie hinweg, bis wir hinter dem Feuerwehrhaus eine Vorfahrtstraße erreichen, in die wir links abbiegen.

Sobald die bevorrechtigte K 18 erreicht ist, biegen wir am Sägewerk rechts ab. Wir fahren durch *Vohren*, an einem Feldkreuz und einer Pappel vorbei, die an der Einfahrt zum *Hof Herle* stehen. An der nächsten Straße rechts weiter über den *Holzbach* hinweg und in den Wald hinein. Nach 1,5 km überqueren wir die B 475 und fahren auf ein altes Backsteingebäude zu.

An der nächsten Kreuzung (links Bushaltestelle mit Wartehäuschen) biegen wir rechts ab. Diese Straße mündet nach einer S-Kurve auf eine Querstraße, auf der wir rechts zunächst durch eine Pappelallee weiterfahren. Nach etwa 4 km überqueren wir eine Stoppstraße und kommen kurz darauf am Friedhof vorbei. Wir haben Warendorf schon wieder erreicht und fahren zum *Lohplatz* weiter, überqueren die Bahnlinie und erreichen die Innenstadt. Nun über den Rathausplatz zurück zum Ausgangspunkt.

85 Über Ems und Ölbach bei Rheda-Wiedenbrück

Ausgangspunkt Stadtteil Wiedenbrück , Parkplatz in der Wasserstraße
Tourenlänge 35 km
Fahrzeit 3½ Stunden
Tourenbeschreibung Wir fahren vom Parkplatz rechts heraus auf die *Wasserstraße* und biegen dann rechts in die *Varenseller Straße* ab. Wir überqueren eine Stoppstraße, fahren dann sofort links ab in die *Krummholzstraße*. An der Stoppstraße geht es geradeaus weiter, wir unterqueren eine Hochspannungsleitung, fahren dann unter der B 61 hindurch und biegen hinter der Unterführung sofort rechts in die *Neuenkirchener Landstraße* ab.

Hinter einer Hochspannungsleitung geht es dann links wieder auf der *Varenseller Straße* weiter an eine Abzweigung heran, wo wir links auf das *Gehöft Meierkord* zufahren, an dessen Stirnseite ein großes *Wappen* mit *weißem Pferd* angebracht ist. Wir fahren nun um dies *Gehöft* herum und biegen in den ersten *Weg* rechts ab. Wir überqueren den *Wapelbach*, fahren durch *Hilthorst* und biegen an der Straße, die von der *Autobahnbrücke* herkommt, nach rechts ab. Es geht nun links auf dem *Jagdweg* weiter bis zum *Betonwerk*, hinter dem wir links in die *Brockstraße* abbiegen.

Wir fahren nun nicht ganz bis zur *Autobahnbrücke*, sondern biegen kurz vorher ab *Im Brock*. Nach einer *Linkskurve* fahren wir ganz dicht an

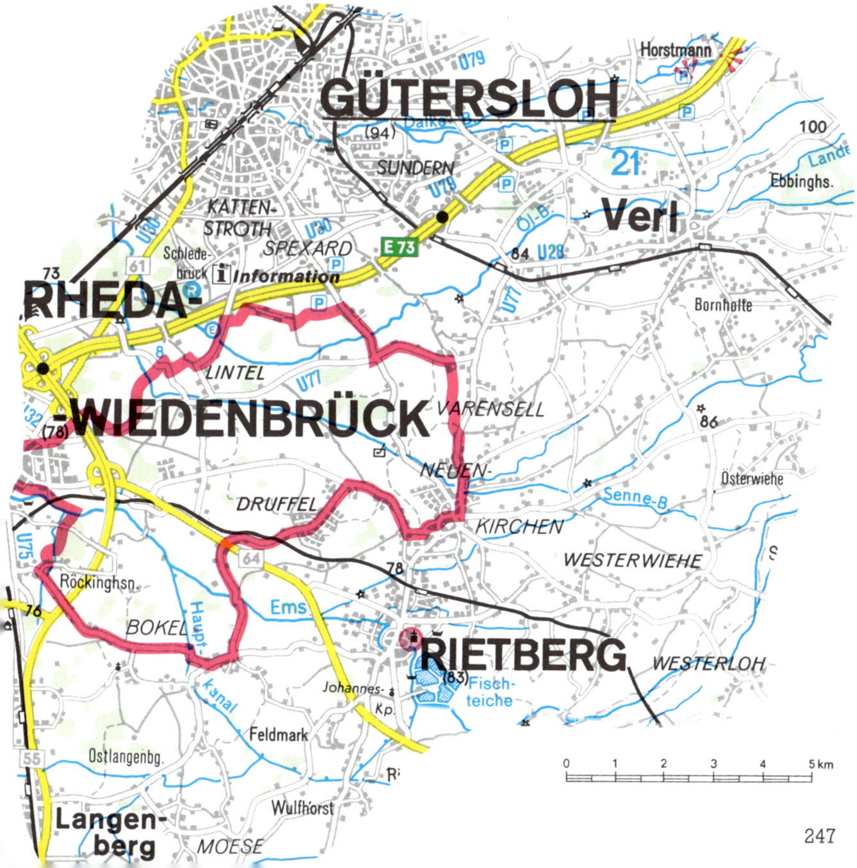

die *Autobahn* heran, entfernen uns aber bald wieder, bis wir den *Plümersweg* erreichen. Hier fahren wir rechts und biegen dann gleich wieder links in die *Amelingstraße* ab. Wir kommen aus dem Wald heraus und biegen rechts auf den Radweg der Vorfahrtstraße ab. Wir überqueren den *Ölbach* und fahren bis *Schulte-Wittreck*, wo es links nach Varensell hineingeht.

Vor dem *Kloster* in Varensell biegen wir rechts in die *Schulstraße* ab, halten uns dann am Ende etwa 20 m nach links und biegen dann nach rechts auf einen *Feldweg* ab, der an die *Straße* nach *Neuenkirchen* führt. Hier biegen wir rechts ab, kommen dann bald an Sportplätzen vorbei und über den *Wapelbach*. Von der *Hauptstraße* in *Neuenkirchen* biegen wir rechts ab in die *Lange Straße* und dann erneut rechts in die *Friedenstraße*, die am *Friedhof* vorbeiführt. Am Ende rechts auf der *Druffeler Straße* weiter in Richtung Wiedenbrück.

An einer Straßengabelung fahren wir weiter auf der *Druffeler Straße* und kommen wenig später nach *Druffel*. Hinter dem Ort überqueren wir eine *Gleisanlage* und fahren ein Stück unmittelbar daran entlang, bis wir die *B 64* erreichen. Dort fahren wir geradeaus auf dem Radweg weiter Richtung Bokel, überqueren bei *Füchtey* die *Ems* und anschließend den *Lannertbach*. Die Straße *Zur Flammenmühle* (K 7) mündet vor *Bokel* auf eine Hauptstraße, auf der wir rechts weiterfahren bis zur *Batenhorster Straße*, auf der wir nach rechts bald den *Hauptkanal* und dann den *Schwalmenbach* überqueren.

Wir kommen dann auf einer *Brükke* über eine *Umgehungsstraße* und über den *Eusterbach*. Wir fahren dann geradeaus in die Sackgasse *Am Kalekamp* und biegen rechts in die Straße *Am Eusterbach* ab. Sie mündet stumpf in den *Burgweg*, auf den wir links abbiegen. Wir fahren dann geradeaus über das Bahngleis weiter, kommen an einem größeren Teich vorbei, hinter dem wir rechts in die *Lippstädter Straße* abbiegen. An der ersten Ampelanlage halten wir uns rechts in die *Wasserstraße*, auf der wir zum Parkplatz zurückkehren.

RUND UM DAS RUHRGEBIET

Viele wissen es vielleicht noch nicht, daß auch das Ruhrgebiet, besser gesagt, der Rand dieses dichtbesiedelten Raums, landschaftliche Schönheiten zu bieten hat, so das Ruhrtal, wo bereits das Sauerland beginnt, die Lippeauen und die Hügelgruppen der Haard und der Hohen Mark, die schon dem Münsterland angehören.

Harkortsee bei Wetter, ein Stausee der Ruhr

Tour de Ruhr in fünf Etappen

86 Erste Etappe: Von Dortmund, der größten Stadt Westfalens, vorbei am Schiffshebewerk in Henrichenburg nach Haltern – zu einem Bad im Stausee

Ausgangspunkt Freizeitpark Fredenbaum
Tourenlänge 45 km
Fahrzeit 3½ bis 4 Stunden
Tourenbeschreibung Wir beginnen unsere Radtour an dem am Nordrand des *Freizeitparks Fredenbaum* entlangführenden Fahrweg zur Mende-Sportanlage. Der Fahrweg geht von der *Lindenhorster Straße* ab. Die Lindenhorster Straße erreichen wir vom Wallring über die *Leopoldstraße* und *Münsterstraße* (Wegweiser Dortmund–Mengede). Über den Fahrweg geht es zunächst durch den Freizeitpark nach Westen, in Höhe des Parkplatzes der Sportanlage biegen wir rechts ab und kommen, dem Weg folgend, vor den Bootshäusern am Kanalhafen nach rechts zur *Weidenstraße*. Hier fahren wir scharf links hoch auf die Brücke über den *Dortmund-Ems-Kanal* (ein Blick gilt der belebten Wasserstraße). Links geht es in den Dortmunder Kanalhafen, rechts liegt der Industrie- und Hardenberghafen.

Nach Überqueren der Brücke biegen wir sofort rechts ab und erreichen den an der Kanalböschung entlangführenden Feldweg. Über diesen Weg kommen wir zum *Freibad Hardenberg*, vor dem wir links abbiegen. Gleich darauf geht es nach rechts in den *Garbenweg* und nach links in den *Stiegenweg*. Wir durchfahren eine für den Dortmunder Norden typische

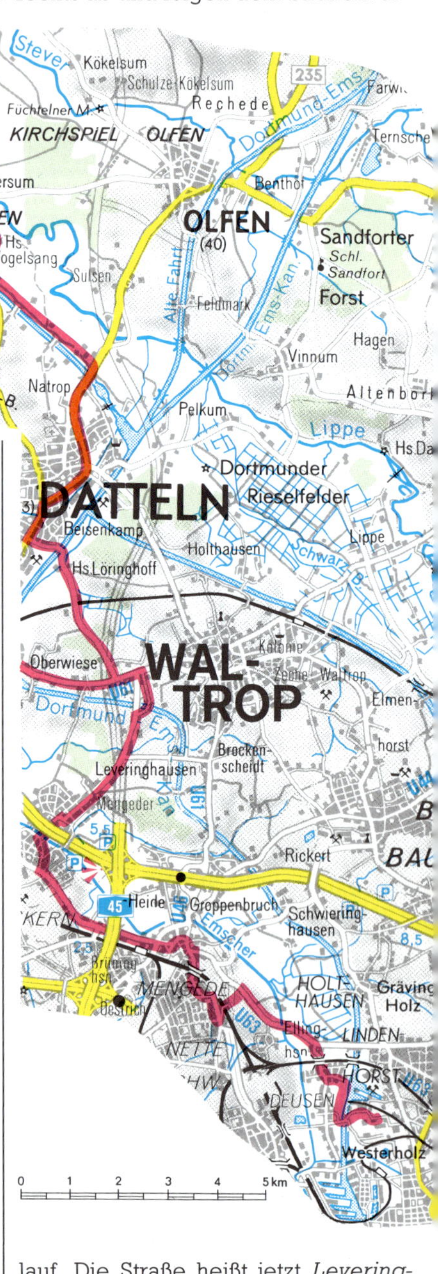

Siedlung aus den dreißiger Jahren. Der Stiegenweg bringt uns zur *Deusener Straße*, wir biegen rechts ab. Vor uns türmt sich eine riesige Halde auf, es ist die Abraum- und Kokshalde der Zeche Hansa, die vor einigen Jahren aufgegeben wurde. Am Fuße der Halde mündet die Deusener Straße in die *Ellinghauser Straße* ein, und wir fahren auf der Ellinghauser Straße nach links.

Die Industrie bleibt mehr und mehr zurück, wir sind in einem intensiv landwirtschaftlich genutzten Gebiet. Die zwischen die Felder eingestreuten Waldstücke und Baumgruppen nähern das Landschaftsbild bereits der *Münsterländer Parklandschaft.* Die Ellinghauser Straße verlassen wir in Höhe des *Gutes Altmengede* (rechts) und biegen links in den Feldweg ein, der uns am Krankenhaus vorbei zur Bahnlinie Dortmund – Mengede und zur *Mengeder Straße* führt. An der Mengeder Straße fahren wir nach rechts und kurz darauf nach links nach Alt-Mengede hinein. Die Mengeder Straße geht in die *Castroper Straße* über, diese verlassen wir an der Einmündung der *Strünkedestraße*, in welche wir rechts abbiegen. Die Strünkedestraße bringt uns nach *Ickern*, dort heißt die Straße dann *Recklinghauser Straße.* In Ickern biegen wir rechts ab in die *Vinckestraße*, und wir verlassen die Vinckestraße nach rechts in die *Emscherstraße.*

Wir kreuzen die Emscher und fahren unter der Autobahn A 2 hindurch. An der *Uferstraße* biegen wir rechts ab und folgen dem Straßenverlauf. Die Straße heißt jetzt *Leveringhauser Straße*, und wir folgen ihr bis zur *Zechenstraße.* In diese biegen wir links ein und fahren durch eine der typischen Zechensiedlungen des Ruhrgebiets. Am Ende der Siedlung biegen wir nach rechts in die *Lohburger Straße* ein. Wir durchfahren die sogenannte *Ickersche Heide*, kreuzen den *Dortmunder-Ems-Kanal* und stoßen auf die Verbindungsstraße von Waltrop nach Henrichenburg. Wir biegen links ab und fahren auf dem Radweg nach Westen bis zum Wegweiser *Schiffshebewerk.*

Nach Besichtigung dieses „Fahrstuhles für Schiffe" kehren wir zunächst auf dem gleichen Weg, vom Hebewerk kommend also rechts abbiegend, zurück. Es geht nun an der Einmündung der Lohburger Straße vorbei und etwa 750 m weiter nach links in Richtung *Datteln.* Die Fahrt geht durch Felder, wir kreuzen eine Bahnlinie und den Dortmund-Ems-Kanal und erreichen in Datteln die B 235. Wir biegen nach rechts in die B 235 ein und durchfahren Datteln.

Nach Kreuzung des *Wesel-Datteln-Kanals* verlassen wir die Bundesstraße und biegen nach links ab. Die schmale gut befestigte und kaum befahrene Straße bringt uns parallel zum Wesel-Datteln-Kanal, der hinter einer Böschung hoch über uns verläuft, zunächst zur *Schleuse Ahsen.* Hier können wir die eine weitere Möglichkeit der Bewältigung von Höhendifferenzen für Schiffe, das Schleusen, besich-

tigen. Bei der Weiterfahrt nach Haltern geht es nun nach rechts auf die *Wasserburg Vogelsang* zu und vor der Burg nach links in das Örtchen *Ahsen.* Im Ort wenden wir uns nach links und folgen den Wegweisern in Richtung *Datteln.* Nach Überqueren des Kanals biegen wir nach rechts in den *Ostlevener Weg* ab. Kurz darauf zweigt rechts der Weg am *Gerneberg* ab. Am Waldrand entlang kommen wir am *Wanderparkplatz Levener Mühle* vorbei bis zur nächsten Brücke über den Kanal, hier biegen wir rechts ab. Nach der Überquerung des Kanals fahren wir herunter auf den Uferweg und auf diesem an der *Schleuse Flaesheim* vorbei in Richtung *Haltern.* Kurz hinter der Schleuse liegt links auf hohem Ufer die alte stimmungsvolle Kirche von Flaesheim, die durch einen kurzen Abstecher über eine schmale Brücke besucht werden kann. Am Kanalufer weiterfahrend, erreichen wir schließlich die B 51 und fahren rechts ab nach Haltern hinein.

87 Zweite Etappe: Von Haltern durch die alte Stadt Dorsten und durch Hünxe, das „Dorf im Grünen", nach Wesel

Ausgangspunkt Haltern, B 58 in Richtung Wulfen
Tourenlänge 52 km
Fahrzeit 4½ Stunden
Tourenbeschreibung Wir verlassen *Haltern* auf der B 51 in Richtung *Recklinghausen* und biegen vor der Kanalbrücke rechts ab. Wir kommen hinunter in die Lippeaue und fahren auf bequemem asphaltiertem Weg bis zu einer Straßenbrücke; hier rechts, an der Lippe nach links und in einer Steigung hinauf auf die Straße, auf der wir nach links in Richtung *Freiheit* fahren. Nach Kreuzen der Bahnlinie geht es sofort nach links und am *Haus Ostendorf,* von dem nur noch die Vorburg erhalten ist, wieder nach links über die Bahn. Links von uns liegt das zu Beginn der 80er Jahre abgeteufte Bergwerk der *Gewerkschaft Auguste-Victoria* (BASF – Steinkohlenbergbau). Wir biegen in den nächsten befestigten Weg nach rechts ein und fahren immer auf der Südseite der Eisenbahnlinie nach Westen. Wir erreichen eine kleine Einfamilienhaussiedlung und biegen an deren Ende auf der Zu-

fahrtsstraße zu den *Chemischen Werken Hüls* nach rechts ab. Die Bahn überqueren und sofort wieder nach links. Der landwirtschaftliche Weg bringt uns zur Hauptverkehrsstraße, wir müssen links abbiegen. Nach einer Straßenbrücke geht es in einer Rechtskurve hoch auf diese Brücke und in Richtung Lippe. Vor dem Kanal dann rechts ab in die *Lipphöfer Straße*. Durch Wald und Wiesen zwischen Kanal und Lippe. Wir kreuzen eine Hauptverkehrsstraße, und es geht durch ein Waldstück weiter.

Wir kommen hier an einem Schiffahrtseinkauf und der Wasserschutzpolizei vorbei und erreichen eine Rad- und Gehwegbrücke, die vor Hafenanlagen über den Kanal führt. Wir überqueren den Kanal und fahren gleich darauf im Zick-Zack hinunter an das Kanalufer, auf dem wir am Segelfluggelände vorbei *Dorsten* erreichen.

nach leichtem Anstieg rechts in die *Maassenstraße* (Wegweiser „Schermbeck"). Den Weser-Datteln-Kanal überqueren und kurz hinter der Brükke hinunter zum Uferweg. Auf ihm nach Westen und an der nächsten Brücke auf die Fahrstraße und hier auf dem Radweg nach Westen. Eine Allee führt zum *Schloß Gartrop*. Weiter geht es in Richtung *Hünxe*. Über den Kanal hinweg und hinter einer großen Rechtskurve nach links in den freundlichen alten Ort. Wir durchfahren ihn und kommen auf die Verbindungsstraße Dinslaken-Drevenack. Hier rechts ab und wieder über Kanal und Lippe.

Jenseits der Lippe verlassen wir die Hauptstraße, wenden uns scharf links und kommen in das kleine Ört-

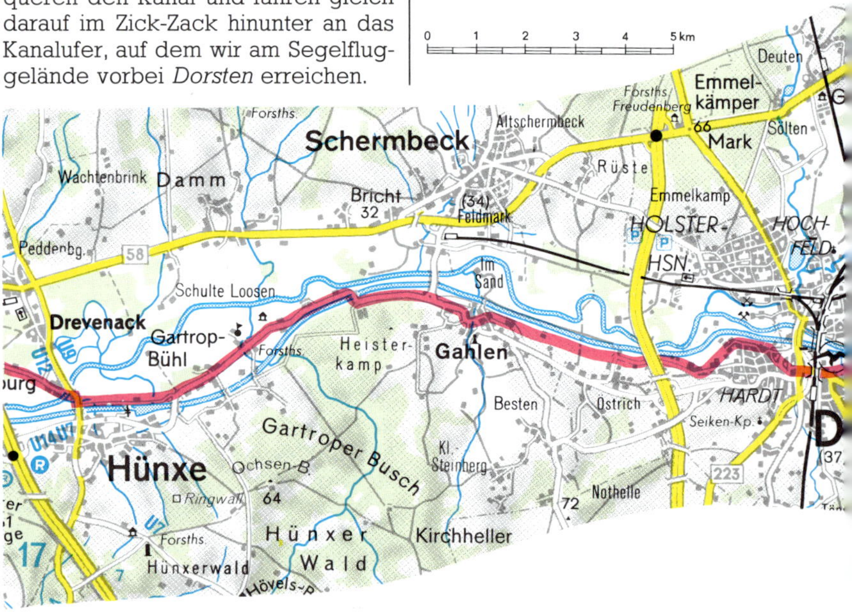

Fortsetzung siehe S. 254

Wir kreuzen die B 224 auf dem Uferweg, dem *Leinpfad*, bis wir links die *Droste-Hülshof-Straße* erreichen. Auf ihr bis zur *Storchsbaumstraße*, hier links und gleich rechts in die *Klosterstraße*, die in die *Gahlener Straße* übergeht. Auf ihr unter der A 31 nach Westen.

An der scharfen Linkskurve die Gahlener Straße verlassen und rechts auf dem *Kanalweg* weiterfahren. Wir kommen nach *Gahlen* und links abbiegend auf den idyllischen Kirchplatz. Auf der *Kirchstraße* nach Westen und

chen *Krudenburg*, dessen gepflasterte, von alten Häusern begleitete Dorfstraße aus dem frühen 19. Jahrhundert stammt. Es geht durch Krudenburg hindurch und geradeaus weiter. Später geht es links ab auf die Unterführung unter der Autobahn A 3 zu und gleich darauf in den *Schwarzen Steinweg* nach links zum *Haus Schwarzenstein*. Wir passieren den rechts liegenden kleinen Privatfriedhof und stehen kurz darauf vor dem schmucklosen Schloß. Rechts vom Schloß liegt ein beachtenswertes Ziegelfachwerkhaus niederdeutscher Bauart. Wir kehren dann zum *Krudenburger Weg* zurück und biegen dort wieder links ab. Durch Wald und später Feld geht es zu einem Bahnübergang nach rechts und jenseits des Bahnüberganges gleich wieder nach links. Am Beginn einer großzügigen Eigenheimsiedlung stoßen wir auf die *RWE-Straße* und biegen in diese links ein. Die RWE-Straße verlassen wir nach rechts, fahren an der nächsten Querstraße wieder nach links und vor der Eisenbahnlinie wieder nach rechts. Nun geht es geradeaus mehr oder weniger parallel zur Bahnlinie, und wir erreichen den *Aaper Weg.* Hier geht es nach links zum *Gut Aap* und dort rechts ab. Immer geradeaus über die *Fusternbergstraße* nach *Wesel.*

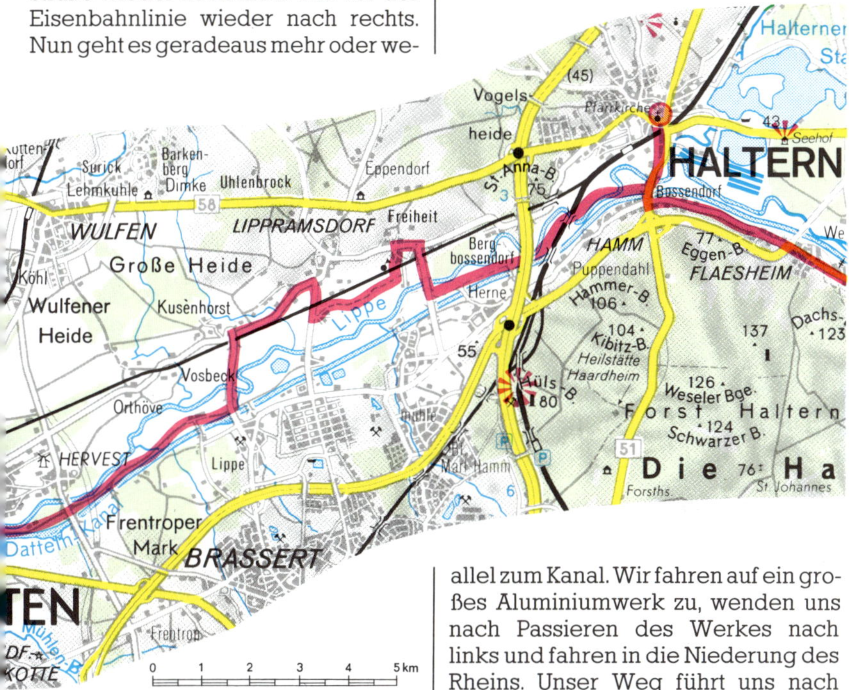

88 Dritte Etappe: Von Wesel zum Ausflugsort Götterswickerhamm am Rhein und nach Duisburg

Ausgangspunkt Wesel, B 8 Richtung Dinslaken
Tourenlänge 42 km
Fahrzeit 3½ Stunden

Tourenbeschreibung Wir verlassen *Wesel* auf der B 8 in Richtung *Dinslaken, Duisburg.* Nach Überquerung der Lippe biegen wir am *Lippe-Schlößchen* rechts ab. In einer scharfen Linkskurve wendet sich die Straße nach Süden und an der zweiten Straße rechts biegen wir in Richtung *Emmelsum* nach rechts ab. Die Straße bringt uns zur Brücke über den *Wesel-Datteln-Kanal* und unmittelbar hinter der Kanalbrücke geht es nach rechts parallel zum Kanal. Wir fahren auf ein großes Aluminiumwerk zu, wenden uns nach Passieren des Werkes nach links und fahren in die Niederung des Rheins. Unser Weg führt uns nach *Spellen,* das wir passieren und in Richtung *Ork* wieder verlassen.

Von Ork geht es rheinaufwärts nach *Mehrum,* hier können wir am Ortsende die Straße verlassen und auf dem Deich (rechts) weiter in Richtung *Götterswickerhamm* fahren. Kurz vor Götterswickerhamm endet unser Radweg auf dem Deich, wir fahren wieder hinunter auf die Straße und kommen an einen Verkehrskreisel. Den Verkehrskreisel verlassen wir an der ersten Straße nach rechts und sind nach kurzer Fahrt am Abzweig einer steil zu einem Parkplatz hinunterführenden Straße (*Restaurant Zur Arche* rechts). Über den Parkplatz geht es nun am Rheinufer entlang. In der

WESEL
FELDMARK
OBRIGHOVEN
Peddenbg.
Schulte
Drevenack
Gartrop-
Bühl
Perrich
Fort
Blücher
Fusternbg.
Schillwiese
Aaperhöfe
Vinkel
Krudenburg
Lippe
BÜDERICH
Lippedorf
Welmen
Ober-
Schleuse
Bucholt
Hünxe
Winke-
ling
Heidesiedlg.
Speller
Heide
Tester
Berge
Wald-
heideweg
Friedrichsfd.
Holthsn.
Forsths.
Hünxerw
Spellen
Mehr
Stockum
Bruckhausen
Heide
Bruckhausen
Ork
Schanzen-
berg
Voerde
Löhnen
DINSLAKENER-
BRUCH
Götterswicker-
hamm
Mehrum
Möllen
LOHBERG
DINSLAKEN
ADAC
Grint
ORSOY-LAND
Höcht
HIESFELD
RHEINBERG
Milchplatz
Stapp
Over-
bruch
Averbruch
Eversael
Grind
Barming-
holten
BUDBERG
Drießen
Vierlinden
Winterswick
WALSUM
Pelden
ORSOY
Wolfskuhlen
Plank
Orsoyerberg
Winkel
Vierbaum
Lohmühle
Binsheim
Aldenrade
Lohheide
MARXLOH
Bernshof
Woltershof
Baerl
HAMBORN
Bornheim
BRUCKHSN.
BEECKERWERTH
BEECK
MEIDE-
RICH
LAAR
RUHRORT
HOMBERG
HOCH-
HEIDE
DUISBURG
Essenbg.
Hafen
KASSLERFD.
WINKEL-
HSN.
ASTERLAGEN
NEUENKP.
Denkm.v.
Mercator
ADAC
NEUDF.
0 1 2 3 4 5 km

Linkskurve der Straße verlassen wir diese nach rechts und fahren auf schmalem Weg zwischen dem Steinkohlenkraftwerk Voerde und dem Rhein bis zur Einmündung des *Loberger Entwässerungsgrabens.* Hier geht es unmittelbar am Kraftwerk entlang nach links bis zur *Frankfurter Straße,* in die wir rechts einbiegen. Links liegt die hübsche in niederländischem Stil erbaute Wasserburg *Haus Wohnung,* und kurz darauf biegen wir nach rechts zum Rheinufer ab.

Es geht ständig am Rheinufer entlang bis zur Mündung der *Emscher.* Um die Emscher zu überqueren, müssen wir zwei steile Deichböschungen mit Treppen überwinden. Es geht dann weiter am Rheinufer entlang an einer links liegenden Schuttkippe vorbei durch das Rheinuferland zum *Walsumer Hafen.* Am jetzt gut befestigten Weg stehen Bänke und Schutzhütten, und über den Strom grüßt der geduckte Kirchturm der alten Zollfestung *Orsoy.* Wir überqueren den Walsumer Hafen und folgen dem Wegweiser zur Rheinfähre, der uns zum Fähranleger bringt. Wir setzen hier nach Orsoy über, dessen reizvolle Kulisse über den Deich grüßt. Es geht durch das Deichtor über die *Fährstraße* in den Ort. In der Stadtmitte biegen wir in die *Binsheimer Straße* nach links ein, und auf dem Radweg der Straße erreichen wir Binsheim. Hier knickt die Straße rechts ab, wir aber fahren geradeaus zum *Woltershof am* Rheinufer. Am Woltershof geht der befestigte Weg rechts ab und führt uns auf den Rheindeich, den wir in Richtung *Baerl* befahren. Wir verlassen den Weg dort, wo er nach rechts in das Örtchen hineinführt. Es geht für uns nach links vom Deich hinunter in das Überschwemmungsgebiet des Rheins bis zum Uferweg. Am Uferweg biegen wir dann rechts ab und fahren dicht am Ufer des Rheinstroms entlang. Nachdem wir eine Eisenbahnbrücke unterfahren haben, müssen wir auf etwa 100 m unser Fahrrad schieben, da die vor uns liegende Rampe vom Rheinufer auf die Rheinstraße als Einbahnstraße nur in Gegenrichtung befahren werden darf. Auf dem Randstreifen der Rheinstraße geht es nun nach links entlang bis zu einem rechts liegenden Tanklager, hier können wir die Straße wieder verlassen und auf dem Rheindeich weiter in Richtung *Homberg* fahren. Der Weg bringt uns zum *Rhein-Preußen-Hafen* in Duisburg-Homberg, dessen Zufahrt wir auf einer Hubbrücke überqueren. Jenseits der Brücke geht es gleich rechts ab, in den ersten Weg links und vor dem Damm der Brückenrampe der großen Rheinbrücke wieder nach rechts.

Den Brückendamm unterfahren wir dann nach links durch einen Tunnel und biegen nach links auf die Zufahrt zur Brückenrampe ab. Von der Brücke haben wir eine hervorragende Sicht auf die Ruhrmündung und den Hafenkanal sowie auf den belebten Strom. Nach Überqueren des Stromes folgen wir dem Wegweiser zum *Museum für Deutsche Binnenschifffahrt* in der *Dammstraße,* wo auch das Museumsschiff *Oscar Huber,* ein alter Rheinschlepper aus dem Jahre 1922, liegt. Wir fahren entweder die Dammstraße am Museum vorbei entlang oder, wenn wir das Museumsschiff besichtigt haben, am Hafenkanal entlang an der Schifferbörse vorbei zur *Krausstraße.*

Die Krausstraße bringt uns zur *Ruhrorter Straße,* und über die Ruhrorter Straße geht es rechts nach *Duisburg* hinein.

89 Vierte Etappe: Von Duisburg aus der Ruhr entlang nach Hattingen – am Weg liegen einige Schlösser und der Baldeneysee

Ausgangspunkt Duisburg, Ruhrdeich (L 1440)
Tourenlänge 54 km
Fahrzeit 5 Stunden
Tourenbeschreibung Wir verlassen *Duisburg* auf dem Radweg der L 140, *Ruhrdeich,* welche vom Kreisplatz an der *Oberbürgermeister-Lehr-Brücke* ruhraufwärts abgeht. Der ebene Weg am grünen Ruhrufer ließe uns schon fast vergessen, daß wir uns mitten in einem industriellen Ballungs-

raum befinden, wenn nicht die links liegenden gewaltigen Hafenanlagen wären. Wir unterfahren die Autobahn A 59, kreuzen die B 8 und unterfahren die Autobahn A 2, 3 in der Nähe des gewaltigen Anschlußbauwerks *Duisburg-Kaiserberg.* Von unserem Weg aus haben wir nach rechts einen Blick auf den Steilhang des Kaiserbergs und den davor liegenden verschlungenen Autobahnknoten. Wir erreichen die Stadtgrenze Duisburgs, und die Straße heißt nun *Ruhrorter Straße.*

Über diese Straße fahren wir entlang der *Pferderennbahn Mülheim-Raffelberg* bis zur Einmündung der *Weseler Straße.* Hier biegen wir nach links in die Weseler Straße und verlassen sie nach etwa 1,4 km nach links in die *Rheinstraße.* Gleich darauf nach rechts in die *Elbestraße* und an deren Ende nach rechts in die *Mainstraße.* Wir unterfahren eine Bahnlinie und kommen rechts aufwärts zu einer Signalanlage. Hier kreuzen wir zum Radweg auf der linken Straßenseite, fahren ein kurzes Stück nach rechts und verlassen die Straße nach links zu einer Holzbrücke. Der Weg führt in einer Spirale abwärts ins Ruhrtal – wegen des steilen Gefälles Räder schieben, auch wegen der vielen Fußgänger, die dem Parkgelände der früheren Landesgartenschau MÜGA 92 zustreben.

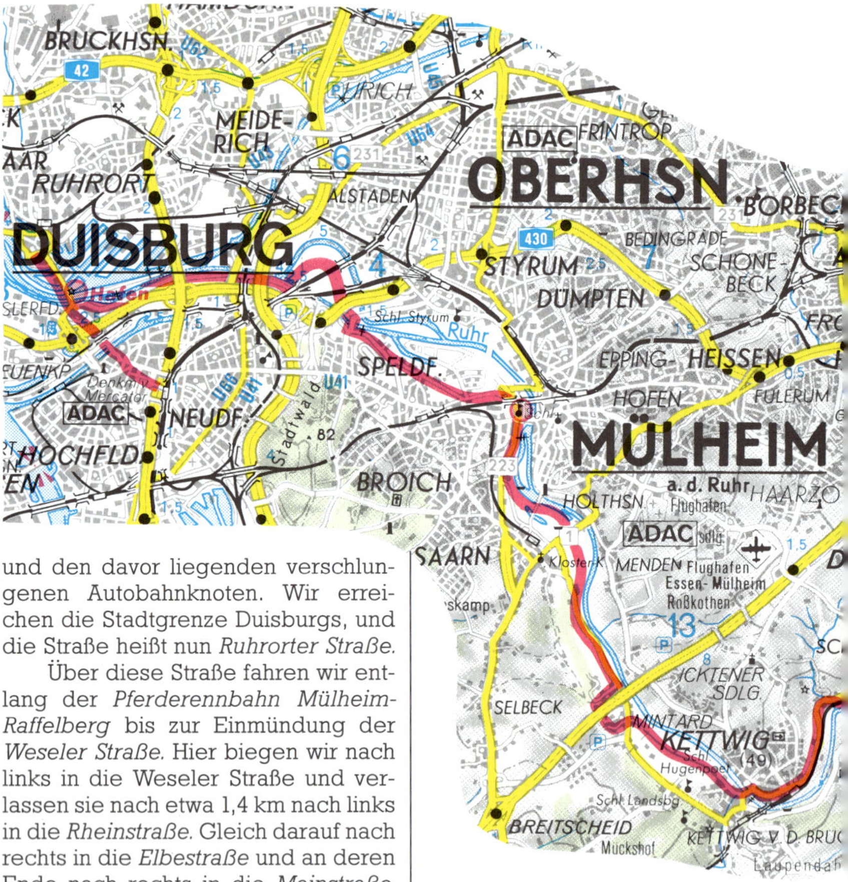

Wir fahren in das abgezäunte Parkgelände geradeaus hinein, und es geht unter der Nordbrücke hindurch. Das Parkgelände verlassen wir hinter der Eisenbahnbrücke nach rechts und erreichen es wieder nach dem Parkplatz. Hier sieht man dann schöne Wasserspiele, und wir schlängeln uns, der Radweg-Beschilderung folgend, rechts aufwärts und kreuzen die *Ruhrstraße* auf einer Brücke. Über uns liegt das alte Gemäuer von Schloß Broich, und wir umrunden, immer aufwärts, das historische Bauwerk nach rechts. Am Zugang zum Schloß vorbeiradelnd, erreichen wir schließlich nach links die Straße und kreuzen sie auf einer Brücke. Jenseits geht es geradeaus und auf einer ehemaligen Eisenbahntrasse nach Süden.

Nach schöner, ruhiger Fahrt wenden wir uns an einer Wegegabel nach links, überqueren auf einer Holzbrükke die *Mintarder Straße* und rollen hinunter ins Ruhrtal. An den Tennisplätzen geht es nach links in Richtung *Wasserbahnhof* und an der Ruhr nach rechts. Später müssen wir das Ufer verlassen und halbrechts abbiegen.

Vor der Rampe des Weges zur *Mendener Brücke,* über die die B 1 führt, biegen wir links auf den Deich ab und unterfahren die Mendener Brücke. Jenseits liegt rechts im Hintergrund ein Trabergestüt. Voraus taucht bereits die gewaltige *Mintarder Autobahnbrücke* auf, die die Autobahn A 52 über das Ruhrtal trägt. Wir verlassen den Deich an einer Wegkreuzung nach halbrechts, und es geht geradeaus zur *Mintarder Straße.* Wir kreuzen sie und erreichen auf dem Ruhrauenweg das Dörfchen *Mintard.* Hier kreuzen wir an der Kirche die *August-Thyssen-Straße* und fahren auf dem *Mintarder Weg* weiter. Rechts im Tal liegt Schloß Hugenpoet und später, hinter den Bäumen fast unsichtbar, am steilen Berghang Schloß Landsberg.

Hier im Essener Ortsteil *Kettwig vor der Brücke* fahren wir zur Ruhrbrücke und überqueren den Fluß. Am anderen Ufer wenden wir uns nach rechts und fahren das Ufer entlang auf dem Uferrandweg immer dicht am Fluß nach *Essen-Werden.* Auf dem gegenüberliegenden Ufer liegt ein Golfplatz. In Werden müssen wir an der Ruhrbrücke über eine Rampe hoch zur *Bredeneyer Straße.* Wir überqueren nun wieder die Ruhr nach rechts und folgen der *Abteistraße* bis zum *Werdener Markt.* Hier nach links in die *Heckstraße,* an der *Luciuskirche* vorbei zum Hardenbergufer. Dieser

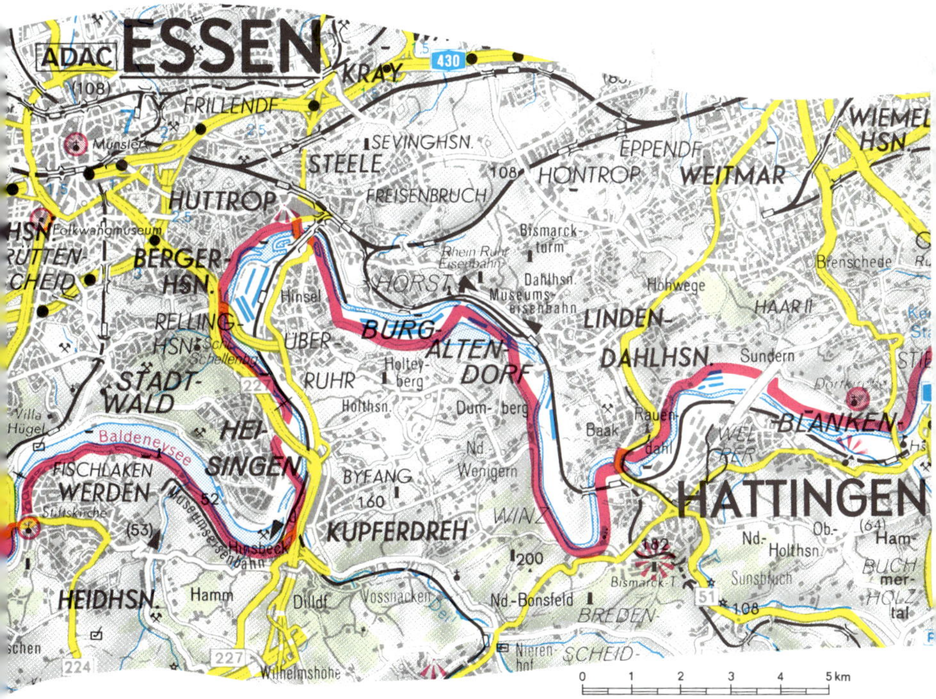

Weg führt uns immer am Uferverlauf entlang, an Bootshäusern und Bootsanlegern vorbei zum *Haus Scheppen.* Während der Fahrt sehen wir zunächst auf dem jenseitigen Ufer die *Villa Hügel* über den Bäumen des Parks und unterhalb der Villa die Tribünen der Regattastrecke auf dem Baldeneysee. Wir umrunden den Segelhafen, der Haus Scheppen umgibt, und fahren am Ufer entlang nach *Kupferdreh.* Hier an der *Prinz-Friedrich Straße* nach links zur *Kampmanns-Brücke* fahren. Hinter der Brücke geht es nach rechts in Richtung *Steele.*

Wir fahren auf dem Radweg neben der Straße, bis rechts ein Weg zum Ufer abzweigt. Er führt zu dem Ausflugslokal *Rote Mühle* am anderen Ufer und weiter ruhraufwärt zur Ruhrbrücke in *Essen-Steele.* Hier biegen wir rechts zur Ruhrbrücke ab und verlassen jenseits des Flusses die Straße an dem Lokal nach links. Der *Leinpfad* bringt uns am Ruhrufer bis zu einer Schwimmbrücke, die über die Ruhr nach *Bochum-Dahlhausen* führt. Wir kreuzen die Straße und bleiben weiter auf dem Leinpfad, den wir in der Ruhrschleife vor Hattingen kurz verlassen müssen. In Hattingen erreichen wir nach Umfahren einer *großen Ruhrschleife* über die Straße *Am Wallbaum* die *Bochumer Straße.* Die Industriestadt besitzt eine sehenswerte Altstadt. Es gibt dort eine Fülle von gut erhaltenen bzw. gut restaurierten Fachwerkhäusern, die das Bild einer westlichen Kleinstadt aus dem 16. bis 19. Jahrhundert vermittelt.

90 Fünfte Etappe: Weiter durch das Ruhrtal – wir gelangen zum Hengsteysee mit der Hohensyburg, zum Fachwerkstädtchen Herdecke und schließlich zurück nach Dortmund

Ausgangspunkt Ruhrbrücke in Hattingen

Tourenlänge 45 km

Fahrzeit 4 Stunden

Höhenunterschiede Etwa 120 m auf 2 km beim Aufstieg aus dem Ruhrtal, 100 m auf 3 km zwischen Ossenbrink und Kirchhoerde. Die übrigen Höhendifferenzen sind langgezogen und dadurch flach.

Tourenbeschreibung Wir verlassen *Hattingen* über die Ruhrbrücke und halten uns nach Passieren der Brücke unmittelbar nach rechts in Richtung Campingplatz, den wir bereits von der Brücke (rechts) gesehen haben. Am Campingplatz erreichen wir das Ruhrufer mit dem nach links weiterführenden gut ausgebauten Leinpfad. Auf ebener Strecke geht es nun die Ruhr entlang bis *Rauendahl.* In Rauendahl verläßt der Weg das

Ruhrufer und führt zwischen steilem bewaldetem Hang (links) und einer umfangreichen Wassergewinnungsanlage der Gelsenwasser AG (rechts) nach *Brockhausen.* Hier halten wir uns nach rechts zum Leinpfad, der uns wieder am Ufer entlang und an einer der alten Ruhrschleusen vorbei zum *Stausee Kemnade* führt.

Vom jenseitigen Ufer grüßt die *Burg Blankenstein.* Am Stausee bleiben wir dann auf dem linken Ufer und benutzen den links um den See führenden Radweg. An der *Segelschule Heveney* wenden wir uns nach rechts und erreichen über eine kleine Brücke das jenseitige Ufer, wo es wieder nach rechts geht. Links über uns liegt das neuzeitliche *Freizeitbad Heveney,* dessen Freibecken eine 100 m lange Rutschbahn hat. Wir kommen zur Ruhr

und fahren hier flußaufwärts bis zur Straße *In der Lake,* hier geht es nach rechts. An ihrem Ende macht diese Straße eine scharfe Linkskurve, und kurz darauf liegt rechts der *Parkplatz des Kanuclubs.* Von diesem Parkplatz geht ein Weg zum Ruhrufer. Dieser bringt uns an der alten Schleuse Heveney mit dem historischen Schleusenwärterhaus vorbei schließlich zur *Herbeder Straße,* auf deren Radweg wir nun in Richtung Witten ruhraufwärts fahren. Kurz darauf stoßen wir auf die von der Stadtmitte Witten kommende B 226, biegen rechts ab und fahren auf dem Radweg der Bundesstraße an den Edelstahlwerken der Thyssen AG vorbei in Richtung *Wetter.*

Auf dem anderen Ruhrufer liegt auf steiler Höhe der mittelalterliche Rittersitz *Schloß Steinhausen.* In Wetter bleiben wir zunächst auf der

B 226, folgen dann aber der *Kaiserstraße* nach links, biegen gleich darauf rechts ab in die *Gustav-Vorsteher-Straße* und fahren nach rechts zum Ufer des *Harkortsees.* Auf schmalem Uferweg, der uns wunderbare Ausblicke auf den See bietet, geht es weiter. In *Herdecke* biegen wir hinter dem Bootshafen rechts ab, am Ufer geht es gleich wieder links und an Club- und Bootshäusem vorbei fahren wir unter der Ruhrbrücke, über welche die Straße nach Hagen führt, hindurch weiter ruhraufwärts. Bald darauf erreichen wir das Stauwehr des *Heng*steysees und wechseln dort das Ufer, da die Sicht auf die Hohensyburg von dort großartig ist. (Wir können aber auch geradeaus fahren und am alten Kraftwerk einen Blick in die alte Turbinenhalle werfen.) Am Südufer wenden wir uns nach links und fahren dicht am Wasser entlang weiter.

Auf dem Ufer gegenüber liegt das *Köppchenwerk,* und wir erkennen die gewaltigen Stahlrohre, die zum Speicherbecken hoch oben über der Ruhr führen. Unser Weg endet an der Straße von *Dortmund* nach *Hagen,* und wir wenden uns nach links. Der Hengsteysee wird überquert, und die steile Höhe der über dem See liegenden *Hohensyburg* überwinden wir auf einer sich um sich selbst windenden Straße, so daß die Steigung nicht zu stark wird. Oben auf der Höhe geht es in Richtung *Dortmund* weiter, jedoch ist ein Abstecher zur Hohensyburg unbedingt empfehlenswert.

Etwa 1 km hinter dem Abzweig nach Hohensyburg geht nach rechts ein Wanderweg von der Straße ab, dem wir uns nun anvertrauen. Es geht durch dichten Wald zur *Wittbräucker Straße* (am *Gasthaus Diekmann*), welche wir überqueren. Über den *Viermärker Weg* kommen wir zur *Viermärker Eiche* und hier geht es halb rechts in den Wald auf dem *Theodor-Freywald-Weg.* Der Theodor-Freywald-Weg bringt uns durch den Dortmunder Stadtforst zur *Kirchhoerder Straße,* wir biegen rechts ab. Die Kirchhoerder Straße geht es nun entlang bis zum links abzweigenden *Floraweg,* in welchen wir einbiegen. Es geht abwärts in das Tal der Schondelle und wieder aufwärts bis zur Straße *Heideblick.* Wir überqueren die Straße und kommen schließlich zu einer Brücke über die *Zillestraße,* jenseits deren unser Weg am Tierpark vorbei zur *Hacheneyer Straße* führt. Wir fahren weiter geradeaus, nunmehr am Rand des *Romberg-Parks* entlang und stoßen in unmittelbarer Nachbarschaft des Gutes Brünninghausen auf den Radweg an der *Ruhrwaldstraße,* in welchen wir links abbiegen. Wir durchqueren das *Emschertal* und erreichen die Parkplätze an der *Westfalenhalle* und dem *Westfalenstadion* in *Dortmund.* Unsere Rundfahrt um das Ruhrgebiet ist damit beendet.

NIEDERRHEIN UND HOHE MARK

Im Gebiet des Niederrheins, wo sich große und kleine Städte aneinanderreihen, findet man auch weiträumige Niederungen, verträumte Altwässer, pappel- und kopfweidenbesetzte Landstriche und Seen, nicht zuletzt auch alte Ortschaften mit Relikten aus römischer Zeit und kunstreiche Schloßanlagen. Die Hohe Mark, die 1963 zum Naturpark erklärt wurde, ist zu einem Drittel von Wäldern bedeckt, eines der größten geschlossenen Waldgebiete ist das Hügelland Haard mit dem 126 m hohen Weseler Berg.

Hohe Mark: Kirchheller Heide nördlich von Gladbeck

91 Rund um den Wallfahrtsort Kevelaer – durch die von vielen kleinen Wasserläufen durchzogenene Niersaue

Ausgangspunkt Bahnhof Kevelaer
Tourenlänge 57 km
Tourenbeschreibung Der Marienwallfahrtsort *Kevelaer* wird alljährlich von einer halben Million Pilger besucht. Das Gnadenbild, eine Nachbildung der Luxemburger Madonna als „Trösterin der Betrübten", befindet sich in der Gnadenkapelle, einem sechseckigen Kuppelbau von 1654, der auch das Heiligenhäuschen umschließt. – Nach einem Rundgang durch die Stadt und einem Besuch der Kirchen starten wir vom *Bahnhof* aus auf der Bahnstraße in Richtung Stadtmitte, weiter auf der *Marktstraße*, rechts ab in die *Venloer Straße*, die in die *Kardinal-von-Gahlen-Straße* übergeht, auf der *Egmont-Straße* ein paar

Meter nach rechts, dann links in die *Hubertusstraße* – so verlassen wir Kevelaer.

Am Moosenhof bleiben wir geradeaus durch die Felder, beim Wegedreieck vor Keylaer biegen wir jedoch nach links zum *Laarbruch* ab. Der eingezäunte und nur auf Wanderwegen zu durchquerende Wald ist ein riesiges Schwarzwildgehege. Wir fahren am Rande des Waldes nach Norden bis *Laar;* dann auf der Hegenerstraße nach rechts über die Eisenbahnlinie und die B 9 hinweg zum *Schloß Wissen.* Das malerische Schloß, im 14. Jh. an der Stelle einer Wasserburg erbaut, wurde mehrmals im Laufe seiner Geschichte verändert und vermittelt noch heute einen majestätischen Eindruck.

Wir umrunden die Schloßanlagen und die Wassergräben, dann geht es über die Niersbrücke und auf der Straße links durch den Wald weiter. Aber schon in der Kurve am Waldausgang zweigt links ein Feldweg ab, der am Waldrand entlang und später wieder durch den Wald führt. Von einem Bauernhof an durchqueren wir, bei der Weggabelung auf der rechten Spur, einen Wiesengrund. Beim nächsten Waldstück stoßen wir auf einen asphaltierten Weg, dessen gute Beschaffenheit uns aber nur kurz erfreut; denn unser Wanderkurs zweigt nun wieder nach rechts in einen Feldweg am Waldessaum ab. Später treffen wir dann auf eine Landstraße.

Jetzt rechts über den Kervenheimer Mühlenfleuth und hinter der Brücke links in den Kalbecker Weg, der sich mit seinen Windungen dem Verlauf der Niers anpaßt und durch den Wald der *Kalbeck-Heide* über

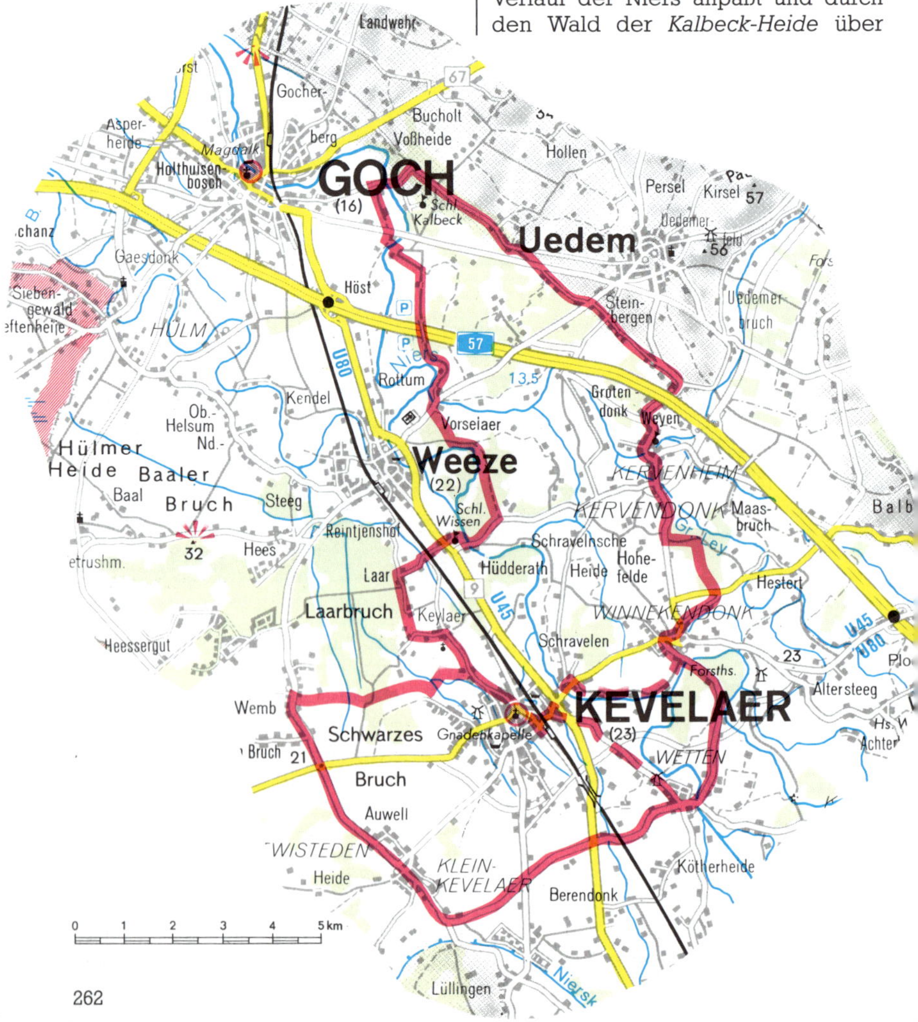

die neue Autobahnbrücke führt. Wenn wir uns beim nächsten Waldrand links halten, gelangen wir an einem großen Kinderspielplatz vorbei durch Buschwerk zur Niers. Eine Idylle tut sich auf: Wir müssen mit einer alten Kahnfähre über den Fluß zum *Gasthof „Jan an de Fähr“* übersetzen.

Rechts auf dem Wirtschaftsweg, die breite Straße Goch – Uedem kreuzend, fahren wir auf dem Höst-Vornicker-Weg nach Norden – links von uns die Silhouette der Stadt Goch. Von der *Forststraße* an durchqueren wir das Waldgebiet nördlich von Schloß Kalbeck: zuerst auf der Forststraße, über die steinerne Niersbrücke hinweg, beim Querweg (Reuterstraße) wiederum rechts und mit einem kleinen Knick auf dem *Keppelner Grenzweg* nach rechts weiter auf einem sandigen Waldweg.

Wir können uns aber auch auf dem Keppelner Grenzweg nach links wenden, dann rechts in die *Buchholter Straße* durch die Felder einschwenken und später wiederum nach rechts auf dem *Herringscher Weg* weiterfahren. Wir kommen dann an die Stelle, wo der Reuterweg in die asphaltierte *Gocher Straße* übergeht. Hinter dem Café Krühan biegen wir in den ersten Feldweg nach rechts ein, überqueren eine Straße und wenden uns gleich vor dem Bauernhaus scharf links.

Geradeaus über eine Vorfahrtstraße hinweg ändern wir die Richtung erst, wenn in einer ausladenden Rechtskurve die Straße *Am Welleshof* beginnt. An dieser Stelle nämlich schwenken wir links in den Weg *Steinbergen 21-17* und hinter dem Wiesengrund in eine Landstraße nach rechts ein. Die *Uedemer Straße* bringt uns im Bogen unter der Autobahnbrücke hindurch nach Kervenheim.

Auf der *Wallstraße* geht es in vielen Windungen durch den Ort, dann über die *Schloß-Wissener-Straße* hinweg Richtung Winnekendonk. Wir folgen dieser Straße nur bis zum Waldrand der *Berberheide*, schwenken hier nach links in den *Schwarzen Weg* ein. Wir können uns an den Wanderzeichen X und A 2 orientieren, die nach etwa 500 m nach rechts in einen schmaleren Waldweg hineinzeigen. Am Ausgang des Berberheide-Forstes eine Landstraße kreuzen und durch die Felder, jetzt nur mit A 2, auf dem Weg *Hestert* nach *Winnekendonk.*

Auf der Marktstraße, an der Kirche vorbei, durchqueren wir den Ort und radeln links auf der Wettener Straße weiter. Jetzt können wir abkürzen, wenn wir kurz vor dem Ortsende rechts die *Niersstraße* wählen. Dieser Weg führt oberhalb der Niers im Bogen nach *Schravelen,* wo sich auch die Kevelaerer Jugendherberge befindet. Unsere Wanderroute führt allerdings weiter südwärts durch Wald und Feld bis *Wetten.* An der Niersbrücke nach rechts kommen wir auf der Hauptstraße durch den Ort. Hier eine zweite Abkürzung: Auf der Marienstraße nach rechts sind es nur noch 3 km bis zum Bahnhof Kevelaer, zu unserem Ausgangspunkt.

Wir setzen unsere Rundfahrt geradeaus weiter durch die Kötherheide fort, kreuzen nacheinander Eisenbahnlinie, Gelder Dyck und in der Blumenheide die Walbecker Straße, ehe wir in *Kleinkevelaer* die Richtung nach Nordwesten ändern. Geradeaus durch *Twisteden* erreichen wir *Im Auwelt* und *Auf der Schanz* den Ort *Wemb.* Vor der Wember Kirche zweigt der Rühlscherweg rechts ab. Ihm folgen wir durch Felder und Wald, oft an Wassergräben vorbei, und bei einem Querweg links zu den ersten Häusern von *Kevelaer.* Rechts auf der Hubertusstraße zurück zur Stadtmitte.

92 Von Recklinghausen durch die bewaldeten Sandberge der Haard

Ausgangspunkt Hauptbahnhof in Recklinghausen

Tourenlänge 37 km

Tourenbeschreibung Nördlich von Recklinghausen erstreckt sich das größte Waldgebiet des Naturparks Hohe Mark: die Haard. Dieser Höhenzug schiebt sich bis an den Rand des Kohlenreviers vor und steht in einem eigenartigen Gegensatz zu der Industrielandschaft. Wir wollen

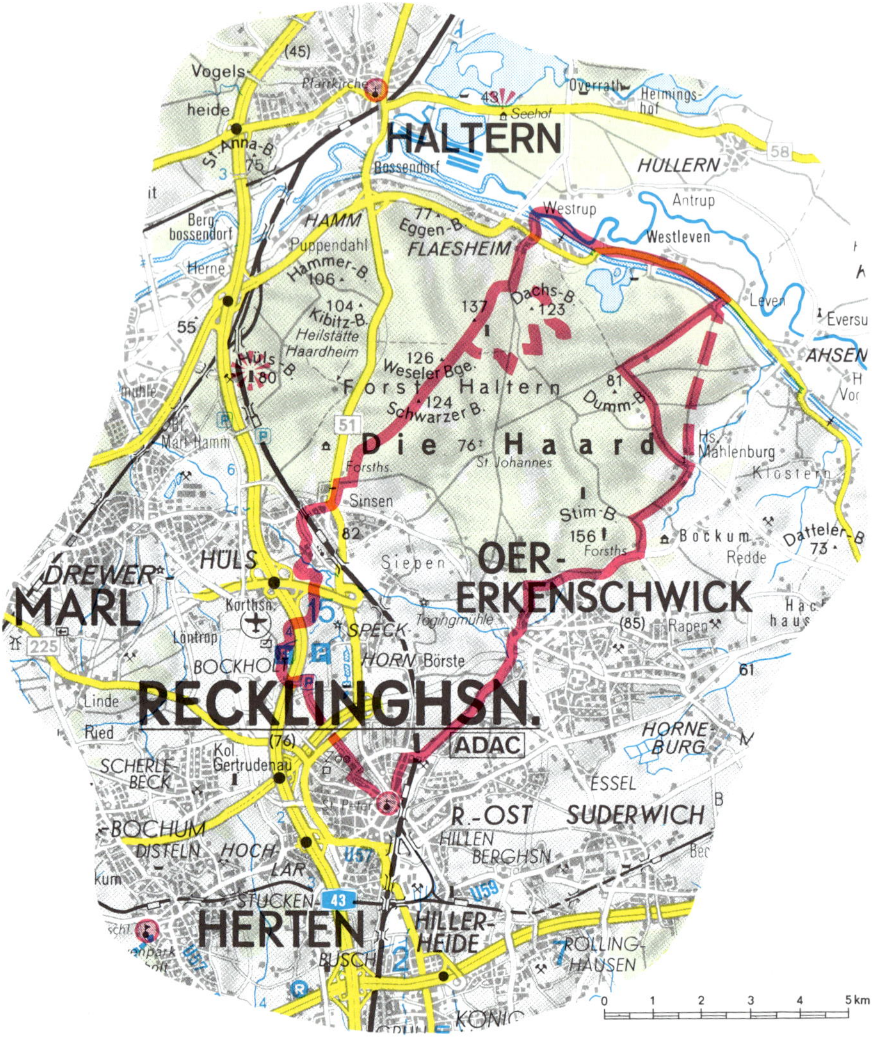

den Wald von Recklinghausen und Oer-Erkenschwick aus im Bogen durchstreifen. Dabei ist der Wandervorschlag, den wir hier machen, praktisch an jedem Wegekreuz zu variieren, abzukürzen oder zu verlängern.

Wenn wir vom Hauptbahnhof Recklinghausen die Martinistraße, Wikingstraße und den Oerweg rechts hinauf, über das Eisenbahngelände und auf dem birkenumsäumten Radweg fahren, liegt der Bergrücken der Haard schon in der Ferne ausgebreitet vor uns. Am Ende des schönen Birken-Radwegs geht es links hinunter durch *Alt-Oer* nach *Oer-Erkenschwick*, geradeaus über die Straßenkreuzung und sofort links auf der Haardstraße weiter – bis wir das Waldgebiet erreichen.

Am Waldrand beginnt scharf rechts der Haardgrenzweg, der (mit dem Wanderzeichen X 4) im Bogen am Fuß des Hangs entlang zum Schwimmbad und dann um den *Stimberg*, die mit 156 m höchste Erhebung der Haard, herumführt. Der Weg mündet in eine Waldstraße, und dieser folgen wir nach links.

An der nächsten Straßenkreuzung, dort wo sich rechts die Parkplätze befinden, halten wir uns links. Schon bald stoßen wir auf den Querweg *In den Wellen*, auf dem wir nach rechts in Richtung Katenkreuz durch den stillen Wald weiterfahren. Vom *Parkplatz Katenkreuz* an haben wir die Möglichkeit, geradeaus (mit X) weiterzufahren oder links in die Redder Straße einzubiegen und mitten im Wald nach rechts in die Ahsener Allee – so oder so kommen wir am *Parkplatz Levener Mühle* direkt vor der Kanalbrükke heraus.

Über die Brücke hinüber nutzen wir jetzt den Radweg entlang des *Lippe-Seiten-Kanals* in Richtung Haltern, unter einer Straßenbrücke hindurch und an der Schleuse vorbei. Auf der ersten Brücke hinter der Schleuse wenden wir uns hinüber nach *Flaesheim*. Hier bleiben wir entweder auf der Haardstraße geradeaus oder auf der ein Stück weiter rechts parallel verlaufenden Straße *Zum Dachsberg* hinauf ins Waldgebiet.

Wer sich nicht scheut, sein Fahrrad ein Stück zu schieben, wählt von dem Waldspielplatz den mit A 2 ausgeschilderten Rundkurs auf den *Dachsberg* hinauf, und zwar im Uhrzeigersinn, also geradeaus und links ab in den Wald. (Die Strecke ist nämlich nach beiden Seiten hin bezeichnet.) Wenn wir eine kleine Lichtung passiert haben, geht es rechts in Serpentinen den Fichtenhochwald steil empor. Ein Stück hat der Weg alpenländlichen Charakter. Oben auf der Höhe geben uns die Bäume stellenweise den Blick frei auf die Gegend östlich des Halterner Sees, eines weithin beliebten Badesees.

Der mit A 2 gekennzeichnete Weg schlängelt sich in vielen Windungen um den Dachsberg herum. Nach einer Schwarzkiefern-Aufforstung geht es bei einem Wegekreuz rechts, später links und über eine Schneise hinweg bergab, bergauf. Erst in der Nähe des Feuerwachturms zwischen dem Rennberg und dem Finkenberg stoßen wir auf die Wanderstrecke X 16, und hier verlassen wir den A 2-Rundkurs.

Das ist auch genau die Stelle, zu der wir gekommen wären, wenn wir uns in Flaesheim auf der gepflasterten Waldstraße vor dem Spielplatz rechts an X 16 orientiert hätten. Dieser Weg hätte am Waldrand einen kleinen Knick nach links gemacht und dann in Kurven hinauf auf den *Rennberg* geführt. In diesem Fall hätten wir am Feuerwachturm den Weg rechts einschlagen müssen, dann wieder links.

Nun setzen wir unsere Fahrt auf dem *Sieben-Hügel-Weg* nach Südwesten in Richtung Halter Pforte fort. An den Weseler Bergen, am *Schwarzenberg* und am *Scharpenberg* vorbei bleiben wir auch dann noch (mit A 1 und A 3) geradeaus, wenn X 16 nach links abbiegt. Erst kurz vor dem *Waldhaus Halter Pforte* schwenken wir (mit A 3) auf einen Waldweg nach links und verlassen schließlich den Forst.

Auf dem Haardgrenzweg nach rechts, auf der Halterner Straße nach links und dann auf der Bahnhofstraße wiederum rechts kommen wir zum *Bahnhof Marl-Simsen*. Nur ein kleines Stück auf der Gräwenkolkstraße nach links wenden wir uns mit Andreaszeichen (X 6) in den Wald. Im Links-Rechts-Knick das Gebiet der *Burg* durchstreifen, den *Silverbach* passieren, nach mehreren Bögen den Autobahnzubringer unterqueren und dann über die Autobahn A 43 hinweg.

Der Weg hat viele Kurven und Knicke, ist aber durch das X-Zeichen und die Radwegemarkierung nach Recklinghausen gut gekennzeichnet. An Bauerngehöften vorbei bis kurz vor den Autobahn-Rastplatz, dann rechts und zweimal links auf den Straßen *Brüninghoff* und *Im Riedekamp* wieder über eine Autobahnbrücke. Auf der Speckhorner Straße geht es nach rechts. Eine Straßenbrücke unterqueren und die Zeppelinstraße kreuzend, gelangen wir schließlich geradeaus auf den Beisinger Weg; rechts ab auf die Otto-Burrmeister-Allee, vor dem Festspielhaus an der Cäcilienhöhe links zur *Stadtmitte Recklinghausen* (Peterskirche, 13. Jh.; Ikonenmuseum).

93 Von Dinslaken in die Kirchheller Heide – ein Abstecher mag dem Freizeitcenter 2002 gelten

Ausgangspunkt Bahnhof in Dinslaken
Tourenlänge 39 km
Tourenbeschreibung In früherer Zeit erstreckte sich ein riesiges Waldgebiet an der unteren Lippe. Viel wurde gerodet, und heute sind nur noch

Reste vorhanden: der Hünxer Wald, der Bruckhauser Wald, der Hiesfelder Wald, die Kirchheller Heide und der Gartroper Busch. Unser Rundkurs führt von Dinslaken durch die meisten dieser Forstgebiete.

Vom Bahnhof aus fahren wir links die an einen Dinslakener Bürgermeister erinnernde Wilhelm-Lantermann-Straße hinunter, dann geradeaus auf der *Hiesfelder Straße* unter zwei Eisenbahnbrücken hindurch und auf der *Oberhausener Straße* bis in die Höhe von Haus Nr. 288 d. Hier beginnt ein herrlicher Radweg, der sich im Tal des Rotbachs hinzieht bis fast zur Grafenmühle. Zunächst bleiben wir direkt am Ufer, überqueren bei Haus Hiesfeld die Kirchstraße, kommen hinter der Mühle an einem kleinen See vorbei, durchqueren ein Waldstück, passieren die Autobahn A 3 und fahren weiter durch einen Wiesengrund.

Erst jetzt verlassen wir den Uferweg, biegen in der Schlägerheide ein kleines Stück nach links, beim *Gasthaus Waldesruh* jedoch rechts in die *Dickerstraße* ein und erreichen bald den Staatsforst. Da entlang dem mäandernden Rotbach meist nur ein Trampelpfad führt, ist es ratsam, geradeaus auf dem breiten Weg durch das Naturschutzgebiet des *Hiesfelder Waldes* zu bleiben.

Vom *Parkplatz Bohrlochweg* auf dem alten Postweg nach rechts ist es nicht weit zur Grafenmühle, wo wir viele Spiel- und Sportmöglichkeiten (zum Beispiel das große Freizeitcenter 2002) antreffen würden. Unsere Radtour setzen wir allerdings vom Parkplatz Bohrlochweg in nördlicher Richtung mit dem Wanderzeichen X 11 fort. Hier in der *Kirchheller Heide* wechseln Schwarzkieferwälder mit Rotbuchenwäldern ab; es ist ein wunderschönes und erholsames Gebiet. Auf dem Koppelweg kommen wir am *Heidesee* vorbei und durch eine Lichtung, auf dem Hiesfelder Weg ein Stück nach links und dann wieder rechts auf dem *Schwarzbachweg* durch dichten Fichtenwald über die romantische Schwarzbachbrücke. Auf dem feinkiesigen, gepflegten Querweg nach rechts gelangen wir zum *Heidhof* und auf dem Herrmann-Löns-Weg nach links zum *Heidhofsee*, an dessen Ufer ein Hermann-Löns-Stein steht.

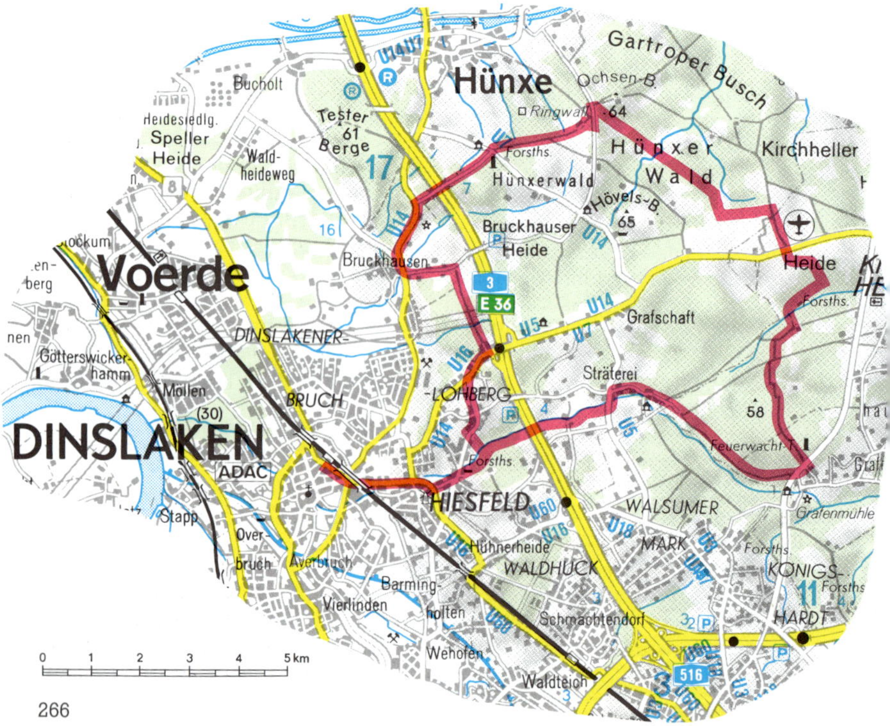

Um den See herum treffen sich die Wanderzeichen X 11 und X 19, sie führen weiter nordwärts aus dem Wald hinaus, durch Felder und über die Dinslakener Straße hinweg zum *Flugplatz Schwarze Heide*. Nach links um den Flugplatz herum biegen wir entweder mit X 19 nach rechts in den *Hünxer Wald* ein oder bleiben noch ein Stück geradeaus und fahren auf der Waldstraße nach rechts; so treffen wir nach kurzer Zeit automatisch wieder auf die X 19-Strecke.

Jetzt geht es in nordwestlicher Richtung kerzengerade durch den *Hünxer Wald* bis zum Waldparkplatz *Ossenberg*. Bei der Wegespinne am Waldrand schwenkt unser Kurs im spitzen Winkel nach links und bei der nächsten Waldecke nach rechts auf dem Schwarzen Drecksweg in die Felder ab. Hier verläßt uns X 19. Immer geradeaus radeln wir an der Gaststätte „Zur Landwehr" vorbei und auf der Straße Lanter am Waldrand entlang durch die Hünxer Heide, später über die Autobahnbrücke hinweg bis zur Landstraße.

Beim *Wette Huss* können wir das Fahrrad den Berg hinunter bis *Bruckhausen* rollen lassen. Aber schon bei den ersten Häusern verlassen wir die Hauptstraße wieder und fahren links den Bergschlagweg hinauf. Wenn wir in Höhe der Straße Zur alten Mühle wieder auf das X-Zeichen treffen, halten wir uns bei der Waldecke rechts und kommen durch Wiesen und Waldstücke auf der Steinbrinkstraße in der Nähe der Autobahnausfahrt Dinslaken-Nord heraus. Rechts den Radweg entlang der Bergerstraße hinunter, dann beim Hinweisschild „Sportzentrum Hiesfeld" links in die Kirchstraße erreichen wir den Dinslakener Stadtteil *Hiesfeld*. Hinter dem Haus Nr. 256 folgen wir dem X-Zeichen links in den Wald und stoßen bald auf den schönen Radweg am Rotbach, den wir schon auf der Hinfahrt benutzt haben. Nach rechts bis zur Oberhausener Straße und dort wiederum rechts finden wir zum Stadtzentrum von *Dinslaken* zurück und gelangen auf den bereits bekannten Wegen zum *Bahnhof*.

Neben der Freilichtbühne sind noch Teile der Wasserburg zu sehen.

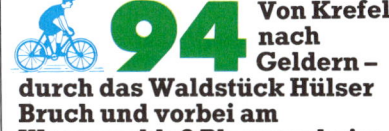

94 Von Krefeld nach Geldern – durch das Waldstück Hülser Bruch und vorbei am Wasserschloß Bloemersheim

Ausgangspunkt Hauptbahnhof in Krefeld

Tourenlänge 42 km

Tourenbeschreibung Eine Fahrt ins Gelderland. Vom Hauptbahnhof Krefeld aus auf dem Ostwall, kurz hinter der Hauptpost rechts in die Moerser Straße einbiegen, dann beim Hinweisschild „Senioren-Zentrum" links in den Breiten Dyk bis zu dessen Ende. Hier beginnt das Hülser Bruch.

Zuerst ein kleines Stück auf dem Höhendyk nach rechts, bald darauf links ab auf dem Langen Dyk am Waldrand entlang und jenseits des Flünnertzdyks geradeaus auf der Straße Vobis bis zum Steeger Dyk. Dort nach rechts. An einer Waldecke am *Hubertushof* nach links auf dem breiteren Waldweg zum Fuß des Hülser Bergs.

Auf dem Talring nach links am Schwarzwildgehege vorbei. Beim Damwildgehege entweder geradeaus weiterfahren oder einen Abstecher hinauf zum *Hülser Berg* mit seinem Aussichtsturm machen. Später von der Kreuzung mit dem Boomdyk aus weiter auf dem Talring nach Norden zum Lookdyk. Dort rechts ab am Waldrand entlang in Richtung Tönisberg bis zum *Lamershof*. Nun radeln wir nach rechts im Bogen um den *Achterberg* herum.

In Sichtweite von *Tönisberg* auf dem zweiten Wirtschaftsweg (mit der Markierung X) rechts durch Ackerland, dann auf der Neufelder Straße wiederum rechts und bei der Straßengabelung kurz darauf auf der mittleren Spur, dem Wolfsbergweg, geradeaus nach *Neufeld*.

Direkt hinter der Autobahnunterführung mit dem X 2-Zeichen halb links (also nicht der Straße am Kullgebiet folgen) auf der Alten Poststraße durch ein Waldgebiet und auf einem Privatweg der Forstverwaltung, eine Landstraße (Niederrheinallee) überquerend, zum *Schloß Bloemersheim*.

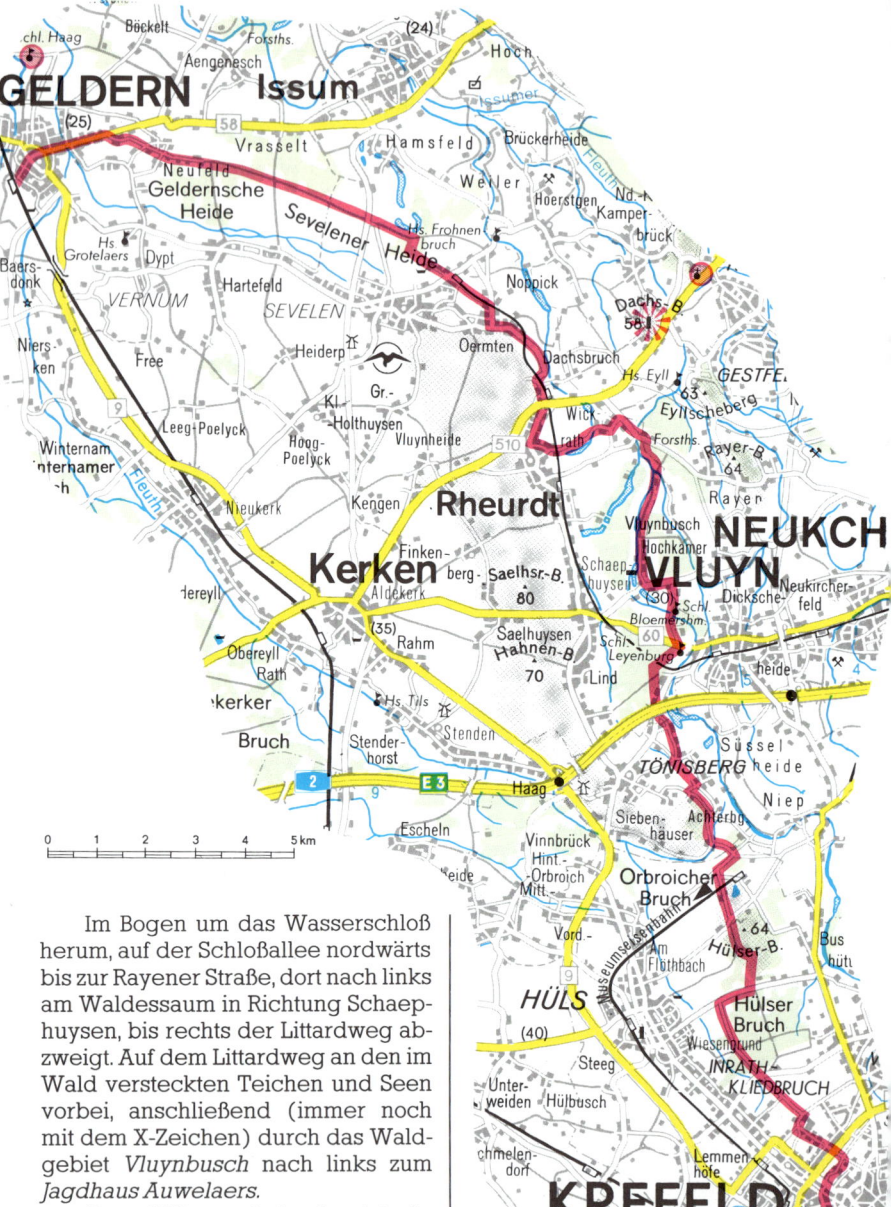

Im Bogen um das Wasserschloß herum, auf der Schloßallee nordwärts bis zur Rayener Straße, dort nach links am Waldessaum in Richtung Schaephuysen, bis rechts der Littardweg abzweigt. Auf dem Littardweg an den im Wald versteckten Teichen und Seen vorbei, anschließend (immer noch mit dem X-Zeichen) durch das Waldgebiet *Vluynbusch* nach links zum *Jagdhaus Auwelaers.*

Etwa 800 m auf der Landstraße hinter dem Jagdhaus links in die Kamper Straße einschwenken, bald darauf auf dem ersten Weg, der Kirchstraße, nach rechts bis *Rheurdt.* Nun rechts ab auf der Rathausstraße und geradeaus auf der Straße Niederend und der Rheurdter Straße am *Oermter Berg* mit seinem Wild-Museum vorbei nach *Oermten.*

Mitten in Oermten rechts ab auf dem Letmannsdyck, hinter den Gleisen nach links auf der Töpferstraße ein Stück parallel zur Eisenbahnstrecke und „Auf der Heide" geradeaus nach Westen. Beim Querweg ein kleines Stück nach rechts, dann wiederum links auf dem langgezogenen alten Marktweg an Heidewald und Kiesgruben vorüber nach *Geldern.* Auf der Weseler Straße zum Issumer Tor und geradeaus weiter zur Stadtmitte und zum Bahnhof.

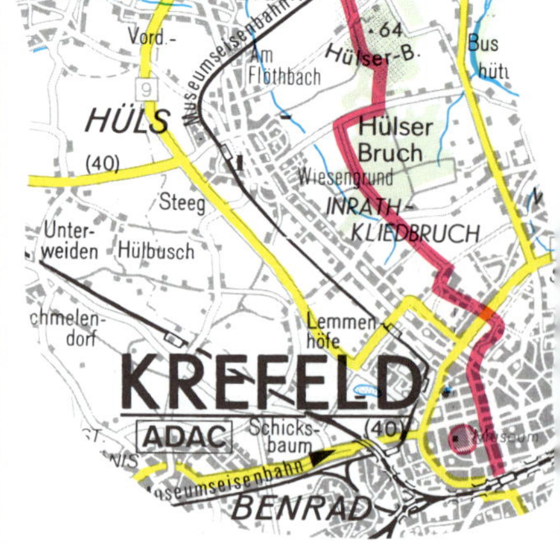

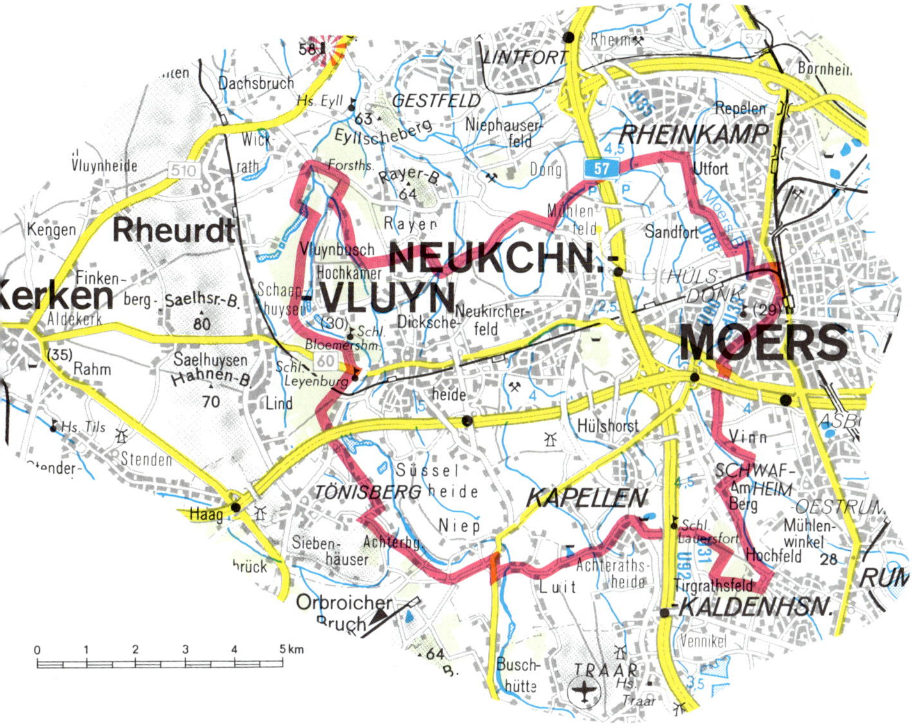

95 Von Moers ins Kullgebiet – hier hat der Altrhein eine idyllische Landschaft geschaffen

Ausgangspunkt Bahnhof Moers
Tourenlänge 44 km
Tourenbeschreibung Unsere Radtour beginnt am Bahnhof Moers. Wir fahren ein Stück auf der Homberger Straße in Richtung Stadtmitte, bei der zweiten Kreuzung links jedoch südwärts auf der Augustastraße, Diergardtstraße und der Filderstraße, immer geradeaus, unter der Autobahn Duisburg–Venlo hindurch in das landwirtschaftlich genutzte Gebiet. In den Niederfeldweg biegen wir dann links ein, halten uns aber am Schwafheimer Weg rechts nach *Holderberg.*

Am Stoppschild nach links in den *Aubruchweg.* Von hier an zeigt das Wanderzeichen A1 den weiteren Kurs am Aubruchshof vorbei durch einen Wiesengrund, durch den *Lauersforter Forst* bis nach *Vennikel,* von dort aus nach rechts in den Viertelsheideweg hinein. Mitten im Wald, am Tirgrathsfeldweg, schwenken wir rechts auf einen einsamen Waldweg ein. So kommen wir zu den Häusern von *Boschheide,* auf dem Lauersforter Waldweg noch ein Stück geradeaus am Waldrand entlang, bald aber wieder nach rechts durch den Forst. Auf der Lauersforter Straße folgen wir dem Zeichen A1 schließlich links durch die schöne Allee – die Landstraße kreuzend – bis zum *Schloß Lauersfort.*

Kurz hinter dem Schloß unterqueren wir die linksrheinische Autobahn, und während das Zeichen A1 nach rechts verschwindet, bleiben wir geradeaus bis *Kapellen.* 300 m nach rechts biegt von der Hauptstraße links die Nieper Straße ab. Sie führt im Bogen um den Stadtteil *Achterathsfeld* herum, am Silbersee vorbei bis ins Kullgebiet. Überall finden wir jetzt östlich und nördlich des Hülser Bergs Gewässer des Altrheins. Auf der Krefelder Straße fahren wir nur 200 m nach rechts weiter, dann zweigt links die Hulser Straße ab. In Sichtweite des Hülser Bergs biegen wir rechts in den Waldwinkelsweg ein, der uns im

Linksbogen an den Teichen und Tümpeln vorbei, später am Fuß des Achterbergs entlang bis kurz vor *Tönisberg* bringt.

Wir orientieren uns auf dem weiteren Weg nach Neufeld am besten an dem Andreaskreuz-Wanderzeichen (X): Vom Hauptweg rechts ab durch die Felder, am Tönisenhof nach rechts, beim nächsten Wegkreuz halblinks auf der *Straße Neufeld*, später auf dem *Wolfsbergweg* zur Neufelder Straße nach Neufeld (an den Kullgewässern; Campingplätze, Bootshäuser, Gaststätten). Wir fahren nicht nach Neufeld hinein, sondern folgen dem X-Zeichen gleich hinter Autobahnbrücke links, auf der *Alten Poststraße* am Waldrand entlang, im Wald über die Gleise und die Niederrheinallee (B 60) zum Schloß Bloemersheim. Es lohnt sich, einen Bogen um das idyllisch gelegene Gut mit den Wassergräben und den Ententeichen zu schlagen. Die Birkenallee auf der Rückseite des Schlosses (hier ist das Zeichen A 5 zu sehen, bringt uns zu einem Querweg, dem wir nach rechts folgen. Wieder richten wir uns nach dem X-Zeichen, zuerst durch den Buchenhochwald, dann am Waldrand entlang, an den Hacksteinskuhlen vorüber, durch Felder und über die Rayener Straße hinweg (etwas nach links versetzt) in den *Littardwald*.

Wir könnten jetzt geradeaus durch den Staatsforst fahren. Viel schöner ist es aber, rechts den schmalen Waldpfad zu benutzen. Jeder, der Sinn für Romantik hat, wird angetan sein von der verträumten Seenlandschaft, die sich hier mitten im Wald nach Norden erstreckt. Erst nach gut 2 km ändert das X-Zeichen seine Richtung nach Westen bis zu den nächsten Gewässern. Nun verlassen wir das herrliche Waldgebiet mit den kleinen Teichen und kommen nach rechts an großen Bauernhöfen vorbei, um einen Reitstall herum zur Moerser Straße. In Höhe des *Jagdhauses Auwelaers* auf der Landstraße nach rechts halten und den *Vluynbusch* durchqueren.

Unmittelbar hinter einem Waldparkplatz nach rechts in die *Vluynbuscher Straße*, die bald aus dem Wald führt und einen Linksbogen macht. Nach links in den Wittfeldsweg (in der Ferne der Rayener Berg). Auf der quer verlaufenden Vluyner Straße nach rechts und nach Hochkammer. Auf der *Hochkammer Straße* links weiter, über eine Ampelkreuzung hinweg durch Agrarland bis zu einer starkbefahrenen Landstraße. Hier kurz nach rechts.

Am Ende der jetzt bewachsenen Abraumhalde nach links in die *Dongstraße*. Über die Autobahn und an einem Hang entlang bis zum Repelener Stadtteil *Genend*. Auf dem *Galmesweg* nach links ordnen wir uns an der Ampelanlage rechts auf der *Kamper Straße* Richtung Moers ein. Immer geradeaus. Am Tervoorter Waldweg, an einem kleinen Waldstück, machen wir einen Schlenker nach links. Nun über Liebrechtstraße, Am Fünderich und Klever Straße zum *Zentrum Moers*.

96 Im weiten Bogen rund um Venlo – doch auch die Stadt selbst ist sehenswert

Ausgangspunkt Bahnhof Kaldenkirchen

Tourenlänge 42 km

Tourenbeschreibung Zwischen Venlo und Straelen erstreckt sich ein von eiszeitlichen Urstromtälern gegliedertes Terrassenland, das allmählich aus dem Maastal aufsteigt. Erhebliche Höhenunterschiede haben wir bei unserer Radtour dennoch nicht zu überwinden.

Vom Kaldenkirchener Bahnhof aus fahren wir in Richtung *Tegelen:* rechts auf der Bahnhofstraße, wiederum rechts auf der Poststraße, bei einer Kreuzung links durch das Juiser Feld und schließlich nach rechts auf der Steyler Straße – so erreichen wir die Grenzstation *Heidenend*. Unmittelbar vor dem Ortsschild „Tegelen" biegen wir rechts in die Ulingsheide ein. Der Weg macht einen Rechtsbogen, knickt dann aber im spitzen Winkel links ab. Auf dem Trappistenweg kommen wir geradeaus durch die Felder, später am Waldrand entlang in die Jammerdaalsche Heide und um eine Sandgrube herum. Hinter dem Ortsschild „Venlo" halten wir uns bei einer Wegegabelung rechts, dann gleich wieder links. Dann zwischen den Bahnlinien hindurch auf die Straße „Vierpaardies", von ihr links ab und auf dem Kaldenkerkerweg zu Stadtmitte *Venlo*.

Dann setzen wir unsere Wanderung auf der Havenkade an der Maas fort. Nach Norden folgen wir dem Flußlauf, auch in Höhe des Hotels „Valuas" bleiben wir am Maasufer. Erst später – vor uns die Autobahnbrücke über die Maas – verläßt dieser Uferweg den Fluß, biegt am Sportgelände nach links und gleich darauf hinter der Kirche Badevaartskapel rechts ab. Wir radeln auf der Hakkestraat, den Nijmeegseweg überquerend, geradeaus weiter. Bei der ersten Kreuzung hinter dem Kloster müssen wir uns links halten: auf dem Schandeloselaan über die Autobahn hinweg, durch die herrliche Waldlandschaft mit dem Zwartwater of Venkoelen links bis ins Spargeldorf *Schandelo*.

Schon von Venlo aus hatten wir uns nach dem Radwegzeichen der Route „Ravenvennen" richten können. Dieses Zeichen weist jetzt im Ort Schandelo beim Hinweisschild „Jägersrust" nach rechts in den von Birken flankierten Linksedijk und weiter durch Felder und ein Dünengebiet bis zum Grenzübergang *Kastanienburg*. Von hier aus fahren wir ohne Radwegzeichen weiter. Auf deutscher Seite empfängt uns ein weiter Wiesengrund. In Kurven gelangen wir zum Haus Wiesental und geradeaus weiter bis *Straelen*. Zur Ortsmitte mit dem historischen Marktplatz geht es links über die Marienstraße.

Wir verlassen die durch seine Blumenversteigerung berühmte Stadt über den Westwall und die Annastraße. An der Karl-Arnold-Straße

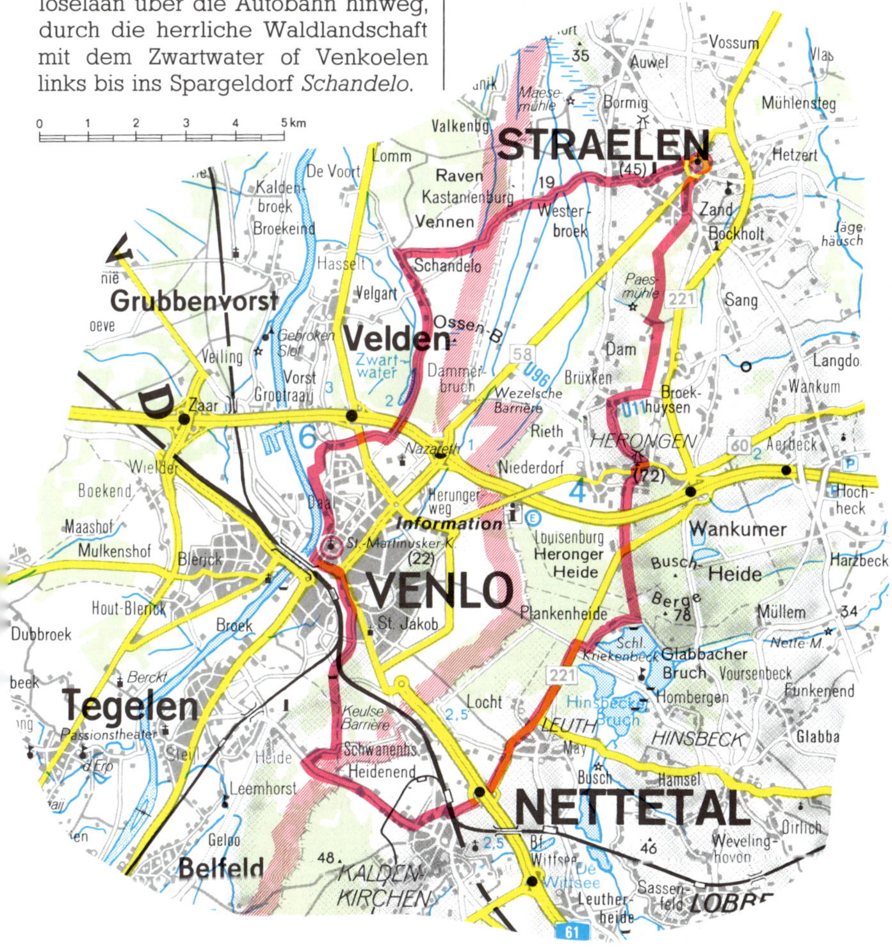

schwenken wir erst rechts ein, dann links zum Kalvarienberg weiter auf einem Feldweg und bei der nächsten Kreuzung links in den Weg An den sieben Quellen. Wir durchqueren von Nord nach Süd die schöne *Holthuyser Heide*. Das Radwegzeichen R 9 markiert den Kurs: durch den Wald, nach einer kleinen Ecke am Waldausgang immer südwärts, über den Moalenberg, dann auf der Straße rechts hinunter nach *Brüxken*, und dort am Ortsanfang links am Fuße des Mühlenbergs entlang nach *Herongen*.

Hinter den beiden markanten Heronger Kirchen beginnt die Leuther Straße, die unter der Autobahn hindurch und über die B 221 hinweg nach *Louisenburg* führt. Wir fahren weiter geradeaus am Waldrand entlang. Hier befand sich der alte Nordkanal, der zur Zeit Napoleons gebaut wurde und eine Wasserverbindung zwischen der Maas und dem Rhein herstellen sollte. Die Dämme des Kanals sind noch deutlich erkennbar, ebenso die Schleusenanlagen bei Louisenburg.

Zurück nach *Kaldenkirchen* kommen wir, wenn wir vom Strandbad Fischerheim aus, das wenige Schritte rechts vom Nordkanal liegt, im Bogen nördlich um den Poelvennsee herum und auf der Landstraße rechts zur B 221 fahren. Der Radweg parallel zur Bundesstraße bringt uns links ab nach *Leuth* und weiter unter der Autobahn hindurch, am Wasserturm vorbei, wieder zum Ausgangspunkt unserer Tour.

97 Von Krefeld an den Rhein – durch Auen und schöne Waldgebiete

Ausgangspunkt Hauptbahnhof in Krefeld

Tourenlänge 42 km

Tourenbeschreibung Erstes Ziel unserer Radtour ist *Burg Linn* mit seinen Museen. Wir fahren zunächst vom Krefelder Hauptbahnhof aus auf der Hansastraße, Bahnstraße, Oppumer Straße und auf der rechts abzweigenden Kuhleshütte bis zum Botanischen Garten. Dahinter beginnt der Schönwasserpark. An seinem Rand wenden wir uns auf der Johansenaue in östlicher Richtung. Wenn wir unter der Autobahn- und Eisenbahnbrücke hindurchkommen, sehen wir die Türme der Burg Linn vor uns aufragen.

Den Haupteingang zur Burg erreichen wir über die Rheinbaben- und die Albert-Steeger-Straße. Später geht es auf der Margaretenstraße und links ab auf dem Eltweg weiter. Nach wenigen Metern biegt links der Weg Am Mühlenhof zum äußeren Linner Burggraben mit seinen markanten Pappelreihen ab. Nach dem Linksbogen geht es rechts in den Elter Schützenweg: durch die Felder, dann durch eine parkähnliche Landschaft mit alten Kastanien – links liegt das Greiffenhorst-Schlößchen – und auf der Straße geradeaus weiter durch das Trinkwasser-Schutzgebiet. Beim Wegedreieck wählen wir die nach rechts verlaufende Kaiserswerther Straße durch *Stratum* hindurch.

Unsere Wanderroute führt dann nach links in den „Taubenacker" und über die Düsseldorfer Straße hinweg. Der Heidbergsweg bringt uns weiter durch die Tiefebene bis zum südlichen Zipfel des neuen Krefelder Hafenbeckens und direkt vor einem Asphaltweg rechts ab nach *Nierst*.

Schon in Höhe des ersten Hauses schwenken wir links in die Werthallee ein, auf der wir durch ein Landschaftsschutzgebiet, am Werthhof vorbei, im Bogen auf den Damm und dann durch das Vordeichland den Rhein erreichen. Dem Flußlauf folgen wir jetzt gut 7 km nach Süden, zuerst auf einem Uferweg, später auf dem Rheindamm. Bis zum Haus Niederrhein und zum Langster Fährhaus trägt die Aue-Landschaft den Namen „Spey". Am Spülsaum entlang ziehen sich Silberweiden, Pappeln und Holunderbüsche. Immer wieder haben wir herrliche Ausblicke auf den Strom, und bei schönem Wetter können wir die kleinen Sportboote zwischen den großen Schleppkähnen beobachten. Auf dem gegenüberliegenden Rheinufer spiegelt sich bei Kaiserswerth, wo die Fähre anlegt, die Ruine der Kaiserpfalz im Waser. Es lohnt sich durch-

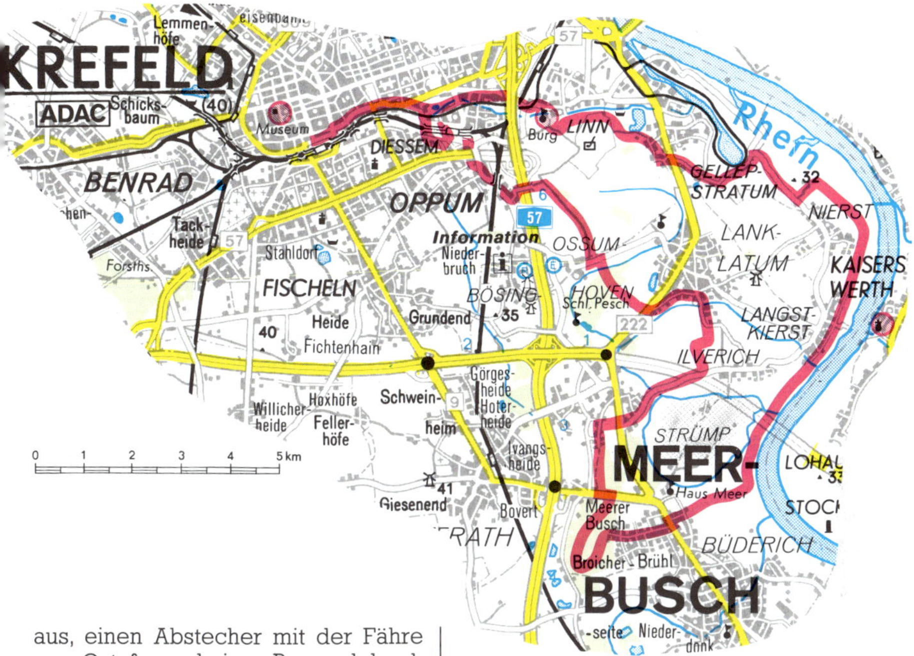

aus, einen Abstecher mit der Fähre zum Ostufer und einen Bummel durch den ältesten Düsseldorfer Stadtteil *Kaiserswerth* zu machen.

Unsere Tour setzen wir allerdings von *Langst-Kierst* auf dem linken Rheinufer fort. Wir verlassen den Damm erst etwa in Höhe von Stromkilometer 752. Dort, wo der Deichweg einen Bogen nach links macht, fahren wir halbrechts auf dem Fahrradweg in Richtung Osterath zuerst durch Ackerland, dann an einem Wäldchen vorbei und weiter auf dem Forsthausweg bis zur Moerser Straße in *Büderich*. Links hinter den Straßenbahnbarrieren befindet sich die Haltestelle Forsthaus, und schräg gegenüber stößt die von herrlichen Linden gesäumte Hindenburgstraße direkt in den *Meerbusch*. Im Bogen nach Süden durchstreifen wir das erholsame Waldgebiet: beim ersten Querweg links, dann beim nächsten Weg rechts und schließlich bei einer Wegekreuzung abermals halb rechts. Mitten im Forst finden wir auch das Andreaskreuz (X) wieder, nach dem wir uns jetzt fast bis nach Krefeld zurück richten können.

An einer Holzbarriere halten wir uns auf der B 9 nach links, aber schon bald zeigt die Wandermarkierung rechts über die Straßenbahngeleise hinweg auf einem holprigen Feldweg am Waldrand entlang in nördlicher Richtung weiter. In *Strümp* führt die rechts abbiegende Forststraße zur B 222 hinüber. Wir können jetzt mit dem X-Zeichen weiter auf dem „Bergfeld" an einem Wäldchen vorüberfahren, dann links in die Felder abbiegen und auf der Pappelallee, Stromstraße und Gonellastraße zum Ortsausgang von Lank kommen. Wir empfehlen aber, den Radweg entlang der Xanter Straße, die später in die Uerdinger Straße übergeht, zu benutzen. Dann weist uns kurz vor *Lank* das X-Zeichen nach links in das Landschaftsschutzgebiet und weiter in den Wald des *Herrenbuschs*. Wir können schon gleich beim Eintritt in den urtümlichen Forst nach links fahren und in einem großen Bogen bis *Schloß Pesch* mit den verwilderten Parkanlagen und weiter am Waldrand entlang – in einer Waldecke liegt rechts der Gutshof Haus Gripswald – bis nach *Ossum* kommen. Wenn wir uns aber weiter dem Andreaskreuz (X) anvertrauen, durchqueren wir den Herrenbusch in Ost-West-Richtung und treffen kurz vor Ossum auf den Talweg, dem wir nach rechts folgen.

Durch das *Latumer Bruch,* fast ständig am Rand der Bruchwälder entlang und oft durch Unterholz, gelangen wir zu einem asphaltierten Querweg, den wir nach links einschlagen. Hinter der Autobahnbrücke beginnt der Krefelder Stadtteil *Oppum.*

Geradeaus durch die Siedlung Am Böttershof, dann rechts auf der Hauptstraße radeln wir – über die „Untergaht" hinweg – zur Oppumer Kirche, auf der Hochfelder Straße geradeaus, dann rechts unter der Eisenbahnbrücke hindurch, auf den von der Hinfahrt bekannten Wegen über Kuhleshütte und Botanischem Garten zurück zum *Krefelder Hauptbahnhof.*

98 Nach Kaiserswerth zu den Ruinen der Kaiserpfalz und durch das reizvolle Angerland

Ausgangspunkt Hauptbahnhof in Düsseldorf

Tourenlänge 45 km

Tourenbeschreibung Die Kaiserpfalz und der malerische Marktplatz von Kaiserswerth sind die erste Station unserer Rundtour durch das Angerland. Wir starten nördlich der *Düsseldorfer Altstadt,* am Hofgartenufer oder an der Cecilienallee, in der Nähe des Kunstmuseums, der Tonhalle, an den Rheinterrassen oder am Regierungspräsidium. Dorthin ist es übrigens vom Düsseldorfer Hauptbahnhof über die Immermannstraße und durch den Hofgarten nicht allzu weit.

Dann geht es den Rhein abwärts. Unser Kurs führt zuerst durch den Rheinpark, unter der *Theodor-Heuss-Brücke* hindurch, am Sporthafen und am „Haus am Rhein" vorbei, durch *Golzheim* und an der Schnellenburg vorüber. Da wir immer in der Nähe des Stroms bleiben, sehen wir auf der anderen Straßenseite das Messegelände und das Rheinstadion. Durch eine Platanenallee auf dem Lohauser Deich kommen wir durch die Auen nach *Kaiserswerth* – stets haben wir auf dieser Strecke einen herrlichen Ausblick auf den Fluß, die vielen Schleppzüge und die Sportboote.

Durch die Kastanienallee des Fährerwegs über den Kittelbach fahren wir zur *Kaiserpfalz* und zum Marktplatz. Wir sollten uns in dem schönen Ort umschauen, ehe wir unsere Wanderung am Rhein entlang nordwärts fortsetzen. Erst beim Stromkilometer 758 verlassen wir die Wasserstraße und wenden uns auf dem Rheinuferweg nach rechts an dem alten *Restaurant Brands Jupp* vorbei zur Kirche von *Wittlaer.*

Weiter auf der Kalkstraße biegen wir an deren Ende links in die Bockumer Straße ein, drehen aber schon bald wieder rechts in den Fritz-Köhler-Weg ab. Diesem Weg folgen wir am Ortsrand von Wittlaer entlang so lange, bis rechts der Weg Wittgatt abzweigt. Auf ihm radeln wir dann durch die bäuerliche Landschaft nach Nordosten, überqueren die Duisburger Landstraße und bleiben direkt am *Restaurant Froschenteich* vorbei geradeaus. So gelangen wir zuerst zu einer Waldspitze des Heltorfer Schloßparks, später bis zu einer Straße, die uns nach links über den Angerbach hinweg zum *Schloß Heltorf* bringt.

Unmittelbar vor dem Schloßportal schwenken wir nach rechts ab zur Obstplantage und erreichen über die Eisenbahnbrücke auf dem Kalkweg den Ort *Angermund.* Nun geht es rechts auf der Rahmer Straße bis zur nächsten Kreuzung, dort auf der Angermunder Straße nur ein paar Schritte nach rechts, dann links Am Mühlendamm weiter.

Der Weg begleitet den idyllischen Angerbach. Wir bleiben direkt am Ufer, auch wenn der asphaltierte Weg nach halb rechts durch die Felder abschwenkt. Über eine kleine Brücke wechseln wir die Uferseite und fahren in südlicher Richtung durch den Wald der *Überangermark,* am Gelände der Kalkumer Kiesbaggerei vorbei und durch den Hatzfeldtschen Forst bis zur Kaiserswerther Straße.

Jenseits der Straße bleiben wir geradeaus – wir befinden uns jetzt in der Einflugschneise des Düsseldorfer Flughafens, dessen nordöstlichen Rand wir am Ende des Kalkumer Waldes berühren. An dem Waldwinkel

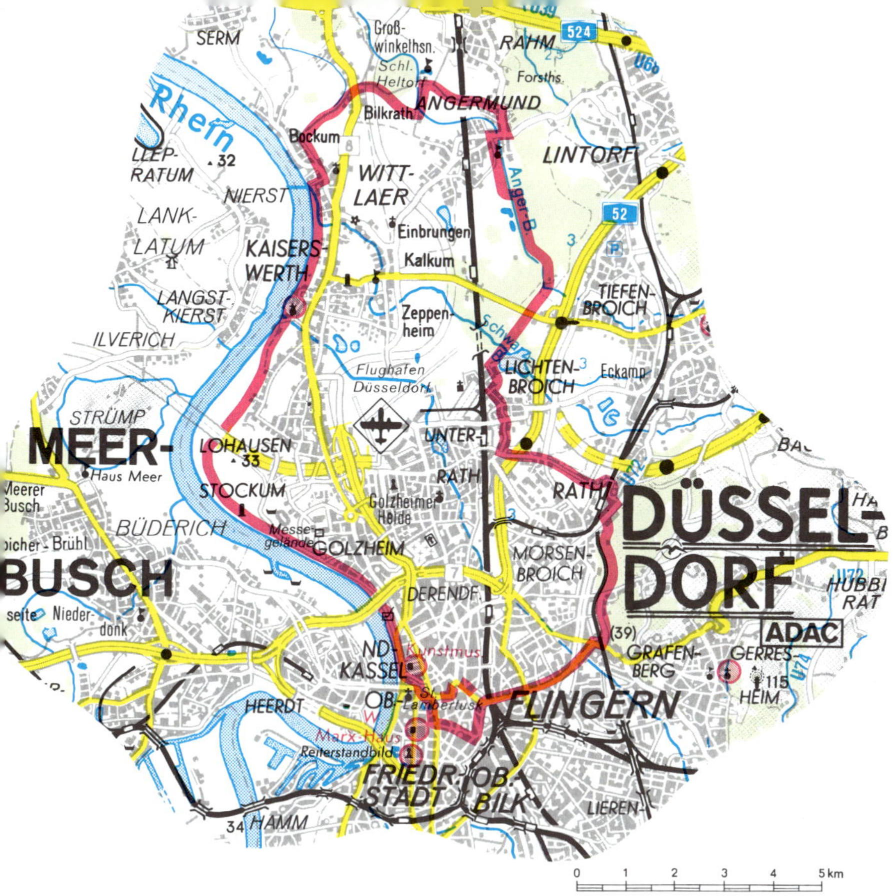

halb links kommen wir an einem großen, eingezäunten Baggersee vorbei nach *Lichtenbroich.* Diesen Ortsteil durchqueren wir so: geradeaus auf dem Tiefenbroicher Weg, rechts auf dem Mündelheimer Weg, links auf dem Lichtenbroicher Weg, der bald einen Rechtsbogen macht und geradeaus bis *Unterrath* führt.

In Unterrath halten wir uns auf der Theodorstraße links über die Autobahn hinweg. Wenn wir auf dieser Straße am Werksgelände vorbei und durch die Felder weiterradeln, sehen wir vor uns den Höhenzug des *Aaper Waldes.* Über eine Eisenbahnbrücke gelangen wir auf der Liliencronstraße zur Ortsmitte von *Rath.* Auf der Oberrather Straße biegen wir rechts, bald darauf aber wieder links in die Waldstraße ab. Nun können wir auf der Waldstraße, anschließend auf dem Boskampweg und der Ernst-Poensgen-Allee immer am Fuß des Aaper und des Grafenberger Bergrückens bis *Grafenberg* fahren.

Sicher ist es aber auch reizvoll, entweder auf der Wilhelm-Unger-Straße oder auf der Fahneburgstraße einen Bogen hinauf in den herrlichen Wald bis zur *Pferderennbahn* und zum *Grafenberger Wildpark zu* schlagen. Von Grafenberg aus müssen wir allerdings etwa 4 km auf der stark befahrenen Grafenberger Allee durch Stadtgebiet zum *Düsseldorfer Hauptbahnhof* zurücklegen.

99 Rund um den Wallfahrtsort Neviges – durch schöne Bachtäler und vorbei an dem sehenswerten Schloß Hardenberg

Ausgangspunkt Bahnhof Neviges
Tourenlänge 32 km
Tourenbeschreibung Zugegeben, die wunderschöne niederbergische Landschaft hat für Radfahrer ihre Tükken: mal geht es abwärts durch stille

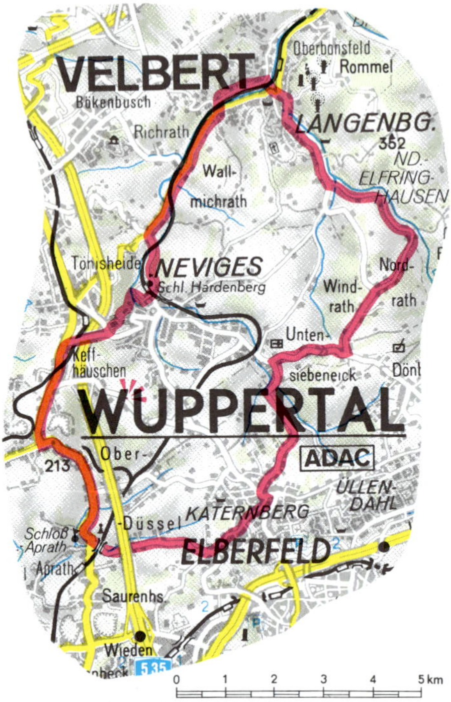

Täler, manchmal aber auch steil hinauf auf Höhenzüge. Im letzteren Fall bleibt uns nur noch übrig, abzusteigen und das Fahrrad ein Stück Wegs zu schieben.

Unsere Radtour beginnt mit einem ebenso schwierigen wie reizvollen Aufstieg von Neviges nach Tönisheide. Vom Bahnhof Neviges geht es – ein kleines Stück mit dem X-Zeichen – hinauf zu der bizarren *Wallfahrtskirche,* dann rechts am Kreuzgarten vorbei und geradeaus bis in Höhe des *Schlosses Hardenberg.* Links ab richten wir uns nun nach dem Wanderzeichen Raute 7. Ein herrlicher Hangweg führt den Karrenberg hinauf. Man fühlt sich fast wie in die Alpen versetzt. Neben uns plätschert ein kleiner Bach. Wir bleiben stets auf der linken Hangseite, auch wenn das Wanderzeichen Raute 7 später rechts über den Bach zeigt.

Oben auf der Bergkuppe klettern wir noch einige Stufen hinauf – jetzt können wir wieder in den Sattel steigen! Wir halten uns auf dem Reigerweg rechts und Auf der Höhe links und kommen an der Autobahnbrücke in *Tönisheide* heraus. Nun müssen wir uns zuerst links, gleich darauf rechts einordnen, überqueren die Autobahn und biegen von der Reuterstraße in die Wülfrather Straße ein. Der B 224 folgen wir in Richtung Wülfrath an den Kalksteingruben vorbei, später links ab durch *Schlupkothen* bis zum *Schloß Aprath.*

Kurz hinter der Abfahrt zur Klinik biegen wir nach links in den Aprather Weg ein, durchfahren eine liebliche Landschaft nordwestlich von *Elberfeld* bis zum Pharma-Forschungszentrum des *Bayerwerks* und wenden uns bei der nächsten Kreuzung nach links in die Straße In den Birken.

Auf den Höhen im Elberfelder Norden geht es so weiter: links auf der Nevigeser Straße, nach 500 m rechts auf der Straße Am Elisabethheim und dann die kurvenreiche Siebeneicker Straße hinunter. Das niederbergische Land liegt hier ausgebreitet vor uns. Nach der rasanten Abfahrt heißt es

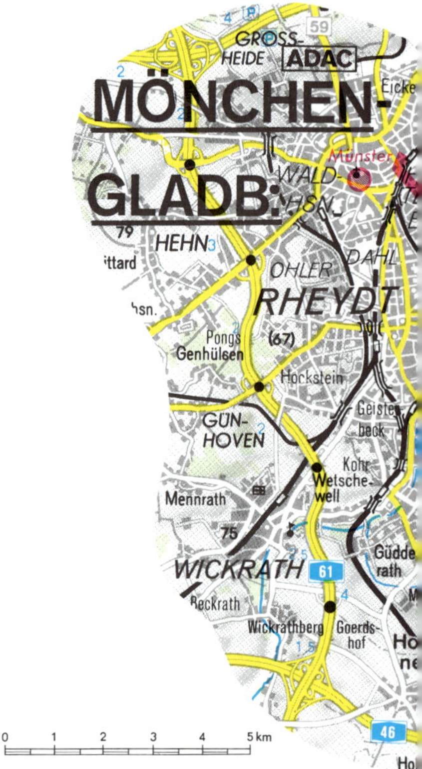

jetzt wieder, in die Pedale zu treten! Es geht rechts die Straße *Ibacher Mühle* hinauf bis zur Höhe.

Oben schwenken wir nach links in die Nordrather Straße ein; von ihr zweigt nach 1,5 km rechts die Deilbachstraße ab. Ohne zu bremsen, können wir auf dieser Strecke unsere Räder kaum rollen lassen. Dann durchfahren wir vom Restaurant *„Zum Schmalen"* nach links das *Deilbachtal* in seiner ganzen Länge und Schönheit – vorbei an vielen gemütlichen Gaststätten und Ausflugslokalen bis nach *Langenberg*.

Für die Rückfahrt nach Neviges durchqueren wir erst Langenberg: auf der Donnerstraße, der Straße des 17. Juni und der Panner Straße, dann beim Froweinplatz links ab und nach einem kleinen Knick nach rechts auf der Vogteierstraße. Nun befinden wir uns im *Hardenberger Bachtal*, in dem wir bis *Neviges* bleiben. Nur müssen wir bei der großen Straßenkreuzung von der Kuhlendahler Straße links in die Bernsauer Straße einbiegen. In südlicher Richtung erreichen wir kurz hinter dem *Schloß Hardenberg* wieder unseren Ausgangspunkt.

100

Von Neuss nach Mönchen-Gladbach – mehrere Schlösser liegen am Weg, die einen Besuch lohnen

Ausgangspunkt Hauptbahnhof in Neuss

Tourenlänge 44 km

Tourenbeschreibung Vorab eine Bemerkung: Zeit einkalkulieren für Besichtigungen der schönen Schloßanlagen zwischen Neuss und Rheydt! Wir beginnen mit einer Fahrt durch das idyllische *Erfttal*, und zwar flußaufwärts. Der Start ist also die Erftmündung in Höhe des Neusser Sporthafens. Dorthin kommen wir vom Theodor-Heuss-Platz an der Marienkirche, gegenüber dem Südausgang des Neusser Hauptbahnhofs, auf der Gielenstraße am Bahndamm entlang, dann links ab in die Kaiser-Friedrich-Straße, durch den Stadtpark parallel zur Nordkanalallee bis zum Alexia-

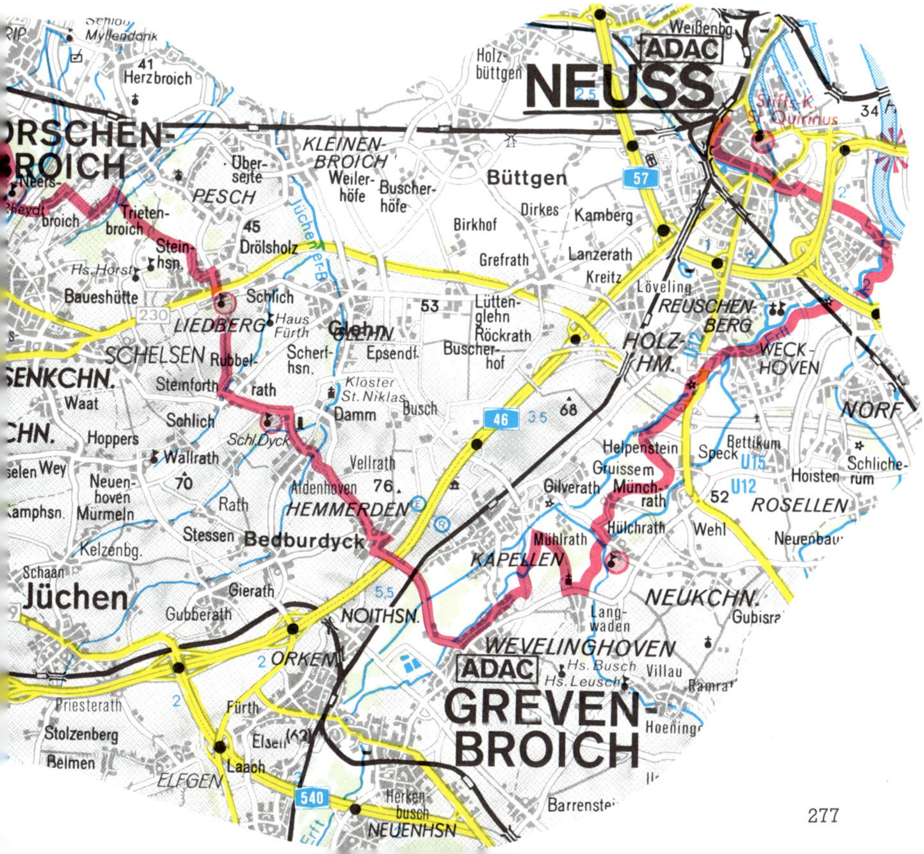

nerplatz. Ein kleines Stück nach links auf dem Hammfelddamm, dann rechts auf dem Fußgänger- und Radweg Scheibendamm - mit A 8 als Markierung – unter der Autobahn hindurch zum Sporthafen ab. Rechts um das Hafenbecken herum auf der Grimmlinghauser-Brücke treffen wir nach links in *Grimmlinghausen* auf die Erft, kurz bevor sie in den Rhein fließt.

Auf einem idyllischen Uferweg folgen wir der Erft flußaufwärts, überqueren dabei zwei Straßen und passieren die Autobahn sowie eine Bahnlinie. Viele Windungen macht die Erft in diesem schönen Landschaftsschutzgebiet. Der Uferweg endet erst an der Erftbrücke in *Weckhoven.*

Unser Radkurs ist in langen Abschnitten identisch mit einer Hauptwanderstrecke (X-Zeichen). Von der Erftbrücke in Weckhoven ein paar Schritte nach links biegen wir rechts auf den Burgweg zu den Erprather Mühlen ein, wechseln bald darauf die Flußseite, überqueren am anderen Ufer die Bergheimer Straße und kommen zu einem alten Gutshof und einer Wassermühle. Nach links wieder über die Erft führt der erste Wirtschaftsweg, also noch vor der Hauptstraße, durch Felder und an einem Pappelbruchwald vorbei nach *Helpenstein.*

Nun geht es auf der *Habernusstraße*, die mitten im Ort einen Linksknick macht, weiter. Parallel zu dem Wirtschaftsweg, den wir benutzen, verläuft ein hoher Damm, dessen mächtige Pappelreihen weit im Land zu sehen sind, Kurz vor *Speck*, beim ersten Wegekreuz mitten im Feld, halten wir uns rechts nach *Münchrath*, Hier setzen wir unsere Fahrt auf dem *Reiherbusch* und *Auf der Metzenheide* und bald hinter dem Ortsausgang, wenn die Straße einen Rechtsbogen macht, auf einem Feldweg am Gillbach entlang nach *Hülchrath* fort. Jenseits der Straße liegt linker Hand das malerische Schloß Hülchrath.

Wir bleiben mit dem X-Zeichen zunächst weiter am Gillbach, begeben uns dann aber nach rechts hinüber zum ehemaligen *Zisterzienserkloster Langwaden.* Das X-Zeichen weist von hier aus in den Hülchrather Wald, am Waldrand links ab und weiter nach *Wevelinghoven* (Stadtteil von Grevenbroich). Wir durchqueren den Ort auf der Römerstraße *Am Wehr*, der *Unterstraße*, zeitweise am Fluß entlang, und der Burgstraße, von der rechts der Hemmerdener Weg abgeht. Auf dieser Straße über die Erft in nordwestlicher Richtung über die Autobahn hinweg nach *Hemmerden.*

Der Weg nach Schloß Dyck ist jetzt gut ausgeschildert: in Hemmerden zuerst nach rechts, dann links an der Kirche vorbei und wiederum rechts hinauf zur Dycker Windmühle, dort halb links nach *Aldenhoven.* Im Ort rechts ab zum *Schloß Dyck,* das im 13. Jh. ein Raubritternest war.

Nach einer Besichtigung: vom Haupteingang der imposanten Schloßanlagen nach links durch eine Rotbuchenallee nach *Steinforth,* bei der Vorfahrtstraße geradeaus, dann den ersten kleineren Wirtschaftsweg am Kommerhof nach rechts einschwenken und weiter zu dem 1000 Jahre alten *Liedberg.*

Vom mittelalterlichen Marktplatz in Nähe des Schlosses Liedberg, immer dem X-Zeichen folgend, den Berg hinunter, auf der B 230 ein kleines Stück nach links, dann auf der Straße „An der Mühle" in Richtung Korschenbroich. Bald links ab auf der Hildegundisstraße nach *Steinhausen,* rechts durch die St.-Georg-Straße und noch einmal rechts durch den Wasserweg. Am Ende des Wasserwegs links ab auf einer Pappelallee in das Landschaftsschutzgebiet des *Hoppbruchs.*

Am westlichen Waldausgang des Hoppbruchs nach links „Am Trietenbroich", kurz darauf nach rechts durch Ackerland hinüber nach *Neersbroich.* Am Waldrand links durch die Bruchstraße bis zur Rheydter Straße, dort nach rechts über die Niers und zum *Schloß Rheydt,* das etwas versteckt hinter Buschwerk im Niersbruch liegt.

Weiterfahrt vom Schloß Rheydt am Rande des Elschenbruchs entlang und durch den *Bungtwald* zum Mönchengladbacher Volksgarten. Auf der Volksgartenstraße nach links und auf der Erzbergerstraße nach rechts zum Hauptbahnhof in *Mönchengladbach.*

101

Von Köln aus am Rhein entlang

Ausgangspunkt Hauptbahnhof in Köln oder Jugendherberge am Konrad-Adenauer-Ufer

Tourenlänge 56 km

1. Station: Köln

Tourenbeschreibung Von der Hohenzollernbrücke am Hauptbahnhof aus am Rheinufer nach Norden, an der *Jugendherberge* und am *Zoologischen Garten* vorbei, unter der Zoobrücke hindurch, am Colonia-Hochhaus vorüber, später unter der Mülheimer Brücke hindurch.

In der Höhe des *Tivoliparks,* hinter den Sportplätzen, nicht mehr weiter am Rhein entlang, sondern links Am Mohlenkopf und Am Niehler Ring durch das *Hafengebiet.* Am (von Osten gerechnet) dritten Hafenbekken kurz nach links durch die Eisenbahnunterführung und sofort wieder rechts bis zum nördlichen Hafeneingang. Von hier aus auf dem Niehler Damm und dann geradeaus auf der Merkenicher Straße am Ufer entlang. Vor uns jenseits des Rheins die Industrie-Silhouette von Leverkusen.

Das *Ford-Werk* versperrt die Weiterfahrt am Strom. Deshalb links ab auf der Geestemünder Straße, später rechts weiter auf der Emdener Straße und hinter dem Werksgelände mit den Pipelines wieder rechts in Richtung Heizkraftwerk Nord nach

Köln-Merkenich. Entweder auf der Merkenicher Hauptstraße durch den Ort oder im Bogen nach rechts hinunter zum Rhein. Weiterfahrt auf dem Kasselberger Weg unter der Leverkusener Autobahnbrücke hindurch durch die Rheinauen nach *Kasselberg.*

Die Tour folgt, soweit wie möglich, dem Flußlauf abwärts. In *Rheinkassel* rechts in die Amandusstraße einbiegen und weiter geradeaus auf dem Langelner Damm bis *Langel* und zur Fährstation nach Hitdorf. Nicht übersetzen, am Westufer bleiben! Jenseits des Hitdorfer Fährwegs auf dem neu angelegten Dammweg weiter nach *Worringen.* Auf der B 9 durch Worringen, am Hafengebiet und den Industrieanlagen (Erdölchemie und Bayer-Werk) vorbei. Hinter der letzten Rohrleitung, in Höhe des Sportzentrums von *Bayer Dormagen,* bei der markanten Pappelreihe von der Straße weg nach rechts auf den Dammweg einbiegen und weiterfahren bis *Zons.*

2. Station: Zons

Tourenbeschreibung Nach einem Bummel durch Zons Weiterfahrt auf der Deichstraße in nördlicher Richtung bis *Stürzelberg.* Über Oberstraße, Biesenbachstraße und Bahnstraße nach *St. Peter,* dort rechts ab auf der B 9 durch *Stüttgen,* dann aber wieder von der Koblenzer Straße rechts in die Rheinfährstraße nach *Uedesheim* einbiegen. Die *Jugendherberge Neuss* liegt in Uedesheim rechter Hand auf der Macherscheider Straße.

Auf der Macherscheider Straße in der anderen Richtung nach Nordwesten, weiter über die Autobahnbrücke und auf dem Radweg nach *Grimlinghausen.* Immer in Rheinnähe auf der Straße Am Röttgen, Rheinuferstraße und Am Römerlager durch Grimlinghausen, über die Erft und sofort dahinter auf der Grimlinghauser Brücke scharf rechts zum *Neusser Sporthafen.*

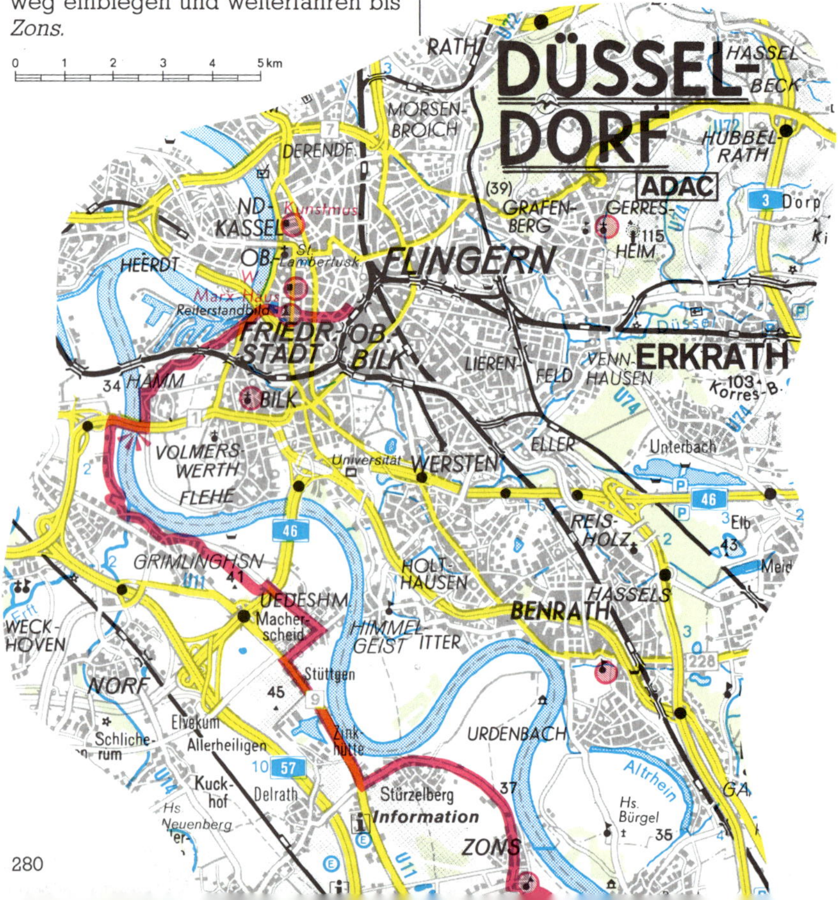

Links um das Hafenbecken herum und wieder auf dem Rheindamm nordwärts. Zur Auffahrt auf die Düsseldorfer Südbrücke links einbiegen. Am östlichen Rheinufer sofort rechts hinunter zum Damm. Auf dem Hammer Deich nach Norden bis *Hamm.* Auf der Hammer Dorfstraße und der Hammer Straße – am neuen Düsseldorfer Fernmeldeturm vorbei – ins *Düsseldorfer Zentrum.*

Die *Jugendherberge* liegt auf der westlichen Rheinseite in *Oberkassel,* Düsseldorfer Straße, ganz in der Nähe der Rheinkniebrücke, praktisch an der Auffahrt zur Brücke.

102

Von Aachen nach Mönchengladbach, zum herrlichen Schloß Rimburg und zu alten Orten

Ausgangspunkt Hauptbahnhof Aachen oder Jugendherberge Colynshof

Tourenlänge 73 km

1. Station: Aachen

Tourenbeschreibung Vom Hauptbahnhof Aachen über Wilhelmstraße, Kaiserplatz, Heinrichsallee, Monheimsallee bis zur Krefelder Straße. Am Fuß des Salvatorbergs auf der Krefelder Straße gleich links einordnen und in den Soerser Weg einbiegen. Noch vor dem Reiterstadion links ab in die Soers, auf dem Strüverweg im Bogen nach rechts, auf der Straße Ferberweg nach Norden über die Autobahn und später über die Berensberger Straße hinweg, auf der Hasenwaldstraße geradeaus, bis rechts der Küppershofweg abzweigt. In Höhe der Bushaltestelle Uersfeld auf der Vorfahrtstraße knapp 100 m nach rechts, dann sofort wieder links durch *Uersfeld.*

Unter der Bahnunterführung hindurch und auf der Banker Feldstraße nach rechts zum Kohlscheider Ortsteil *Bank.* Auf der Haus Heydenstraße geradeaus bis Pannesheide. Auf der Pannesheider Straße zweimal rechts ab (Grenzübergang in die Niederlande) bis zur Roermonder Straße und auf ihr durch *Straß* hindurch. In *Maubach* an der Bushaltestelle Pilgramsweg rechts die Wendelinusstraße hinunter, an derem Ende auf der Schütz-von-Rode-Straße rechts nach *Herzogenrath.*

2. Station: Herzogenrath

Tourenbeschreibung Durch die Stadtmitte von *Herzogenrath*, von der Apolloniastraße links in die Dammstraße einbiegen, immer geradeaus auf der Bicherouxstraße am Bahngelände entlang, unter einer Unterführung hindurch bis *Merkstein*, und auch dort über die Vorfahrtstraße hinweg geradeaus nach *Worm-Wildnis*. In Kurven den Berg hinauf bis kurz vor einer Vorfahrtstraße links ab nach *Hofstadt*, bei der Kirche rechts in die Finkenrather Straße, dann gleich wieder links hinunter ins Waldgebiet des *Wurmtals*. Am Bahngleis durch Fernruf die Schranke öffnen lassen und weiter bis zum herrlichen *Wasserschloß Rimburg* an der holländischen Grenze.

Von Schloß Rimburg aus jetzt immer an der Wurm entlang, auf schönen Uferwegen an Übach-Palenberg und Frelenberg vorbei bis Geilenkirchen.

3. Station: Geilenkirchen

Tourenbeschreibung Von der Stadtmitte Geilenkirchen (Markt) auf der Konrad-Adenauer-Straße nur 50 m nach Osten zweigt bei den Parkplätzen der Kreissparkasse ein mit dem Andreaskreuz-Wanderzeichen (X) bezeichneter Weg ab. An der

Wurm entlang weiter nach Norden, an *Schloß Trips*, später an dem *Rittergut Kleinsiersdorf* vorbei – mal links, mal rechts des Flußlaufs bis *Randerath*.

Durch den Ort Randerath zuerst nach links in Richtung Heinsberg, dann rechts auf dem „Sandberg" und später auf dem „Hellenkamp" nach *Horst*. Auf der kurvenreichen Randerather Straße weiter bis *Porselen*. Durch das Dorf auf der Rochusstraße und der Rurtalstraße nach rechts über die Wurm hinweg.

Unmittelbar hinter der Wurmbrücke von der Hauptstraße halblinks abbiegend durch die Gehöfte von *Bleckden*, geradeaus in nordwestlicher Richtung nach *Oberbruch*, auf der Straße Am Birnbaum rechts ab in Richtung Unterbruch durch *Fell* und *Rohmen* bis zur Wassenberger Straße. Auf der B 221 nach rechts über die Rur hinweg und an Orsbeck vorbei nach *Wassenberg*.

4. Station Wassenberg

Tourenbeschreibung Auf der Roermonder Straße nordwärts nach *Birgelen*. An der Kirche rechts in die Mühlenstraße, gleich links die Sandstraße hinauf, in den Birgelener Wald. Auf der Arsbecker Bahn in nordöstlicher Richtung durch den Forst. Am Waldausgang immer geradeaus, eine Landstraße überquerend, bis zur B 221. Weiter geradeaus durch das Waldgebiet bis *Arsbeck*. An der Kreuzung hinter der Kirche rechts ab, über eine Eisenbahnbrücke, durch Felder, an einem Golfplatz und einem Gestüt vorbei nach *Merbeck*.

Auf der Krefelder Straße in mehreren Bögen durch *Venheyde, Schwaam* und durch urtümliches Bruchgebiet der Schwalm nach *Rikkelrath*. Links ab auf der Dülkener Straße und immer geradeaus, bis etwa 600 m nach dem letzten Waldstück bei einer Kreuzung rechts die Straße nach Schwalmtal-Leloh abzweigt. Von *Leloh* aus nach links (mit dem X-Wanderzeichen) durch den *Hardter Wald* zur Jugendherberge am westlichen Stadtrand von *Mönchengladbach*.

Wie man ins Stadtzentrum kommt: geradeaus auf der Brahmsstraße, rechts ab auf der Tomper Straße durch Hardt und dann geradeaus auf der Vorster Straße, Roermonder Straße, Waldnieler Straße und Hittastraße.

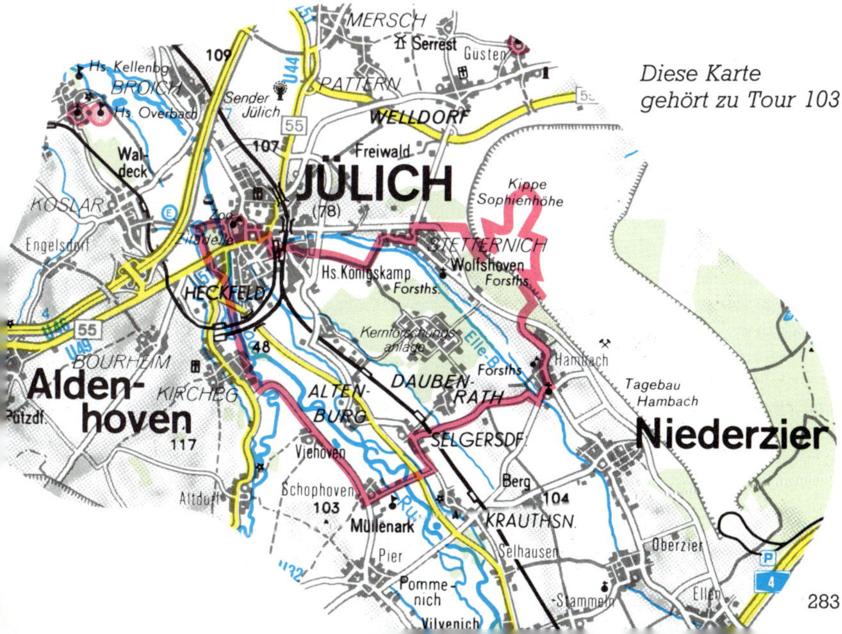

Diese Karte gehört zu Tour 103

103

Durch die Täler von Inde und Rur hinauf zur Sophienhöhe, einem beliebten Ausflugsziel

Ausgangspunkt Bahnhof in Jülich
Tourenlänge 33 km
Tourenbeschreibung Weil wir vor der Tour zuerst einmal die Ruine der alten Zitadelle besuchen sollten, beginnen wir mit einer kleinen *Stadtrundfahrt*: Vom *Bahnhof* aus auf der Adolf-Fischer-Straße, rechts in die Kartäuserstraße, an dem idyllischen Stadtweiher vorbei, rechts in die Große Rurstraße einbiegen, auf der Römerstraße links und auf der Kurfürstenstraße wieder links. Hier umgibt das ehemalige Festungsglacis als großzügig angelegte Promenade einen Teil der Altstadt mit einem Grüngürtel. Eine Unterführung durch die dicken Mauern der Bastion bringt uns ins Innere der Zitadelle und zur Schloßkapelle.

Später fahren wir auf der *Schloßstraße* weiter, rechts auf der Düsseldorfer Straße und am Probst-Bechte-Platz links in die Aachener Straße bis zur *Rur*. Hinter der Brücke halten wir uns auf dem pappelbestandenen Radweg links bis zum Brückenkopf. Am Haus Hesselmann die B 1 überqueren und der Kirchberger Straße in Richtung Kirchberg folgen.

In Höhe von Haus Nr. 49 beginnt am Gedenkstein „Jülich 200 Jahre" ein schöner Radweg, auf dem wir – unter einer Straßenbrücke hindurch und am Baggersee entlang – die *Rurauen* durchqueren. Hinter einem Sportgelände nach links zum Flußufer kommen wir zur Mündung der Inde in die Rur. Jetzt der *Inde* flußaufwärts folgen bis zur Brücke an der Schophover Straße, hier nach links und auf kurvenreichem Kurs durch *Viehöven* und *Schophoven*. Am Horizont sehen wir die Berge der Eifel. Am südlichen Ortsausgang von Schophoven links in die Krauthauser Straße einbiegen – rechts liegt jetzt der große Gutshof Müllenark –, die Rur und die Hauptstraße überqueren und geradeaus bleiben, vorbei am Klärwerk. Kurz vor Krauthausen halten wir uns auf der Querstraße links und kommen durch die Felder nach *Selgersdorf*. Hier zweigt von der Altenburger Straße rechts der Hambacher Weg ab; er bringt uns in vielen Windungen hinüber nach *Hambach*.

Nächstes Ziel ist die *Sophienhöhe* (das alte Abraumgelände wurde mit rund 10 Mill. Bäumen rekultiviert). Hinter der Hambacher Kirche fahren wir links auf der Großen Forststraße weiter, aus dem Ort hinaus und bei der nächsten Straßenkreuzung geradeaus in Richtung Aussichtspunkt des Tagebaus Hambach. Beim Parkplatz am *Rastplatz Sophienhöhe* links halten. Wem der Weg hinauf zur Höhe zu beschwerlich ist, kann mit dem Wanderzeichen A am Fuß der Sophienhöhe in nordwestlicher Richtung bleiben. Sportliche Radtouristen wagen – ebenfalls mit dem A-Wanderzeichen – den Aufstieg in Serpentinen zum Gipfelkreuz in 260 m Höhe und weiter zum *Steinstraßer Wall*, dann in spitzem Winkel zurück nach Süden und die einzelnen Terrassen hinunter bis zu einer Grillhütte am Parkplatz unweit des Lindenberger Waldrands.

Jetzt verlassen wir die Sophienhöhe, radeln den Zufahrtsweg am Waldrand entlang – eine breite Straße kreuzend – geradeaus auf der Kölner Landstraße nach *Stetternich*. Nach links in den Kosakenweg einbiegen, dann rechts in die Wolfshovener Straße, und wo diese einen Rechtsbogen macht, links in den Mühlenweg. Am *Gut Lindenberg* vorbei durch die Felder stoßen wir auf eine quer verlaufende Allee. Hier nach rechts auf die Alte Dürener Straße, später über die Oststraße hinweg, und nach *Jülich*.

BERGISCHES LAND UND WESTERWALD

Terrassenförmig steigt das Bergische Land vom Rhein aus gegen Osten an und geht schließlich in das Sauerland über. Sein besonderer Reiz liegt in seiner Vielfalt: Wald- und Heidegebiete auf der unteren Terrasse, waldumrahmte Stauseen, die eine zum Rhein hin offene Hufeisenform bilden, auf der zweiten Stufe, dann die bis 500 m hohen Gebirgsrücken. Nach Süden zu, zwischen Sieg und Lahn, schließt sich der Westerwald an, eine bewaldete Hügellandschaft mit zum Teil tief eingeschnittenen Flußtälern.

Westerwald: Blick auf Bad Ems und das enge Lahntal

104

Durch Wälder und die Auen des Altrheins rund um Hilden

Ausgangspunkt Düsseldorf-Benrath, Meliesallee nahe Schloß Benrath
Tourenlänge 36 km
Fahrzeit 3 Stunden
Höhenunterschiede Insgesamt etwa 96 m Steigung
Tourenbeschreibung An der *Meliesallee* fahren wir in Richtung der Einbahnstraße ab und biegen dann links ab in die *Pigageallee*, die kurz darauf in das *Benrather Schloßufer* übergeht. Kurz vor *Urdenbach* heißt die Straße dann *Am alten Rhein* und stößt auf die *Urdenbacher Dorfstraße*, in die wir an der *Ampel* rechts abbiegen. Kurz vor dem *Deich* biegen wir links ab in die *Drängenburger Straße*. Es geht an einer alten *Rheinaue* entlang (Landschaftsschutzgebiet).

Der Weg am *Urdenbacher Altrhein* macht zum Schluß eine kleine Steigung und führt dann in einem *Linksbogen* um eine *Siedlung* herum. Wir fahren bis zu einem *Fußwegschild*, wo rechts eine *Brücke* über den *Urdenbach* führt. Hinter dem *Bach* fahren wir rechts auf dem *Radfahrweg* weiter. Bald kommen wir an eine Straße, hier nach links. An einem alleinstehenden *Umspannhäuschen* führt rechts ein schmaler, rotgeschotterter *Weg* am Ostrand von *Baumberg* vorbei. In Höhe eines *Hochspannungsmastes* überqueren wir eine kleine schmale *Straße* und fahren dann auf einem *Feldweg* weiter, über die *Innsbrucker Straße* hinweg bis zu einer *Ampelkreuzung*, wo wir links in die *Berghausener Straße* abbiegen.

Wir kommen bald darauf über die *Autobahn* hinweg und fahren bis zur *Ampelkreuzung.* Wir biegen rechts ab in die *Düsseldorfer Straße* (B 8).

An der nächsten *Ampelanlage* biegen wir links ab in die *Theodor-Heuss-Straße,* die an *Tennisplätzen* vorbeiführt. Sie geht dann in die *Solinger Straße* über, also die *B 229,* auf der wir durch *Immigrath,* einen Langenfelder Ortsteil, fahren. Wir überqueren dann die *Bahngleise,* benutzen dahinter einen *Radfahrweg,* der durch *Hardt* langsam bergauf an die *Autobahn* heranführt.

Hinter der *Autobahnunterführung* – die Steigung hält noch an – heißt die Straße *Elberfelder Straße.* Nach der Linkskurve, kurz hinter der Anhöhe, biegen wir links ab in die *Heidacker Straße*, sie geht über in *Kirschbaumstraße*. Hinter einem *Kindergarten* biegen wir links ab in die *Parkstraße.* Sie macht einen Bogen nach rechts und führt auch an einem kleinen *Parkgelände* vorbei. Dann geht es weiter im *Schwanenfeld* und der Ausschilderung *„Wasserburg Haus Graven" nach.*

Wir behalten die bisherige Richtung bei und kommen an einem

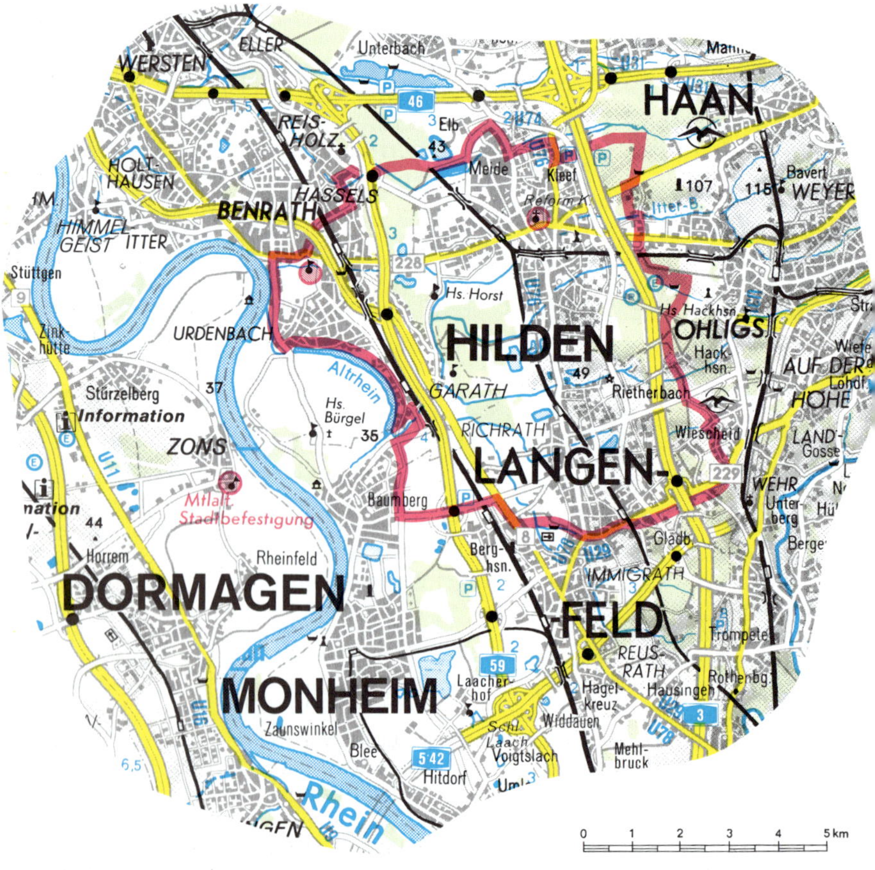

Sportflugplatz vorbei an eine *Stoppstraße* heran. Wir überqueren sie, fahren an einem *Wanderparkplatz* vorbei und auf der Straße *Schwanenmühle* weiter. Wir kommen nun zwischen *Teichen* hindurch und fahren weiter geradeaus auf der *Krüderheide*. Auch an der *Schutzhütte* fahren wir weiter geradeaus. Rechter Hand liegt eine riesige *Spielplatzanlage*. An ihr vorbei erreichen wir eine Straße, biegen rechts ab und halten uns etwa 100 m vor dem Engelberger Hof links, vorbei an einem Wanderparkplatz. Wir überqueren einen Weg und fahren auf das Waldbad zu, das rechts liegt. Wir kommen nun an einen winzigen *Bach*, hinter dem wir links abbiegen und dem *Andreaskreuz* folgen. Der Weg führt um einen kleinen *Teich* und gleich darauf um einen größeren herum. Etwa 30 m, bevor die Teichbucht aufhört, biegen wir rechts in einen schmalen Weg ab, der mit „X" und „N" gekennzeichnet ist. Am Wegkreuz überqueren wir einen kleinen Bach und biegen nach 50 m links ab.

In Höhe der *Schutzhütte* geht es halb rechts weiter und unter der *Hochspannungsleitung* hindurch. Wir erreichen die *Beckersheide* und unterqueren die *Bahnlinie*. Am *Telefonhäuschen* geht es geradeaus weiter *Am Heidekrug*. An der *Ampelanlage* überqueren wir die *Walderstraße* und fahren auf der *Lievenstraße* weiter. Wir kommen über den *Itterbach* und fahren unmittelbar an eine *militärische Anlage* heran, vor der es links weitergeht. Man erreicht im *Wald* schließlich eine *Bankgruppe*, an der es links weiter zur *Hauptstraße* geht. Auf der Hauptstraße halten wir uns rechts und überqueren die Straße nach links in Richtung *Waldbad*.

Wir biegen sofort rechts ab, fahren rechts am *Restaurant* entlang und auf dem Weg zwischen dem *Teich* und den *Tennisplätzen* hindurch. Hier treffen wir wieder auf die X-Markierung und den Anfang eines *Trimmpfades*. Wir biegen nun links in fast westliche Richtung und nähern uns so der A 3, an der unser Weg bis an eine Brücke heranführt. Wir fahren an ihr vorbei bis zu der Straße, auf der wir die A 3 nach links unterqueren können.

Durch die Straße an der Bibelskirche zur *Hochdahler Straße*, auf die wir rechts abbiegen. Hinter dem *Institut für öffentliche Verwaltung* biegen wir links ab in die *Richard-Wagner-Straße*. Wir kommen nach *Hilden* hinein und biegen an der *Ampelkreuzung* rechts in die *Gerresheimer Straße* ab. Es geht hier zunächst auf die *Autobahn* zu, dann aber links weiter auf dem *Westring*. An der nächsten *Ampelkreuzung* biegen wir rechts ab und fahren zwischen den *Baggerseen* hindurch. Man kommt dann unter einer *Eisenbahnstrecke* und einer *Hochspannungsleitung* hindurch. Man fährt durch den *Düsseldorfer Stadtwald* und erreicht einen *Parkplatz*, hinter dem wir rechts in die Straße *Am Schönenberg* abbiegen. Dann geht es links auf dem *Rotdornweg* weiter bis zum *Lärchenweg*, in den wir erneut links abbiegen. Nach einer langgezogenen *Rechtskurve* geht es vor dem *Werksgelände* links auf der *Hoxbachstraße* weiter. An der *Ampelanlage* rechts auf der *Forststraße* weiter, die nach Unterquerung der *Bahnlinie* und *Autostraße* in die *Cäcilienstraße* übergeht. Wir folgen nun der Ausschilderung Benrath und fahren dann auf der *Bürchemstraße* weiter, die in die *Benrather Schloßallee* mündet. Hier geht es rechts weiter und dann links ab in die *Meliesallee*.

105

Von Bergisch Gladbach zur Johanniterkomturei Herrenstrunden, dann durch den Königsforst nach Siegburg

Ausgangspunkt Bergisch Gladbach, Parkplatz an der Straße, die von Bensberg zum Zentrum führt
Tourenlänge 39 km
Fahrzeit $3^{1}/_{2}$ bis 4 Stunden
Höhenunterschiede Insgesamt etwa 133 m Steigung

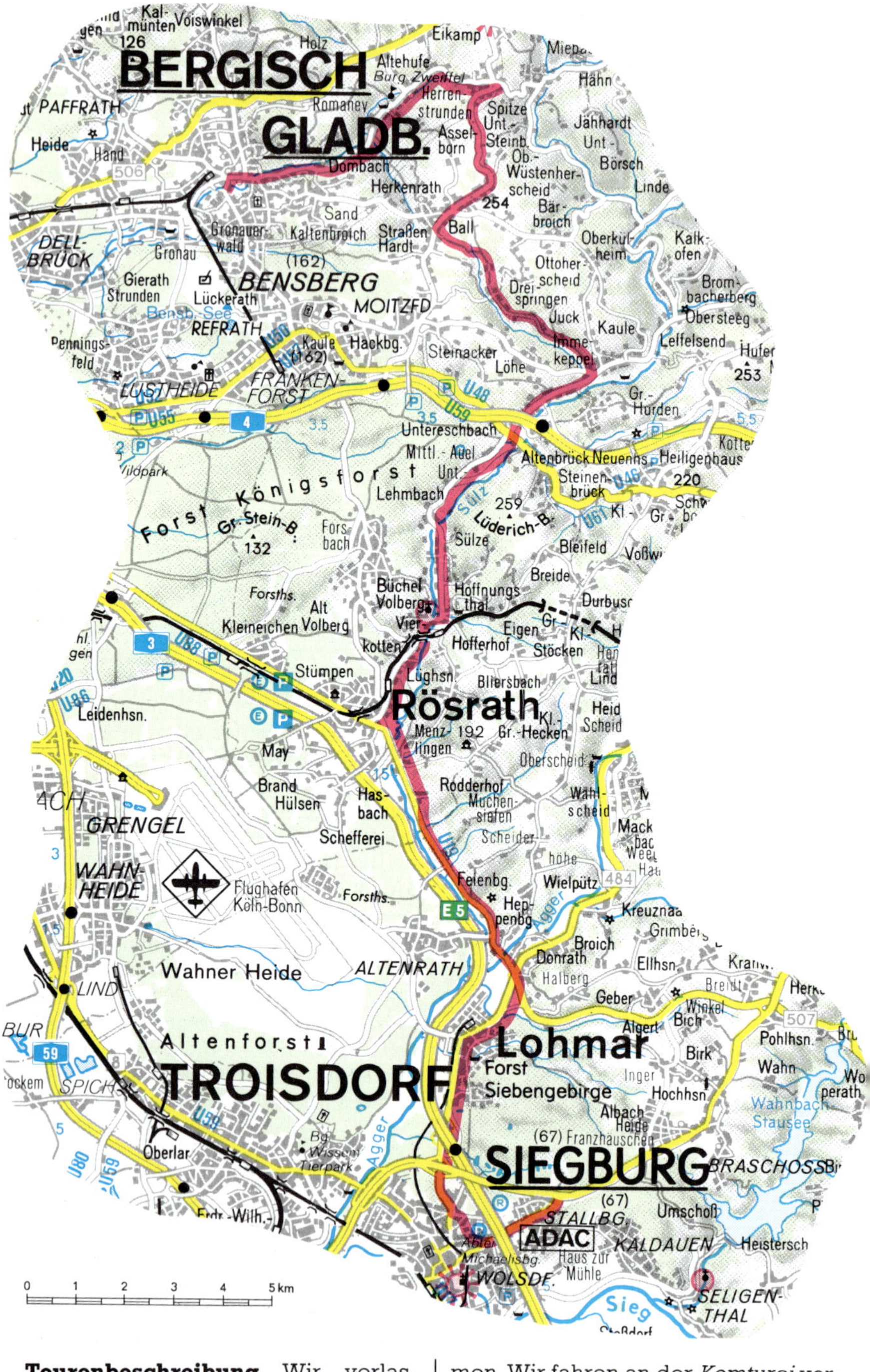

Tourenbeschreibung Wir verlassen den Parkplatz nach rechts und fahren in Richtung Altenberg. Auf der *Hauptstraße* verlassen wir dann Bergisch-Gladbach in Richtung Spitze. Wir haben einen langen, stetigen Anstieg vor uns, ehe wir auf der *Kürtener Straße* nach Herrenstrunden kommen. Wir fahren an der *Komturei* vorbei und können vom Ortsausgang bis nach *Spitze* auf einem *Radfahrweg* fahren.

Genau an der *Ampelkreuzung* haben wir dann die Anhöhe erreicht und biegen nach rechts ab in Richtung Herkenrath. Etwa bis nach *Siefen* steigt die Straße erneut. Dann aber geht es durch *Braunsberg* weiter nach *Herkenrath.* Man kommt zunächst an einer *Tennis- und Sportplatzanlage* vorbei und folgt der Ausschilderung zur Autobahn. Nach einer *Linkskurve* steht auf der rechten Straßenseite ein *gelbes Leuchtschild* mit dem senkrecht angeordneten Wort *„Hotel"*. Etwa 100 m davor biegen wir links ab in die Straße *Obervolbach.*

Wir haben nun eine wunderschöne Fahrt auf schmaler Straße durch einen *Bachgrund* vor uns. Wir kommen über kurze Steigungen und Gefälle durch *Volbach* und *Juck*, dann an *Teichen* vorbei bis zu den ersten Häusern von *Immekeppel.* Hier überqueren wir zunächst den *Bach* und fahren links auf der *Löherstraße* bis zur *Hauptstraße*, in die wir nach rechts Richtung Köln abbiegen. In *Untereschbach* unterqueren wir die *Autobahn* und fahren auf einem *Radfahrweg* an *Unter-Auel, Hellenthal* und *Lehmbach* vorbei weiter über die *Sülz* hinweg.

Wir erreichen den Ort *Sülze* und überqueren dann in *Hoffnungsthal* erneut die *Sülz.* Hinter der *Eisenbahnunterführung* fahren wir erneut auf einem *Radfahrweg* weiter nach *Rösrath* hinein. An der *Ampelkreuzung* biegen wir links ab und fahren nun bis hinter *Rambrücken* auf einem *Radfahrweg*, dann an *Haus Sülz* und der *Meigermühle* vorbei über die *Agger* hinweg an die große *Ampelkreuzung* heran. Wir biegen rechts ab in Richtung *Lohmar* und bleiben auf dem *Radfahrweg* neben der B 484 unter der *Autobahn* und der *Nordumgehung* von Siegburg hindurch bis an die erste *Ampelkreuzung.*

Wir biegen hier links in die *Bernhardstraße* ab, die dann in die Straße *Am Stadion* übergeht. Sie mündet stumpf vor einem *Schulgelände.* Hier geht es links auf der *Zeithstraße* weiter, erneut unter der *Autobahn* hindurch und dann an einer *Kirche* geradeaus über die *Ampelkreuzung* hinweg. Kurz vor der Einmündung in die Nordumgehung von Siegburg erreichen wir die *Jägerstraße*, an der es neben dem *Steinkreuz* rechts zum Parkplatz weitergeht.

106

Von Montabaur durch das schöne Gelbachtal nach Bad Ems

Ausgangspunkt Hallenbad und Freibad in Montabaur
Tourenlänge 28 km
Fahrzeit $2\frac{1}{2}$ Stunden
Höhenunterschiede Insgesamt etwa 321 m Steigung
Tourenbeschreibung Vom Parkplatz fahren wir auf der *Eifelstraße* neben dem *Bach* her auf die ersten *Häuser* zu. Sie ist mit X, IV und + gekennzeichnet. An der ersten *Kreuzung* geht es rechts weiter bis an die *Koblenzer Straße* heran und links weiter an der Westerwald-Kaserne vorbei stadteinwärts. Wir biegen dann aber scharf rechts ab in die *Peterstorstraße.* Wir kommen am *Friedhof* vorbei und überqueren auf einer *Brücke* die *B 49*, biegen hinter der *Brücke* sofort links ab und fahren hinab zum *Gelbachtal.*

Rechts abbiegend haben wir eine längere Fahrt durch das *Gelbachtal* vor uns, wobei wir *Wirzenborn* passieren und bis nach *Bladernheim* fahren. Hier biegen wir an der winzigen *Grünanlage* mit *Springbrunnen* scharf rechts ab. Die *Straße* ist schmal und steigt in *Serpentinen* bergauf. Man kommt an einer *Schutzhütte* mit *Grillplatz* vorbei und erreicht nach einem langen Anstieg den *Friedhof* von *Stahlhofen.* Hier geht es auf der *Kirchstraße* geradeaus weiter und dann rechts ab. An der *Querstraße* halten wir uns dann ein Stück links auf das *Ehrenmal* in *Daubach* zu und biegen davor rechts ab. Wir befinden uns auf der *Schulstraße*, die dann bei starkem Anstieg in die *Hochstraße* übergeht.

Auf einer schmalen *Fahrstraße* geht es nun links weiter. Nach knapp 1 km biegen wir rechts in einen *Waldweg* ab, der mit einem *weißen Dreieck* gekennzeichnet ist. Wir erreichen schließlich eine *Wegegabel*, an der es links ständig bergauf am *Waldrand* entlanggeht, bis wir auf eine *Fahrstraße* stoßen. Auf ihr geht es nun rechts weiter bis an eine quer verlaufende *Straße.* Hier geht es links und nach knapp 100 m rechts in einen

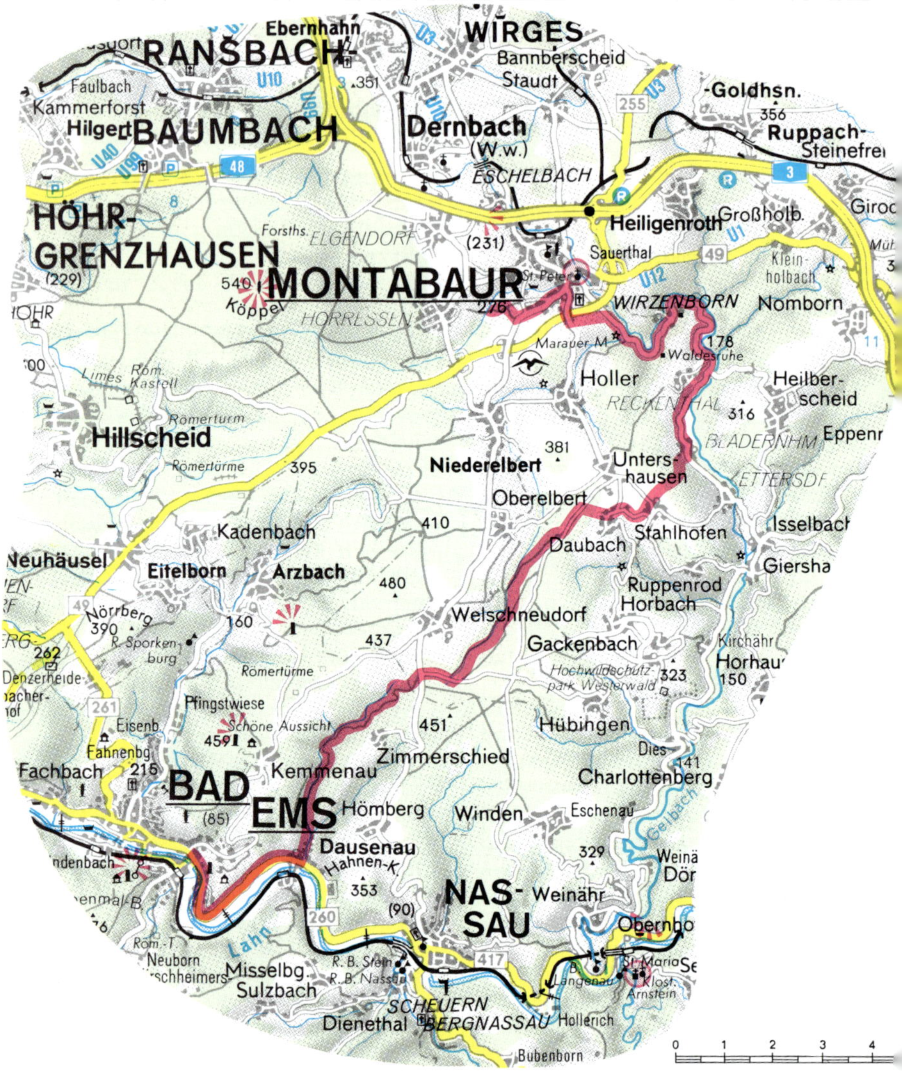

Waldweg ab. Wir haben nun durch den *Wald* bis hinunter nach *Dausenau* ständig Gefälle. Im Ort biegen wir rechts ab und fahren auf einem *Radfahrweg* bis nach *Bad Ems* hinein. Klassizistische Bauten an der Hauptstraße und das Kursaalgebäude erinnern an die Blütezeit des Heilbades.

ZWISCHEN EIFEL UND RHEINTAL

Der noch weitgehend mit Wald besetzten Eifel geben die Maare – wassergefüllte Krater erloschener Vulkane – ihre besondere Prägung. Die Mosel, die sich in großen Schlingen ihren Weg zum Rhein bahnt, bildet die südliche Grenze der Eifel, die uralten Städte Trier und Aachen sind die Eckpfeiler im Süden und Norden. Auch im Kottenforst, dem einstigen Jagdgebiet des Kölner Kurfürsten Clemens August, hat sich ein hoher Waldanteil erhalten, und durch den jahrhundertelangen Braunkohleabbau entstand hier eine künstliche Seenplatte.

Moseltal: Bernkastel-Kues, das viele romantische Winkel birgt

107

Durch den Aachener Wald zur ehem. Reichsabtei Kornelimünster, dem Mittelpunkt des Münsterländchens

Ausgangspunkt Aachen, Monschauer Straße
Tourenlänge 38 km (ab Stadtmitte)
Fahrzeit 3 bis 4 Stunden
Höhenunterschiede Insgesamt etwa 670 m; stärkere Steigungen vor Kitzenhaus (400 m), sonst nur auf jeweils kürzeren Strecken

Tourenbeschreibung Wir verlassen Aachen auf dem Radweg der Monschauer Straße, ab *Siegel* am *Waldfriedhof* aufwärts, fahren durch *Oberforstbach* und bis zur *Himmelsleiter* (B 258) unterhalb Relais Königsberg.

Dort biegen wir neben *Gut Kalkhäuschen* auf den Radweg Richtung Walheim ein. Im *Indetal* in den Friesenrather Weg, in *Friesenrath* auf dem Pannekogweg über die *Inde*.

Der Feldweg hinter dem Haus zur Linken lockt zu einem Abstecher in das *Walheimer Freizeitgelände*, angelegt im *Steinbruch Am Silbersee*; in dem bepflanzten, aufgeschütteten Teil hinter dem Bolzplatz kann Geländefahren geübt werden. Gaststätte.

An besagtem Haus folgen wir dem geteerten Pannekogweg aufwärts und bis vor den Sportplatz von Hahn; dort geht es den Kitzenhausweg hoch, bis *Kitzenhaus* oberhalb einer Schutzhütte erreicht ist. Nach links dem Waldrand folgend, liegt bald das *Münsterländchen* zu unseren Füßen, und bei Fernsicht sind über Aachen hinweg die Abraumhalden in Holland zu erkennen. Wir erreichen *Venwegen* am „Bachpütz". Etwas tiefer (Bushaltestelle) in den Rainweg; unmittelbar hinter dem letzten Haus abwärts schwenken, an der zweiten (!) Kreuzung Zu den Maaren tiefer in die Fluren, mit der ersten geteerten Piste zur Linken auf die Breiniger Kirche zu.

Vor der Kirche radeln wir durch das denkmalgeschützte Alt Breinig, am Ende in die Stockemer Straße, über die Stoppstelle in den Zehntweg. Es geht abwärts nach *Dorff*; vor der Kirche in die Marienstraße, bald talwärts nach *Kornelimünster*, wo wir die ehrwürdigen Abteigebäude nach rechts (Abteigarten) oder links (Benediktusplatz, Korneliusmarkt) am *Münster* vorbei umfahren können. Jenseits der *Inde* bergauf, nach Schleckheim abbiegen, hinter dem Bahnviadukt auf der Oberforstbacher Straße zur *Benediktinerabtei*.

Kurz dahinter (Ortsende) zieht die Straße in eine scharfe Linkskurve; hier biegen wir rechts – links in einen Feld- und Radweg und folgen dem Wanderzeichen schwarzer Winkel durch ein Tal, zwischen den Häusern *Bierstrauch* hindurch und erneut durch ein Tal. Am Ende die Niederforstbacher Straße aufwärts, mit der Anliegerstraße in den Ort *Eich*; an der riesigen Erle (Naturdenkmal) auf dem Radweg (gegenüberliegende Seite der Aachener Straße) unter der Autobahn hinweg durch *Hitfeld*. Die Strecke führt durch *Lintert* nach Aachen-Forst; wer in den Kornelimünsterweg einbiegt, kommt über *Schöntal* und Gallwitz-Kaserne in die Stadt.

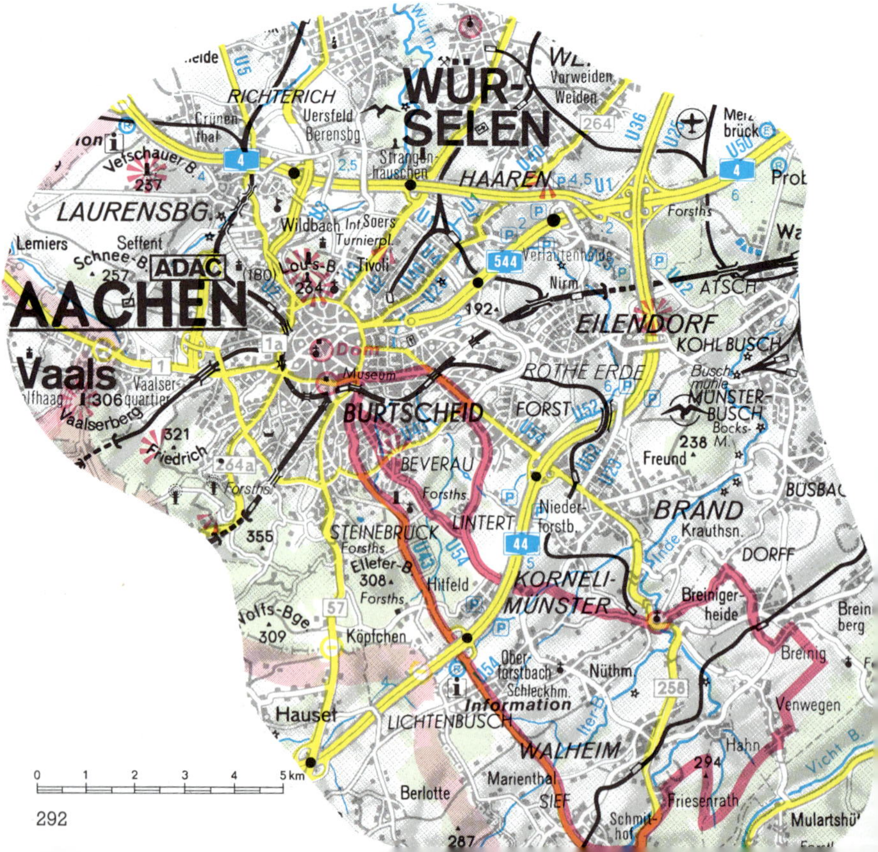

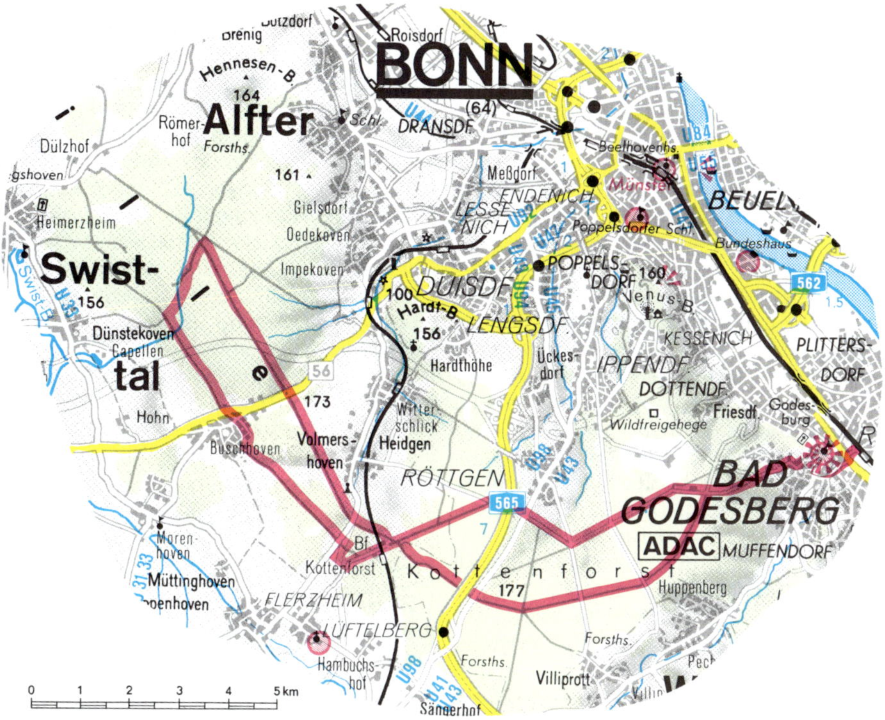

108

Von Bad Godesberg durch den Kottenforst bis zum Eisernen Mann

Ausgangspunkt Bonn-Bad Godesberg, Großparkplatz Katharinenhof oberhalb der Jugendherberge

Tourenlänge 36 km für die ganze Strecke

Fahrzeit 3½ Stunden für die ganze Strecke

Höhenunterschiede Insgesamt etwa 140 m (ab Parkplatz Katharinenhof)

Tourenbeschreibung Am Parkplatzende nehmen wir den geteerten Weg A 13 zum Forsthaus Venne, biegen vorher aber bereits in die erste geteerte Straße zur Linken (Schild: Ringwall Venne). Ohne auf das Kulturdenkmalschild weiter zu achten, bleiben wir auf dieser asphaltierten Strekke, die bald gerade wird und als *Professorenweg* zum *Jägerhäuschen* (hinter einem Teich rechts) führt. Wir verfolgen vor dem verwunschenen Häuschen unsere Richtung weiter, fahren bald über die *Meckenheimer Allee* und unter der Autobahn hindurch. Es geht am *Dickbaukreuz* vorbei, zwischen den Teichen *Rehsprungmaar* bis vor Wiesen, dort links am *Königsmaar* (Teiche) entlang und über die Bahnschranke, neben dem Bahnhof Kottenforst mit seiner rustikalen Waldgaststätte (dort gibt es auch einen schönen Spielplatz).

Auf der Straße nach Lüftelberg bis hinter den Waldrand, dort in den ersten Feldweg zur Rechten und unter der Fernleitung hindurch zur Straße Witterschlick-Flerzheim. Erneut unter der Fernleitung hindurch, am Gebüschrand links in den *Jagdweg* (markierter Radweg) biegen, der uns bis vor *Buschhoven* bringt. Wir halten uns dort am Waldrand auf nicht befestigter Piste, fahren dann weiter durch die Wilhelm-Tent-Straße, an ihrem Ende über die Alte Poststraße hinweg in den Amselweg, an der Sperre gerade weiter, also über die B 56 hinweg. Am Waldrand (Haus) nicht scharf rechts, sondern schräg (!) rechts einschwenken (Steininschrift: Eiserner Mann;

der 1,30 m hohe Stein wurde 1625 als Grenzmarkierung an der römischen Wasserleitung gesetzt). Nach einer langen Geraden macht der Weg einen Knick und erreicht alsbald eine große Wegekreuzung; hier biegen wir rechts ab und befinden uns schnell an Rastplatz und Schutzhütte *Eiserner Mann.*

Der weitere Weg führt unmittelbar vor (!) der Schutzhütte vorbei, steigt etwas, auch nachdem wir die als Graben erkennbare Trasse der einstigen *Römischen Wasserleitung* passiert haben (Steininschrift: Alfter), und stößt hinter dem höchsten Punkt auf eine Kreuzung. Hier biegen wir rechts in die *Schmale Allee* (Steininschrift!), die wir vollständig durchfahren: Hinter dem *Thalenberg* über die B 56 hinweg und durch das Witterschlicker Grubengebiet bis zur Landstraße Witterschlick–Flerzheim.

Auf dieser erneut in den Wald, doch schon in der ersten Kurve, wenig hinter der Bushaltestelle, links in den Waldweg. Kaum sind die Bahngleise überrollt, folgen wir ihnen rechts zu den Häusern (Ortslage *Lüftelberg*) und kommen vor die Schranke gegenüber dem Bahnhof Kottenforst, dessen Waldgaststätte jetzt zur „Radfahrertränke" werden darf.

Unsere Tour setzt sich allerdings an der Häuserseite fort, neben dem Industriebetrieb. Wieder liegen neben uns die Teiche *Königsmaar,* aber diesmal fahren wir an der Wiesenecke geradeaus (von rechts waren wir anfangs gekommen!), also am Parkplatz Königsmaar entlang die *Flerzheimer Allee* aufwärts. Auch am *Jägerkreuz* behalten wir diese Richtung bei. An der nächsten Kreuzung, vor dem Autobahnviadukt, rechts in den geteerten *Rulandsweg,* unter der Autobahn hindurch, über die *Meckenheimer Allee* und an *Röttgen* entlang. Am folgenden Kreuzungssystem schwenken wir schräg links (Teerweg), durchziehen die Mulde der *Katzenlochweiher* und fahren die *Venner Allee,* dann die *Schmale Allee* aufwärts bis vor die Felder des *Annabergerhofes.* Dort rechts haltend, geht es am *Forsthaus Venne* vorbei zurück zum Parkplatz Katharinenhof.

109

Rundfahrt:
Von Euskirchen über Zülpich nach Mechernich

Ausgangspunkt Euskirchen, Straße Richtung Gmünd (B 266)

Tourenlänge 55 km von und bis Euskirchen. Rundfahrt ab Zülpich, Mechernich oder unterwegs: 52 km

Fahrzeit Euskirchen: 5 Stunden; Zülpich oder Mechernich: 4½ Stunden

Höhenunterschiede Insgesamt etwa 810 m. Stärkere Steigungen in und hinter Berg (550 m), vor Hostel (350 m), vor Holzheim (550 m), bei Weiler am Berge (500 m)

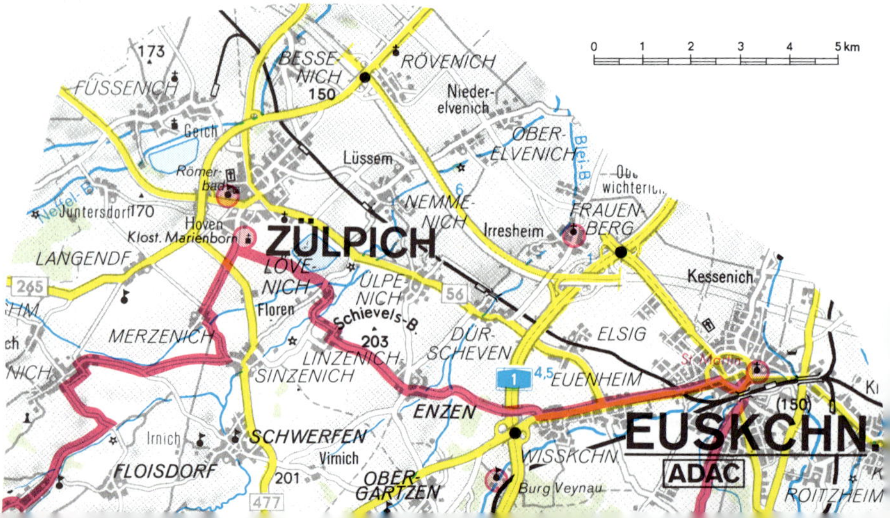

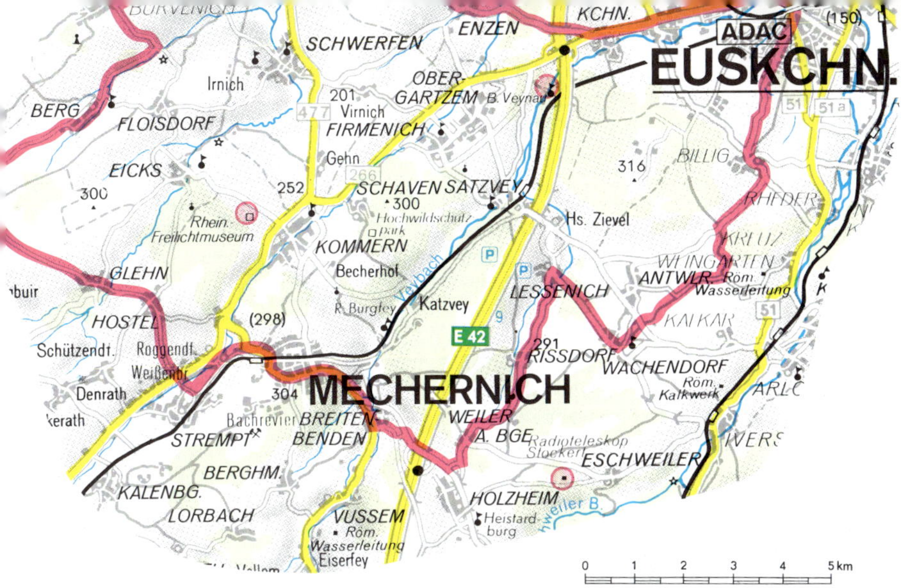

Tourenbeschreibung Wir verlassen *Euskirchen* auf der B 266 Richtung Gemünd und biegen hinter *Wißkirchen* nach Zülpich ab. Durch *Enzen,* am Ortsende Richtung Sinzenich halten. In *Linzenich* in den Ülpenicher Weg lenken, der nach *Lövenich* knickt. Dort hinter dem *Rotbach* sogleich rechts, auf die nächste Brücke zu halten; Am Vlattenerbach wieder abbiegen, über die Landstraße hinweg und am *Wassersportsee* entlang nach *Zülpich.*

Mit der B 477 entfernen wir uns sogleich wieder von der Stadt, biegen nach *Merzenich* ab, dort nach *Sinzenich.* Bereits am Ortsanfang rechts durch die Feldflur und bis vor *Bürvenich.* An den ersten Häusern links eine ruhige Anliegerstraße durchfahren, nach Berg orientieren, also ab der *Achermermühle* talaufwärts. In *Berg* gestreckt weiter hoch, mit der Gemündener Straße aus dem Ort und die alte *Trierer Straße* über den aussichtsreichen Höhenzug verfolgen, dann Richtung Mechernich abbiegen.

In *Glehn* unterhalb der Kirche nach Floisdorf umlenken, jedoch sogleich rechts in die Mühlenbergstraße wechseln, die sich zum *Mühlenbach* senkt, dann nach *Hostel* aufsteigt. Gerade durch den Ort, abwärts nach *Roggendorf;* schräg links über die B 266 hinweg und an *Strempt* vorbei nach *Mechernich* (im Südwesten der Eifeler Bleiberg).

Auf der B 477 (Richtung Tondorf) bis *Breitenbenden,* dort Richtung Bad Münstereifel einbiegend aufwärts nach *Holzheim,* nicht ohne in einer Kehre die freigelegte *Römische Wasserleitung* zu beachten. In *Holzheim* nach Euskirchen abbiegen, über *Weiler am Berge* und *Rißdorf* nach *Lessenich.* Dort nach *Wachendorf* umlenken. Vor dem *Schloß* in die Petrusstraße und zurück nach Euskirchen.

110

Von Bad Neuenahr durch die Rheinauen zum Barockschloß Augustusburg in Brühl

Ausgangspunkt Bad Neuenahr, Straße nach Sinzig/Remagen
Tourenlänge 62 km
Fahrzeit 6 Stunden
Höhenunterschiede Insgesamt etwa 40 m Gefälle
Tourenbeschreibung In *Bad Neuenahr* biegen wir nach Remagen/Sinzig ab. Am *Bahnhof* geht es weiter Richtung Rhein. Wir kommen nun an der Appolinaris-Quelle vorbei. Dann geht es unter der Autobahn hindurch, und wir erreichen auf der *B 266 Heppingen.* Auf dem Berg genau vor uns liegt das Naturschutzgebiet rund um die Ruine *Landskrone,* und am Südhang des Höhenkammes geht es über *Lohrsdorf* nach *Bodendorf* nur an

Weinstöcken vorbei. Hier öffnet sich das Tal etwas und gibt den Blick frei auf das Rheintal, das nun quer vor unseren Blicken verläuft. Wir benutzen den *Radweg,* der nördlich *Bad Sinzig* vorbei in Richtung *Kripp* ausgeschildert ist. Sinzig, etwas vom Rhein abgelegen, ist eine keltische Gründung, die später bei den Römern Sentiacum hieß. Das rechter Hand vorgelagerte Ufer des Rheins hat hier den vielversprechenden Namen *Goldene Meile.* In Kripp selbst besteht Fährbetrieb nach Linz. Wir aber biegen bei der *Kirche* links ab und erreichen bei einem schönen *Freibad* und anschließenden *Sportanlagen* den Ortsrand von *Remagen,* das in seiner Lage viel Ähnlichkeit mit Andernach hat.

Auf dem ausgebauten Rheinuferweg fahren wir im Rheinbogen bis Oberwinter – auf dem anderen Ufer liegen die kleinen hübschen Ort Erpel und Unkel, und aus der Ferne grüßt schon der Petersberg herüber. Links geht die Auffahrt zum Schloß Ernich ab. Bereits bei der Ausfahrt aus Remagen sah man dieses Schloß sich weiß und strahlend auf dem Berg über den Rhein erheben. In *Oberwinter* führt der Radweg gemeinsam mit der B 9 an der Hafenmauer entlang. Es geht weiter am Rheinufer. Links liegt der Künstlerbahnhof Rolandseck sowie der bekannte Tierpark. Hier verläuft auch die Grenze zwischen den Bundesländern Rheinland-Pfalz und Nordrhein-Westfalen.

Mit Riesenschritten nähern wir uns nun Bonn, der ehemaligen Bundeshauptstadt. Rechts, über die Rheininsel Nonnenwerth hinweg, haben wir den Drachenfels, etwas unterhalb davon die Drachenburg und schließlich auch den Petersberg im Blickfeld.

Bonn-Mehlem (Fähre nach Königswinter und Siebengebirge) und *Bonn-Bad Godesberg* (Fähre nach Dollendorf und Siebengebirge) sind die nächsten Stationen. Wir bleiben auf dem Rheinuferweg, durchfahren *Rüngsdorf* und die *Plittersdorfer Aue,* tangieren bei der Konrad-Adenauer-Brücke den Rheinauenpark und passieren das Bundeshaus (früher Deutscher Bundestag) am *Stresemannufer.* Etwas abseits der Rheinpromenade

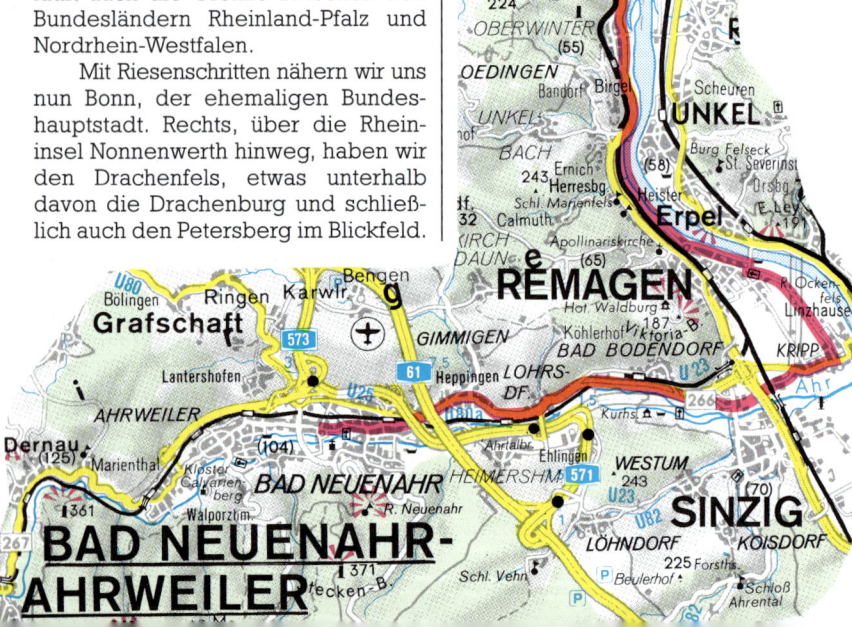

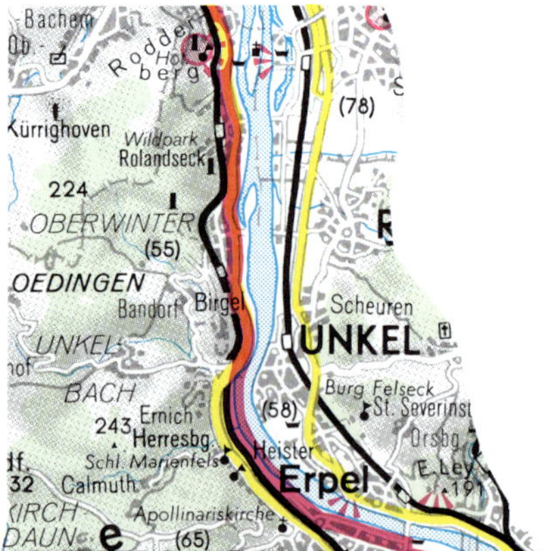

Den heimatgeschichtlich interessierten Radwanderer werden die Ortsteile *Roisdorf. Walberberg* und *Sechtem* anziehen. In Roisdorf hat man in der Brunnenquelle römische Münzen und fränkischen Schmuck gefunden, in Walberberg ist das Hauptstudienzentrum der deutschen Ordensprovinz der Dominikaner untergebracht, und in Sechtem gibt es neben der grauen und weißen Burg die Nikolauskapelle zu bewundern, die auf dem Hügel eines römischen Merkurtempels errichtet wurde. Auf

liegt die Villa Hammerschmidt (früher Amtssitz des Bundespräsidenten), und die Türme des ehrwürdigen Münsters grüßen herüber. Unsere Route führt weiter und unter der *Friedrich-Ebert-Brücke* (auch Nord-Brücke genannt) hindurch bis zu einer *Krananlage*. Hier geht es links ab *In der Rheinau* und sofort wieder rechts auf der *Karl-Legien-Straße* bis zur *Straßenbahnwendeschleife*.

Anschließend geht es links auf der *Werftstraße* weiter, die zu einer großen *Ampelkreuzung* führt. Wir halten uns nun geradeaus in Richtung Köln (ausgeschildert über Hersel) und fahren auf der Straße *Auf der Josephshöhe* Richtung Tannenbusch, wo diese Straße in die *Oppelner Straße* übergeht.

An der nächsten großen Ampelkreuzung geht es links ab in die *Schlesienstraße*. Hinter der Brücke über die Bahnlinie biegen wir rechts ab in die *Justus-von-Liebig-Straße*, auf der wir bald *Alfter* erreichen. Wir haben damit einen Ortsteil der Stadt Bomheim zwischen Bonn und Brühl erreicht, der insgesamt 13 Ortsteile umfaßt und dessen vorgeschichtliche Besiedlung nachgewiesen ist.

dem Wege nach Brühl fahren wir auch durch den Ort *Waldorf*.

Wir kommen jetzt unter der *Autobahnquerspange* Brühl hindurch. Ganz überraschend wird, nachdem wir zahlreiche monotone Wohnburgen passiert haben, der Blick auf Köln und seinen Dom frei. Schließlich erreichen wir *Brühl*, das als Fremdenverkehrsort in dem sogenannten Erholungspark Ville sich einen guten Namen gemacht hat.

111

Durch den Ringener Wald und auf dem Rotweinwanderweg nach Ahrweiler

Ausgangspunkt Bahnhof in Bad Neuenahr
Tourenlänge 27 km
Fahrzeit 2½ Stunden
Höhenunterschiede Insgesamt etwa 410 m; stärkere Steigungen von Ringen bis Ortsende Bölingen (1,1 km), ferner auf kurzen Teilstrekken des Rotweinwanderweges; steile Abfahrt nach Ahrweiler
Tourenbeschreibung Gegenüber dem Bahnhof fahren wir durch die Landgrafenstraße bis vor die Ahrbrücke und schwenken dort links in den Uferweg. Hinter der Autobahnbrücke, unter der Überlandleitung, links über die Bahn und auf der Martinusstraße durch *Heppingen*, jenseits der B 266 auf der Konsumsgasse. Der Einbahnstraße entgegen, müssen wir kurz aus dem Sattel; dann geht es aufwärts zum Ortsende, an der Kreissparkasse geradeaus (!) durch die ruhige Burgstraße. In *Gimmigen* weiter aufwärts; an der Kreuzung *Deutsches Eck* nach *Bengen* abbiegen, dort weiter bergauf nach *Karweiler*.

Sogleich in die Weierstraße schwenken und hinauf zur B 266. Auf dieser nach rechts, durch *Ringen* und bergauf bis zum Ortsende von *Bölingen*. Am letzten Haus (links) einbiegen und gerade in und durch den *Ringener Wald* (nicht geteert). Am Waldende nehmen wir von drei Straßen die linke und sausen abwärts, bis hinter einem Bunker mit Parkplatz ein 12prozentiges Gefälle beginnt.

An dieser Stelle schwenken wir links in den *Rotweinwanderweg* (Zeichen: rote Traube), der uns das Verkehrsgewühl im Tal vermeiden hilft und dafür prächtige Ausblicke bietet. Dieser Weg führt erst aufwärts; an der Felsnase *Trotzenberg* (Bank) zieht er wenige Schritte oberhalb (!) durch den Hang auf die *Schutzhütte Kaiserstuhl* zu; von hier am bereits sichtbaren *Altenwegshof* (Gaststätte) vorbei, bald steil bergab zum *Café Hohenzollern*. Die Kehren hinab, befinden wir

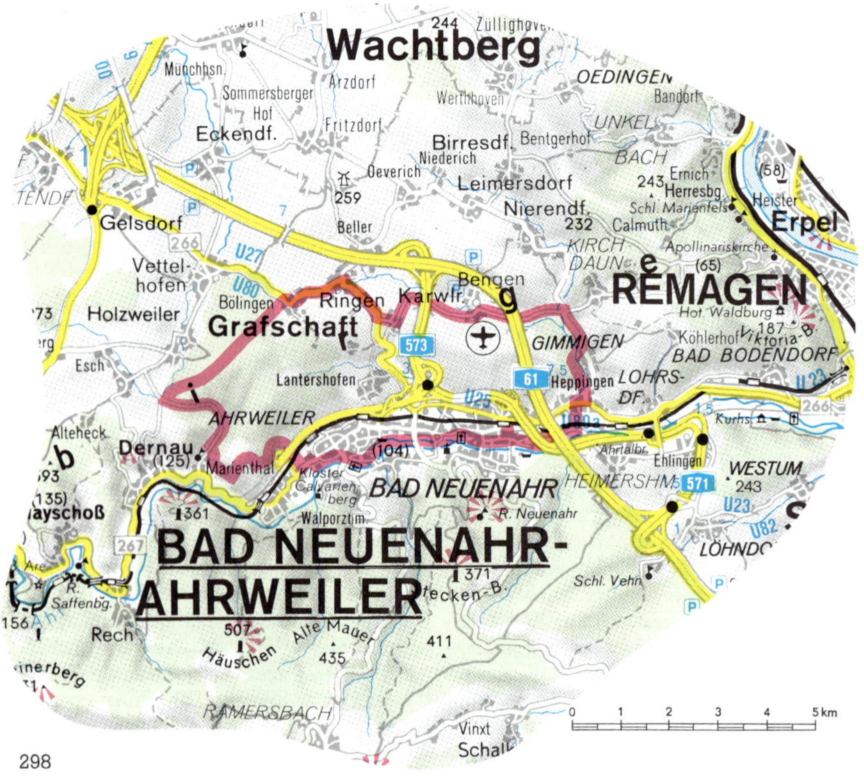

uns hinter dem Bahnviadukt mit rauchenden Bremsen in *Ahrweiler*.

Eine ruhige Strecke zum Bahnhof Bad Neuenahr verläuft wie folgt: auf der belebten B 267 nur 40 m nach links; vor einem Park (Gottesdienstschild) rechts einbiegen; einem Gewässer, dann der *Ahr* folgen bis zum *Stadttor*, rechts in die Schützenstraße, aber sogleich in die Bachemer Straße, dahinter der *Ahr* entlang; sobald an einer Brücke der Ahruferweg für Radfahrer gesperrt ist, etwas von der Brücke ab durch den Herderweg fahren, dann erneut der *Ahr* entlang bis zur Landgrafenstraße.

112

Von Koblenz aus durchs Moseltal zur Ehrenbachklamm

Ausgangspunkt Koblenz
Tourenlänge 29 km
Fahrzeit $2\frac{1}{2}$ Stunden
Höhenunterschiede Brückenrampe der Moselbrücke bei Löf
Tourenbeschreibung Vom *Bahnhofsplatz* fahren wir geradeaus über den *Markenbildchenweg* bis wir den Rhein erreichen. Hier wird links abgebogen, und der Weg führt durch die Rheinanlagen vorbei am *Weindorf* und dem Residenzschloß zur Anlegestelle der Rheindampfer und der Personenfähre nach Ehrenbreitstein und weiter zum *Deutschen Eck* (herrlicher Blick auf Rheinstrom und Mosel mit starkem Schiffsverkehr sowie auf die Festung Ehrenbreitstein). Das hier stehende *Mahnmal der Deutschen Einheit* umfahren wir in einer Linkskurve und fahren nun durch die Moselanlagen die Mosel aufwärts. An der alten *Balduinsbrücke* liegt links die alte bischöfliche Burg. Wir unterfahren die Brücke und halten uns dicht an der Mosel bis wir nach Unterfahren der neuen Moselbrücke auf die B 49 stoßen. Die B 49 verläßt hier das Moselufer, erreicht es aber in Höhe des Krankenhauses *Kemper Hof* wieder. Wir folgen der Straße bis zur Moselfähre nach Cülz. Wir setzen mit der Fähre über und erreichen am anderen Ufer die B 416. In diese biegen wir in Richtung *Winningen* links ab und erreichen in Winningen den ersten berühmten Weinort der Mosel. Nachdem wir Winningen passiert haben, rücken auf beiden Ufern die Berge näher heran. Über uns kreuzt auf der schwindelerregenden Brückenkonstruktion die Autobahn A 61 das Moseltal. Die steilen Berge lassen der B 416 und der Bundesbahnstrecke Koblenz – Trier kaum Platz. Auf der anderen Moselseite liegt das Örtchen Dieblich. Wir erreichen *Kobern*, mit der berühmten Matthiaskapelle, die allerdings nur nach einem steilen Anstieg erreicht wird. Unmittelbar hinter Kobern liegt *Gondorf*, hier mußte wegen der Enge des Tales die Straße durch die alte Oberburg geführt werden. Auf dem gegenüberliegenden Ufer liegt die Ortschaft Niederfell. Bei der Weiterfahrt an dem Örtchen *Lehmen* vorbei erreichen wir die Staustufe Lehmen. In dem durch die Staustufe entstandenen See liegt das Naturschutzgebiet Reiherschutzinsel. Nach der nächsten Biegung des Flußlaufes in Höhe der Ortschaft Oberfell (auf dem anderen Ufer) erblicken wir nun bereits die eindrucksvollen Türme der *Burg Thurant*. Am Ortseingang *Löf* verlassen wir die B 416 und fahren rechts die Rampe zur Moselbrücke hoch. Am jenseitigen Ufer erreichen wir die B 49, wir biegen am Ende der Brückenrampe links ab und erreichen nach kurzer Fahrt *Brodenbach.*

In Brodenbach bietet sich ein Abstecher in das *Ehrenbachtal* und zur *Ehrenbachklamm* an: Am Garten des Hotels zur Post biegen wir nach links von der B 49 ab und erreichen nach kurzem geringem Anstieg die durch den Ort führende Straße, in die wir nach rechts in Richtung Emmelshausen einbiegen. Wo sich die Straße nach kurzem Anstieg scharf nach rechts wendet, verlassen wir die Straße nach links und fahren hinunter zum Weiler *Ehrenburger Tal.* Vor uns liegt hoch auf dem Berg die imposante Doppelturmanlage der *Ruine Ehrenburg.* Wir folgen dem Fahrweg durch das Tal des Ehrenbachs bis wir nach etwa 5 km die *Eckmühle* erreichen. Hier stellen wir die Fahrräder ab und wandern zu Fuß durch die eindrucksvolle *Ehrenbachklamm.* Hohe Felswände treten hier dicht an den Bach heran, seitlich stürzen kleine Wasserfälle herab, hölzerne Stege führen über das wild brausende Wasser, wo sich am Ende der Klamm das Tal wieder weitet, machen wir kehrt und kehren auf demselben Wege zurück.

Ein anderer Abstecher von Brodenbach ist eine Wanderung zur *Grünen Mühle* im Brodenbachtal. Der Wanderweg geht von der B 49 am Ortsanfang aus Richtung Alken nach links in das Brodenbachtal, das sich immer mehr verengt und schließlich nach 3 km das *Donnerloch* bildet, wo durch Felsblöcke, schroffe Felswände und eine Reihe von Wasserfällen ein wildromantisches Bild entstanden ist. 500 m weiter können wir in dem Gasthaus *Grüne Mühle* rasten. Zurück geht es auf demselben Wege.

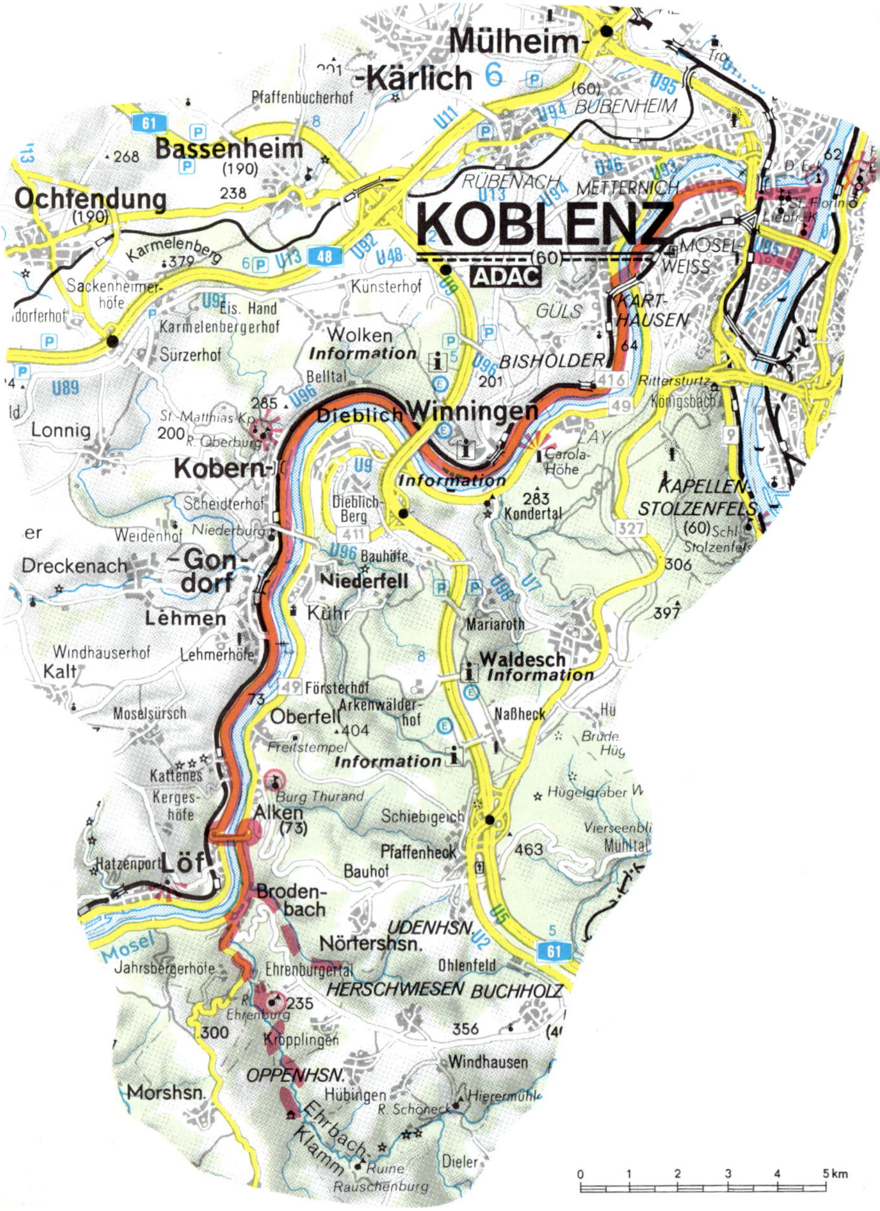

Diese Karte gehört zu Tour 113

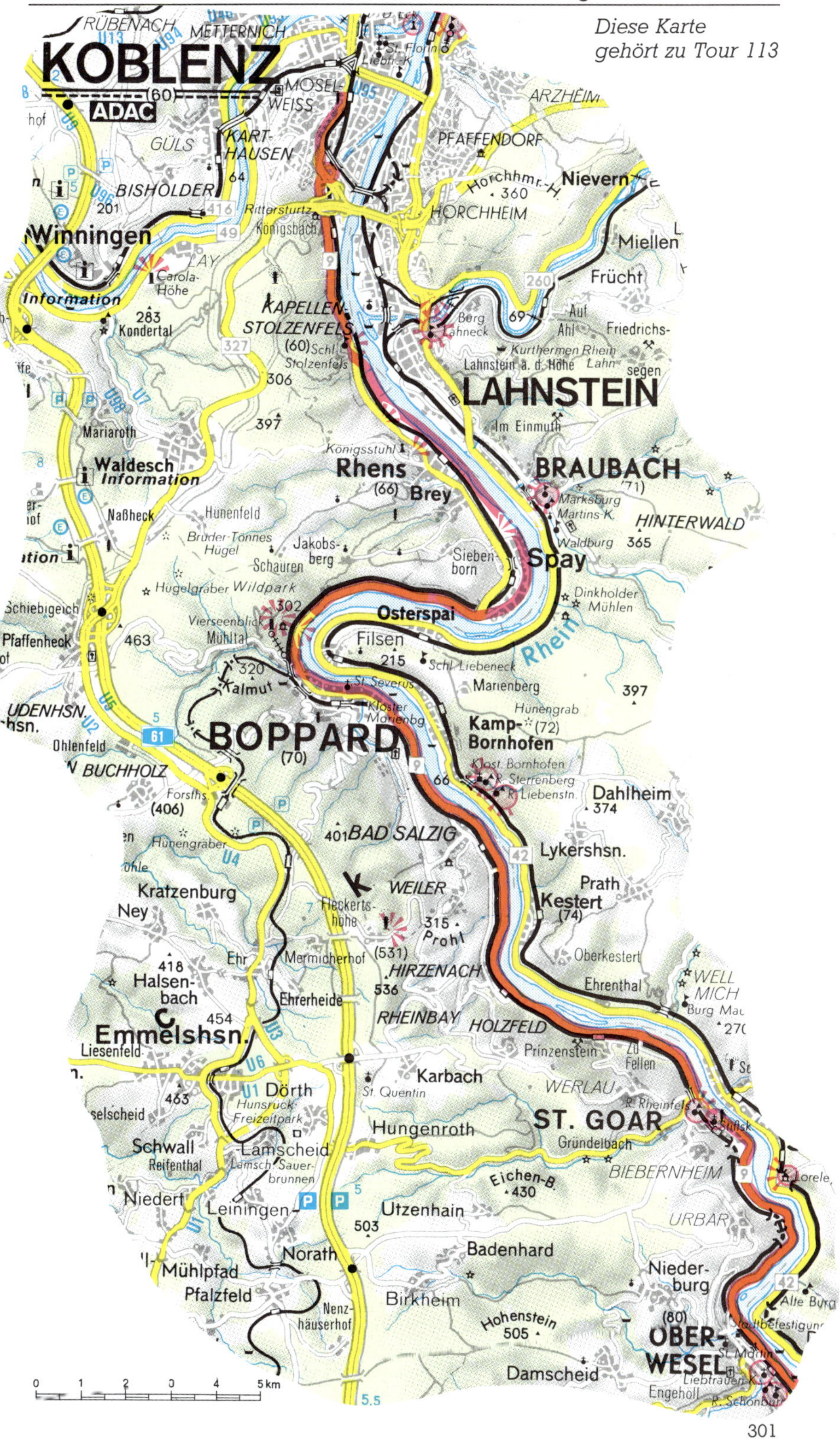

113

Von Oberwesel am Rhein entlang durch anmutige Städte

Ausgangspunkt Ochsenturm in Oberwesel
Tourenlänge 45 km
Fahrzeit 4 Stunden
Höhenunterschiede 20 m Gefälle
Tourenbeschreibung Vom *Ochsenturm* in *Oberwesel* aus folgen wir dem Radwanderweg (grünes Schild), der zwischen Rheinufer und Bahn verläuft. Hinter den Rheininseln Tauberwerth und Geiselrücken kommen wir in Höhe des Dorfes *Urbar an* den Bergvorsprung Kammereck und sehen bald gegenüber den Loreley-Felsen.

Unterhalb der Loreley, etwa beim dritten Wahrschauposten, den wir heute passieren, öffnet sich das Rheintal etwas und gibt auf der rechten Seite in Höhe von St. Goarshausen den Blick auf die Burg Katz frei. Auf unserer Seite liegt *St. Goar.* Etwas weiter nördlich liegt hoch über den Weinbergen die Burg *Rheinfels,* und ein Stück weiter ist auch schon rechts bei Wellmich die Burg Maus zu erkennen.

Bis kurz vor Koblenz fahren wir zumeist auf dem breiten Radweg der ausgebauten Rheinuferstraße – einige Engstellen, so zwischen *St. Goar* und *Hirzenach.* Es geht auf Bad Salzig zu. Gegenüber auf der rechten Rheinseite liegen kaum 200 m voneinander entfernt auf den Höhen die beiden Ruinen Liebenstein und Sterrenberg. Unterhalb im Ort Bornhofen ist ein größeres Anwesen mit einer Kirche unschwer als Kloster auszumachen. Wir kommen nun nach *Boppard,* biegen von der B 9 ab durch den Ort und sehen uns ein bißchen in der Stadt um. Durch die Bopparder Hamm führt uns nun die Straße in einem weit ausholenden Bogen nach *Oberspay,* an der rechten Seite vorbei an Osterspai mit Schloß Liebeneck. Durch *Niederspay* mit dem Blick auf Braubach und die Marksburg, kommen wir nach *Brey.* Hier gibt es noch Reste einer römischen Wasserleitung und hübsche Fachwerkhäuser zu sehen.

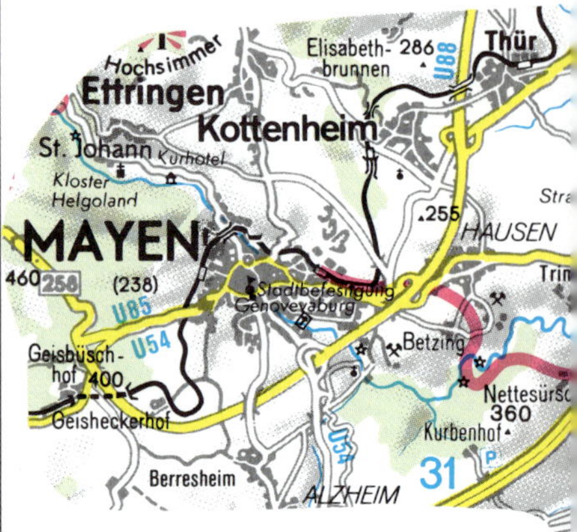

Hinter Rhens benutzen wir rechts der Bahnlinie die alte B 9, vorbei an Rhenser Mineralwasserquellen, und fahren dann wieder auf dem Radweg entlang dem Rheinufer nach *Kapellen-Stolzenfels.* Hoch über uns das Schloß. Auf der anderen Rheinseite liegt Lahnstein. Wir kommen nach *Koblenz* und halten uns auf der B 9 durch den südlichen Teil der Stadt in Richtung Hauptbahnhof.

114

Auf einer alten Bahntrasse durch die felsige Vulkaneifel – ein schöner und angenehmer Radweg

Ausgangspunkt Ehemaliger Bahnhof in Ochtendung
Tourenlänge Etwa 17 km bis Mayen; etwa 20 km bis Münstermaifeld
Fahrzeit Jeweils 1 $^{1}/_{2}$ bis 2 Stunden
Höhenunterschiede Einige sanfte Steigungen
Tourenbeschreibung Auf der alten, seit mehreren Jahren nicht mehr genutzten Bahntrasse wurde ein ca. 2 m breiter Asphaltweg für Radwanderer angelegt – eine Route, die man nicht verfehlen kann. Sie führt über alte Brücken, die tief eingeschnittene Täler überspannen, und es bieten sich grandiose Ausblicke auf Felsen und bewaldete Hänge. Das ehemalige Bahnhofsgebäude in *Polch* (ca. 9 km) wurde zu einem gemütlichen Restau-

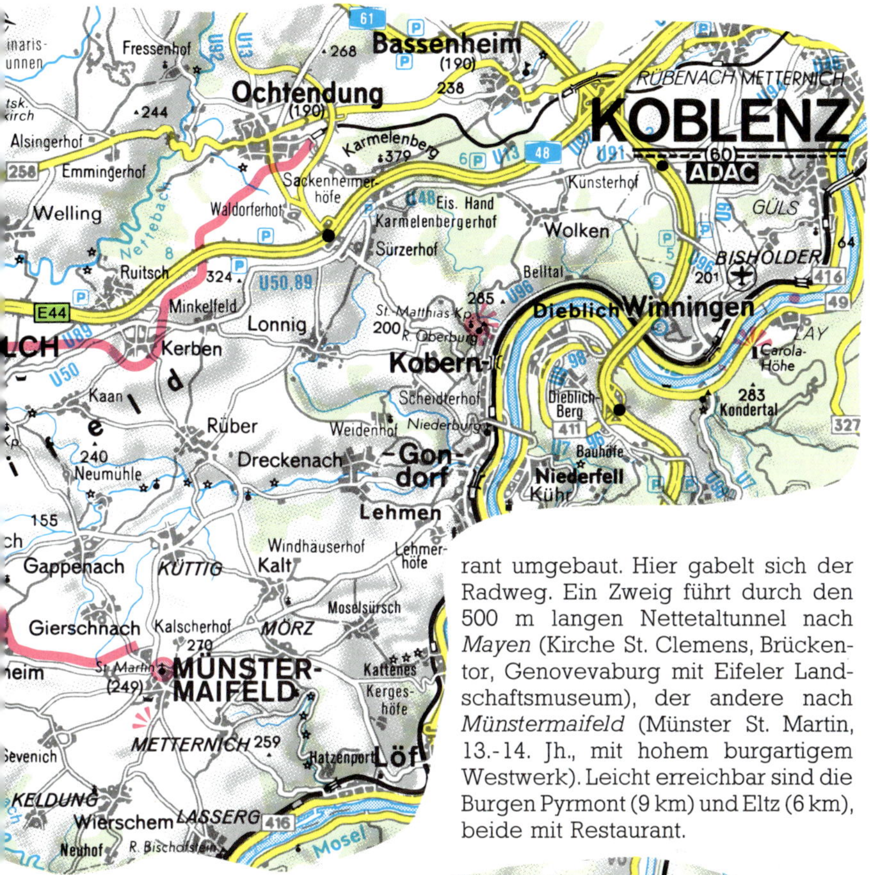

rant umgebaut. Hier gabelt sich der Radweg. Ein Zweig führt durch den 500 m langen Nettetaltunnel nach *Mayen* (Kirche St. Clemens, Brückentor, Genovevaburg mit Eifeler Landschaftsmuseum), der andere nach *Münstermaifeld* (Münster St. Martin, 13.-14. Jh., mit hohem burgartigem Westwerk). Leicht erreichbar sind die Burgen Pyrmont (9 km) und Eltz (6 km), beide mit Restaurant.

0 1 2 3 4 5 km

Diese Karte gehört zu Tour 115

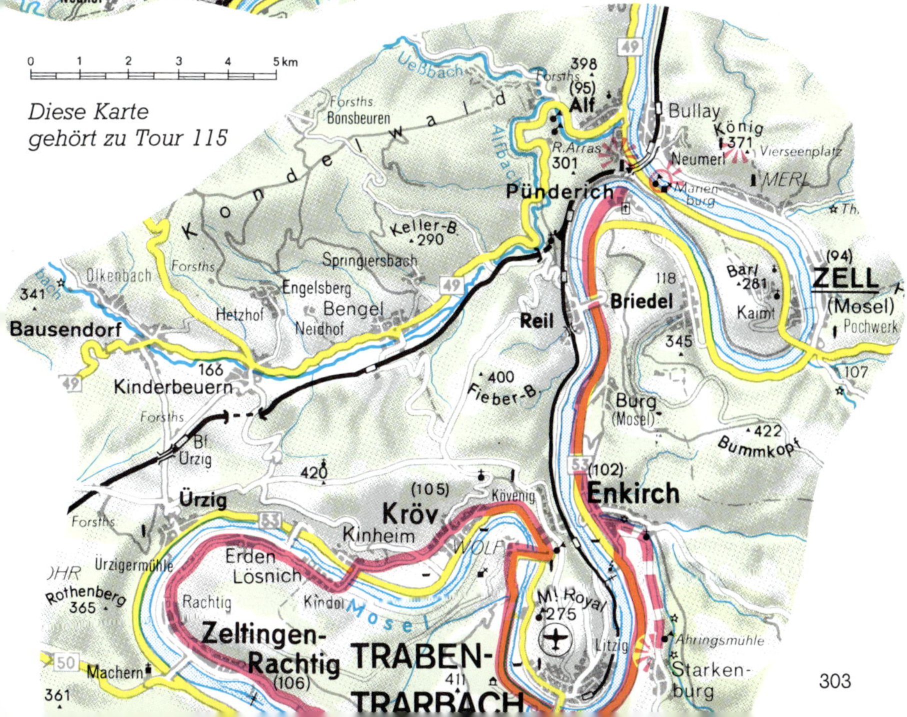

115

Eine Fahrt durch das Moseltal, den Schlingen des Flusses folgend, von Pünderich nach Bernkastel-Kues

Ausgangspunkt Ortsmitte in Pünderich
Tourenlänge 35 km
Fahrzeit $2\frac{1}{2}$ Stunden
Höhenunterschiede 20 m auf 1 km in Pünderich, 11 m auf 2 km bei Burg, 32 m auf 2 km in Wolf, 10 m auf 1 km vor Graach
Anmerkung Der größte Teil der Straße hat einen Radweg.
Tourenbeschreibung In *Pünderich* fahren wir auf den asphaltierten Weinbergwegen zwischen der Mosel und der Hauptstraße weiter bis kurz vor *Burg*. Dann auf dem Radweg der B 53 nach *Enkirch*, wo sich ein Abstecher durch schönen Wald hinauf zu dem malerisch gelegenen Ort Starkenburg lohnt – herrlicher Blick auf das Moseltal und die Moselschleife bei Traben-Trarbach. Oder an der Mosel entlang nach *Traben-Trarbach*.

Von dort auf gutem Radweg nach *Wolf*, wo wir, rechts abbiegend, die Mosel überqueren. Vor uns auf steilem Bergrücken liegt die ehemalige Festung Mont Royal. Wir biegen links ab und erreichen in großem Bogen *Kröv*, das wir auf der Hauptstraße durchfahren. Weiter nach *Kinheim* und über die schmale Brücke nach *Kindel, Lösnich, Erden* und *Zeltingen-Rachtig*. Von hier führt die Straße eng durch die Weinberge, dann später gutausgebaut in den Fremdenverkehrsort *Bernkastel-Kues*, das von der Burg Landshut überragt wird. In Bernkastel wechseln wir über die Brücke zum Ortsteil *Kues* mit dem Cusanus-Stift und dem Geburtshaus des Humanisten und Theologen, des Kardinals Nikolaus von Kues, das gleich an der Straße liegt.

TAUNUS

Der Taunus ist ein Gebirgszug des Rheinischen Schiefergebirges, dessen zum Rhein hin steil abfallende Hänge mit Reben besetzt sind. Teile des Taunus bilden ein relativ geschlossenes Waldgebiet, das nur stellenweise von Wiesen und Feldfluren, verträumten Städten mit mittelalterlichem Charakter wie Oberursel und Butzbach sowie Badeorten von Weltrang wie Homburg, Königstein und Kronberg durchsetzt sind.

Taunus: Idstein, dessen Bild von Fachwerkfassaden und einer Burg geprägt ist

116

Im Süden der Städte Wetzlar und Braunfels – abseits belebter Straßen

Ausgangspunkt Bahnhof Wetzlar
Tourenlänge Etwa 43 km
Fahrzeit Etwa 3 Stunden
Höhenunterschiede 500 m Steigung, 460 m Gefälle. Mäßig starke Steigung zwischen Wetzlar und Solms (130 m) und Abfahrt nach Solms (80 m). Steilanstieg nach Braunfels (50 m). Stärkere Steigung zum Brühlberg (100 m). Fahrt im Freilauf über Altenkirchen nach Neukirchen (170 m). Mäßig starke Steigung nach Oberwetz (130 m). Steilabfahrt vom Stoppelsberg nach Wetzlar (170 m)
Tourenbeschreibung Vom *Bahnhof* in *Wetzlar* richten wir uns nach den Hinweisschildern zur Innenstadt, dann nach denen in Richtung Butzbach und Braunfels. Das Schild nach Braunfels ist für uns richtungweisend.

Über die Ernst-Leitz-Straße verlassen wir *Wetzlar,* folgen ihr auf 700 m Länge bis zum Lahnufer und biegen links in den Magdalenenhäuser Weg, der mit mäßig starker Steigung (im oberen Teil Panzerstraße der Bundeswehr) zum *Gasthaus Magdalenenhaus* führt. Hinter dem Fachwerkgebäude schwenken wir halb links in einen Fahrweg, der mit einem roten Dreieck markiert ist und westwärts durch den Wald, vorbei an den alten Gruben Eduard und Prinz Alexander, auf die Höhe führt. Am Waldrand nimmt uns ein geteerter Wirtschaftsweg auf, über den wir im Freilauf nach *Oberndorf* hinabsausen (Blick zur Burg Braunfels).

Im Ortskern von *Oberndorf* schwenken wir nach rechts und biegen an der nächsten Gabelung der

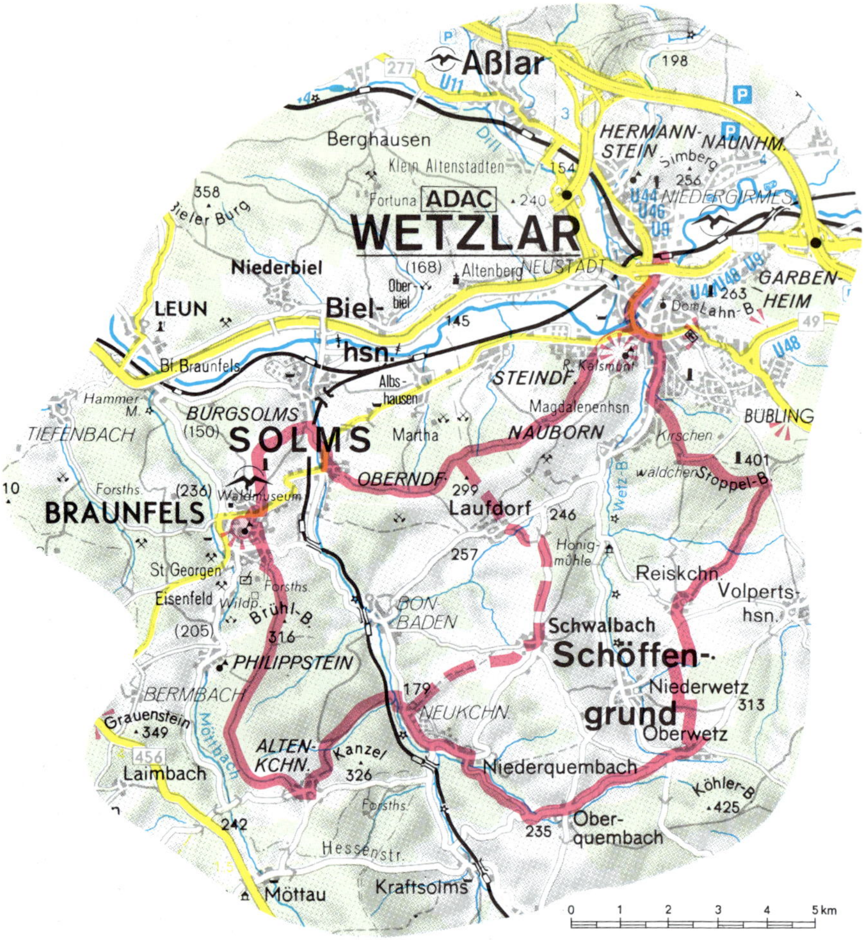

Straßen links in die Oberndorfer Straße. Hinter dem Bahngleis erfolgt ein scharfer Linksschwenk in die Mainbachstraße, die stark ansteigt. An der nächsten Teilung der schmalen Straßen halten wir uns rechts und gelangen, das Rad schiebend, aufwärts zur Höhe mit der *Kaiser-Wilhelm-Warte*, wo der Blick zur Burg, in das Lahntal und über die Höhen des Westerwaldes frei wird. Im Sattel sitzend, geht es über den Burgsolmser Weg und die Leuner Straße abwärts zur Kreuzung in *Braunfels*. Gegenüber gelangen wir über die Fürst-Ferdinand-Straße zur Innenstadt. Wir sichern das Rad und gehen zu Fuß durch die Gassen hinauf zur *Burg*.

Die Fahrt setzt sich über die Hubertusstraße und Solmser Straße fort. An der nächsten Kreuzung folgen wir gegenüber der Tiergartenstraße, die ansteigt und durch Wald (Markierung: schwarzes Dreieck mit Spitze) nach *Altenkirchen* führt (siehe auch Alternative ab Neukirchen).

Im Freilauf gelangen wir zur Ortsmitte von *Altenkirchen*, halten uns links und biegen vor dem Rechtsknick der Hauptstraße links in die Hintergasse und nach 50 m rechts in den Landwirtschaftsweg *Zum Weibersgrund*, der an einem Reithof vorbei in den Talgrund des Solmsbaches führt. Hinter der Eisenbahnbrücke erreichen wir *Neukirchen*, schwenken nach rechts in die Talgrundstraße und gelangen nach *Niederquembach*.

Unsere Fahrtroute führt weiter nach *Oberquembach* und *Oberwetz*.

Der ganze Abschnitt verlangt fleißiges Pedaltreten, um 100 Höhenmeter zu überwinden. In *Oberwetz* radeln wir durch den Ort und biegen in Höhe der letzten Häuser scharf links in den Oberwetzer Ring und sofort rechts in einen Wirtschaftsweg (Anlieger frei). Dieser stößt in Höhe des Waldrandes auf einen Querweg. Wir schwenken nach links und sofort wieder nach rechts, rollen im Freilauf in die Senke zum nächsten Querweg, biegen nach rechts (rechter Hand junge Obstbäume) und stoßen auf die nächste Wegekreuzung. Hier erfolgt ein Linksschwenk und geradeaus geht es durch nach *Reiskirchen.* An der Gesenkschmiede überqueren wir die Landstraße und radeln durch den Ort (Niederwetzer Straße, rechts Volpertshausener Straße, rechts Wetzlarer Weg und links Rosenstraße) und setzen die Fahrt über einen Landwirtschaftsweg (Markierung: roter Strich) fort, der auf den Wald am Hang des Stoppelsberges zueilt. Im Wald halten wir uns an einer Gabelung rechts und erreichen einen *Parkplatz* an der Landstraße. Auf diesem *Parkplatz* biegen wir links in einen Waldweg, der mit einer Holzschranke versehen ist, radeln am Hang des *Stoppelsberges* durch bis zum *Parkplatz Stoppelsberg* und erreichen über die Zufahrtstraße *Kirschwäldchen.* Am Waldrand biegen wir scharf nach rechts. Die Straße geht in einen befestigten Weg (Rundweg 4) über und eilt hinab nach *Wetzlar.* Wir fahren durch bis zum Friedrich-Ebert-Platz und folgen bis zum Bahnhof den Schildern in Richtung Dillenburg, dann dem Wegweiser zum *Bahnhof.*

117

Eine landschaftlich reizvolle Tour, die drei sehenswerte Städte verbindet: Wiesbaden, Diez und Limburg

Ausgangspunkt Hauptbahnhof in Wiesbaden
Tourenlänge Etwa 65 km
Fahrzeit Etwa 5 Stunden
Höhenunterschiede Etwa 700 m Steigung, 780 m Gefälle. Von Wiesbaden bis Eiserne Hand starke und steile Anstiege (280 m). Zwischen der Fasanerie und dem Schläferskopf muß das Fahrrad geschoben werden. Abfahrt nach Bleidenstadt (100 m). Über Watzhahn nach Breithardt Anstieg (120 m) und Abfahrt (160 m). Über die Höhe nach Holzhausen Anstieg (60 m) und Abfahrt (60 m). Starke Steigung zur Höhe bei Reckenroth (130 m). Mäßige Steigung von Allendorf zur Rintstraße (110 m) und Fahrt im Freilauf bis zur Schaumburg (170 m). Kurzer Steilanstieg zur Burg (30 m). Fahrt im Freilauf bis nach Diez

Tourenbeschreibung Wir schauen uns zunächst in *Wiesbaden*, der hessischen Landeshauptstadt, um: in der Stadtmitte beim Residenzschloß, alten und neuen Rathaus, den Kur- und Parkanlagen, streifen dann durch Straßen im Süden mit ihren vornehmen Hausbauten des Klassizismus und des Biedermeier.

Nun starten wir vom Vorplatz des *Wiesbadener Hauptbahnhofs* aus unsere Tour. Es geht durch die Fußgängerunterführung und in einer Linie weiter mit der *Bahnhofstraße* und der *Marktstraße.* Am *Schloßplatz* etwas links, an der abgerundeten Fassade des *Landtagsgebäudes* vorbei die Räder durch den Fußgängerbereich schieben. Man quert die *Langgasse* (Fußgängerzone und Einkaufsstraße) und kommt an eine große, ziemlich unübersichtliche Kreuzung. Diese vorsichtig überqueren; geradeaus geht es dann mit der *Emser Straße* weiter. Nach rund 600 m, kurz vor dem Dürerplatz, halbrechts in eine Nebenstraße (*Walkmühlstraße*). Sie wird bald von einer breiteren Querstraße unterbrochen (*Van-Dyck-/Schützenstraße*). Rechts einbiegen und an der rasch folgenden Kurve vorsichtig geradeaus in den *Carl-von-Ibell-Weg* wechseln, am hessischen *Landesamt für Umwelt* vorbei.

Im Tal des *Kesselbachs* führt ein befestigter Weg aufwärts. Bei der Karlshütte kommt man über eine schmale Verbindungsstraße. Hinter der folgenden engen Talbiegung bei den kleinen, oberen Teichen wechseln wir die Bachseite und gelangen nach rund 1,4 km zur *Herzogshütte.*

Geradeaus führt nun der Hauptweg abwärts nach *Taunusstein-Hahn*. Dort halten wir uns erst einmal links, kommen mit einer Brücke über die Gleise der *Aartalbahn* und biegen bei den Schildern „Gefährliche Kreuzung“ halbrechts.

Nach einigen Metern mit der B 54 geradeaus dem Hinweisschild *Hohenstein* folgen. Rund 150 m hinter dem Bachlauf der *Aar* links in den *Schwimmbadweg*. Am Ende der Siedlung erneut links; man fährt dann unterhalb am Gelände des Schwimmbades vorbei. Anschließend rechts in die Landstraße einbiegen, mit einer langen Steigung nach *Watzhahn*. Weiter Richtung Born, aber kurz vor dem Ort rechts in die Straße nach *Breithardt* wechseln. Hier orientieren wir uns an den Schildern *Aarbergen/Holzhausen*. Breithardt, ein relativ großes Dorf, liegt auf dem Grund eines von Wäldern umrandeten Talkessels. Die alte Pfarrkirche ist aus unverputzten Bruchsteinen erbaut. Die Dorfstraße – unsere Route – führt nahe an dieser Kirche vorüber, danach biegen wir dann rechts ein. Der nächste Ort ist das oberhalb der Aar gelegenene *Holzhausen*.

Bis nach Michelbach lassen wir das Rad im Freilauf rollen, biegen im Tal der Aar nach links in die B 54 in Richtung Bad Schwalbach und schwenken nach etwa 1,5 km rechts in die Landstraße nach Reckenroth. Ein kräftiger Aufstieg folgt. Vor (!) Erreichen der Höhe erfolgt ein Rechtsschwenk in einen geteerten Flurweg,

der uns weit über das seichte Dörsbachtal blicken läßt. Mühelos gelangen wir nach *Eisighofen,* schwenken nach rechts und biegen an einem *Umspannwerk* links in einen Flurweg, der durch die Felder nach *Dörsdorf* führt. Vor dem Linksknick der Straße im Ort biegen wir scharf rechts in eine schmale Seitenstraße und radeln durch nach *Berghausen.*

Über die Kirchstraße verlassen wir den Ort, erreichen *Allendorf,* zweigen nach rechts ab und stoßen auf die B 274. Gegenüber geht es weiter zum *Porphyr-Steinbruch,* wo wir nach links schwenken und unter dem Förderband hindurchfahren. Nach 300 m folgen wir im scharfen Rechtsknick einem befestigten Forstweg, der ehemaligen *Rintstraße,* der durch den schattigen Wald zur Landstraße Diez/Katzenelnbogen führt (Markierung: rotes Kreuz).

Wir überqueren die Landstraße und radeln auf befestigtem Forstweg (Markierung S 1) durch den Wald, queren die Schneise einer Überlandstromleitung und radeln durch bis zur nächsten geteerten Forststraße. Auf dieser geht es nach links weiter und hinab zur Wegekreuzung, wo wir scharf rechts in die schmale Straße nach Habenscheid einbiegen (Markierung: X). An der nächsten Gabelung halten wir uns links und gelangen durch das fast 1200 Jahre alte *Habenscheid* zur Straßenkreuzung an einem *Bildstock* (schöner Rundblick).

Gegenüber setzen wir die Fahrt Richtung Cramberg/Balduinstein fort und biegen nach 1,2 km (prächtiger Blick zur Schaumburg) rechts in die Landstraße nach Balduinstein. Bremsend geht es hinab zum *Talhof,* wo der kurze, aber steile Anstieg zur *Schaumburg* erfolgt.

Auf der Landstraße rollen wir über *Birlenbach* nach Diez (hinter der scharfen Rechtskurve oberhalb von Diez herrliche Aussicht!), lassen die Bremsen heiß werden und richten uns im Stadtbereich von Diez nach den Schildern in Richtung Koblenz/Nassau. Hinter der *Lahnbrücke* verlassen wir die B 417 und folgen der Straße in Richtung Montabaur auf 1 km Länge. Erneut überqueren wir die Lahn, lenken nach links in die Oraniensteinerstraße und treten kräftig in die Pedale bis linker Hand die schmale Straße Am Mühlchen abzweigt. Über diese rollen wir hinab in die Lahnaue, radeln auf ungefestigtem Weg zwischen (!) Weidezaun und Waldrand durch und benutzen den ersten befestigten Flurweg, um zum Lahnufer zu gelangen. Parallel dem Fluß geht es durch bis zum Limburger Weg und geradeaus auf *Limburg* zu (schöner Blick zum Dom). Am Ende der St. Foy-Straße, an der Ampelkreuzung, biegen wir nach rechts und erreichen den *Bahnhof Limburg.*

0 1 2 3 4 5 km

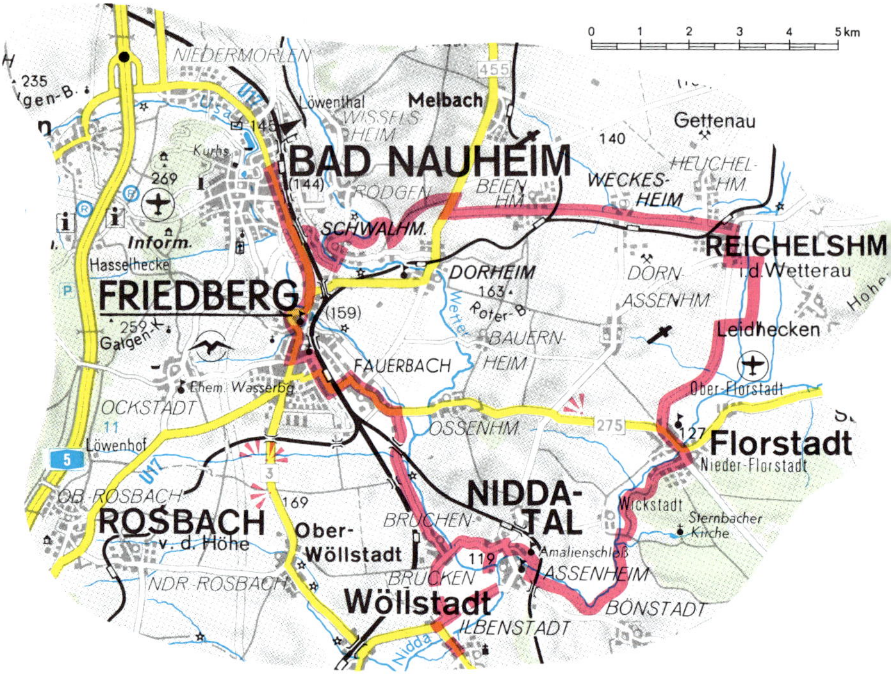

118

Schöne Ausblicke bietet diese Rundtour bei Bad Nauheim

Ausgangspunkt Bahnhof in Bad Nauheim oder der Ort Bruchenbrükken

Tourenlänge Etwa 37 km

Fahrzeit Etwa $2\frac{1}{2}$ Stunden

Anmerkung Kunsthistorisch Interessierten sei die Variante von Bruchenbrücken über Ilbenstadt und der Besuch der dortigen ehemaligen Abtei mit romanischer Kirche empfohlen. In Assenheim stößt man dann auf die Hauptroute

Tourenbeschreibung Vom *Bahnhof* in *Bad Nauheim* rollen wir die Bahnhofsallee hinab, biegen links in die Frankfurter Straße und radeln auf der B 3 nach Friedberg durch. Unterhalb der Reichsburg mit dem markanten Adolfsturm treten wir kräftig in die Pedale, rollen in Friedberg die 600 m lange Markt- oder Kaiserstraße durch, biegen links in die Mainzer-Tor-Anlage (Hinweisschild „Bahnhof") und gelangen dann zum *Bahnhof.*

In Richtung Bruchenbrücken/Niddatal verlassen wir die Stadt, radeln durch nach *Bruchenbrücken* (siehe Anmerkung) und weiter nach *Assenheim.* Vor dem Ortsanfang von Assenheim wird der schöne Blick über das Wetter- und Niddatal nach Ilbenstadt frei.

In *Assenheim* geht es kurz nach rechts in Richtung Ilbenstadt und vor der Niddabrücke links in den Silzweg. Diesen radeln wir unterhalb des *Amalienschlosses* bis zur Eisenbahnbrükke durch, überqueren die Nidda und setzen die Fahrt auf schmalem Uferweg niddaaufwärts bis nach *Nieder-Florstadt* fort. Hier wählen wir den zweiten Übergang über die Nidda, rollen durch den Ort und folgen den Schildern nach Reichelsheim. Etwa 300 m hinter der Zufahrt zum Landeplatz verlassen wir die Landstraße, radeln auf vier Pappeln zu und biegen an der nächsten Kreuzung der Flurwege nach links. Nach 1,2 km ist Reichelsheim erreicht.

In *Reichelsheim* wenden wir uns nach links, biegen rechts in die Hauptstraße und rollen an der *Wehrkirche* vorbei bis zur Abzweigung nach

Friedberg. Ohne Richtungsänderung geht es über *Weckesheim* und *Beienheim* bis zur B 455, der wir auf 100 m nach rechts folgen und links (Vorsicht!) in einen holprigen Feldweg biegen, der über die Höhe des *Rehberges* nach Schwalheim führt. Dieser Abschnitt bietet herrliche Blicke über die Wetterau, in das Tal der Wetter bis nach Friedberg und Bad Nauheim. Vor Erreichen der Landstraße biegen wir scharf rechts in einen asphaltierten Fahrweg, der im Talgrund nach *Schwalheim* führt.

Hinweisschilder weisen uns im Ort den Weg nach Bad Nauheim und Friedberg. Je nach Ausgangspunkt dieser Fahrt radeln wir zum Ziel zurück.

119

Eine Rundfahrt bei Bad Homburg – durch abwechslungsreiche Landschaften und schmucke Fachwerkstädte

Ausgangspunkt Bahnhof in Bad Homburg

Tourenlänge Etwa 47 km

Fahrzeit Etwa $3\frac{1}{2}$ Stunden

Höhenunterschiede Etwa 560 m Steigung, 340 m Gefälle. Zwischen Bad Homburg, der Saalburg und Sandplacken mäßig starke Steigungen mit flachen Abschnitten und einem kurzen Anstieg (380 Höhenmeter). Mühelose Fahrt zwischen Sandplacken und Kronberg, danach Wechsel zwischen kurzen Steigungen, Abfahrten und flachen Abschnitten

Tourenbeschreibung Vor dem *Bahnhof* in *Bad Homburg* wenden wir uns nach links zum Marienbader Platz, lenken nach rechts zur Ampel, überqueren die Kreuzung, radeln die Ferdinandstraße durch und biegen links in die Kaiser-Friedrich-Promenade.

Am Ende des Kurparks biegen wir rechts in den Schwedenpfad, lenken nach 250 m links in den Viktoriaweg und nach weiteren 250 m rechts in den Philosophenweg, der leicht ansteigt. Hinter dem *Hotel Hardtwald* folgen wir im Wald den kleinen Schildern Richtung Friedrichsdorf (Markierung: offenes schwarzes Rechteck) und gelangen zu einer großen Wegekreuzung. Hier schwenken wir nach links (Markierung: roter Querstrich) und stoßen am Friedhof auf die B 455.

Gegenüber setzt sich unsere Fahrt über den *Oberen Rotlaufweg* fort, den wir ohne Richtungsänderung bis zur Fußgängerbrücke an der *Saalburg* (es lohnt sich eine Besichtigung) durchfahren.

Unsere Fahrtroute führt am Eingang des Kastells vorbei zur Landstraße. Dieser folgen wir auf etwa 50 m nach rechts, biegen links in den Parkplatz (mit Schautafel) ein und rollen auf einer Länge von 7,5 km den ganzen *Oberen Sandplackenweg* (Markierung: offenes schwarzes Rechteck) durch. Der ganze Abschnitt bietet oft schöne Ausblicke über das Usinger Becken und endet erst an der Landstraße nach Schmitten.

Im Schwenk nach links bewältigen wir die starke Steigung bis zum Kreuzungspunkt *Sandplacken* (zwei Einkehrmöglichkeiten).

In Richtung Feldberg muß erneut kräftig in die Pedale getreten werden, bis nach 350 m links der *Parkplatz Pfahlgraben* auftaucht, in den wir einbiegen und über den *Tillmannweg* durch den Wald zum *Wirtshaus Fuchstanz* durchradeln (herrliche Ausblicke).

Am *Wirtshaus Fuchstanz* wählen wir den mit einem schwarzen Punkt markierten Forstweg und rollen hinab in den Reichenbachgrund, bleiben stets auf dem befestigten Forstweg und erreichen nach einem weiten Rechtsbogen die B 8 (Limburger Straße). Der beschauliche Teil unserer Fahrt endet hier. Im Schwenk nach links geht es auf der B 8 durch *Königstein* (zur Ruine mit Aussichtsturm ist rechts der Limburger Straße zu folgen) bis zum Verkehrskreisel, wo wir den Schildern in Richtung Bad Homburg (B 455) und Opel-Zoo (nicht! Südeingang) folgen.

Auf einem Radweg parallel der B 455 gelangen wir zum *Opel-Zoo*, radeln durch bis zur nächsten Kreuzung (Aussicht) und biegen in die Straße nach *Kronberg.* Im Freilauf geht's hinab zur Ortsmitte, wo wir an der Kreuzung vor (!) dem *Frankfurter Hof* scharf links in die Hainstraße biegen, das Tretlager und die Muskeln strapazieren und zum *Schloß Friedrichshof* gelangen. Im Schwenk nach rechts folgen wir der Straße nach *Schönberg,* rollen im Freilauf durch den Ort und richten uns nach den Schildern in Richtung Bad Homburg/Oberursel. Die Landstraße bietet einen Radweg.

Am Ortseingang von *Oberhöchstadt* ist rechts den Schildern nach Bad Homburg/Bad Soden zu folgen. Über Einbahnstraßen geht es abwärts durch den Ort und im Linksschwenk Richtung Bad Homburg weiter. Die belebte Landstraße bis nach Oberursel weist nur auf einem kurzen Abschnitt einen Radweg auf. So gelangen wir nach *Oberursel* und biegen in Höhe der *Kirche* links in die Füllerstraße (B 455), treten auf 300 m kräftig in die Pedale und schwenken hinter der nächsten Ampelkreuzung rechts in die Straße Am Rahmtor. Die Fortsetzung durch die Altstadt bildet die Eppsteiner Straße, an deren Ende wir eine verkehrsreiche Kreuzung überqueren und geradeaus dem Schild zum Zollamt (Freiliggrathstraße) folgen. Die Straße geht in einen geteerten Wirtschaftsweg über und führt über die A 661. 250 m hinter einer prächtigen Baumgruppe biegen wir rechts in einen Flurweg, der mit leichtem Gefälle an der Landstraße endet. Gegenüber setzen wir die Fahrt über den Bommersheimer Weg fort, passieren eine Schranke, radeln durch die Siedlung und schwenken rechts in die Berliner Straße, stoßen auf die Kreuzung an der Urseler Straße, folgen ihr auf 200 m nach links und lenken rechts in die Taunusstraße. Über den Hessenring geht es zurück zum *Bahnhof.*

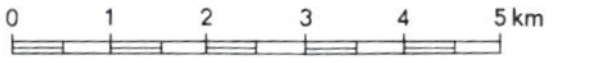

120

Über Berg und Tal zwischen den sehenswerten historischen Städten Idstein und Eppstein

Ausgangspunkt Bahnhof in Idstein
Tourenlänge Etwa 37 km
Fahrzeit Etwa 3 Stunden

Höhenunterschiede Etwa 230 m Steigung, 310 m Gefälle. Zwischen Idstein und Heftrich Steigung (140 m) und Gefälle (80 m). Anstieg zum Kastell Alteburg (40 m). Auf dem weiteren Verlauf mäßige Steigungen und Abfahrten

Tourenbeschreibung Vom Bahnhof Idstein rollen wir bremsend hinab zur Stadtmitte, richten uns nach den

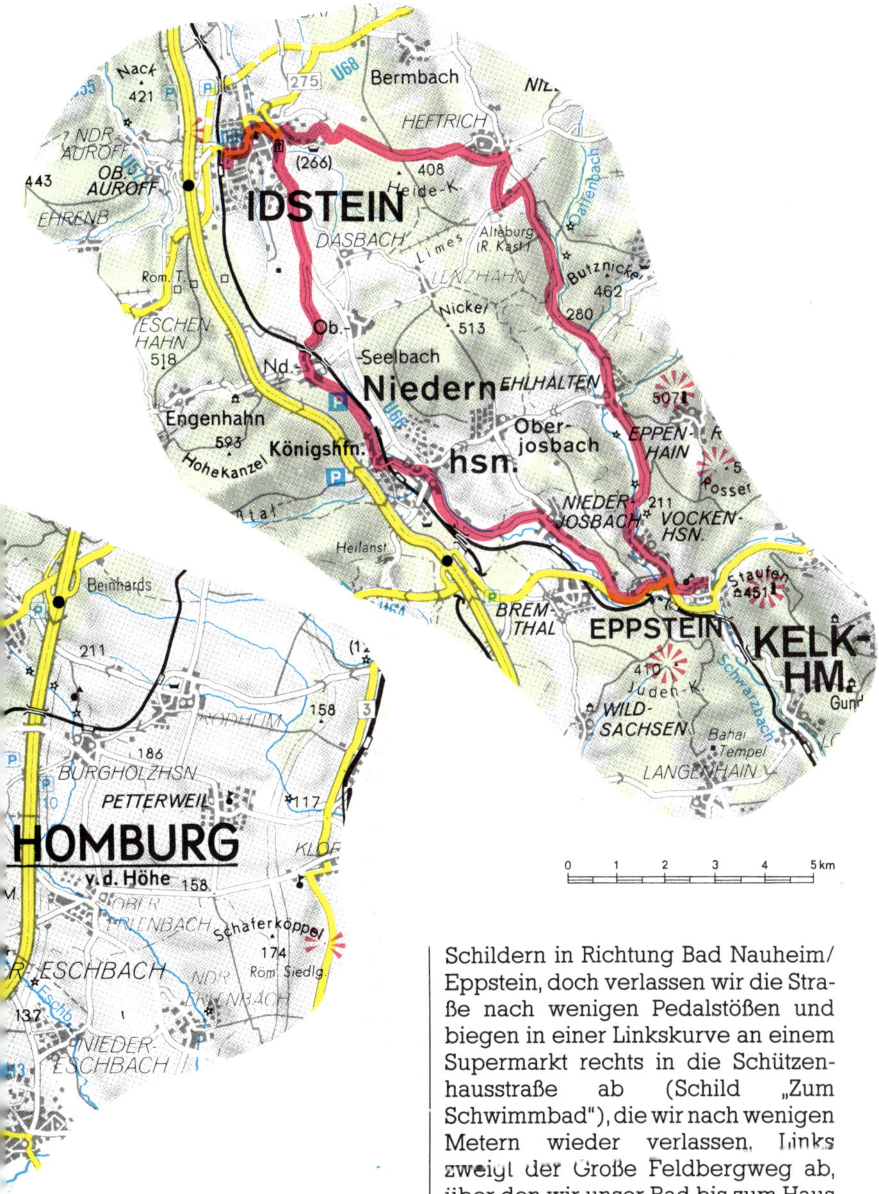

Schildern in Richtung Bad Nauheim/Eppstein, doch verlassen wir die Straße nach wenigen Pedalstößen und biegen in einer Linkskurve an einem Supermarkt rechts in die Schützenhausstraße ab (Schild „Zum Schwimmbad"), die wir nach wenigen Metern wieder verlassen. Links zweigt der Große Feldbergweg ab, über den wir unser Rad bis zum Haus Nr. 8 hinaufschieben, nach rechts schwenken und den Wirtschaftsweg bis zur Landstraße durchradeln (herrliche Blicke über das Wörsbachtal). Der Landstraße folgen wir nach rechts und gelangen bremsend in den Talgrund nach *Heftrich.* Hier biegen wir rechts in die Straße nach Eppstein und nach wenigen Metern erneut rechts in die nach Lenzhahn/Niedernhausen. Bis zur Höhe am *Römerkastell Alteburg* strapazieren wir unsere Muskeln, besichtigen die Anlage und radeln einen Flurweg (Markierung: X) zur Landstraße durch. Nun geht es rechts hinab in das Dattenbachtal über *Ehlhalten* und *Vockenhausen* bis nach Eppstein. Zwischen Vockenhausen und Eppstein befahren wir die B 455 auf etwa 350 m und biegen in *Eppstein* scharf links in die Burgstraße, um die hübsche alte Stadt zu besichtigen.

Wir radeln die Burgstraße zurück zur Bundesstraße und folgen ihr bis zur abzweigenden Landstraße nach Niedernhausen. Im *Daisbachtal* geht es weiter über *Niederjosbach* nach *Niedernhausen,* wo wir die Kreuzung überqueren und dem Schild zur Stadtmitte folgen. Die Fahrt setzt sich durch den Ort nach Niederseelbach fort.

In der Ortsmitte von *Niederseelbach* biegen wir kurz in die nach Idstein führende Straße, schwenken nach 30 m scharf links in die Brückenstraße und wählen hinter der Eisenbahnunterführung den Flurweg, der halb links über die freie Höhe des *Galgenberges* (herrlicher Rundblick) zur Landstraße führt. Bremsend erreichen wir *Idstein* und folgen im Stadtkern den Schildern in Richtung Wiesbaden. Aufwärts geht es zum Ausgangspunkt der Tour zurück.

121

Eine wunderschöne, wenngleich gebirgige Fahrt bei Büdingen – durch Wald und mit weiter Aussicht von den Höhen

Ausgangspunkt Altstadt in Büdingen

Tourenlänge 42 km

Fahrzeit 4 Stunden

Höhenunterschiede Insgesamt 510 m aufwärts und 310 m abwärts; mehrere starke Steigungen, vor allem von Büdingen nach Michelau

Tourenbeschreibung Nachdem wir *Büdingens* historische Altstadt mit den engen Gassen und den Fachwerkhäusern sowie das Schloß, eine ehemalige Wasserburg, besichtigt haben, fahren wir zur *Jugendherberge* hinauf (Schilder). Vor dem modernen verklinkerten Gebäude links in den breiten Waldweg und links weiter (Markierung gelbes Kreuz). Es geht 4 km durch schönen Wald, ständig leicht, am Ende stärker ansteigend und mit weiter Aussicht auf die bewaldeten Hügel. Das Wanderzeichen findet man nur selten an den Bäumen. An der Hütte dann links bis nach *Michelau.* Rechts von der bunten Pumpe im Bindsachser Weg weiter auf autobreitem asphaltierten Weg. Er führt um ein kleines Wäldchen herum, geradeaus und dann steil abwärts nach *Bindsachsen* hinein. Gegenüber der Kirche kommt man auf der Hauptstraße heraus. Nun links auf der Landstraße Richtung Gelnhaar hinauf und mit 7 % Gefälle in den Ort *Gelnhaar.*

Rechts, nach Kirche und Bach, weiter auf der Landstraße, links Richtung Hirzenhain. Es ist reichlich anstrengend, aber wenn wir auf der Straße mit 11 % Gefälle in *Hirzenhain* ankommen, können wir uns vor der Kirche auf der Bank unter der Linde ausruhen. Nun zum *Kunstgußmuseum* (Schilder). Richtung Schwimmbad fahren wir dann weiter, es wird nun leichter. Am *Sportplatz* führt ein breiter Waldweg etwas rechts in den Wald hinein, und leicht ansteigend fahren wir so am Waldsaum entlang – der Autolärm der Straße ist zu hören. Kleine Quellbäche kommen den Hang herunter und streben der Nidder zu. Am Ende des Wegs dann rechts und in *Lißberg an* der *Nidder* entlang, auf betonierten Wegen durch ein weites Wiesental. Links um den Sportplatz herum und weiter, bis wir unterhalb der Burg in *Ortenberg* ankommen.

Nach rechts über die Nidder, die Straße (Selters – Lißberg) wird über-

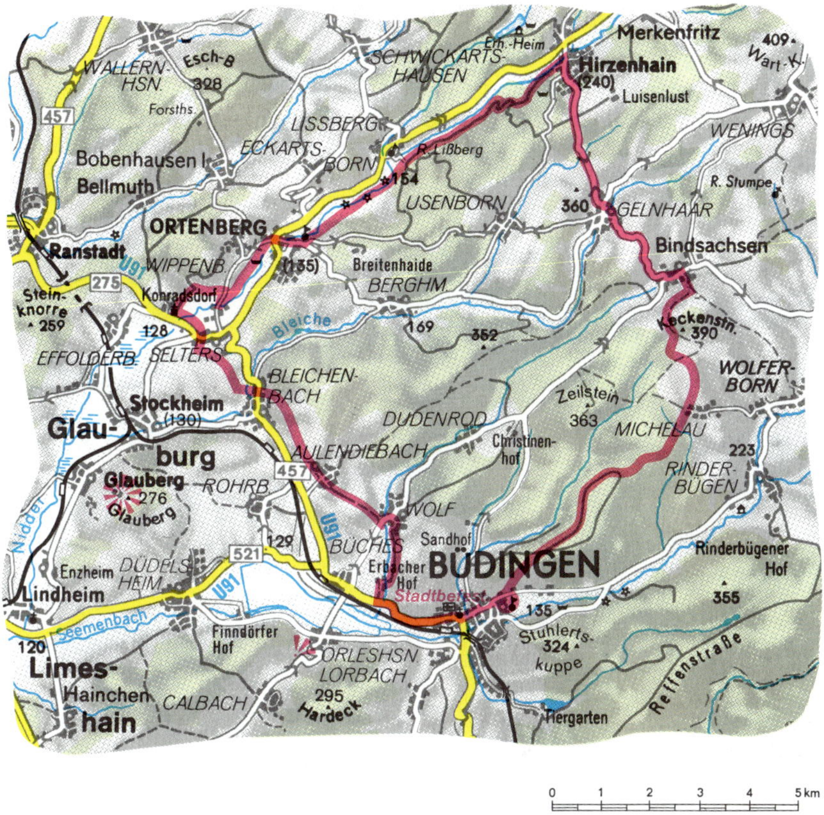

quert, und in Richtung Schwimmbad fahren wir weiter. In den zweiten Weg links hinein, wieder rechts, so fährt man mal auf steinigem Weg, mal auf Asphalt geradeaus bis zur Neumühle. Auf der schmalen Straße nach rechts und dann links weiter Richtung Konradsdorf durch das Naturschutzgebiet, in dem röhrichtbestandene Gräben die Wiesen durchziehen. Unterhalb des ehemaligen Klosters Konradsdorf kommt man auf die Straße (Selters – Ranstadt). Hier links auf dem Radweg bis *Selters.* Im *Millionenweg* rechts aufwärts an der einladenden Linde mit Bänken vorbei und weiter stark aufwärts. Dann hinunter nach *Bleichenbach.* Vor dem Bach kurz links, dann rechts über die Brücke und die Straße aufwärts Richtung Büdingen. Nach der Kurve links in einen Feldweg (Wegmarkierung weißer Punkt an der Mauer unter dem großen Nadelbaum). Wieder auf und ab bis *Aulendiebach.* Hier gerade durch den Ort wieder in einen Feldweg bis nach *Wolf.* Im Ort auf der Straße in gleicher Richtung bis über den Bach. Dann nach rechts, an dem winzigen Friedhof entlang, dessen Eingang eine mächtige Linde (Naturdenkmal) bewacht. Und nun ohne Steigung bis zur Straße (B 457). Hier links auf dem Radweg bis *Büdingen.*

NORDHESSEN

Rothaargebirge, Knüll, Habichtswald, Kaufunger Wald und Meißner sind nur einige Stichworte, die in uns den Gedanken an tiefe und vielleicht auch verwunschene Wälder der Märchen aufkommen lassen. Die Flüsse, die das Bergland durchziehen – zu den größten zählen Eder und Lahn –, bilden zusammen mit den traditionsreichen Städten romantische Bilder.

Nordhessen: Battenberg, ein romantisches Städtchen an der Ederschleife

122

Von Hofgeismar auf der Märchenstraße zur Sababurg (mit prächtigem Wildpark) und durch den Reinhardswald

Ausgangspunkt Bahnhof in Hofgeismar

Tourenlänge 31 km

Fahrzeit 3½ Stunden

Höhenunterschiede Etwa 350 m; nur mäßige Anstiege

Tourenbeschreibung Am Bahnhof *Hofgeismar* vorbei führt die B 83, der wir nach links folgen. Nach 600 m in die linksabzweigende Straße *Gesundbrunnen* und bis zu ihrem Ende fah-

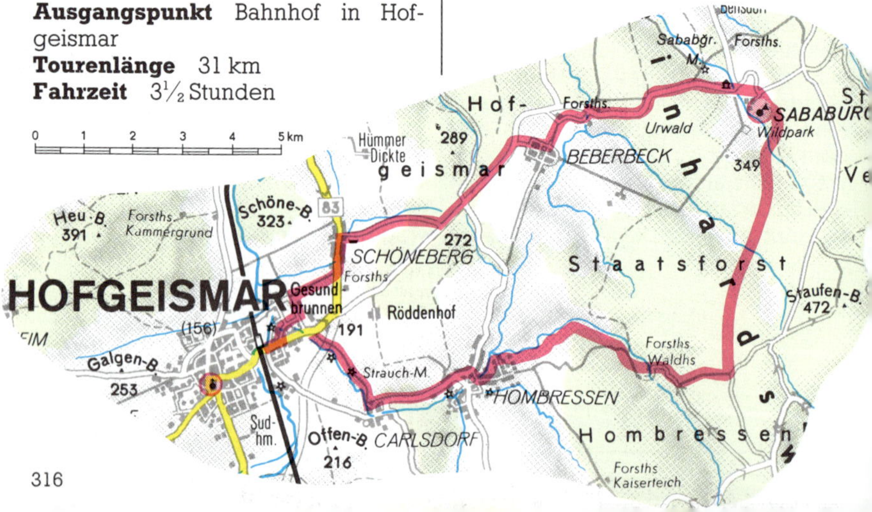

ren. Dann links halten in den Lempeweg. An der Hochspannung biegen wir rechts ab. Durch Felder nach *Schöneberg*. Im Dorf an der B 83 100 m nach links und gegenüber der Fachwerkkirche rechts in die Triftstraße. Wir bleiben in der Richtung, kommen bald in den *Reinhardswald* und treffen schließlich auf die Deutsche Märchenstraße, der wir nach links durch die prächtige Eichenallee folgen. Am Waldende fahren wir dann auf *Beberbeck* zu. Links am Schlößchen vorbei bis an das Gut und wiederum links ab in die Ahornallee. An deren Ende rechts halten. Wir erreichen wieder die Märchenstraße und folgen ihr rechts zum *Urwaldgebiet*. Rundweg ① führt in 30 Minuten hindurch, vorbei an Baumruinen, alten Eichen und Buchen.

Nun über die Straße zur *Sababurg*, vorbei am Wildpark, und auf dem Fußweg zur Burg. Dort treffen wir auf die Durchgangswanderstrecke X 3 (Wildbahn). Wir folgen der Markierung ein großes Stück an der Mauer des Wildparks entlang zum *Kasseler Tor* und in gerader Linie durch den Reinhardswald. Wir bleiben etwa 3,5 km auf der *Kasseler Schneise*, bis ein breiter Weg halbschräg kreuzt. Hier rechts und allmählich abwärts ins *Lempetal*. Am Querweg nach rechts wenden und zum *Forsthaus Waldhaus*. Weiter talab diesseits der Lempe bis *Hombressen*. Am Ortseingang treffen wir auf eine Landstraße und folgen ihr, Hombressen querend, nach *Carlsdorf*. Im Ort richten wir uns nach dem Hinweis „Gemeinschaftshaus", fahren weiter im Tal der Lempe und erreichen an Strauch- und Papiermühle vorbei wieder den Gesundbrunnen und den Bahnhof *Hofgeismar*.

123

Von Kassel über die Wilhelmshöhe mit dem prachtvollen Schloß und dem Park durch den Habichtswald

Ausgangspunkt Bahnhof in Kassel-Wilhelmshöhe
Tourenlänge 28 km
Fahrzeit 3 ½ Stunden
Höhenunterschiede Etwa 700 m
Tourenbeschreibung Vom neuen IC-Bahnhof aus queren wir die verkehrsreiche Wilhelmshöher Allee. Ein kurzes Stück über die Heerstraße, dann an der Ecke Trottstraße nach links auf den Radwanderweg. Unter der Eisenbahn hindurch und geradeaus in die „Mittelbringe" bis ans Ende. Hier ein paar Meter links, dann rechts in den Weg Am Wasserfallgraben. Ständig dem Radweg folgen, an der großen Wiese ein paar Meter rechts und wieder links auf eine Waldschule zu. Am Ende der Mauer rechts in den Hermann-Schafft-Weg, der am Waldrand in die Nußallee mündet. Hier links. Wir treffen auf eine Vorfahrtstraße, die Tulpenallee, und steuern rechts. Nach etwa 1,2 km (jetzt Rasenallee) an den ersten Häusern links in den Wald und dem Radweg nach Ahnatal (Schilder) folgen. Am Hang des *Habichtswalds* entlang bis zur B 251 an der *Gaststätte Ahnatal*.

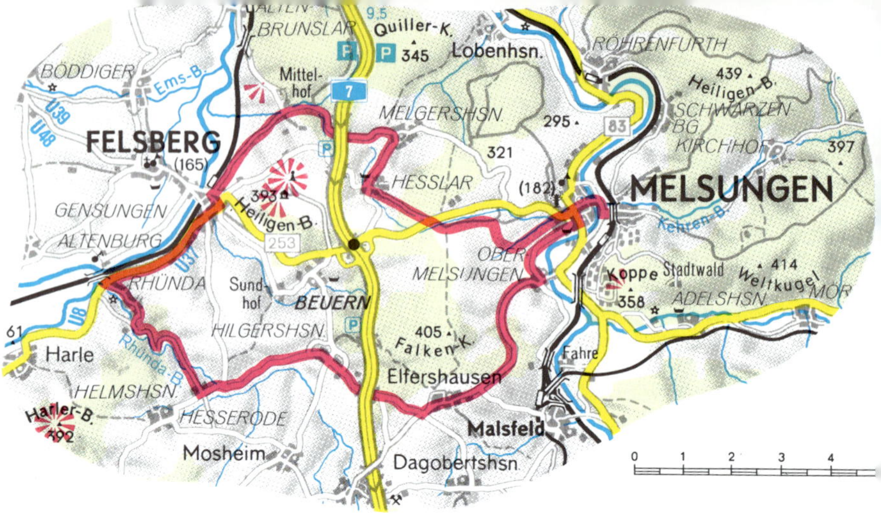

Hier den Radweg verlassen und links über der Straße halten. Bald müssen wir durch eine Kehre, kommen am Schotterwerk vorbei und lenken dahinter links in den Fahrweg zur Igelsburg ein. Nun bergauf am Gasthof (liegt rechts) vorbei. Wir treffen dann auf das Wegzeichen ⊥, dem wir nach links am Waldrand entlang folgen. Gegenüber in der Talmulde ragt der mächtige Dörnberg auf. Nach gut 1 km nach links wenden und noch ein Stück nach der Markierung. Leitet sie geradeaus, steuern wir den linken Abzweig und halten dann die Richtung bis zur Landstraße (rechts Fernsehturm auf dem Essigberg). Jenseits der Straße kämen wir nach 1 km zum Hohen Gras (615 m), dem höchsten Punkt des Habichtswalds. Wir wenden uns aber links, folgen der Straße und zweigen zum *Herkules* ab (am steilen Hang des Hüttenberges geht es durch den Bergpark zum Schloß Wilhelmshöhe).

Zurück zur Straße und über sie links durch das *Druseltal* abwärts. Kurz hinter dem Hochhaus links in die Hugo-Preuß-Straße und bis an ihr Ende vor dem Park Wilhelmshöhe. Hier rechts in die Mulangstraße, in Kurven abwärts in die Wilhelmshöher Allee und zum Ausgangspunkt.

124

Von der Fulda bei der Stadt Melsungen zur Eder – bemerkenswert sind die Basaltsteinbrüche bei Rhünda

Ausgangspunkt Bahnhof in Melsungen
Tourenlänge 32 km
Fahrzeit 3 Stunden
Höhenunterschiede Rund 600 m
Tourenbeschreibung Vom Bahnhof *Melsungen* aus fahren wir rechts bis an die alte Fuldabrücke und über diese links in die Altstadt. Sie durchqueren wir in gerader Richtung, kommen an die Hauptdurchgangsstraße, halten uns hier links und bald darauf rechts in Richtung *Obermelsungen.* Bei der Abfahrt in diesen Ort haben wir einen schönen Blick über das Fuldatal. In Obermelsungen biegen wir nach rechts und radeln aufwärts nach *Elfershausen.* Den Ort durchqueren wir in gerader Richtung. 500 m dahinter zweigt rechts eine Straße nach Hil-

gershausen ab, der wir folgen. Auf halbem Wege dorthin unterqueren wir die Autobahn. Nächster Routenpunkt ist Helmshausen, das wir erreichen, wenn wir in *Hilgershausen* auf der eingeschlagenen Straße bleiben. In *Helmshausen* schwenken wir nach rechts und steuern durch ein enges Tal mit vielen Basaltsteinbrüchen abwärts nach *Rhünda,* wobei wir die Route durch den Ort wählen. Kommen wir an die B 253, so fahren wir rechts nach *Gensungen.* In diesem Ort halten wir uns ein kurzes Stück in Richtung Felsberg und benutzen dann rechts den Abzweig in Richtung Altenbrunslar. Nach 2 km, an der kleinen Siedlung Mittelhof, gabelt sich die Straße. Wir fahren rechts nach *Melgershausen* und kreuzen auf halbem Wege dahin die Autobahn. Nächster Streckenpunkt ist *Heßlar.* Schon am Ortseingang halten wir uns links und kommen nach gut 1,5 km zur B 253, die wir überqueren. Gleich dahinter steuern wir nach links und folgen einem geteerten Weg, der nach 1 km nach rechts schwenkt. Auf diesem Weg bleiben wir bis an den Stadtrand von *Melsungen.*

125

Von Bad Berleburg beiderseits der Eder zu dem romantischen Städtchen Battenberg

Ausgangspunkt Bahnhof in Bad Berleburg
Tourenlänge 42 km
Fahrzeit 5 Stunden
Höhenunterschiede Rund 1000 m; fast ständiger Wechsel zwischen Anstiegen und Abfahrten
Tourenbeschreibung Ab *Bahnhof Bad Berleburg* fahren wir etwa 400 m Richtung Süden. An der „Handarbeitsecke" wenden wir uns links und radeln bergauf. Wir folgen der Straße über den Sattel und abwärts über *Meckhausen* ins *Edertal.* Vor dem Fluß halten wir uns links nach *Arfeld.* Im Ort biegen wir an der Sparkasse links ab und radeln im *Arfetal* aufwärts Richtung Schwarzenau. Nach knapp 4 km verlassen wir das herrliche Tal nach rechts. An der Kreuzung auf der Höhe folgen wir der Straße Auf dem Heller geradeaus. Der Höhenweg bietet vielfältige und prachtvolle Ausblicke ins Edertal und auf die Sackpfeife mit dem Sendemast. Treffen wir auf eine Landstraße, fahren wir zunächst geradeaus und dann, an der nächsten Straße rechts, kurvenreich abwärts zur Eder nach *Schwarzenau.* Am Jagdschlößchen überqueren wir den Fluß. Wir biegen bald links in die Alexander-Mack-Straße ein, dann rechts in den Tiefenbacher Weg. Unsere Markierung ist ein weißes Andreaskreuz. In weiten Schleifen und allmählich bergauf führt der teilweise unbefestigte Weg zum *Forsthaus Weißenstein.* Ab hier beginnt wieder der Asphalt. 800 m hinter dem Forsthaus beachten wir die Markierung nicht mehr und folgen links dem Sträßchen bergab zur Eder und nach *Beddel-*

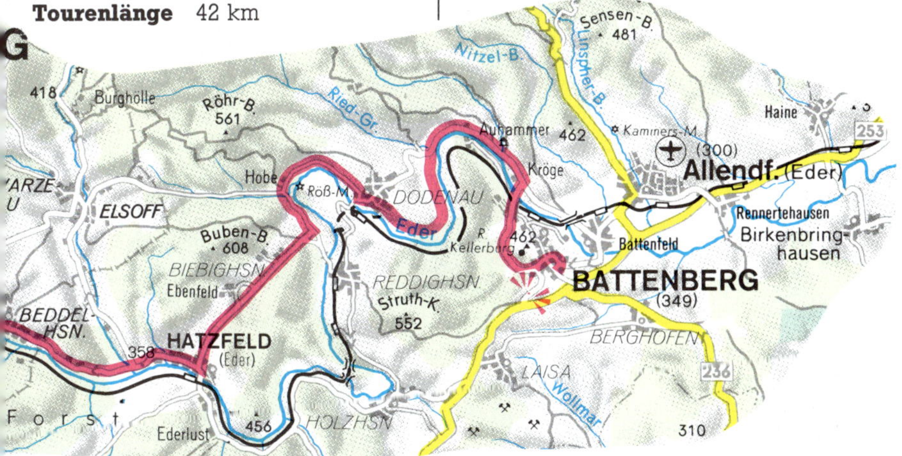

hausen. Im Dorf halten wir uns rechts und fahren durch das Edertal bis *Hatzfeld*, dem ersten Ort in Hessen. 50 m vor dem Abzweig nach Dodenau biegen wir links in die Schulstraße ein und radeln anfangs steil, später ebener empor, bis wir vor der Höhe auf die Straße nach Dodenau treffen. Hier wenden wir uns links über *Biebighausen* ins Edertal nach *Dodenau*. In der Ortsmitte halten wir uns rechts in die Achenbach-, dann in die Auestraße; ein geteerter Weg führt durch die stillen Ederauen. Erreichen wir die Landstraße wieder, steuern wir rechts Richtung *Battenberg*. Bald sehen wir den Bergkegel, auf dem die Oberstadt liegt. Zuvor überqueren wir nach rechts die Eder, umrunden den Burgberg und beenden nach dem letzten Anstieg die Fahrt auf dem Marktplatz der Oberstadt. Oberhalb von Battenberg die einst gräfliche Kellerburg.

126

Bei Bebra durch die Täler von Ulfe, Weihe und Iba rund um das Richelsdorfer Gebirge

Ausgangspunkt Bahnhof in Bebra
Tourenlänge 42 km
Fahrzeit 4 Stunden
Höhenunterschiede Etwa 540 m

Tourenbeschreibung Vom Bahnhof *Bebra* aus fahren wir rechts und dann links in die Bismarckstraße. Wir kommen sofort an eine Ampel und steuern hier links und gleich wieder rechts weiter durch die Bismarckstraße bis an die Nürnberger Straße und hier links. Vor dem Hotel Röse weist uns ein Schild links nach Wildeck; diesem Hinweis folgen wir. Fast 1,5 km weiter halten wir uns wieder links und durch die Unterführung der Eisenbahn. Später queren wir abermals die Eisenbahn, radeln immer geradeaus, vorbei am Haus Sonnenblick und queren auf seiner ganzen Länge *Ronshausen*. Von hier aus lenken wir weiter talauf in Richtung Hönebach. Streckenweise führt ein Radweg neben der Straße her. Wenn wir kurz vor Hönebach die Autobahn überquert haben, müssen wir gleich dahinter links nach Obersuhl. Unser Weg führt uns direkt an der Autobahn entlang und an Raßdorf vorbei bis Bosserode. Wir lassen den Ort Bosserode links liegen und fahren weiter in Richtung *Obersuhl*. Bevor wir die Ortsmitte von Obersuhl erreichen, folgen wir nach links dem Richtungsweiser Richelsdorf. Wiederum kreuzen wir die Autobahn, müssen dann bald bergab und kommen nach *Richelsdorf* im gleichnamigen Gebirge. Am Ende des Ortes zweigt links eine Straße ab nach Be-

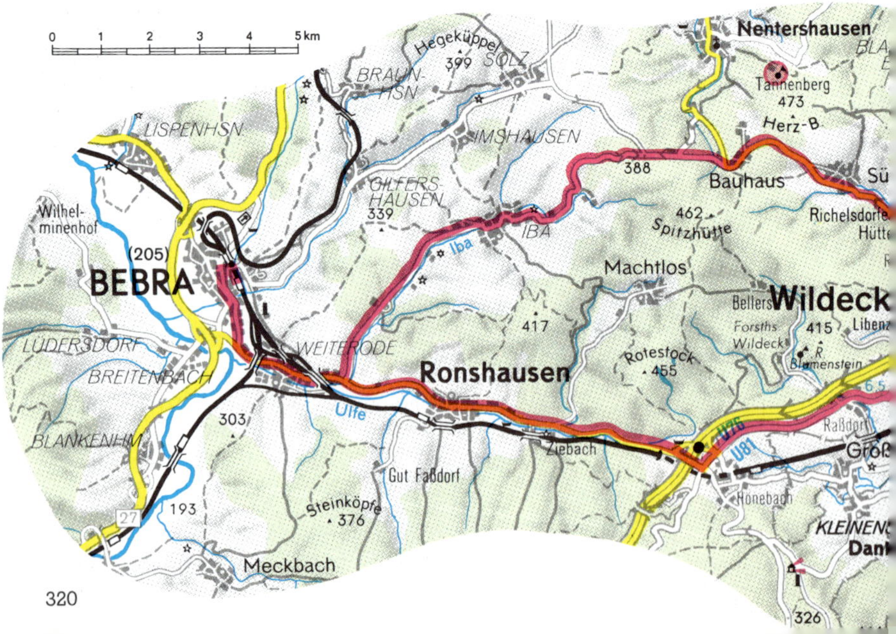

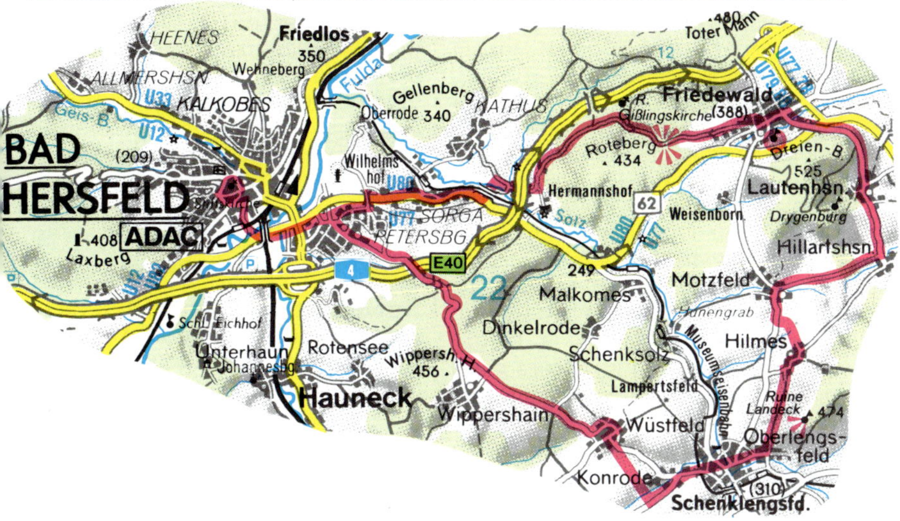

bra, der wir folgen. Vorbei an der *Richelsdorfer Hütte* erreichen wir unser nächstes Ziel: *Süß*. Auch Süß durchfahren wir in gerader Richtung und steuern den nächsten Ort, *Bauhaus*, an. Der folgende Etappenpunkt ist *Iba*. Um dahin zu kommen, biegen wir gleich hinter Bauhaus links ab. Das schmale und wenig befahrene Sträßchen führt durch eine anmutige Landschaft, vorbei an der ehemaligen Grube Schnepfenbusch. Iba, ein ländliches Dörfchen, liegt am gleichnamigen Bach, und durch dessen Tal fahren wir auch abwärts nach Weiterode. Zuvor treffen wir beim Hotel Sonnenblick wieder auf die Ulfetalstraße, die uns vom Hinweg schon bekannt ist, und steuern rechts zurück nach *Bebra*.

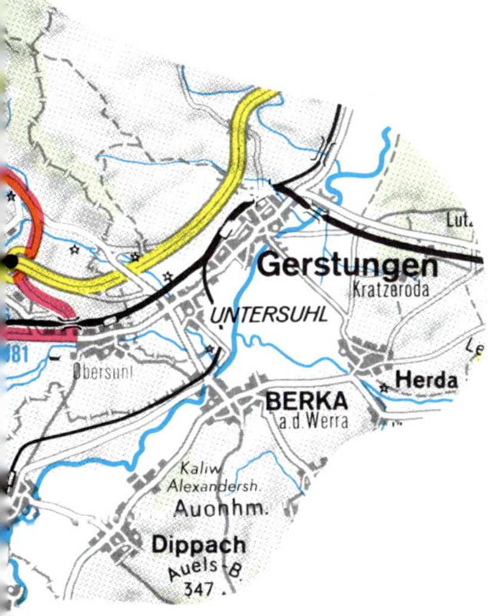

127

Rundtour bei Bad Hersfeld – in Schenklengsfeld beachte man die vermutlich 1000 Jahre alte Linde und in Friedewald die Ruinen der Wasserburg

Ausgangspunkt Marktplatz in Bad Hersfeld
Tourenlänge 40 km
Fahrzeit 4 ½ Stunden
Höhenunterschiede Etwa 500 m
Tourenbeschreibung Vom weiträumigen *Marktplatz* in *Bad Hersfeld* aus halten wir uns zum Lingendenkmal, dort links durch die Hospitalgasse. Wir kommen in die Straße Johannistor, wenden uns rechts zum Stadtring und hier ein paar Meter links. Dann zweigt rechts die Berliner Straße ab, auf deren Radweg wir bald die Fulda überqueren. An der B 62 wenden wir uns links, bis uns ein Schild nach Wippershain weist; es geht nun bergan. Hinter dem Waldrand überqueren wir die Autobahn. Die kurvenreiche Straße führt bergauf. Nicht nach Wippershain hineinfahren, sondern vorher auf die nach Schenklengsfeld führende Straße. *Wüstfeld* ist das nächste Ziel. Biegt die Hauptstraße nach links, fahren wir geradeaus durch die „Hohle", kreuzen eine Vorfahrtstraße und dahinter nach wenigen Metern halblinks in die Straße Am Südhang. An der folgenden

Vorfahrtstraße nach rechts, dann dort, wo sie nach links biegt, geradeaus auf die Felder. Wir steuern auf *Soisberg* zu, dem nördlichsten Ausläufer der Rhön. Immer geradeaus, eine Landstraße kreuzen und ein kurzes Stück bergauf. 500 m weiter nach links und genau auf den Kirchturm von *Schenklengsfeld* zuradeln (mitten im Ort eine uralte Linde mit 17 m Stammumfang, die Bonifatius gepflanzt haben soll; im Mittelalter wurde hier Gericht gehalten).

An der alten Eiche geradeaus und 100 m weiter an der Vorfahrtstraße rechts. Noch vor der Bahnunterführung halten wir uns wieder links in die Raiffeisenstraße; wir fahren parallel zur Bahn. An der Vorfahrtstraße steuern wir links. Bald biegt diese Straße nach links. Wir wenden uns rechts und sofort wieder links in die Hainstraße. Sie wird zum asphaltierten Weg, der durch Feldflur unter den Hängen des Landecker Bergs dahinführt zum Örtchen *Hilmes*. Dort die Vorfahrtstraße queren. Nach 500 m an der Kreuzung steuern wir links bis zur Straße und über diese rechts nach *Motzfeld*. Hinter der Kirche nach rechts in die Oststraße und in fast gerader Linie nach *Hillartshausen*. Dort auf der Vorfahrtstraße *Am Eisfeld* links halten. Das Sträßchen windet sich über *Luntenhausen* nach *Friedewald*, vorbei an den Naturschutzgebieten Dreienberg und Linsenkuppe. (Die festungsartige Wasserburg von 1480 in Friedewald ist Ruine.) Im Ort nach links in die Hauptstraße und auf ihr geradeaus, bis rechts bergauf die Eichelsgasse abzweigt. Sie wird zur Alten Hersfelder Straße. Wir folgen der Markierung weißes Kreuz (+ 36). Nach 3,5 km kommen wir zur Ruine *Gießlingskirche*. Noch etwa 600 m dem weißen Kreuz folgen. Wo es scharf nach rechts leitet, fahren wir geradeaus und halten uns auf dem Weg bis zur Autobahn. Wir queren sie nach rechts und wenden uns dahinter links. Wir sind im Tal der Solz. Vor *Sorga* erreichen wir die B 62 und folgen ihr nach rechts. Den Ort etwas bergauf durchfahren. Wir passieren vor Petersberg einen Weiher (liegt links) und biegen dahinter rechts von der B 62 ab, die nun für Fahrräder gesperrt ist. Wir achten auf das gelb-schwarze Schild für Radfahrer, kreuzen auf einer Brücke die Bundesstraße und folgen ihrer alten Trasse bergab. Nun auf der vom Hinweg bekannten Route zum *Marktplatz* in *Bad Hersfeld*.

128

Rundfahrt von Gemünden aus durch den Mönchswald und das Tal der Wohra – am Weg liegen malerische Orte

Ausgangspunkt Ortsmitte in Gemünden
Tourenlänge 44 km
Fahrzeit 4 Stunden
Höhenunterschiede Etwa 700 m
Tourenbeschreibung Vom *Rathaus* in der Ortsmitte von *Gemünden* aus folgen wir der Straße in Richtung Rosenthal. Nach knapp 4 km kommen wir an der Bernsmühle vorbei, deren Wasserrad noch in Betrieb ist. Wir queren *Lehnhausen*. 1 km hinter dem Dorf biegen wir nach links auf die Straße nach *Rosenthal*, fahren über die Höhe und erreichen die Stadt im Grund der Bentreff. In der Ortsmitte halten wir uns geradeaus in Richtung Bracht/Rauschenberg; ein sehr schönes windungsreiches Sträßchen mit weiten Fernsichten führt uns in den *Mönchwald*. Nach gut 3 km wenden wir uns in einem Talgrund scharf links Richtung Langendorf und kommen bald nach *Merzhausen*. Hinter dem Weiler und dem Teich biegen wir von der Straße ab rechts in den Heuweg und fahren immer geradeaus durch die Merzhäuser Wiesen und den folgenden Wald zur Hohlen Eiche; wir bleiben in der Richtung und erreichen *Bracht*. Im Ort wenden wir uns an der Hauptstraße links. Nach knapp 2 km fahren wir hinter den Naturdenkmälern links in den Jägerweg zur Siedlung und an deren Ende links in die Waldstraße. 900 m weiter schwenken wir rechts auf den Waldrand zu und folgen ihm bis *Albshausen*. Auf der Vorfahrtstraße halten wir uns 200 m links, steuern dann rechts in die Wolfskauter Straße, links in den Heckenweg bis an dessen Ende und rechts durch die Unterführung

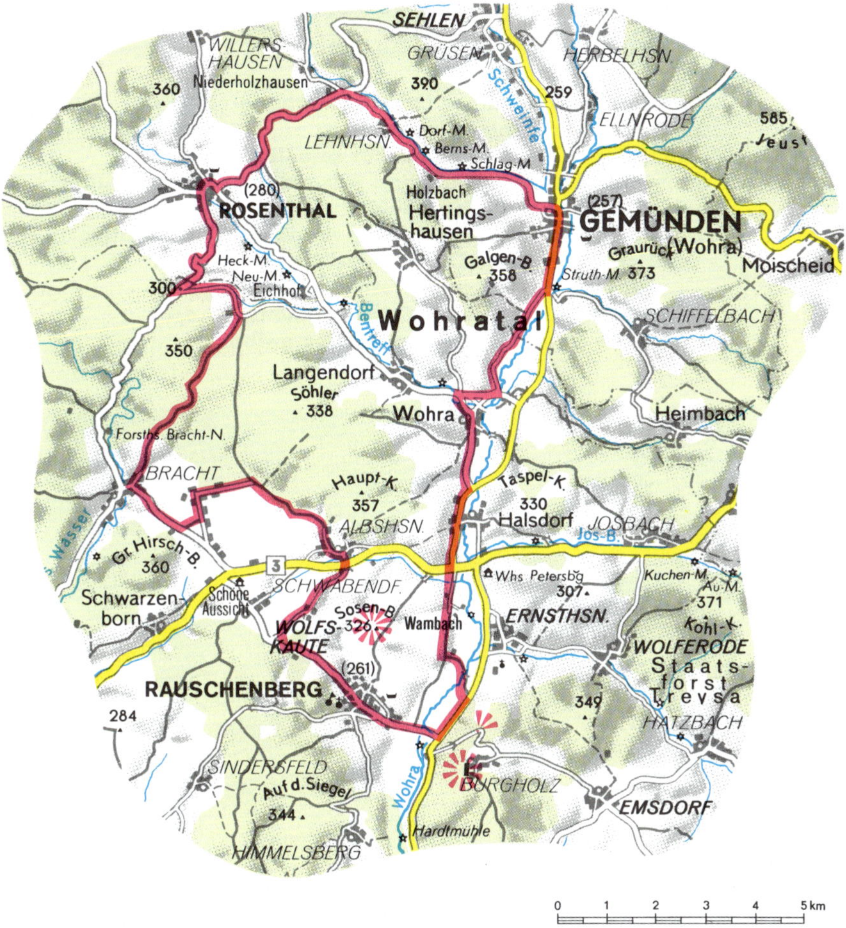

der Umgehungsstraße. Dahinter biegen wir rechts auf ein Sträßchen, das uns nach *Wolfskaute* bringt. Im Weiler bleiben wir in der Richtung, kommen zu einer Landstraße und fahren links bis *Rauschenberg*. Wir queren den Ort, erreichen das *Tal der Wohra* und wenden uns hinter dem Flüßchen auf den Radweg und talauf, bis links eine Lindenallee abzweigt. Ihr folgen wir nun, kreuzen nochmals die Wohra, halten uns an der Fiddemühle rechts und treffen nach 2 km auf die B 3, die wir queren. Durch *Wohra* hindurch bis zur Kreuzung am Ortsende, hier wieder rechts und nach 600 m hinter dem Viadukt links weiter talauf. Bald sehen wir vor uns den Kirchturm von *Gemünden* und erreichen nach 4 km unseren Ausgangspunkt.

THÜRINGER WALD

Für den Radwanderer ist das Durchqueren des Thüringer Waldes nicht immer ganz unbeschwerlich. Doch für seine Mühen wird er reichlich belohnt durch großartige Landschaftsbilder. Ausgedehnte Mischwälder bedecken die Berge. Sie wechseln ab mit lieblichen Bergwiesen und Heideflächen, klippenreichen Einschnitten und steilen Felsen. Der Pflanzenliebhaber wird hier manch selten gewordenes Exemplar entdecken, zum Beispiel Arnica montana, die im Mai und Juni ihre großen gelben Blütenköpfe entfaltet.

Blick auf die Wartburg bei Eisenach

129

Eine Rundfahrt von Neuenhof aus. An der Strecke liegt Eisenach, eine der kulturhistorisch bedeutsamsten Städte Deutschlands

Ausgangspunkt Bushaltestelle in Neuenhof im Werratal

Tourenlänge 31 km über Clausberg bzw. 36 km über Lauchröden

Fahrzeit 3¾ Stunden

Höhenunterschiede Über Clausberg: jeweils ca. 370 Höhenmeter Anstieg (5 % über 2 km) und Gefälle. – Über Lauchröden: 900 m Steigung (5%)

Anmerkungen Etwa 1 km des Weges im Waldgebiet vor Clausberg ist schwer zu befahren, da er frisch grob eingeschottert ist. – An der Weggabelung nach Neuenhof ist der Weg für

Fahrzeuge aller Art gesperrt. Wir gehen davon aus, daß wie in den alten Bundesländern solche breiten Naturstraßen mit dem Fahrrad befahren werden können. – Wer von Neuenhof über Lauchröden und Förtha nach Unkeroda fährt, sollte beachten, daß das Straßenstück von vor Oberellen nach Förtha eine stark befahrene Durchgangsstraße ist. Hier ist erhöhte Vorsicht angezeigt. Dasselbe gilt für die Strecke von Eisenach nach Neuenhof.

Tourenbeschreibung Unsere Radtour rund um die Wartburg beginnen wir in *Neuenhof* im Werratal. Durch die Waldstraße (oberhalb der Bushaltestelle) verlassen wir den Ort nach Süden. Der Weg verläuft im Talgrund, zunächst rechts überqueren wir diesen mehrfach. Am zweiten Trinkwasserschutzgebiet folgen wir dem Hauptweg nach rechts (ansteigend), vorbei an Fischteichen. An der folgenden Wegegabelung fahren wir geradeaus weiter, dann leicht ansteigend durch das Seitental. Der Weg führt an einer alten *Köhlerhütte*, dann an einer *Traueresche* (Naturdenkmal) vorbei nach rechts aufwärts in einen Sattel mit einem Wegkreuz (etwa 300 m mit 5%Steigung; Wanderwegmarkierung: roter Balken auf weißem Grund).

Am Wegkreuz fahren wir nach links und erreichen nach einem kurzen Anstieg (etwa 150 m mit 5%) den Kamm und nehmen am gleich darauf folgenden weiteren Wegkreuz den Weg nach links. Dieser ist auf etwa 1 km Länge grob geschottert, geht dann aber in einen gut befahrbaren Waldweg über.

In einem Sattel mit Wegstern folgen wir auf dem Hauptkamm der Wanderwegmarkierung nach halbrechts. Die Tour führt durch die Feldlandschaft mit weitem Blick nach Süden. Wir treffen auf den *Rennsteig*, einen alten, 160 km langen Grenzweg, der heute ein Wanderweg ist. Er zieht sich in 700 bis 900 m Höhe auf dem Kamm des Thüringer Waldes und des Thüringer Schiefergebirges hin. Im Westen beginnt er bei Hörschel an der Einmündung der Hörsel in die Werra und endet bei Blankenstein westlich der oberen Saale. Insgesamt sind etwa 220 Rennsteige oder Rennwege im deutschen Sprachraum bekannt. Diese Pfade eines uralten Wegenetzes waren die kürzesten Verbindungen zwischen wichtigen Orten, die meist abseits der Siedlungen durch den Wald führten.

Auf dem Rennsteig-Wanderweg erreichen wir *Clausberg* (ca. 200 m mit 5 % Gefälle). Nicht versäumen sollten wir, kurz vor Clausberg links des Weges die kleinen Zechsteinfelsen anzuschauen.

Beim kurzen Gegenanstieg durch *Clausberg* (etwa 300 m mit 5 % Steigung) öffnet sich der Blick auf die langgezogene Nordrhön mit den Basaltkegeln (Soisberg, Ochsen, Dietrichsberg). Am Vorfahrtstraßenschild fahren wir geradeaus weiter und dann bergab zur B 84 beim *Vachaer Stein*, einem Obelisken, der als Wegweiser diente.

Wollen wir auf Asphalt weiterfahren, führt unsere Tour auf der stark befahrenen B 84 nach rechts nach *Förtha* und weiter nach *Unkeroda*.

Um diesem Verkehr zu entgehen, empfehlen wir, die B 84 zu überqueren und über den geradeaus talwärts führenden Waldweg (links bergan geht es zum Rennsteig) nach Förtha zu fahren. Da es sich um einen alten, gepflasterten Weg handelt, ist jedoch Vorsicht geboten. Nach einem kleinen aufgestauten Teich folgen wir dem Weg nach rechts bergab und erreichen in *Förtha* die Landstraße. Der Ort wurde 1383 erstmals genannt; die Wehrkirche stammt aus dem 13. Jahrhundert.

Förtha können wir von *Neuenhof* aus auch auf der Landstraße fast ohne Anstieg über *Lauchröden, Unterellen* und *Oberellen* erreichen. Das Stück von Oberellen nach Förtha ist jedoch eine stark befahrene Durchgangsstraße.

In *Förtha* fahren wir nach links durch den Straßentunnel unter der Eisenbahn nach *Wolfsburg-Unkeroda* und folgen dort der Landstraße nach *Wilhelmsthal*. Das dortige Schloß besteht aus barocken und klassizistischen Gebäuden, mit deren Bau 1712 begonnen wurde. Johann Wolfgang von Goethe hielt sich hier wiederholt auf.

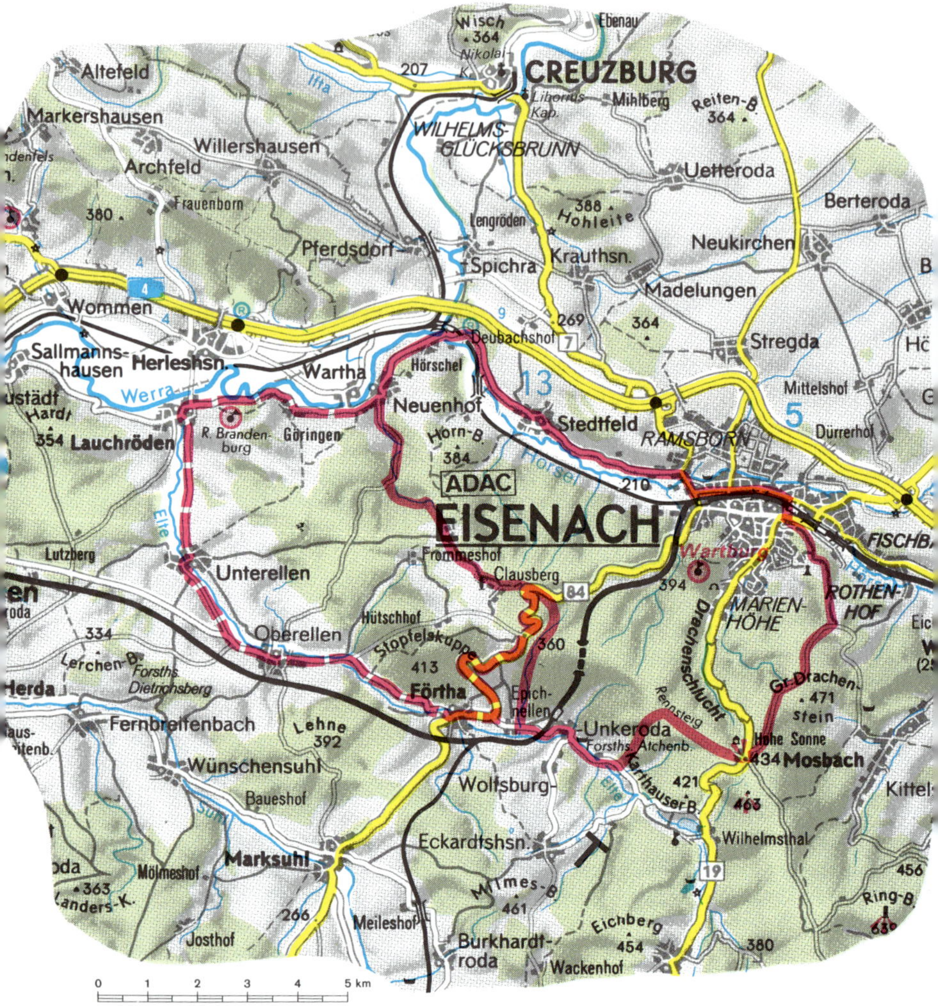

Von Wilhelmsthal führt der Aufstieg zur *Hohen Sonne* über die stark befahrene B 19. Wir empfehlen deshalb folgende Alternative: Hinter *Unkeroda* überquert die Straße bei einem Forsthaus die Elte. 500 m danach zweigt nach links das Bärenbachtal ab (Wanderwegweiser „Bärenbachtal/Luisenquelle/Rennsteig"). Wir folgen dem Weg im Talverlauf, zweigen nicht nach rechts ab, sondern halten uns links weiter am Bach entlang, bis links oberhalb unseres Weges die *Luisengrotte* liegt (Wegweiser). An der Wegegabelung bei der Luisengrotte folgen wir dem rechten Weg. Dieser quert in einer Linkskurve den Talschluß und zieht dann am Gegenhang zum *Rennsteig* empor (etwa 600 m mit 5% Steigung). Nach rechts erreichen wir auf diesem Wanderweg nach etwa 1 km die *Hohe Sonne* (etwa 300 m mit 5% Steigung). Hier stand einst ein Jagdschlößchen, das Herzog Ernst August von Sachsen-Weimar 1747 erbauen ließ. Am Turm prangte eine vergoldete Sonne – daher rührt der Name dieses Übergangs. Das jetzige Gebäude entstand 1906 und zeigt Stilelemente des 18. Jh.

An der *Hohen Sonne* überqueren wir die B 19 und fahren auf dem nach links führenden Natursträßchen, der Weinstraße, die ihren Namen jedoch nicht vom Wein, sondern vom mundartlichen Woin = Wagen hat, nach Eisenach. Am Marienblick taucht vor uns die Wartburg auf, die herausragende Sehenswürdigkeit Eisenachs. Der Sage nach wurde die Wartburg 1067 gegründet. Martin Luther übersetzte hier 1522, als der Kurfürst den aus Worms zurückgekehrten Geächteten und Gebannten in Schutzhaft nahm, das Neue Testament aus dem Griechischen ins Deutsche (Lutherstube). Am 18. Oktober 1817 feierten die Burschenschafter anläßlich des 300. Reformationsfestes und des 4. Jahrestages der Schlacht bei Leipzig das Wartburgfest. Die Wartburg wurde zwischen 1838 und 1890 wiederaufgebaut und von 1978 bis 1983 restauriert.

Wir fahren geradeaus weiter, sollten jedoch beachten, daß der bald folgende kurze Aufstieg zum rechts liegenden *Großen Drachenstein* (471 m) wegen der Aussicht auf den mittleren Thüringer Wald mit dem Großen Inselsberg und auf die Hörselberge sehr lohnend ist.

Unsere Fahrt geht auf dem Natursträßchen weiter bergab, bis an der *Mosbacher Linde* die Hörselberge nochmals vor uns liegen. Hier halten wir uns auf dem Hauptweg nach links. Kurz nach der Abzweigung zum Hauptbahnhof Eisenach (Wanderweg) fahren wir geradeaus weiter (nicht nach rechts abwärts), am Hang entlang und links haltend, zum Burschenschaftsdenkmal. Den Parkplatz unterhalb des Denkmals erreichen wir nach einer scharfen Linkskurve. Nicht zu beschreiben brauchen wir den Blick vom Denkmal auf die Wartburg und Eisenach; man spürt hier förmlich die historische Bedeutung von Burg und Stadt, die 1150 erstmals urkundlich erwähnt wurde.

Auf der Vorfahrtstraße fahren wir hinunter nach *Eisenach*, queren die B 19 zum *Bachhaus*. In diesem bescheidenen Kleinbürgerhaus wurde der große Barockmusiker am 21. März 1685 geboren (Sammlung historischer Musikinstrumente und ca. 300 Ausstellungsstücke aus Bachs Schaffenszeit). Von dort schieben wir am besten das Fahrrad durch die Lutherstraße, vorbei am *Lutherhaus*, einem schönen Fachwerkbau, in dem eine Sammlung von Bibeldrucken und geistlichen Büchern an den Raformator erinnern. Er selbst wird dieses Haus wohl nie betreten haben. Als der junge Luther die Lateinschule St. Georg in Eisenach besuchte, wohnte er vermutlich im Gasthof zur Sonne in der Georgenstraße.

Über den Lutherplatz kommen wir zum *Markt*, den wohlerhaltene stattliche Fachwerkhäuser des 17. Jh., die wuchtige Kirche St. Georg, das Renaissance-Rathaus und das Stadtschloß (Mitte 18. Jh.; Thüringer Museum u.a. mit großer Sammlung Thüringer Gläser und Porzellan) umstehen. Sehenswert ist auch das Reuterhaus (Reuterweg 2, am Weg zur Wartburg), in dem der niederdeutsche Dichter Fritz Reuter seine letzten Lebensjahre verbrachte.

Nun folgen wir der Georgenstraße, dann der Katharinenstraße zur Eisenbahnunterführung und fahren weiter in Richtung B 7 (Kassel).

An der Abzweigung nach Lauchröden/Stedtfeld biegen wir nach links ab, fahren durch die Stedtfelder Straße aus dem Ort und weiter nach *Stedtfeld*. Das sehr kurvenreiche Sträßchen führt entlang eines Felshangs aus Muschelkalk nach *Hörschel*. Mit Blick auf den Autobahnviadukt radeln wir weiter nach *Neuenhof*, dem Ausgangspunkt unserer Fahrt.

Die folgenden drei Touren sind Etappen einer langen Fahrt, die streckenweise auf dem Kamm des Thüringer Waldes verläuft.

130

Von Eisenach nach Oberhof – eine landschaftlich besonders schöne Tour

Ausgangspunkt Markt in Eisenach

Tourenlänge 60 km

Fahrzeit Etwa 7 Stunden

Höhenunterschiede Etwa 1200 Höhenmeter Anstieg und etwa 620 Höhenmeter Gefälle; auf 9 km ca. 5% Steigung

Anmerkung Über einige Teilstücke ist unsere Route identisch mit dem

ADAC
EISENACH
210
Stockhausen
Trenkelhof
Nesse
FISCHBACH
Hörselberg
Frommeshof
Clausberg
Wartburg
394
84
MARIEN-HÖHE
ROTHEN-HOF
Hörsel
Eichrodt
Wutha
(255)
Kahlen-berg
360
413
Förtha
Epich-nellen
Drachenschlucht
Rennsteig
Gr. Drachen-stein
471
Hohe Sonne
434
Mosbach
Schönau
Farnroda
Deubach
Unkeroda
Forsths. Atchenb.
Karthäuser B.
421
463
Kittelsthal
88
Hucheroda
Wolfsburg-
Elte
Eckardtshsn
Wilhelmsthal
Heiligen-stein
Seebach
19
456
R. Scharfenberg
Reitzen-B.
481
Milmes-B.
461
Ring-B.
639
Thal
554
Wartberge
Burkhardt-roda
Eichberg
454
Wackenhof
380
Breiten-B.
698
Schmerbach
Etterwinden
RUHLA
Winterstein
Eichkopf
346
Kupfersuhl
Fischbach
420
Kissel
648
Rennsteig
Hohe Heide
661
Möhra
718
Waldfisch
335
Gr. Weißen-B.
747
Gr. Insels-B.
916
Gräfendorf-Nitzendorf
Alte Warth
436
Luther-Dkm.
Altensteiner-Wasserfall
Schl. Altenst.
Beerberg-grotten
Gumpelstadt
Glücks-brunn
Neuendorf
Marienthal
Schweina
Steinbach
730
Rennwegs-K.
BROTT
Witzel-roda
Profisch
Schloß-B.
460
BAD LIEBENSTEIN
290
Laudenbach
Erz
Mommelstein
703
450
BAIRODA
Elmen-thal
Barchfeld
Trusethaler-Wasserfall
Sorga
Trusetal
Meimers
Wolfsberg
Farnbach
Herges Vogtei
Erz
Grum-B.
19
Trusen
Hohleborn
Farnbach
Atzerode
Grumbach
Nüßleshof
Breitungen
Wahles
Nüßlertiefe
431
Gr. Geiselsberg
657
Herren-breitungen
REICHENBACH
Winne
Heßles
Forsths.
Truse
Werra
Fambach
Röthkuppe
478
Schloß Wilhelm
AUE
Mittel-schmalkalden
VOLKERS
473
0 1 2 3 4 5 km

Rennsteig. Aufgrund der Geländegegebenheiten gibt es hier keine andere Routenführung, sofern man nicht auf die stark befahrenen Straßen des südlichen und nördlichen Vorlandes ausweicht. Wir haben versucht, zur Rennsteigstrecke, die für das Wandern vorbehalten sein sollte, eine Alternative für das Rad aufzuzeigen.

Im deutschen Sprachraum sind etwa 220 Rennwege oder Rennsteige bekannt. Diese Wege und Pfade eines uralten Wegenetzes waren die kürzesten Verbindungen zwischen wichtigen Orten, auf denen Boten zu Fuß oder mit dem Pferd verkehrten. Meist führten diese Kurierwege abseits der Siedlungen durch den Wald, so auch der *Rennsteig*, der heute ein Wanderweg ist. Auf etwa 160 km verläuft er in 700 bis 900 m Höhe auf dem Kamm des Thüringer Waldes und des Thüringer Schiefergebirges. Er beginnt im Westen bei Hörschel an der Einmündung der Hörsel in die Werra und endet in Blankenburg an der Saale. Über Jahrhunderte bildete der Rennsteig außerdem die Grenze zwischen den hier aneinanderstoßenden Kleinstaaten. Noch heute erinnern zahlreiche alte Grenzsteine, der älteste aus dem Jahre 1483, und drei Dreiherrnsteine an diese Zeiten.

Tourenbeschreibung Im historischen Altstadtbereich am Markt in *Eisenach* (Näheres s.S. 327) beginnt unsere Tour, die uns über den Thüringer Wald und durch das Thüringer Schiefergebirge nach Lobenstein bzw. Probstzella oder Ludwigsstadt führt. Mit dieser Parallele zur Rennsteigwanderung wollen wir auch den Radwanderer auf einer Streckentour die

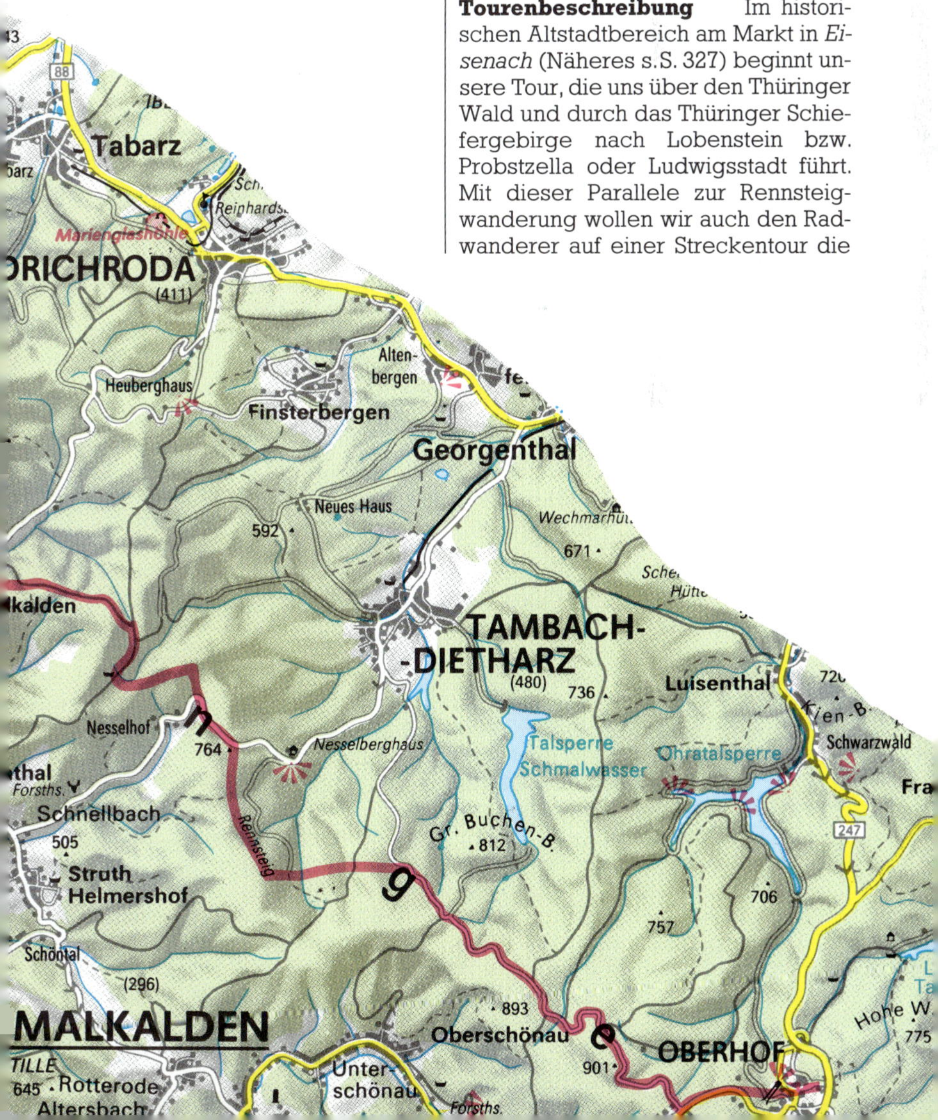

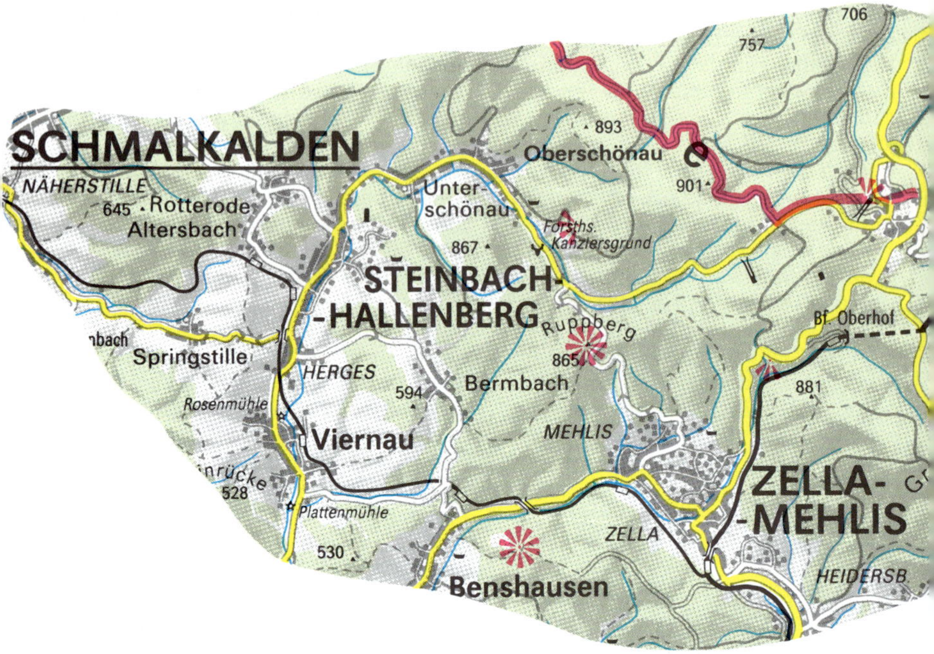

landschaftlichen Schönheiten dieser Mittelgebirgszüge aufzeigen.

Vom Markt in *Eisenach* fahren wir zum Lutherplatz, vorbei am Lutherhaus, durch die Lutherstraße zum Bachhaus, am Frauenplan zur Grimmelgasse und queren an deren Ende die B 19 in Richtung Hotel Berghof. Die Johann-Sebastian-Bach-Straße steigt steil an. Wir bleiben auf der Vorfahrtstraße (Am Ofenstein) bis zum Parkplatz unterhalb des *Burschenschaftsdenkmals* (etwa 900 m mit 5% Steigung). Die wenigen Meter hinauf zum Denkmal lohnen sich. Der Blick zur Wartburg ist unvergeßlich.

Am Parkplatz unterhalb des Burschenschaftsdenkmals beginnt unser Aufstieg über die Weinstraße, eine Naturstraße, die ihren Namen von mundartlich „Wagen" erhalten hat. Vom Parkplatz fahren wir etwa 150 m weiter, dann in einer scharfen Rechtskurve hinaus auf die Wiesen. An der folgenden Weggabelung halten wir uns nach rechts auf der Straße, die sich zunächst fast ohne Steigung am Hang entlangzieht und in den Wald führt. Wir bleiben auch weiterhin auf dem Pflastersträßchen im Wald, bis sich an der *Mosbacher Linde* der Blick auf die Hörselberge öffnet.

In einem Rechtsbogen geht es weiter auf der Weinstraße bergan. An der Abzweigung zur Herzogseiche/Prinzenteich (Wanderwegweiser) beschreibt diese eine Rechts-Links-Kurve, an der Wetterfichte (erste Abzweigung zum Großen Drachenstein) geht es geradeaus und dann leicht bergab zur zweiten Abzweigung zum Großen Drachenstein (479 m). Hier lohnt sich der kurze Anstieg zum *Großen Drachenstein* wegen des Blicks auf die Hörselberge und den Großen Inselsberg. Geradeaus weiter kommen wir zum *Marienblick*, an dem die Wartburg vor uns liegt. Nun führt das Sträßchen leicht ansteigend, das heißt leicht nach links bergan und über den Bergrücken, zur *Hohen Sonne* (etwa 1,5 km mit 5% Steigung).

Als Alternative zu diesem Aufstieg ist die stark befahrene B 19 zu nennen, auf der wir von *Eisenach* aus in Richtung Meiningen zur *Hohen Sonne* fahren (etwa 2,8 km mit 5% Steigung).

Ab der *Hohen Sonne* folgen wir dem *Rennsteig*, der hier eine Naturstraße ist, nach links zur Landstraße Etterwinden-Ruhla (etwa 1 km mit 5% Steigung), überqueren die Straße und fahren auf dem *Rennsteig* weiter. Die

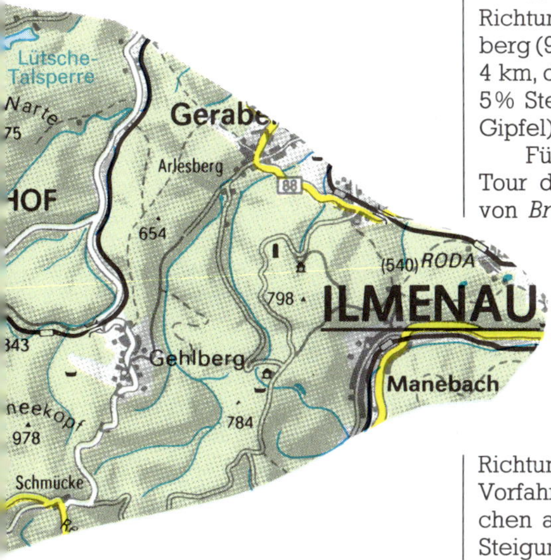

Naturstraße steigt an zum Wegstern, an dem der Waldweg zum Jagdhaus Kissel abzweigt (etwa 800 m mit 5% Steigung). Es geht in unserer Fahrtrichtung weiter, vorbei an der *Auerhahnhütte* (etwa 300 m mit 5% Steigung) zu einer alten großen *Meilerstätte* (Wegkreuz, in dessen Mitte ein Ahorn steht).

An der Meilerstätte fahren wir geradeaus weiter in Richtung Gerberstein, nach einem kurzen Anstieg (etwa 100 m mit 5% Steigung) zum Glöckner, einer Granitkuppe, geht es mit Blick zum Großen Inselsberg hinab zum Straßendreieck auf dem Ruhlaer Sattel.

Wir radeln etwa 300 m geradeaus auf der Straße in Richtung Winterstein/Brotterode, dann an der Straßengabelung nach rechts in Richtung Brotterode. Die Straße steigt unterhalb des Gerbersteins an (etwa 500 mit 5% Steigung), führt danach durch den Mischwald am Hang unterhalb des Dreiherrnstein, einer der drei alten Grenzsteine auf dieser Tour, entlang.

Nach zwei kleinen Gegenanstiegen gelangen wir auf die Kuppe vor Brotterode, von der wir in sehr angenehmer Talfahrt das Städtchen erreichen. Das 1039 gegründete *Brotterode* ist heute ein Wintersportort mit gutem Skigelände, Skilift und Sprungschanzen.

In *Brotterode* ist ein Abstecher in Richtung Tabarz zum Großen Inselsberg (916 m) möglich (bis Grenzwiese 4 km, davon etwa 1,7 km Steigung mit 5% Steigung, dann zu Fuß auf den Gipfel).

Für die Weiterfahrt auf unserer Tour durchqueren wir die Ortsmitte von *Brotterode* nahezu geradeaus in Richtung Schmalkalden, folgen der Vorfahrtstraße aus dem Ort und erreichen ansteigend (etwa 1 km mit 5% Steigung) den Sattel zwischen dem Gänsberg und der Hohen Scharte. In steiler, kurvenreicher Fahrt geht es hinab nach *Kleinschmalkalden*, in dem die Schmalkalde jahrhundertelang die Grenze zwischen dem sächsisch-thüringischen und dem hessisch-preußischen Ortsteil war.

Im Ort fahren wir nach links talaufwärts in Richtung Friedrichroda und zweigen etwa 100 m nach dem Ortsendeschild nach rechts (Wanderwegweiser „Kreuz/Ebertswiese") ab. Wir queren das Tälchen, fahren dann nach links (Wanderwegweiser Ebertswiese) und an der folgenden Weggabelung auf dem rechten Weg am Hang und links von der Feriensiedlung bergan. Hier beginnt der lange Aufstieg zur Ebertswiese.

Nach einem steilen Anstieg (etwa 1,5 km mit 5% Steigung) erreichen wir ein Wegdreieck. In unserer Fahrtrichtung folgen wir dem befahrenen Waldweg, vorbei an einem Wiesenfleck, zu einer Wegspinne an einer großen Wiese. Hier stößt unser Weg parallel auf den von Seligenthal kommenden Weg. Wir fahren halbrechts in Richtung Ebertswiese (verwaschener Wanderwegweiser) weiter, etwa 100 m danach folgt rechts des Weges der *Jobststein*. Der gut befahrbare Weg führt zum *Pirschhaus Dreiherrnstein* (etwa 500 m mit 5% Steigung). Nach weiteren 200 m treffen wir am *Dreiherrnstein* auf den *Rennsteig*. Wir fahren geradeaus weiter in Richtung Ebertswiese, zweigen dann am kurzen Anstieg nicht nach rechts zur Ebertswiese ab, sondern bleiben geradeaus ansteigend auf dem breiten Fahrweg, bis wir auf den Wanderwegweiser an der *Ebertswiese*, einem sumpfigen Wiesengelände im Quellbereich der Spitter, treffen, das bereits 1039 als Everhardesbrucchon erwähnt wurde. Hier befand sich ein Grenzpunkt und eine Hauptübergangsstelle im Thüringer Wald.

Nun führt unsere Route weiter über der *Rennsteig* nach links zur *Neuen Ausspanne* (Wanderwegweiser). Wir überqueren auf einer kleinen Brücke den Spitterbach, den einzigen Bach, den der *Rennsteig* in seinem gesamten Verlauf überquert, steigen etwa 200 Meter an (mit 5% Steigung) und folgen dem Rennsteig, der hier ein Fahrweg ist, über den Kamm und über den Nesselberg bergab zur *Neuen Ausspanne* an der Straße Seligenthal-Tambach-Dietharz, die 1828 als günstigere Straßenführung die Straße über die Alte Ausspanne ablöste.

Hier verlassen wir den Rennsteig, der über die Schmalkalder Loipe (886 m) und den Wachsenrasen am Donnershauk (894 m) zum *Grenzadler* bei Oberhof führt, und fahren nach links etwa 1,5 km auf der Straße in Richtung Tambach-Dietharz bergab zum nicht mehr bewirtschafteten *Nesselberghaus*. Kurz vor diesem zweigt scharf nach rechts ein Asphaltsträßchen ab, dem wir ansteigend (etwa 500 m mit 5% Steigung) über etwa 6 km am Hang entlang zu einem Wegdreieck mit drei Fichten und einer Sitzgruppe folgen, an dem der Weg von rechts von den Neuhöfer Wiesen und vom Rennsteig herunterkommt. Wir fahren noch etwa 200 m in unserer Fahrtrichtung weiter und zweigen dann nach rechts bergan auf den Waldweg ab.

Wer die Abzweigung in den Waldweg verpaßt und auf dem Asphaltsträßchen, das nach Tambach-Dietharz führt, weiterfährt, kann an der Stelle, an der von rechts ein Asphaltsträßchen (Oberschönauer Straße) herunterkommt, auf diesem nach rechts ansteigend, vor der Abzweigung zum Schmalwassergrund, wieder auf unseren Weg kommen (etwa 1 km mit 5% Steigung) (der unten beschriebene Waldweg, etwa 1,5 km, trifft vor der Abzweigung zum Schmalwassergrund wieder auf dieses Asphaltsträßchen).

Nach etwa 150 m (5% Steigung) beschreibt der nach rechts abzweigende Waldweg einen Linksbogen. Wir folgen diesem und bleiben auf dem breiten Weg, ohne abzuzweigen, vorbei an den Kahlschlagflächen mit Blick auf den Großen Buchenberg. Danach treffen wir auf ein Wegkreuz, an dem der stark befahrene Weg nach links zum etwa 200 m entfernten Asphaltsträßchen hinabführt. Um keine Höhe zu verlieren, fahren wir hier geradeaus weiter und erreichen nach etwa 250 m das Asphaltsträßchen.

Auf diesem geht es nach rechts bergan zum Wegdreieck im Sattel. Hier folgen wir dem Asphaltsträßchen nach links, das am gleich folgenden Jagdhaus zur Abzweigung in den Schmalwassergrund hinabführt. Es geht weiter nach rechts, gleich darauf an der Weggabelung nach links und in leichtem Auf und Ab, vorbei am *Naturschutzgebiet Saukopfmoor*, zuletzt auf einem Natursträßchen zum *Grenzadler* an der Straße Steinbach-Hallenberg-Oberhof.

Am *Grenzadler*, der seinen Namen nach dem preußischen Adler auf einem Grenzstein hat, fahren wir nach links (Radweg) nach *Oberhof*.

1259 wurde die beim heutigen *Oberhof* über den Kamm des Thüringer Waldes führende Leubenstraße erstmals erwähnt. Um den Reisenden nach dem steilen Aufstieg eine wohlverdiente Rast zu bieten, entstand im 15. Jahrhundert der „Obere Hof" auf dem Paß, ein einsames Rasthaus, das als Hospiz zur Johanniterkomturei Weißensee gehörte. Außerdem befand sich hier eine Zollstelle. 1556 wird Oberhof erstmals als Ort genannt, der allerdings nur aus zwei Häusern bestand, dem Oberen Hof und der Behausung des Weghalters. Die ersten Kurgäste kamen 1861. Aus diesen Anfängen entwickelte sich das heutige Oberhof (800-835 m), das zu den beliebtesten Ferienorten zählt.

131

Von Oberhof nach Neuhaus am Rennweg – auf einsamen Waldpfaden und über Höhen mit grandiosem Rundblick

Ausgangspunkt Hotel Rennsteig in Oberhof
Tourenlänge 55 km
Fahrzeit Etwa 6½ Stunden
Höhenunterschiede Etwa 620 m Höhenmeter Gefälle; auf etwa 4,2 km 5% Steigung

Tourenbeschreibung Vom Hotel Rennsteig in *Oberhof* schieben wir das Rad durch die Fußgängerzone (Zellaer Straße), fahren weiter durch die Zellaer Straße bis vor die B 247 (Sperrschild). Hier führt ein Wanderweg nach rechts zur Bundesstraße.

Nach etwa 700 m nach rechts auf den B 247 haben wir das *Rondell* (826 m) erreicht. Der *Obelisk* erinnert an den Bau der Straße von Suhl nach Gotha in den Jahren 1830 bis 1832. Die vom preußischen Staat finanzierte Straße war damals ein Symbol für die entstehende wirtschaftliche Einheit Deutschlands.

Wir zweigen nun von der Bundesstraße nach links in Richtung Schmükke (Wegweiser) ab und fahren nach wenigen Metern am Zugang zum *Rennsteiggarten* (s. dazu S. 350), der rechts neben der Straße am Großen Pfanntalskopf liegt, vorbei, zunächst ansteigend zur *Suhler Ausspanne* (ca. 500 m mit 5% Steigung). Die Kammstraße führt nun unterhalb des Großen Beerbergs (982 m), dem höchsten Berg des Thüringer Waldes, entlang zum Adler, einem alten Wegkreuz, und weiter zum Berggasthof *Schmükke*. Auf dieser Fahrt sind links die Anlagen auf dem Schneekopf (978 m) zu sehen.

In *Schmücke* bleiben wir auf dem Kamm des Thüringer Waldes, fahren in Richtung Schmiedefeld am Rennsteig weiter und kommen am Mordfleck vorbei. *Mordfleck* ist eine alte Flurbezeichnung, die auf „Marter"-Fleck zurückgeht. Hier soll zu Beginn des 16. Jh. ein „Marterkreuz" gestanden haben, das an einen Unglücksfall erinnert. Bereits 1534 war der Name in Mordfleck umgedeutet.

Wir passieren die *Kreuzung Eisenberg* und kommen zur B 4 (etwa 400 m mit 5% Steigung), die wir geradeaus in Richtung Frauenwald überqueren. Die Fahrt geht über die Bahnlinie Ilmenau-Schleusingen, danach am *Bahnhof Rennsteig*, an der Wasserscheide von Weser und Elbe und an der *Jugendherberge Schmiedefeld* vorbei.

Etwa 300 m nach der *Jugendherberge* zweigt nach links eine Naturstraße zur Gaststätte Rennsteighöhe ab (Wanderwegweiser „Allzunah"). Auf dem Waldweg, der sich auf der alten Trasse der Kleinbahn, die vom Bahnhof Rennsteig nach Frauenwalde führte, entlangzieht, fahren wir an der *Gaststätte Rennsteighöhe* vorbei und am folgenden Wegdreieck geradeaus zur Landstraße, auf der wir nach links die wenigen Häuser von *Allzunah* erreichen.

Früher gab es eine Glashütte in diesem nur aus wenigen Häusern bestehenden Ort. Da sie aber „allzu nahe" bei den bedeutenderen Stützerbacher Glashütten stand, war sie nicht konkurenzfähig und mußte wieder geschlossen werden.

Es geht weiter in Richtung Neustadt am Rennsteig zur *Dreiherrnsteinbaude* (etwa 400 m mit 5% Steigung). Hier sollten wir den am Rand des Parkplatzes an der Naturstraße nach Gehren stehenden *Großen Dreiherrnstein* beachten, an dem Preußen, Sachsen-Meiningen und Schwarzburg-Sondershausen aneinanderstießen; außerdem den gegenüberstehenden, ebenfalls gut erhaltenen Rennsteigstein.

Wir fahren nach rechts weiter in Richtung Neustadt am Rennsteig, das wir auf dem Kamm des Thüringer Waldes mit einem kleinen Anstieg (etwa 400 m mit 5% Steigung) erreichen.

Wir durchfahren *Neustadt am Rennsteig* geradeaus in Richtung Schleusingen, radeln über den Bergrücken mit weiter Sicht auf das Thüringer Schiefergebirge, nach Frauenwald und zum Adlersberg nach *Kahlert*, wo wir das Straßenkreuz ebenfalls geradeaus überqueren.

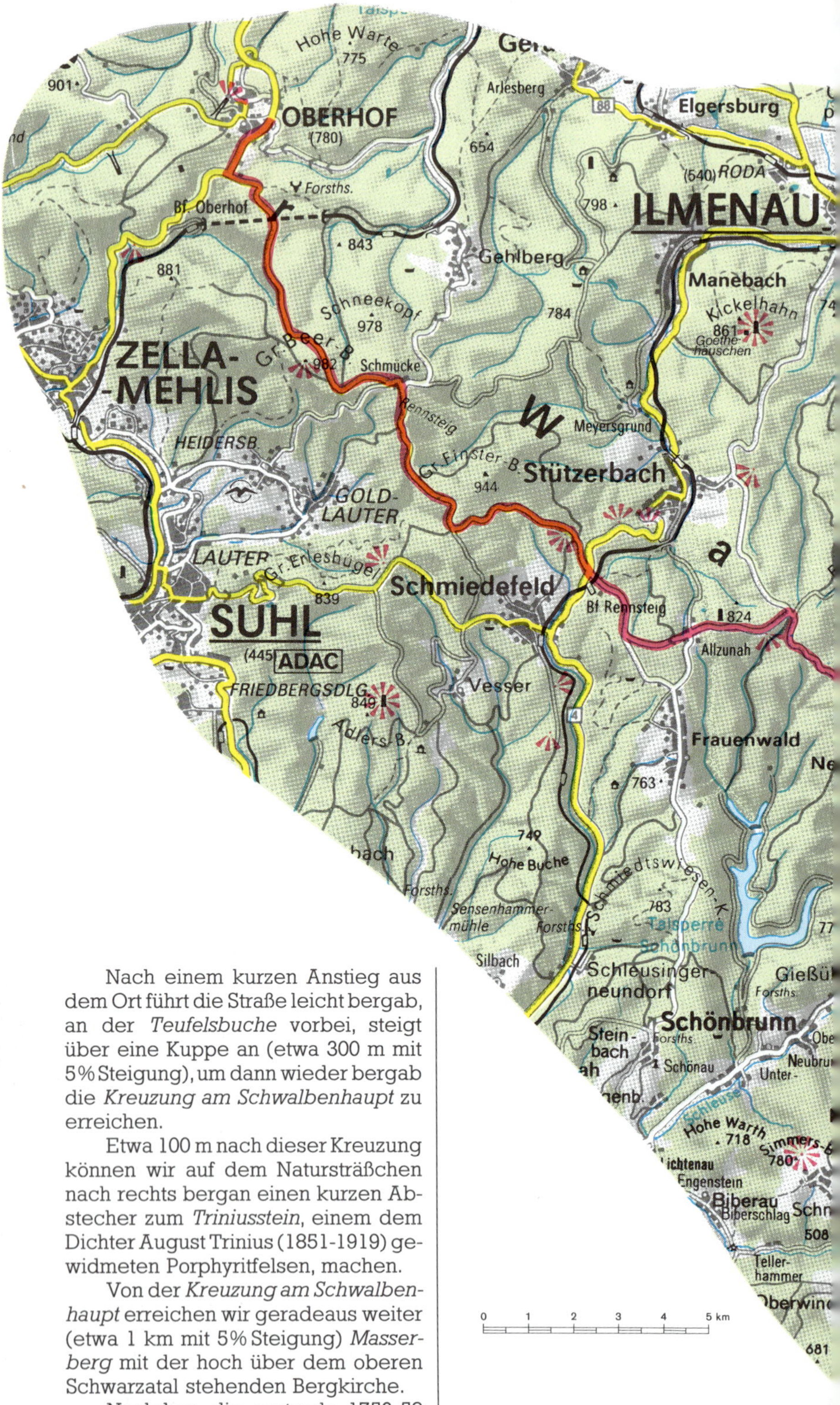

Nach einem kurzen Anstieg aus dem Ort führt die Straße leicht bergab, an der *Teufelsbuche* vorbei, steigt über eine Kuppe an (etwa 300 m mit 5% Steigung), um dann wieder bergab die *Kreuzung am Schwalbenhaupt* zu erreichen.

Etwa 100 m nach dieser Kreuzung können wir auf dem Natursträßchen nach rechts bergan einen kurzen Abstecher zum *Triniusstein*, einem dem Dichter August Trinius (1851-1919) gewidmeten Porphyritfelsen, machen.

Von der *Kreuzung am Schwalbenhaupt* erreichen wir geradeaus weiter (etwa 1 km mit 5% Steigung) *Masserberg* mit der hoch über dem oberen Schwarzatal stehenden Bergkirche.

Nachdem die erstmals 1753-58 erbaute Kirche 1880 abbrannte, wurde sie wiederaufgebaut und 1883 erneut eingeweiht. Masserberg gehört zu den jüngsten Siedlungen des Rennsteiggebietes. Ende des 17. Jh. wurde der Ort unmittelbar am Rennsteig an der Handelsstraße von Nürnberg nach Erfurt gegründet. 1686 wird erstmals von einem Gast- und Rasthaus berichtet. Zwischen 1905 und 1920 erlebte der bis dahin abgeschiedene Ort den ersten Aufschwung im Fremdenverkehr.

Zwischen Masserberg und Friedrichshöhe gibt es keine Straßenverbindung über den Kamm. Wir sind hier auf die Fahrwege durch das Waldgebiet angewiesen.

In *Masserberg* geht es nach rechts zum Sattel am Ortsende (Bushaltestelle). Hier zweigt nach links die Naturstraße ab, die auf den Eselsberg (841 m) mit der *Rennsteigwarte* führt. Der 700 m lange Anstieg lohnt sich wegen der Aussicht vom Turm.

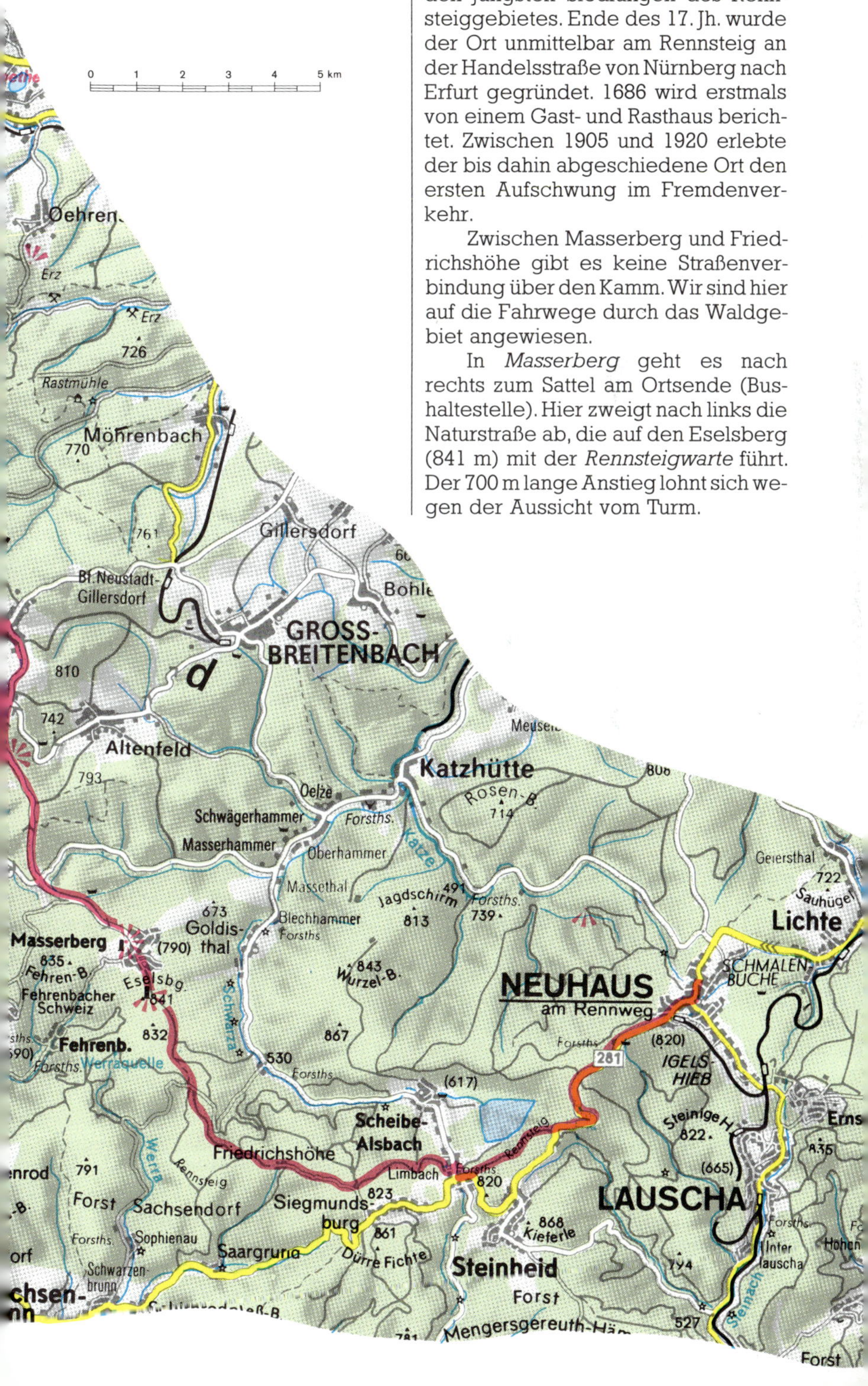

Unser Weiterweg führt vor dem Aufstieg zur Rennsteigwarte nach rechts in Richtung Werraquelle (Wanderwegweiser) zunächst fast eben am Hang entlang, später leicht bergab. Ein doppelarmiger Wanderwegweiser auf der linken Straßenseite weist uns auf die Abzweigung zur Werraquelle hin. Es geht etwa 80 m nach links, dann zweigt nach rechts der etwa 400 m lange Fußweg hinunter zur 1897 gefaßten *Werraquelle* (797 m hoch) ab.

Nach dem Abstecher zur *Werraquelle* kehren wir wieder zurück zur Abzweigung des Fußweges und fahren im Sinne unserer eigentlichen Fahrtrichtung etwa 250 m geradeaus zu einem Fahrweg, dem wir nach rechts folgen (Wanderwegweiser „Ausspanne/Friedrichshöhe") und nach etwa 1,5 km an der kleinen Unterstandshütte auf den *Rennsteig* treffen. Teile dieses Wegstücks sind grobschottrig und schlecht zu befahren. Wir folgen nun nicht dem Rennsteig, sondern bleiben auf dem Fahrweg und erreichen nach etwa 500 m die *Eisfelder Ausspanne*.

Der alte Meilenblock erinnert daran, daß hier die alte Poststraße von Eisfeld über Sachsenbrunn, vorbei am Werrateich, ins Schwarzatal führte. In Sachsenbrunn mußten zusätzliche Pferde vorgespannt werden, um den Postwagen auf den Kamm des Thüringer Schiefergebirges zu ziehen. An der Eisfelder Ausspanne wurden sie wieder ausgespannt und nach Sachsenbrunn zurückgebracht.

Die große Wegverzweigung überqueren wir geradeaus und folgen der Naturstraße in Richtung Friedrichshöhe / Dreistromstein / Neuhaus am Hang entlang, dann ansteigend (etwa 200 m mit 5%) nach *Friedrichshöhe*. Der Ort wurde 1725 von Glasmachern aus Fehrenbach und Stützerbach gegründet.

Wir fahren durch den Ort und weiter auf der Landstraße zur Abzweigung zum *Dreistromstein*. Dieser 1906 vom Rennsteigverein errichtete Stein (812 m) markiert die Wasserscheide von Weser, Elbe und Rhein. Auf ihm sind die hier entwässernden Bach- und Flußnamen und die Wappen der hier angrenzenden Länder eingraviert. Der Sockel der Pyramide besteht aus für das jeweilige Flußgebiet charakteristischen Gesteinen.

Am daneben stehenden *Dreiherrnstein am Saarzipfel* stießen Sachsen-Hildburghausen, Sachsen-Coburg-Meiningen und Schwarzburg-Rudolstadt aneinander.

Vom *Dreistromstein* geht es zunächst wieder die wenigen Meter zurück in Richtung Landstraße, dann nehmen wir jedoch die 30 m vor der Landstraße scharf nach rechts führende Naturstraße in Richtung Scheibe-Alsbach (Wanderwegweiser vorne an der Landstraße). Dieser Naturstraße folgen wir am Hang entlang, fahren an einem Wegdreieck geradeaus und treffen oberhalb von Alsbach auf den *Rennsteig*, auf dem es etwa 250 m bergab zur Landstraße Limbach-Scheibe-Alsbach an der Ortsgrenze zwischen Limbach und Alsbach sind.

Über die Landstraße geht es geradeaus, dann an den Häusern vorbei, geradeaus über das Wegkreuz und auf dem Waldweg am Hang entlang immer leicht bergan mit Blick hinunter auf den Stausee oberhalb von Scheibe zum *Parkplatz Sandwieschen* (etwa 400 m mit 5% Steigung).

In den ehemaligen Steinbrüchen in der Nähe des Parkplatzes wurden Kaolin und Sand für die Porzellan- und Glasherstellung abgebaut.

Diesen Parkplatz können wir von *Limbach* aus auch auf der B 281 über *Steinheid* erreichen (etwa 500 m mit 5% Steigung). In Limbach wurde lange Zeit Porzellan hergestellt. Hier machte Gotthelf Greiner (1732-1797) am 14.11.1772 seinen ersten Porzellanbrand und wurde damit als Nacherfinder des Porzellans bekannt. Das 1482 gegründete Steinheid (800 m), in dem Goldbergbau betrieben wurde, besaß im 16. Jahrhundert eine eigene Gerichtsbarkeit. Außerdem stand hier eine Griffelhütte, in der Schreibgriffel aus Griffelschiefer hergestellt wurden.

Vom *Parkplatz Sandwieschen* bietet sich nur die B 281 nach *Neuhaus am Rennweg* an (etwa 600 m mit 5% Steigung). Der Ort entstand um ein 1673 erbautes Jagdschloß der Grafen von

Schwarzburg-Rudolstadt. 1913 erhielt der Ort Eisenbahnanschluß; heute werden hier jedoch nur noch Güter befördert. Am Ende des Zweiten Weltkriegs schwer zerstört, besteht der Ort heute überwiegend aus Neubaugebieten.

132

Die dritte Etappe führt über das Thüringer Schiefergebirge und durch den Frankenwald, durch Landschaften von großer Schönheit

Ausgangspunkt Ortsmitte Neuhaus am Rennweg
Tourenlänge 47 km
Fahrzeit Etwa 5 Stunden
Höhenunterschiede Etwa 500 Höhenmeter Anstieg und etwa 820 Höhenmeter Gefälle; auf etwa 4,6 km 5% Steigung
Nach Probstzella 28 km; etwa 170 Höhenmeter Anstieg und etwa 650 Höhenmeter Gefälle; auf etwa 1,1 km 5% Steigung
Nach Ludwigstadt 25 km; etwa 210 Höhenmeter Anstieg und etwa 560 Höhenmeter Gefälle; auf etwa 1,6 km 5% Steigung
Tourenbeschreibung *Neuhaus am Rennweg* durchqueren wir in Richtung Lauscha/Sonneberg bergab zum Bahnübergang beim *Bahnhof Ernstthal*. Nach dort geht es nach links in Richtung Ernstthal. Auf der Vorfahrtstraße fahren wir durch den Ortsteil am Bahnhof und weiter in den eigentlichen Ort *Ernstthal am Rennsteig*, bis die Vorfahrtstraße nach rechts abbiegt. Wir bleiben in unserer Fahrtrichtung geradeaus und nehmen nach 50 m an der Straßengabelung die Straße nach links bergan (Wanderwegweiser „Rennsteig"). Es folgt eine weitere Straßengabelung, an der wir wieder die linke Naturstraße bergan in Richtung Piesau (Ortsendeschild von Ernstthal) nehmen und in einem Linksbogen auf die Höhe gelangen (etwa 400 m mit 5% Steigung). Kurz darauf erreichen wir den *Rennsteig* beim *Wintersportdenkmal* (805 m).

An diesem Wegkreuz fahren wir nach rechts auf der Naturstraße durch den Fichtenwald mit einem prächtigen Ausblick nach Süden, vorbei an einem Schieferbruch und am Berggasthof (mit Rennsteighütten) am Roten Berg (789 m) hinab zur Landstraße Piesau-Spechtsbrunn, auf der wir nach rechts weiterfahren.

Die Straße führt auf eine Kuppe (etwa 200 m mit 5% Steigung) mit weitem Blick in das Tal der Zopte, dann geht es hinab nach *Spechtsbrunn*. Wir folgen zunächst der Straße in Richtung Kronach, stoßen beim Gasthaus zum Rennsteig auf die Vorfahrtstraße und fahren auf dieser nach links ansteigend aus dem Ort.

Auf der Kuppe zweigen wir nach links in Richtung Tettau/Kronach ab und biegen nach etwa 50 m nach links auf den asphaltierten Weg ein. Er führt zur ehemaligen Grenze (etwa 300 m mit 5% Steigung). An der Weggabelung kurz vor der ehemaligen Grenze fahren wir nach rechts auf dem *Rennsteig* weiter (Wanderwegweiser „Steinbach a. W."). Nach der ehemaligen Grenze geht der asphaltierte Weg in einen Naturweg über. Ihm folgen wir bergab durch eine Rechts-Links-Kurve*, treffen auf einen asphaltierten Weg und setzen die Fahrt talabwärts in das 1680 bei einer Glashütte gegründete *Kleintettau* fort. Auf der Höhe der Kirche queren wir das Tal und fahren auf der Straße nach links bergan (etwa 1 km mit 5% Steigung) zum Straßendreieck auf dem *Rennsteigsattel* (720 m).

Wer abkürzen möchte, fährt in der Rechts-Links-Kurve* geradeaus auf dem *Rennsteig* weiter. Es folgen gleich die früheren Grenzstreifen, die wir teils schiebend oder das Rad tragend überqueren und auf die Straße Ebersdorf-Rennsteigsattel treffen. Bevor wir auf die Straße einbiegen, sollten wir auf der linken Seite die alten Grenzsteine von 1745 und 1781 beachten. Ein kurzes Stück ist es nach rechts bergan (etwa 200 m) zum Straßendreieck auf dem *Rennsteigsattel*.

Vom *Rennsteigsattel* haben wir drei Möglichkeiten, unsere Radtour zu beenden: an den Bahnhöfen in Probstzella, Ludwigsstadt oder Lobenstein.

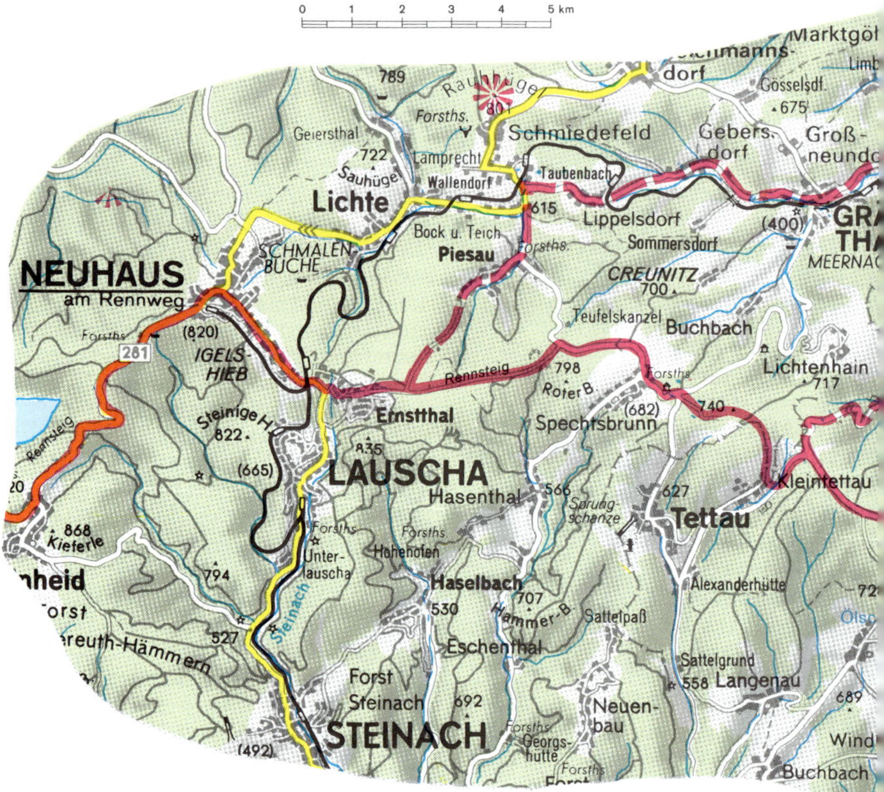

Wer es vorzieht, die Tour in Probstzella oder in Ludwigsstadt zu beenden, fährt vom *Rennsteigsattel* nach links in Richtung Ebersdorf/Ludwigsstadt. Diejenigen, die auf der Abkürzung über den Rennsteig auf diese Straße treffen, fahren nach links bergab. Wir kommen durch *Ebersdorf* und weiter talabwärts zur B 85.

Rechts talaufwärts geht es nach *Ludwigsstadt*, wo wir nach rechts durch die Bahnhofstraße den Bahnhof erreichen (500 m mit 5% Steigung).

Fahren wir auf der B 85 nach links talsabwärts, erreichen wir *Probstzella.* Um der engen, stark befahrenen Bundesstraße ein Stück zu entgehen, besteht die Möglichkeit, bei der *Fischbachmühle* die Bahn nach rechts zu überqueren und am Ende des Parkplatzes auf dem Natursträßchen nach links nach *Falkenstein* zu fahren. An der Gaststätte Falkenstein geht es nach links wieder zurück auf die Bundesstraße und auf dieser talabwärts zum *Bahnhof* in *Probstzella*.

Die dritte Möglichkeit, bei der wir noch den Frankenwald queren und den östlichen Teil des Thüringer Schiefergebirges kennenlernen, führt uns vom *Rennsteigsattel* weiter nach *Steinbach am Wald*, dabei kann über kürzere Strecken der Rennsteig, der rechts neben der Straße verläuft, befahren werden. In angenehmer Talfahrt kommen wir zur B 85, die wir geradeaus überqueren.

Wir fahren durch *Steinbach am Wald*, über die Eisenbahnbrücke beim Bahnhof Steinbach geradeaus und am Ortsende nach links in Richtung Lehesten/Lauenhain. Bergan kommen wir zur Landstraße Ludwigsstadt-Teuschnitz, die wir geradeaus überqueren. Etwa 100 m nach den Häusern zweigt nach rechts der *Rennsteig* ab.

Wir folgen diesem, hier als *Eppenbergweg* bezeichnet, bergan (etwa 500 m), dann eben weiter zu einer Weggabelung. Hier geht es nach links bergan (Wappenweg), weiter dem *Rennsteig* folgend am ehemaligen Grenzstreifen entlang. Der Rennsteig zweigt nach links ab und führt als Pfad am ehemaligen Grenzstreifen entlang. Wir fahren auf unserem Weg weiter in den Wald und treffen wieder auf den Eppenbergweg. Auf ihm geht es leicht bergan zu dessen Ende an einer Wendeschleife. Von hier etwa 30 m auf einem Trampelpfad nach links durch den Fichtenforst zum ehemaligen Grenzstreifen (alter Grenzstein). Wir queren den ehemaligen Grenzstreifen, folgen jedoch nicht

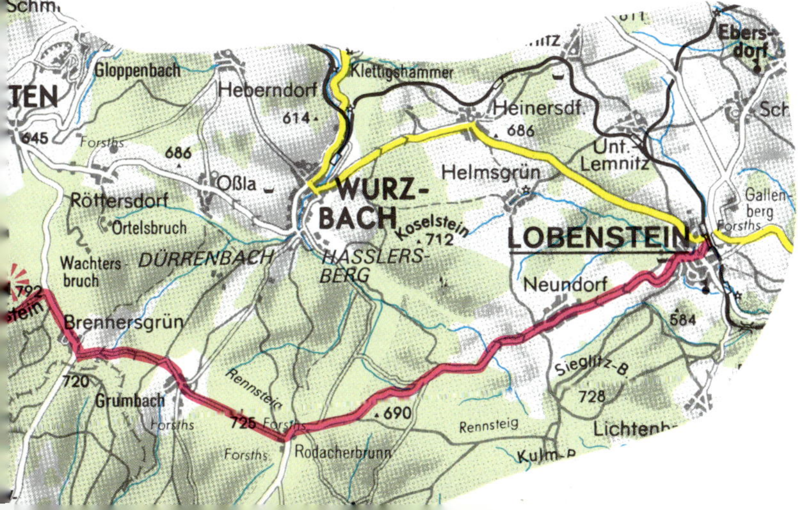

dem Rennsteig, sondern schieben das Rad über die Betonplatte etwa 200 m nach links zum Beginn eines nach rechts abbiegenden Weges (Wanderwegweiser „Lehesten"). Auf ihm erreichen wir den ehemaligen äußeren Grenzzaun, an dem der Weg nach Lehesten weiterführt. Wir fahren hier nach rechts (Wanderwegweiser „Rennsteig") und treffen in einer Mulde auf den *Rennsteig*.

Es geht geradeaus ansteigend weiter. Nach etwa 300 m zweigt der Rennsteig wieder nach rechts ab. Wir fahren auf unserem Weg weiter zur Landstraße Lehesten-Brennersgrün, auf der wir nach rechts den hübschen Ort *Brennersgrün* erreichen.

Aus dem Ort radeln wir nach links in Richtung Grumbach, durchqueren ein Tal und gelangen bergan nach *Grumbach* (etwa 900 m mit 5% Steigung), das auf der Höhe liegt, fahren nach links in Richtung Nordhalben/Wurzbach, dann geradeaus in Richtung Nordhalben. Es folgt ein kurzer Anstieg auf die Höhe (etwa 200 m). Es geht geradeaus weiter in Richtung Nordhalben/Lobenstein und in zügiger Fahrt auf der geraden Straße nach *Rodacherbrunn*.

Hier fahren wir nach links in Richtung Lobenstein, an *Hornsgrün* vorbei und durch *Neundorf*. Mit nur 1,1 km Anstieg auf etwa zehn km und durch eine prächtige Lindenallee erreichen wir das *Moorbad Lobenstein*.

Wir folgen der Vorfahrtstraße in den Ort, fahren an der Kirche vorbei und gleich danach nach links in Richtung Schleiz/Hof. Vor der Bahnunterführung geht es nach links (Wegweiser Landratsamt) zum nahen *Bahnhof Lobenstein*, dem Endpunkt unserer Fahrt über den Thüringer Wald und das Thüringer Schiefergebirge.

133

Diese Tour führt von Luisenthal aus auf den Hauptkamm des Thüringer Waldes

Ausgangspunkt Stutzhaus, ein Ortsteil von Luisenthal

Tourenlänge 37 km (27 km über Ohratalsperre)

Fahrzeit Etwa 3¾ Stunden (2½ Stunden über Ohratalsperre)

Höhenunterschiede Auf beiden Routen ca. 420 Höhenmeter Anstieg und Gefälle sowie 1,7 km mit ca. 5% Steigung

Anmerkung Bei der verkürzten Strecke von Oberhof über die Ohratalsperre zurück ist das Stück zwischen der Oberen Schweizer Hütte und dem Silbergraben als Trainingsstrecke für Langläufer ausgebaut und für Fahrzeuge aller Art gesperrt (gegebenenfalls Fahrrad schieben).

Tourenbeschreibung Wir beginnen die Tour an der Kirche in *Stutzhaus*, einem Ortsteil von *Luisenthal*. Von der Kirche geht es zunächst durch die Bertletstraße und die Straße Siedlung talabwärts zur B 247, auf ihr 100 m nach rechts. An der Bushaltestelle am Gasthaus zur Brauerei nach rechts abzweigen (Ernst-Thälmann-Straße).

Nach etwa 250 m beschreibt die Straße eine Linkskurve. Wir nehmen den hier abzweigenden Waldweg nach Friedrichs Anfang (Wanderwegweiser), der ansteigend am Hang entlangführt. Nach 1 km erreichen wir zwei Wegkreuze. Am zweiten (großen) Wegkreuz, vor einer Schrebergartenkolonie, fahren wir nach rechts. Das Natursträßchen, in dem an einigen Stellen das alte Pflaster zutage tritt, steigt zunächst an (etwa 100 m mit 5%). Es ist dann aber gut befahrbar und führt durch den Wald am Hang entlang. Ohne abzuzweigen, kommen wir zu einem großen Wegkreuz mit einer Ulme und einer überdachten Sitzbank. Hier geht es nach rechts und ansteigend (etwa 100 m mit 5%) durch ein Waldstück nach *Friedrichs Anfang*.

Wir überqueren die von unten heraufführende Dorfstraße geradeaus (Wanderwegweiser „Flößgraben/Frankenhain"). Das Sträßchen steigt nun zur Straße Crawinkel-Oberhof an (etwa 500 m mit 5%). Wir fahren auf ihr ansteigend nach rechts und zweigen nach etwa 50 m wieder nach links auf den Waldweg ab (Wanderwegweiser Frankenhain/Flößgraben), der kurz darauf am Hang oberhalb der Wiesen entlangführt. Dabei bietet sich eine

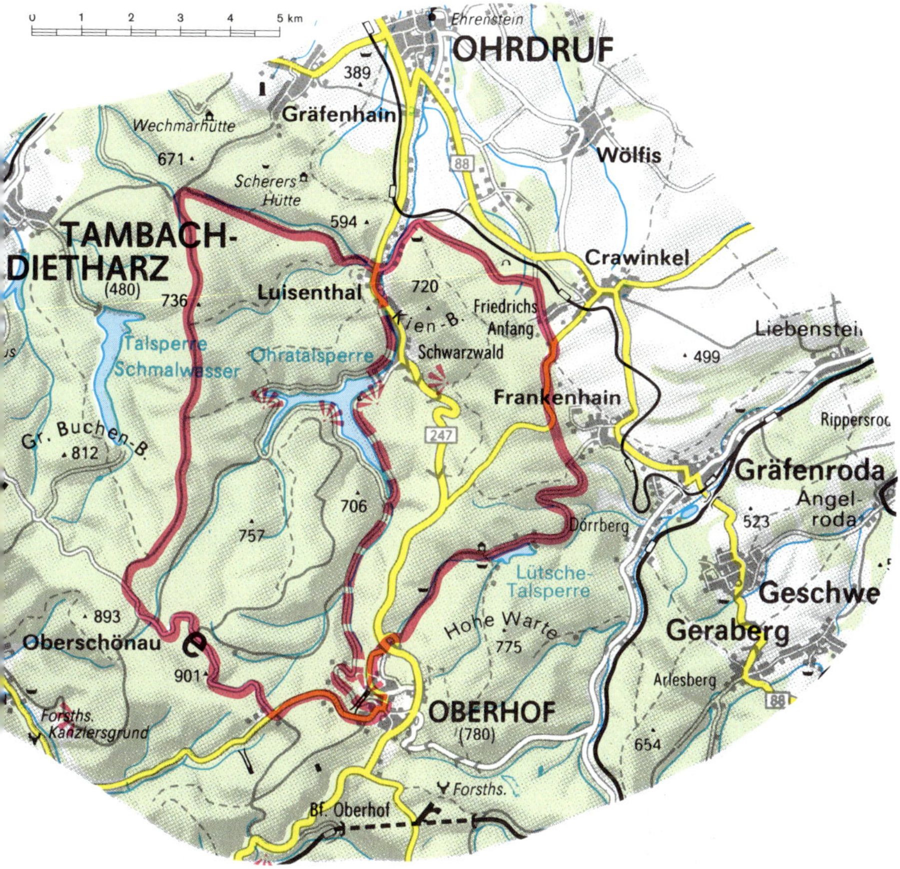

weite Sicht nach Norden auf das Vorland des Thüringer Waldes. Über einen Wiesenweg geht es in den Wald. An einer Weggabelung bleiben wir auf dem eben weiterführenden Weg (Wanderwegmarkierung roter Balken auf weißem Grund) und zweigen nicht nach links bergab nach Frankenhain ab. Der Weg führt weiter eben am Hang entlang. Nach einer Talmulde öffnet sich der Blick auf Frankenhain, das unter uns liegt. Am folgenden Wegkreuz mit überdachten Sitzbänken fahren wir geradeaus weiter und leicht ansteigend zur Straße Frankenhain-Lütschestausee, auf der wir nach rechts bergan den *Lütschestausee* erreichen.

Der *Lütsche-Stausee* wurde 1935-37 eingerichtet. Er hat ein Fassungsvermögen von 1 Mio. m³. Mit seinem kalkfreien Wasser werden die Heizwerke in Erfurt betrieben.

Wir radeln am Stausee entlang und weiter geradeaus durch den Lagen Grund hinauf zur B 247 (etwa 1 km mit 5%). An der Ringschleife unterqueren wir die B 247 nach links und fahren über das Straßenkreuz geradeaus nach *Oberhof* (Näheres zum Ort s. S. 312).

Vom Hotel Rennsteig folgen wir der Straße in Richtung Schmalkalden, vorbei an der Rennrodelbahn zur Bushaltestelle am *Grenzadler*, an der wir nach rechts abzweigen.

Oberhalb des Biathlonstadions, an der rechten Seite des Parkplatzes, führt unterhalb der Langlaufanlagen ein breiter Fahrweg in den Wald, der schon bald in ein Asphaltsträßchen übergeht. Ohne Höhenunterschiede geht es am Hang entlang durch die Fichtenbestände oberhalb des Naturschutzgebietes Saukopfmoor. Danach fällt das Sträßchen leicht bergab zum

Birkhuhnschutzgebiet, weiter geht es zur Abzweigung nach Ohrdruf/Gräfenhain. Der Wegweiser nach Ohrdruf und Gräfenhain ist sehr klein. An der betreffenden Stelle führt jedoch auch ein Waldweg nach links in den Wald.

Wir zweigen hier nach rechts auf die breite Naturstraße in Richtung Ohrdruf/Gräfenhain ab. Nach kurzer Fahrt folgt eine Weggabelung, an der wir den linken Weg nehmen. Im folgenden Wegstück ist die Straße teilweise erodiert, und es ist Vorsicht geboten. Zu unserer Straße stößt von rechts ein stark befahrener Weg. Wir fahren in zügiger Fahrt geradeaus auf dem Kamm nach Norden, nur von wenigen, nicht sehr steilen Gegenanstiegen unterbrochen. Schließlich geht es dann steiler bergab zum Steigerhaus, das vor Ort nicht mehr als solches bezeichnet ist.

In einem leichten Rechtsbogen führt die Fahrt über den Wegstern und nach 150 m nach rechts in Richtung Luisenthal (Wanderwegweiser „Luisenthal"). Durch den Löbengrund geht es nun ständig bergab zum Wegstern an der *Dittels-Quelle* (altes Wasserhäuschen), die 1874 gefaßt wurde. Hier fahren wir nach links weiterhin talabwärts und erreichen nach kurzer Fahrt die Bundesstraße in *Stutzhaus*.

Auf der Bundesstraße geht es etwa 300 m nach rechts und an der Bushaltestelle nach links durch die Straße Siedlung zur Kirche, dem Ausgangspunkt unserer Fahrt.

Wer die kürzere Rückfahrt an der *Ohratalsperre* vorbei vorzieht, fährt in *Oberhof* vom Busbahnhof beim Hotel Rennsteig bergab zur *Oberen Schweizer Hütte*. Ab hier ist der Weg für Fahrzeuge aller Art gesperrt, obwohl er dann im Silbergraben wieder für Fahrräder freigegeben ist.

Im *Silbergraben* geht es bergab zum *Triefstein*, hier nach rechts am Stausee ansteigend unterhalb des Krippenkopfes entlang, dann bergab zur *Staumauer*. Diese überqueren wir nach links und fahren rechts auf dem Sträßchen nach *Stutzhaus*, wo wir auf die Bundesstraße treffen. 20 m nach rechts sind es zur nach links abzweigenden Bertletstraße, von hier ist der Weg nicht weit bis zur Kirche.

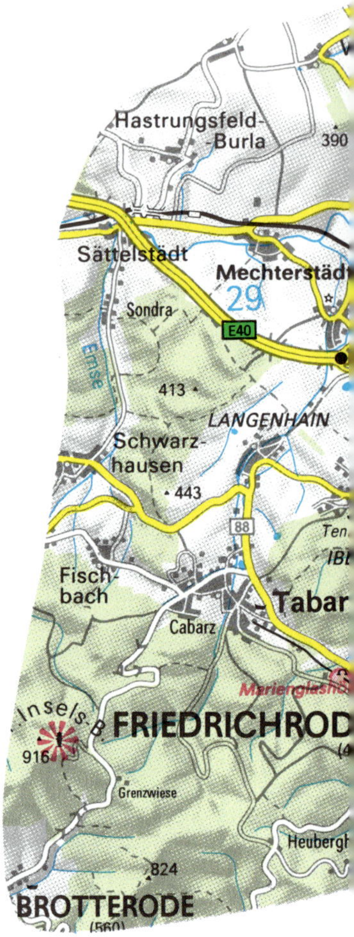

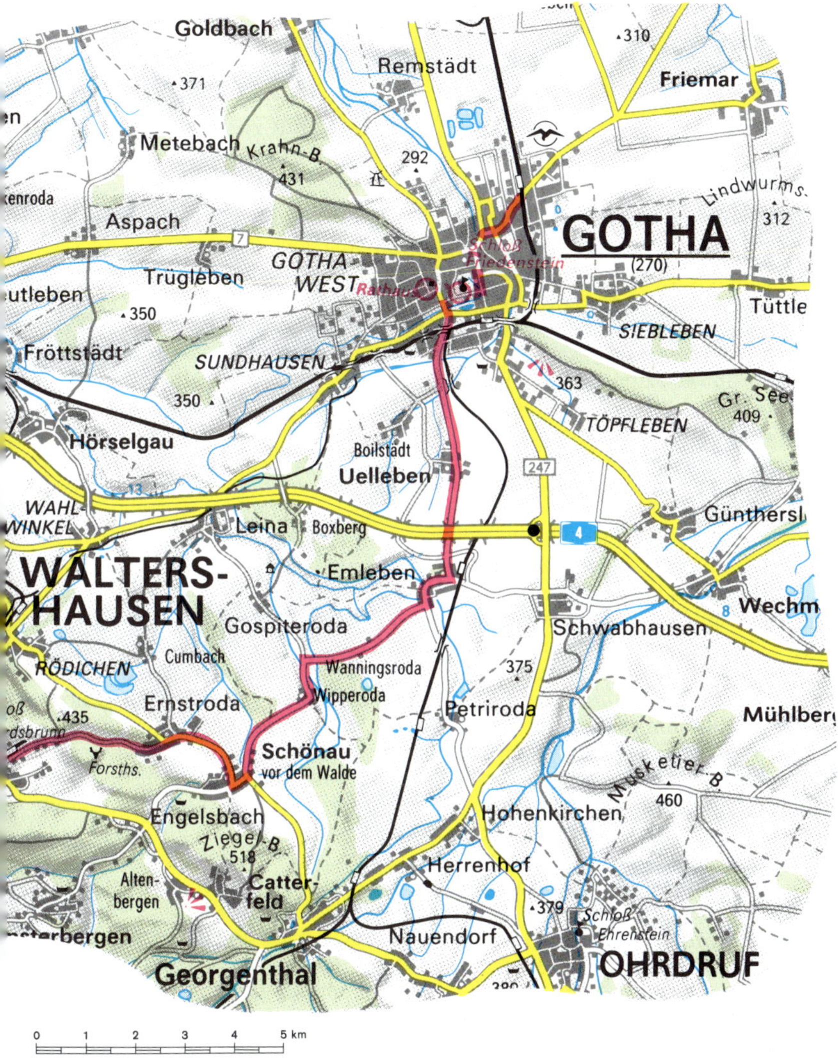

134

Die alte Residenzstadt Gotha ist das Ziel dieser kurzen Radwanderung durch das weite Thüringer Becken

Ausgangspunkt Bahnhof in Friedrichroda

Tourenlänge 18 km

Fahrzeit 1¾ Stunden

Höhenunterschiede Etwa 30 Höhenmeter Anstieg und etwa 110 Höhenmeter Gefälle; über 200 m 5% Steigung

Anmerkung Zu beachten ist, daß die Züge zwischen Fröttstädt und Friedrichroda kein Gepäckabteil mitführen.

Tourenbeschreibung Schloß Reinhardsbrunn in *Friedrichroda* steht auf dem Gelände eines zwischen 1069 und 1084 gegründeten Benediktinerklosters, das im Bauernkrieg zerstört wurde. Die jetzige Anlage, die in einem weiträumigen Landschaftspark liegt, wurde von 1827 bis 1835 für den Herzog von Sachsen-Coburg-Gotha erbaut. Heute wird das Schloß als Touristenhotel genutzt.

Der Bahnhof von *Friedrichroda* ist der Ausgangspunkt für unsere kurze Streckentour in die alte Residenzstadt Gotha. Er liegt an der Straße Friedrichroda-Schönau vor dem Walde. Auf dieser radeln wir in angenehmer Fahrt durch das sanfte Tal nach *Ernstroda*, dort an der Vorfahrtstraße geradeaus in Richtung Georgenthal und erreichen *Schönau vor dem Walde.* In dem ehemaligen Korbmacherdorf sind noch einige schöne Fachwerkhäuser und Häuser mit schönem Muster im Schieferbelag zu sehen.

Zunächst fahren wir in Schönau vor dem Walde nach links in Richtung Georgenthal, zweigen dann an der Vorfahrtstraße wiederum nach links in Richtung Gotha ab (etwa 100 m mit 5% Steigung). Auf der Vorfahrtstraße geht es durch *Wipperoda*, dann nach rechts in Richtung Gotha (etwa 100 m mit 5% Steigung).

In *Emleben* folgen wir der Vorfahrtstraße durch den Ort in Richtung Gotha. Die Straße führt unter der Autobahn hindurch. Auf der Fahrt nach Uelleben lohnt es sich, auf die Silhouette des Thüringer Waldes mit dem Großen Inselsberg zurückzuschauen. Durch *Uelleben* fahren wir nach *Gotha.*

In *Gotha* folgen wir der Auszeichnung in Richtung Zentrum und auf der Kuppe der Straße nach rechts (Puschkinallee) zum *Schloß Friedenstein.* Von hier haben wir die Möglichkeit, zu Fuß den Marktplatz direkt bergab zu erreichen.

Gotha wurde bereits 775 erwähnt (villa Gotaha) und war von 1640 bis 1918 Residenzstadt, zuletzt von Sachsen-Coburg-Gotha. Schloß Friedenstein (1643-1655) ist die bedeutendste frühbarocke Schloßanlage Thüringens; die reiche Innenausstattung stammt aus dem 17. und 18. Jh. Das Schloßtheater ist das einzige vollständig erhaltene Barocktheater Deutschlands. Heute sind im Schloß bedeutende Sammlungen untergebracht. Sehenswert sind außerdem das Rathaus (errichtet 1567-1577), das im 17. Jh. umgebaut wurde, und barocke Bürgerhäuser.

Wer mit der Bahn das Auto aus Friedrichroda holen möchte, fährt auf der Puschkinallee weiter am *Schloß Friedenstein* vorbei, danach nach rechts durch die Bahnhofstraße zum *Bahnhof* von *Gotha.*

135

Von Tambach-Dietharz nach Erfurt durch reizvolle Täler und über aussichtsreiche Höhen

Ausgangspunkt Lutherkirche in Tambach-Dietharz
Tourenlänge 52 km
Fahrzeit 5 ½ Stunden
Höhenunterschiede Etwa 280 Höhenmeter Anstieg und etwa 540 Höhenmeter Gefälle; auf 1,5 km 5% Steigung; über Wölfis auf 1,7 km 5% Steigung
Anmerkung Zu beachten ist, daß bei einer eventuellen Rückfahrt nach Georgenthal nur wenige Züge ein Gepäckabteil mitführen.
Tourenbeschreibung *Tambach-Dietharz* liegt in einem für den Thüringer Wald auffallend weiten Talkessel mit Oberrotliegendschichten in 400 bis 500 m Höhe. Sieben Täler führen von den Höhen des Thüringer Waldes zum Ort. Im Jahr 1906 wurde die Gothaer Talsperre im Apfelstädter Grund, die erste der Wasserversorgung dienende Talsperre in Thüringen, eingeweiht.

Von der Lutherkirche in *Tambach-Dietharz* fahren wir auf der Hauptstraße talabwärts, durch die Poststraße nach rechts und an deren Ende wiederum nach rechts. Nun geht es geradeaus durch die Oberhofer Straße zur Abzweigung zum Steigerhaus (es findet sich ein Wanderwegweiser und Hinweisschild zur Thüringer Waldbaude).

Wir fahren hier nach links und auf der Vorfahrtstraße, die am Ortsende in eine Naturstraße übergeht, aus dem Ort (etwa 300 m mit 5% Steigung). An der *Waldbaude* radeln wir geradeaus weiter. Das Sträßchen steigt steil an, dann folgt eine ebene Wegstrecke, bevor das Sträßchen wieder geradeaus ansteigt (von links unten trifft der asphaltierte Weg von der Rodebachsmühle auf unser Natursträßchen). Nach dem Anstieg (etwa 500 m) queren wir in einer scharfen Linkskurve das Tälchen und fahren weiter zum Wegstern am *Steigerhaus*, das nun jedoch nicht mehr als solches gekennzeichnet ist.

Es geht nun auf der breiten Naturstraße geradeaus weiter (Wanderwegweiser Ziegelberg/Pirschhaus). Diese steigt nochmals an (etwa 200 m) und führt dann bergab an einem Steinbruch vorbei. Wir schauen hinunter nach Gräfenhain und weit hinaus auf den Muschelkalkrücken zwischen Ohrdruf und Arnstadt. Ab dem Splittwerk ist die Straße für Fahrzeuge aller Art gesperrt. Aus Zeitgründen lohnt es sich jedoch, das Rad gegebenenfalls zu Fuß bergab nach *Gräfenhain* zu schieben, da der Umweg durch das Splittwerk nach Nauendorf und weiter auf der B 88 nach *Gräfenhain* zu viel Zeit in Anspruch nimmt und weniger reizvoll ist.

In *Gräfenhain* radeln wir durch die Steigerstraße und die Hauptstraße bergab zur B 88, auf dieser nach rechts und an der Kirche vorbei. Kurz nach der Kirche zweigen wir nach rechts in die Oststraße ab und fahren auf der alten Trasse der B 88, die jetzt eine Naturstraße ist, über ein Wegkreuz geradeaus und über die Bahnlinie zur B 247 vor Ohrdruf.

Die B 247 queren wir geradeaus und kommen auf der B 88 in *Ohrdruf* zur Abzweigung nach Ilmenau/Wölfis. Von hier lohnt es sich, einen Abstecher in die Ortsmitte mit der Trinitatiskirche, dem Rathaus und dem Schloß Ehrenstein zu machen. Dieses Renaissanceschloß war zeitweilig die Residenz der Grafen von Gleichen. In ihm befindet sich heute das Heimatmuseum, unter anderem mit Erinnerungen an J. S. Bach, der in Ohrdruf von 1695 bis 1700 die Schule besuchte. – In *Ohrdruf* begann 723 Bonifatius seine christliche Mission in Thüringen mit der Gründung der Zelle Sankt Michael.

Zur Zeit der Befahrung war die Straße von Ohrdruf nach Wölfis im Bau, daher bitte nach der Wegführung fragen.

Im anderen Fall fahren wir auf der B 88 in Richtung Ilmenau/Wölfis und zweigen dann in *Crawinkel* nach Arnstadt ab.

Alternative Eine ruhige Alternative bietet sich etwa 1,5 km nach Ohrdruf an. An der *Gaststätte zur Hunarth* zweigen wir nach links auf die Naturstraße ab, fahren nach etwa 500 m wiederum nach links und nach weiteren 200 m nach rechts und kommen dann durch die Waldstraße nach *Wölfis*.

Auf der Vorfahrtstraße geht es in den Ort, bis diese nach einer Gefällstrecke nach links abbiegt. Wir radeln hier geradeaus in die Friedenstraße, überqueren eine Brücke und folgen der Straße ansteigend (etwa 200 m). An einem Wegkreuz mit einer großen Eiche fahren wir nach rechts, dann halblinks durch die Kupferstraße und an Finnhütten vorbei aus dem Ort.

An der folgenden Weggabelung führt unsere Tour nach links bergan auf die Muschelkalkkuppe. Rechts liegt Crawinkel, weit vor uns auf einem Hügel Gossel. Die Naturstraße verläuft über den Rücken etwa parallel zum Militärgelände. Der letzte Kilometer zur Landstraße Crawinkel–Arnstadt ist in sehr schlechtem Zustand. Im Herbst besteht jedoch die Möglichkeit, auf die abgeernteten Felder auszuweichen.

Im Talgrund des Trockentales treffen wir auf die Straße von Crawinkel nach Arnstadt. Die Straße ist schmal und erfordert Vorsicht, dennoch zählt die Fahrt durch dieses typische Muschelkalktal zu den schönsten Talfahrten. Es geht zunächst durch das Jonastal, dann im unteren Teil durch das Kalte Tal an der Wilden Weißen und an Muschelkalk-Felswänden entlang nach *Arnstadt*.

Schon 704 urkundlich erwähnt, erhielt Arnstadt 1226 das Stadtrecht. Hier wirkten mehrere Generationen Bach. In der restaurierten Altstadt sind unter anderem sehenswert die Liebfrauenkirche (13.-14. Jh.) mit kostbarer Innenausstattung, die Bachkirche, in der J. S. Bach von 1703 bis 1707 Organist war, das nach niederländischem Vorbild errichtete Rathaus (1581-1583), die Johann-Sebastian-Bach-Gedenkstätte im Haus zum Palmbaum und das Neue Palais (Schloßmuseum) mit der Puppensammlung Mon plaisir.

In *Arnstadt* fahren wir zunächst geradeaus in Richtung Erfurt/Ilmenau, dann nach rechts in Richtung Ilmenau/

Zentrum. An der Kreuzung geht es nach links auf der B 4 in Richtung Erfurt und vor der Eisenbahnbrücke nach links durch die Straße am Bahnhof zum *Hauptbahnhof.*

Wer die Fahrt nach Erfurt fortsetzt, verläßt *Arnstadt* auf der B 4 in Richtung Erfurt. Schnurgerade verläuft die Straße von Arnstadt nach Ichtershausen. Dem starken Verkehr auf der Bundesstraße entgehen wir auf dem Radweg, der bis zum Anfang von *Ichtershausen* führt. Im Ort ist die 1122 gegründete Kirche des ehemaligen Zisterzienser-Nonnenklosters sehenswert. Wir radeln durch *Ichtershausen* auf der B 4, bis die Straße nach Neudietendorf nach links abzweigt. Dieser folgen wir etwa 1,5 km, zweigen dann nach rechts in Richtung Molsdorf (Wegweiser) ab und fahren unter der Autobahn hindurch nach *Molsdorf.* Hier liegt links Schloß Molsdorf, das auf ein Wasserschloß aus dem 16. Jahrhundert zurückgeht. 1744 erhielt es sein heutiges Aussehen mit reichem plastischen Fassadenschmuck. Es liegt inmitten einer schönen Parkanlage aus dem Jahre 1826.

Es geht weiter durch *Molsdorf,* dann am Rand der Talaue der Gera entlang zur Brücke über die Apfelstädt (Marienthal). Hier ist die rechts der neuen Brücke über die Apfelstädt führende alte Brücke, die 1752 erbaut wurde, beachtenswert. Wir setzen unsere Fahrt nach rechts in Richtung Erfurt unter der Bahn hindurch fort und weiter im Tal der Gera talabwärts über *Stedten, Bischleben und Hochheim,* vorbei an der IGA zur B 4/B 7 in *Erfurt.*

Wer direkt zum Domplatz fahren möchte, überquert hier die B 4/B 7 geradeaus, fährt durch die Gustav-Adolf-Straße, dann nach rechts durch die Bonifatius- und die Walkmühlstraße, weiter geradeaus (Dahlbergweg) und nach dem Wegweiser zum Zentrum

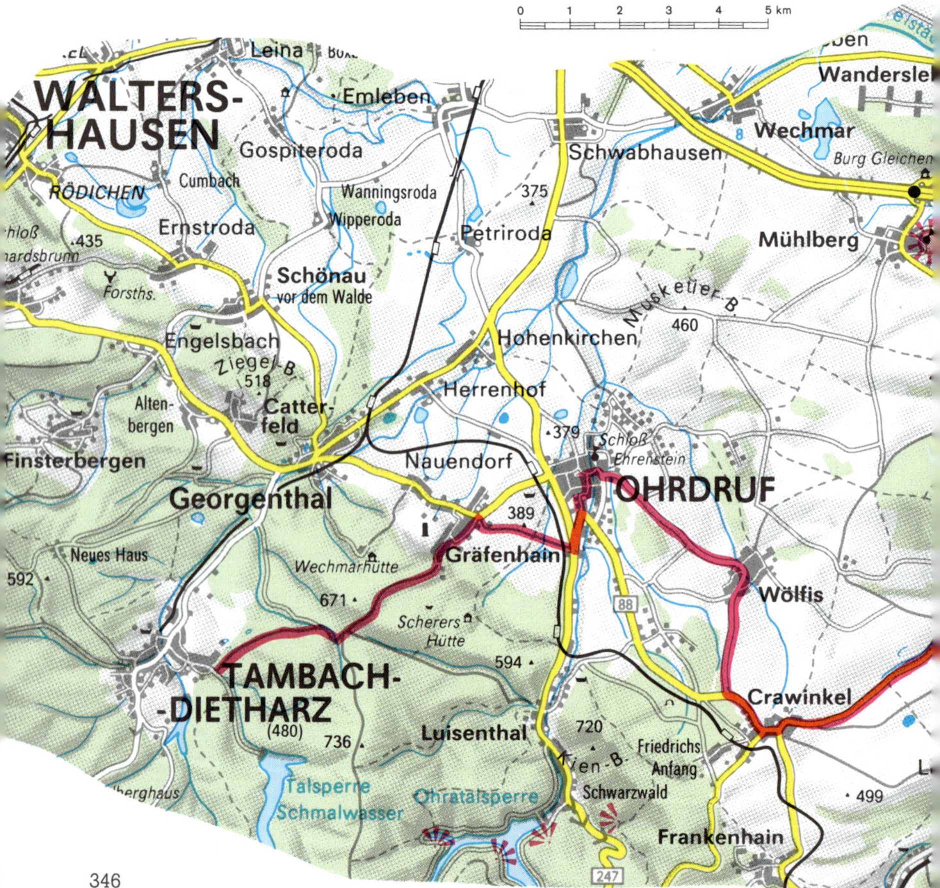

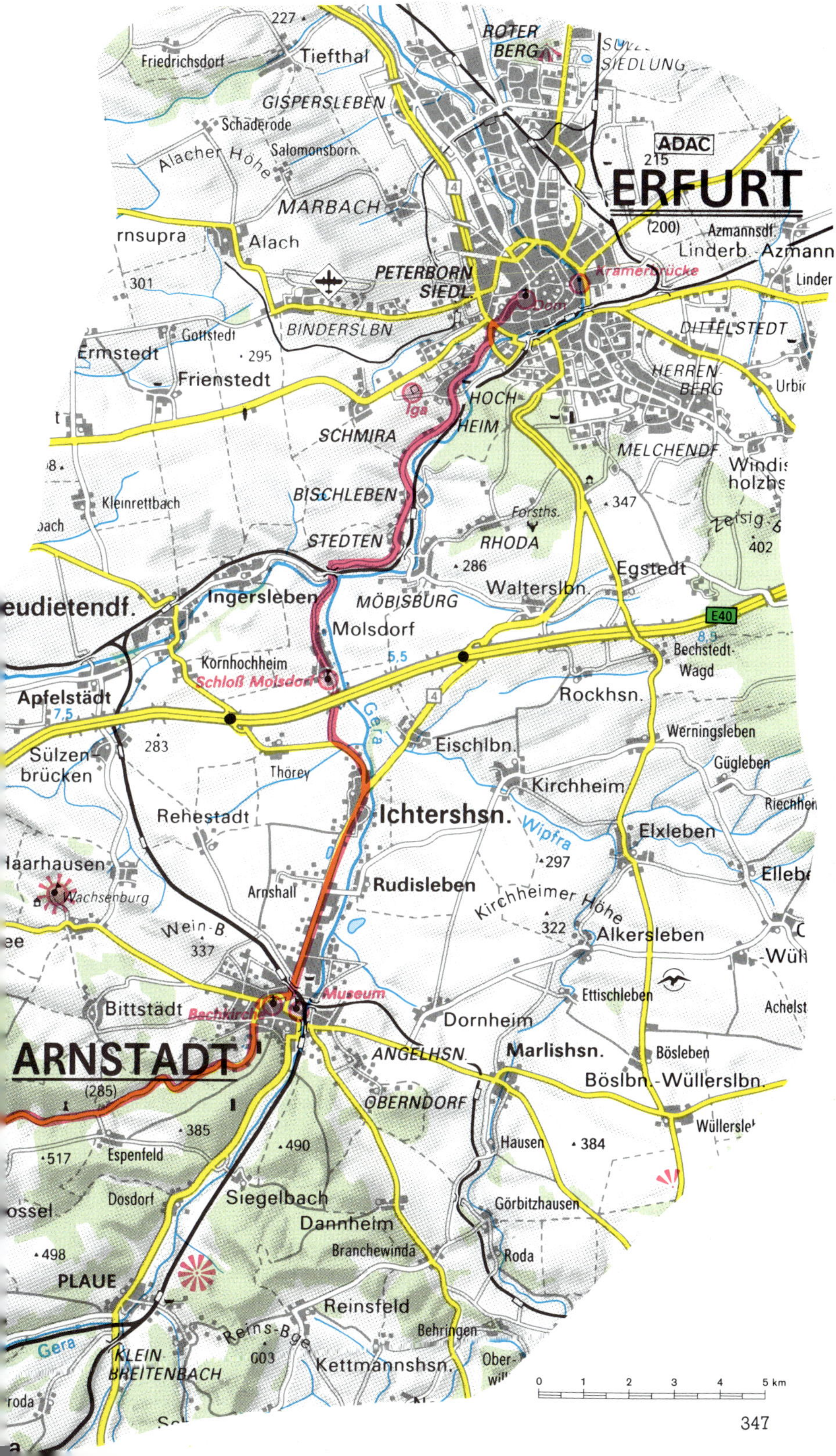

ERFURT
ADAC
215
(200)
ROTER BERG
SÜDSIEDLUNG
Friedrichsdorf
227
Tiefthal
GISPERSLEBEN
Schaderode
Salomonsborn
Alacher Höhe
MARBACH
4
rnsupra
Alach
301
PETERBORN SIEDL.
BINDERSLBN
Kramerbrücke
Dom
Azmannsdf.
Linderb.
Azmann
Linder
DITTELSTEDT
HERRENBERG
Urbic
Gottstedt
Ermstedt
295
Frienstedt
Iga
HOCHHEIM
SCHMIRA
MELCHENDF
Windis holzhs
Kleinrettbach
bach
BISCHLEBEN
Forsths.
347
Zeisig
402
STEDTEN
RHODA
286
Egstedt
Walterslbn.
eudietendf.
Ingersleben
MÖBISBURG
Molsdorf
E40
8,5
Bechstedt-Wagd
Kornhochheim
Schloß Molsdorf
5,5
4
Apfelstädt
7,5
Rockhsn.
Gera
Werningsleben
Sülzenbrücken
283
Thörey
Eischlbn.
Gügleben
Kirchheim
Riechhei
Rehestadt
Ichtershsn.
Wipfra
Elxleben
Haarhausen
Wachsenburg
297
Elleb
Arnshall
Rudisleben
Kirchheimer Höhe
322
Alkersleben
Wein-B.
337
Wül
Museum
Ettischleben
Achelst
Bittstädt
Bachkirche
Dornheim
ARNSTADT
(285)
ANGELHSN.
Marlishsn.
Bösleben
Böslbn.-Wüllerslbn.
OBERNDORF
385
Wüllersleb
517
Espenfeld
490
Hausen
384
Dosdorf
Siegelbach
Görbitzhausen
Dannheim
Branchewinda
498
Roda
PLAUE
Reinsfeld
Reins-Bge
Behringen
Gera
KLEIN BREITENBACH
603
Kettmannshsn.
0
1
2
3
4
5 km

nach links in die Lutherstraße und ab hier der Beschilderung zum Domplatz folgend.

742 wurde das Bistum *Erfurt* von Bonifatius gegründet; es war eine Pfalz der Karolinger und im Mittelalter ein Großhandelsplatz im Osten des fränkischen Reiches. Als 1392 die Universität gegründet wurde, zählte Erfurt zu den größten Städten Mitteleuropas. Die Universität wurde 1816 wieder geschlossen. Heute ist Erfurt eine Industriestadt und bekannt als Gartenbaustadt mit der IGA, der ständigen internationalen Gartenbau-Ausstellung auf der Cyriaksburg. Von der großen Vergangenheit zeugen unter anderem der Dom (1154) und die Severi-Kirche (13./14. Jh.) über dem Domplatz. Beide sind mit wertvollen Kunstwerken geschmückt. Auf dem Petersberg stehen die Zitadelle aus dem 17. bis 19. Jh. sowie die Ruine der früheren Klosterkirche Sankt Peter (12. Jh.). Am Fischmarkt steht das neugotische Rathaus (1869-1871). Die erstmals 1117 erwähnte Krämerbrücke, eine mit Häusern beidseitig bebaute Brückenstraße an der Furt durch die Gera ist der einzige erhaltene Brückenbau dieser Art nördlich der Alpen. Das Brückenhaus-Museum zeigt die Brükkengeschichte und enthält einige schöne Sammlungen.

Zum Bahnhof fahren wir auf der B 4/B 7 nach rechts über die Brücke über die Gera der Vorfahrtstraße folgend (B 4/B 7) und dann auf der B 7 zum links liegenden *Bahnhof Erfurt*, den wir nach links durch die Straßenunterführung erreichen.

136

Diese Rundtour von Oberhof aus führt – auf den Spuren Goethes – durch eine wunderschöne Landschaft

Ausgangspunkt Hotel Rennsteig in Oberhof
Tourenlänge 60 km über Gräfenroda, ca. 56 km über Gehlberg
Fahrzeit Ca. 7 Stunden
Höhenunterschiede Über Gräfenroda auf insgesamt 9,7 km, über Gehlberg auf ca. 1,3 km jeweils ca. 5 % Steigung
Tourenbeschreibung Der von ausgedehnten Mischwäldern umgebene Kurort Oberhof mit dem Interhotel Panorama und dem beliebtesten Erholungsgebiet der früheren DDR, und der Rennsteig (s. dazu S. 325) ist eines der schönsten Wandergebiete der deutschen Mittelgebirge.

Vom *Hotel Rennsteig* in *Oberhof* verlassen wir den Ort auf der Gräfenrodaer Straße in Richtung Gotha, fahren an der Tankstelle geradeaus vorbei, unter der B 247 hindurch und gleich darauf nach rechts in Richtung Gehlberg und Gräfenroda. Die Fahrt hinunter durch das Kehltal ist besonders schön. Wegen der schmalen Straße und den scharfkantigen Fahrbahnrändern ist jedoch Vorsicht geboten.

Im Tal der Wilden Gera fahren wir nach links nach *Gräfenroda*, im Ort geradeaus bis zum Lindenplatz und hier nach rechts auf der B 88 über zwei Bergrücken nach *Arlesberg* (über 1,7 km etwa 5 % Steigung.

Da die B 88 sehr stark befahren ist, schlagen wir eine Alternative vor.

Alternative: Im Talgrund der Wilden Gera fahren wir auf der von Gräfenroda kommenden Straße nach rechts (talaufwärts) an der Eisenbahnlinie entlang in den *unteren Ortsteil* von *Gehlberg*. Wir bleiben auf der Vorfahrtstraße, überqueren die Wilde Gera, fahren unter der Eisenbahn hindurch und bewältigen den 1,1 km langen Anstieg (ca. 5 %) in den *oberen Ortsteil* von *Gehlberg*. Der Ort wurde 1645 von Glasmachern gegründet. Der Name, der sich von „gelber Berg" ableitet, bezieht sich auf die umliegenden Bergwiesen, die im Juli und August von den Blüten der Arnika gelb gefärbt waren.

Gleich nach den ersten Häusern des oberen Ortsteils zweigen wir an zwei mächtigen Eichen nach links auf einen Feldweg ab (Wanderwegweiser „Geraberg Ortsteil Arlesberg/ Gräfenroda"). Nach etwa 150 m, beim letzten Haus einer Feriensiedlung, zweigt an einer Eiche der Weg nach rechts ab. Er führt 1,5 km am Hang entlang ins Tal der Zahmen Gera (stellenweise das Rad schieben).

Im Talgrund folgen wir dem breiten Weg nach links. Dieser verbreitert sich zu einer Naturstraße, auf der wir die Zahme Gera überqueren und zur *Glück-auf-Rast* gelangen. Hier erinnert ein Hinweisschild an den Abbau von Manganerzen in der Gegend von Arlesberg, der im 17. Jahrhundert begann, um 1860 seine Hauptabbauzeit hatte (bis zu 1000 m Stollenlänge) und 1958 eingestellt wurde.

Wir fahren auf dem Sträßchen weiter in das nahe *Arlesberg*, das zu Geraberg gehört, und dort an der Bushaltestelle Arlesberg durch die Karl-Marx-Straße nach *Geraberg*. In Höhe der Kirche geht es nach links, dann an der Sparkasse vorbei und nach rechts durch die Bahnhofstraße ansteigend zum *Bahnhof* von *Geraberg*. Wir überqueren hier die Gleise und fahren nach *Martinroda*. Von dort geht es auf der B 4 nach *Ilmenau* (ca. 7 km, davon 1,5 km mit 5% Steigung).

Der Ort wurde 1273 erstmals erwähnt. Bis in die Mitte des 18. Jh. bestimmte der Kupfer- und Silbererzbergbau die Wirtschaft, wobei sich auch die Lage an der alten Handelsstraße Magdeburg – Erfurt – Nürnberg günstig auswirkte. Durch den großen Stadtbrand von 1752 und den Siebenjährigen Krieg verarmte die Bevölkerung. Diese Notlage blieb bestehen, bis J.W. von Goethe, mit Vollmachten des Herzogs Karl August ausgestattet, nach Ilmenau kam, dort eine Steuerreform durchsetzte, den traditionellen Bergbau begünstigte und die 1777 gegründete Porzellanindustrie förderte. Im 19. Jh. entwickelte sich die Stadt zum Hauptstandort der der deutschen Glasindustrie. Heute ist Ilmenau, das nach 1838 Kurort wurde, sowohl Industrie- als auch Erholungsort (Goethe-Gedenkstätte von 1786, zweigeschossiges Rathaus, Stadtkirche um 1752, Hennebrunnen von 1752).

In Ilmenau folgen wir der Ausschilderung nach Suhl zur Abzweigung nach Neustadt am Rennsteig vor dem *Bahnhof Ilmenau-Bad*. Hier überqueren wir die Ilm und die Bahngleise und fahren bergan in Richtung Neustadt am Rennsteig, vorbei an der Jugendherberge, auf die Höhe unterhalb des Jagd- und Berghotels Gabelbach (etwa 2 km mit ca. 5% Steigung).

Von hier bietet sich die Möglichkeit, das Rad 300 m zum *Hotel Gabelbach* hinaufzuschieben und von dort, an der *Goethe-Gedenkstätte Jagdhaus Gabelbach* vorbei, den 1 km entfernten *Kickelhahnturm* (24 m hoch) und das *Goethehäuschen* zu erreichen. Die Rundsicht ist ausgezeichnet. In der 1783 eingerichteten Goethe-Gedenkstätte Jagdhaus Gabelbach sind zahlreiche Erinnerungstücke an den Dichter ausgestellt, vor allem zu dessen naturwissenschaftlichen Studien im Thüringer Wald. In dem Goethehäuschen auf dem 861 m hohen Kikkelhahn entstand am 6. September 1780 das berühmte Gedicht „Über allen Gipfeln ist Ruh, in allen Wipfeln spürest du kaum einen Hauch…".

Von der Abzweigung zum Hotel Gabelbach zieht sich die Straße immer am Hang entlang zur *Gaststätte Auerhahn*. Kurz davor nehmen wir die Straße nach rechts bergab zu dem in etwa 600 m hoch gelegenen Ferien- und Kneippkurort *Stützerbach*. 1648 begann man hier mit der Glasherstellung. In diesem Ort unternahm Conrad Röntgen seine ersten Versuche mit der Röntgenröhre. An die Besuche Goethes in Stützerbach erinnert das Goethehaus, das ehemalige Gundelachsche Haus, in dem sich auch eine Ausstellung zur Geschichte der Glasherstellung befindet.

In Stützerbach überqueren wir die Bahnlinie und halten uns rechts zur B 4. Wer auf Asphalt weiterfahren möchte, fährt nach links auf der B 4 bergan zum Straßenkreuz in der Nähe des *Bahnhofs Rennsteig* (ca. 2 km mit 5% Steigung), von dort nach rechts in Richtung Oberhof über den Kamm des Thüringer Waldes und am Großen Finsterberg entlang zum *Mordfleck* (ca. 1 km mit 5% Steigung). Diese alte Flurbezeichnung am Rennsteig geht auf „Marter"-Fleck zurück. Hier soll zu Beginn des 16. Jahrhunderts ein Marterkreuz gestanden haben, das an einen Unglücksfall erinnert. Bereits 1534 war der Name in Mordfleck umgedeutet.

Vom Mordfleck folgen wir der Straße nach rechts auf dem Kamm des

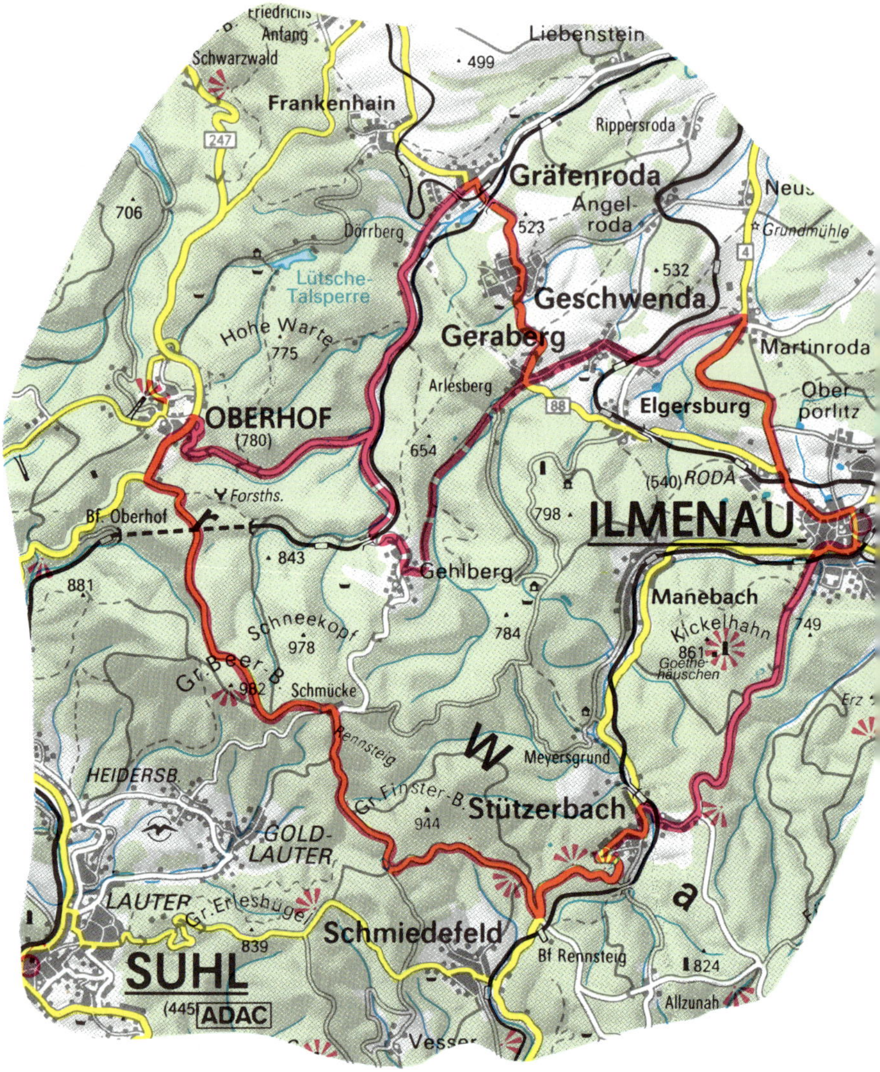

Thüringer Waldes leicht bergan durch Buchen-Fichtenwald, am Borstenplatz vorbei, zum *Gasthaus Schmücke* (etwa 1 km mit 5% Steigung). Diese an einer schon seit alter Zeit wichtigen Straßenkreuzung gelegenen Berggaststätte war einst die höchstgelegene (916 m) Schenke und Herberge im Thüringer Wald. Ursprünglich war die Schmükke, deren Namen sich von „schmiegen" ableitet, ein Forstort, später befand sich hier ein Stall für die Pferdezucht.

Wir bleiben auf der nun steil ansteigenden Straße (ca. 500 m mit 5% Steigung) in Richtung Oberhof – rechts von uns liegt der 978 m hohe Schneekopf. Es geht weiter am Hang des Großen Beerbergs (982 m), dem höchsten Berg des Thüringer Waldes, entlang und dann immer leicht bergab zum *Rondell* (826 m) an der B 247. Der Obelisk am Rondell erinnert an den Bau der Straße zwischen Suhl und Gotha von 1830 bis 1832. Die vom preußischen Staat finanzierte Straße war damals ein Symbol für die entstehende wirtschaftliche Einheit Deutschlands. Kurz vor dem Rondell liegt links der *Rennsteiggarten*, einer der größten Gebirgspflanzengärten Europas, in dem über 4000 verschiedene Gebirgsarten aus aller Welt vorgestellt werden. Hier am Pfanntalskopf (868 m) treten Bedingungen auf, wie sie für mitteleuropäische Hochgebirge charakteristisch sind. Das ist nur an wenigen Stellen in den deutschen Mittelgebirgen der Fall. Der Rennsteiggarten wurde 1970 eingerichtet.

Am *Rondell* fahren wir nach rechts auf der B 247, dann in Richtung Oberhof/Schmalkalden in die Ortsmitte von *Oberhof.* Auf dieser Wegstrekke ergibt sich die Möglichkeit, am Ortseingang von Oberhof (Emblem

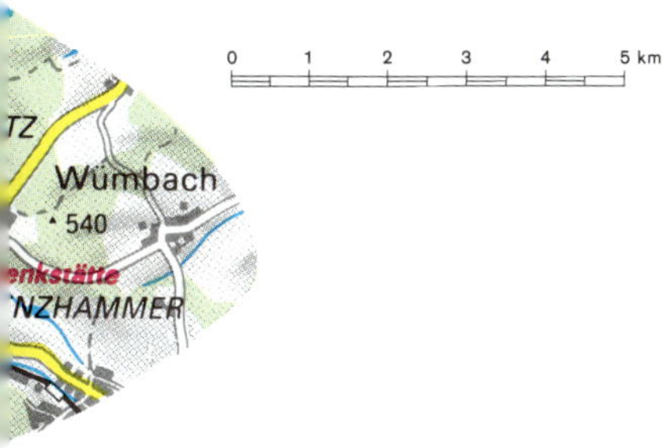

von Oberhof) das Rad 10 m nach rechts hinab zu einer Dorfstraße zu schieben und auf ihr nach links etwas ruhiger die Ortsmitte von *Oberhof* zu erreichen.

137

Durch die reizvollen Thüringer Berge: Von Hinternah nach Ilmenau

Ausgangspunkt Bahnhof in Hinternah
Tourenlänge 29 km
Fahrzeit 3 ½ Stunden
Höhenunterschiede Ca. 400 m Steigung und ca. 310 m Gefälle; insgesamt ca. 4 km mit 5% Steigung
Anmerkung Hinternah und Ilmenau sind Stationen an der Bahnstrecke Erfurt – Arnstadt – Schleusingen; auf der Strecke Ilmenau – Schleusingen führen nur wenige Züge ein Gepäckabteil mit.
Tourenbeschreibung Vom *Bahnhof* in *Hinternah* fahren wir zunächst talaufwärts durch die Bahnhofstraße, dann durch die Gartenstraße parallel zur Bahn zum Bahnübergang, danach auf der Waldauer Straße nach rechts ansteigend aus dem Ort. Die Straße steigt in den Sattel bei der *Waldauer Höhe* an (ca. 1 m mit 5% Steigung). Vor der Überlandleitung zweigt eine Naturstraße *(Hohe Straße)* nach links ab, der wir folgen. Sie führt ständig bergan, vorbei am Salzleckenkopf (639 m), am Roten Berg (680 m) und am Kalten Staudenkopf (766 m) zum Fünfarmigen Wegweiser (730 m) an der Straße Steinbach – Frauenwald (ca. 2,2 km mit 5% Steigung).

Hier fahren wir nach links auf der Hohen Straße (Landstraße) über den Bergrücken und durch Bergwald und Bergwiesen nach Frauenwald (ca. 400 m mit 5% Steigung). Dabei reicht der Blick weit nach Osten über das Thüringer Schiefergebirge.

Langgezogen präsentiert sich uns *Frauenwald.* Am dreieckigen Monument am Ortsende ist die Geschichte des Ortes eingraviert. Im 12. Jahrhundert erstreckte sich der Machtbereich derer zu Henneberg bis zum Rennsteig. Hier an der Grenze „Neufrankens" entstanden die Kapelle Sankt Nikolaus, ein Kloster, eine Försterei und eine Zollstation. Aus diesen entstand der Ort „Zun Frawn uffm Walde", heute Frauenwald. Diese Siedlung war die erste am Rennsteig, der hier die alte Handelsstraße Erfurt – Nürnberg kreuzt. 1831 wurde hier die von Karl Friedrich Schinkel entworfene Ortskirche eingeweiht.

Vor dem Monument nehmen wir die Straße nach rechts und radeln nach *Allzunah.* Früher gab es eine Glashütte in diesem nur aus wenigen Häusern bestehenden Ort. Da sie aber „allzu nahe" bei den Stützerbacher Glashütten stand, war sie nicht konkurrenzfähig und mußte wieder geschlossen werden. Die Straße nach Neustadt am Rennsteig, der wir ein Stück weit folgen, steigt zunächst an (ca. 400 m mit 5% Steigung), führt am Großen Hundskopf (824 m) vorbei und dann fast eben zur *Dreiherrnsteinbaude.* Am südöstlichen Rand des Parkplatzes trifft man auf den Großen Dreiherrnstein, hier stießen Preußen, Sachsen-Meiningen und Schwarzburg-Sondershausen aneinander.

Von der Dreiherrnsteinbaude fahren wir nach links in Richtung Ilmenau weiter. Das Straßenstück zur *Gaststätte Auerhahn* ist schnell überwunden,

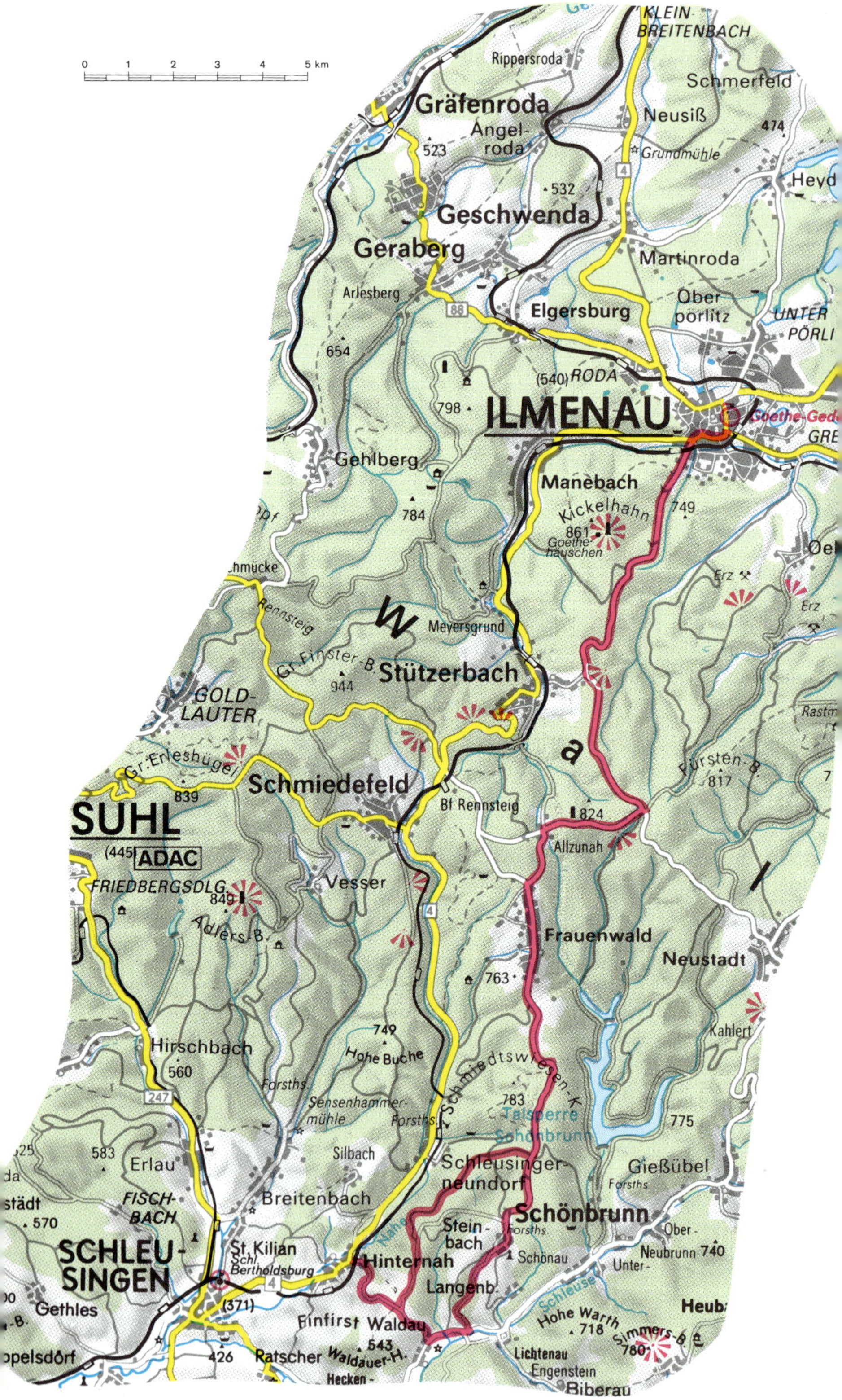

0 1 2 3 4 5 km
KLEIN-BREITENBACH
Rippersroda
Schmerfeld
Gräfenroda
Angelroda
Neusiß
474
523
Grundmühle
Heyd
532
Geschwenda
Geraberg
Martinroda
Arlesberg
Elgersburg
Oberporlitz
UNTERPÖRLI
654
(540) RODA
798
ILMENAU
Goethe-Ged
GRE
Gehlberg
Manebach
749
784
Kickelhahn
861
Goethehäuschen
Schmücke
Erz
Rennsteig
Meyersgrund
Gr. Finster-B.
944
Stützerbach
GOLD-LAUTER
Rastm
Gr. Erleshügel
Fürsten-B.
817
839
Schmiedefeld
SUHL
Bf Rennsteig
824
(445 ADAC
Allzunah
FRIEDBERGSDLG.
Vesser
849
Adlers-B.
Frauenwald
Neustadt
763
Kahlert
749
Hohe Buche
Hirschbach
560
Schmiedtswiesen-K.
Forsths.
Sensenhammermühle
783
247
Talsperre Schönbrunn
775
583
Erlau
Silbach
Schleusingerneundorf
Gießübel
FISCHBACH
Breitenbach
Forsths
570
Steinbach
Schönbrunn
Ober-
Neubrunn 740
Unter-
SCHLEUSINGEN
St. Kilian
Schl. Bertholdsburg
Hinternah
Schönau
Nahe
Langenb.
Gethles
(371)
Schleuse
Heub
Finfirst
Waldau
Hohe Warth 718
Simmers-B.
780
Waldauer-H.
543
Ratscher
426
Lichtenau
Engenstein
Hecken
Biberau

da die Straße über einige Strecken bergab führt. Von dort steigt sie wieder leicht an zur Abzweigung zum Hotel Gabelbach. Hier bietet sich ein Abstecher zum *Hotel Gabelbach* an, und von dort zu Fuß, vorbei an der *Goethe-Gedenkstätte Jagdhaus Gabelbach* (s. dazu S. 349, zum *Goethehäuschen* auf dem *Kickelhahn* (s. dazu S. 349). Die Rundsicht vom Turm über das Vorland, zum Schneekopf und zum Großen Finsterberg und über die waldreichen Abhänge vor Neustadt am Rennsteig lohnen den Aufstieg.

Nun geht es auf der Straße durch den Talgrund des Gabelbachs hinab nach *Ilmenau* (s. dazu S. 349), wo wir am *Bahnhof Ilmenau-Bad* unsere Streckenfahrt beenden.

Rundfahrt von Hinternah aus (18 km): Von *Hinternah* kommend, biegen wir vor der Überlandleitung nicht links ab, sondern fahren geradeaus nach *Waldau*. Im Ort links nach *Steinbach* und geradeaus weiter, vorbei am Kalten Staudenkopf. Es geht zunächst bergauf, dann kurz bergab. Am Fünfarmigen Wegweiser nach links in die Naturstraße (Hohe Straße) abbiegen. Es beginnt eine schöne Talfahrt. Nach ca. 1,2 km beim Wegkreuz geradeaus und später bei der Weggabelung auf dem rechten Weg weiter bis zur Straße Waldau – Hinternah. Hier rechts ab nach *Hinternah*.

138

Die Route führt durch Weimar, die Stadt der deutschen Klassik, und seine landschaftlich reizvolle Umgebung

Ausgangspunkt Hauptbahnhof in Weimar
Tourenlänge 70 km
Fahrzeit 7 Stunden
Höhenunterschiede Hügeliges Gelände mit zwei starken Steigungen bei Lohma und Riechheim
Tourenbeschreibung Als Sternstunde für das deutsche Geistesleben hat man es bezeichnet, als Wieland 1772 eine Stellung als Prinzenerzieher am herzoglichen Hof annahm. Durch ihn kam Goethe nach Weimar, ihm folgten Herder und Schiller. Zwölf Jahre lang wirkte hier Franz Liszt. Die Spuren aller lassen sich dort finden. Sehenswert außerdem: der großartige Altar von Lucas Cranach d.Ä. in der Stadtkirche, das Residenzschloß und das Schloß Belvedere.

Vom *Hauptbahnhof* aus fahren wir die gegenüber beginnende *Carl-August-Allee* hinab. An der großen Kreuzung links halten und gleich rechts in die *Rollgasse*, die uns zum Jakobsviertel bringt (ältester Stadtteil Weimars mit Kirche von 1168; auf dem Friedhof die Gräber von Lucas Cranach d.Ä., Christiane von Goethe und K.A. Musäus). Weiter südwärts, den Graben überqueren und auf der schmalen Straße neben dem Kasseturm zur Fußgängerzone (Deutsches Nationaltheater, Wittumspalais, Schillerhaus, Goethehaus, Markt und Schloß).

Hinter dem *Schloß* überqueren wir auf der Sternbrücke die Ilm. Am anderen Ufer gleich links abbiegen und im Bogen unter der Brücke hindurch. Am *Bach Leutra* entlang und hinter der Quelle (Ochsenauge) links halten, bis wir am Ostrand des Parks auf den *Corona-Schröter-Weg* stoßen. Kurz danach taucht links die helle Fassade des berühmten Goetheschen Gartenhauses auf. Der große *Park* an der Ilm entstand auf Betreiben und unter Mitwirkung Goethes und trägt heute seinen Namen. Am Ende des Parks geht der Weg in die *Oberweimarer Ilmstraße* über. Das schöne Fachwerkhaus rechts (ehem. Ausspann-Gasthof) beherbergt das Bienenmuseum.

Kurz hinter dem Museum nach links in die Hauptstraße einbiegen, den Berg hinauf und geradeaus weiter nach *Taubach* und *Mellingen*. Hier werden wir nach *Magdala* gewiesen, ein kleines Städtchen mit bedeutender Geschichte. Noch vor dem Zentrum biegen wir nach rechts in die *Ottstedter Straße* ein und fahren nach *Lohma* (Wegweiser), das oben auf dem Berg liegt. Hinter Lohma noch etwas bergan, dann hinab ins Tal nach *Blankenhain*. (Alternative: Blankenhain läßt sich auch müheloser erreichen, auf der – allerdings verkehrsreichen – Straße Magdala – Niedersynderstedt – Loßnitz – Blankenhain.)

In Blankenhain fahren wir, vorbei am Schloß, die B 85 bergauf, Richtung Bad Berka. Hinter dem Teich auf der rechten Seite die Bundesstraße nach links verlassen und zum *Waldbad*. Weiter auf einem Waldweg, von dem wir bald nach links in die *Forststraße* einbiegen. Nun durch den Kohlgrund bis zum *Karl-Alexander-Platz*. Hier nach rechts in den Dreiteichsgrund und an seinem Ende, kurz vor den Bahnschienen, wiederum rechts. Der geschotterte Weg verläuft am Waldrand. Am Ortsrand von *Bad Berka* überqueren wir auf einer alten Eisenbahnbrücke die Ilm und fahren am alten Bahndamm entlang bis zum Busbahnhof. An seinem Ende mit der Straße die Bahnlinie überqueren und nach rechts auf den parallel zum Gleis verlaufenden Weg einbiegen. An der nächsten Kreuzung links, „Zentral-Klinik". Bis *Tiefengruben* steigt die Straße leicht an, am Ortsrand dann steiler. Weiter nach *Tonndorf*. Am Ortseingang „Die feindlichen Brüder" – mittelalterliche Sühnekreuze.

Schilder weisen uns den Weg nach Kranichfeld/Erfurt. An der Straßeneinmündung geht es links zum Stausee (Baden). Wir fahren rechts, verlassen nach ca. 600 m die Hauptstraße nach links und erreichen bald *Hohenfelden* (hier entsteht ein museales Platzdorf). Nun nach *Riechheim* steil bergan. Im Ort folgen wir der Wegweisung zum Riechheimer Berg (513 m, Gasthaus; ein steiler Weg führt hinauf) und biegen kurz hinter dem Ortsausgang nach links in einen Feldweg ein. Bei der Einmündung auf die Hauptstraße rechts nach *Schellroda*. Im Ort wieder rechts, Richtung Klettbach. Hier kreuzen wir die Straße Erfurt – Kranichfeld und fahren weiter nach *Meckfeld* (Wegweiser). Es geht bergauf. Auf der Höhe, wo die Straße nach Meckfeld rechts abbiegt, fahren wir geradeaus weiter und über *Hayn* nach *Eichelborn*. Kurz hinter dem Ort die Autobahn überqueren und nach gut 500 m rechts. Wir passieren die Ortschaften *Sohnstedt, Bechstedtstraß* und *Isseroda* und biegen bei *Nohra* rechts in die gepflasterte Hauptstraße ein. Nach 200 m wieder links. Durch *Ober-* und *Niedergrunstedt*. Danach an der ersten Kreuzung links ab und auf der *Humboldtstraße* nach *Weimar*.

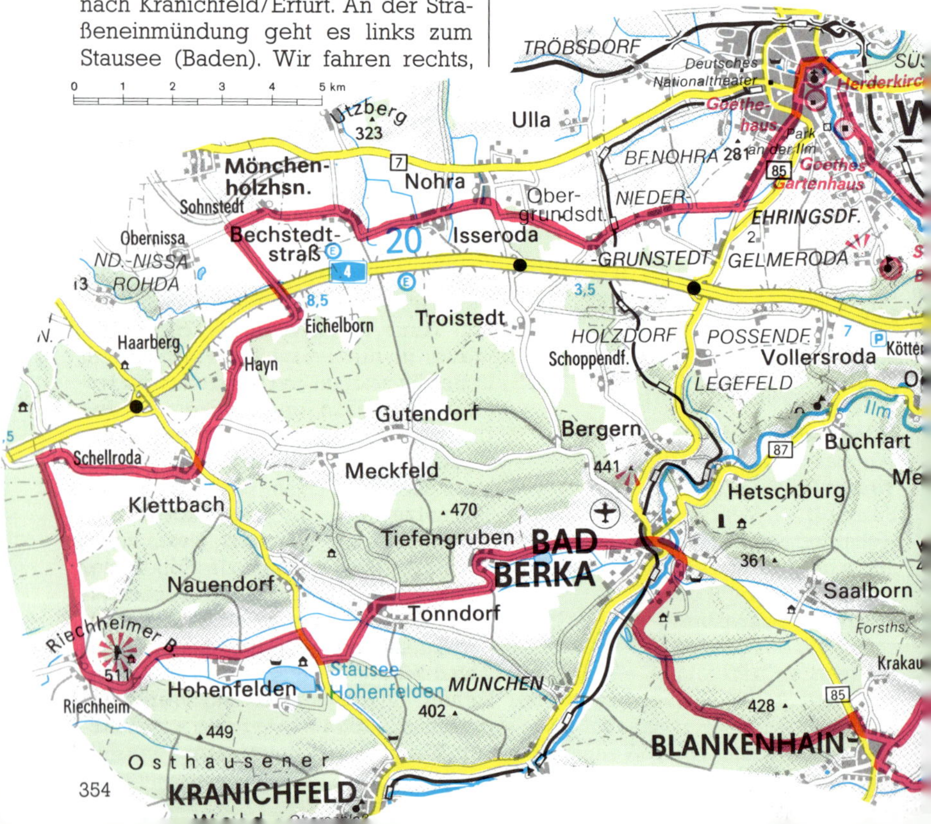

ZWISCHEN SAALE UND ELBE

An der Elbe: Weinberge mit Kirchlein

Die Elbe, einer der Hauptströme Mitteleuropas, durchzieht abwechslungsreiche Landschaften. Sie bahnt sich ihren Weg durch die mächtigen Felsbrocken des Elbsandsteingebirges, durchfließt das klimatisch begünstigte Dresdner Becken – an den sanftgewellten Hängen ist sogar Weinbau möglich – und hat sich auch im nördlicheren Hügelland ein breites Bett geschaffen. Auch die Saale, der Hauptfluß Thüringens, kommt vom Gebirge her und strebt der Ebene zu. Kulturhistorisch bedeutsame Städte entstanden an den Ufern beider Flüsse wie Dresden, die prachtvolle Residenz August des Starken, Meißen, berühmt wegen seiner Porzellanmanufaktur und dem Burgberg mit Dom, Burg und Bischofsschloß über der Elbe, die ehemalige Festungsstadt Torgau und die Lutherstadt Wittenberg, Naumburg und Merseburg mit ihren großartigen Domen sowie Halle, dessen eindrucksvolle Bauten von einer glanzvollen Vergangenheit zeugen.

139

Eine abwechslungsreiche Fahrt rund um den Bleiloch-Stausee, Deutschlands größte Talsperre

Ausgangspunkt Bahnhof in Ziegenrück
Tourenlänge 57 km
Fahrzeit 6 Stunden
Höhenunterschiede Die Tour verläuft durch bergiges Gelände. Im Saaletal sind mehrere stärkere Steigungen zu bewältigen, Abfahrten entschädigen für die Mühe.
Tourenbeschreibung Vom *Bahnhof* in *Ziegenrück* fahren wir ans Ufer der Saale (Wasserkraftwerk-Museum in einer historischen Anlage). Vom Museum aus flußaufwärts und auf einer Straßenbrücke die Saale überqueren. Es folgt ein längerer Anstieg bis *Liebschütz*. Den Ort geradeaus durchfahren. In *Liebengrün* links nach *Remptendorf* abbiegen. In ständigem Auf und Ab nach *Ebersdorf* (Schloß und sehenswerter Park). An der großen Informationstafel links ab (Wegmarkierung Grüner Strich) und dem Weg parallel zum Bach folgen. Durch ein liebliches Tal entlang der Frisau. Von der nächsten Wegkreuzung an orientieren wir uns an der Markierung Roter Strich. Es geht am Steinbruch *Muckenberg* vorbei. Einige 100 m weiter dann nach links in die B 90 einbiegen. Nach ca. 2 km treffen wir auf die große Betonbrücke, die hier den Bleiloch-Stau-

see überspannt (am anderen Ufer liegt Saaldorf). Wir biegen in die dritte links abgehende Straße ein. Von dort geradeaus in den als „Sackgasse" bezeichneten asphaltierten Weg. Wenn er nach links abbiegt, fahren wir geradeaus auf dem Waldweg weiter. Nun geht es bergauf (links auf der Höhe das ehemals fürstliche Jagdschloß Waidmannsheil, im Tal das Saaldorfer Freibad). Nach 2,5 km treffen wir auf einen Wegestern – hier biegen wir in stumpfem Winkel rechts in den mit Blauem Strich markierten Weg ein. An der nächsten Weggabelung rechts. In einigen Serpentinen bergab und einen Bach überqueren. Danach mündet der blaumarkierte Weg nach links in einen querverlaufenden Weg ein. Kurz danach rechts.

In flotter Fahrt rollen wir ans Ufer des Bleiloch-Stausees. Nun nach Saalburg (Wegweiser). Auf einem dicht mit Fichten bewachsenen Damm überqueren wir einen Ausläufer des Stausees. Einige Kilometer weit bis Saalburg genußreiches Radeln auf schmaler, sich schlängelnder Asphaltstraße am Ufer entlang. Bänke und Sitzgruppen laden zum Verweilen ein. Ein Teil Saalburgs versank in den Fluten, als Anfang der 30er Jahre im Saaletal Deutschlands bisher größte Talsperre entstand. In *Saalburg* überqueren wir die Hauptstraße und biegen dann links ab (Wegweiser „Bahnhof"). Gleich hinter dem Bahnhof nach links in die schmale Straße (Wegweiser „Werft"). Nach dem Bahnübergang rechts (zur Werft geht es nach links). Den *Zeltplatz* kurz danach passieren und rechts den Berg hinauf. Der Weg mündet nach links in die *Schleizer Straße* ein. (Alternative: Bereits am Ortseingang von Saalburg nach rechts auf die Schleizer Hauptstraße, Richtung Schleiz.)

Die Straße führt am Naturdenkmal „Steinerne Rose" vorbei. Auf der Straßen-/Eisenbahnbrücke einen Seitenarm der Bleiloch-Talsperre überqueren und kurz danach in scharfem Winkel nach links, Richtung Remptendorf, abbiegen. Nach 2 km passieren wir die *Staumauer am Bleiberg*. Die Straße führt nun leicht bergauf. Bei der ersten Wegkreuzung nach der Staumauer biegen wir rechts ab. Kurz danach wieder rechts. Auf schöner Straße durch den Wald. Kurvenreich geht es wieder ans *Saaleufer*. An der Brücke führt der linke Uferweg zum *Schloß Burgk*, eines der reizvollsten Schlösser im oberen Saaletal (historische Wohnräume, Rittersaal, Silbermann-Orgel, Ex Libris-Ausstellung). (Alternative Auf der Brücke die Saale überqueren und bergauf bis zum Chausseehaus. Nach Burgk links abbiegen.)

Von Burgk auf unbefestigtem Weg nach *Grochwitz*. Hier links ab nach *Dörflas*. Hinter dem Ort geht es steil hinab zur Saale. Auf schmaler Straße dem Fluß folgen nach *Ziegenrück*, den kleinen verwinkelten Ort an der Saarschleife.

140

Von Stadtroda aus entlang der oberen Roda und durch die „Tälerdörfer" mit ihren schönen Fachwerkgehöften

Ausgangspunkt Stadtroda, Parkplatz am Amtshaus
Tourenlänge ca. 40 km
Fahrzeit 3 1/2 bis 4 Stunden
Höhenunterschiede Zwei steile und einige geringe Steigungen
Tourenbeschreibung Vom *Amtsplatz* in *Stadtroda* fahren wir an der Roda und den markanten Buntsandsteinwänden entlang bis zum *Brauhausplatz* und gelangen geradeaus über die Kreuzung in die *Neustädter Straße*. Wir folgen ihr bis zum Ortsausgang. Nun rechts über die Holzbrücke und dann links in den *Taschenweg*. An einer alten Scheune beginnt der Asphalt-Radweg nach Tröbnitz. An der Weggabelung nach 50 m bleiben wir links auf dem unteren Weg (rote Wanderweg-Markierung). Bei dem Gewerbegebiet kurz vor Tröbnitz dann weiter auf der hier angelegten Straße. Sie endet ca. 100 m vor *Tröbnitz* auf der Hauptstraße, hier nach rechts in den Ort. An der ersten großen Kreuzung vor der Straßenbrücke über die Roda geht es links ab zur Straße durch das weite Tal mit den Dörfern *Walters-*

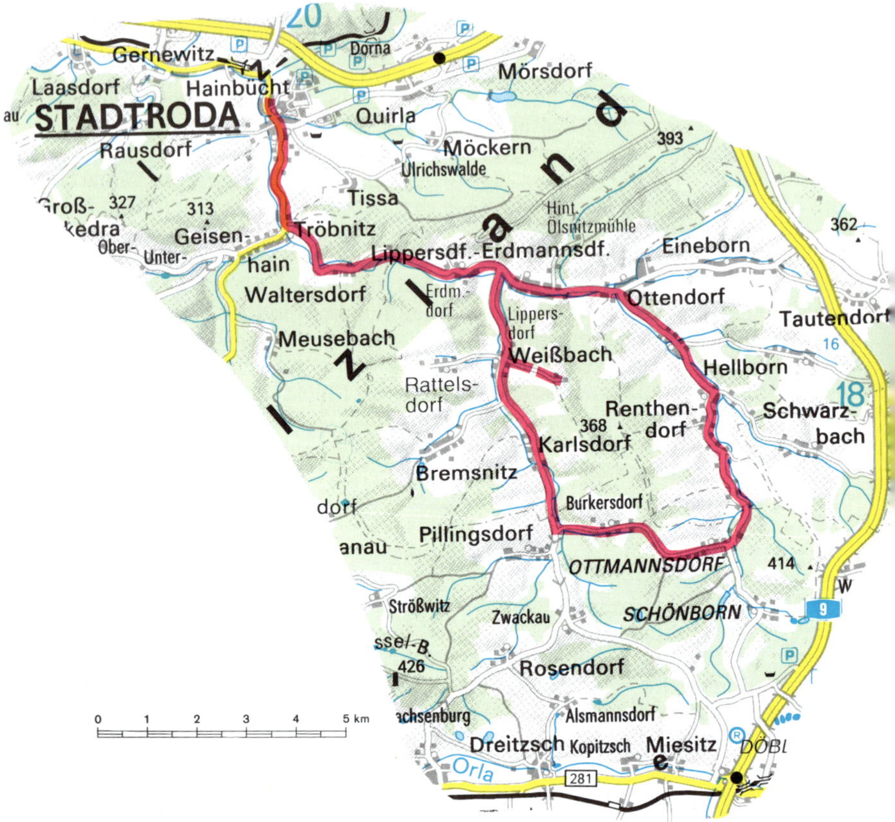

dorf (mit der Tälermühle), *Erdmannsdorf, Lippersdorf* und *Ottendorf.* Hier rechts ab und über Kleinebersdorf (Dorfkirche mit interessantem Schnitzaltar) nach *Renthendorf.* An der ehemaligen „Bastl"-(Sebastians-)Mühle am Ortseingang vorbei. An der nächsten Kreuzung scharf nach rechts, die kleine Anhöhe hinauf und an der Schule vorbei zur Brehm-Gedenkstätte (im Wohnhaus des bekannten Ornithologen Chr. Ludw. Brehm, „Vogelpastor" genannt, und seines Sohnes, des berühmten Naturforschers Alfred E. Brehm, Autor von „Brehms Tierleben").

Wer aber gleich weiter möchte, fährt durch das langgestreckte Renthendorf hindurch nach *Ottmannsdorf.* An der Kreuzung rechts abbiegen nach Burkersdorf. Die Straße steigt ca. 1,5 km weit steil an und wendet sich auf der Höhe nach rechts (weiter Blick über die Höhen). In Schußfahrt nach *Burkersdorf* (denkmalgeschütztes Dorf mit Fachwerk-Bauernhäusern und Kirchlein). Zügig bergab bis zur Kreuzung „Pillingsdorf/Karlsdorf", hier rechts ab. Durch das Weißbachtal, ein Nebental des Rodatals, zu den Dörfern *Karlsdorf* und *Weißbach.*

Abstecher zum Rothvorwerk, dem einstigen Schloß der Herren von Meusebach: An der Kreuzung, an der es links nach Rattelsdorf geht, nach rechts in den breiten Feldweg einbiegen. Es geht steil bergan. Oben bietet sich eine herrliche Aussicht. Nach Weißbach zurück auf dem gleichen Weg.

In Weißbach nach rechts Richtung Rodatal. An der Kreuzung mit der bereits bekannten ins Rodatal führenden Straße gilt es die schöne „Tälerlinde" und ein guterhaltenes Steinkreuz zu bewundern. Nun geht es links ab und durch das vom Hinweg bekannte Rodatal über *Erdmannsdorf, Waltersdorf* und *Tröbnitz* (am Gewerbegebiet in den Radweg einbiegen!) zurück nach *Stadtroda.*

141

Entlang der Saale zwischen den beiden Domstädten Naumburg und Merseburg

Ausgangspunkt Hauptbahnhof in Naumburg
Tourenlänge 42 km
Fahrzeit 3½ Stunden
Höhenunterschiede Geringfügig
Tourenbeschreibung Vom *Naumburger Hauptbahnhof in* den gegenüber beginnenden *Markgrafenweg.* In die zweite Straße, *Talstraße,* nach links, sie jedoch schon bald in spitzem Winkel nach rechts verlassen. An der großen Kreuzung (Einmündung der Straße Unterm Georgenberg in die B 180) nehmen wir den auf der anderen Straßenseite den Berghang hinauf führenden „Bauernweg", halten uns erst links, dann gleich rechts wir kommen in die *„Bischofsstadt"* (Naumburger Dom, eines der bedeutendsten deutschen Sakralbauwerke, Baubeginn um 1220, mit berühmtem Figurenfries am Westlettner, u.a. Ekkehard und Uta).

Vom Domplatz ostwärts den *Steinweg* (gesperrte Fahrtrichtung) und die *Herrenstraße* entlang zum *Marktplatz* (Rathaus mit Renaissancegiebeln und farbenfrohem Portal, schmucke Bürgerhäuser, Residenz, Wenzelskirche mit 67 Meter hohem Turm). Wir verlassen den Marktplatz an der Nordostecke und folgen der *Marienstraße* bis zum Marientor. Hier wechseln wir die Straßenseite, fahren die *Hallische Straße* entlang und dann auf dem *Saale-Radweg* bis *Schönburg.* (Alternative: Auf dem Marienring noch ca. 300 m bis zum Theaterplatz, dann links die Schönburger Straße und den Linsenberg entlang.) Jenseits der Saale erhebt sich Burg Goseck und am rechten Saaleufer auf rotem Sandsteinfels die Ruine Schönburg, eine der ältesten Burgen im Saaletal (im 15. Jh. zerstört; vom 32 m hohen Bergfried herrlicher Blick über das Saaletal). In Schönburg geht es auf holprigem Kopfsteinpflaster kurz bergauf, dann am Ufer der Saale entlang nach *Leißling.* Mit der Fähre ans andere Saaleufer nach *Lobitzsch* und von dort über Uichteritz und Marktwerben nach *Weißenfels.* (oder auf neuer Trasse des Saale-Radwegs). (Abstecher ins Stadtzentrum: Unter der Bahn hindurch und über die Saale hinweg. Dann entlang der Saalestraße und nach links in die Jüdenstraße, die zum Markt führt. Sehenswert: Rathaus,

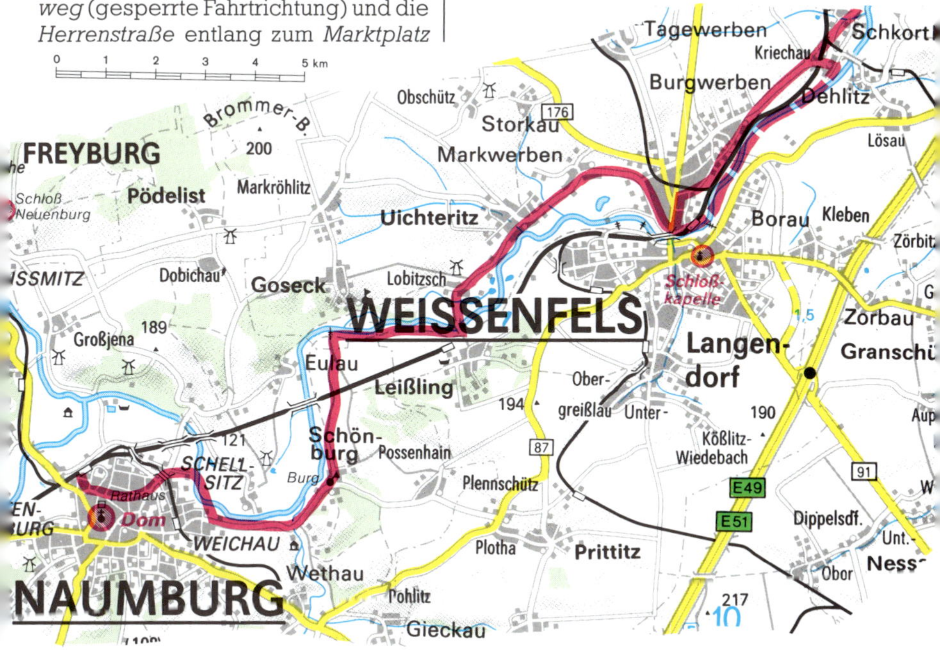

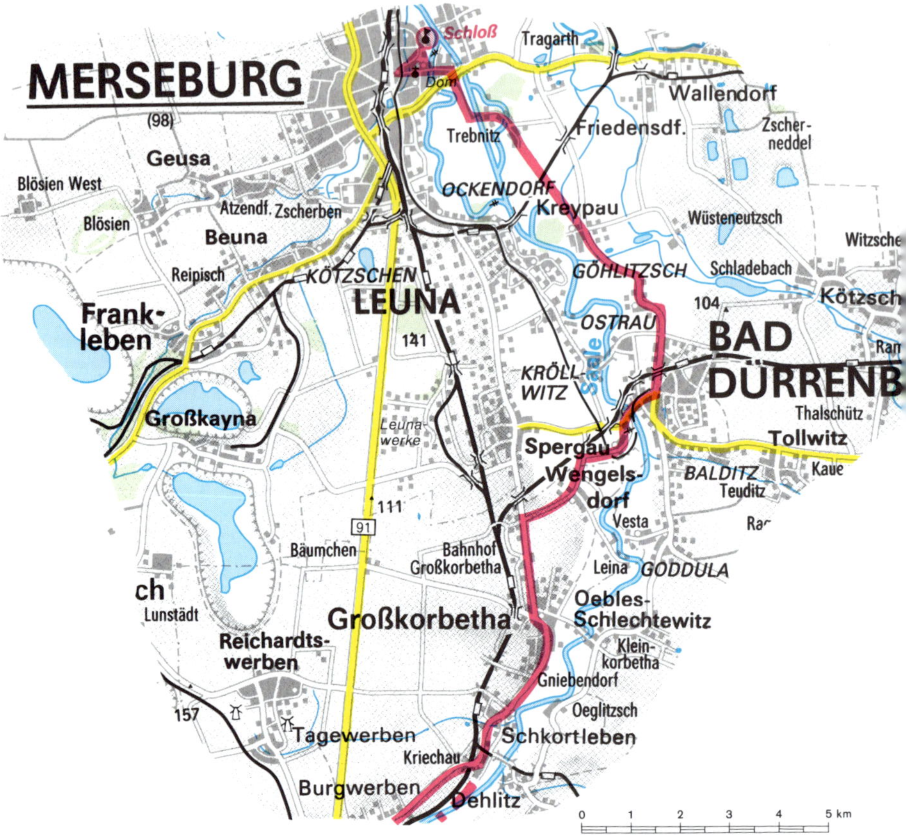

Marienkirche und Schloß Neuaugustusburg hoch über der Stadt mit Schloßkapelle und Schuhmuseum.

Auf der großen *Saalebrücke* wechseln wir wieder ans linke Saaleufer. Noch vor dem Bahnübergang nach rechts in die *Schlachthofstraße.* Am Sportplatz links, dann nach rechts auf die *Hauptstraße.* Burgwerben und *Kriechau* durchfahren. (Alternative: Bei trockenem Wetter kann man auch auf dem Weg zwischen Saale und Bahn von Weißenfels nach Kriechau gelangen; er hat im letzten Teil keine glatte Oberfläche und geht an einer Engstelle in einen Trampelpfad über.)

Von Kriechau aus auf der *Hauptstraße* durch Schkortleben und Großkorbetha. Dann rechts abbiegen (Wegweiser „Wengelsdorf/Bad Dürrenberg"; oder auf neuer Trasse des Saale-Radwegs). Am Horizont die Schornsteine von Leuna. Noch vor *Bad Dürrenberg* sehen wir am anderen Saaleufer den festungsartigen Borlachturm (Museum) und den Witzlebenturm (frühere Saline). Die *Saale* überqueren und rechts halten. An dem kleinen Denkmal vorbei zum *Gradierwerk,* das sich entlang der Hauptstraße quer durch die halbe Stadt erstreckt. Wir unterqueren es und biegen nach links in die *Hauptstraße* ein. Auf der Merseburger Straße verlassen wir Bad Dürrenberg. In *Wölkau* an der romanischen Dorfkirche vorbei. Bald erscheint rechts eine alte Windmühle. Die Teiche und Dämme sind Fragmente des einst geplanten Saale-Elster-Kanals. In *Kreypau* die Hauptstraße nach links verlassen und gleich (hinter dem Friedhof) rechts abbiegen. An der nächsten Verzweigung rechts halten. Der naturhafte Weg unterquert kurz darauf ein Bahngleis, führt rechts an einem Pumpwerk vorbei und zum Dorf *Trebnitz,* das wir auf geradem Weg durchfahren. Am Ortsausgang auf der neuen Brücke die Alte Saale überqueren, dann hinter dem Landwirtschaftsbetrieb den Mittelkanal. Nach rechts in die *Werderstraße* und an deren Ende die vierspurige B 181 überqueren. Entlang *Querstraße, Krautstraße* und *Neumarkt* bis zur Saalebrücke am Fuß des Domhügels. (Alternative: Wer nicht über Feldwege fahren möchte, bleibt in Kreypau auf der Hauptstraße, fährt bis zur Einmündung in die B 181 und biegt in sie links ein, Richtung Merseburg. Hinter dem Mittelkanal die Bundesstraße geradeaus verlassen und zum Fuß des Domhügels.)

Auf den *Schloß- und Domberg*: Am linken Ufer noch ein Stückchen flußabwärts, dann das Rad auf einem der Wege zum Schloßgarten bergauf schieben (als Grenzfeste und Pfalz von Heinrich I. im 10. Jh. gegründet; Bischofssitz; Dom – 1015 gegründet, später umgebaut – mit bedeutender Ausstattung und Fürstengruft; mit ihm zu einer Vierflügelanlage verbunden ist das Schloß, im Ostflügel Museum). Zurück zum *Bahnhof*: Den Domplatz an der Westseite verlassen, die *Hälterstraße* hinunterfahren und dann die nach links versetzte *Poststraße* geradeaus weiter.

142

Auf stillen Wegen und durch kleine Dörfer von Leipzig über Landsberg nach Halle

Ausgangspunkt S-Bahnhof Coppiplatz in Leipzig
Tourenlänge 45 km
Fahrzeit 3 bis 3 ½ Stunden
Höhenunterschiede Unbedeutend
Tourenbeschreibung Vom *S-Bahnhof Coppiplatz* in *Leipzig* fahren wir entlang der Landsberger Straße nordwärts (nach ca. 100 m beginnt ein paralleler Radweg) und verlassen Leipzig. Nach Überqueren eines Bahngleises rollen wir durch eine Wiesenlandschaft, dann auf einer Pflasterstraße durch *Lindenthal* (das Wäldchen links gehörte zum Übungsgelände der Roten Armee und durfte nicht betreten werden). Hinter der Autobahn beginnt rechts das Braunkohlerevier des sächsischen Tieflands. In *Radefeld* folgen wir der links abbiegenden Hauptstraße, die wir dann leicht links in Richtung Freiroda verlassen. Kurz nach dem Ortseingang von *Freiroda* links der Straße eine alte Bockwindmühle. Auf der Hauptstraße das typische Straßendorf durchfahren und am Ortsausgang nach rechts, Richtung Glesien, in eine breite Asphaltstraße einbiegen. Sie durchschneidet schnurgerade die Felder in der tischflachen Ebene. Links, gut 1 km entfernt, der internationale Flughafen Schkeuditz, der zum Großflughafen Leipzig-Halle ausgebaut wird. Kurz vor Glesien versteckt sich links der Straße hinter Bäumen bei einem einsamen Gehöft eine alte Bockwindmühle. In *Glesien* mit der Hauptstraße rechts; wenn sie dann links abbiegt, fahren wir geradeaus. Am Straßenende rechts halten und auf einer schönen Obstbaumallee in Richtung Kölsa (in jüngerer Zeit wurden noch Laubbäume und Sträucher als Windschutzstreifen und Zufluchtsort für Vögel und Niederwild angepflanzt). Die Hauptstraße Delitzsch – Halle überqueren und nach *Kölsa* hinein. Vor der weißgetünchten Dorfkirche geht es mit der Hauptstraße erst links und dann rechts um die Kurve. Das Kopfsteinpflaster weicht am Ortsausgang einer schönen schmalen Asphaltstraße, die von Obstbäumen gesäumt wird (besonders schön ist die Strecke zur Zeit der Baumblüte). Im Nordosten liegt, gut 500 m entfernt, die Ortschaft Klitschmar. Kurz danach rechts der Straße ein Biotop, das als Flächennaturdenkmal geschützt ist. Wenige Meter weiter wechseln wir vom Freistaat Sachsen ins Anhaltinische. Zur Brücke über die Autobahn Berlin – Nürnberg steigt die Straße leicht an (von der Brücke aus ist in der Ferne Landsberg mit seiner Doppelkapelle zu sehen). Nun die Bahnlinie Delitzsch – Halle queren und den Landsberger Ortsteil *Gollma* durchfahren.

Am Ortsbeginn von *Landsberg* folgen wir den Schildern „Felsenkeller“, erst nach rechts und gleich darauf links. An der Ostseite des Porphyrfelsens wurden Anfang dieses Jahrhunderts Steine gebrochen, in dem verbliebenen Restloch ist heute ein Freibad. Der Weg führt immer an dem steilen Felsen entlang, bis man dann auf der Westseite den Berg – am besten zu Fuß – ersteigen kann (Doppelkapelle, erbaut 1174-86; bewundernswert vor allem die romanischen Palmettenkapitelle). Auf holprigem Kopfsteinpflaster fahren wir von der Kapelle westwärts zum Marktplatz (reichgeschmückte sächsische Postmeilensäule; nördlich vom Markt die romanische Pfarrkirche, 13. Jh.). Wir richten uns nach dem Wegweiser „Reinsdorf“, nach links, und verlassen Landsberg auf asphaltierter Straße. In *Reinsdorf* empfängt uns wieder holpriges Kopfsteinpflaster (das ehemalige Rittergut ist heute ein Heim für psychisch gestörte Kinder). Im Ort schwenkt unsere Route nach Westen. 2 km hinter dem Ort links halten und nach *Reußen* (am besten dem Pflaster ausweichen und den Bürgersteig benutzen). Am Ortsausgang mit der Hauptstraße links, kurz danach rechts und auf Kopfsteinpflaster bzw. dem sandigen Randstreifen nach *Klepzig*. Am Ortseingang links halten und geradeaus weiter, wenn die Straße nach Gröbers links abbiegt. Wir orientieren uns an den Wegweisern „Naundorf“. Auf glatter Straße in leichtem Rechtsbogen an Kockwitz vorbei. Einige hundert Meter weiter die Hauptstraße Wiedemar – Halle kreuzen. Auf einer schmalen Allee die Autobahn überqueren und nach *Naundorf*. Auf der Hauptstraße in großem Rechtsbogen durch den Ort und nach *Reideburg*. Hier rechts in die holprige *Äußere Leipziger Straße* einbiegen und nach links in die kurze *Schönnewitzer Straße*.

Kurz hinter einem Ruheplatz mit hohen Bäumen und einem Teich stoßen wir auf die *Delitzscher Straße*, die ins Zentrum der alten Salzstadt *Halle* führt (größtenteils Radwege). Der

Bahnhof liegt hinter der zweiten Eisenbahnbrücke links im Gleisgewirr. – Sehenswert in Halle: die historische Altstadt (u.a. Markt mit dem Roten Turm, die viertürmige Marktkirche, der Roland, das Museum in G.F. Händels Geburtshaus) sowie die Moritzburg über der Saale und die malerische Ruine der Burg Giebichenstein.

143

Zwei Elbstädte verbindet diese Tour: Lutherstadt Wittenberg und Dessau; am Weg liegt der Wörlitzer Park

Ausgangspunkt Hauptbahnhof in Wittenberg
Tourenlänge 29 km
Fahrzeit 2 ½ Stunden
Höhenunterschiede Keine
Tourenbeschreibung Als „protestantisches Rom" hat man *Wittenberg* bezeichnet, das Zentrum von Martin Luthers Wirken. Mannigfach sind hier die Spuren des Reformators zu finden: u.a. Lutherhaus mit Museum und Augusteum, sein Grabmal und das seines Weggefährten, des Gelehrten Philipp Melanchthon, in der 1885-92 neuerbauten Schloßkirche sowie die Bronzetür von 1858 mit den „95 Thesen über die Kraft des Ablasses" im spätgotischen Portal der Stadtkirche und die Kanzel im Innern.

Das Gelände des *Hauptbahnhofs* verlassen wir entlang der einzigen Zufahrtstraße und unterqueren die Bahngleise. Vorbei an der *Luthereiche* fahren wir in westlicher Richtung stadteinwärts. Links der Komplex von Lutherhalle und Augusteum. Wir fahren leicht nach rechts versetzt in die *Mittelstraße*. Vorbei am *Marktplatz* mit den berühmten Standbildern von Luther und Melanchthon geht es weiter bis zur *Schloßkirche* („Thesentür"; im Innern einige Werke in Stein und Metall, u.a. Bronzegrabplatten für Friedrich den Weisen von Peter Vischer d.J.). Am Schloß wenden wir und fahren durch *Schloßstraße* und *Collegienstraße* (Lutherhaus und Melanchthonhaus) zur Luthereiche zurück. Hier scharf rechts in die *Weserstraße* einbiegen. Dann in spitzem Winkel nach links auf die *B 2*. Parallel zur Bundesstraße überqueren wir die Elbe und fahren weiter bis *Pratau*, wo wir nach rechts abbiegen. Unsere Route ist mit „Wörlitz" ausgeschildert. Wenn

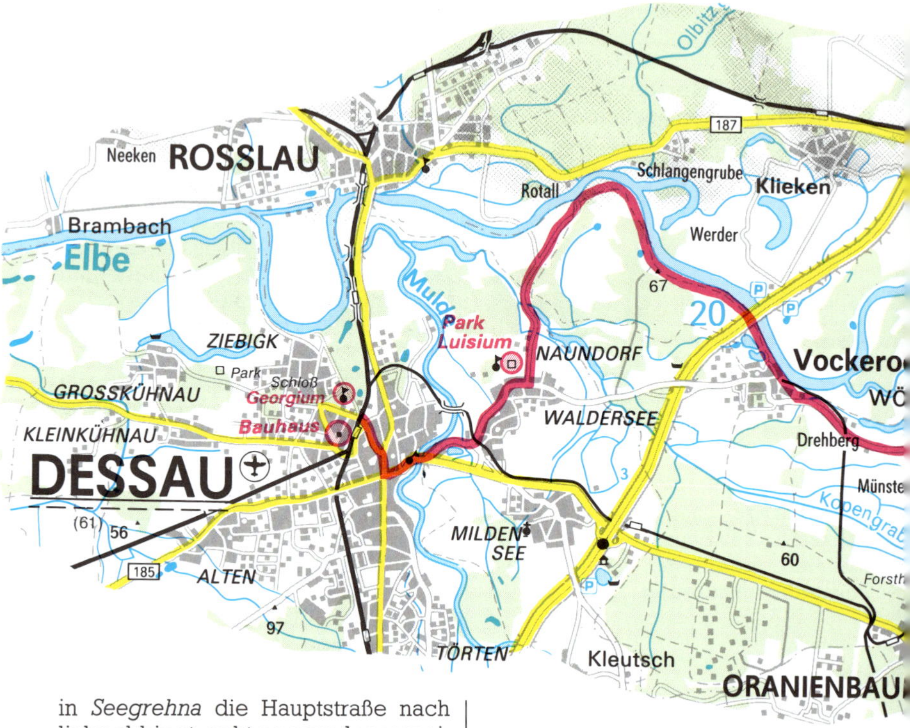

in *Seegrehna* die Hauptstraße nach links abbiegt, geht es geradeaus weiter. Die schmale Straße ist nahezu verkehrslos. Der weitere Weg verläuft in ständigem Zickzack immer nach Westen. Vor dem Deich nach links und zum Wald hin abbiegen. Nach dem Landwirtschaftsbetrieb fahren wir rechts auf den Pflasterweg. An der Weggabelung bleiben wir auf dem links verlaufenden Pflasterweg. Mit Beginn des Betonplattenwegs dann links (!). Auf diesem Kurs gelangen wir in das große Gebiet der *Wörlitzer Landschaftsanlagen*. Nahtlos gehen die Auwälder, Wiesen und Seen in den Schloßpark englischen Stils über (hier sind Fahrräder verboten, selbst wenn man sie schiebt). An zentraler Stelle der erste klassizistische Schloßbau (1769-72 von Erdmannsdorf) in Deutschland.

In *Wörlitz* richten wir uns nach dem Wegweiser „Coswig". Am Ortsausgang von Wörlitz biegen wir links ab. Bei der Einmündung in die Hauptstraße wenden wir uns dann nach rechts, Richtung Vockerode-Dessau. Wenn in *Vockerode* die Hauptstraße nach links abbiegt, fahren wir – noch vor der Kirche – geradeaus weiter. Wir kommen an einem Fischladen vorbei und fahren dann auf einem Betonplattenweg bis zum Deich. Auf der *Deichkrone* geht es dann weiter. (Alternative: Entlang der Straße, vorbei am Schwedenhaus, durch den Ortsteil Dessau-Waldersee und die „Wasserstadt".)

Es geht durch einen schmalen Durchgang, und bald unterqueren wir die Autobahn. Dann fahren wir dem Wald entgegen. Wir passieren das neugotische *Walltor*, orientieren uns zunächst an der Wegmarkierung grünes Andreaskreuz und folgen dann dem mit grünem Strich gekennzeichneten Dammweg bis zum romantisch gelegenen *Forsthaus*. Auf der *Kuhbrücke* am alten Wehr queren wir den Fließgraben. Dort links und dann nach rechts auf den Damm bis zum Park mit dem Schlößchen Luisium, ein Meisterwerk des Architekten Friedr. Wilh. von Erdmannsdorf, ein Freund des Fürsten von Anhalt-Dessau (Park von Eyserbeck mit Kleinarchitekturen).

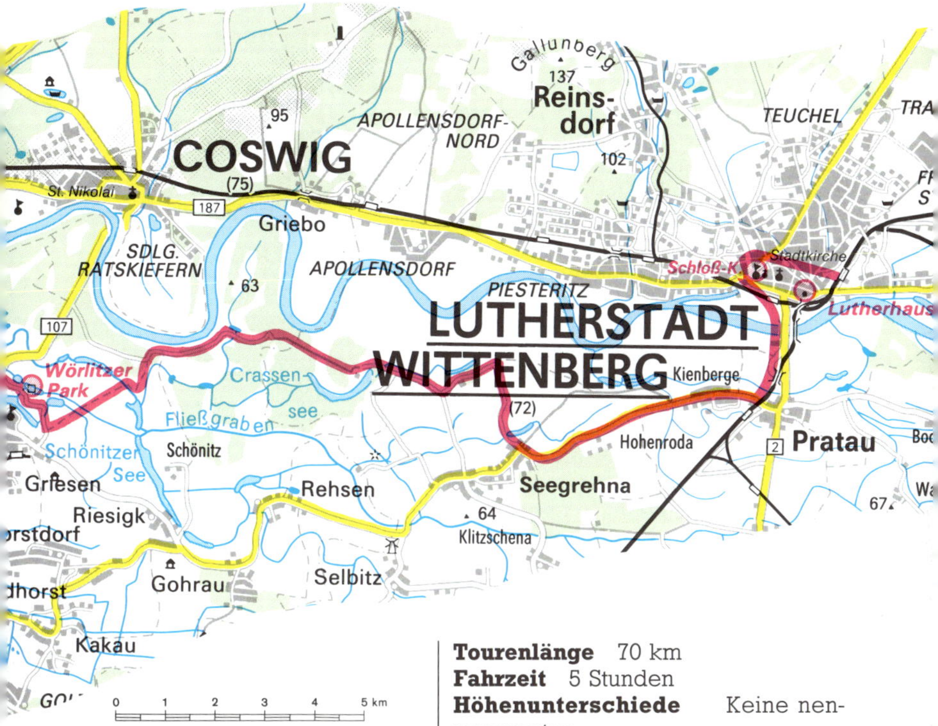

Wir verlassen den Park und überqueren die Jonitzer Mulde. Durch die „Wasserstadt" (bei Hochwaser stehen hier die Straßen häufig unter Wasser) gelangen wir auf die *B 185*, mit der wir die Mulde überqueren. Wir folgen der Hauptstraße bis zur großen Ampelkreuzung (rechts das Museum für Naturkunde und Vorgeschichte), wo wir rechts abbiegen. Entlang dieser Straße bis zur *Post*, dort links und gleich danach rechts zum *Hauptbahnhof* von Dessau. – Sehenswert in Dessau: das Schulgebäude des Bauhaus (1926 von Walter Gropius), ein funktionaler Glasstahlbeton-Bau mit rythmisch angeordneten Fenstern, sowie die reichen Bestände der Plastik, Malerei und des Kunsthandwerks im Schloß Georgium.

144

Entlang der Elbe – von der Porzellanstadt Meißen zur Festungsstadt Torgau

Ausgangspunkt Bahnhof in Meißen
Tourenlänge 70 km
Fahrzeit 5 Stunden
Höhenunterschiede Keine nennenswerten
Anmerkungen Viele Ortsdurchfahrten haben noch Feldsteinpflaster.
Tourenbeschreibung Meißen ist als Heimstatt des Porzellans mit den blauen Schwertern in aller Welt bekannt. Die erste Erfindung in deutschen Landen gelang 1707 und gilt als ein Gemeinschaftswerk von J.F. Böttger, E.W. von Tschirnhaus u.a. In der Schauhalle der Porzellanmanufaktur im Triebischtal sind die berühmtesten Meißner Dekors zu besichtigen.

Vom *Hauptbahnhof* in *Meißen* entlang der *Großenhainer Straße* und der *Bahnhofstraße* bis zur Elbbrücke. Über den Fluß hinweg bietet sich ein unvergleichlicher Blick auf den Burgberg mit Dom und Albrechtsburg (zur Stadterkundung geht es über die Elbe). Wir fahren rechts und biegen gleich wieder links in die *Zschellaer Straße* ein. Hinter einem kleinen Hügel links und an der Sackgasse rechts. Auf einer schmalen Straße fahren wir nun am rechten Elbufer entlang der Weinhänge. In *Nieschütz* fällt die schöne Radelstrecke mit der rechtselbigen Hauptstraße zusammen. Wir bleiben auf der elbnahen Straße (Wegweiser

„Löbsal/Riesa"). In *Diesbar-Seußlitz* ist das nördlichste Weinbaugebiet an der Elbe erreicht (unweit der Straße ein Barockschloß mit kleinem Park).

Durch *Merschwitz* und *Leckwitz* nach *Nünchritz* (bei einem Chemiewerk). Im Zentrum vor dem von stattlichen Bäumen umgebenen kleinen Denkmal links abbiegen. Auf ruhiger Strecke geht es durch die Dörfer *Grödel* und *Moritz* (Windmühle) nach *Röderau*, wo wir auf die B 169 stoßen. Die Straßenseite wechseln und einige Meter auf dem Radweg in Richtung Riesa fahren, dann rechts durch die Bahnunterführung in Richtung Bobersen. Auf der schönen schmalen Straße immer links halten, bis sie in *Gohlis* auf die Hauptstraße trifft; hier nach links abbiegen. Weiter über *Zschepa* nach *Kreinitz* (der Gedenkstein am Elbufer erinnert an das erste Zusammentreffen von Russen und Amerikanern am Ende des Zweiten Weltkriegs). Wir fahren nun auf Wiesenwegen in unmit-

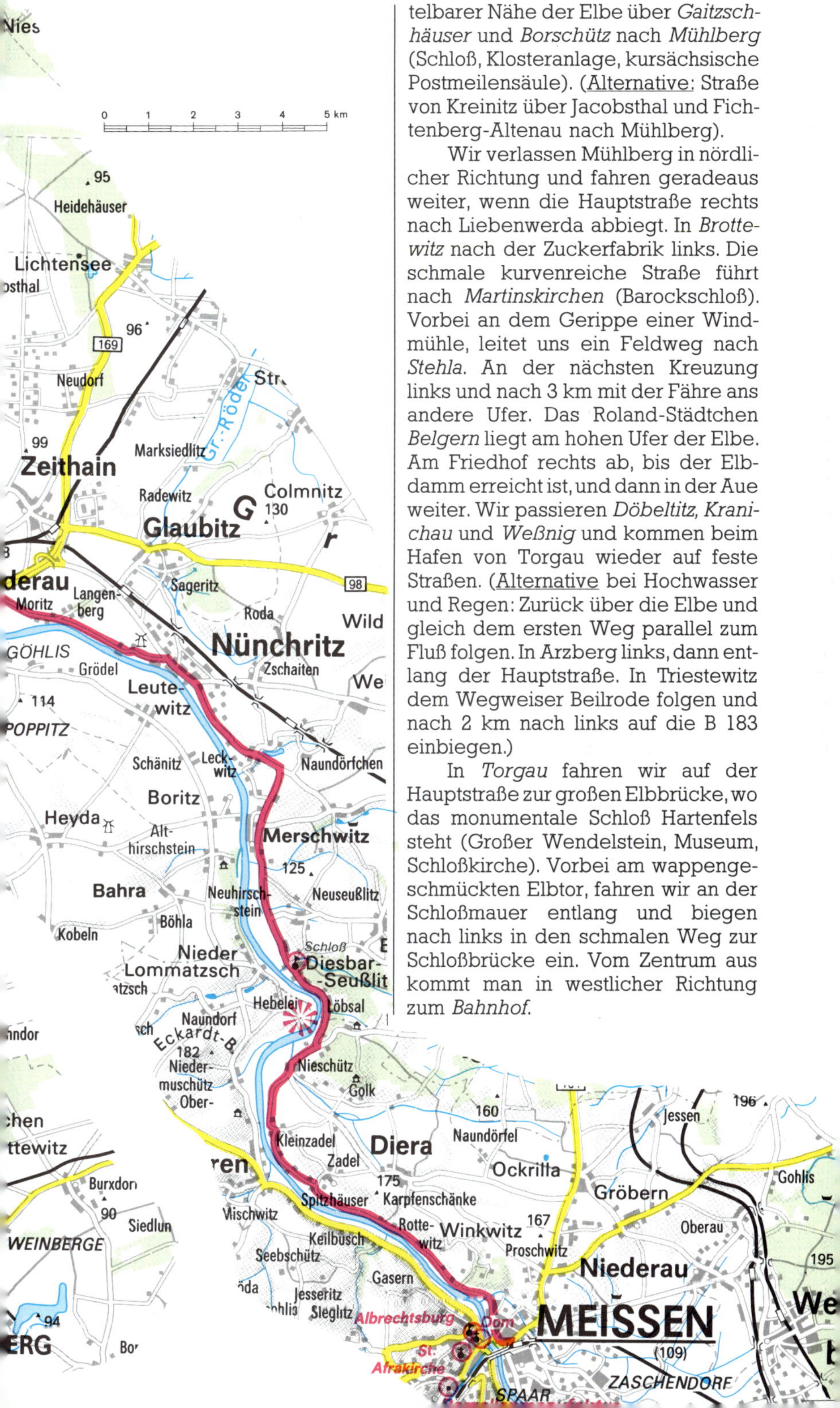

telbarer Nähe der Elbe über *Gaitzschhäuser* und *Borschütz* nach *Mühlberg* (Schloß, Klosteranlage, kursächsische Postmeilensäule). (Alternative: Straße von Kreinitz über Jacobsthal und Fichtenberg-Altenau nach Mühlberg).

Wir verlassen Mühlberg in nördlicher Richtung und fahren geradeaus weiter, wenn die Hauptstraße rechts nach Liebenwerda abbiegt. In *Brottewitz* nach der Zuckerfabrik links. Die schmale kurvenreiche Straße führt nach *Martinskirchen* (Barockschloß). Vorbei an dem Gerippe einer Windmühle, leitet uns ein Feldweg nach *Stehla*. An der nächsten Kreuzung links und nach 3 km mit der Fähre ans andere Ufer. Das Roland-Städtchen *Belgern* liegt am hohen Ufer der Elbe. Am Friedhof rechts ab, bis der Elbdamm erreicht ist, und dann in der Aue weiter. Wir passieren *Döbeltitz, Kranichau* und *Weßnig* und kommen beim Hafen von Torgau wieder auf feste Straßen. (Alternative bei Hochwasser und Regen: Zurück über die Elbe und gleich dem ersten Weg parallel zum Fluß folgen. In Arzberg links, dann entlang der Hauptstraße. In Triestewitz dem Wegweiser Beilrode folgen und nach 2 km nach links auf die B 183 einbiegen.)

In *Torgau* fahren wir auf der Hauptstraße zur großen Elbbrücke, wo das monumentale Schloß Hartenfels steht (Großer Wendelstein, Museum, Schloßkirche). Vorbei am wappengeschmückten Elbtor, fahren wir an der Schloßmauer entlang und biegen nach links in den schmalen Weg zur Schloßbrücke ein. Vom Zentrum aus kommt man in westlicher Richtung zum *Bahnhof*.

ERZGEBIRGE UND SÄCHSISCHE SCHWEIZ

Rund 150 km weit zieht sich das waldreiche Erzgebirge hin. Über seinem breiten Kamm verläuft die Grenze zur Tschechischen Republik. Die reichen Vorkommen an Silber-, Blei-, Zinn- und Eisenerzen, die erstmals im 15. Jh. von Harzer Bergleuten abgebaut wurden, begründeten Sachsens Reichtum und gaben dem Landstrich seinen Namen. Im Westen schließt sich die waldreiche Hochfläche des Vogtlandes an. Bewaldete Hochflächen sowie eindrucksvolle Felstürme und -bänke prägen das Bild des Elbsandsteingebirges mit dem Sächsische Schweiz genannten Teil. Besonders reizvoll sind die Täler der kleinen Flüsse des Berglandes wie Zwickauer Mulde, Zschopau und Wilde Weißeritz.

Die Felstürme der Bastei bei Bad Schandau

145

Durch Wälder von Plauen nach Zwickau; am Weg liegen die Syrauer Drachenhöhle und das sehenswerte Greiz

Ausgangspunkt Oberer Bahnhof in Plauen

Tourenlänge 65 km
Fahrzeit 6 bis 7 Stunden
Höhenunterschiede 12% Steigung hinter Tremnitz; längerer allmählicher Anstieg Greiz – Waldhaus (5 km); einige kleinere Anstiege
Tourenbeschreibung Wir treten aus dem *Plauener Bahnhof* heraus, wenden uns nach rechts, schieben das Rad über den Bus- und Straßen-

bahnwendeplatz und rollen auf der *Kuntzestraße* abwärts zum Stadtpark. Wir biegen nach rechts in den *Stadtparkring* ein, der in die *Kauschwitzer Straße* übergeht, und verlassen Plauen (bekannt für die Herstellung von Gardinen und Spitzen). Auf der schmalen Straße radeln wir 4 km nach *Kauschwitz*. Den Ort durchqueren wir immer geradeaus, fahren in den Bogen

einer Hauptstraße hinein und kreuzen eine zweite Hauptstraße. Nach weiteren 2 km ist *Syrau* erreicht. Wir kreuzen die Europastraße und rollen am Eingang der Syrauer Drachenhöhle (sehenswert) vorbei hinunter zur *Bahnhofstraße*, in die wir rechts einbiegen. Sie führt uns aus dem Ort heraus und vorbei am Abzweig zur Syrauer Windmühle.

Durch *Fröbersgrün* geht es mit 'Schuß' abwärts. Die Talfahrt wird erst an einer Hauptstraße gestoppt, in die wir rechts einbiegen. Weiter talwärts. Dann steigt die Straße ein kurzes Stück an, und wir passieren die sächsisch-thüringische 'Grenze'. Unmittelbar vor dem kleinen See links der Straße biegen wir ab und halten uns nach weiteren 300 m an der Straßengabelung rechts in Richtung *Gablau*. Das Dorf ist bald erreicht, es geht weiter nach *Hohndorf*. Oberhalb der Kirche treffen wir auf eine Hauptstraße, in die wir nach links, Richtung Pansdorf, einbiegen. Diese Straße beschreibt zweimal einen Rechtsbogen: kurz hinter Hohndorf und am Ortsrand von Pansdorf.

Wir fahren hinunter nach *Tremnitz*. Nun kommt mit 12% die stärkste Steigung dieser Tour, sie will gemeistert sein. Die Belohnung für diese Mühe ist die Abfahrt nach *Greiz*, immer auf der Hauptstraße. Im Tal der Weißen Elster angelangt, überqueren wir auf einer stählernen Bogenbrücke die Bahnanlagen und fahren ins Stadtzentrum von Greiz (sehenswerte Altstadt mit Oberem und Unterem Schloß, Stadtkirche St. Marien, Röhrenbrunnen). Kurz hinter der Elsterbrücke weist ein Pfeil nach rechts. Doch wir steigen ab und schieben das Rad ein

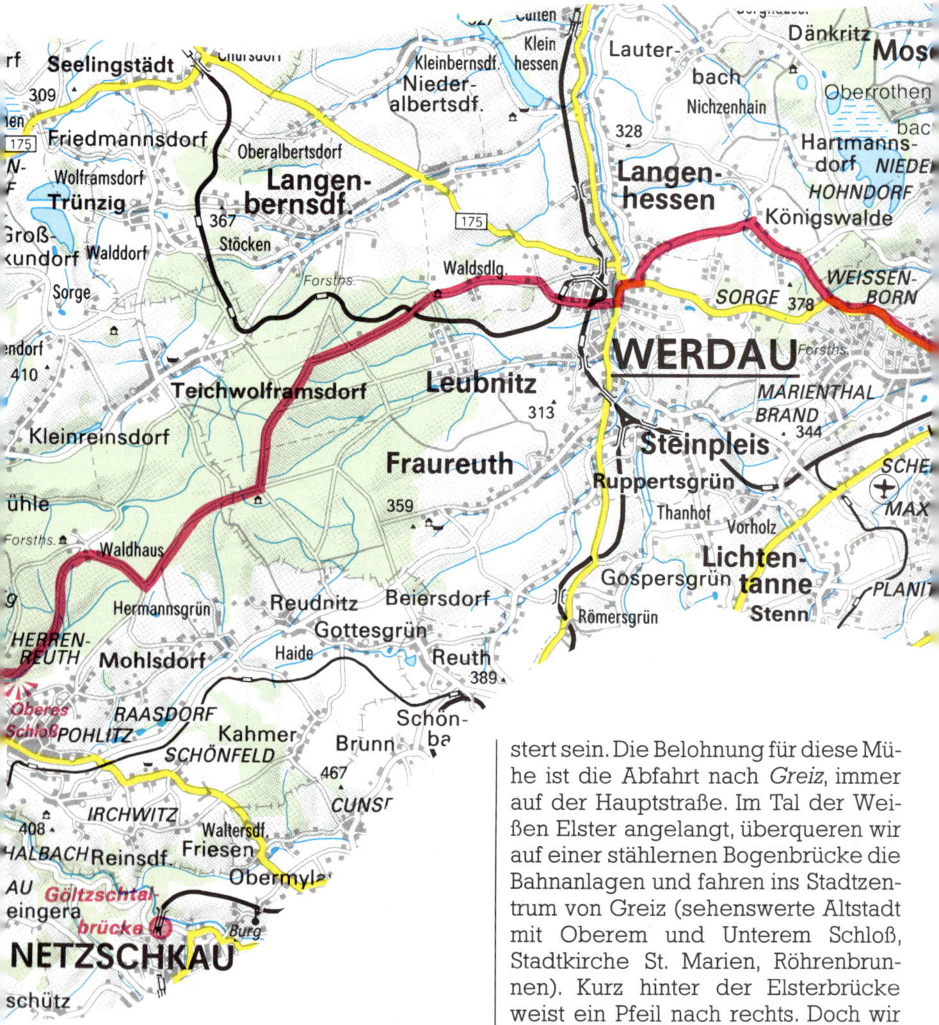

Stück geradeaus (entgegen der Fahrtrichtung in der Einbahnstraße), überqueren den Puschkinplatz und wenden uns an dessen Ende nach links.

Über *Marienstraße* und *Friedhofstraße* verlassen wir das Stadtzentrum. Es folgen ein kurzer Anstieg und eine kurze Abfahrt – vor einem Seniorenheim zweigt die schmale Straße durch das *Krümmetal* nach *Waldhaus* (Wanderwegweiser) ab. Mit einem langen (5 km), aber sanften Anstieg beginnt die idyllische Fahrt durch *Greizer* und *Werdauer Wald*. Wir erreichen die 'Waldhäuser' und halten uns hinter einem alten, unter Denkmalschutz stehenden Fachwerkhaus rechts. Am Rand der Siedlung führt die sanft ansteigende Straße an einem Parkplatz vorbei und beschreibt später eine Rechtskurve. Bereits am Anfang dieses Bogens zweigt links ein Waldweg ab, dem wir folgen. Es geht, zunächst am Waldrand entlang, immer geradeaus bis zu den Häusern von *Waidmannsruh* (Gasthaus). Hier links in den asphaltierten Forstweg, den wir nach 2,5 km halbrechts verlassen. Der Wanderwegweiser „Koberbachtalsperre, Blankenhain" markiert vorerst den richtigen Weg. Nun halten wir uns immer geradeaus. Noch im Wald werden die Bahngleise überquert. Dann verlassen wir den Wald und erreichen die ersten Häuser von *Werdau*. Nochmals werden die Bahngleise überquert. Kurz danach knickt die Hauptstraße rechts ab. Wir aber fahren geradeaus weiter, steil abwärts, bis zur Ampelkreuzung. Dort links ab, an der nächsten Ampel rechts („Zwickau") und bei nächster Gelegenheit nochmals links in Richtung „Königswalde". In *Königswalde* halten wir uns in Richtung „Crossen". Im Oberdorf gabelt sich die Straße, wir folgen der Ausschilderung „Zwickau" (7 km). Bald treffen wir auf die von Werdau kommende Bundesstraße und müssen nun leider auf den letzten Kilometern stärkeren Verkehr in Kauf nehmen. Auf dem Marktplatz in *Zwickau* sind wir am Ziel.

146

Durch die herrliche Bergwelt zwischen Muldenberg und Aue, zu aussichtsreichen Höhen und idyllischen Seen

Ausgangspunkt Bahnhof in Muldenberg (per Bahn zu erreichen von Zwickau und Reichenbach aus)
Tourenlänge 55 km
Fahrzeit 6 Stunden
Höhenunterschiede Längere Anstiege auf den Schneckenstein zu Beginn der Tour; im weiteren Verlauf einige Steigungen und Abfahrten im Wechsel; zum Schluß eine lange Abfahrt
Tourenbeschreibung Vom Bahnhof in *Muldenberg* fahren wir zum Bahnübergang, wenden uns nach links und rollen hinunter in den Ort. An der Kreuzung (rechts geht es nach Schöneck) biegen wir links ab und radeln an den letzten Häusern vorbei – die erste Steigung. Haben wir sie geschafft, verlassen wir die Straße und biegen rechts in den gut befahrbaren Waldweg ein. Unsere Route ist nun durch die rote Wanderwegmarkierung gekennzeichnet, bis hinauf zum Schneckenstein. Kurz vor dem Gipfel treffen

wir wieder auf Asphalt, fahren noch knapp 100 m aufwärts und erreichen eine Kreuzung; die Hauptstraße biegt links ab. Für einen Abstecher zum Aussichtspunkt auf dem *Schneckenstein* wenden wir uns hier nach rechts und kämpfen uns noch wenige Meter weiter geradeaus aufwärts. Der berühmte Topasfelsen liegt links im Wald (bitte im Bereich dieses Flächennaturdenkmals das Rad schieben!).

Über den blau markierten Wanderweg erreichen wir bald den Forstweg, der unterhalb des Kiels (943 m), die Häuser von *Winselburg* passierend, nach *Mühlleithen* führt. Oberhalb dieses bekannten Wintersportorts wird eine Straße überquert und ein Parkplatz passiert, bis uns wieder der Wald aufnimmt. Die blaue Wanderwegmarkierung dient weiterhin zur Orientierung. Wir bleiben auf diesem Waldweg, bis er links auf die Grenze zur Tschechischen Republik stößt. Wir folgen dem Grenzweg ins steile *Kerbtal* hinunter und quälen uns auf der anderen Seite wieder hinauf. Im Sattel des *Großen Rammelsbergs* ist eine Höhe von 935 m erreicht. Nach einigen sanften Steigungen und Abfahrten gabelt sich der Weg, links steht eine Schutzhütte. Die blaue Wanderwegmarkierung weist talwärts, wir aber wenden uns nach rechts (bis unterhalb des Auersbergs nun rote Markierung). Erst an der nächsten Waldwegekreuzung geht es nach

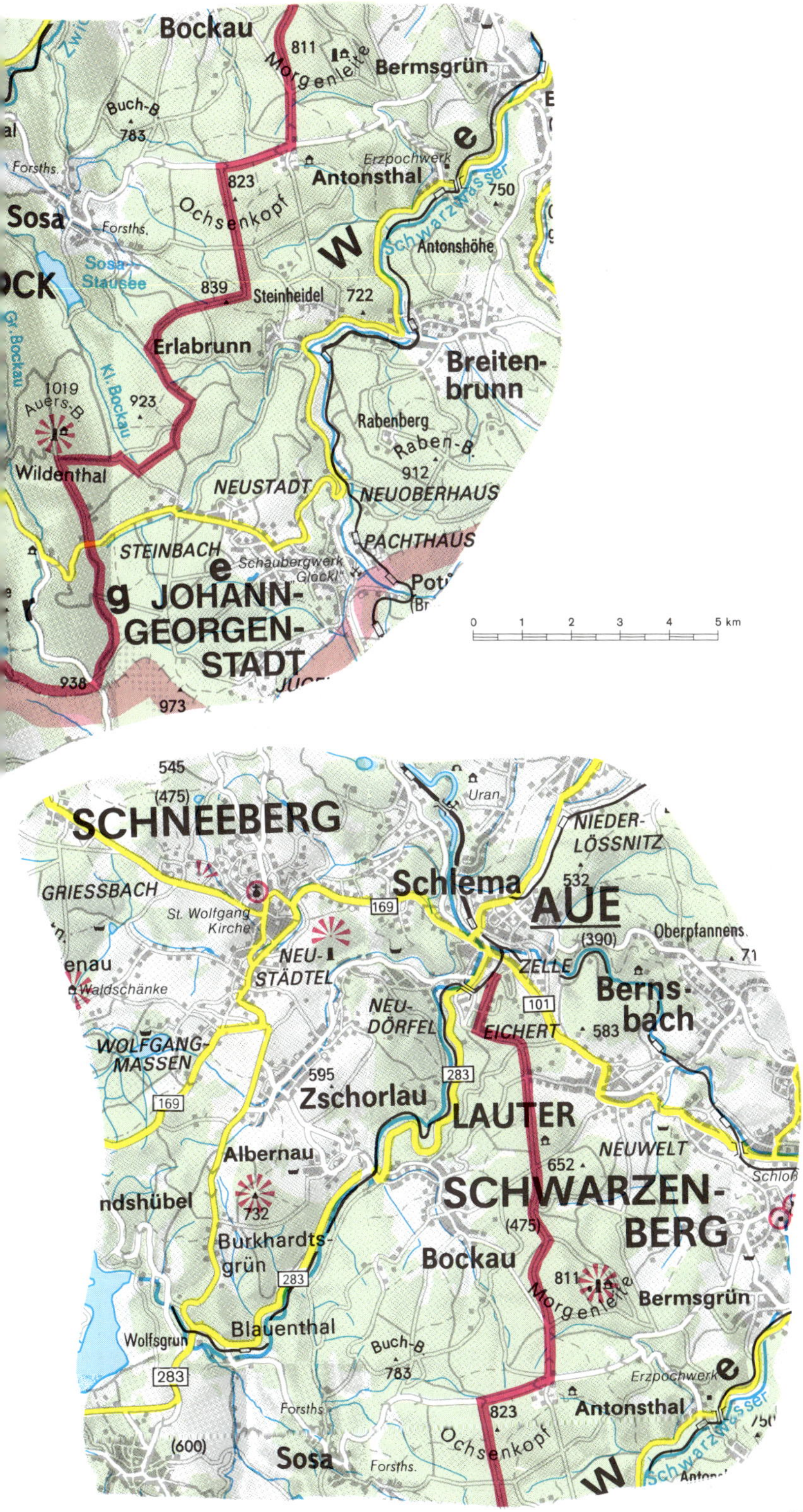
Bockau
811
Morgenleite
Bermsgrün
Buch-B.
783
Forsths.
Erzpochwerk
Antonsthal
823
750
Sosa
Ochsenkopf
Schwarzwasser
Antonshöhe
Sosa-Stausee
839
Steinheidel
722
Gr. Bockau
Erlabrunn
Breitenbrunn
1019
Auers-B.
923
Kl. Bockau
Rabenberg
Raben-B.
912
Wildenthal
NEUSTADT
NEUOBERHAUS
PACHTHAUS
STEINBACH
Schaubergwerk „Glöckl"
JOHANN-GEORGEN-STADT
938
973
0
1
2
3
4
5 km
545
(475)
SCHNEEBERG
Uran
NIEDER-LÖSSNITZ
GRIESSBACH
532
Schlema
AUE
169
St. Wolfgang Kirche
(390)
Oberpfannens.
NEU-STÄDTEL
ZELLE
Waldschänke
Berns-bach
101
NEU-DÖRFEL
EICHERT
583
WOLFGANG-MASSEN
595
283
Zschorlau
LAUTER
Albernau
NEUWELT
652
Schloß
SCHWARZEN-BERG
732
(475)
Burkhardtsgrün
Bockau
811
Morgenleite
Bermsgrün
Blauenthal
Buch-B.
Wolfsgrün
783
Erzpochwerk
823
Antonsthal
Forsths.
Ochsenkopf
Schwarzwasser
(600)
Sosa
Forsths.

links, abwärts. Am Buswendeplatz oberhalb von *Weitersglashütte* biegen wir rechts ab, fahren also nicht in den Ort. An der nächsten Weggabelung nochmals rechts halten. Über *Hirschlecken-* und *Jordanweg* erreichen wir eine Dreifach-Waldwegegabelung. Die rote Markierung leitet uns nach links über den *Mittelflügel* hinunter zur *„Sau-Schwemme"*. Wir überqueren eine Straße und fahren, sanft ansteigend, zum Auersberg hinauf. Wer das nun folgende Steilstück scheut und abkürzen will: Zwischen den Häusern der „Sau-Schwemme" zweigt ein Weg ab (gelb markiert). Unterhalb des Gipfels ein leichter Rechtsknick in der bisher schnurgeraden Straße: Links ein Vorgipfel mit Ausblick nach Westen, rechts führt die „Wellenschaukel" abwärts (hier werden wir nach erfolgreichem „Gipfelsturm" weiterfahren). Der *Auersberg* lohnt die Anstrengung mit einem phantastischen Blick ins Land (Aussichtsturm und Gaststätte), tief unten die Talsperre Sosa.

Die steile Abfahrt auf der „Wellenschaukel" endet am gelb markierten Wanderweg aus Richtung „Sau-Schwemme". Wir fahren links und kurz danach wieder rechts. Wo der Waldweg auf eine Straße trifft, links abbiegen und an den *Riesenberghäusern* vorbeifahren. Am „Eselsberger Flügel" – zweite Forststraße nach den Riesenberghäusern – biegen wir rechts ab. Nach Überqueren der Ausläufer des Eselsbergs geht es nach weiterem Anstieg kurz abwärts. Danach verläuft der Weg für wenige Meter in gerader Linie, dann zweigt links der „Kobaltflügel" zum Jägerhaus ab. Auf diesem schnurgeraden Waldweg fahren wir bis zu einer Straße, in die wir rechts einbiegen. Am *Gasthof Jägerhaus* wenden wir uns wieder nach links und rollen abwärts. Beim Linksknick verlassen wir diese Hauptstraße und fahren geradeaus und folgen dieser durch wenige Steigungen und mehrere Abfahrten geprägten asphaltierten Forststraße. Zwei Hauptstraßen sind zu überqueren, dann fällt der Weg links ins Tal ab. Die ersten Häuser von Aue sind erreicht. Am Einbahnstraßenschild biegen wir rechts ab, kurz darauf mit der Hauptstraße links und am Vorfahrtschild rechts. Wir sind am Ziel, in dem gemütlichen, am Zusammenfluß von Zwickauer Mulde und Schwarzwasser gelegenen Städtchen *Aue*.

147

Eine Rundfahrt bei Zschopau – die Greifensteine und die Burg Wolkenstein sind die Ziele

Ausgangspunkt Bahnhof in Zschopau
Tourenlänge 50 km
Fahrzeit 5 Stunden
Höhenunterschiede Drei längere Anstiege
Anmerkung Die Tour erfordert eine

gute Kondition. Wer es leichter haben möchte, fährt durch das Tal der Zschopau nach Wolkenstein (siehe Karte)

Tourenbeschreibung Vom *Bahnhof* in *Zschopau* radeln wir hinunter zur B 174 und wenden uns nach rechts, Richtung Marienberg. Die Strecke zum Warmfahren ist nur kurz. Gleich nach der Eisenbahnbrücke geht es nach links in die steil aufwärts führende *Alte Marienberger Straße*; auf ihr verlassen wir – am besten das Rad schiebend – die Stadt. In *Krumhermersdorf* ist die Hälfte der längsten Steigungsstrecke dieser Tour geschafft. Nach kurzer Abfahrt geht es geradeaus zur gutausgebauten Bundesstraße, die wir nach wenigen Hundert Metern nach rechts über einen Plattenweg der Landwirtschaft verlassen. Auf der Fahrt hinunter nach *Großolbersdorf* läßt sich eine herrliche Aussicht über weite Teile des Erzgebirges genießen. Auf der Dorfstraße wenden wir uns talaufwärts, biegen am Gasthof Zur Silberstraße rechts ab und folgen nun der Hauptstraße bis zum Friedhof, wo Karl Stülpner, der grüne Rebell des Erzgebirges, begraben wurde. Vor der Friedhofsmauer rollen wir 50 m abwärts und schwenken nach links, Richtung Warmbad. Die schmale Straße schlängelt sich am Hang entlang, die Ortschaft *Warmbad* wird passiert. In Gehringswalde biegen wir nach rechts auf die B 101 ab

und folgen den Wegweisern nach Wolkenstein. In der Stadt oberhalb des Flusses Zschopau ständig geradeaus zum Marktplatz und zum Schloß (Heimatstube), das einen reizvollen landschaftlichen Akzent bildet.

Über den Marktplatz radeln wir zu der in Serpentinen ins Zschopautal führenden Straße, die wir bereits in der nächsten Kurve über die Heidelbachstraße verlassen. In der Talsohle, am Fuß der Wolkensteiner Schweiz, wird der Fluß überquert. Nach kurzem Anstieg und Kreuzen der B 101 geht es im *Heidelbachtal* knapp 1 km weit aufwärts. Dort, wo das Asphaltband die enge Talsohle verläßt, links in einen Waldweg einbiegen – Schild „Faule Brücke“. Die idyllische Ruhe entschädigt uns für die sich lang hinziehende, aber sanfte Steigung. Vor der Hochspannungsleitung halten wir uns rechts, überwinden eine kleine Anhöhe, rollen kurz abwärts und wenden uns dann nach links. Die Hochspannungsleitung unterqueren und der S-Kurve des Weges folgen. Der vorerst letzte Anstieg liegt hinter uns. Nun geht es hinunter nach *Ehrenfriedersdorf* (zunächst schlechter Belag, dann Asphalt). Am nächsten Vorfahrtschild links, über den (unteren) Marktplatz und die Bundesstraße hinauf zum Neumarkt.

Rechts Richtung „Greifensteine“ (Wegweiser). Es folgt ein kräftiger Anstieg bis auf die Geyrische Platte. Eine kurze Erholungsphase – wir passieren die Einmündung der Abfahrt (Einbahnstraße) vom *Greifenstein* und biegen kurz darauf links ab. Nun eine letzte Anstrengung zum höchsten Punkt dieser Tour (Aussichtsfelsen, Freilichtbühne, Bergbaumuseum).

Abfahrt vom Greifenstein. Auf der von Ehrenfriedersdorf kommenden Straße links ab und bis zum Vorfahrtschild. Hier nochmals links und abwärts zum *Greifenbach-Stauweiher*. Noch vor der Staumauer biegen wir rechts ab und fahren am Ufer entlang zur Jugendherberge. Hier rechts hinauf und kurz darauf links. Nach wenigen Metern geht es rechts in den schmaleren Fahrweg (grün markiert) Richtung Auerbach. Abfahrt durch den Wald. Danach auf der asphaltierten Skirollerstrecke zur Straße Hormersdorf-Jahnsbach, in die wir rechts einbiegen. Kurz vor dem Ortseingang *Jahnsbach* nach links Richtung Auerbach. Wir erklimmen einen Hügel und biegen am Wasserwerkhäuschen rechts ab. Der Landwirtschaftsweg trifft nach kurzer Abfahrt auf eine Straße, in die wir links einbiegen. An der Kreuzung rechts halten in Richtung Gelenau und nach ca. 200 m die Straße nach links über einen Feldweg verlassen. Ein kleiner Anstieg bis zum Waldrand. Die Hauptspur biegt talwärts ab, wir aber fahren geradeaus, radeln kurz durch den Wald, dann nochmals am Waldrand entlang und biegen an der folgenden Kreuzung im Wald rechts ab. Der Weg senkt sich und stößt am steinernen Tisch'l im *Abtwald* auf eine Forststraße, hier rechts. Wir überqueren die meist stark befahrene B 95 sowie den Parkplatz am Waldrand. Die sogenannte *Eisenstraße* führt, ständig auf der Höhe bleibend, über den *Kemtauer Felsen*. Kurze Abfahrt. Wenn es für das Fahrrad geradeaus nicht mehr weiter geht, biegen wir links und kurz darauf rechts ab. Haben wir dann Asphalt unter den Rädern, wenden wir uns nach links und erreichen *Weißbach*. Bis nach Zschopau folgen wir den Wegweisern. In Stadtnähe Burg Wildeck (im wesentlichen von 1545, Turm 12. Jh.).

148

Von Marienberg aus über aussichtsreiche Höhen und durch das wunderschöne Tal der Schwarzen Pockau

Ausgangspunkt Bahnhof in Marienberg

Tourenlänge 55 km

Fahrzeit 5 Stunden

Höhenunterschiede Steiler Anstieg in Niederlauterstein sowie einige weitere, meist kürzere Steigungen

Anmerkung Es gibt drei Möglichkeiten, auf kurzen Wegen nach Marienberg zurückzukehren (siehe Karte)

Tourenbeschreibung Bevor man Marienberg verläßt, sollte man sich in dieser einst reichen Bergstadt umsehen (Rathaus von 1539 in strengen Renaissanceformen, eigenwillige spätgotische Hallenkirche St. Marien mit zahlreichen kostbaren Einzelwerken).

Vom *Bahnhof* in *Marienberg* wenden wir uns zur B 174 und verlassen auf ihr die Stadt in Richtung Chemnitz. In *Lauta* (3 km) kommt von rechts die Landstraße aus Lauterbach; hier biegen wir links ab in einen Landwirtschaftsweg (gelbe Wanderwegmarkierung), der auf die *Brüderhöhe* (688 m hoch) führt. Die asphaltierte offizielle Auffahrt weist uns den Weg nach unten. Bei der rasanten Abfahrt müssen wir jäh an der Landstraße Marienberg – Wolkenstein bremsen. Wir überqueren sie und fahren nach kurzem Anstieg am *Sportflugplatz Großrückerswalde* entlang. (Es lohnt sich der kurze Abstecher zu der bekannten Wehrkirche in Großrückerswalde.) Nach Überqueren der Landstraße Marienberg – Großrückerswalde streben wir recht mühevoll einer Höhe zu, die einen phantastischen Blick über das Tal der Zschopau hinweg zu Fichtelberg (1214 m) und dem böhmischen Keilberg (1244 m), den beiden höchsten Erhebungen des Erzgebirges, bietet. Unser Weg fällt ins Schindelbachtal ab und stößt am oberen Talende auf die B 174 (sie führt zum Grenzübergang Reitzenhain). Wir biegen rechts in sie ein, verlassen sie aber gleich nach dem Bahnhofsgelände von *Gelobtland* nach links. Auf dem Asphaltsträßchen geht es abwärts. In einer rechtwinkligen Linkskurve wenden wir uns nach rechts („Dreiflügel"). Wir folgen nun immer der Hauptspur, durchfahren zwei Bachtäler und müssen eine steilere Steigung meistern.

Oben an der Waldwegekreuzung halten wir uns halbrechts. An der nächsten Kreuzung (mit Wanderwegweisern) rechts ab in den *Reitsteig*. Er trifft auf die von der B 174 kommenden Straße, der wir nach links folgen. Sie führt zu der ruhigen, unmittelbar am Erzgebirgskamm gelegenen Gemeinde *Kühnhaide*.

Links in die Dorfstraße einschwenken und talwärts rollen. Am Ortsausgang unterhalb der *Gaststätte Schwarzwassertal* zweigt der Rad- und Wanderweg durch das *Tal der Schwarzen Pockau* ab. Phantastische, bequeme zehn Kilometer liegen vor uns. Das obere Tal ist flach und unbewaldet, während die Hänge eines engen Kerbtals zumeist bewaldet sind. Auch Felswände wie Katzenstein und Nonnenhorn prägen das Landschaftsbild.

Am ehemaligen *Gasthof Kniebreche* (Abkürzung: von hier direkt nach Marienberg, ca. 7 km) halten wir uns zunächst in Richtung Pockau, verlassen jedoch an der Ruine Lauterstein (reichlich 1 km) das Tal über *Niederlauterstein*. Steil führt die Straße aufwärts. Im Oberdorf biegen wir mit der Hauptstraße links ab, verlassen sie an der folgenden Kreuzung und wenden uns nach rechts, Richtung Lauterbach. Noch vor dem Ortseingang von *Lauterbach* geht es links ab in einen plattenbefestigten Landwirtschaftsweg. Er kreuzt die aus Marienberg kommende Straße. (Abstecher zur Wehrkirche: hier rechts ab). Unser Plattenweg erreicht die von Lauterbach kommende Landstraße, in die wir links, Richtung Lauta, einbiegen, sie jedoch nach knapp 500 m nach rechts verlassen. Der Feldweg führt durch den *Heinzewald* und trifft nach einer Abfahrt (schlechter Belag!) auf die B 101. Gegenüber ein holpriger Waldweg. Er mündet bald in eine asphaltierte Forsttraße. Auf ihr radeln wir abwärts, vorbei an der oberen *Neunzehnhainer Talsperre* und den Gebäuden der Wasserwirtschaft, und kommen zur unteren Talsperre. Unterhalb der Staumauer führt zwar eine Straße hinunter zur Talsohle, wir wählen jedoch den oberen Weg. Er trifft auf eine Landstraße, die wir schräg nach links überqueren. Auf einem holprigen Weg erreichen wir das *Flöhatal* und bald den *Bahnhof* von *Reifland-Wünschendorf*.

149

Durch das Tal der Wilden Weißeritz von Holzhau nach Edle Krone

Ausgangspunkt Bahnhof in Holzhau (Bahnverbindung von Freiberg aus) oder Bahnhof in Altenberg (Bahnverbindung von Dresden aus über Heidenau) oder Bahnhof in Neuhausen (Bahnverbindung von Chemnitz über Flöha und Pockau)

Tourenlänge 60 km

Fahrzeit 6 Stunden

Höhenunterschiede Bis Neurehefeld und vor Obercunnersdorf leichte

Steigungen, danach vorwiegend Abfahrten

Tourenbeschreibung Vom *Bahnhof* in *Holzhau* aus folgen wir den Gleisen talaufwärts und treffen bald auf die sich durch das Tal schlängelnde Straße. Wir verlassen sie in einer scharfen Linkskurve, einige Hundert Meter hinter dem *Gasthof Teichhaus*, und fahren geradeaus weiter. Zunächst zwischen dem alten, heute ungenutzten Bahndamm und dem Grenzbach bleiben. Später den Bahndamm überqueren und dem Bogen einer Straße bergauf folgen. In *Neuhermsdorf* geht es rechts in die Hauptstraße. Sie führt nach einer Steigung links ab ins Tal hinunter. Wir bleiben jedoch auf der Höhe. In *Neurehefeld* ist die letzte größere Steigung auf dieser Tour bereits geschafft. Unmittelbar vor der Grenze zur Tschechischen Republik biegen wir links ab und an der Weggabelung wenige Meter weiter dann rechts. Zwischen Wald und Grenze führt uns dieser Weg nach *Rehefeld-Zaunhaus*. Am obersten Punkt dieser Gemeinde ist das Tal der hier noch ruhigen Wilden Weißeritz erreicht. Der Fluß ist nun der Leitfaden für die weitere Fahrt. Im Gegensatz zum Tal ihrer Namensschwester, der Roten Weißeritz, ist diese Flußniederung bisher kaum erschlossen. Nur wenige Straßen kreuzen das Gewässer, zwischen Rehefeld und Tharandt liegt nicht ein einziger Ort direkt im Tal.

Das Dorf *Seyde* streifen wir nur. Am Ortsausgang steigt die Straße an. Unsere Route führt jedoch über den in der Kurve abzweigenden Waldweg (rot markiert) weiter talwärts. In *Schönfeld* wechseln wir aufs andere Ufer und verlassen kurz darauf auf dem Wanderweg (weiterhin rot markiert) die Straße. Kurz nach der Vorsperre der *Talsperre Lehnmühle* treffen wir auf die B 171. Am Westufer der Talsperre steigt die Bundesstraße allmählich an. Wenn sie eine Linkskurve macht, verlassen wir sie rechts. Nach kurzer Talfahrt erreichen wir ein Forst-

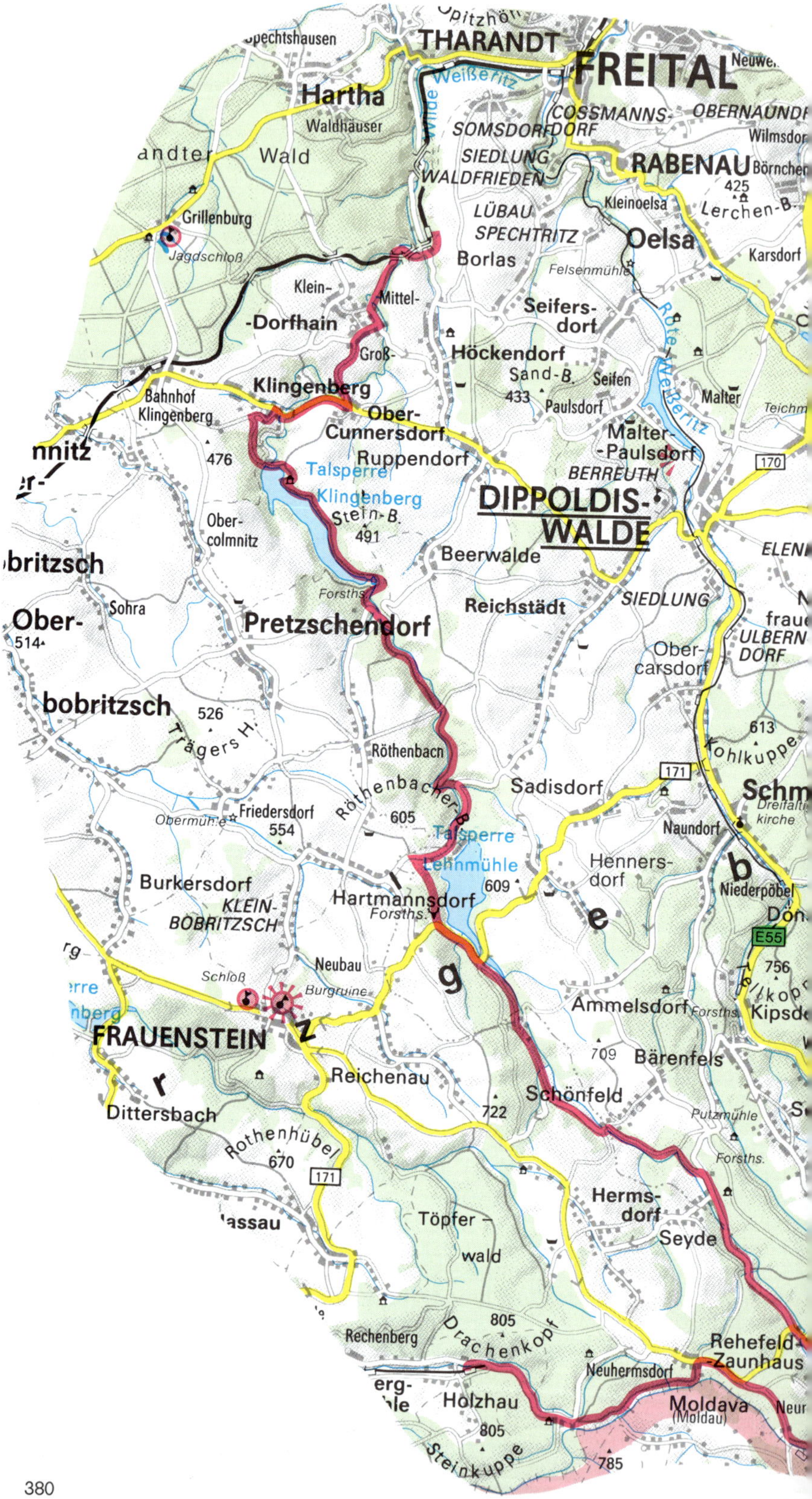
THARANDT
FREITAL
Hartha
Waldhäuser
Wald
Grillenburg
Jagdschloß
Wilde Weißeritz
COSSMANNSDORF
OBERNAUNDORF
SOMSDORF
SIEDLUNG WALDFRIEDEN
RABENAU
Börnchen
Wilmsdorf
425
Lerchen-B.
Kleinoelsa
LÜBAU
SPECHTRITZ
Oelsa
Borlas
Felsenmühle
Karsdorf
Klein-
-Dorfhain
Mittel-
Groß-
Seifersdorf
Höckendorf
Sand-B.
433
Seifen
Paulsdorf
Malter
Rote Weißeritz
Klingenberg
Bahnhof Klingenberg
Ober-Cunnersdorf
Ruppendorf
476
Talsperre Klingenberg
Malter-Paulsdorf
BERREUTH
170
DIPPOLDISWALDE
Stein-B.
491
Ober-colmnitz
Beerwalde
Forsths.
Sohra
514
Pretzschendorf
Reichstädt
SIEDLUNG
Ober-carsdorf
ULBERNDORF
bobritzsch
526
Trägers H.
Röthenbach
613
Kohlkuppe
171
Sadisdorf
Röthenbacher B.
605
Friedersdorf
554
Obermühle
Naundorf
Dreifaltigkeitskirche
Talsperre Lehnmühle
609
Hennersdorf
Niederpöbel
Burkersdorf
KLEIN-BOBRITZSCH
Hartmannsdorf
Forsths.
E55
756
Neubau
Schloß
Burgruine
Ammelsdorf
Forsths.
Kipsdorf
FRAUENSTEIN
Reichenau
709
Bärenfels
Schönfeld
722
Dittersbach
Putzmühle
Rothenhübel
670
Forsths.
Hermsdorf
Seyde
Töpferwald
805
Drachenkopf
Rechenberg
Rehefeld-Zaunhaus
Neuhermsdorf
Holzhau
Moldava
(Moldau)
805
Steinkuppe
785

haus. Hier biegt der rot markierte Wanderweg, unsere Route, links ab. Kurz vor Erreichen der Staumauer lichtet sich der Wald. Wir halten uns rechts und treffen unterhalb der Staumauer auf die Talstraße. Nach gemütlichen zwei Kilometern verläßt die Straße in einer scharfen Rechtskurve das Tal, und wir weichen wieder nach links auf den rot markierten Wanderweg aus. Geht es geradeaus nur noch über eine unwegsame Viehweide, überqueren wir den Fluß, steigen einige Höhenmeter im Bogen aufwärts und biegen bei erster Gelegenheit rechts ab. Wieder kreuzt eine Straße das Tal. Hier kurz links und am Forsthaus nach rechts die Asphaltstraße verlassen.

Zwischen Vorsperre und *Talsperre Klingenberg* wechseln wir auf das östliche Ufer und erreichen die Staumauer. Von ihrer Krone bietet sich ein faszinierender Blick auf den von Wäldern umkränzten See. Die rasante Abfahrt am linken Ufer der Weißeritz endet am untersten Punkt von *Klingenberg.* Wir biegen rechts ab. Nach den vielen Abfahrten ab Rehefeld fällt uns nun die Steigung bis *Obercunnersdorf* nicht leicht. Nicht ganz 100 m nach dem Ortseingang wenden wir uns nach links, und es geht wieder abwärts. In der Talsohle schwenken wir unmittelbar nach Überqueren der Wilden Weißeritz nach rechts. Die zunächst breite Talaue verengt sich bald. In *Dorfhain* wechseln wir wieder auf das andere Ufer und radeln zunächst auf dem Waldweg, später auf Asphalt zum *Bahnhof Edle Krone,* dem Endpunkt dieser Tour.

150

Rundfahrt bei Bad Schandau – auf Waldwegen in die hintere Sächsische Schweiz

Ausgangspunkt Bahnhof in Bad Schandau
Tourenlänge 55 km
Fahrzeit 6 Stunden
Höhenunterschiede Einige kurze steile Abschnitte und Abfahrten im Wechsel
Tourenbeschreibung Vom *Bahnhofsvorplatz* in *Bad Schandau* aus gelangen wir über die Spannbetonbrücke in den Kurort jenseits der Elbe. Wir halten uns in Richtung Hinterhermsdorf. Wer früh aufsteht, meidet den Ausflugsverkehr auf der engen, sich durch das Tal windenden Straße. Nach 8 km verlassen wir am Beuthenfall das *Kirnitzschtal* nach rechts, überqueren den Fluß und steigen ein Steilstück hinauf. Ein bezeichneter Radweg führt durch den Nationalpark. Am höchsten Punkt der *Zeughausstraße* lichtet sich der Wald, im Blick einige kleinere Sandsteinberge. Wir rollen abwärts und erreichen die *Queenwiesen.* Wenn sich der Weg gabelt, fahren wir weiter in Richtung Zeughaus. Einer Steigung folgt die Abfahrt ins Tal des Großen Zschand. Die Asphaltstraße talaufwärts führt uns zum *Zeughaus.* Unmittelbar vor dem Berghotel halten wir uns links, dann an der Gabelung wenige Meter weiter rechts. Wir überqueren eine Höhe und rollen wieder

talwärts. In langem Bogen führt der Weg über eine vorspringende Kante, von der aus wir tief unten die *Thorwaldbrücke* sehen. Hier wird die Kirnitzsch überquert. Es geht die sanft ansteigende Forststraße talaufwärts, und es wird die Niedere Schleuse passiert. Das Tal weitet sich, der Fluß windet sich durch wiesenbewachsene Ufer. Die Asphaltstraße endet hier, und das Schild an der kleinen Schutzhütte zeigt uns den Weg in Richtung Wettinplatz / Hinterhermsdorf. Nach einem längeren Anstieg ist der *Wettinplatz* erreicht. Ein Abstecher zur Oberen Schleuse bietet sich an (Kahnfahrt, Gasthaus).

Der Weg nach *Hinterhermsdorf* entfernt sich in einem großen Bogen vom Wettinplatz. Wir folgen immer der Hauptspur und rollen bald hinunter zu der kleinen Gemeinde, die wir, immer geradeaus, durchqueren bis zum Ortsausgang kurz hinter dem *Gasthof Erbgericht*. An einem Ferienheim fällt der unbefestigte Weg steil ab ins Tal. Auf der Gegenseite geht es dann steil aufwärts. Bald erblicken wir die Kirchturmspitze von *Saupsdorf*. Dort treffen wir auf eine im Bogen verlaufende Hauptstraße, in die wir geradeaus hineinfahren. Am Ortsschild von *Sebnitz* beginnt die Straße leicht anzusteigen. Auf dem Scheitel dieser Höhe (Gasthof Waldhaus) biegen wir nach links ab und fahren über die *Alte Hohe Straße* in Richtung Lichtenhain. Wir überqueren eine Asphaltstraße, bleiben immer auf der Hauptspur des unbefestigten Waldwegs und überwinden seitlich den Helmsberg. An einer größeren Waldkreuzung mit vielen Wanderwegweisern geht es geradeaus weiter. Bald verlassen wir den Wald und treffen nördlich von Lichtenhain auf die Verbindungsstraße Sebnitz – Bad Schandau. Wir radeln durch *Lichtenhain* und *Mittelndorf* hindurch

und zweigen in *Altendorf* rechts ab, Richtung Rathmannsdorfer Höhe. An einer Kreuzung nach kurzer Abfahrt biegen wir wieder rechts ab und rollen hinunter ins Sebnitztal. Nach dem Bahnübergang in *Goßdorf-Kohlmühle* links halten und bis *Porschdorf* auf dem Sebnitztalweg bleiben. Wir fahren weiter talabwärts und kehren über *Rathmannsdorf* nach *Bad Schandau* zurück (sehenswert der Sandsteinaltar in der Stadtkirche, 16. Jh.).

151

Rundfahrt durch das Zittauer Gebirge – durch Wälder und Felder und zu aussichtsreichen Höhen

Ausgangspunkt Bahnhof in Zittau
Tourenlänge 40 km
Fahrzeit 4 Stunden
Höhenunterschiede Längerer Anstieg nach Hain
Tourenbeschreibung Vom *Bahnhofsvorplatz* in *Zittau* aus überqueren wir die Gleise der Kleinbahn. Dann auf der *Eisenbahnstraße* zunächst – parallel zur Gleisanlage – abwärts und später dem Bogen in Richtung Innenstadt folgen. Die erste Hauptstraße wird überquert. Die nächste ist eine Einbahnstraße, in der wir das Rad einige Meter entgegen der Fahrtrichtung schieben müssen, bis wir in die *Burgstraße* einschwenken (zunächst mit Rad-/Fußweg). Nach ca. 200 m links in die *Zeppelinstraße* einbiegen und gleich darauf wieder rechts ab. Wir queren einen Bach und halten uns vor der Kleingartenanlage links. Am *Gasthof Burgteich* schwenken wir nach rechts und fahren durch die Mandauaue, ein parkähnliches Gelände. Zwischen Pethau und *Hörnitz* wird mit der Straße Zittau – Großschönau die Mandau überquert. Wir verlassen die Hauptstraße kurz nach dem Ortseingang – dort, wo sie eine Rechtskurve beschreibt – und orientieren uns an der Wanderwegmarkierung. Mit dem Sackgassenschild sind nur jene gemeint, die auf einem folgenden Schmalstück – der Weg umgeht ein Gehöft – nicht schieben können. Der weitere, unbefestigte Fahrweg, die *Hintere Dorfstraße*, führt uns an Bertsdorf vorbei. Wir passieren Kirche und Sportplatz. Das in Asphalt übergehende Wegstück endet 50 m nach Beginn des *Naturschutzgebiets Zittauer Gebirge.* Hier entfernen wir uns mit dem Feldweg von der Ortschaft, treffen auf eine Landstraße, rollen nach *Bertsdorf* hinein und mühen uns auf der Gegenseite gen Breiteberg aufwärts. Dann geht es hinunter nach *Großschönau.* Auf der Hauptstraße nur 50 m nach links, dann rechts und bei erster Gelegenheit wieder nach links. Wir folgen der mehr oder weniger parallel zur Mandau verlaufenden Straße bis zu einem Vorfahrtschild, wo wir nach links abbiegen. An der Kirche nutzen wir den holprigen Rad-/Gehweg unterhalb der mächtigen Friedhofsmauer. Unsere Route führt durch den Volkspark. In *Neuschönau* eine Hauptstraße geradeaus überqueren, obwohl ein Radtourenschild nach rechts weist.

Nach sanftem Anstieg durch den Wald (ca. 800 m) erreichen wir eine Waldwegekreuzung. Der Weg geradeaus verengt sich. Wir halten uns hier links, überqueren eine Straße und durchfahren bebautes Gebiet. Unter-

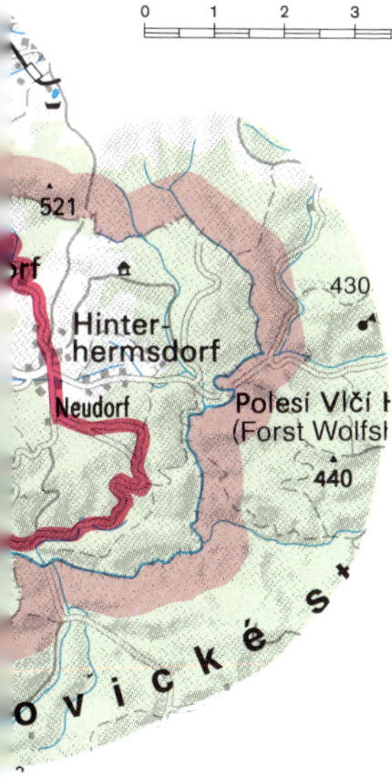

halb der Kirche in *Waltersdorf* in Richtung Parkplatz Lausche wenden und bis zur ersten Kreuzung nach dem Ortsausgang radeln. Nun über die Landstraße durch den Wald zum *Kurort Jonsdorf.*

Variante für Mountain-Biker und Bergfahrer: Über den Parkplatz Lausche den „Stich" hinauf bis zur sogenannten Wache unterhalb der 793 m hohen Lausche, dem höchsten Gipfel Zittauer Gebirges.

Durch Jonsdorf, vorbei am Hotel Gondelfahrt. Keine 200 m nach einem Parkplatz zweigt rechts der schmale *Kammweg* ab. Er trifft auf einen ebenfalls schmalen Asphaltweg, der uns in den Wald geleitet. Unmittelbar vor der Waldbühne biegen wir links ab und erreichen wieder die Ortslage. Hier rechts halten in Richtung Hochwald-Oybin. Der schmale, zunächst sanft, dann stärker ansteigende Asphaltweg mündet in die Landstraße Jonsdorf – Hain. Vom Waldparkplatz aus ist noch eine letzte Steigung zu bewältigen, dann ist *Hain* erreicht. Nun in rasanter Schußfahrt nach *Oybin* hinunter und den malerisch gelegenen Kurort auf der Hauptstraße durchrollen. Die letzten Kilometer sind nicht mehr besonders anstrengend (doch wem die Puste ausgegangen ist, kann die Schmalspurbahn benutzen). In einer Linkskurve – die Straße kreuzt gleich darauf die Kleinbahn – verlassen wir den Asphalt und radeln weiter auf dem Talweg (als Radroute markiert). Hinter der Teufelmühle verläßt dieser Weg das Tal. Wir radeln gemächlich durch den Wald bis zu einem Häuschen der Wasserwirtschaft. An der

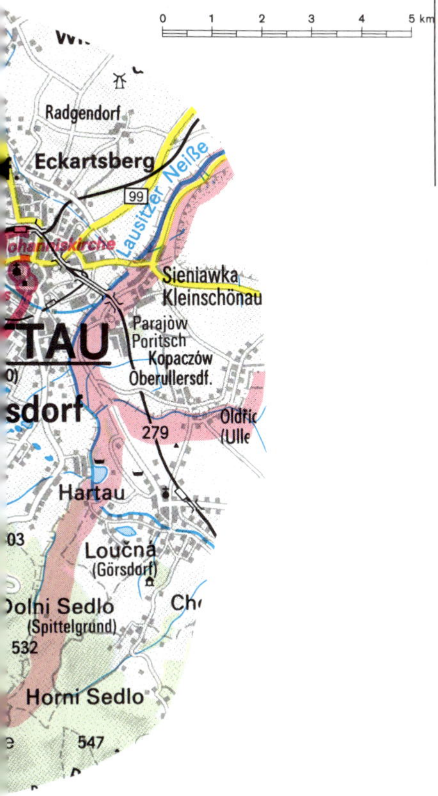

Weggabelung kurz danach links halten und ca. 50 m weiter nochmals links in Richtung Butterhübel – Zittau. Nach Verlassen des Waldes bietet sich ein weiter Rundblick vom Zittauer Gebirge über Zittau und das Gebirgsvorland, wo der Braunkohleabbau seine Spuren hinterlassen hat. Nun weiter geradeaus ins Zentrum von *Zittau*.

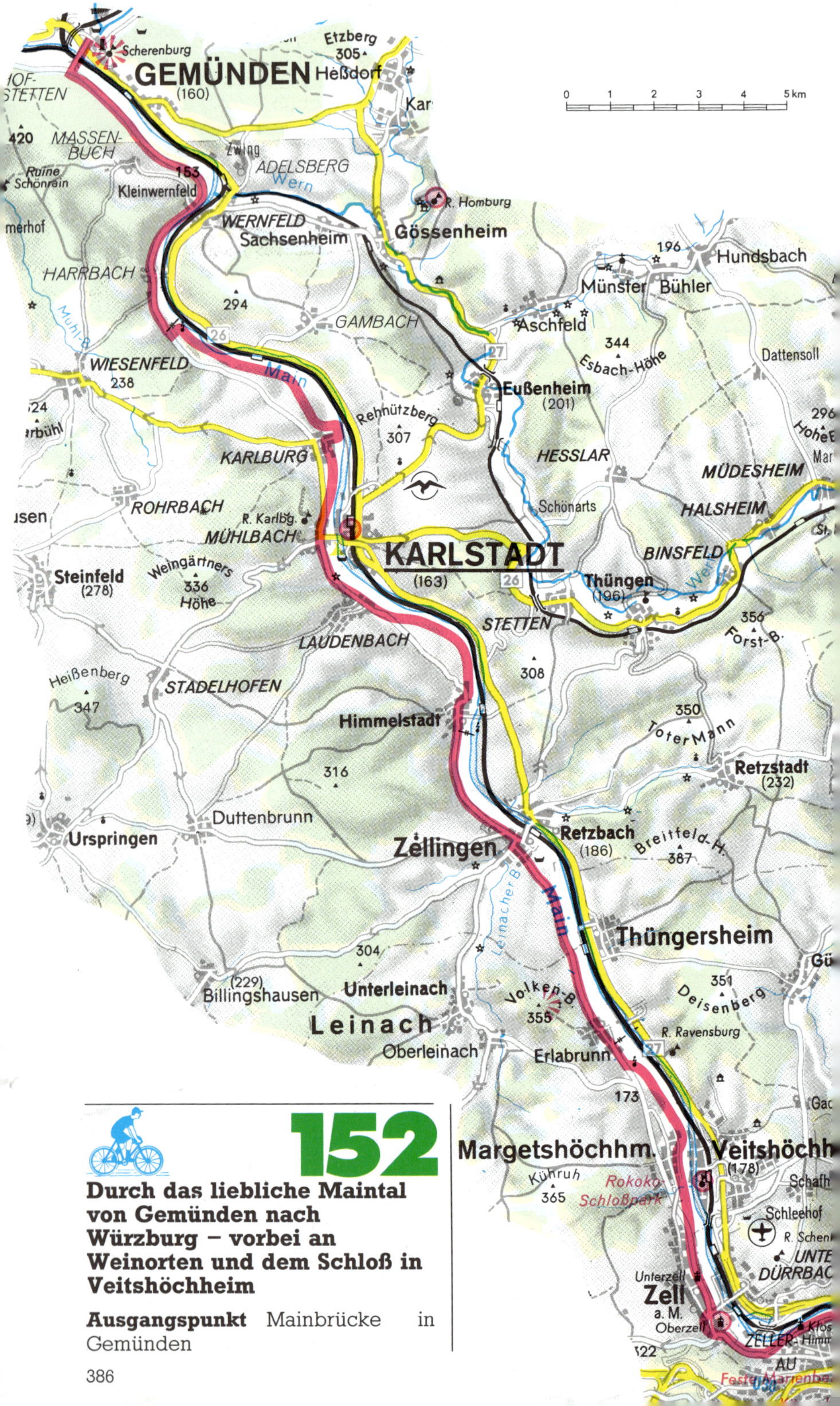

152

Durch das liebliche Maintal von Gemünden nach Würzburg – vorbei an Weinorten und dem Schloß in Veitshöchheim

Ausgangspunkt Mainbrücke in Gemünden

FRANKENLAND

Die Grenzen dieses Landes sind nicht so ganz genau zu bestimmen, doch wichtiger ist zu wissen, daß es ein Land ist, in dem Natur, Kunst und Wein sich auf einzigartige Weise ergänzen. Im Maintal reihen sich bäuerlich gebliebene schmucke Dörfer und Fachwerkstädtchen – fast alle sind Weinorte – aneinander, und beiderseits des Flusses breiten sich sanfte Hügellandschaften aus oder ragen steile Anhöhen auf. Die Fränkische Schweiz mit ihren hochstrebenden Kalksteinfelsen und das abwechslungsreiche Altmühltal sind weitere Akzente. Und dazwischen Höhepunkte der Kunst: Schlösser, Kirchen und Kapellen, prachtvolle Bürgerbauten.

Frankenland: Landschaft im unteren Altmühltal

Tourenlänge 41 km
Fahrzeit 2¼ Stunden
Tourenbeschreibung Als erstes fahren wir in *Gemünden* über den *Main*, wenden uns nach der Brücke links und folgen der westseitigen Uferstraße, auf der es wesentlich ruhiger ist als drüben auf der B 26. Bald sehen wir auf der anderen Seite das Burgschloß von Adelsberg.

Kurz hinter der Mainbrücke bei der *Staustufe Haarbach* wechseln wir nach links auf den *Main-Radweg* und durchqueren *Karlburg*. In *Mühlbach* führt eine Brücke nach Karlstadt (zur Besichtigung der romantischen mittelalterlichen Altstadt). Von Mühlbach geht es auf der Landstraße nach *Laudenbach*. In der Ortsmitte biegen wir links in den Main-Radweg ein. An der Kirche in *Himmelstadt* biegen wir ab zur Mainbrücke, die wir aber nicht überqueren, und fahren direkt am Main entlang nach *Zellingen* (in Retzbach auf der anderen Mainseite Kirche von Balthasar Neumann). Von dort auf der Landstraße nach *Erlabrunn*.

Etwa 500 m nach dem Ortsende fahren wir bis an den Parkplatz links zu dem Radweg Nr. 4, der uns nach *Margetshöchheim* bringt (über den Mainsteg erreicht man das sehenswerte Veitshöchheim). Wir bleiben auch weiterhin auf der linken Mainseite, passieren *Zell* (berühmte Klöster Unter- und Oberzell) und sind bald in *Würzburgs Zeller Au*. Links über die *Friedensbrücke* und weiter durch die Röntgenstraße zum Würzburger *Bahnhof*.

153

Am Main entlang von Bamberg nach Hassfurt – sehenswert ist vor allem die Wallfahrtskirche Maria Limbach

Ausgangspunkt Bamberg, Touristeninformation

Tourenlänge 40 km (Abstecher nach Zeil 3 km)

Fahrzeit 4 Stunden

Höhenunterschiede 15 m auf 400 m hinter Eltmann, 25 m auf 1000 m hinter Knetzgau

Tourenbeschreibung Vom Büro der städtischen *Touristeninformation* geht es durch die Fußgängerzone über den grünen Markt zur oberen Brücke am alten Rathaus auf der Regnitzinsel. Hinter der Brücke biegen wir rechts ab, dann links in die Dominikanerstraße ein. An der Kasernstraße biegen wir rechts ab und erreichen das Regnitzufer. Hier fahren wir links ab, längs der Regnitz auf einem unmittelbar am Ufer gelegenen Radweg,

der uns am Hafen vorbei zur Mündung der Regnitz in den Main bei *Bischberg* führt. Der Radweg wird hier etwas holprig, ist aber angenehmer als die vielbefahrene Bundesstraße. Weiter geradeaus fahrend, lassen wir das Gelände des Freizeitvereins rechts liegen und kommen geradeaus zu einem großen Baumarkt. Am Baumarkt biegen wir links zum Parkplatz und stoßen auf die B 26. Neben der Bundesstraße können wir nun rechts abbiegend bis zu einem Bimssteinwerk fahren. Hier müssen wir auf die Bundesstraße überwechseln, auf der wir bis *Viereth* bleiben. In Viereth fahren wir rechts über die Mainbrükke in Richtung Unterhaid. In *Unterhaid* müssen wir vor der Eisenbahnlinie nach links in Richtung Staffelbach fahren. (Für Abenteuerlustige gibt es eine Abkürzung: Hinter der Mainbrücke geht es links in die Felder bis zu einer großen Kiesgrube. Die Kiesgrube wird rechts umfahren, und am Bahnübergang in Staffelbach biegen wir rechts ab. Wir erreichen hier wieder die Straße.) Über *Staffelbach* fahren wir weiter nach *Stettfeld,* das in einer großen Rechts-Links-Kurve durchfahren wird, und unsere Straße führt weiter nach Ebelsbach. Links von uns liegt die Mainniederung, während unmittelbar rechts der Ebelsberg und der Kohlberg sich aus der Ebene erheben. In *Ebelsbach* müssen wir an der Kirche links abbiegen, erreichen die Bahnlinie, vor der wir wieder links abbiegen müssen, und fahren nun auf der B 26 in Richtung *Eltmann.* In Eltmann biegen wir dort rechts ab, wo sich die B 26 nach links wendet, und kommen auf ansteigender Straße über *Limbach* zur Wallfahrtskirche Maria Limbach. Am rechten Mainufer bei Steinbach erkennen wir nun bereits die ersten Weinberge, die auf dem steilen Abhang des Oberen Hohbergs angelegt sind. Von Maria Limbach geht es weiter nach *Sand am Main,* wo wir einen Abstecher nach *Zeil am Main* machen (Wegweiser). Bei der Ortseinfahrt Zeil kreuzen wir die B 26 und fahren einen Bach entlang bis zur ersten Straße links, wir biegen links ab und erreichen den Marktplatz. Auf dem gleichen Weg fahren wir zurück nach Sand und biegen hier rechts ab in unsere ursprüngliche Richtung nach *Knetzgau.* In Knetzgau folgen wir dem Wegweiser nach Hassfurt. Die Straße überwindet hier die Höhe des Messelau, und in schneller Fahrt geht es hinab nach Mariaburghausen, dessen imponierende Kirche schon von der Höhe sichtbar war. Am Abzweig zur Mainbrücke biegen wir rechts ab und erreichen geradeaus die Hauptstraße in *Hassfurt.*

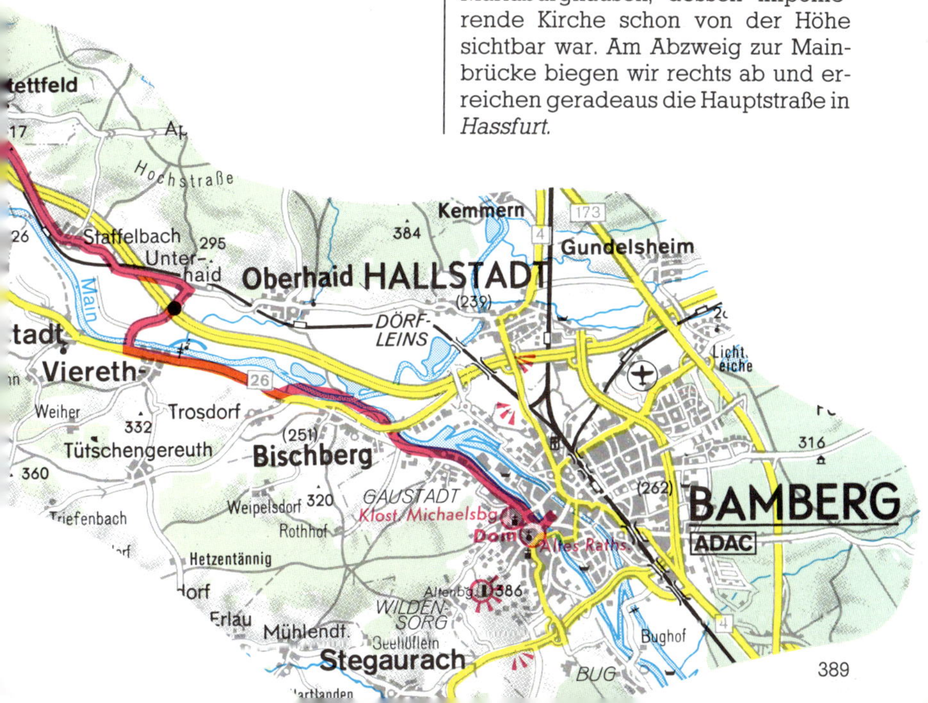

154

Von Bayreuth aus südwärts – durch Felder, Wälder und kleine Dörfer mit alten Mühlen

Ausgangspunkt Bahnhof in Bayreuth
Tourenlänge Etwa 33 km
Fahrzeit Etwa 4 bis $4^{1}/_{2}$ Stunden
Höhenunterschiede Total ca. 100 m
Tourenbeschreibung Vom Bahnhof fahren wir zunächst die Bahnhofstraße Richtung Stadtmitte. An der zweiten Kreuzung biegen wir links ab und folgen nun immerzu dem Wegweiser „Amberg" über mehrere Kreuzungen hinweg, bis wir auf der linken Straßenseite (nach etwa 2 km) ein weißes Hinweisschild mit der Aufschrift „Kreuzsteinbad" entdecken. Es weist uns rechts in die Prieserstraße. An deren Ende links in die Universitätsstraße (gegenüber das Kreuzsteinbad), am Gelände der Uni vorbei und weiter auf dem Radweg in Richtung Destuben. Bald zweigt links die Karolinenreuther Straße (Wegweiser „Reitanlage") ab. Auf dieser Straße fahren wir, bis rechts ein Bauernhof mit dem Hinweis „Reitclub Bayreuth" auftaucht.

Hier jedoch rechts in das Sträßlein (weißes Hinweisschild vor der Kreuzung „Thiergarten Destuben") einbiegen. Auf diesem Sträßlein weiter bis zur nächsten Querstraße (Thiergärtnerstraße). Hier links und aufwärts bis *Destuben*, wo wir gleich in die erste rechts abzweigende Straße (Destuber Straße) einschwenken. Mit dieser den Ort durchfahren und auch nach Ortsausgang auf dieser weiter bis *Rödensdorf*. Dieses Dorf ebenfalls durchqueren.

Am Dorfende endet auch die geteerte Straße, und ein Feldweg bildet die Fortsetzung. Auf diesem weiter und an der Gabelung links. So gelangen wir, zwischen Feldern dahinfahrend, nach Gesees, dessen Kirchturm wir schon von weitem erblicken.

In *Gesees* abwärts in den Ortskern, in die Hauptstraße links einbie-

gen. Geradeaus weiter, bald über eine Kreuzung und den Ort in Richtung Pottenstein verlassen. Es geht leicht aufwärts bis zur Ortschaft *Spänfleck*.

In der Dorfmitte links nach Haag abbiegen. Den Ort *Haag* durchqueren und nach Ortsende rechts in Richtung Creussen weiter. Es geht immer leicht bergab, das Dorf *Großweiglareuth* und die Weiler *Sorg* und *Dorschenhof* passierend, stoßen wir auf die parallel laufende B 2 und B 85. Wir folgen dieser links, bis nach etwa 500 m rechts ein nach Hagenohe beschilderter Feldweg abzweigt.

Dem Verlauf des Weges, zunächst über den *Roten Main*, vorbei an der *Sägmühle*, dann die Bahngleise überquerend, folgend, gelangen wir, das Dorf *Hagenohe* tangierend, bald in Talfahrt zur *Eimersmühle*. Wir überqueren hier wieder den Roten Main und fahren leicht aufwärts zur B 2.

Die B 2 überqueren und in den gegenüberliegenden Forstweg einfahren, den wir mit dem nächsten rechts abzweigenden Forstweg (links im Wald eine Hütte) wieder verlassen.

Wir stoßen wieder auf die Bahn, überqueren diese ebenso wie die darauffolgende Autobahn und biegen in den ersten, nach der Brücke rechts abzweigenden Waldweg ein. (Kleines Schild: „Schloß Thiergarten".) Wir folgen diesem Weg bis zum beginnenden Gelände des Schlosses. Rechts am Zaun entlang bis zum Tor. Hier rechts bis zur nächsten Straßenabzweigung. Links den Berg hinab nach *Thiergarten*.

In Thiergarten in die unbenannte Straße, gegenüber den Straßenschildern „Thiergärtner Straße – Oberthiergärtner Straße" links einbiegen. In die folgende Querstraße rechts und dieser durch die Ortschaften *Destuben* und *Plantagen* bis *Bayreuth* folgen.

In Bayreuth mit der Pottensteiner Straße rechts über die Bahngleise. Danach links in die Justus-von-Liebig-Straße. An der nächsten Kreuzung rechts (Ludwig-Thoma-Straße). Wir gelangen so in das Innere von Bayreuth und können uns weiter an den Wegweisern zum Bahnhof orientieren.

155

Rundfahrt bei Gößweinstein – in Kühlenfels erwartet uns ein altes Schlößchen

Ausgangspunkt Pezoldstraße (Parkplatz) in Gößweinstein
Tourenlänge Etwa 23 Kilometer
Fahrzeit Etwa 3 Stunden
Höhenunterschiede Insgesamt etwa 100 m, keine steilen Anstiege
Tourenbeschreibung Vom Parkplatz aus fahren wir auf der *Pezoldstraße* in Richtung Wallfahrtskirche, passieren sie und biegen rechts ab in die *Victor-von-Scheffel-Straße*. Auf dieser Straße radeln wir aus dem Ort hinaus. Nach kurzer Talfahrt stoßen wir auf eine Querstraße, in die wir nach rechts einschwenken.

Doch nach etwa 100 m verlassen wir sie bereits wieder nach links und radeln, am Wanderparkplatz vorbei, in den Wald. Wir folgen dem Verlauf dieses schmalen Sträßchens (an derem Beginn rechts eine Tafel: „Wie die Fränkische Schweiz entstand"), das sich durch den Wald bergauf schlängelt und letztlich durch freie Flur hinüber führt nach *Prügeldorf*.

Nach der kleinen Ansiedlung von Prügeldorf folgen wir, links einbiegend, der aufwärts führenden Straße bis *Sachsendorf*. Gleich am Ortsbeginn biegen wir rechts ab und radeln auf dem gutmarkierten Weg, durch Wald und Flur wechselnd, nach *Trägweis*. Beim Gasthof geht es nach rechts und auf dieser Straße weiter nach *Kleingesee*. Im Ort fahren wir bis zum Feuerwehrhaus, doch schon vor ihm schwenken wir nach links und radeln weiter in Richtung Weidenhüll. Auf der Ortsverbindungsstraße, am Abzweig Bärnfels vorbei, weiter gelangen wir nach *Galgenberg*, durchfahren es und kommen nach *Soranger*.

Am Ortsende, gegenüber vom Gasthof Waldeslust, in den Feldweg einbiegen. In den Wald bis an die Wegverzweigung. Hier biegt der markierte Radweg nach rechts ab. Wir fahren jedoch, der Markierung Blaukreuz folgend, geradeaus weiter. Wenig später über einen Querweg und in

der Folge auf einem holprigen, sich schlängelnden Waldweg (gegebenenfalls das Rad schieben). Bald treffen wir wieder auf eine gute Forststraße, mit der wir rechts, leicht abwärts, wieder nach *Trägweis* gelangen.

Dort biegen wir beim Gasthof wiederum rechts ab und radeln auf nahezu ebener Straße nach *Kirchenbirkig*. Wir durchfahren diesen Ort und radeln weiter in Richtung Pottenstein. Etwa 1 km nach Ortsende (nach einer Talfahrt) biegen wir links in das nach *Weidenloh* führende Sträßchen ab. Nun geradeaus durch den Wald. Beim Wegdreieck (Marterl unter drei schlanken Fichten) geradeaus und zum Waldende. Nun geht es nach links und am Wald entlang bis zu einem Querweg. Hier biegen wir links ab und radeln nach *Sachsendorf* (zu einem Abstecher nach Pottenstein siehe unten). Wir durchfahren den Ort – es geht zunächst leicht aufwärts, dann abwärts bis zur Kreuzung. Hier schwenken wir nach rechts und fahren nach *Prügeldorf*. Dann auf dem von der Hinfahrt bekannten Weg zurück nach *Gößweinstein*.

Variante (von und bis Gößweinstein 25 km): Von *Gößweinstein* auf dem oben bereits beschriebenen Weg nach *Trägweis*. Beim Gasthaus biegen wir nun aber rechts ab und fahren auf fast ebener Strecke durch Felder nach *Kirchenbirkig*. Den Ort durchfahren und mit der Straße nach *Regenthal*. Den Ort ebenfalls durchfahren und weiter nach *Weidenhüll*. Dort bis zur rechts nach Soranger abzweigenden Straße (Wegweiser). Hier in die feldwegähnliche Straße (kein Schild) gegenüber einbiegen. Sie führt nach *Ottenberg*. Gegenüber dem Ortseingangsschild in den Forstweg einschwenken. An der nächsten Weggabelung rechts halten, an der folgenden links und an der nächsten wiederum rechts. Auf dem jetzt breiten Forstweg geradeaus. Nach 10 Minuten kommen wir nach *Waidach*. Den Ort in Richtung Kühlenfels durchqueren.

In *Kühlenfels* beim Kühlhaus links halten; es geht zunächst bergab, dann steil bergauf nach *Kirchenbirkig*. Von hier aus kehren wir – wie oben beschrieben – über *Weidenloh, Sach-*

sendorf und *Prügeldorf* nach *Gößweinstein* zurück.

Abstecher nach Pottenstein (hin und zurück ca. 8 km): In *Sachsendorf* rechts ab und weiter nach *Siegmannsbrunn*. Hier erneut nach rechts und den Ort verlassen. Nun links ab und auf dem Radweg neben der Straße entlang, letztlich steil bergab, in das von Bergen und Felspartien umgebene *Pottenstein*.

156

Durch Wälder, Wiesen und Felder südlich von Erlangen

Ausgangspunkt Erlangen, Parkplatz des Waldsportpfades Sieglitzhof
Tourenlänge Etwa 28 km
Fahrzeit Etwa 3½ Stunden
Höhenunterschiede Insgesamt etwa 120 m
Tourenbeschreibung Vom Ausgangsort, dem Parkplatz des Waldsportpfades Sieglitzhof, fahren wir in die gegenüberliegende Straße Lange Zeile. An der nächsten Kreuzung rechts in die Sieglitzhofstraße einbiegen und über eine folgende Kreuzung in die Kurt-Schumacher-Straße fahren.

Nach den Erlanger Stadtwerken links, zunächst ein Stück parallel der US-Panzerstraße in den *Buckenhofer Forst*. Dem Weg in einem Linksbogen folgend, verlassen wir die Nähe der Panzerstraße und gelangen zu einem Wanderparkplatz mit Waldsportpfad.

Geradeaus mit dem grünen Wegweiser (Radlersymbol) „Hetzles Kalchreuth" weiter. Dieser Wegweiser leitet uns einige Kilometer, bis wir auf ein Sträßlein stoßen. Hier rechts einbiegen und nach 100 m rechts auf einen bald geteerten Wirtschaftsweg (parallel zur Straße) aufwärts nach *Kalchreuth*. Wir kommen an eine Kreuzung (Gasthof Drei Linden vis-à-vis). Hier rechts. Bald auf den Radweg einschwenken, durch den nahen Forst, bis wir durch ein Gebotsschild zum Absteigen angehalten werden. Je-

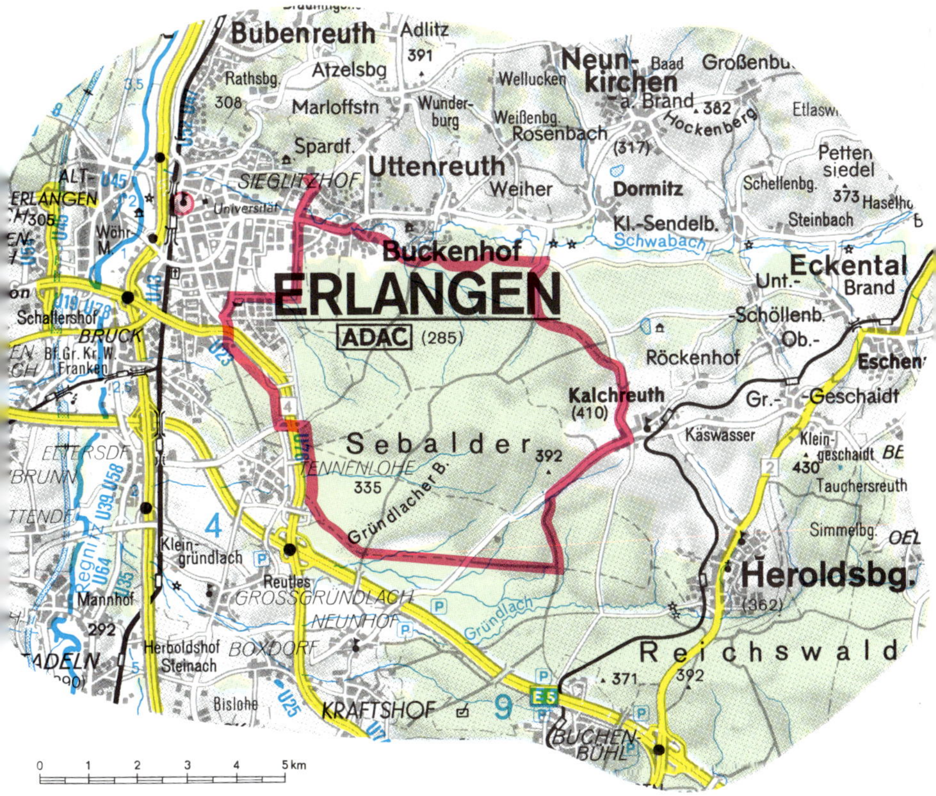

doch nicht die vor uns liegende Straße überqueren, sondern mit ihr rechts abwärts, bis links parallel der Straße ein Parkplatz verläuft. An seinem Ende führt der Wolfsfelder Weg (Holztafel) hinab zur Wolfsfelder Wiese (Wegweiser).

Die *Wolfsfelder Wiese* überqueren und rechts auf guter Forststraße bis zur Wegekreuzung *Wolfsmarter* (Kreuz und Schutzhütte). Geradeaus weiter und in den ersten rechts nach der Wolfsmarter abzweigenden Weg einschwenken (dies ist die Eschingschneise).

Bis zum Wanderparkplatz. Die Straße Neunhof–Kalchreuth überqueren und auf dem gegenüberliegenden Wurzelweg (der aber keiner ist) über drei Querwege am *Häfnerdenkmal* vorbei bis zum Austritt des Weges aus dem Forst (links Gemarkung „Eichenloh“). Nicht aus dem Wald, sondern rechts dem sich schlängelnden Forstweg folgen, bis wir auf einen Querweg stoßen. Hier links, bald über ein Bächlein. Der Weg verläuft wenig später parallel zur Straße Nürnberg – Erlangen. Wir kommen zur Einfahrt in das Truppenübungsgelände Tennenlohe. Links auf zur Brücke und hinüber. Danach links, über Tennenlohe. Bald kreuzt ein Radweg die Straße. Links einbiegen und nach *Erlangen*.

In Erlangen an der ersten Kreuzung rechts, Richtung Zentrum. Geradeaus bis zum Schwimmbad fahren. Vor dem dazugehörigen Parkplatz nach rechts, die Hartmannstraße überqueren und auf dem Radweg, parallel der Sebaldusstraße und einem Bächlein, so weit fahren, bis wir auf eine US-Privatstraße treffen.

Auf ihr geradeaus bis zur nächsten Querstraße. Diese überqueren und im Wald links, parallel der eben gequerten Straßen, am US-Militärgelände vorbei bis zur Sieglitzhofstraße fahren. Ab hier den schon bekannten Herweg zurück.

157

Östlich von Nürnberg: Auf schönen Wegen durch den Lorenzer Wald und zu einem Badesee

Ausgangspunkt Schwaig, bei der S-Bahn an der Straße nach Röthenbach

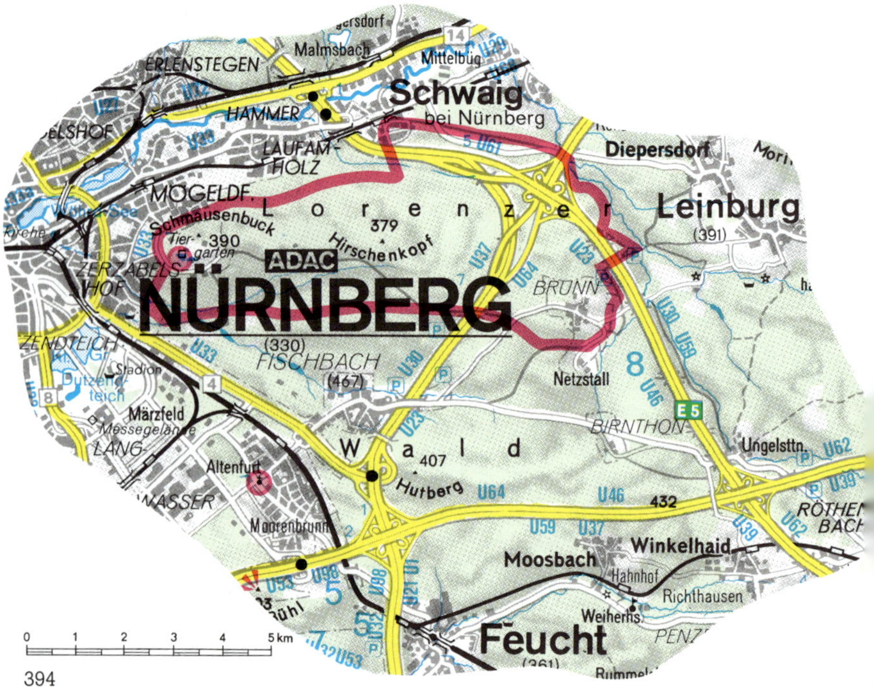

Tourenlänge Etwa 27 km
Fahrzeit Etwa 3 Stunden
Höhenunterschiede Unbedeutend, kleine Steigungs- und Gefällstrecken
Anmerkung Die Route folgt über weite Strecken dem Radwanderweg Frankenalb 18 (Markierung)
Tourenbeschreibung Wir starten in *Schwaig*. Die unmittelbar an Nürnberg angrenzende Gemeinde (mit mehreren Ortsteilen) erstreckt sich beiderseits des Pegnitztals. Sie ging aus einem 1360 erwähnten Zeidelgut hervor. – Vom *Parkplatz* wenden wir uns zum *S-Bahnhof* und schieben das Rad durch die Fußgängerunterführung. Wir fahren dann auf der Straße *Oberer Röthelweg* geradeaus bis zum Ortsende. Nun die Brücke über die Autobahn überqueren und noch etwa 300 m geradeaus.

An der Wegkreuzung biegen wir nach rechts ab und fahren auf dem *Sandweg* längs der Stromleitung zum Wald und durch ihn hindurch, vorbei an einem Kinderspielplatz und einem der Nürnberger Wasserhäuser, bis zum Waldende. Hier geht es dann rechts ab und auf der Straße *Am Tiergarten* entlang, vorbei am Eingang zum Nürnberger Tiergarten. Dort, wo nach rechts die Bingstraße abzweigt, fahren wir geradeaus weiter auf dem *Ulmenweg* zum *Valznerweiher*.

Wir radeln am Parkplatz vorbei bis zum Querweg. Hier zweigt der markierte Radweg nach rechts zur Straße ab. Wir schwenken jedoch (mit der Markierung Rotpunkt und weiße 1 auf grünem Grund) nach links und radeln am Weiher entlang. Dann geht es noch einmal nach links, über ein Brücklein und auf schönem Waldweg bis zu einem geteerten Querweg, in den wir ebenfalls nach links einbiegen. Hier sehen wir auch wieder die vertraute Radwegmarkierung. Wir folgen ihr und fahren – über eine Wegkreuzung hinweg und am Holzweiher vorbei – leicht aufwärts bis zur Wegverzweigung am *Schüsselstein* (auch Schüsselestein genannt. Bei ihm handelt es sich um einen wuchtigen Sandsteinblock mit einer schüsselartigen Auswaschung).

Weiter geht es in Richtung Brunn, vorbei an der *Schwaigener Hütte* und dem *Froschstein* (ein abgerundetes Sandsteingebilde, im Volksmund auch „Ofenklöß" genannt). Wir fahren schließlich über die Autobahn hinweg und weiter durch den Wald bis zur Straße Fischbach – Brunn (vom höher gelegenen Teil von Brunn schöner Blick auf die Frankenalblandschaft). Wir biegen in diese Straße nach links ein und folgen ihr etwa 200 m aufwärts. Wir verlassen die Straße dann nach rechts und fahren den Waldweg abwärts. Am Wegdreieck halten wir uns halblinks und fahren auf diesem Weg bis zum Waldende.

Auf der *Gänseriedstraße* am Ortsrand von Brunn entlang, über den *Netzstaller Weg* und auf schmalem Weg an Eichenhain entlang zur nächsten Straße. Auch diese überqueren wir. Auf dem *Stockweg* am Tennisplatz vorbei und halbrechts zum Wald. Dem Verlauf einer Forststraße folgend über eine Wegkreuzung, durch die Autobahnunterführung leicht abwärts bis Wegspinne. Linkshaltend über das *Petersbrücklein* zum *Birkensee*, einer ehemaligen Sandgrube im Lorenzer Wald (heute ein beliebter Badesee).

Wir radeln am See entlang, dann im Bogen durch ein Sandgebiet, noch einmal unter der Autobahn hindurch und leicht aufwärts zur Straße Diepersdorf – Schwaig. Vorsichtig queren wir diese Straße und fahren dann jenseits auf einer für den Autoverkehr gesperrten Straße zurück nach Schwaig. Es geht auf der *Diepersdorfer Straße*, am Waldrand vorbei und auf der *Altdorfer Straße* bis zur *Rainstraße* und zum *S-Bahnhof*.

158

Rundfahrt bei Weikersheim durch das Tal der Tauber

Ausgangspunkt Bahnhof in Weikersheim
Tourenlänge 31 km
Fahrzeit 2½ Stunden
Höhenunterschiede 260 m
Tourenbeschreibung *Schloß Weikersheim* war die Residenz eines kleinen Fürstenhauses, derer von Hohen-

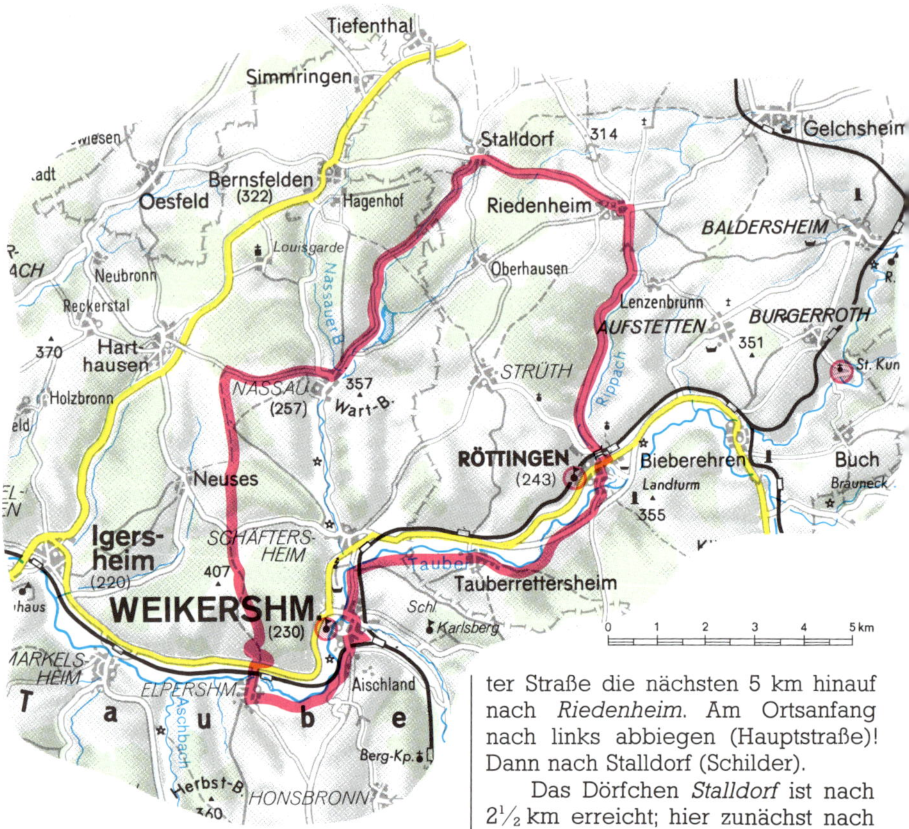

lohe. Der bedeutende Renaissancebau entstand Ende des 16. Jh., Teile einer Wasserburg (Bergfried, Wirtschaftsbauten) wurden übernommen. Sehenswert vor allem: der mit Jagdszenen dekorierte Rittersaal und der Schloßpark, einer der schönsten Barockgärten Deutschlands. – Vom Bahnhof radeln wir vor bis an den Rand der Altstadt. Dort biegt man nach rechts ab, folgt später der Vorfahrtstraße nach links und biegt vor der Tauber nach rechts ab! Auf dem „Radwanderweg Liebliches Taubertal" (grüne Markierung) erreichen wir über *Tauberrettersheim* das alte Weinstädtchen *Röttingen*. Es wurde bereits im späten 13. Jh. gegründet, die noch gut erhaltene Ummauerung entstand kurz nach 1336. Von der Erweiterung 1438 steht noch das Neutor. Über der Stadt thront die ehemals hohenlohesche Burg (älteste Teile 13. Jh.).

Am östlichen Stadtrand biegt man nach links ab und fährt auf bezeichneter Straße die nächsten 5 km hinauf nach *Riedenheim*. Am Ortsanfang nach links abbiegen (Hauptstraße)! Dann nach Stalldorf (Schilder).

Das Dörfchen *Stalldorf* ist nach 2½ km erreicht; hier zunächst nach links halten (Richtung Bad Mergentheim), jedoch bei dem Verkehrsspiegel geradeaus weiter, zum Dorf hinaus! Die folgenden 5 km Fahrt auf dem ruhigen Feldsträßchen durch das Tal des Stalldorfer Bachs stellen eine echte „Radwander-Delikatesse" dar.

In *Nassau* auf der Bernsfelder Straße nach rechts, bei den letzten Häusern folgt man dem Schild „Lichtenhöfe" nach links. Nach knapp 2 km erreicht unsere Straße auf der Höhe den Waldrand: An dieser Stelle biegen wir nach links ab!

An einem Aussiedlerhof vorbei radelt man die folgenden Kilometer ständig geradeaus nach Süden. Nachdem wir das linksseitige Waldstück passiert haben, müssen wir bald darauf eine Vorfahrtstraße queren und radeln die folgenden 500 m geradeaus weiter am rechtsseitigen Waldrand entlang. Wo der Hauptweg nach rechts abknickt und dem Waldrand folgt, halten wir uns jedoch geradeaus (!) und erreichen nach wenigen hundert Metern den linksseitigen Waldrand – an ihm entlang nach Süden.

Die nächsten 2 km Wegstrecke führen ständig bergab (Bremsen überprüfen!). Im Taubertal quert man die vorfahrtberechtigte Hauptstraße und radelt nach *Elpersheim* hinein; dort finden wir wieder die grüne Radwegmarkierung, die uns gegen Ortsende (links ab) den Rückweg nach Weikersheim weist.

Hinweis: Der Radweg „Liebliches Taubertal", ausgeschildert mit einem grünen Fahrrad, verläuft von Rothenburg o.d. Tauber bis Wertheim. Die 100 km lassen sich bequem in drei Tagesetappen aufteilen.

159

Reizvolle Landschaftsbilder bieten sich auf einer Fahrt durch das Altmühltal von Eichstätt nach Kelheim

Ausgangspunkt Eichstätt, Straße in Richtung Pfünz

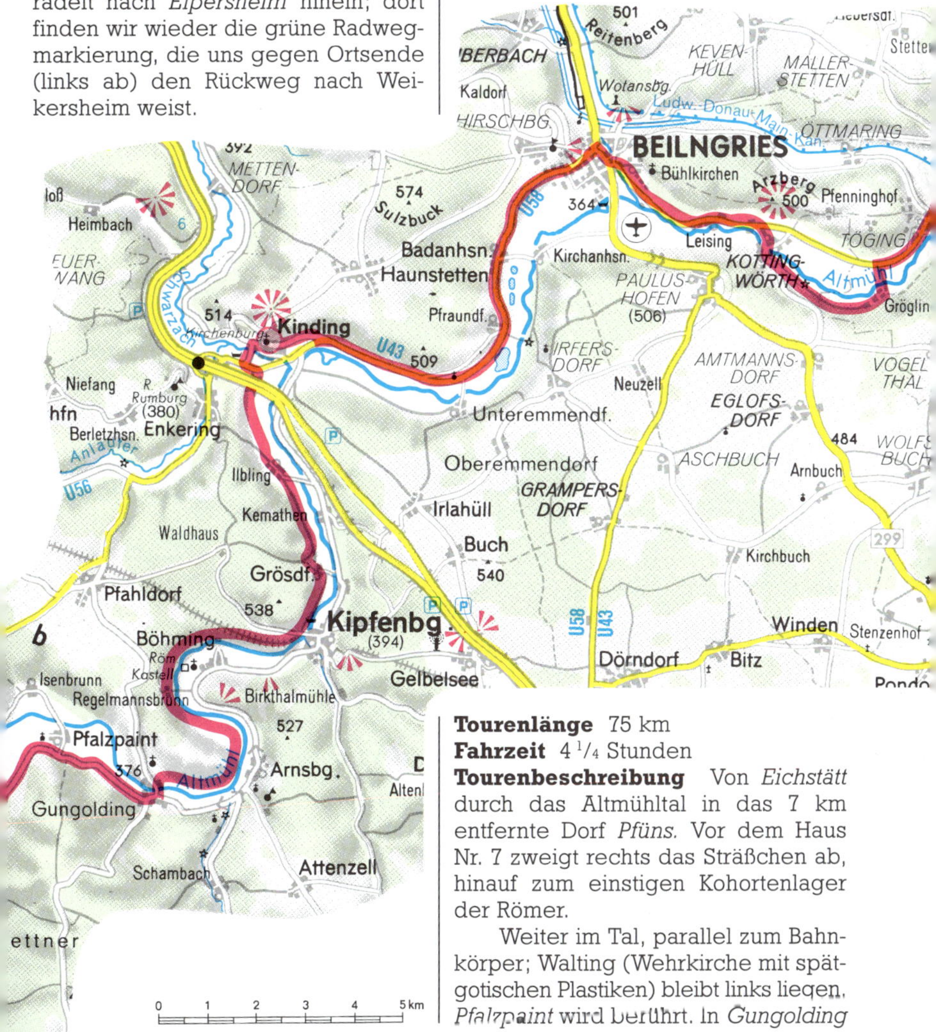

Tourenlänge 75 km
Fahrzeit 4 1/4 Stunden
Tourenbeschreibung Von *Eichstätt* durch das Altmühltal in das 7 km entfernte Dorf *Pfüns.* Vor dem Haus Nr. 7 zweigt rechts das Sträßchen ab, hinauf zum einstigen Kohortenlager der Römer.

Weiter im Tal, parallel zum Bahnkörper; Walting (Wehrkirche mit spätgotischen Plastiken) bleibt links liegen, *Pfalzpaint* wird berührt. In *Gungolding* wechseln wir aufs andere Flußufer und folgen dem *Altmühltal-Radwanderweg*. Vorbei an Arnsberg, über den Talboden der *Unterau* und über *Regelsmannsbrunn*, gelangen wir nach *Kipfenberg*.

Wir bleiben auf dem Altmühltal-Radwanderweg und gelangen über Grös*dorf* nach *Ilbling*. Diesen kleinen Ort durchqueren wir und fahren in bisheriger Richtung weiter. Kurz vor *Kinding* unterqueren wir die Autobahn, danach geht es ein kurzes Stück links (Richtung Enkering/Autobahnauffahrt), dann rechts über die *Schwarzachbrükke*. Und wieder rechts zur Kirchenburg von Kinding. Dieser Straße folgen wir weiter bis *Beilngries*. Auf der Hauptstraße durch die Altstadt. Am Südrand links, dann rechts zu Füßen des Arzberges dahin. Bald rechts in das Dörfchen *Kottingwörth.* Über die Altmühlbrükke, dann links und am Ufer entlang über *Kottingwörthermühle* zu den Häusern von *Grögling.* Hier wieder über die Altmühl und über *Töging* nach *Dietfurt.*

Weiter in Richtung Kelheim. Rechts erhebt sich der Wolfsberg mit vorgeschichtlichen Befestigungswällen. Unsere Route bleibt nun bis *Riedenburg* am linken Altmühlufer, von dem Waldhänge ansteigen.

Hinter Riedenburg erwartet uns ein Glanzpunkt des Tales: Von der Höhe grüßt die herrlich gelegene Burg von Prunn. Beim Gasthof zum Schloß in *Nußhausen* beginnt der viertelstündige Fußweg zur Burg.

In *Essing* sollte man sich auf die Altmühlbrücke stellen, um den Anblick von Ort und Burgruine Randeck zu überschauen. In der Folge lassen wir Altessing rechts liegen. Kurz darauf befindet sich an der linken Straßenseite ein Parkplatz, von dem ein Waldweg in 1/4 Stunde zur *Schulerlochhöhle* führt.

Jetzt trennen uns nur noch 3 km von der altbayerischen Herzogstadt *Kelheim.* Lohnende Ausflüge zur Befreiungshalle sowie eine Schiffahrt auf der Donau durch den einzigartigen Donaudurchbruch zum sehenswerten Benediktinerkloster Weltenburg.

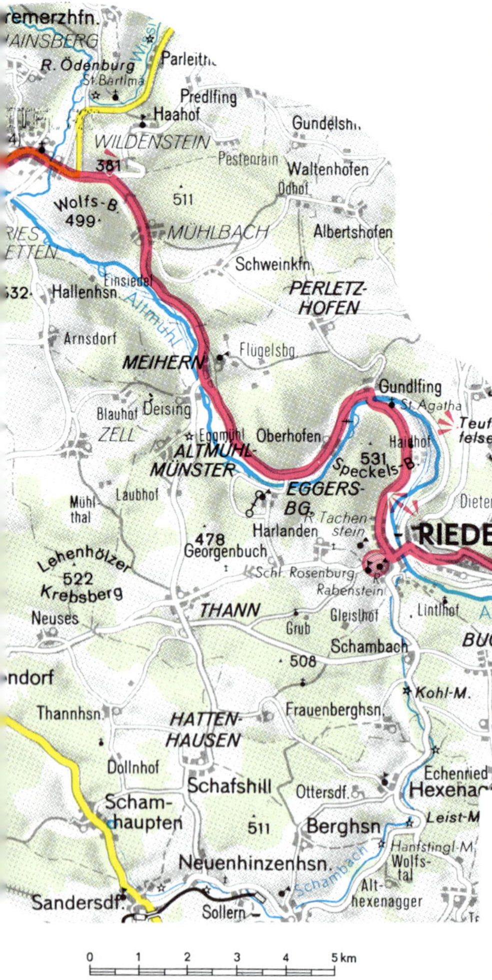
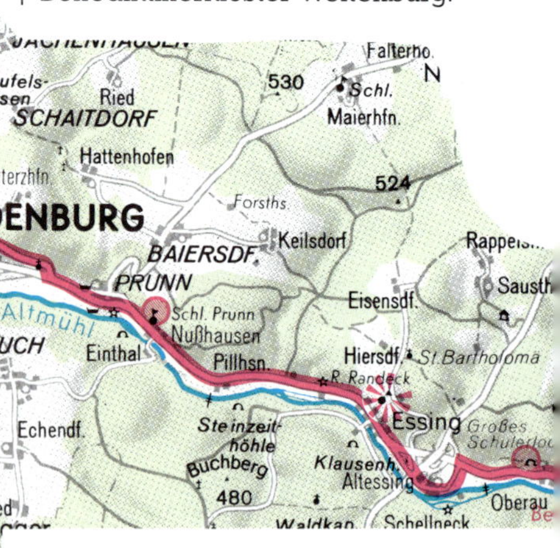

ODENWALD UND SPESSART

Mit dichtbewaldeten Hochflächen, kuppigen Bergeshöhen und tief eingeschnittenen Tälern bietet der Odenwald einige der schönsten deutschen Mittelgebirgslandschaften. Fachwerkromantik und prachtvolle Barockbauten findet man an vielen Orten, so in Heidelberg, Michelstadt, Miltenberg und Amorbach. Nördlich des Odenwaldes zieht sich bis zum Kinzigtal der Spessart hin, eine mit riesigen Eichen-, Buchen- und Kiefernwäldern besetzte Berglandschaft.

Odenwald: Umfaßt von bewaldeten Höhen – das Städtchen Amorbach

160

Durch das anmutige Kinzigtal von Sterbfritz über Bad Soden und Gelnhausen nach Hanau

Ausgangspunkt Bahnhof in Sterbfritz
Tourenlänge Etwa 77 km
Fahrzeit Etwa 5 Stunden
Höhenunterschiede Etwa 50 m Steigung. Kontinuierliche Gefällstrekke
Tourenbeschreibung Der Start dieser herrlichen Talfahrt erfolgt am *Bahnhof* in *Sterbfritz.* Wir wenden uns nach rechts(!), überqueren das Gleis und biegen sofort von der Brückenauer Straße in die Breuningser Straße. An der nächsten Kurve geht es in Richtung Weiperz kurz aufwärts weiter, ehe die fast ebene Straße zum nächsten Ort erste Ausblicke in das Kinzigtal und die Gebirgswelt des Bergwinkels freigibt. Von *Weiperz* rollen wir im Freilauf nach *Sannerz,* überqueren den *Kinzigbach* und gelangen an einer Hinweistafel aufwärts zur Landstraße. Gegenüber geht es weiter, unter der Eisenbahnbrücke hindurch auf leicht ansteigendem Weg nach *Ramholz* (Ausblick). Wir rollen hinab zum *Schloß,* halten uns leicht links und folgen dem parallel der Bahn verlaufenden Fahrweg. Im Linksschwenk geht es über den Bahnübergang hinab nach *Vollmerz,* wo wir erneut nach links schwenken, der Hauptstraße Richtung Sannerz folgen und nach

wenigen Metern rechts in den Mühlenweg einbiegen. Ohne Richtungsänderung radeln wir nun durch bis nach Herolz (schöner Blick zur Burg Brandenstein). In *Herolz* lenken wir nach rechts zur Landstraße und folgen dieser bis nach Schlüchtern. An der Ampel in *Schlüchtern* biegen wir nach rechts und dann sofort nach links in die Brückenauer Straße ein (Stadtmitte). Über die Kramerstraße gelangen wir zur Fußgängerzone, die wir zu Fuß durchqueren. An der Hauptstraße (Unter den Linden) geht es radelnd nach links weiter, bis uns ein Schild zum Bahnhof weist. Diesem folgen wir nach rechts und schwenken an der nächsten Straßengabelung (Supermarkt) links in den Höbäckerweg, der bald in einen Wirtschafts- und Radweg übergeht und durch die Kinzigaue zur B 40 führt.

Wir benutzen den Radweg neben der B 40 bis *Niederzell*. Hier kommen wir über die Alte Bellingser Straße zur *Kirche*, halten uns wieder rechts und rollen die Alte Steinauer Straße (Wirtschaftsweg) durch nach Steinau (Alte Straße).

Im Schwenk nach rechts gelangen wir zur Ortsmitte von *Steinau*, biegen links in die Brüder-Grimm-Straße (Sehenswürdigkeiten) und folgen

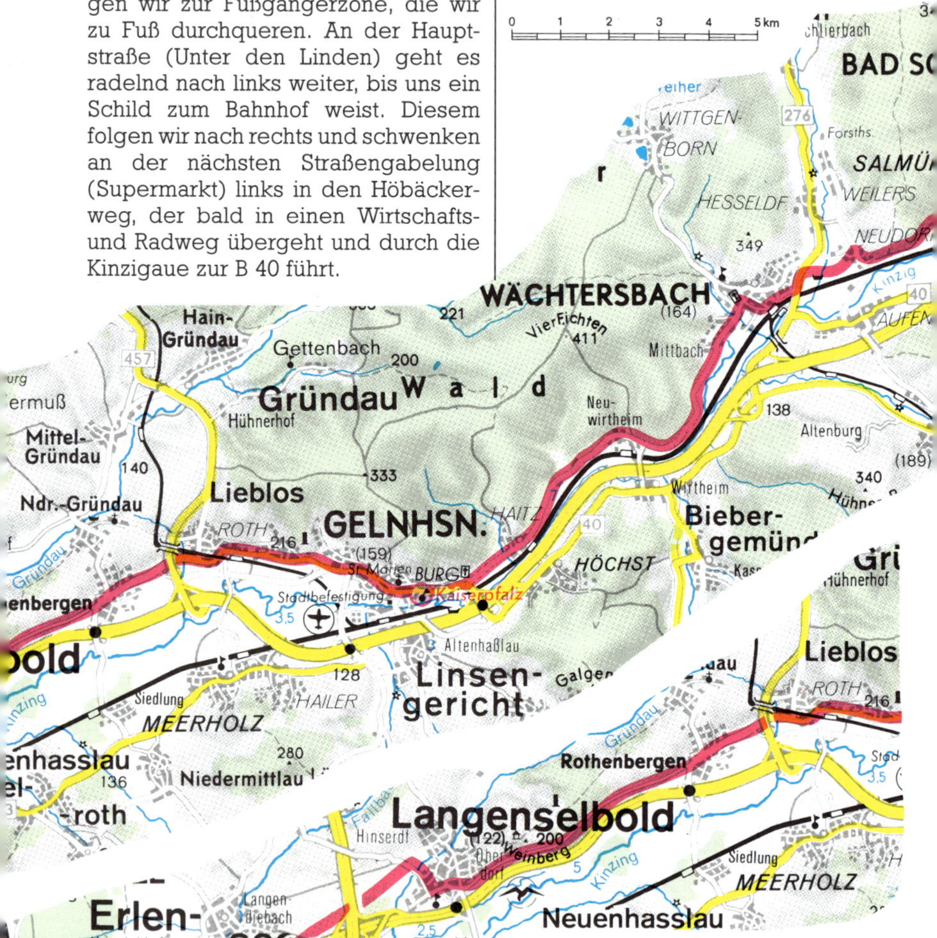

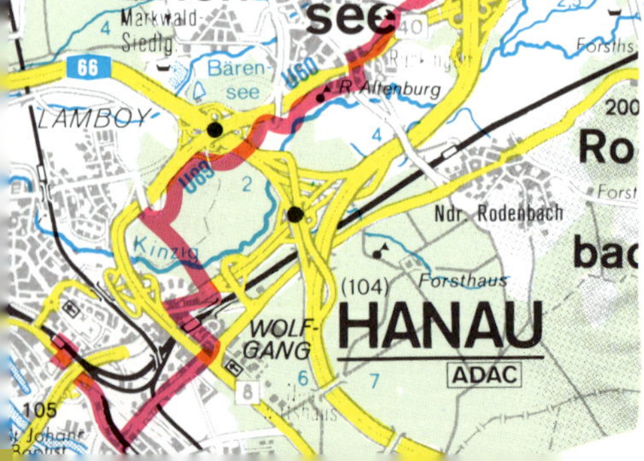

der nach rechts abknickenden Bahnhofstraße zur B 40. Auf etwa 350 m ist diese verkehrsreiche Straße zu befahren, ehe wir die gemütliche Fahrt über den Steinauer Weg fortsetzen können. Ohne Richtungsänderung radeln wir nun durch bis zum Tunnel unterhalb von Marborn, halten uns links und radeln über den Uferweg am *Kinzigstausee*.

Unsere Tour setzt sich über den Damm fort, an dessen Ende wir nach rechts schwenken und der schmalen Fahrstraße in den Talgrund bis nach Abt folgen. In *Ahl* halten wir uns leicht rechts und schwenken in die Schulstraße, die zur anderen Talseite führt, in die Major-Bindig-Straße übergeht und an der Pacificusstraße endet. Im Schwenk nach links erreichen wir den Rathausplatz in *Bad Soden.* Nun durch die Brückenstraße zum Kurgebiet, das wir in weitem Linksbogen durchfahren. Hinter der Kinzigbrücke geradeaus am rechten Talhang (Wirtschaftsweg) weiter. Auf dem *Brüder-Grimm-Weg* (Markierung: Hessenweg Nr. 11) über *Neudorf* nach *Wächtersbach*.

Über die Gelnhauser Straße setzt sich der Weg durch das *Kinzigtal* nach Gelnhausen fort. Der folgende Abschnitt ist landschaftlich reizvoll, erfordert aber viel Aufmerksamkeit aufgrund des starken Verkehrs. Am Stadtrand richten wir uns nach den Schildern zur Altstadt, strampeln die Alte Leipziger Straße aufwärts, rollen durch (schöne Ausblicke) bis zur *Marienkirche,* schwenken hinter der Kirche links in die Petersiliengasse, gelangen zum *Untermarkt,* biegen am *Philipp-Reis-Denkmal* nach rechts ab und bremsen durch die Gassen abwärts zur Berliner Straße (Besuch der Kaiserpfalz). Westwärts verlassen wir die Barbarossastadt, radeln durch bis nach *Lieblos* und *Rothenbergen* und folgen den Hinweisschildern nach Langenselbold. Parallel der neuen Schnellstraße (B 40) geht es durch bis zur Kreuzung in *Langenselbold.* Gegenüber setzt sich die *Gelnhäuser Straße* zum *Schloß* fort. Die Straße knickt nach rechts ab, verläßt die Stadt und eilt auf Ravolzhausen zu. Etwa 350 m hinter dem Stadtrand schwenken wir links in einen Radweg nach Erlensee. Abseits des Verkehrs radeln wir durch bis zur *Tankstelle* am Ortsrand von *Erlensee-Rückingen.* Vorsichtig folgen wir der B 40 bis zur zweiten Ampel, ordnen uns links ein, biegen in die Rodenbacher Straße und schwenken nach wenigen Metern in die Römerstraße. Nach 600 m geht die Straße in einen Fahrweg über (Anlieger frei), ist mit dem Radweg 9 markiert und verläuft parallel der ausgebauten Bundesstraße. An einer Brücke, die über die Schnellstraße nach Lamboy führt, knickt unser Radweg ab, durcheilt die Kinzigaue und knickt in Höhe des Bahnhaltepunktes St. Wolfgang scharf rechts ab. An der *American-Pioneer-Kaserne* stoßen wir auf die Aschaffenburger Straße, folgen ihr nach links bis zur Kreuzung hinter der Eisenbahnbrücke und biegen rechts in die Straße *In den Tannen,* die nach Großauheim führt. Wir radeln geradeaus durch über alle Kreuzungen hinweg, biegen in *Großauheim* rechts in die Hanauer Landstraße ein, rollen die Benzstraße zur Rodgaustraße durch, machen einen Rechts-Links-Schwenk und gelangen an der Auheimer Straße zum Fußgängertunnel (linke Straßenseite) und zum *Bahnhof Hanau.*

161

Rundfahrt bei Gelnhausen – landschaftliche Schönheiten bieten Orbtal und Kasselgrund, großartige Architektur die Ruinen der Kaiserpfalz in Gelnhausen

Ausgangspunkt Bahnhof in Gelnhausen
Tourenlänge Etwa 40 km
Fahrzeit Etwa 4 Stunden
Höhenunterschiede Etwa 400 m Steigung, 400 m Gefälle. Steiler Aufstieg von der Orbquelle zum Jagdhaus „Horst" (140 m). Kurze und steile Abfahrt in den Kasselgrund (240 m)
Tourenbeschreibung Vom *Bahnhof Gelnhausen* fahren wir rechts, überqueren die Hailer Straße und fahren in die Straße *Im Ziegelhaus* hinauf durch das Stadttor. Oben angekommen, biegen wir rechts ab und folgen dem Schild *Kaiserpfalz*. Nach der Besichtigung zurück zur Hauptstraße und ihr stadtauswärts folgen. Rechts beginnt ein Radweg, der bald rechts abknickt in Richtung Wächtersbach. Bis dorthin schlängelt er sich durch den Talgrund. In *Wächtersbach* treffen wir wieder auf die Hauptstraße. Schilder weisen zur historischen Altstadt.

Wir fahren hinab zum Bahnhof Wächtersbach (Wegweiser). Dort beginnt links ein Radweg, der uns über Wiesen und Felder nach *Bad Orb* führt. Der dortigen Vorfahrtstraße folgend, kommen wir am Bahnhof vorbei zur *Stadtmitte*.

Nach einem kurzen Abstecher zur Stadtmitte folgen wir der Landstraße und schwenken in die Villbacher Straße, die Richtung Lettgenbrunn führt. Hinter der *Orbquelle* bleiben wir neben dem Fahrrad und schieben es die Steigung hinauf bis zur Landstraße.

Hier nach rechts und nach der Kreuzung sogleich wieder rechts in den Wirtschaftsweg (Markierung: Roter Querbalken). Nach 1 km dann links ab.

Im Freilauf geht es durch den quellreichen *Kasselgrund,* dessen Wasser der Trinkwasserversorgung der Stadt Frankfurt dient. Die herrliche Fahrt durch den Wald endet in *Kassel,* wo wir nach rechts in die B 276 einbiegen, nach *Wirtheim* durchradeln und dort die Autobahn queren. Wir kommen nach *Neuwirtheim.* Links fahren wir über *Haitz* auf bekanntem Weg zurück zum *Bahnhof Gelnhausen.*

Eine andere Route zum Bahnhof: Am Stadtrand dem Hinweisschild Richtung Altstadt folgen, nach kurzer Steigung die Alte Leipziger Straße zur *Marienkirche* durchradeln, links in die Petersiliengasse einbiegen, über den *Untermarkt* rollen und durch die Gassen hinab zur Berliner Straße fahren. Im Schwenk nach links geht es dann zum *Gasthof "Adler"* und rechts hinab zum Bahnhof.

162

Die Wälder des Staatsforstes Wolfgang, der Kahlgrund, der Vorspessart und nicht zuletzt das Aschaffenburger Schloß erfreuen uns auf dieser Tour

Ausgangspunkt Hanau, im Bahnhof

Tourenlänge Etwa 45 km

Fahrzeit Etwa 4 Stunden

Höhenunterschiede Etwa 320 m Steigung, 290 m Gefälle. Starke Steigung von Schimborn über Feldkahl

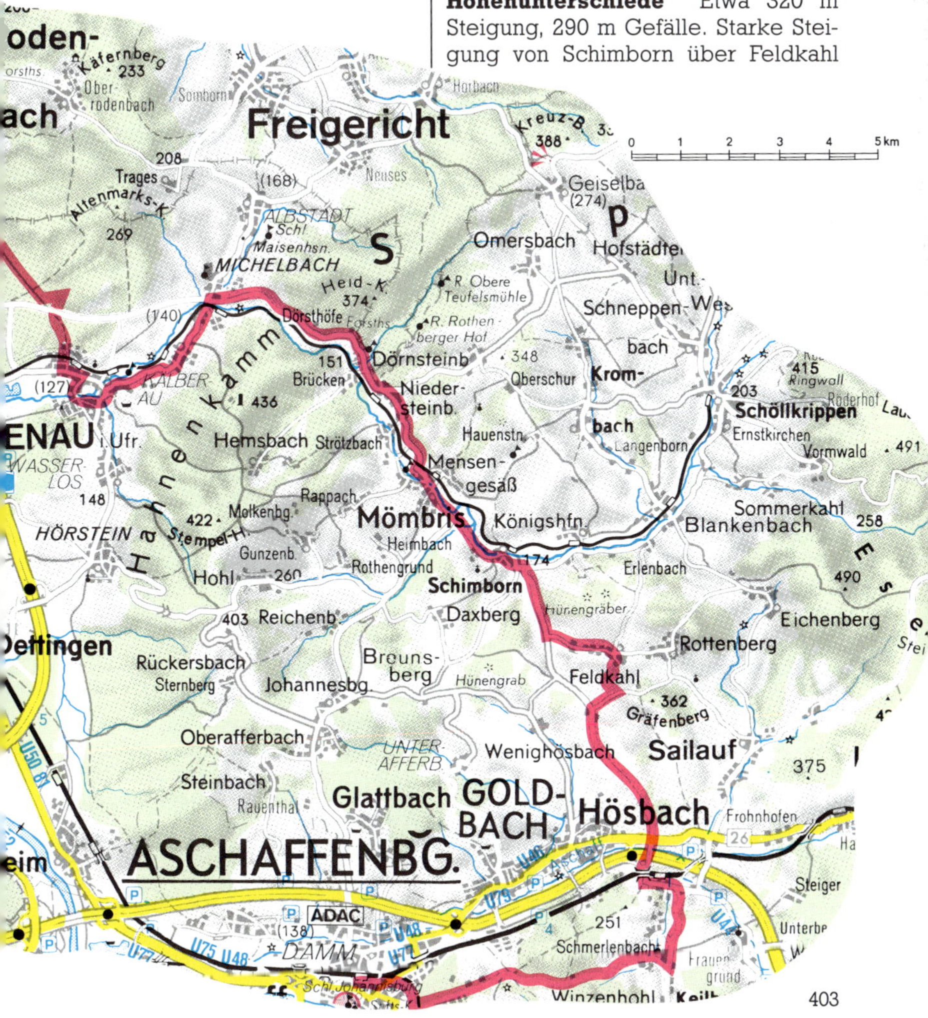

auf die Höhe (120 m). Lange Abfahrt hinter Feldkahl in das Tal der Aschaff. Kurze Steigung dann noch hinter Schmerlenbach (50 m)

Tourenbeschreibung Im (!) *Bahnhof* in *Hanau* richten wir uns nach den Hinweisschildern zum Hafengebiet/ Parkplatz Auheimer Straße und schieben das Rad durch die Unterführung, schwenken nach links und folgen der Auheimer Straße bis zur nächsten Kreuzung, biegen rechts in die Rodgaustraße und wieder links in die Benzstraße. Diese radeln wir durch bis zum Rochusplatz in *Großauheim.* Im Knick nach links geht es über die Rochusstraße, Waldstraße und Neuwirtshäuser Straße, über alle Kreuzungen hinweg zur B 8, die wir vorsichtig überqueren und rechts des *Gasthauses* in den Wald schwenken (verschiedene Markierungen, unter anderem schwarzes B). An der nächsten Wegkreuzung, an einer Freizeitanlage mit Schutzhütte, biegen wir nach links ab und hinter dem *Römerkastell* erneut links. Dieser Weg endet an einer Fahrstraße, die über die Autobahn führt. Wir folgen ihm und lenken hinter der Brücke schräg links in den abzweigenden Weg, der zum Forstamt und der Klosterruine St. Wolfgang führt. Am *Forstamt* geht es nach rechts weiter (Markierung: rotes Dreieck) bis zum Waldrand am *Sportzentrum.* Wir biegen nach rechts, erreichen den Wald und radeln nun ohne Richtungsänderung (Länge 3,5 km) über alle Querwege hinweg bis zu einer Kreuzung (rechts steht eine Bank), wo die Schilder „Fußweg nach Alzenau" und „Sackgasse" stehen. Nun nach links leicht aufwärts durch den Kiefernwald, bis von rechts ein schmaler Weg im spitzen Winkel abzweigt (linker Hand Bank und Schild „Zum Klappermühlchen"), dem wir nun abwärts folgen, die Schnellstraße unterqueren und geradeaus nach Alzenau durchradeln (Rodenbacher Straße).

In *Alzenau* geht es geradeaus über die Bahnlinie bis zur Hanauer Straße, in die wir nach links einbiegen und der Einbahnstraßenführung durch den Ort in Richtung Hörstein und nach wenigen Metern in Richtung Kälberau folgen. Unterhalb des *Schlosses* setzt sich der Weg durch das *Kahltal* über *Kälberau* nach *Michelbach* fort. Straßenschilder weisen uns den Weg durch den schönen Talgrund Richtung Schöllkrippen nach *Schimborn.* Hinter dem Ort beginnt der sportliche Teil unserer Fahrt. Wir biegen in die Straße nach *Feldkahl,* fahren durch bis zur Ortsmitte und folgen der Seewiesenstraße hinauf zum Sportplatz. Nach der starken Steigung knickt der Weg nach links und endet an der Landstraße, wo ein prächtiger Blick über die Höhen und Täler frei wird.

Der Landstraße folgen wir nach rechts, schwenken an der nächsten Kreuzung nach links und sausen hinab zur B 26. Gegenüber geht es weiter über die Autobahn und Bahnstrecke nach *Hösbach* (Bahnhof). Am Ortsende zweigt scharf rechts eine Straße nach Haibach und Winzenhohl ab, die wir bis zum *Kloster Schmerlenbach* entlangradeln und nach rechts in die Straße nach Aschaffenburg einbiegen. Hinter dem Kloster ist die letzte Steigung im Schmerlenbacher Wald zu bewältigen, ehe es im Freilauf nach *Aschaffenburg* geht. Wir stoßen auf den Wittelsbacherring und folgen den Schildern zum Zentrum und Bahnhof.

163

Ein Stück die Bergstraße entlang, wo der Frühling früher als anderswo seinen Einzug hält; der Frankenstein bietet einen herrlichen Ausblick

Ausgangspunkt Bahnhof in Darmstadt

Tourenlänge Etwa 33 km

Fahrzeit Etwa 3 Stunden

Höhenunterschiede Etwa 400 m Steigung, 380 m Gefälle. Starke Steigung hinter Niederbeerbach (225 m) zum Frankenstein (394 m). Steile Abfahrt nach Eberstadt (280 m)

Tourenbeschreibung Vor dem *Bahnhof Darmstadt,* am Platz der deutschen Einheit, wenden wir uns nach rechts und folgen den Hinweisschildern in Richtung Aschaffenburg (Ber-

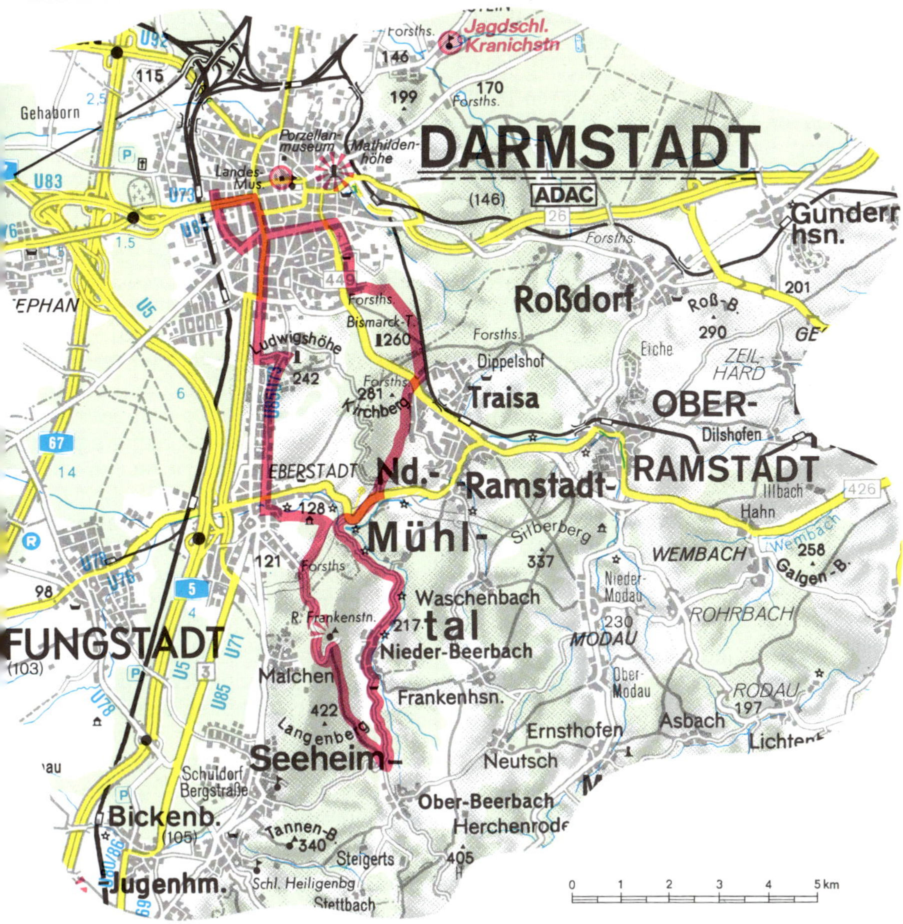

liner Straße, Eschollbrücker Straße) bis zur Kreuzung an der Heidelberger Straße, wo wir uns nach dem Hinweisschild „THD Lichtwiese" richten und gegenüber die Heinrichstraße (mit Steigung) durchrollen. Nach 1,2 km biegen wir rechts in die Oberramstädter Straße in Richtung Oberramstadt (B 449) und benutzen nach Möglichkeit den Radweg auf der linken Straßenseite.

In Höhe des Fußballstadions achten wir auf das Hinweisschild „Tennis/Eisclub", biegen nach links ab und stoßen nach 450 m auf eine Querstraße (Böllenfalltorstraße). Gegenüber nimmt uns nun der Kirchweg (Schild am Baum) auf. In einem weiten Rechtsbogen geht es durch den Wald weiter zur *Eisenbahnbrücke* am *Traisaer Hüttchen* und, parallel der Bahn, abwärts zur Waldstraße (Bahnübergang). Nun nach rechts bis zur B 449 und gegenüber über den Papiermüllerweg weiter bis zum Schlagbaum am Südhang des *Bordenberges.* Abwärts fahrend erreichen wir die Bundesstraße im *Modautal,* biegen nach rechts und ordnen uns hinter der *Papiermühle* links nach Niederbeerbach ein. Durch den reizvollen Talgrund geht es nach *Niederbeerbach,* wo wir die Pedale kräftiger treten müssen. Die ersten steilen Serpentinen der Zufahrtsstraße zur Ruine Frankenstein können wir umgehen, indem wir der Landstraße auf etwa 500 m folgen und kurz vor der abzweigenden Straße nach Seeheim scharf rechts in den aufwärtsführenden Feldweg (Markierung: weißer Querstrich) einbiegen. Nach vielen kräftigen Pedalstößen ist der höchste Punkt dieser Fahrt an der *Ruine Frankenstein* erreicht.

Bremsend rollen wir die Serpentinen am Westhang des *Schloßberges* hinab, radeln, sobald die Straße wieder eben verläuft und nach links abknickt, geradeaus weiter (Alte Dieburger Straße). Nach etwa 1 km erfolgt ein scharfer Schwenk nach links in einen Flurweg, der mit einem weißen Punkt markiert ist und direkt nach Eberstadt führt (Hainweg).

An der Odenwaldstraße in *Eberstadt* biegen wir nach rechts, passieren die nächste Kreuzung (Ampel) und setzen die Fahrt in Richtung Frankfurt über die Heinrich-Delp-Straße bis zur *Cambrai-Fritsch-Kaserne* fort. Abwärts zur Heidelberger Straße und nach Darmstadt, dort Hinweisschilder zum Hauptbahnhof.

164

Rundtour bei Reinheim – eine unvergleichlich schöne, an Ausblicken reiche Fahrt durch den Odenwald

Ausgangspunkt Bahnhof in Reinheim
Tourenlänge Etwa 50 km
Fahrzeit Etwa 5 Stunden
Höhenunterschiede Etwa 470 m Steigung, 400 m Gefälle. Starke Steigung von Klein-Bieberau zur Höhe des Johannesberges (130 m). Stärkere Steigung hinter Brandau (30 m) und Gadernheim bis zur „Schönen Aussicht" (80 m). Danach lange Abfahrt bis nach Reichelsheim. Kurze, starke Anstiege hinter Reichelsheim (50 m) und Fränkisch-Crumbach (40 m)
Tourenbeschreibung Am *Bahnhof* in *Reinheim* wenden wir uns nach links, rollen rechts die Ueberauer Straße hinab und setzen die Fahrt nach Ueberau fort. In *Ueberau* biegen wir rechts in die Groß-Bieberauer Straße, verlassen den Ort und rollen durch die Flußaue der *Gersprenz* auf Groß-Bieberau zu. In einem Rechts-Links-Schwenk (über die Brücke) gelangen wir zur Ortsmitte und biegen rechts in die nach Lindenfels führende Landstraße. Am Ortsende (hinter dem Friedhof), in Höhe einer Tankstelle, schieben wir das Rad rechts den asphaltierten Landwirtschaftsweg aufwärts, schwingen uns am Waldrand (Ausblick) wieder in den Sattel und genießen die schöne Fahrt nach *Rodau* (an der Gabelung links bleiben, auf den Ort zu). Hinter Rodau lenken wir an einem *Granitwerk* in die Straße nach Klein-Bieberau und Webern. Hinter *Klein-Bieberau* ist nun auf den Verbindungsweg nach Brandau zu achten. In der rechten starken Linkskurve der Straße lenken wir in den zweiten Landwirtschaftsweg, der rechter Hand abzweigt (am Ende der Leitplanke). Im unteren Abschnitt des zum Johannesberg aufwärtsstrebenden Fahrweges sind die Pedale kraftvoll zu treten. Ein kurzes, von Birken gesäumtes Wegstück folgt (Ausblick), ehe uns die Steigung zwingt, neben dem Rad zu bleiben. Nach kurzer Fahrt durch den schattigen Wald schwenken wir hinter dem Wanderparkplatz (Grillplatz, Liegewiese) nach links in den Fahrweg nach Brandau. Vorbei am *Friedhof* geht es zur Ortsmitte.

Wir lenken kurz nach rechts und biegen in die Straße nach Gadernheim/Lindenfels, deren Steigung noch einmal unsere Muskeln strapaziert. In *Gadernheim* nimmt uns die verkehrsreiche B 47 auf. Über Kolmbach bis zur *Schönen Aussicht* verlangt die Steigung noch einmal fleißiges Pedaltreten, bevor der etwa 10 km lange Abschnitt beginnt, welcher Freilauf und Bremsen zu Ehren kommen läßt. Mühelos rollen wir nach *Lindenfels.* Die hübsche alte Stadt lohnt einen Besuch, sehenswert sind die Pfarrkirche und der Kurgarten. Die Anfang des 12. Jh. erbaute Burg wurde nach 1780 auf Anordnung der kurpfälzischen Regierung abgerissen.

Wir fahren weiter, erreichen bremsend das *Gumpener Kreuz* und folgen dem Hinweisschild nach Reichelsheim. Nach etwa 1 km drosseln wir das Tempo und biegen vorsichtig links in den Hardtweg. Abseits des Verkehrs fahren wir durch *Klein-Gumpen* (am Gasthof „Zur langen Er-

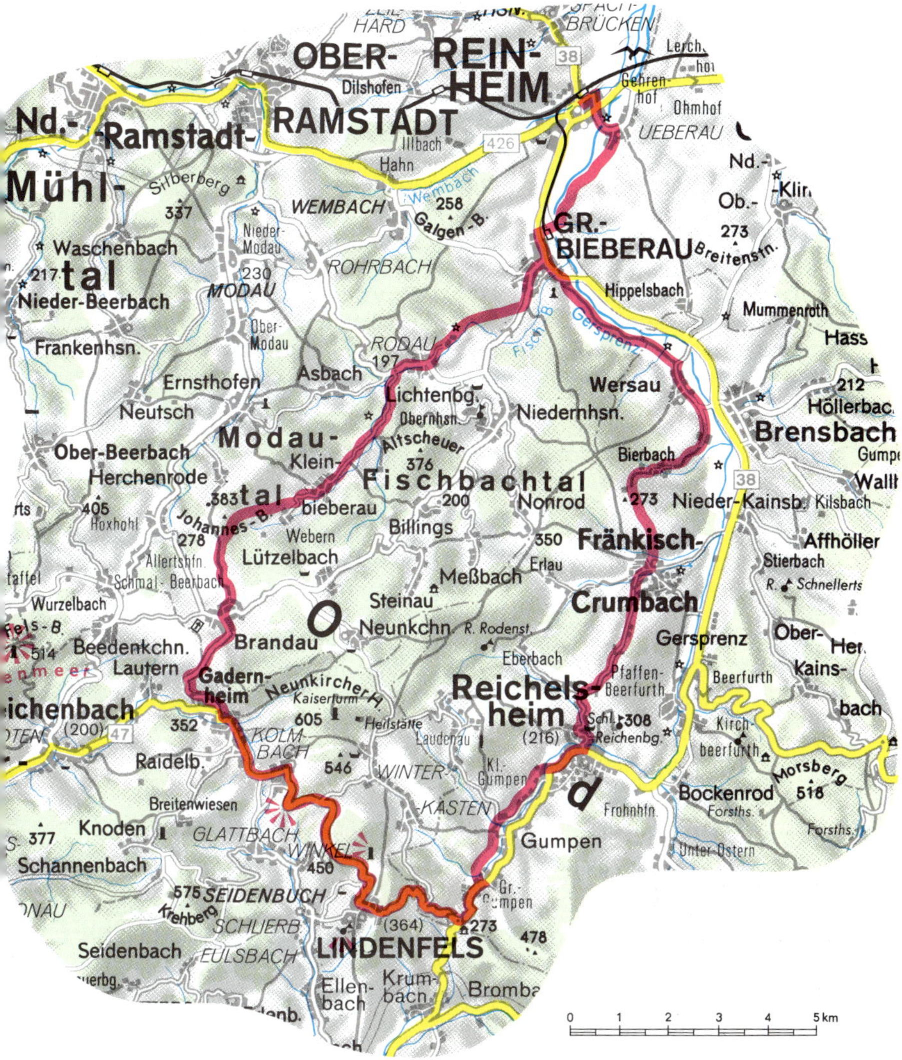

le“ rechts weiter) bis nach *Reichelsheim.*

An der Kreuzung in der Ortsmitte ordnen wir uns in die Fahrspur nach Fränkisch-Crumbach ein, biegen in die Rodensteiner Straße und setzen die Fahrt fort. Hinter dem Hinweisschild zur Ruine Rodenstein (siehe Anmerkung) erfolgt eine kurze Steigung, dann geht es über *Michelbach* nach *Fränkisch-Crumbach.* In Höhe des Gasthauses *„Zur Krone“* (vor der Kirche) schwenken wir nach links, rollen auf das Textilhaus „Grießer“ zu und verlassen (nach rechts) über die Schleiersbacher Straße den Ort. Die letzte Steigung dieser Fahrt erfolgt kurz vor *Bierbach,* einem kleinen Anwesen im idyllischen Tal des *Bierbachs* gelegen (Blick auf Brensbach und Veste Otzberg).

In Wersau fahren wir im Knick der Kreuzstraße geradeaus durch (Schild „Schützenhaus“). Die Straße geht in einen befestigten Landwirtschaftsweg über und endet an der Zufahrtsstraße zu einem Diorit-Steinbruch. Wir schwenken nach rechts und kommen nach *Groß-Bieberau,* ein Ort mit schönen alten Fachwerkhäusern. Dann radeln wir nach *Reinheim,* unserem Ausgangspunkt, zurück.

165

Anziehungspunkte dieser Tour bei der Mainstadt Wertheim sind alte Mühlen und idyllische Weinorte

Ausgangspunkt Bahnhof in Wertheim

Tourenlänge Etwa 48 km

Fahrzeit Etwa 4 Stunden

Höhenunterschiede Etwa 340 m Steigung, 340 m Gefälle. Steigung von Lengfurt nach Triefenstein und Altfeld auf die Höhe (200 m). Kurze Gefällstrecke vor Kredenbach (50 m) und mäßig starke Steigung nach Bischbrunn (130 m). Fahrt im Freilauf nach Hasloch

Tourenbeschreibung Vom *Bahnhof* in *Wertheim* ist der Bahnhofstraße nach links zu folgen. Hinter dem Bahnübergang schieben wir das Rad geradeaus durch die Fußgängerzone und schwenken am Ende der Eichelstraße rechts in die Durchgangsstraße Richtung Würzburg. Am Mainufer verbleibend, umradeln wir die lange Bergnase *Himmelreich,* die der Main in einer großen Schleife umfließt. *Urphar* mit seiner alten Wehrkirche (Besichtigung nach Voranmeldung; Aufstieg vom Brunnen über die Gustav-Rommel-Straße und Wehrkirche) wird passiert. Nach 2 km verlassen wir die Landstraße, lenken Richtung *Bettingen* und rollen durch den Ort nach Homburg und Lengfurt. Hinter *Homburg* (Blick zurück) erreicht die Mainuferstraße *Lengfurt* (Abstecher nach rechts über die Neuffstraße und Friedrich-Ebert-Straße zur Ortsmitte), wo der Main überquert wird (Richtung Altfeld/Triefenstein/Autobahn) und ein kräftiger Aufstieg unsere Muskeln strapaziert. Am *Kloster Triefenstein* schwenken wir nach rechts, treten erneut in die Pedale und

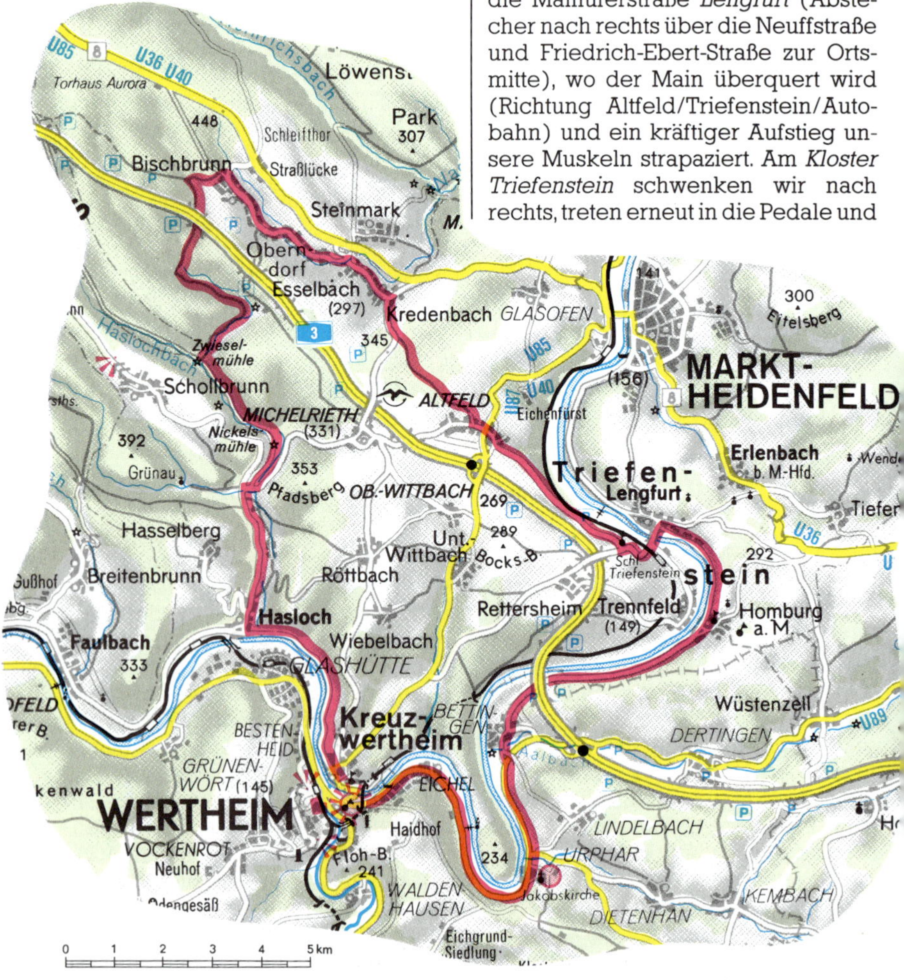

fahren über die Höhe nach *Altfeld* (herrliche Ausblicke).

Im Ort, an der Gabelung der Michelriether Straße (Brunnen), halten wir uns rechts und folgen dem alten Hinweisschild nach Kredenbach, vorbei am *Sport-* und *Flugplatz.* Sobald die Höhe im Wald erreicht ist, rollen wir im Freilauf nach *Kredenbach,* schwenken im Ort nach links und radeln die lange Straße über *Esselbach* und *Oberndorf* durch bis zu einer Querstraße in *Bischbrunn* am nördlichen Ortsrand. Nach links geht es auf wenigen Metern aufwärts (Jägerstraße) und geradeaus durch bis zur *Blutbuche.* Hier wählen wir den linken Weg, unterqueren die Autobahn und rollen im schattigen Wald durch (vorbei an der *Schleifmühle)* bis zur *Zwieselmühle.* Bis nach Hasloch bleiben wir im Talgrund des *Haslochbachs,* einem idyllischen Spessarttal. In *Hasloch* setzt sich diese Tour über die stark befahrene Mainuferstraße nach *Kreuzwertheim* (vorbei am Schloß) und nach *Wertheim* fort.

166

Eine wundervolle Tour zwischen zwei Odenwaldtälern und zu drei sehenswerten Städten: Erbach, Amorbach und Michelstadt

Ausgangspunkt Bahnhof in Erbach
Tourenlänge Etwa 68 km. Fahrt 1 Erbach – Amorbach: etwa 36 km. Fahrt 2 Amorbach – Michelstadt – Erbach: etwa 32 km
Fahrzeit Jede Fahrt etwa 4 Stunden
Anmerkung Es wird empfohlen, die Tour auf zwei Tage zu verteilen. Amorbach (Jugendherberge) liegt auf halber Strecke.
Höhenunterschiede Etwa 770 m Steigung, 720 m Gefälle. Mäßig starke Steigung von Dorf-Erbach nach Bullau (340 m), teilweise mit flacheren Abschnitten. Steile Abfahrt nach Watterbach (230 m). Steiler Aufstieg von der Geyers-Mühle nach Vielbrunn (200 m). Abfahrt nach Weiten-Gesäß (60 m) mit kurzem Aufstieg zum Ort (40 m). In Weiten-Gesäß steile Abfahrt (60 m) und Aufstieg zur Höhe am Weiten-Gesäßer Berg (100 m)

Tourenbeschreibung Von Erbach nach Dorf-Erbach (Dreiseetalstraße): Am *Bahnhof Erbach* wenden wir uns nach links (Bahnhofsvorplatz), rollen hinab über Eck, die Sophienstraße und Brückenstraße zur *Mümling-Brücke* und biegen nach rechts in die Hauptstraße, die zur B 45 ansteigt. An der Kreuzung schwenken wir nach links in Richtung Michelstadt und achten auf die Hinweisschilder zum Elfenbeinmuseum. So schwenken wir nach rechts in die Obere Marktstraße und rollen durch bis zum *Denkmal* für die Gefallenen an der Dreiseetalstraße in *Dorf-Erbach.*

Von Michelstadt nach Dorf-Erbach (Dreiseetalstraße): Am *Bahnhof* in *Michelstadt* wenden wir uns nach rechts, biegen links in die B 47 (Nibelungenstraße) und schwenken an der Ampel nach rechts, Richtung Erbach. Nach 1,2 km folgen wir der B 47 in Richtung Würzburg, erreichen *Dorf-Erbach* und lenken nach rechts in die Dreiseetalstraße.

Durch den stillen Talgrund des *Erdbachs* geht es mäßig ansteigend aufwärts nach *Erbuch.* Hinter dem Ort sind die Pedale kräftiger zu treten, ehe ein flacher Abschnitt folgt, der schöne Ausblicke bietet.

An der Kreuzung der Landstraßen schwenken wir nach Bullau und strapazieren das Tretlager bis zum *Parkplatz Bullauer Bild,* wo wir nach links in den Forstweg biegen. *Am* nächsten Querweg erfolgt ein weiterer Linksschwenk (Markierung rotes Dreieck). Vorbei am *Bullauer Bild und* dem *Forsthaus Hubertus* radeln wir durch den Wald zum *Jägertor* (Blick über Würzberg und den Odenwald).

Am *Jägertor* biegen wir scharf rechts in die zum Römerbad führende Hohe Straße. Hinter dem *Römerbad* erfolgt an der Wegekreuzung ein Schwenk nach links zum *Parkplatz Römerbad,* wo wir nach rechts der Landstraße nach Breitenbuch folgen. In *Breitenbuch,* in Höhe der *Kirche,* knickt die Straße nach links ab und eilt in Serpentinen hinab nach *Watterbach.* So überwinden wir, fleißig bremsend, 140 Höhenmeter und setzen die Fahrt im stillen Talgrund des *Waldbachs*, der von steilen Berghängen eingerahmt wird, fort. Vor Erreichen der Siegfriedstraße im Tal des *Gabelbachs* bietet sich ein schöner Blick in die Odenwaldtäler. Mühelos rollen wir durch *Kirchzell*, werfen einen Blick in das Tal der *Mud* (Mudau) zur Ruine Wildenburg und erreichen das altfränkische Barockstädtchen *Amorbach*.

Im Norden der Stadt verlassen wir die B 469 und folgen der alten Verbindungsstraße unterhalb des Gotthardsberges nach *Weilbach*. Am *Marktbrunnen* erfolgt ein Schwenk nach links zur B 469, die wir vorsichtig überqueren und setzen die Fahrt durch das reizvolle *Ohrenbachtal* fort.

Hinter der *Geyers-Mühle* zwingt uns die Steigung, neben dem Rad zu bleiben. Der „lange Marsch nach oben" bringt uns nach *Vielbrunn*, einem Kleinod im Herzen des Odenwaldes. Hinter dem Ort, an der Straßenkreuzung auf der Hochfläche, schwenken wir nach links in Richtung Michelstadt. Die von Birken gesäumte Landstraße verlassen wir nach etwa 500 m und biegen am Waldrand scharf rechts ab in eine Forststraße (am Baum linker Hand Schild „Zur Grasbrunnenhütte"). Abseits des Verkehrs rollen wir durch den Wald hinab in den Talgrund und treten kräftig in die Pedale, um nach *Weiten-Gesäß* zu gelangen. Hinter den ersten Häusern erfolgt ein Schwenk nach links, und bremsend (vorbei am Hotel „Berghof") erreichen wir den Talgrund im Ort. Die Fortsetzung der Fahrt erfolgt in Richtung Michelstadt und zwingt uns, erneut neben dem Rad zu bleiben, um die Steigung am *Weiten-Gesäßer-Berg* zu bewältigen. Fleißig bremsend erreichen wir das Herz des Odenwaldes: *Michelstadt*.

167

Diese Tour verbindet drei reizvolle Städte – Miltenberg, Amorbach, Walldürn – und läßt uns die Schönheiten des Kaltebachtals und Erftals erleben

Ausgangspunkt Miltenberg
Tourenlänge Etwa 50 km
Fahrzeit Etwa 4 bis 5 Stunden

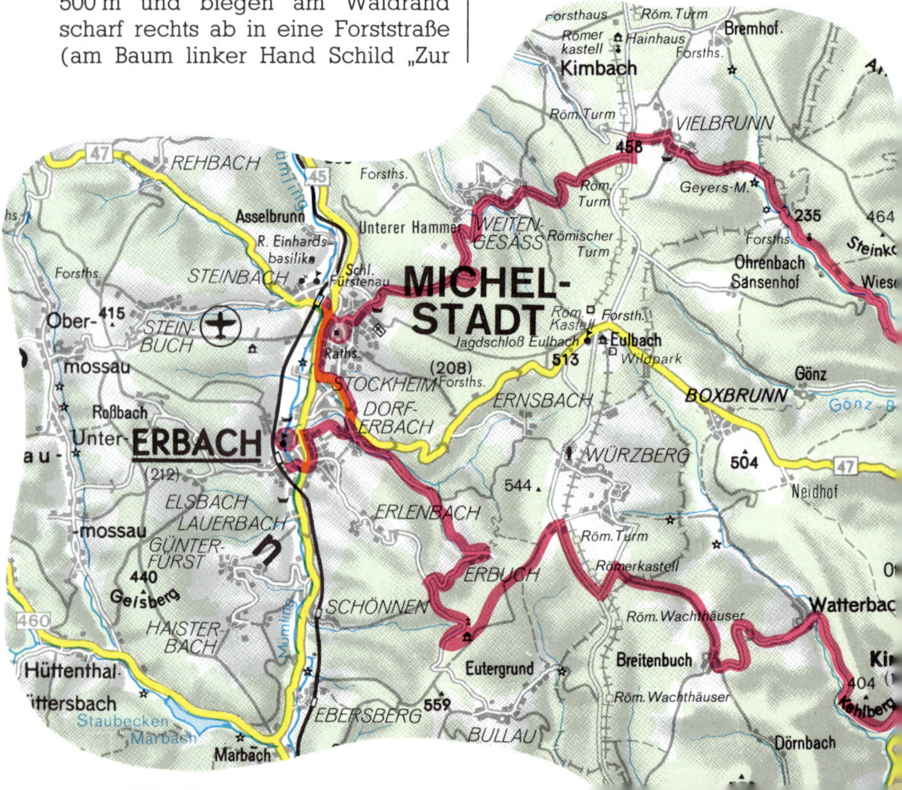

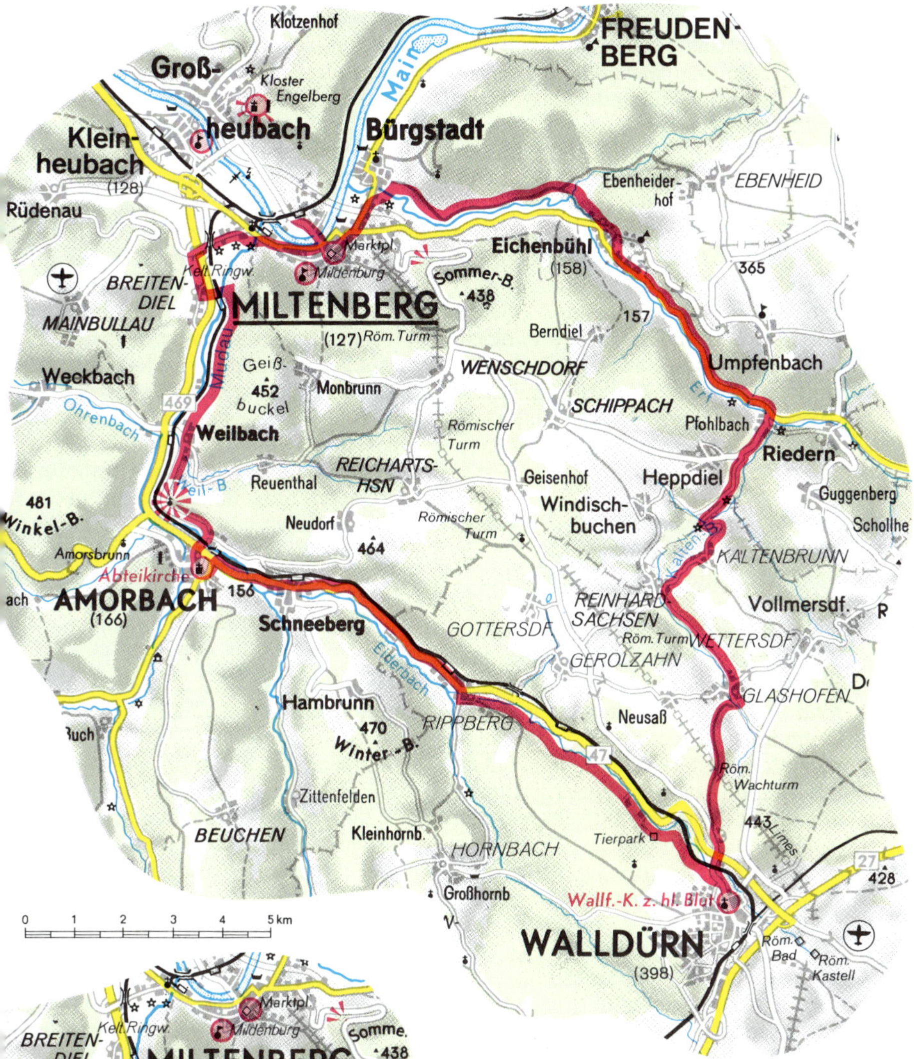

Höhenunterschiede Etwa 310 m Steigung und 310 m Gefälle. Mäßige Steigung zwischen Rippberg und Walldürn (165 m). Kurze Steigung zwischen Walldürn und Glashofen (40 m). Lange Abfahrt über Reinhardsachsen nach Pfohlbach und durch das Tal der Erf nach Bürgstadt (270 m)

Tourenbeschreibung Vor dem *Bahnhofsgebäude* in *Miltenberg*, schwingen wir uns in den Sattel, radeln die Brückenstraße zur alten *Mainbrücke* mit ihrem mächtigen Zollhaus durch und rollen rechts hinab zur Mainzer Straße. Auf diesem Weg erfaßt uns der Zauber der Mainlandschaft, der harmonische Dreiklang von Fluß, mittelalterlicher Stadt und der Bergwälder.

Wir radeln die Mainzer Straße durch (hinter der Tankstelle auf der linken Seite befindet sich das Sachsengrab) und schwenken am *Mainzer Tor* links in die Laurentiusstraße, die im Bogen nach rechts um die *Laurentiuskapelle* führt. Hinter der Brücke über den Mudbach biegen wir links in die Breitendieler Straße. Nun geht es weiter Richtung Mainbullau, doch schwenken wir unmittelbar hinter der Brücke über die B 469 links in einen Landwirtschaftsweg, der parallel der Bundesstraße auf *Breitendiel* zueilt. In Höhe einer Autowerkstatt geht es auf schmalem Weg geradeaus durch. Etwa 50 m hinter der *Kirche* biegen wir links in eine Seitenstraße, die unter der Bundesstraße hindurchführt. Hinter dem Bahngleis erfolgt ein Rechtsschwenk, vorbei am *Haltepunkt Breitendiel* und dem *Sportplatz,* und ohne Richtungsänderung geht es durch bis nach Weilbach (Blick auf die St.-Gotthard-Kapelle). Am *Brunnen* nimmt uns die alte Verbindungsstraße nach Amorbach auf, die an der Kirche vorbei (schöner Bildstock) zum altfränkischen Barockstädtchen *Amorbach* führt.

Vorsichtig überqueren wir die stark befahrene Bundesstraße und setzen nach Besichtigung von Amorbach die Fahrt in Richtung Schneeberg fort. Über *Schneeberg* hinweg geht es nach *Rippberg,* wo wir nach Hornbach rechts einbiegen. Die Route führt an der Seitenstraße des Von-Echter-Rings vorbei (lohnender Abstecher zum Brunnen und Schloßturm) und schwenkt in die Römerstraße, die hinter dem Friedhof eine Gabelung aufweist. Wir bleiben auf dem unteren Fahrweg, der bald im schattigen Laubwald verschwindet und mit leichten Steigungen im Tal des *Marsbaches* verbleibt. Am Hinweisschild zur Beuchertsmühle sind die Pedale kräftiger zu treten, um zum *Wildgehege* zu gelangen.

Hinter dem Friedhof am Auerbergweg fahren wir bis zur Wallfahrtskirche durch (Besichtigung). *Walldürn* verlassen wir auf dem Hinweg, rollen die Bundesstraße hinab und biegen hinter dem Bahnübergang rechts in die Straße nach Gerolzahn. Nach 500 m erfolgt ein weiterer Schwenk nach rechts in Richtung Glashofen, wo kräftig die Pedale zu treten sind. Die Fahrstraße führt durch den schattigen Mischwald, vorbei an einem Kruzifix und einem interessanten Buntsandsteinkreuz von 1738.

Über die freie, landwirtschaftlich genutzte Hochfläche rollen wir im Freilauf nach *Glashofen,* schwenken im Ort nach rechts und sofort wieder links, um *Reinhardsachsen* zu erreichen. Freilauf und Bremsen kommen auf diesem Abschnitt zu Ehren. Im Ort schwenken wir nach rechts, Richtung Kaltenbrunn. Hinter *Kaltenbrunn* geht es in einer Serpentine steil hinab in den Talgrund des *Kaltenbaches,* vorbei an der *Schulzenmühle, Lauersmühle* und *Spritzenmühle* bis zur Kreuzung in *Pfohlbach* im *Erftal.* Der ganze Abschnitt vermittelt großartige Eindrücke vom östlichen Odenwald.

In Richtung Miltenberg setzen wir die Fahrt fort, erreichen *Eichenbühl* und biegen etwa 400 m hinter der Kirche an einer Bäckerei rechts ab, schwenken sofort nach links in die Bürgstädter Straße und radeln durch bis zum *Parkplatz Kohlgrund.* Auf gut befestigtem Fahrweg geht es nun im Tal der *Erf* durch bis nach *Bürgstadt.* Der Weg endet an einer Fabrik, wo wir nach links in die Erfstraße biegen, die *Erf* überqueren, den Sandweg durchradeln und auf die Verbindungsstraße zwischen Miltenberg und Bürgstadt stoßen. Nach links, Richtung Miltenberg, geht es durch bis zum Ausgangspunkt dieser Fahrt.

168

Über die Bergstraße, über Odenwaldhöhen und -täler im Umkreis von Weinheim

Ausgangspunkt Bahnhof in Weinheim

Tourenlänge Etwa 37,5 km

Fahrzeit Etwa 4 ½ Stunden

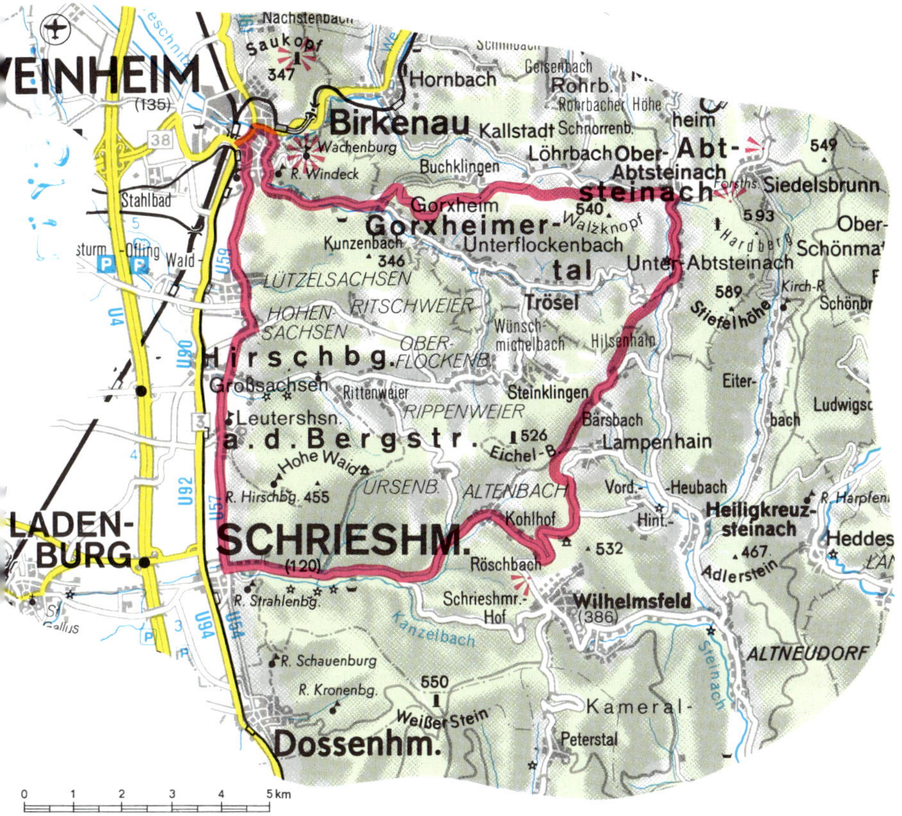

Höhenunterschiede Etwa 570 m Steigung, 500 m Gefälle. Starke Steigung von Altenbach über Kohlhof (200 m) und von Unter-Abtsteinach nach Ober-Abtsteinach (80 m).

Tourenbeschreibung Wir starten diese Tour am *Bahnhof* in *Weinheim* und fahren rechter Hand die Ludwigstraße durch zur B 3. Die einfachste Möglichkeit, nach Schriesheim zu gelangen, ist die Fahrt in Richtung Heidelberg über die verkehrsreiche Bergstraße (B 3) mit Radweg. Viel angenehmer ist es, der hier beschriebenen Route zu folgen, die durch mehrere heimelige Ortschaften führt.

So wenden wir uns an der B 3 kurz nach rechts, folgen den Hinweisschildern zur Stadtmitte oder benutzen an der Kreuzung (Ampelanlage) die Fußgängerüberwege, um links in die Bahnhofstraße zu gelangen. An der nächsten Ampel biegen wir rechts in die Schulstraße, die in die Albert-Ludwig-Grimm-Straße übergeht. Am Hinweisschild zum Marktplatz geht es nach rechts weiter über die Rote-Turm-Straße. Auf halber Hanghöhe verläuft nun unsere Fahrtroute über die Lützelsachsener Straße und Weinheimer Straße durch *Lützelsachsen* nach *Hohensachsen.*

Am Gasthof „Zum goldenen Ochsen" fahren wir rechts hinab, stoßen auf eine Querstraße, wenden uns nach rechts und biegen nach wenigen Metern links in die Sachsenstraße. Durch das Obst- und Weinbaugebiet geht es weiter nach *Großensachsen,* wo die Brunnengasse steil bergab zur Ortsmitte führt. Die Hauptstraße ist zu überqueren und auf der Oberen Bergstraße setzen wir die Fahrt fort. Diese geht über in die Großensachsener Straße. Dann ist die Vordergasse zu überqueren, um auf der Hauptstraße weiterzuradeln. Hinter der Goethestraße führt die Leutershauser Straße nach *Schriesheim,* das von der *Ruine Strahlenburg* überragt wird. Nun geht es nach links über die Zentgrafenstraße zur Talstraße.

Eine schöne Fahrt durch das *Schriesheimer Tal oder Ludwigstal* schließt sich an, ehe uns in *Altenbach* die Steigung der Straße zwingt, neben dem Rad zu bleiben. Je nach Kondition sollten wir die Röschbachstraße (am Hinweisschild zum Waldhotel „Bellevue") aufwärtsschieben (kein Verkehr, flaches Teilstück). Diese stößt wieder auf die Landstraße, die in Richtung Lampenhain nun stark ansteigt (Länge etwa 1500 m). Hinter dem *Kohlhof,* in Höhe des Wanderparkplatzes, erfolgt ein weiterer Schwenk nach Lampenhain. In der nächsten (!) Rechtskurve biegen wir links in den asphaltierten Flurweg (Anlieger frei; steinerner Wegweiser; Hinweisschild nach Oberflockenbach, Bärsbach, Hilsenhain), der nach wenigen Metern auch die Markierung einer weißen liegenden Raute aufweist. Auf den nächsten etwa 4,5 km bleiben wir bis auf einen ganz kurzen Abschnitt auf befestigten Flur- und Forstwegen. Die ganze Fahrt bietet herrliche Ausblikke über die Odenwaldhöhen.

Nach etwa 750 m erfolgt unterhalb des *Eichelberges,* an einem *Buntsandstein-Wegweiser,* ein Schwenk nach rechts. Nach weiteren 300 m zweigen wir an einer Gabelung der Wege nach links ab und kommen bremsend zur nächsten Kreuzung. Hier besteht die erste Möglichkeit, die Tour abzukürzen, wenn man links in den Landwirtschaftsweg biegt, der ein 15prozentiges Gefälle aufweist.

Wir rollen abwärts zur Landstraße, treten kräftig die Pedale und erreichen die Gaststätte „Zur Höhenstraße". Hier verlassen wir die Landstraße, folgen der Höhenstraße und sausen durch die Senke, um die Höhe des *Galgenberges* zu erreichen. Der Flurweg endet an der Landstraße nach Unter-Abtsteinach (Bushaltestelle; Buntsandstein-Wegweiser). Hier ist es möglich, die Tour abzukürzen und durch das Gorxheimer Tal nach Weinheim zu rollen.

Im Freilauf erreichen wir *Unter-Abtsteinach* und biegen in die nach Ober-Abtsteinach führende Straße, die noch einmal unsere Muskeln strapaziert. In *Ober-Abtsteinach* erfolgt ein Schwenk in Richtung Birkenau/Löhrbach. Kurz vor *Löhrbach* verlassen wir wieder die Landstraße (hier Umweg über Birkenau möglich). Nach dem Schild zum Jugendcampingplatz und einer Bushaltestelle zweigt links ein asphaltierter Wirtschaftsweg ab (Verbotsschild für Kraftfahrzeuge, Anlieger frei), der, von Obstbäumen gesäumt, kurz aufwärts führt und herrliche Blicke über die Odenwaldhöhen bietet. Diesen Weg fahren wir auf seiner ganzen Länge durch und folgen der Landstraße am *Wanderparkplatz Am Schütze Kreuz* nach *Buchklingen.* Nun geht es hinab in das *Gorxheimer Tal,* das wir, fleißg bremsend, erreichen. Über die Gorxheimer Talstraße und die Grundelbachstraße rollen wir unterhalb der Ruine Windeck und der Wachenburg bis zur Kreuzung an der Birkenauer Talstraße in *Windheim.* Hinter der *Weschnitzbrücke* geht es links bis zur B 3, wo wir uns links einordnen und über die Werderstraße zum *Bahnhof* gelangen.

169

Auf idyllischen Pfaden am Neckar entlang von Heidelberg nach Eberbach

Ausgangspunkt Bahnhof in Heidelberg
Tourenlänge Etwa 37 km
Fahrzeit Etwa 3 Stunden
Höhenunterschiede Etwa 170 m

Steigung, 170 m Gefälle. Steiler Aufstieg von Rainbach nach Dilsberg-Neuhof (120 m), zusätzlich 50 m zur Veste Dilsberg. Abfahrt über Mückenloch nach Neckarhäuserhof (120 m)

Tourenbeschreibung Gegenüber dem *Bahnhofsgebäude* in *Heidelberg* folgen wir der Mittermaierstraße in Richtung Weinheim, gelangen zum *Neckar* und schwenken hinter der Ernst-Walz-Brücke nach rechts in die nach Ziegelhausen führende Uferstraße, die prächtige Blicke auf die Silhouette der Stadt bietet. So geht es am rechten Neckarufer flußaufwärts bis zur Neckarbrücke zwischen *Kleingemünd* und *Neckargemünd.* Hier wechseln wir hinüber zum anderen Flußufer, radeln durch *Neckargemünd* in Richtung Dilsberg und schieben das Rad in *Rainbach* aufwärts nach *Dilsberg-Neuhof* (lohnender Abstecher zur Veste).

Variante: Auf dem Radweg am Neckar entlang um den Dilsberg herum. In *Rainbach* geradeaus zum Campingplatz und weiter zur Schleuse. Dann weiter zum *Neckarhäuserhof* (6 km).

Im Freilauf geht es nach *Mückenloch,* wo wir in die Straße nach Neckarhäuserhof schwenken und die Abfahrt fortsetzen (Blick auf die Vierburgenstadt Neckarsteinach). In *Neckarhäuserhof* nimmt uns hinter dem *Gasthof „Grüner Baum"* der schmale, aber gut befahrbare Neckaruferweg auf, der bald herrliche Blicke auf Hirschhorn bietet. Unter der Zufahrt zum neuen Neckartunnel hindurch gelangen wir über die Brentanostraße nach *Ersheim.* Hirschhorn ist über die Staustufe zu erreichen.

Auf der Ersheimer Straße setzen wir die Fahrt fort, passieren das älteste *Kirchlein* im Neckartal und kommen nach einem weiten Rechtsbogen zur Ostseite des Tunnels. Hier führt unser Weg über die Tunneleinfahrt.

Am *Neckar* radeln wir weiter bis nach *Pleutersbach,* wo wir vor den ersten Häusern des Ortes nach links in den Radweg schwenken, der am Ufer verbleibt. Eberbach und der Kegel des Katzenbuckels liegen vor uns. Im Bereich der *Sport-* und *Campinganlage* schwenken wir zur Pleutersbacher Straße/Beckstraße und gelangen in *Neckarwimmersbach* über die Nekkarbrücke nach *Eberbach.*

170

Durch eine landschaftlich schöne und stille Gegend bei Osterburken – sehenswert Schloß Adelsheim und die Tropfsteinhöhle bei Eberstadt

Ausgangspunkt Bahnhof in Osterburken
Tourenlänge Etwa 27 km
Fahrzeit Etwa 2 Stunden

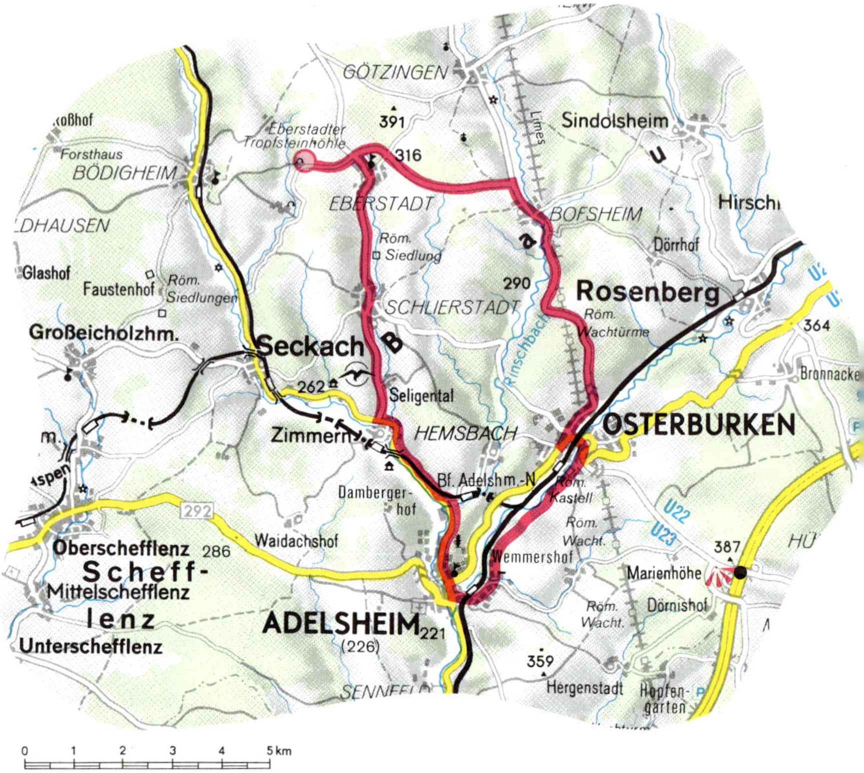

Höhenunterschiede Etwa 130 m Steigung, 140 m Gefälle; stärkere Steigungen hinter Osterburken (60 m) und Bofsheim (40 m)

Tourenbeschreibung Am *Bahnhof* in *Osterburken* wenden wir uns nach rechts und schwenken vor dem Bahnübergang in die Bofsheimer Straße nach Bofsheim. Auf den ersten 2 km geht es aufwärts, ehe sich der flache und schöne Abschnitt im Tal des *Rinschbachs* anschließt. Hinter *Bofsheim* lenken wir in die Straße nach Eberstadt und treten erneut kräftig die Pedale. Danach rollen wir im Freilauf auf Eberstadt zu (Blick), fahren aber oberhalb des Ortes durch bis zur *Tropfsteinhöhle*.

Nach dem Besuch der Höhle geht es zurück bis zur Kreuzung der Landstraßen und abwärts nach *Eberstadt*. Im Freilauf rollend, gelangen wir über *Schlierstadt* und das ehemalige *Kloster Seligental* durch den Talgrund des *Schlierbachs* nach *Zimmern*, wo ein Schwenk in die belebte Landstraße nach Adelsheim erfolgt.

Im Talgrund der *Seckach* unterhalb des *Eckenberges* erreichen wir *Adelsheim*, schwenken nach rechts zur Ortsmitte und biegen hinter dem *Schloß* links in die Rielstraße, gelangen zum *Bahnhof Ost* und biegen hinter dem Gleis nach links in die Straße Zur Riedsiedlung. Diese Straße geht hinter den letzten Häusern in einen Landwirtschaftsweg über und führt im Tal der *Kirnau* bis nach *Osterburken*. Am Ortsrand, in Höhe eines Trafo-Hauses, radeln wir geradeaus durch (Hager Straße), schwenken nach links in die Prof.-Schumacher-Straße und vor der Bahnstrecke nach rechts (Güterhallenstraße). Über den Bahnübergang erreichen wir dann den *Bahnhof* in Osterburken.

PFALZ UND SAARLAND

Ausgedehnte Mischwälder und Bergeshöhen, die mit Burgen oder Ruinen besetzt sind, bestimmen das Bild im nördlichen und mittleren Teil des Pfälzerwaldes. Die Wälder lichten sich nach Osten zu und werden schließlich – entlang der Deutschen Weinstraße – von Rebhängen abgelöst. Hier trifft man denn auch auf gemütliche Winzerdörfer, in denen man einheimische Spezialitäten genießen kann. Das Saarland, in großen Teilen eine Industrielandschaft, hält auch einige landschaftliche Schönheiten bereit.

Pfalz: Ehemaliger Landsitz des Malers Max Slevogt bei Leinsweiler

171

Anfangs- und Endpunkt dieser Fahrt sind zwei Domstädte: Worms und Speyer; zur Besichtigung der großartigen Bauwerke sollte man sich Zeit nehmen

Ausgangspunkt Speyer, B 9
Tourenlänge 47 km
Fahrzeit 4 bis $4\frac{1}{2}$ Stunden
Höhenunterschiede Leichtes Gefälle
Tourenbeschreibung Bei der Fahrt durch *Speyer* müssen wir uns unbedingt an die B 9 halten, bis wir auf der Wormser Landstraße an die Abzweigung *Otterstadt/Waldsee* gelangen. Über *Waldsee* hinaus führt die Straße durch *Neuhofen* und dann westlich hinüber nach *Limburgerhof.* Hier biegen wir am Ortseingang links ab und halten uns bei der nächsten Hauptstraße rechts bis zur Ampelkreuzung. Hier geht es links weiter auf der B 9 nach *Mutterstadt.*

Weithin sichtbar ist das Industriegelände von Ludwigshafen rechter Hand zu erkennen, während links der Blick bis an den Horizont zum Naturpark Pfälzer Wald reicht. Hinter Mutterstadt zieht sich die Straße, wie mit einem Lineal gezogen, bis nach *Oggersheim.* Einige Waldstreifen kaschieren rechts das Industriegelände, während links die Berge etwas näher an die Straße heranrücken und sichtlich abflachen. Dort, wo in Oggersheim die Bundesautobahn beginnt, biegen wir rechts ab in den Ort, wo auch ein Bogenschießstand des Ludwigshafener Schützenvereins liegt.

In Höhe der Kirche biegen wir in Oggersheim links ab nach Mainz und gleich darauf rechts der Ausschilderung „Notwende" nach. Wir überqueren die *Eisenbahnlinie,* fahren nordostwärts von Oggersheim vorbei am *Industriegelände* und befinden uns auf der Straße nach Friesenheim und Oppau.

An dieser Stelle kommen wir an dem Naherholungsgebiet *Willersinnweiher* vorbei. Es geht weiter an einem See zur Linken und auch Weihern rechter Hand, gleich darauf passieren wir das *Strandbad* und einige Sportanlagen. Unsere Straße mündet auf eine querverlaufende Verbindung zwischen Friesenheim und Oppau, bei der wir uns links halten. Unsere Fahrt geht weiter durch *Oppau,* vorbei an einem weit ausgedehnten Industriegelände in Richtung auf Edigheim.

Wir befinden uns auf der Straße in Richtung Frankenthal, fahren an Edigheim vorbei und an der *Ausschilderung* nach Frankenthal, die links ab weist, geradeaus bis zur *Budapester Straße,* in die wir rechts abbiegen. Wir bleiben auf dieser Straße bis zur *Prager Straße,* der wir links bis zum Schild „Fußweg zum Rhein" folgen. Dieser Weg führt parallel zur Autobahn hinunter bis zum *Rhein,* wo wir links unter der Brücke hindurch einen Fahrweg unmittelbar am Fluß entlang erreichen. Auf diesem Weg bleiben wir bis zu einer gepflasterten *Ausfahrt,* die uns zum *Gut Petersau* bringt.

Auf mancher Karte ist von Frankenthal bis zum Rhein, nördlich an Edigheim vorbeiführend, noch der Rheinkanal eingezeichnet. Er wurde inzwischen jedoch zugeschüttet, wodurch dem Radwanderer die Orientierung wesentlich erschwert wird. Von Gut Petersau fahren wir nordwestlich auf die *Autostraße* zu, die in Richtung Worms führt. Wir radeln auf einem *Feldweg* neben der Autostraße her, bis dieser auf den *Rheinhauptdeich* mündet. Am *Schleusenhaus* vorbei halten wir uns geradewegs

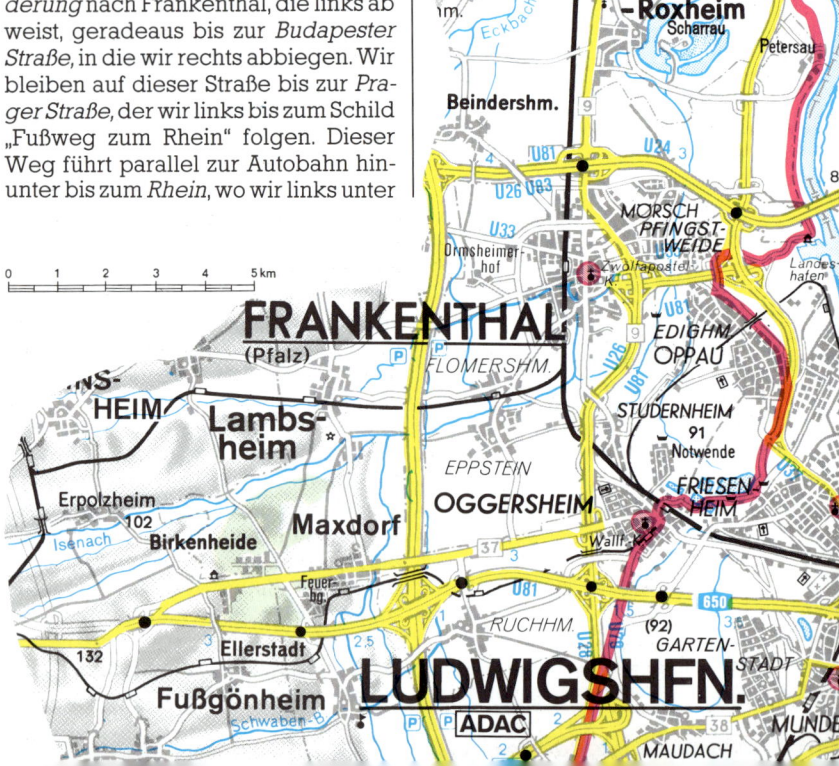

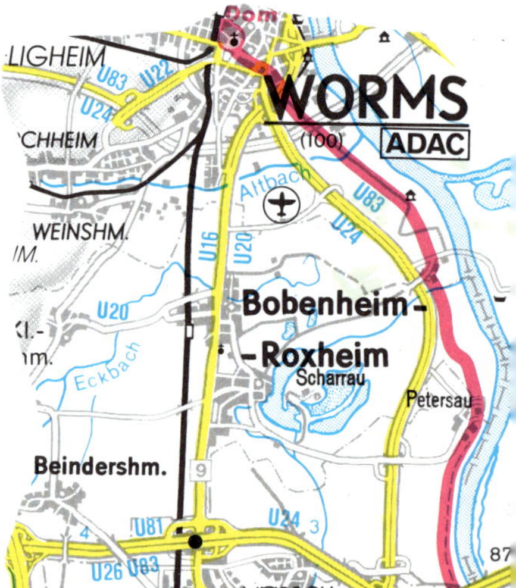

nach Norden, bis dieser fast ganz mit niedrigem Gehölz zuwachsende Weg in eine Straße 2. Ordnung mündet. Von hier aus sind es dann nur noch 2 ½ km bis Worms.

172

Auf der Deutschen Weinstraße zum größten Weinfaß der Welt in Bad Dürkheim

Ausgangspunkt Ludwigshafen, Frankenthaler Straße nach Oggersheim
Tourenlänge 48 km
Fahrzeit 5 Stunden
Höhenunterschiede 50 m auf 3 km vor, in und nach Wachenheim in Richtung Bad Dürkheim
Tourenbeschreibung Die Fahrt aus der Industriestadt Ludwigshafen an die Deutsche Weinstraße beginnt entlang der Frankenthaler Straße (R 4) nach Oggersheim. Dort links die Straße Richtung Ruchheim einschlagen und vorbei am Oggersheimer Autobahnkreuz auf der Landstraße nach

Ruchheim (4 km). Von Ruchheim schlängelt sich die Straße nach *Fußgönheim* (3 km), wo man das Heimatmuseum besuchen kann. Durch die Ortsstraßen zum nördlichen Ortsausgang. Dort rechts in den asphaltierten Feldweg durch Obstbaumanlagen in etwa parallel zum Schwabenbach nach *Gönnheim* (2 km), wo man alsbald den ersten Weinbergen an der Weinstraße begegnet. Gleich hinter dem Ort erreicht man in westlicher Richtung *Friedelsheim* (1 km). Seit geraumer Zeit konnte man die Bergkette des Ostabhanges des Pfälzer Waldes, die Haardt, vor sich liegen sehen. Jetzt nähert man sich durch die weiträumigen Weinberge dieser eindrucksvollen Bergkette, die man dann auch bei *Wachenheim* (3 km) erreicht. Im Ortsmittelpunkt trifft man dann auch auf die eigentliche Deutsche Weinstraße (Straßenbezeichnung als auch Gebietsbezeichnung für das breite Weinbergband entlang der Haardt). Nun fährt man entlang der Weinstraße auf dem Radweg – leicht ansteigend – nach *Bad Dürkheim* (3 km) und fährt in der Stadt wieder abwärts in Richtung Isenachtal.

Bad Dürkheim wird dann in östlicher Richtung auf der verkehrsreichen Straße, der B 37, verlassen, der man für nur kurze Zeit in Richtung Ludwigshafen folgt und biegt dann gleich hinter der Eisenbahnbrücke links ab. Man gelangt zunächst durch die *Bruchstraße* ins Industriegebiet, dann an der Kläranlage vorbei zur Straße Erpolzheim-Ellerstadt. Auf befestigtem Radweg (R 7) fährt man geradeaus weiter zum Wald bei *Birkenheide* (9 km) und weiter auf einem Waldrandweg zum Sportplatz mit Vereinsheim. Auf der Zufahrtsstraße zum Sportplatz gelangt man dann zur Straße Weisenheim am Sand-Birkenheide-Fußgönheim. Gegenüber liegt ein Tiergehege, das man besuchen kann; man fährt dann vom Eingang des Tiergeheges aus in östlicher Richtung zum breiter ausgebauten Weg *Neustädter Straße,* in die man jetzt links abbiegt, und gelangt zunächst weiter durch den Wald, dann über Feldwege geradewegs nach *Lambsheim* (4 km). Man überquert dort die Bahn-

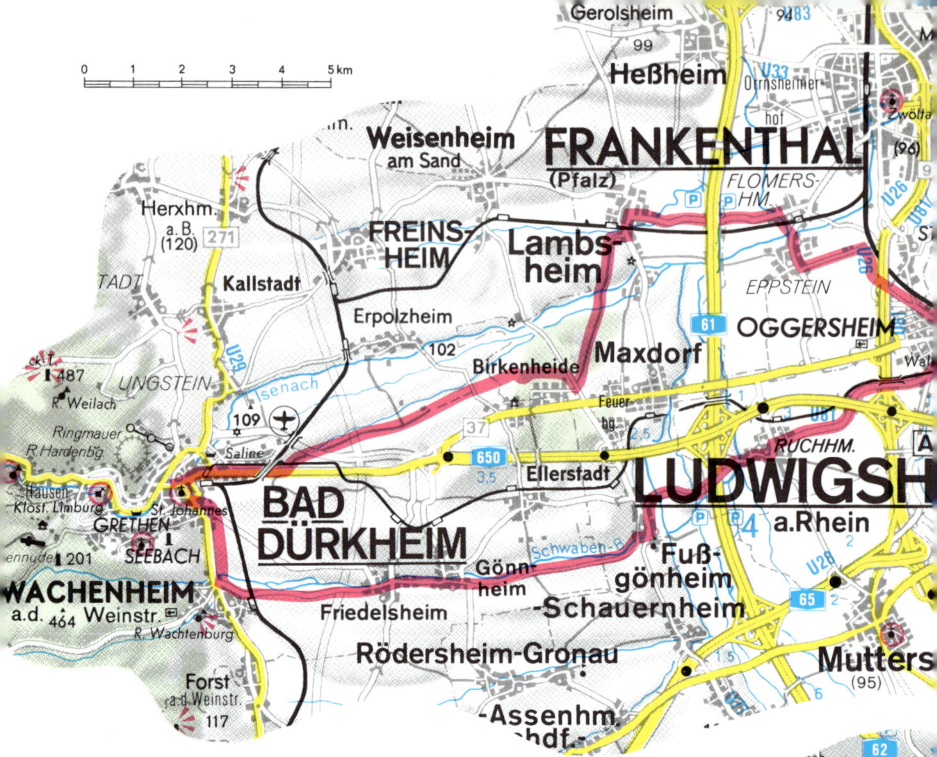

linie und fährt zum Ortsmittelpunkt. Dort fährt man rechts nun wieder in östlicher Richtung nach *Flomersheim* (3 km), von wo man, wieder über die Bahnlinie fahrend, sofort nach *Eppstein* (1 km) gelangt. Am südlichen Ortsende biegt man links in die Straße ein, die am Sportgelände der DJK Eppstein am *Neugraben* entlang führt bis zur Bahnlinie Frankenthal – Ludwigshafen. Hier rechts entlang der Bahn auf asphaltiertem Wirtschaftsweg, der dann in einem Bogen unter der B 9 hindurchführt und geradeaus weiter nach *Oggersheim* (4 km) zur verkehrsreichen Ortsmitte. Auf dem Radweg entlang der Frankenthaler Straße gelangt man in das Zentrum von *Ludwigshafen.*

173

Von Landstuhl aus durch Täler und Wiesen auf die Sickinger Höhe

Ausgangspunkt Bahnhof in Landstuhl
Tourenlänge 30 km
Fahrzeit 3 Stunden

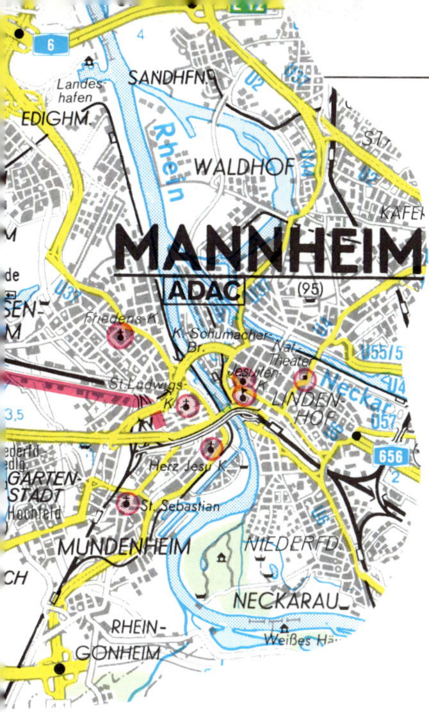

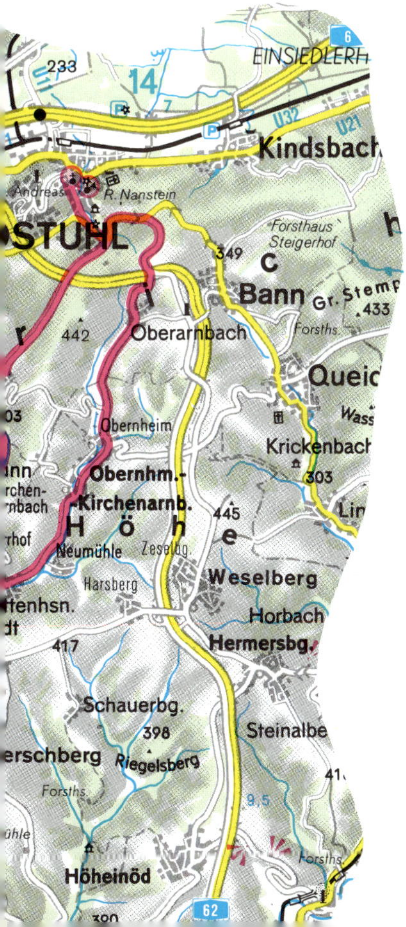

Höhenunterschiede Etwa 200 m auf 3 km von Landstuhl auf die Sickinger Höhe Richtung Oberarnbach. 70 m auf 3 km von Mittelbrunn bis zur Höhe vor Landstuhl

Tourenbeschreibung Von *Landstuhl* in südlicher Richtung – bergauf – zum Höhenrandwulst der Sickinger Höhe und über einen kleinen Höhenzug, dann Abfahrt in das Arnbachtal, zuerst nach *Oberarnbach* (5 km), dann im Tal weiter nach *Obernheim* (3 km) zum Mittelpunkt des Tales *Kirchenarnbach* (1 km). Von hier weiter durch das jetzt noch anmutiger werdende Tal an *Neumühle* (2 km) vorbei nach *Hettenhausen* (1 km) und nach *Wallhalben* (4 km), wo von hier an die beiden Bäche Arnbach und Stuhlbach die Wallhalbe im schönen Wiesengrunde bilden. In Wallhalben über die Brücke und nun in nördlicher Richtung in das Stuhlbachtal bis zur *Knoppermühle* (2 km). Dort über die Brücke und aufwärts durch das reizende Tal nach *Mittelbrunn* (5 km). Jetzt steigt die Straße steiler an bis zur Höhe vor Landstuhl. Durch den Staatsforst erreicht man nach einer kurzen Abfahrt wieder *Landstuhl* (6 km).

174

Durch den von vielen Bächen durchzogenen Staatsforst Homburg führt diese Rundtour

Ausgangspunkt Homburg, bei der Brauerei Weber
Tourenlänge 32 km
Fahrzeit 3 Stunden
Höhenunterschiede 80 m hinter Homburg zum Höhenrand der Sickinger Höhe; 60 m bei Lambsborn
Tourenbeschreibung Die Radwanderung beginnt in *Homburg* an der Straße entlang der Brauerei Weber unterhalb des Nordabhanges des Schloßberges und führt zunächst in Richtung Sanddorf, biegt aber kurz nach Homburg rechts ab in Richtung Käshofen. Auf dieser Straße überwindet man den Höhenrand der Sickinger Höhe, sodann Abfahrt im Hasental bis zum Talgrund, wo man auf den Lambsbach trifft. Im sehr ruhigen und

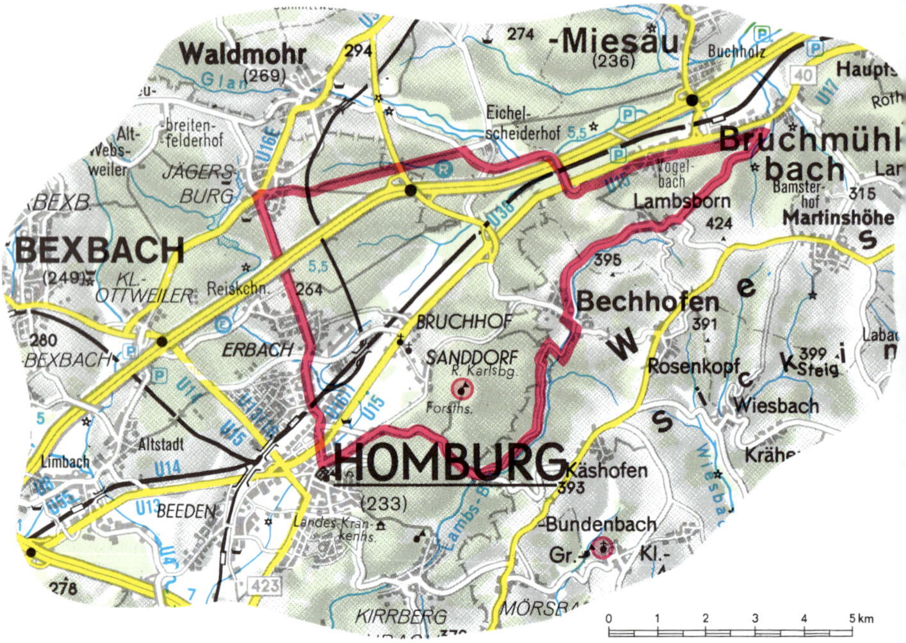

beschaulichen als auch landschaftlich reizvollen Lambsbachtal in nordöstlicher Richtung talaufwärts nach *Bechhofen* (8 km) und in derselben Richtung durch den Ort im Lambsbachtal nach *Lambsborn* (3 km), wo der Lambsbach entspringt. Nach der Ortsdurchfahrt – ansteigend – zur Straße, die wieder über den Höhenrand der Sickinger Höhe, dann abwärts nach *Bruchmühlbach* (4 km) führt. In Bruchmühlbach trifft man auf die B 40, auf deren Radweg man in Richtung Homburg nach *Vogelbach* (1 km) fährt. Etwa 1 km außerhalb des Ortes gelangt man an eine Brücke, über die hinweg man zuerst die Eisenbahnlinie, dann daneben die Autobahn Kaiserslautern – Saarbrücken passiert, um dann über die kleine Glanbrücke zum *Eichelscheiderhof* (5 km), einem großen Landgut mitten im Landstuhler Bruch, zu gelangen. Von hier aus fährt man immer geradeaus in westlicher Richtung auf teilweise guten, teilweise aber auch weniger guten Waldwegen des Staatsforstes Homburg nach Überqueren der Eisenbahnlinie Homburg – Kusel nach *Jägersburg* (5 km).

In Jägersburg kann man zum Schloßweiher fahren und dort bei günstiger Witterung baden. Auf dem Radweg in Richtung Homburg fährt man in südlicher Richtung unter der Autobahn Kaiserslautern – Saarbrükken hindurch, um den Vorort *Reiskirchen-Erbach* (4 km) zu erreichen. Nach längerer Ortsdurchfahrt kommt man zurück zum Ausgangspunkt der Radwanderung *Homburg* (2 km).

175

Für Weinfreunde haben die Namen der Orte, die wir auf dieser Fahrt berühren, einen guten Klang: Maikammer, Edenkoben, Kirrweiler . . .

Ausgangspunkt Ortsmitte in Neustadt/Weinstraße
Tourenlänge 33 km
Fahrzeit 3 Stunden
Höhenunterschiede 80 m auf 2 km von Neustadt nach Hambach; 50 m auf 1,2 km vor Ludwigshöhe
Tourenbeschreibung Diese Radwanderung südlich von Neustadt führt fast immer durch Weinberge und durch malerische Winzerdörfer mit dem Blick auf die Pfälzer Berge und Burgen der Haardt. Von Neustadt

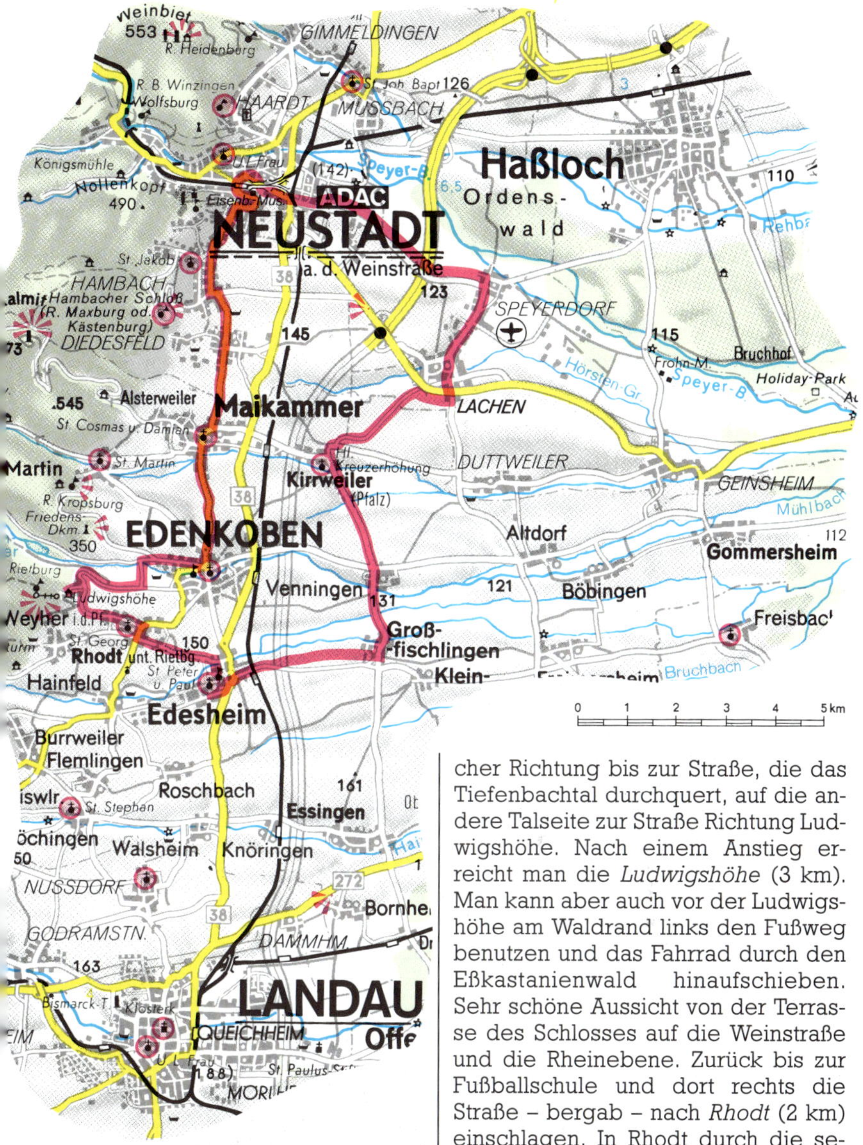

Ortsmitte folgt man dem Schild „Deutsche Weinstraße“, die sich südlich des Bahnhofs in einigen großen Kurven hinauf zur Hambacher Höhe windet, und gelangt nach *Hambach* (4 km). Weiter in südlicher Richtung auf der Deutschen Weinstraße nach *Diedesfeld* (1 km), am Bergrand oberhalb die Maxburg, das Hambacher Schloß, dann *Maikammer* (2 km) und *Edenkoben* (3 km). In der Stadtmitte rechts (Richtung Forsthaus Heldenstein) abbiegen und am ehemaligen Kloster Heilsbruck vorbei zunächst in westlicher Richtung bis zur Straße, die das Tiefenbachtal durchquert, auf die andere Talseite zur Straße Richtung Ludwigshöhe. Nach einem Anstieg erreicht man die *Ludwigshöhe* (3 km). Man kann aber auch vor der Ludwigshöhe am Waldrand links den Fußweg benutzen und das Fahrrad durch den Eßkastanienwald hinaufschieben. Sehr schöne Aussicht von der Terrasse des Schlosses auf die Weinstraße und die Rheinebene. Zurück bis zur Fußballschule und dort rechts die Straße – bergab – nach *Rhodt* (2 km) einschlagen. In Rhodt durch die sehenswerte Theresienstraße zum südlichen Ortsausgang, in östlicher Richtung nach *Edesheim* (2 km). Durch die Ortsstraße von Edesheim in Richtung Bahnhof, dort die Bahnlinie Neustadt – Landau überqueren, dann über die Brücke der Autobahn A 65, gleich danach links, dann rechts in den asphaltierten Weg, der nach *Großfischlingen* (3 km) führt. Am Friedhof links abbiegen und zur Ortsmitte, dann in nördlicher Richtung durch ein flaches Wiesen- und Weidental nach *Venningen* (1 km) und in derselben Richtung durch die Weinberge (Radweg) nach *Kirrweiler* (2 km). Dort geradeaus bis zum Friedhof mit der Rokokokapelle, dort rechts abbiegen und gleich wieder links durch die für Autos gesperrte ehemalige Straße, die vorzüglich für Radfahrer geeignet ist, durch die Weinberge bis zur neuen Umgehungsstraße, auf deren Damm man rechts bis zur Einfahrt nach *Lachen-Speyerdorf* (5 km) fährt. Durch die Ortsmittelpunkte der Doppelgemeinde bis zur Straße nach Neustadt im nördlichen Ortsteil Speyerdorf (links) und dann auf dem Radweg dieser Straße über die Autobahnbrücke nach *Neustadt* (5 km).

176

Rundfahrt bei St. Ingbert – durch schöne Wälder und verträumte Dörfer; in Schwarzenacker sind bedeutende Reste einer römischen Siedlung zu sehen (Freilichtmuseum)

Ausgangspunkt Ortsmitte in St. Ingbert

Tourenlänge 38 km

Fahrzeit 3 Stunden

Höhenunterschiede Etwa 40 m auf 1,2 km in St. Ingbert Richtung Autobahnzufahrt St. Ingbert-West: 100 m auf 2,5 km im Kirkeler Wald vor Kirkel

Tourenbeschreibung Aus dem Zentrum von *St. Ingbert* durch die Ensheimer Straße unter der Bahnlinie Mannheim-Saarbrücken hindurch in südwestlicher Richtung ansteigend – bis zur Höhe bei der Autobahneinfahrt St. Ingbert-West. Von hier aus Richtung Ober- und Niederwürzbach und nach 1 km links auf die kleinere Straße nach *Reichenbrunn* (3 km) einbiegen. Von Reichenbrunn auf der linken Bachseite bis kurz vor Oberwürzberg, wo man wieder zur Hauptstraße kommt. Nach kurzer Fahrt wird *Oberwürzbach* (2 km) erreicht. Entlang der Landstraße gelangt man bei der *Rittersmühle* (1 km) an einen schmalen Teich, dann an der Straße Hassel-Niederwürzbach in Richtung Niederwürzbach unter der Eisenbahnlinie hindurch zum *Würzbacher Weiher* (1 km). Auf dem Uferweg dieses landschaftlich sehr reizvoll gelegenen Weihers und über zwei kleine Holzbrücken, auf der man nicht fahren sollte, gelangt man an das gegenüberliegende Ufer mit dem Strandbad. An der Staumauer schließt sich sogleich *Niederwürzbach* (1 km) an. Durch den Ort in Richtung Blieskastel. Nach etwa 300 m vom östlichen Ortsende wechselt man über Bach und Bahn auf die andere Seite des Tales, um dort ruhiger durch die *Breitermühle* (2 km) zu fahren. Bald danach muß man wieder über Bahn und Bach zur Landstraße wechseln, um nach *Lautz-*

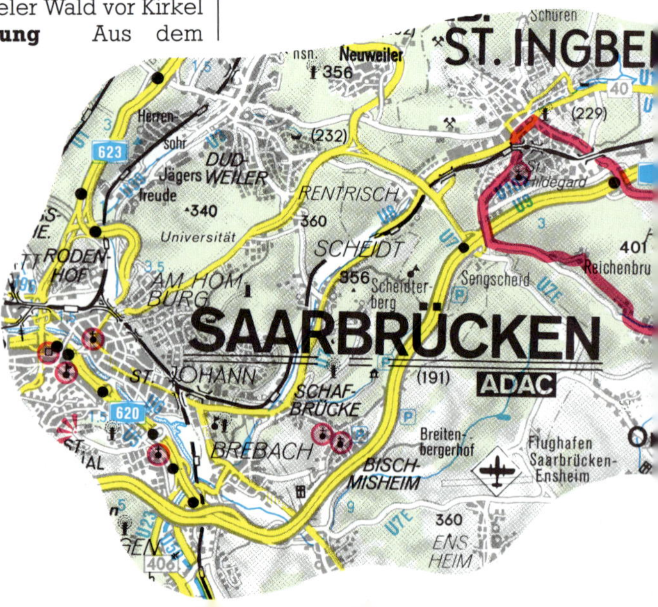

kirchen (2 km) zu gelangen. (Anschluß nach Blieskastel).

Am nordwestlichen Rande des breiten Bliestals erreicht man auf verkehrsreicher Straße zunächst *Bierbach* (3 km), von dort auf dem Radweg R 4, durch Wiesen und Fluren, dann *Wörschweiler* (3 km). (Lohnender Abstecher zur Römersiedlung in der Gemarkung Schwarzenacker (1 km). Über die Brücke aufs andere Bliesufer und zurück nach Wörschweiler.) Nun wie vorher weiter am Rand des Bliestals entlang. Über die Autobahn Zweibrükken-Neunkirchen bis zur Hochspannungsleitung. Dort verläßt man die in Richtung Homburg/Saar führende Landstraße und biegt links ab, um in westlicher Richtung, zunächst unter der Autobahn hindurch, in den Kirkeler Wald des Staatsforstes Blieskastel zu fahren. In einem langgezogenen Tal – später ansteigend – erreicht man auf befestigtem Weg die *Naturfreundestraße* und damit auch *Kirkel* (7 km). In Kirkel an der Burg vorbei und durch die Ortsstraßen des recht ordentlich wirkenden Dorfes zur B 40. Dort auf dem Radstreifen in westlicher Richtung – und an der Siedlung Waldland vorbei – auf der Kaiserstraße bis kurz vor der Brücke über die Eisenbahn, dort links unterhalb der Brükkenauffahrt weiter bis zur Bahnlinie. Auf einem weniger guten, aber befahrbaren Weg entlang der Bahnlinie in westlicher Richtung bis zur Höhe des Geistkircherhofes und einer Lichtung, wo man wieder die Bahnlinie verläßt, um geradeaus durch den Wald *Hassel* (6 km) zu erreichen. Durch Hassel weiter geradeaus bis zur Straße Richtung St. Ingbert. Nach kurzer Fahrt – von der Höhe der Autobahn abwärts – gelangt man wieder zurück nach *St. Ingbert* (5 km).

177

Von Zweibrücken zur Sickinger Höhe – sehenswert die Kirche St. Martin in Großbundenbach

Ausgangspunkt Zweibrücken, bei den Sportanlagen
Tourenlänge 30 km
Fahrzeit 3 Stunden
Höhenunterschiede Etwa 125 m auf 4 km von Wiesbach bis zur Höhe bei Käshofen

Tourenbeschreibung Die Fahrt in das Gebiet der Sickinger Höhe beginnt an den Sportanlagen und der Rennwiese von *Zweibrücken*, dem grünen Radwegschild folgend zum Stadtteil *Niederauerbach* (2 km) und in nordöstlicher Richtung durch das untere Auerbachtal nach *Oberauerbach* (3 km) und weiter am Auerbach entlang, der bald seinen Namen in Wiesbach ändert, nach *Niederhausen* (3 km; Radweg) und Winterbach (1 km). Die Radwanderung wird fortgesetzt durch das jetzt nach Norden biegende, immer reizvoller werdende Wiesbachtal zum gleichnamigen Ort *Wiesbach* (4 km). Hier schwingt sich die Straße in westlicher Richtung in einem Seitental, dem Nesselbachtal entlang, zur Höhenstraße auf der Sickinger Höhe. Vor *Käshofen* (3 km) links abbiegen und noch eine kürzere Strecke bergan, um dann auf allmählich abfallender Straße nach *Großbundenbach* (4 km) zu gelangen. Von hier aus in einer größeren Kurve steiler abwärts in das Bundenbachtal. Vor Mörsbach geradeaus. Talabwärts ist der Weg zum Teil nicht in gutem Zustande, doch ist das tief eingeschnittene Wiesental mit seinen bewaldeten Berghängen recht reizvoll, so daß sich die Fahrt auch hier lohnt. Das Talende wird in *Oberauerbach* (5 km) erreicht. Hier schließt sich der Kreis durch die Täler und über die Höhe, und man fährt wieder zurück über *Niederauerbach* (3 km) nach *Zweibrücken* (2 km).

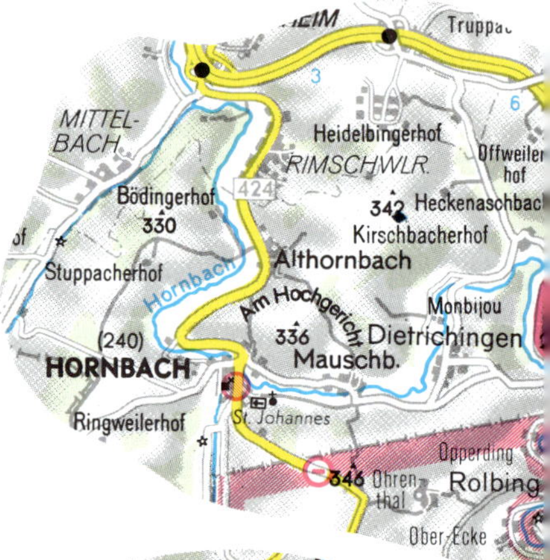

178

Rundfahrt im deutsch-französischen Grenzland bei Pirmasens - durch stille Täler und über weite Ackerhochflächen

Ausgangspunkt Pirmasens, Richtung Winzeln
Tourenlänge 33 km
Fahrzeit 3 Stunden

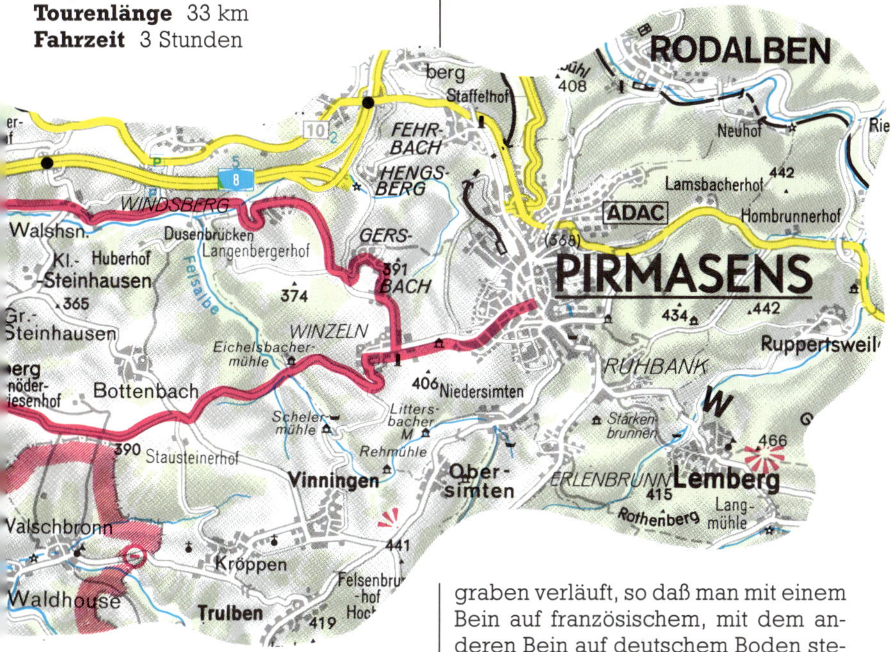

Höhenunterschiede Etwa 150 m auf 3 km vor und nach Riedelberg bis zur Riedelberger Höhe; 110 m auf 2,5 km zwischen Eichelbachermühle und Winzeln

Tourenbeschreibung Von *Pirmasens in* westlicher Richtung zum Stadtteil *Winzeln* (3 km). In der Ortsmitte rechts abbiegen nach *Gersbach* (2 km; Radweg) in den Ort einbiegen und dann weiter durch den Wald nach *Windsberg* (3 km). Durch die mit alten Pflastersteinen bestückte Ortsstraße in einer engen Kurve hinunter in ein Seitental der Felsalbe. In westlicher Richtung durch das geruhsame Felsalbtal nach *Walshausen* (4 km) und weiter bis zur *Kirschbachermühle* (3 km), wo die Felsalbe in den Hornbach fließt. Man folgt in südlicher Richtung talaufwärts dem Hornbach bis zur *Großsteinhausermühle* (3 km) und weiter bis dicht an die französische Grenze, wo links die Straße – ansteigend – in einer großen Kurve hinauf nach *Riedelberg* (2 km) führt. Nach dem Ort steigt die Straße noch ein wenig an und führt auf der Hochfläche ganz dicht an die französische Grenze (Grenzsteine!) heran, die an einer Stelle sogar im rechten Straßengraben verläuft, so daß man mit einem Bein auf französischem, mit dem anderen Bein auf deutschem Boden stehen kann. Weiter in östlicher Richtung über die kahle Hochfläche und dann in einem kleinen Tal Abfahrt zur *Eichelbachermühle* (8 km) im romantischen Tal der Felsalbe. Nach der Durchquerung des Tales in einem Seitental Auffahrt nach *Winzeln* (3 km) und durch die Ortsmitte auf dem Radweg wieder zurück nach *Pirmasens* (3 km).

179

Alte Winzerorte liegen am Weg dieser Rundtour bei Landau

Ausgangspunkt Westbahnhof in Landau
Tourenlänge 40 km
Fahrzeit 3-4 Stunden
Höhenunterschiede Kleinere Stei-

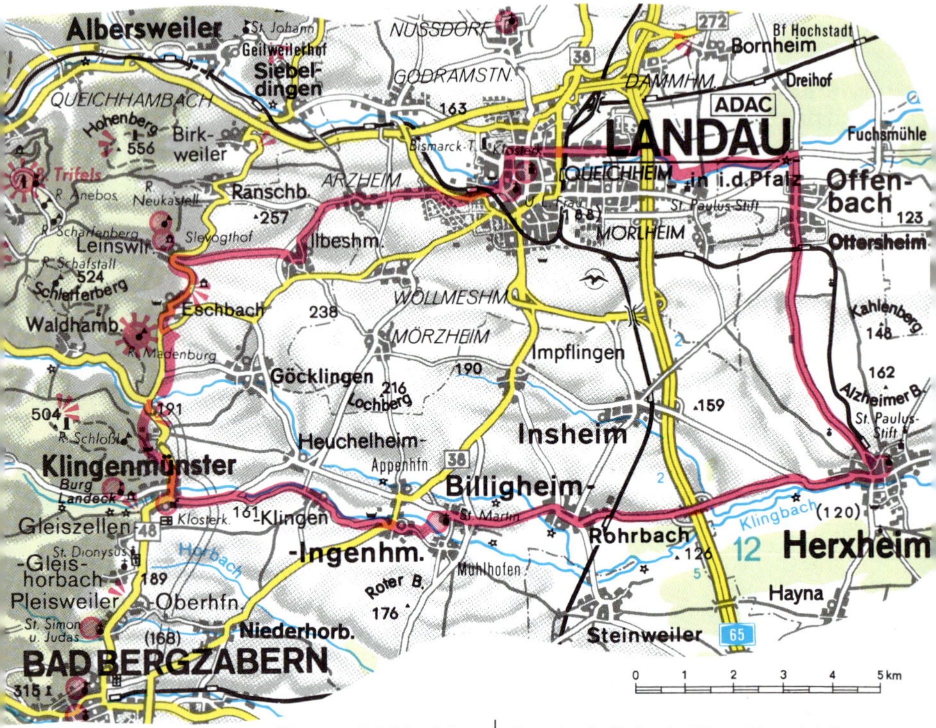

gungen von etwa 30 m auf 1 bis 2 km vor Ilbesheim, Leinsweilerhof, Pfalzklinik Landeck, zwischen Herxheim und Offenbach.

Tourenbeschreibung Vom Westbahnhof in *Landau* in westlicher Richtung auf dem Radweg der B 10 entlang zum Ortsteil Wollmesheimer Höhe. Dort dem Wegweiser „Arzheim" folgend, leicht ansteigend, nach *Arzheim* (3 km). Durch den Ort unterhalb der Kleinen Kalmit nach *Ilbesheim* (2 km) durch den Dorfmittelpunkt, dann zur Straße Richtung Leinsweiler mit Blick auf die harmonisch gestalteten Berge des Pfälzer Waldes und des Wasgaus nach *Leinsweiler* (3 km). Am Brunnen in der Ortsmitte links abbiegen und leicht ansteigend – in südlicher Richtung zum *Leinsweilerhof* (1 km) und von dort abwärts nach *Eschbach* (2 km). Am südlichen Ortsausgang zur Umgehungsstraße und auf den Radweg, der links der Straße läuft, unterhalb der Madenburg zum Kaiserbach hinunter, der auf einer Brücke überquert wird. Gleich danach unter der B 48 hindurch und in die Baumallee, die – leicht ansteigend – geradewegs in die *Pfalzklinik Landeck* (3 km) führt (Durchfahrt gestattet). Von hier weiter nach Süden unterhalb der Ruine Landeck durch die Weinberge abwärts nach *Klingenmünster* (1 km). Im Ortsmittelpunkt links nach Osten hin abbiegen und an dem August-Becker-Denkmal und der ehemaligen Klosterkirche vorbei zum östlichen Ortsausgang. Nach etwa 1 km biegt man vor der Klingbachbrücke auf die kleine Straße nach *Klingen* (3 km) ab. Weiter durch das Klingbachtal nach *Ingenheim* (2 km) bis zum Ortsanfang von *Mühlhofen* (1 km). Dort links abbiegen und über die Brücke des Klingbaches zum Obertor von *Billigheim* (1 km). Durch dieses Tor gelangt man in das Zentrum des Ortes mit seiner sehenswerten Kirche. Von Billigheim weiter in östlicher Richtung (Radweg) nach *Rohrbach*, in derselben Richtung über die Bahnlinie und über die Autobahn nach *Herxheim* (6 km). In der Ortsmitte von Herxheim links abbiegen und auf der leicht ansteigenden Straße durch das weite Ackerland nach *Offenbach* (6 km). In Offenbach biegen wir links in die Hauptstraße (Radweg) ein und fahren nach *Queich-*

heim (2 km). Am Ortseingang Queichheim geht es nun rechts zur Brücke, dann gleich links und auf einem sehr schönen Rad- und Wanderweg an der baumbestandenen Queich entlang. Wir bleiben weiter am Ufer und radeln in östlicher Richtung wieder zurück durch die Straßen der Horstsiedlung und über die Eisenbahnbrücke beim Hauptbahnhof nach *Landau* (2 km).

180

Rundfahrt bei Bergzabern, heute ein moderner Badeort mit schöner Altstadt

Ausgangspunkt Ortsmitte in Bad Bergzabern
Tourenlänge 40 km
Fahrzeit 4 Stunden
Höhenunterschiede 40 m auf 1 km in Bad Bergzabern in Richtung Steinfeld; je 30 m auf etwa 1 km durch die Flachtäler vor Steinfeld; 40 m auf 2 km nach Vollmersweiler; 50 m hinter Dierbach

Tourenbeschreibung Von *Ortsmitte* aus westwärts bis zum Schulzentrum, dort rechts Straße nach Steinfeld bis zur Höhe und weiter durch das Dierbachtal zur nächsten Höhe. Beim SOS-Telefon nach 300 m rechts auf einen Wirtschaftsweg ab und ins Otterbachtal (Modellflugzeugplatz). Im Tal links, dann dem Asphaltweg folgend rechts über die Brükke des Otterbachs und auf den *Gähberg* (Weinberge). Durch die Nußbaumallee hinunter, über die Umgehungsstraße (Vorsicht!) in die Schafgasse, dann links in die Hauptstraße von *Kapsweyer* (8 km) und nach *Steinfeld* (2 km). Dort vor der Kirche weiter durch das Wiesen- und Bruchbachgelände in den ebenen Bienwald mit seinen ausgedehnten und erholsamen Waldungen zur *Bienwaldmühle* (7 km). Von hier auf Ostkurs am Forsthaus „Salmbacher Passage" vorbei bis zum Straßenrichtungsschild „Schaidt". Hier links dem Schild folgen durch den Bienwald zum Rastplatz Weißes Kreuz, wo der Bienwald-Wanderweg kreuzt. Weiter in nördlicher Richtung zum Waldrand und beim Sportplatz über die Wiesen nach *Schaidt.* Von Schaidt geht es wieder geradeaus durch einen Hohlweg über *Vollmersweiler* nach *Dierbach.* Dort nach der großem Kurve geradeaus durch die *Langehohl* zur Höhe, dann links und auf gleicher Ebene in westlicher Richtung. Zwei Straßen überqueren bis zur Straße Steinfeld – Bergzabern. Rechts abbiegen zurück nach *Bad Bergzabern.*

181

Entlang der Saar auf der reizvollen Strecke zwischen Trier und Merzig

Ausgangspunkt Trier, Römerbrücke
Tourenlänge 61 km
Fahrzeit 4 1/2 bis 5 Stunden
Tourenbeschreibung Von der *Rö-*

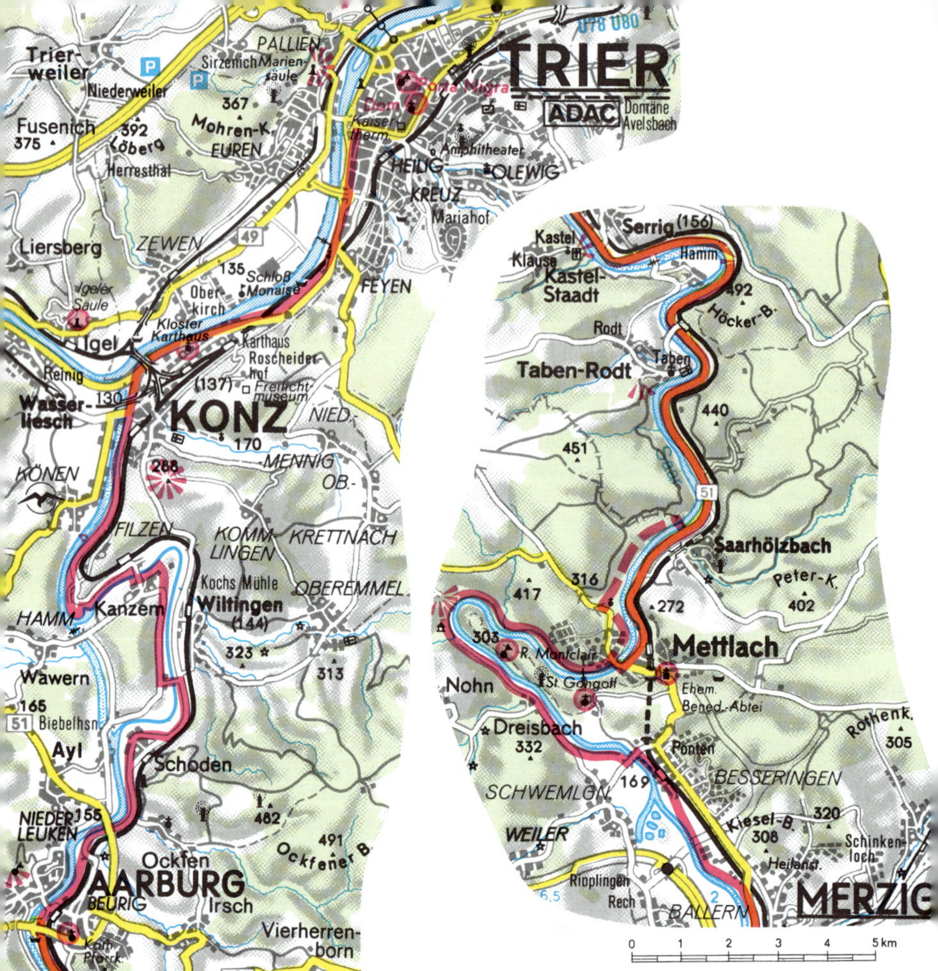

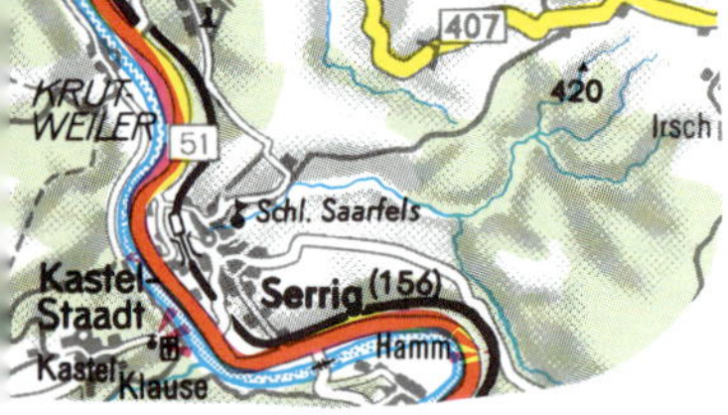

merbrücke in *Trier* aus auf dem Radweg/Uferweg entlang der Mosel über *Karthaus* bis zur Mündung der Saar in die Mosel in *Konz*. Auf dem Radweg nun südwärts entlang der Saar, vorbei an *Filzen* und am Saarufer durch *Hamm*. Über die Brücke aufs andere Saarufer nach *Kanzem*. Dort dem bezeichneten Radweg links folgen, später der Straße Richtung Wiltingen und nach 3 km bei *Wiltingen* wieder auf das andere Saarufer überwechseln. Auf dem Radweg entlang dem Fluß über *Schoden* und bei *Ockfen* erreicht man *Beurig* (Brückenverbindung mit Saarburg, 1 km).

Von *Saarburg-Beurig* auf schönem Radwanderweg, später auf dem breiten Radstreifen der B 51 durch das immer enger werdende Saartal nach *Serrig* und unterhalb der auf der anderen Seite der kanalisierten Saar liegenden Felsen und der *Klause* von *Kastel* vorbei nach *Saarhölzbach* – eine langgezogene Strecke ohne Ortsdurchfahrten und vielfältiger Landschaftsbilder. Von Saarhölzbach (auf dem anderen Flußufer gibt es einen ruhigeren Radwanderweg) nach *Mettlach*. Hier über die Brücke auf die andere Seite der Saar, und nun beginnt entlang des Uferwegs die idyllische Fahrt durch die ungemein reizvolle Saarschleife bis hinter *Dreisbach*. Dort am Ufer entlang bis zur Brücke, auf der man überwechselt nach *Besseringen*. Nun dem saarländischen Radwanderweg 1 Ost der Saar entlang nach *Merzig* folgen.

NECKARTAL UND SCHWÄBISCHER WALD

Der Neckar hat eine der abwechslungsreichsten Flußlandschaften Deutschlands geformt: Wiesentäler wechseln mit bewaldeten Höhen und rebbekränzten Hängen, und bei Hessigheim ragen zerklüftete Muschelkalkfelsen empor. Von vielen Bergen grüßen Burgen oder Ruinen, sie künden auch von der einstigen Bedeutung des Neckars als Verkehrsweg. Mehrere Höhenzüge, zumeist durch Flußtäler voneinander getrennt, bilden den Schwäbischen Wald, darunter der Welzheimer Wald, dessen besonderer Reiz die vielen, zum Teil auch heute noch genutzten alten Mühlen sind.

Der Weinort Talheim mit Burg

182

Durch das Neckartal bei Mosbach – sehenswert die reizvolle Altstadt von Gundelsheim und Schloß Horneck

Ausgangspunkt Mosbach, Parkplatz bei der Stadthalle
Tourenlänge 33 km
Fahrzeit 3 Stunden
Höhenunterschiede 450 m
Tourenbeschreibung Wir stellen den Wagen auf dem großen Parkplatz bei der Stadthalle (zwischen Elz und Bahnhof) ab. Man radelt über das Flüßchen und hält sich dann nach links (Am Henschelberg, später Hammerweg). Nach dem Bahnhof von *Neckarelz* geht es nach links über die Eisenbahnbrücke, anschließend nochmals nach links (Steige) und nach 500 m auf der vorfahrtberechtigten Heidelberger Straße nach rechts. Am Ortsende auf dem Radweg nach links über den Neckar.

In *Obrigheim* bei der Kirche nach links abbiegen (Richtung Haßmersheim), beim Haus Nr. 31 nach rechts aufwärts (Schloßstraße). Während der folgenden 2 km muß man – glücklicherweise schon bald im Schatten des Waldes – schiebend 150 m Höhenunterschied bewältigen. Später trifft man auf eine Vorfahrtstraße, dieser folgt man knapp 1 km nach links und biegt dann rechts ab nach *Kälbertshausen.*

Bei der Kirche von Kälbertshausen nach links abbiegen (Bergstraße). Die folgenden 3 km Wegstrecke sind leicht zu beschreiben: Ständig geradeaus gelangt man nach *Hüffenhardt.* Hier auf der Hauptstraße nach links (Richtung Haßmersheim); am östlichen Ortsrand – nach der Kirche – dem Schild „Sportplatz" nach rechts folgen. An der Gabelung nach Tennisgelände und Sportplatz nach links weiterfahren und talwärts in den Wald hinein.

Nach 2 km Talfahrt geht es auf der Autostraße weiter über *Neckarmühlbach* nach *Gundelsheim,* wo man sich nach Überqueren der Gleise nach links hält. Nach dem Bahnhof über die Mühlstraße nach rechts weiter und der Beschilderung nach Tiefenbach folgen.

Etwa 2 km nach dem Gundelsheimer Ortsende folgen wir der blauen Tafel „Wanderparkplatz" nach links in den Wald und radeln – den Wanderparkplatz links liegen lassend – auf dem Dallauer Sträßchen gut 5 km geradeaus durch den Wald. Auch nach Verlassen des Waldes fährt man (auf Anliegersträßchen) weiterhin geradeaus und gelangt über die Siedlung *Bergfeld* wieder hinunter zum Ausgangsort Mosbach.

183

Rundfahrt bei Crailsheim – ein gutes Stück führt entlang der Jagst

Ausgangspunkt Stadtmitte von Crailsheim
Tourenlänge 33 km
Fahrzeit Knapp 3 Stunden
Höhenunterschiede 130 m
Tourenbeschreibung Von der Stadtmitte geht es zunächst auf der B 14 nach Westen. 400 m nach Unterquerung der Bahnlinie rechts ab in Richtung Langenburg und anschließend wieder nach links (Wolfgang-

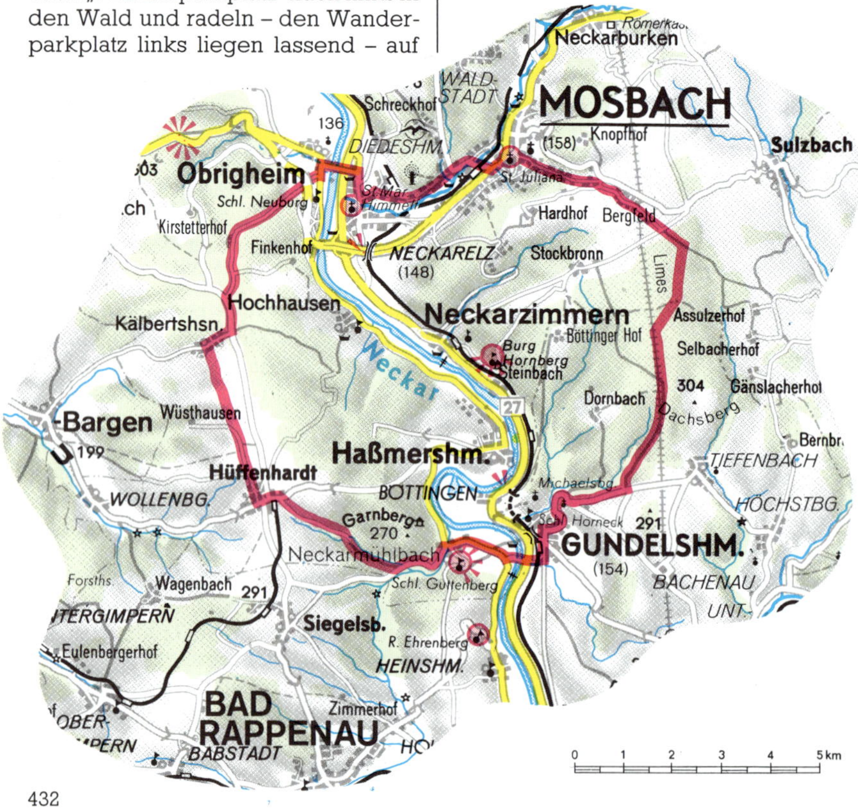

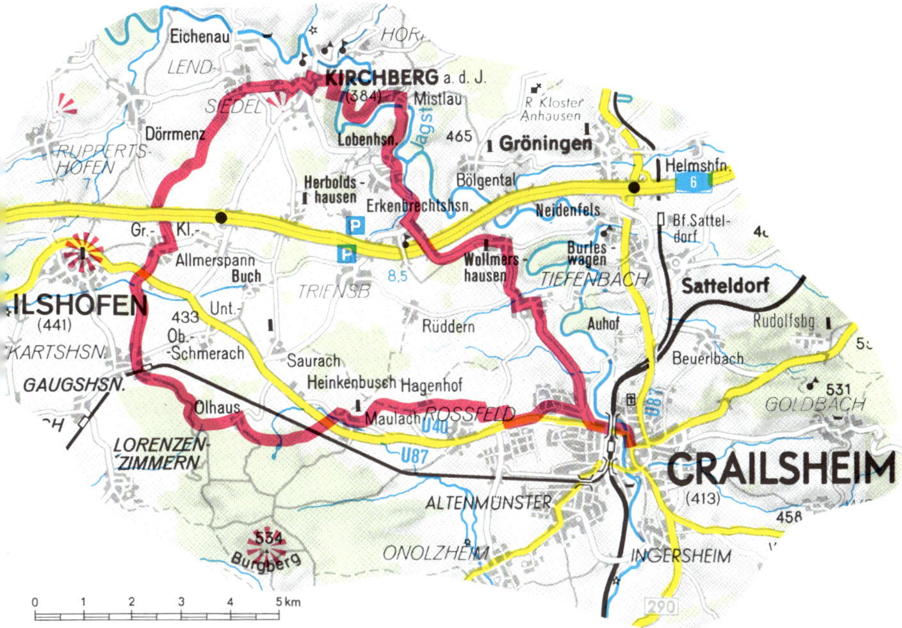

straße, dann Theodora-Cashel-Straße). Später müssen wir der Bundesstraße nochmals etwa 600 m weit folgen (Radweg); dann biegen wir beim Schild „Tiefenbach“ nach rechts ab. Schon nach 300 m verlassen wir die Straße nach links (bei dem Tümpel rechts der Straße)! Nach 500 m rechts ab, anschließend nach links, später nochmals nach rechts. Auf schmalem Fahrsträßchen gelangen wir am *Hagenhof* vorbei nach *Maulach.*

Man verläßt die Maulacher Hauptstraße nach der Abzweigung Reußenberg und radelt nach links über die B 14 (Vorsicht beim Queren) und über die Bahnlinie. Auf dem Asphaltsträßchen geht es kurz durch den Wald, dann erreicht man das Gehöft *Ölhaus.* Am Ende des Hofs nach links abbiegen und wieder in den Wald hinein.

An der Kreuzung (400 m tief im Wald) hält man sich nach rechts und erreicht nach 2,5 km das Dorf *Eckartshausen.* Hier zeigt uns der Wegweiser „Kirchberg“ den Weiterweg. Nach 2 km quert man die B 14 und fährt anschließend in *Groß-Allmerspann* vor der Kirche auf der Kirchstraße nach rechts weiter; am Ortsende nach links (Bühl) und geradeaus unter der Autobahn hindurch.

Unmittelbar nach der Autobahnunterquerung hält man sich nach rechts (6 t). Nach 700 m am Ende der linksseitigen Baumgruppe nach rechts (aber nicht scharf rechts!); nach kurzer Zeit ein Landsträßchen queren und geradeaus – nach dem Waldstück kurz nach rechts – auf gutem Flurweg nach *Lendsiedel.* Hier immer geradeaus, das heißt am Ortsanfang an der Gabelung nicht nach links!

In *Kirchberg* halten wir uns an die Beschilderung nach Rothenburg ob der Tauber, biegen jedoch nach der Spitzkehre in den Feldweg zum Walderholungszentrum (Schild) nach rechts ein. Unmittelbar nach dem Wanderparkplatz geht es nach rechts hinunter in den Wald. Nach wenigen hundert Metern quert man die Jagst über die gedeckte Holzbrücke und radelt weiter flußaufwärts. In *Mistlau* immer geradeaus.

Auf dem Talsträßchen gelangen wir zur *Lobenhauser Mühle:* Hier nach links abbiegen (Markierung: rotes Kreuz) und auf dem Fahrweg immer geradeaus (während die Wegmarkierung später nach links wegführt) bis zur Landstraße hinauf, dieser folgen wir nach links.

Nach 700 m auf dem für Kfz gesperrten Flurweg nach links. Hoch über der Jagst passieren wir das Naturschutzgebiet Baierlesstein, überqueren anschließend die Autobahn und halten uns dann an der Landstraßenkreuzung nach links! In *Wollmershausen* nach rechts abbiegen und auf beschilderter Landstraße über *Tiefenbach* zurück nach Crailsheim.

184

Von Schwäbisch Hall zum Schloß in Waldenburg, das ein Siegelmuseum beherbergt

Ausgangspunkt Bahnhof in Schwäbisch Hall
Tourenlänge 30 km
Fahrzeit $2\frac{1}{2}$ Stunden
Höhenunterschiede 350 m
Tourenbeschreibung Vom Schwäbisch Haller Bahnhof geht es in nördlicher Richtung über die Katharinenstraße bis zur B 14/19; auf dieser wenige hundert Meter nach rechts abwärts, beim „Hotel Hohenlohe" absteigen, die Bundesstraße vorsichtig überqueren und die Gottwollshäuser Steige hinauf. In *Gottwollshausen* immer geradeaus, am Ortsende rechts ab (Wegweiser: Sülz). Gleich nach Überfahren der Bahnlinie nach links abbiegen; die folgenden 1,5 km bleiben wir auf dem parallel zur Bahn verlaufenden Landwirtschaftsweg und erreichen dann wieder die Straße.

In *Gailenkirchen* bei der Kirche geradeaus (Brübelstraße). Nach 500 m an der Gabelung geradeaus bzw. halb links hoch (6 t), an der folgenden Wegegabel abermals nach links. Ständig geradeaus, durchradeln wir nach 1,5 km *Wittighausen* (hier weiter in Richtung Übrighausen) und fahren nach gut 1 km – bevor die Straße die Hochspannungsleitung unterquert – geradeaus (!) auf dem 6-t-Sträßchen weiter.

Auf der Vorfahrtstraße hält man sich nach links und durchradelt die Dörfer *Kupfer* und *Beltersrot*. Am Ortsende von Beltersrot rechts ab (Schild: Löcherholz). Nach 1 km bei der Mülldeponie geradeaus weiter (6 t)! Kurz nacheinander gelangt man durch die Weiler *Löcherholz* und *Untermühle*. Nach der Untermühle schieben wir das Stahlroß den Feldweg geradeaus hoch (Wegmarkierung: 39) nach *Waldenburg*.

In Waldenburg folgen wir der Hauptstraße nach Südwesten (Richtung Obersteinbach). Am Waldrand verläßt man die Straße und folgt gleich dem ersten Weg nach links in den Wald (Wegmarkierung: 32, 33). Nach 2 km trifft man auf eine Asphaltstraße, auf ihr geht es nach links abwärts zum *Neumühlsee* (Badesee und Campingplatz). Erst nach dem rechter Hand liegenden Sägewerk biegen wir nach rechts ab und halten uns – an den Wanderparkplätzen vorbei – auf dem Waldweg (Markierungen 35, 36, 37) nach Süden.

Nach 2 km geht es auf dem Asphaltsträßchen nach links weiter; man durchradelt das nahe Gehöft *Winterrain*. Nach 1,5 km hält man sich beschilderungsgemäß nach links den Hang hinauf in das knapp 2 km entfernte Dörfchen *Rinnen*.

Man hält sich nun ständig geradeaus bzw. im Wald immer auf dem für Kfz-Verkehr freigegebenen Asphaltweg. An schönen Rastplätzen vorbei, gelangen wir nach wenigen Kilometern erholsamer Waldfahrt hinunter an die B 14, der wir 400 m nach links folgen; dann geht es rechts ab (Robert-Bosch-Straße).

Nach 300 m auf dem für Kfz gesperrten Weg nach links, anschließend nochmals nach links und auf der Heimbacher Dorfstraße nach rechts. An der stark befahrenen B 19 muß man unbedingt absteigen, um sie zu überqueren. Auf der gegenüberliegenden Seite hält man sich nach links (noch schiebend) und fährt auf der Rollhofsteige weiter (später mit starkem Gefälle!), dann über die Alte Reifensteige nach links, unter der Bahnlinie hindurch, dann wenige Meter nach rechts zum Bahnhof.

185

Von einem Weinort zum anderen – von Heilbronn aus über den Heuchelberg

Ausgangspunkt Heilbronn-Böckingen, Parkplatz bei den Sportanlagen

Tourenlänge 24 km

Fahrzeit 2 Stunden

Höhenunterschiede 150 m

Tourenbeschreibung Böckingen ist ein Stadtteil Heilbronns am linken Neckarufer. Zwischen Bahnlinie und Neckar geht es zu den Sportanlagen, hier gibt es Parkplätze. Wir radeln über die Neue Straße (Richtung Brakkenheim) nach Böckingen hinein. Über Dorfplatz und Seestraße erreicht man eine Stoppstelle, hier geradeaus (Heuchelbergstraße); auch an der folgenden Stoppstelle geradeaus weiter (Hohlstraße/10 t). Oben bei dem Wasserturm hält man sich nach rechts, nicht jedoch scharf rechts! Im Tal wieder nach links (10-t-Anliegersträßchen).

An einigen *Aussiedlerhöfen* vorbei, trifft man nach gut 3,5 km auf eine Landstraße, der man aber nur 150 m nach rechts folgt. Dann biegt man nach links ab und fährt an den *Aussiedlerhöfen Kolter* vorbei. Es geht nun stur geradeaus die Weinberge hinauf bis zu der Stelle, wo von rechts der Wald an unseren Weg herantritt: Hier schiebt man das Rad vollends nach links hoch bis zum *Wartturm* (Aussichtsturm „Heuchelberger Warte"; links vom Turm liegt im Wald versteckt die an Wochenenden bewirtschaftete „Waldschenke").

Etwa 500 m radeln wir oberhalb der Weinberge am Waldrand entlang; bei der kleinen Rasthütte geht es nach rechts in den Wald hinein (Markierung: rotes Kreuz)! Später fährt man wieder am Rand des Waldes entlang. An der bald darauf folgenden Kreuzung nach dem Parkplatz geht es nach halb links (nicht links abwärts!) – wieder ein paar hundert Meter im Wald – weiter. Am Waldrand führt unser Sträßchen zum wiederholten Mal oberhalb der Weinberge nach rechts

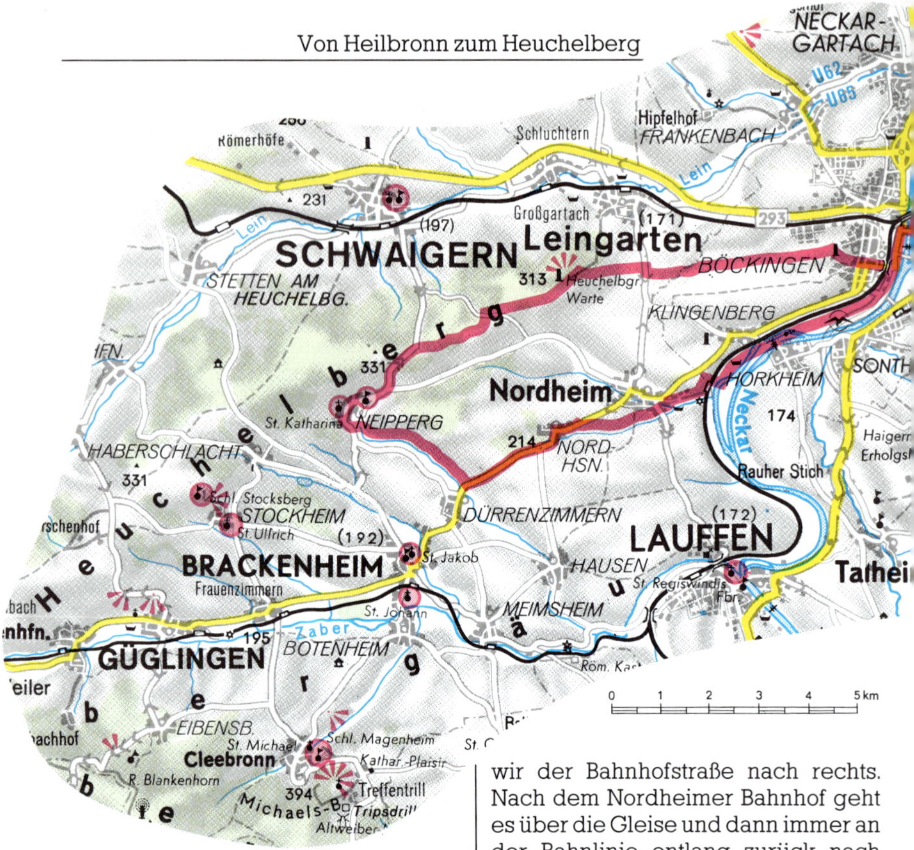

und taucht nach 600 m nochmals kurz in den Wald ein. Später trifft man auf eine Autostraße, der man nach links folgt in das 1,5 km entfernte Weindorf *Neipperg*.

Um nach Dürrenzimmern zu gelangen, muß man nicht auf der Autostraße fahren, sondern biegt am Ortsende von Neipperg nach links in den Landwirtschaftsweg ein, der am unteren Rand der Weinberge entlang nach Osten führt. Beim Sportplatz von *Dürrenzimmern* geht es auf der Landstraße nach links weiter. Am Ortsende von *Nordhausen* folgt man der Holzstraße nach halb rechts, dann der Wiesenstraße nach rechts und hält sich beim Haus Nr. 5 nach links (Markierung: roter Punkt).

Wir radeln auf dem Flursträßchen immer geradeaus. In *Nordheim* geht es an den Sportanlagen entlang bis zu der Vorfahrtstraße beim Freibad; hier kurz nach links halten, dann – bei dem Verkehrsspiegel – auf der Mühlstraße nach rechts. Später folgen wir der Bahnhofstraße nach rechts. Nach dem Nordheimer Bahnhof geht es über die Gleise und dann immer an der Bahnlinie entlang zurück nach Böckingen.

186

Rundfahrt bei Lauffen – durch Weinberge und das stille Schozachtal

Ausgangspunkt Lauffen, Parkplatz an der Straße nach Nordheim
Tourenlänge 34 km
Fahrzeit 3 Stunden
Höhenunterschiede 310 m
Tourenbeschreibung Der Parkplatz nördlich der Bahnlinie, an der Straße nach Nordheim, ist ein guter Ausgangspunkt für diese Radwanderung durchs weinselige Unterland. Nach gut 3 km folgen wir am Ortsanfang von *Nordheim* zuerst der Mühlstraße, später der Bahnhofstraße nach rechts. Nach dem *Nordheimer Bahnhof* geht es über die Gleise und gut 1 km an der Bahnlinie entlang.

Auf der Höhe von Klingenberg überqueren wir unmittelbar vor dem

Parkplatz (mit Sitzbänken) auf einem Fußgängersteg den Neckar und erreichen nach 500 m den Heilbronner Stadtteil *Horkheim*. In der Ortsmitte auf der Vorfahrtstraße (*Hohenloher Straße*) nach links. Nach der kleinen Brücke am Ortsanfang (!) von Sontheim biegen wir nach rechts ab (Wegmarkierung rotes Kreuz).

Der folgende Streckenabschnitt durch das Schozachtal über Talheim und Ilsfeld ist besonders schön: Wir halten uns durchweg an die Markierung rotes Kreuz (Fuß- und Radweg auf der Streckenführung der ehemaligen Bahnlinie durchs Tal).

Am Ilsfelder Sportplatz nur kurz nach rechts, nach der Sportgaststätte nach links und nach 300 m auf der Vorfahrtstraße nach Süden zum Ort hin-

aus. Bald geht es leicht aufwärts. Nach kurzer Zeit erreicht man den Wald. Über den *Pfahlhof* (Gaststätte) gelangt man auf ruhiger Landstraße nach *Ottmarsheim.*

In Ottmarsheim folgt man der Liebensteiner Straße nach rechts. Nach 2 km passiert man Schloß *Liebenstein* und fährt weiter ins tiefer gelegene *Neckarwestheim.* Auf der Reblandstraße nach links, später die Vorfahrtstraße queren und vor der Gaststätte dem Landwirtschaftsweg links abwärts folgen. Nach 500 m führt der Weg nach rechts, unterhalb der Weinberge nach links und am Neckarufer zurück nach Lauffen.

Vor dem Rathaus radeln wir über die Brücke aufs linke Neckarufer und dann auf der Kiesstraße nach rechts zurück zum Parkplatz nördlich der Bahnlinie.

187

Rundfahrt bei Bietigheim – am Weg liegen Schloß Monrepos sowie Münchingen und Markgröningen, deren Fachwerkbauten uns erfreuen

Ausgangspunkt Ortsmitte von Bietigheim bzw. s. unten
Tourenlänge 33 km
Fahrzeit Knapp 3 Stunden
Höhenunterschiede 290 m
Tourenbeschreibung Als Ausgangspunkt wählen wir nicht die Ortsmitte von Bietigheim (Kreis Ludwigsburg), sondern einen Parkplatz am Waldrand; man erreicht diesen über die Straße von Bietigheim nach Freiberg (Freiberger Straße), indem man bei der Abzweigung zum Wilhelmshof auf die gegenüberliegende Waldseite zuhält. Wir machen das Stahlroß startklar und radeln zurück zur Straße, überqueren sie und fahren geradeaus nach Süden zum *Wilhelmshof.*

Man durchradelt den *Wilhelmshof* und folgt immer der Markierung Roter Punkt bis zum *Schloß Monrepos.*

Das zunächst „Seehaus" genannte Schloß ließ sich Herzog Karl Eugen 1760-64 von L. Ph. de la Guêpière erbauen. König Friedrich, der das Innere 1804 klassizistisch umgestalten ließ, nannte den Sommersitz Monrepos („Meine Ruhe").

Wir halten uns beim Schloß nach rechts und steigen ab, denn Radfahren ist im gesamten Schloßbereich verboten. Später folgen wir der Autostraße nach rechts an den nördlichen Ortsrand von Ludwigsburg, nach *Eglosheim.*

Das Ortsbild beherrscht die stattliche Pfarrkirche, die Peter von Koblenz zwischen 1460 und 1487 erbaute. Im Innern sind noch Reste von Wandmalereien erhalten.

An der Ampel quert man die B 27 und fährt geradeaus weiter (Monreposstraße), später auf der Katharinenstraße nach rechts. An der Ampel auf der Markgröninger Straße nur kurz nach rechts bis zur nächsten Ampel, hier nach links abbiegen und immer geradeaus – nach der Unterführung auf landwirtschaftlichem Weg.

Nach Überfahren der Bahnlinie bei der Ampel geradeaus halten (Schlieffenstraße). In *Pflugfelden* folgt man dem Schild „Friedhof" nach links (Turmstraße) und hält sich immer geradeaus; über den Römerhügelweg erreicht man – am Berufsschulzentrum vorbei – die Solitudeallee, dieser folgt man nach rechts durch das nördliche Kornwestheimer Industriegebiet. Nach knapp 1 km halten wir uns – wo die Straße als Steinbeisstraße nach links führt – geradeaus!!

Die Gärtnerei läßt man rechts liegen und fährt geradeaus bis zu der Kreuzung nach gut 1 km (rechts befindet sich ein eingezäuntes Grundstück, außerhalb des Zauns eine Ruhebank): Hier biegen wir nach rechts ab und radeln die nun folgenden gut 4 km Wegstrecke schnurgeradeaus genau nach Westen über das Lange Feld.

Nach Unterquerung der B 10 (2 km zuvor haben wir bereits die A 81 unterquert) geht es auf der Autostraße nach links ins nahe *Münchingen.* Der Weiterweg nach Hemmingen ist beschildert.

Wir halten uns in *Hemmingen* an die Wegweiser nach Vaihingen/Enz. 150 m nach Überfahren der Gleise halten wir uns nach rechts und radeln an der Friedhofsmauer entlang genau nach Norden, geradeaus auf freies Feld. Die Wegqualität bis zum Schönbühlhof ist nicht die beste, aber Radwandern bedeutet ja auch, daß man hin und wieder absteigt. (Wer auf Asphalt „schwört", muß den Umweg über Hochdorf und Pulverdingen nach Markgröningen wählen.)

Nach 2,5 km unterqueren wir die B 10 nach rechts und fahren im *Schönbühlhof* auf dem Klingenweg weiter ins 4 km entfernte *Markgröningen.* Hier halten wir uns an den Wegweiser nach Sachsenheim (es empfiehlt sich jedoch, die reizvolle Altstadt zu besichtigen) und biegen am nördlichen Ortsende – kurz vor der Ortstafel – von der Unterriexinger Straße nach rechts ab in die Straße An der Bracke; nach gut 300 m folgen wir dem Talerweg nach links ins Lendelbachtal.

Nach 2 km haben wir das Enzufer erreicht; flußabwärts radeln wir (Markierung: blauer Balken) auf dem Uferweg weiter nach *Bissingen.* Hier halten wir uns geradeaus und folgen im Osten der Arnold-Jäger-Straße nach links; auf dem Radweg geht es an der Enz entlang zurück nach Bietigheim. Wo der Fluß einen markanten Linksbogen beschreibt, halten wir uns nach rechts aufwärts. Der Markierung „rotes Kreuz" folgend, geht es durch die Eisenbahnunterführung und auf der Freiberger Straße zurück zum Parkplatz am Waldrand.

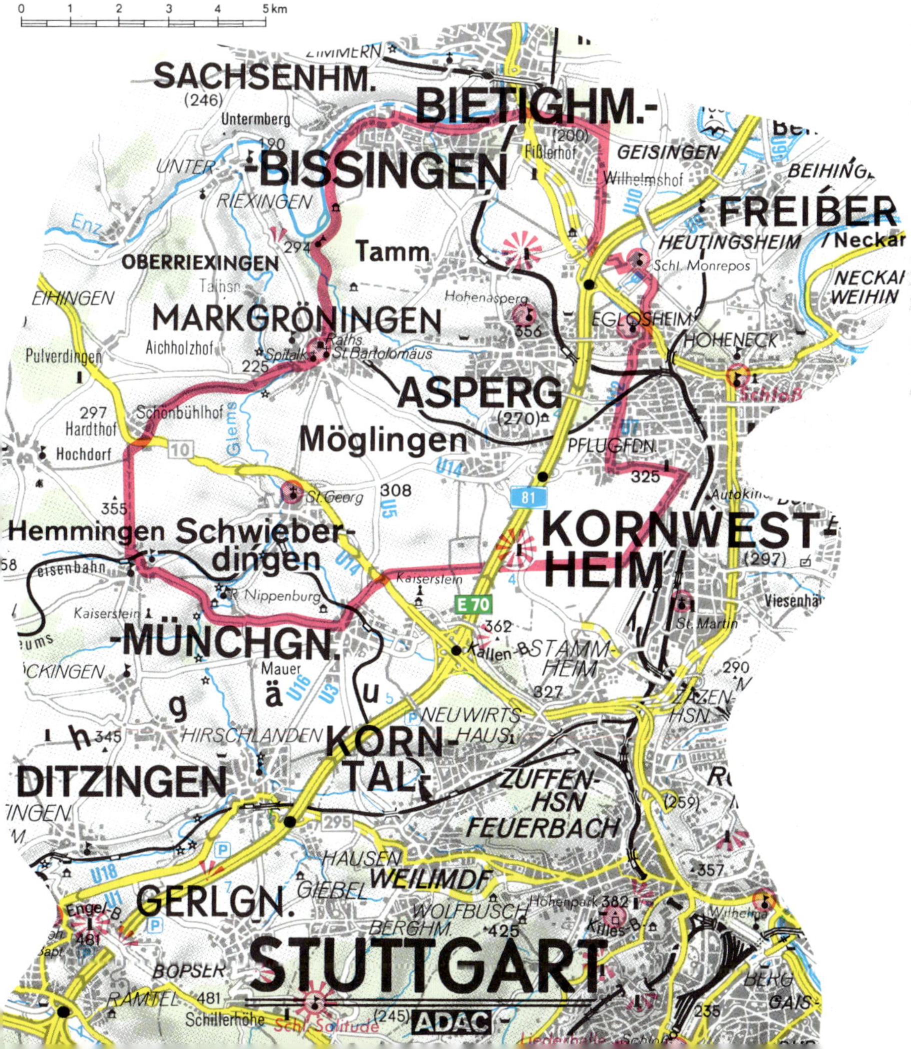

188

Über bewaldete Höhen im Osten von Backnang

Ausgangspunkt Bahnhof in Backnang
Tourenlänge 38 km
Fahrzeit 3½ Stunden
Höhenunterschiede 400 m
Tourenbeschreibung Vom Backnanger Bahnhof radeln wir nach Westen bzw. Südwesten, das heißt parallel zur Bahnlinie. Das Straßenschild „Affalterbach/Erbstetten" zeigt uns den Weiterweg. In *Erbstetten* auf der Vorfahrtstraße nur wenige Meter nach rechts, dann dem 6-t-Sträßchen nach links folgen. Nach knapp 1 km folgt man dem parallel zu der Vorfahrtstraße verlaufenden Landwirtschaftsweg nach links; nach etwa 300 m weicht unser Asphaltweg nach links von der Autostraße weg.

Nach den *Aussiedlerhöfen* hält man sich auf dem Querweg nach rechts, nach dem nächsten Aussiedlerhof geht es nochmals rechts ab. Wir durchradeln den *Stiftsgrundhof* und halten uns am Ende nach rechts (1,5 t).

In *Nellmersbach* folgen wir der Bahnhofstraße, später hält man sich auf der Vorfahrtstraße nach links über die Gleise. Nach 500 m geht es vor dem einzeln stehenden Haus (100 m vor der B 14) auf dem Feldweg nach rechts – zunächst auf Schotter, später wieder auf Asphalt. Nach gut 1 km queren wir vorsichtig (!) die Bundesstraße und folgen dem Flursträßchen geradeaus. Nach 200 m bei dem Schild „Landschaftsschutzgebiet" nach links halten, an der nächsten Gabelung ebenfalls!

Im Schatten des Waldes geht es beständig aufwärts bis zu der gut 1 km entfernten Kreuzung auf der Höhe bei der Kreuzeiche. Hier folgen wir dem zweiten nach rechts führenden Weg (Eichensträßle). Nach gut 1 km hält man sich beim Schild „XIII/4 Heiligenhau" (bei der Sitzeiche) nach rechts

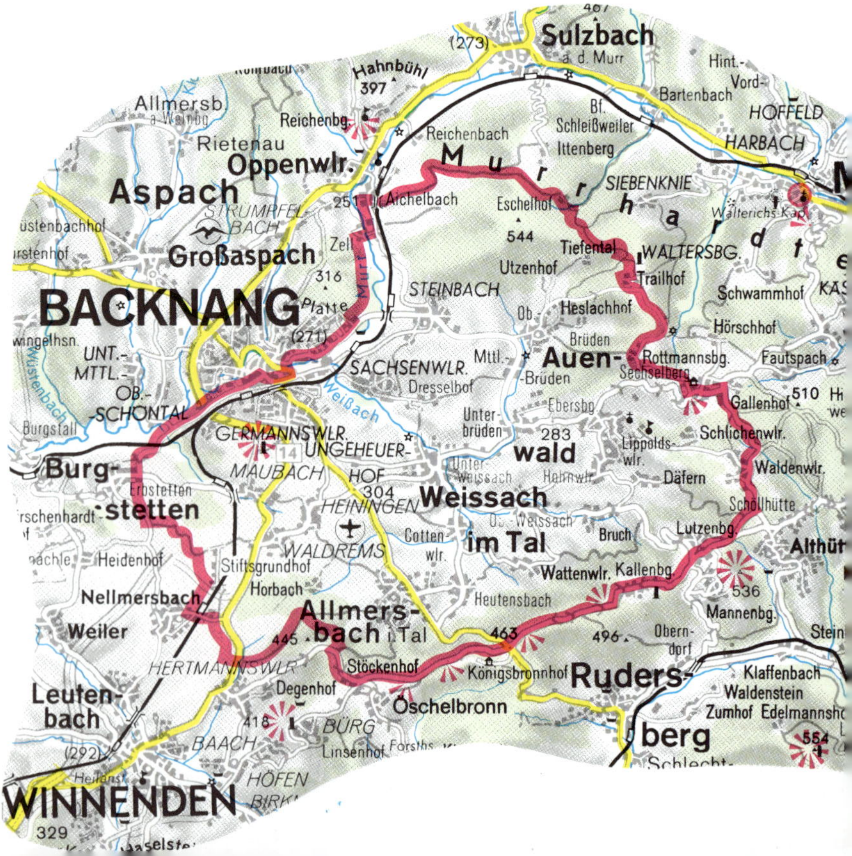

zur nahen Autostraße, der man nach links zum *Stöckenhof* hinauf folgt. An der Kreuzung auf der Höhenstraße nach links („Welzheim/Ebnisee").

Nach knapp 3 km an der gefährlichen, weil unübersichtlichen Kreuzung geradeaus weiter in Richtung Althütte. Weiterhin auf der Höhenstraße gelangt man über *Kallenberg* nach *Lutzenberg*. 1 km nach Lutzenberg zeigt uns ein Schild den Weiterweg nach links über *Waldenweiler* nach *Sechselberg*.

In Sechselberg links ab (Richtung Backnang), am westlichen Ortsrand auf der Rottmannsberger Straße nach rechts (Wegweiser: Rottmannsberg/Trailhof). Über *Rottmannsberg* und am *Trailhöfle* vorbei geht es zum *Trailhof* hinauf; hier hält man sich nach rechts und am Ortsende vor dem Holzturm nach links („Siebenknie").

Nach knapp 2 km trifft man im Wald auf einen Querweg, die Eschelhofstraße, man hält sich hier nach links! Über die Lichtung des *Eschelhofs* (Wanderheim des Schwäbischen Albvereins) geht es wieder in den Wald hinein. Ab jetzt immer geradeaus fahren (also nicht nach Ittenberg!). Nach 3,5 km erreichen wir das Dorf *Aichelbach* im Murrtal; nach

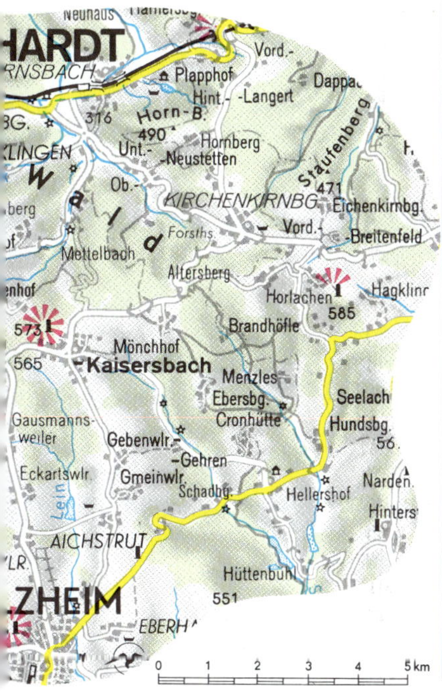

Überquerung der Bahnlinie folgt man der Vorfahrtstraße nach links.

In *Zell* auf dem Strümpfelbacher Weg nach rechts über die Brücke, anschließend nach links (Kirchweg). Immer geradeaus gelangt man über den Plattenwald zurück nach Backnang; hier folgt man zunächst der Beschilderung „Stadtmitte", dann „Stuttgart/Schorndorf" und später „Bahnhof".

189

Alten Mühlen begegnen wir auf dieser Tour bei Ellwangen

Ausgangspunkt Ellwangen, Parkplatz an der Rotenbacher Straße
Tourenlänge 33 km
Fahrzeit Knapp 3 Stunden
Höhenunterschiede 200 m
Tourenbeschreibung Vom großen Parkplatz an der Rotenbacher Straße radelt man zur Stadtmitte; beim Gasthaus „Weißer Ochsen" nach links halten (Spitalstraße). Auf der *Spitalstraße* zum östlichen Altstadtrand. Bei den Ampeln nach links und zunächst der Beschilderung „Schloß/Jugendherberge" folgen; das Schloß liegt rechts. Weiter nach *Holbach* und *Stocken*. Hinter Stocken am Waldrand links halten (Richtung Stockensägmühle) und immer geradeaus (Stockener Weg). Auch im Tal geradeaus halten (nicht nach links zur Stockensägmühle!). Am früheren *Forsthaus Keuerstadt* vorbei bis zum höchsten Punkt im Wald; kurz danach zwingt uns ein Querweg zur Richtungsänderung: Nach rechts über die Autobahn, vorbei an der *Bildkapelle* und einem Rastplatz nach *Matzenbach*. Hier hält man sich zunächst an die Beschilderung nach Wildenstein, folgt aber gegen Ortsende der Straße nach Krettenbach (links ab). 1,5 km nach der *Melbersmühle* überquert man auf der waldfreien Höhe die Autobahn und folgt unmittelbar danach dem nach links führenden Weg (Markierung Blaues Kreuz).

Immer geradeaus führt uns das blaue Kreuz schon bald in den Wald hinein. Unterhalb vom Eichishof erreicht man wieder ein Asphaltsträßchen, dem man nach links waldaufwärts folgt. Nach 1 km geht es auf der Vorfahrtstraße bei der Hammerschmiede nach rechts weiter.

Auch jetzt heißt es wieder: immer geradeaus! Über *Rechenberg* radeln wir das Rotbachtal abwärts. Nach 5 km trifft man bei der Rotbachsägmühle auf die B 290; hier geht es nur wenige Meter nach links, dann – vor der Jagstbrücke – auf dem 6-t-Sträßchen weiter. Über die *Kalkhöfe*, die Weiler *Schönau* und *Rindelbach* gelangen wir auf dem Hohenlohe-Ostalb-Radweg zurück nach *Ellwangen*.

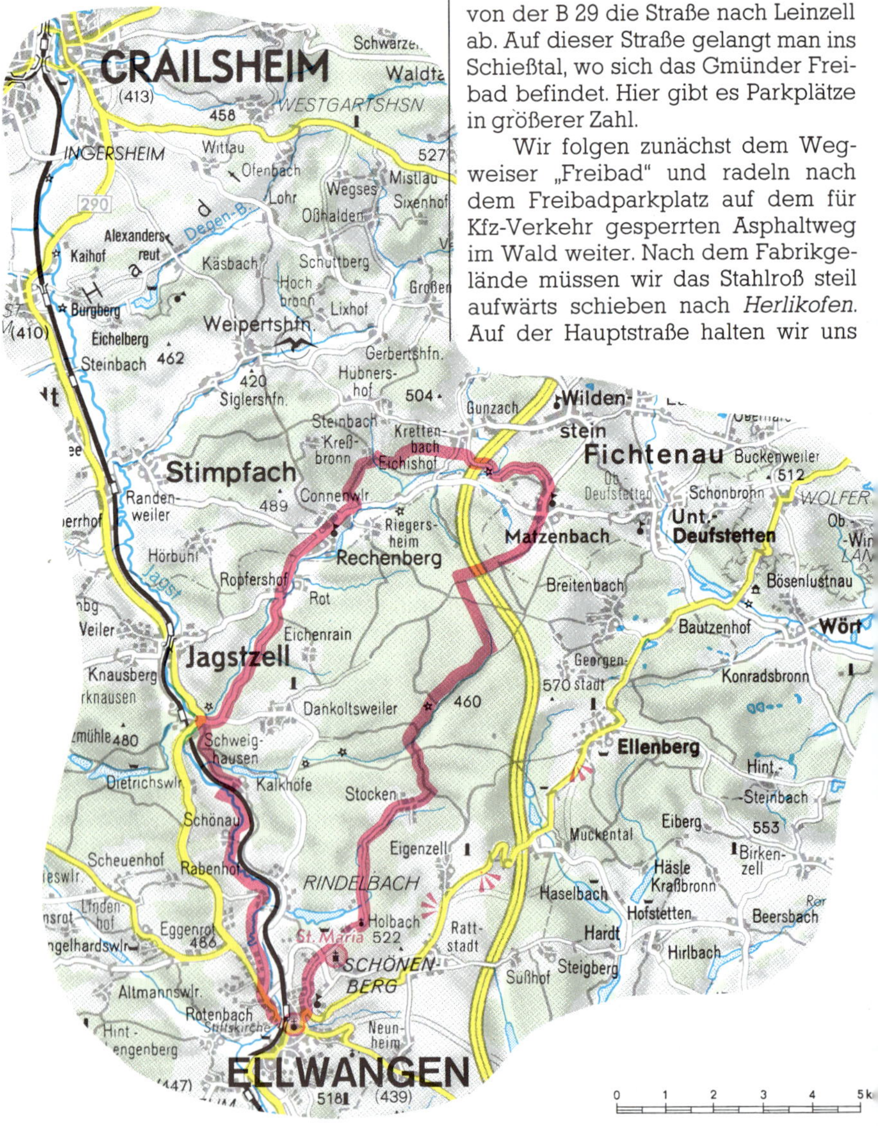

190

Rundfahrt bei Schwäbisch Gmünd – durch Wiesen und Wälder zu alten Mühlen

Ausgangspunkt Schwäbisch Gmünd, Abzweigung der Straße nach Leinzell von der B 29
Tourenlänge 30 km
Fahrzeit 2½ Stunden
Höhenunterschiede 320 m
Tourenbeschreibung Im Nordosten von Schwäbisch Gmünd zweigt von der B 29 die Straße nach Leinzell ab. Auf dieser Straße gelangt man ins Schießtal, wo sich das Gmünder Freibad befindet. Hier gibt es Parkplätze in größerer Zahl.

Wir folgen zunächst dem Wegweiser „Freibad" und radeln nach dem Freibadparkplatz auf dem für Kfz-Verkehr gesperrten Asphaltweg im Wald weiter. Nach dem Fabrikgelände müssen wir das Stahlroß steil aufwärts schieben nach *Herlikofen*. Auf der Hauptstraße halten wir uns nach links und biegen am Ortsende in das 5-t-Landsträßchen nach links ab.

Nach knapp 2 km trifft man auf eine Vorfahrtstraße, diese überquert man und radelt (Richtung Paulusheim) nach links weiter. Kurz darauf wendet sich der Feldweg nach Norden. Man radelt immer geradeaus (Vorsicht: Nach der Kuppe geht es steil abwärts!), folgt der Querstraße im Tal nur kurz nach links, hält sich dann nach rechts (Schild „Ortsmitte Täferrot") und folgt dem ersten Querweg in *Täferrot* in spitzem Winkel nach links (Banzenriedweg).

beim *Leinhäusle* nach links ab und radeln auf dem mit blauem Balken markierten Feldweg weiter. Nach 1 km führt der Weg in den Wald, bald danach kommt man an eine Kreuzung; unmittelbar vor dieser Kreuzung biegen wir jedoch scharf links ab (an der kleinen Hütte vorbei – immer noch Markierung blauer Balken), überqueren ein Bächlein und verlassen anschließend den markierten Weg! Jetzt geht es auf dem Grasweg durch das Wiesental bis zum 1 km entfernten *Tennhöfle*. Hier bekommt man wieder Asphalt unter die Reifen, man folgt dem Sträßchen nach links.

In *Kapf* geht es links ab (Kapfhofweg), auf der Vorfahrtstraße abermals nach links halten. Bald darauf folgen

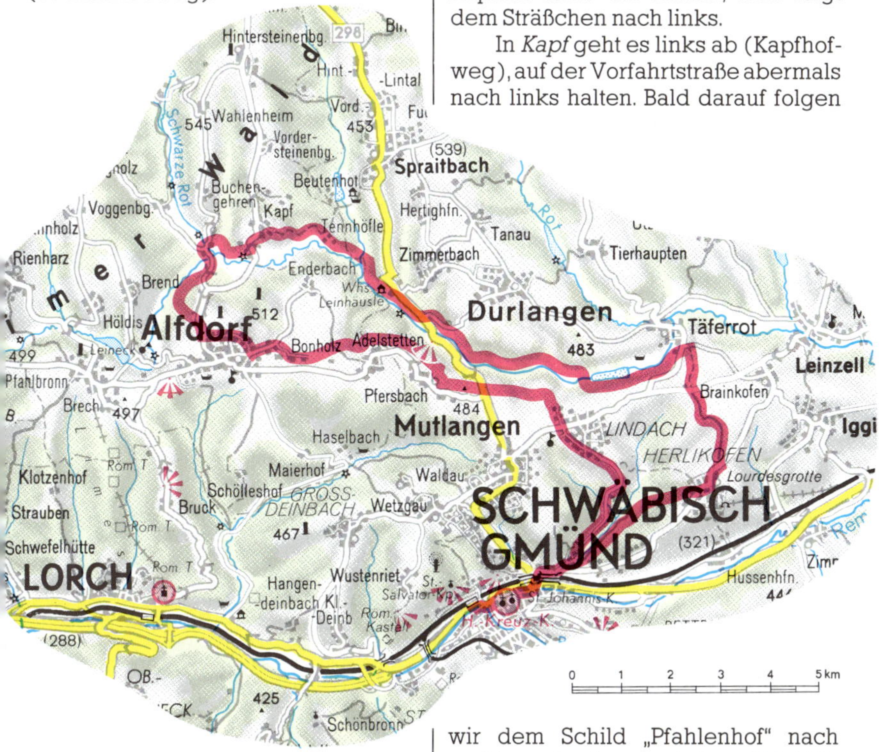

Nach 1 km erreicht man einen kleinen Stausee, läßt diesen jedoch rechts liegen, das heißt, man radelt geradeaus am Südufer weiter. Nach einigen hundert Metern wird der Weg nur vorübergehend etwas holprig. Am Ende des Sees geht es nach rechts über die Brücke und weiter talaufwärts – geradeaus auf dem Waldweg parallel zum Flüßchen Lein.

Nach gut 3,5 km erreichen wir bei der *Amandusmühle* die B 298. Dieser folgen wir aber nur etwa 1 km, biegen

wir dem Schild „Pfahlenhof" nach rechts und fahren auf dem Talsträßchen bis zur *Buchengehrener Sägmühle,* wo wir uns auf der Vorfahrtstraße nach links wenden. Bei der *Voggenberger Sägmühle* hält man sich geradeaus (Richtung Alfdorf), überquert die Lein und erreicht den Wald. Nach gut 200 m verlassen wir die Straße nach rechts und folgen dem Waldweg.

Am Ortsanfang von *Alfdorf* biegt man nach links ab und folgt der Breiten Straße; nach 1 km folgen wir der Vorfahrtstraße nach links, am Ortsende der Industriestraße nach rechts. Nun geht es etwa 2 km ständig geradeaus bis zu den ersten Häusern von Adelstetten: Hier knickt unser Weg nach links ab und führt uns dann weiter nach Osten.

In *Pfersbach* hält man sich unmittelbar vor Erreichen der Hauptstraße wieder nach links, überquert – etwas nach rechts versetzt – nach 1 km die B 298 und radelt weiter bis nach *Lindach.* Wir kreuzen am westlichen Ostrand die vorfahrtsberechtigte Hauptstraße, halten uns immer geradeaus (Schloßstraße, später Hans-Diemar-Straße nach rechts), und erreichen nach wenigen Kilometern wieder unseren Ausgangspunkt im tiefer gelegenen Schießtal nordöstlich von Schwäbisch Gmünd.

SCHWÄBISCHE ALB

Jäh erhebt sich aus dem welligen Umland die Schwäbische Alb, die mächtige Stufenstirne gegen den Neckar gerichtet. Eine weite Hochfläche bildet ihr Dach. Zu den landschaftlichen Besonderheiten zählen Höhlen, Wasserfälle und Flüsse, die im Kalkgestein versickern und plötzlich an anderer Stelle wieder zutage treten. Außer Naturschönheit findet man hier auch großartige Schlösser und Kirchen, malerische Städte und Burgruinen, die auch manche der vorgelagerten Berge krönen.

Schwäbische Alb: Die alte Stadt Balingen am Fuße der Berge

191

Von Schwäbisch Gmünd aus zum Wäscherschloß, einem reizvollen alten Bau aus Buckelquadern und Fachwerk

Ausgangspunkt Hölltal bei Schwäbisch Gmünd, Wanderparkplatz beim Schützenhaus
Tourenlänge 29 km
Fahrzeit 2 1/2 Stunden
Höhenunterschiede 300 m
Tourenbeschreibung Am Ortsrand von Schwäbisch Gmünd-West folgt man dem Schild zum Geologischen Pfad ins *Hölltal* und stellt auf dem Wanderparkplatz beim Schützenhaus den Wagen ab. Mit dem Rad fährt man eine kurze Strecke zurück, biegt dann nach links ab und gelangt auf dem Waldsträßchen aufwärts über *Schönbronn* nach *Reitprechts*. Am Ortsende von Reitprechts queren wir die Vorfahrtstraße und folgen nach 200 m dem Radweg, der auf der Trasse der früheren Bahnlinie Schwäbisch Gmünd – Göppingen angelegt wurde. Lenglingen und Maitis sind die ersten Stationen. Über *Wäschenbeuren* gelangen wir dann nach *Birenbach*, wo wir die Bahntrasse verlassen und der Bundesstraße 1 km in Richtung Göppingen folgen, um dann rechts abzubiegen (Richtung Börtlingen). Nach 300 m geht es abermals rechts ab. In *Zell* geradeaus fahren (genauer gesagt: vor der Brücke nach rechts!). Über den *Marbachweg* erreichen wir dann bald den Wald. Man bleibt nun immer auf dem Talweg an der östlichen Bachseite, hält sich also beim Schild „Neuwiese 9/11" nach rechts und fährt auf dem mit einer „2" markierten Weg weiter. Später steigt der

Weg an, man passiert am Waldrand einen herrlichen Spielplatz und gelangt wieder nach *Wäschenbeuren,* wo man immer geradeaus fährt (Friedhofweg, dann die Bundesstraße queren). Der Weiterweg zum *Wäscherhof* und *Wäscherschlößle* ist beschildert. Diese guterhaltene kleine Burganlage stammt aus der Stauferzeit. Sie birgt ein Heimatmuseum und eine Staufer-Gedächtnisstätte.

Nach dem Wäscherschloß radelt man hinunter ins bewaldete *Beutental.* Am Ende des Tals hält man sich an der Gabelung nach rechts (links abwärts geht es nach Lorch!) und folgt der Wegmarkierung Blauer Strich (*Remsweg Schwäbisch Gmünd*). Nach 3 1/3 km ist der Ausgangspunkt, der Wanderparkplatz im Hölltal wieder erreicht.

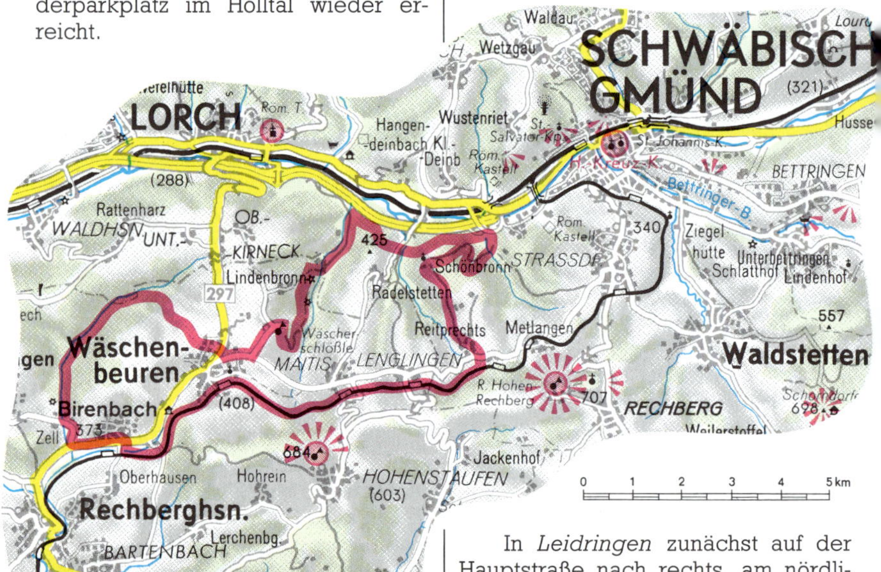

192

Rund um den Kleinen Heuberg bei Geislingen – sehenswert ist das Städtchen Rosenfeld

Ausgangspunkt Geislingen, Straße nach Erzingen
Tourenlänge 31 km
Fahrzeit 2 3/4 Stunden
Höhenunterschiede 280 m
Tourenbeschreibung Die Stadt Geislingen liegt 4 km nordöstlich von Balingen. Auf der Straße nach Erzingen radelt man nach Süden zum Städtchen hinaus. Am Ortsanfang von *Erzingen* vor (!) der Bahnlinie nach rechts abbiegen und auf dem Anliegersträßchen bis *Dormettingen* (3 km). Den Ort durchfahren, am Ende links ab nach *Dautmergen.* Zunächst in Richtung Leidringen fahren, doch knapp 1 km hinter Dautmergen auf dem als Radweg (Markierung: rotes Fahrrad) ausgewiesenen Sträßchen halb rechts aufwärts und nach 2,5 km auf der Vorfahrtstraße nach links weiterradeln.

In *Leidringen* zunächst auf der Hauptstraße nach rechts, am nördlichen Ortsrand aber am Kriegerdenkmal vorbei geradeaus weiter. Über das landwirtschaftliche Anliegersträßchen erreicht man *Bickelsberg.*

In *Rosenfeld* an der Kreuzung am Beginn der Altstadt über die mit blauem Balken markierte Straße zum Freibad hinunterfahren, dann wieder aufwärts und nach 1 km durch die Senke. Beim *Aussiedlerhof* hält man sich nach links, in *Isingen* wieder nach rechts bis zum Sportplatz. Am Ende des Fußballfeldes geht es links ab. Auf dem ruhigen Flursträßchen radelt man über den *Steinefurthof* und *Hofstetten* (hier rechts ab) zurück.

193

Durch Täler der Schwäbischen Alb nördlich von Gammertingen

Ausgangspunkt Kirche in Gammertingen
Tourenlänge 30 km
Fahrzeit 2 1/2 Stunden
Höhenunterschiede 200 m
Tourenbeschreibung Wir radeln von der *Kirche* aus einige hundert Meter auf der Hauptstraße in Richtung Sigmaringen. Nach der Fußgängerampel links die *Friedhofstraße* aufwärts. Vorbei an den letzten Häusern und den Sportanlagen. Nach 1 km kommen wir auf die Landstraße, hier nach rechts.

Nach 1,5 km verlassen wir sie und folgen dem vor einem großen Stein nach rechts abzweigenden Flursträßchen. Nach 700 m links abbiegen und 3,5 km geradeaus – südlich an *Harthausen* vorbei – in östlicher Richtung bis an den Waldrand und noch 200 m geradeaus weiter. Dann knickt der Weg nach links ab und führt wieder über freies Feld. Nach einem Rechts- und Linksknick kommen wir wieder auf die Straße und erreichen nach 500 m das Dorf *Wilsingen*.

Den Ort durchfahren und am nördlichen Ortsrand rechts abbiegen (Richtung Oberstetten). Nach 3 km treffen wir auf der Bundesstraße, hier nach rechts für einige hundert Meter, dann nach links in den aufwärts führenden Waldweg. Nach 300 m beschreibt dieser Weg eine Linkskurve; 1 km danach halten wir uns wieder nach links und fahren nun immer geradeaus bis an den Ortsanfang von *Oberstetten*. An der Feldsträßchenkreuzung (zwei Kastanien mit Gedenkstein) nach links und ständig geradeaus. Hinter Oberstetten über die B 312 hinweg in Richtung Steinhilben. 500 m vor diesem Dorf folgen wir dem Feldsträßchen nach links (nach Süden). Auch an der Kreuzung nach 1 km geradeaus weiter.

Wir durchqueren die Dörfer *Harthausen* und *Feldhausen*. 500 m südlich von Feldhausen, bei dem *Naturdenkmal 5 Linden*, biegen wir rechts ab und sind bald in *Gammertingen*.

194

Von Sigmaringen aus durchs Tal der Schmeie; in Sigmaringen ist das Schloß mit seinen Kunstsammlungen sehenswert

Ausgangspunkt Donaubrücke in Sigmaringen
Tourenlänge 32 km
Fahrzeit 3 Stunden
Höhenunterschiede 300 m
Tourenbeschreibung Von der Stadtmitte durch die *Burgstraße* zur Donaubrücke (nicht überqueren!) und das Rad rechts von der Brücke auf dem Fuß-/Radweg bis ans Flußufer schieben. Hier links und, weiter schiebend, unter der niedrigen Brücke hindurch, dann auf dem markierten Donautal-Radweg über *Laiz* nach *Inzigkofen*. Bis 1,5 km nach dem *Nickhof* folgen wir der Markierung, dann bei der Abzweigung unter der Straßenbrücke hindurch und nach rechts ins Schmeietal. Über *Unter-* und *Oberschmeien* nach *Storzingen*. Hier über *Bahnhofstraße* und *Bohlstraße* (jeweils nach rechts) aufwärts in den Wald und geradeaus. Auf der Höhe rechts in ein Quersträßchen – durch das *Gehöft Neuhaus* hindurch – und nach 1 km die B 463 unterqueren. Dann nach links halten und durch den Wald aufwärts. In *Jungnau* dem ausgeschilderten Radweg nach *Sigmaringen* folgen.

Beim Gasthaus *Nollhof* die Bundesstraße queren (Vorsicht!) und auf der gegenüberliegenden Seite (nur wenig nach links versetzt) auf dem schmalen Asphaltsträßchen weiterfahren nach Sigmaringen.

SCHWARZWALD

Der Schwarzwald, das höchste deutsche Mittelgebirge, erfreut uns durch seine landschaftliche Vielgestaltigkeit: weite waldreiche Hochflächen, Felsschluchten, rebbestandene Hügel und klare Bergseen. Zum Rhein stürzen die Berge steil ab, im Norden läuft der Schwarzwald sanft in den Kraichgau aus. Gemütliche Städte und Dörfer entstanden in den geschützten Tälern, und zuweilen trifft man noch auf die charakteristischen Bauernhäuser mit ihren weit herabgezogenen Dächern. Auf der Fahrt durch das Rheintal berühren wir auch den aus Vulkangestein aufgebauten Kaiserstuhl, dessen mildes Klima einen vorzüglichen Wein und manche subtropische Pflanze gedeihen läßt.

Schwarzwald: Das romantische Würmtal mit der Burgruine Liebeneck

195

Entlang der Nagold von Pforzheim nach Bad Liebenzell – zum Baden, Eislaufen oder Rollschuhlaufen

Ausgangspunkt Kupferhammer im Süden von Pforzheim
Tourenlänge 36 km (hin und zurück)
Fahrzeit $2\frac{1}{2}$ Stunden
Höhenunterschiede Insgesamt etwa 70 m.
Anmerkung Die hier beschriebene Strecke ist ein Teilstück des Radwanderweges Baden-Württemberg. Der Nagoldtalweg ist lückenlos markiert und überfordert den Radwanderer auch nicht, wenn er am gleichen Tag hin und zurück fährt. – Die stark befahrene Autostraße zwischen Pforzheim und Bad Liebenzell ist auf einigen Abschnitten aus gutem Grund für Radfahrer gesperrt.

Tourenbeschreibung Unser Startplatz Kupferhammer am Stadtausgang von Pforzheim in Richtung Bad Liebenzell und Würm ist gleichzeitig der Ausgangspunkt für die berühmten Höhenwege des Schwarzwaldvereins nach Basel, Waldshut und Schaffhausen.

Wir radeln entlang der Nagold zum Pforzheimer Stadtteil *Dillweißenstein* (sehenswert dort die alte Sandsteinbrücke, die sich in hohem Bogen über die Nagold spannt, und oberhalb die Burgruinen Kräheneck und Raben-

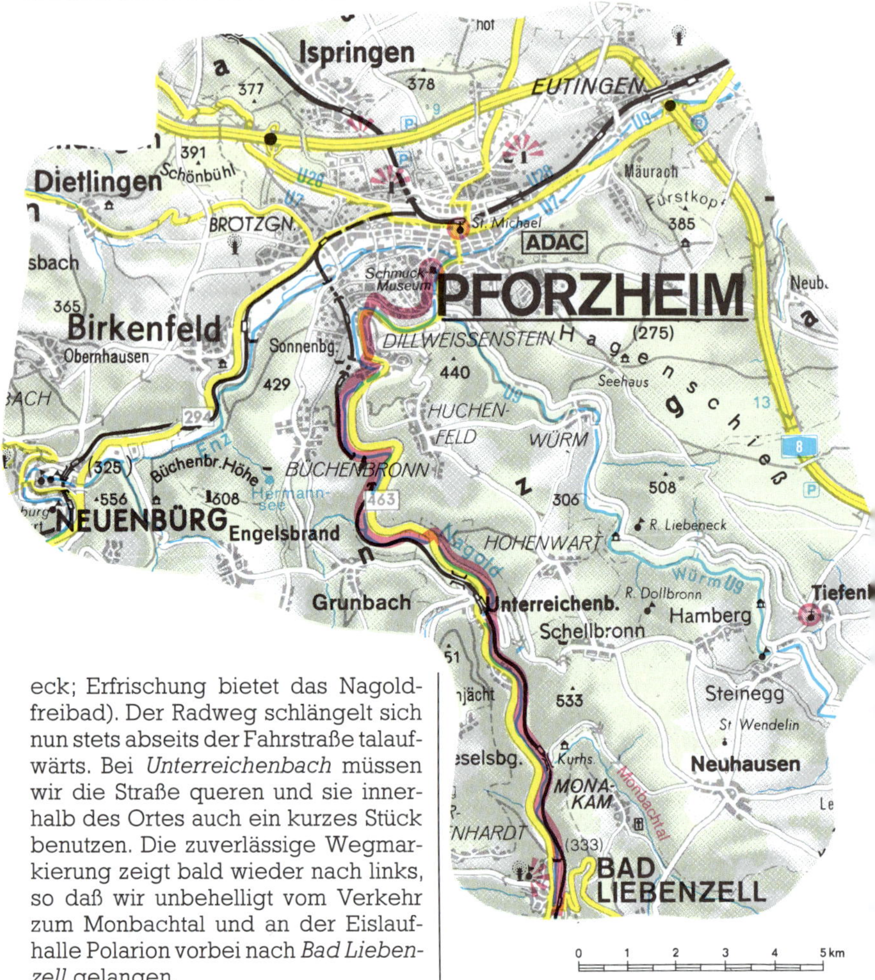

eck; Erfrischung bietet das Nagoldfreibad). Der Radweg schlängelt sich nun stets abseits der Fahrstraße talaufwärts. Bei *Unterreichenbach* müssen wir die Straße queren und sie innerhalb des Ortes auch ein kurzes Stück benutzen. Die zuverlässige Wegmarkierung zeigt bald wieder nach links, so daß wir unbehelligt vom Verkehr zum Monbachtal und an der Eislaufhalle Polarion vorbei nach *Bad Liebenzell* gelangen.

Die Fahrt an der Nagold entlang läßt sich fortsetzen. Es geht am Mineralbad vorbei, und nach Überwindung einer kurzen Steigung bei *Ernstmühl* – der einzigen – sind bald *Hirsau* mit seiner sehenswerten ehemaligen Klosterstadt und Calw erreicht.

196

Von Weil der Stadt durch das romantische Würmtal nach Pforzheim und zurück über die Hochfläche Hohenwart

Ausgangspunkt Bahnhof in Weil der Stadt
Tourenlänge 50 km
Fahrzeit 4 Stunden
Höhenunterschiede Insgesamt etwa 300 m, kräftige Anstiege zwischen Kupferhammer und Hohenwart
Tourenbeschreibung Vom Bahnhof Weil der Stadt geht es kurz nach rechts bergan, gleich hinter der Ampelkreuzung biegt das Sträßchen nach *Merklingen* ab. Dort halten wir uns bei der sehenswerten Kirchenburg in der Ortsmitte nach rechts (Wegweiser nach Malmsheim) und biegen direkt nach der Würmbrücke nach links auf den Landwirtschaftsweg ab. Bei der Riemenmühle münden wir dann auf die Würmtalstrecke ein, um dem Flußlauf talabwärts zu folgen. Über *Hausen* (Steinbrücke) und

Mühlhausen geht es hinein in den romantischen Talabschnitt der Würm mit engen Windungen und meist wenig Straßenverkehr. Zwischen Mühlhausen und Würm sind zwei lohnende Abstecher möglich (Kirche in Tiefenbronn und Alpengarten), doch sind damit jeweils kräftige Anstiege verbunden. (Auch gastronomisch bietet das Würmtal Einkehrmöglichkeiten, vom zünftigen Vesper bis zu raffinierten Tafelfreuden.) In *Würm* überqueren wir den Fluß (Talstraße – Täschenwaldstraße) und radeln auf gutem Radweg bis zur Einmündung ins Nagoldtal beim Kupferhammer.

Nach einem Abstecher in die Stadt oder ins Freibad können wir auf demselbem Wege zurückradeln. Eine andere Möglichkeit, jedoch mit kräftigem Anstieg zu Beginn, führt ab Kupferhammer einige Meter talauswärts in Richtung Bad Liebenzell, dann beginnt schon die Schiebestrecke nach links in Richtung Huchenfeld. Nach vier „giftigen" Kilometern steigt die Straße flacher an bis *Hohenwart,* dann ist die Hochfläche erreicht. In *Schellbronn* erwartet uns ein sehr schönes beheiztes Höhenfreibad, dann radeln wir weiter auf schönem Radweg rechts der Straße bis *Neuhausen.* Hier bieten sich für das letzte Wegstück bis Weil der Stadt zwei Varianten an: über *Lehningen* hinab ins Würmtal und über Hausen auf vertrauter Strecke zurück oder über *Münklingen* (Wegweiser „Weil der Stadt", noch ein kurzer Anstieg) mit Abstecher zum sehr idyllischen Naturschutzgebiet auf dem Büchelberg.

197

Durch Felder und Wälder rund um Leonberg

Ausgangspunkt Leonberg-Eltingen, Parkplatz bei den Sportanlagen
Tourenlänge 60 km
Fahrzeit 4 bis 5 Stunden
Höhenunterschiede Insgesamt etwa 400 m
Tourenbeschreibung Diese Wegbeschreibung muß sich auf Stichworte beschränken und zeigt den Wegverlauf nur als Gesamtübersicht auf. Eine präzisere Streckenbeschreibung gibt die vom Verkehrsamt der Stadt Leonberg herausgegebene Radwegkarte.

Die Rundfahrt beginnt bei den Sportanlagen in *Leonberg-Eltingen,* steigt an zur Höhe des Kammerforsts und führt über den *Eltinger Kopf* bis vor Warmbronn und zum Start und Ziel der ehemaligen Solitude-Rennstrecke beim *Glemseck.* Über den Hedersbachsee geht es wieder zurück ins Glemstal und weiter zum *Rappenhof,* dann zieht der Weg an der Gerlinger Heide und am Engelberg vorbei nach Norden, passiert das *Reiterzen-*

trum und quert bei *Höfingen* die S-Bahn-Strecke Leonberg-Stuttgart. Im weiteren Verlauf umradeln wir Höfingen, folgen dem Waldrand und umfahren später *Gebersheim.* In südlicher Richtung müssen dann zwei Fahrstraßen, die Bahnlinie und die Autobahn gequert werden, bis der Radweg in östlicher Richtung nach Eltingen zurückführt.

198

Auf dem Rheinaueweg von Kehl nach Basel – eine Fahrt, die viele landschaftliche Schönheiten bietet

Ausgangspunkt Kehl, Parkplatz südlich der Europabrücke, nahe der Rheinpromenade

Tourenlänge 162 km

Fahrzeit Die Strecke sollte auf wenigstens drei Tagesetappen aufgeteilt werden, damit für die vielen Sehenswürdigkeiten reichlich Zeit zur Verfügung steht.

Anmerkung Tagesziele könnten sein: Sasbach am Kaiserstuhl (Gasthöfe und Privatzimmer) und Breisach (Jugendherberge, Gasthöfe, Privatzimmer). – Der Rheinaueweg ist durchgehend mit drei blauen Wellenlinien bezeichnet, doch verlangt die Wegfindung einige Aufmerksamkeit.

Tourenbeschreibung Der Rheinaueweg beginnt bei der Rheinpromenade von Kehl in Höhe der Tafel Flußkilometer 293 (Wanderwegweiser nach Meißenheim, 22 km). Wir folgen dem Naturlehrpfad Kehl (Informationstafeln) nach Süden, dann schlängelt sich der Weg über Dämme, Deiche, quert die Altrheinschlingen über Brückchen und Stege und erfordert trotz lückenloser Markierung einige Aufmerksamkeit, weil die Wanderrichtung ständig wechselt. Der Versuch, jede Biegung und jeden Knick des Rheinaueweges exakt zu beschreiben, würde Seiten füllen und wurde vor Ort aufgegeben. Der Weg erreicht *Meißenheim,* zieht an Nonnenweier und Wittenweier vorbei und durchquert das *Naturschutzgebiet Taubergießen.* Ab der Fähre bei Kappel radeln wir auf dem Hochwasserdamm direkt am Fluß entlang. Der Rheinaueweg schlängelt sich weiter nach Süden und geht dicht am *Europapark Rust* vorbei, berührt den Naturlehrpfad Wyhl und erreicht *Sasbach.* Ein Abstecher zum wissenschaftli-

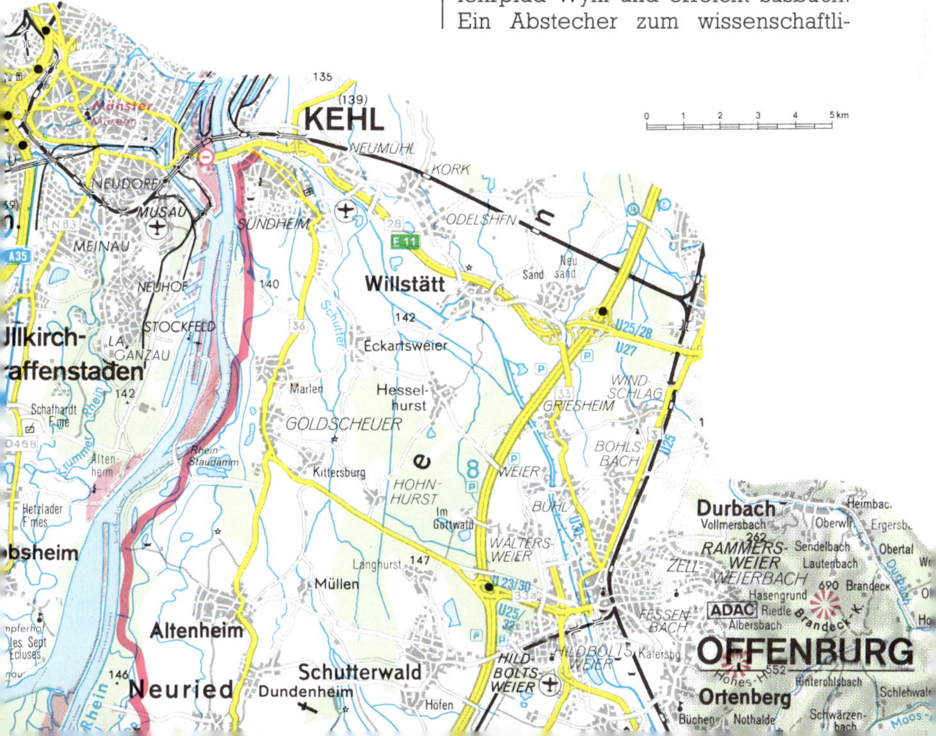

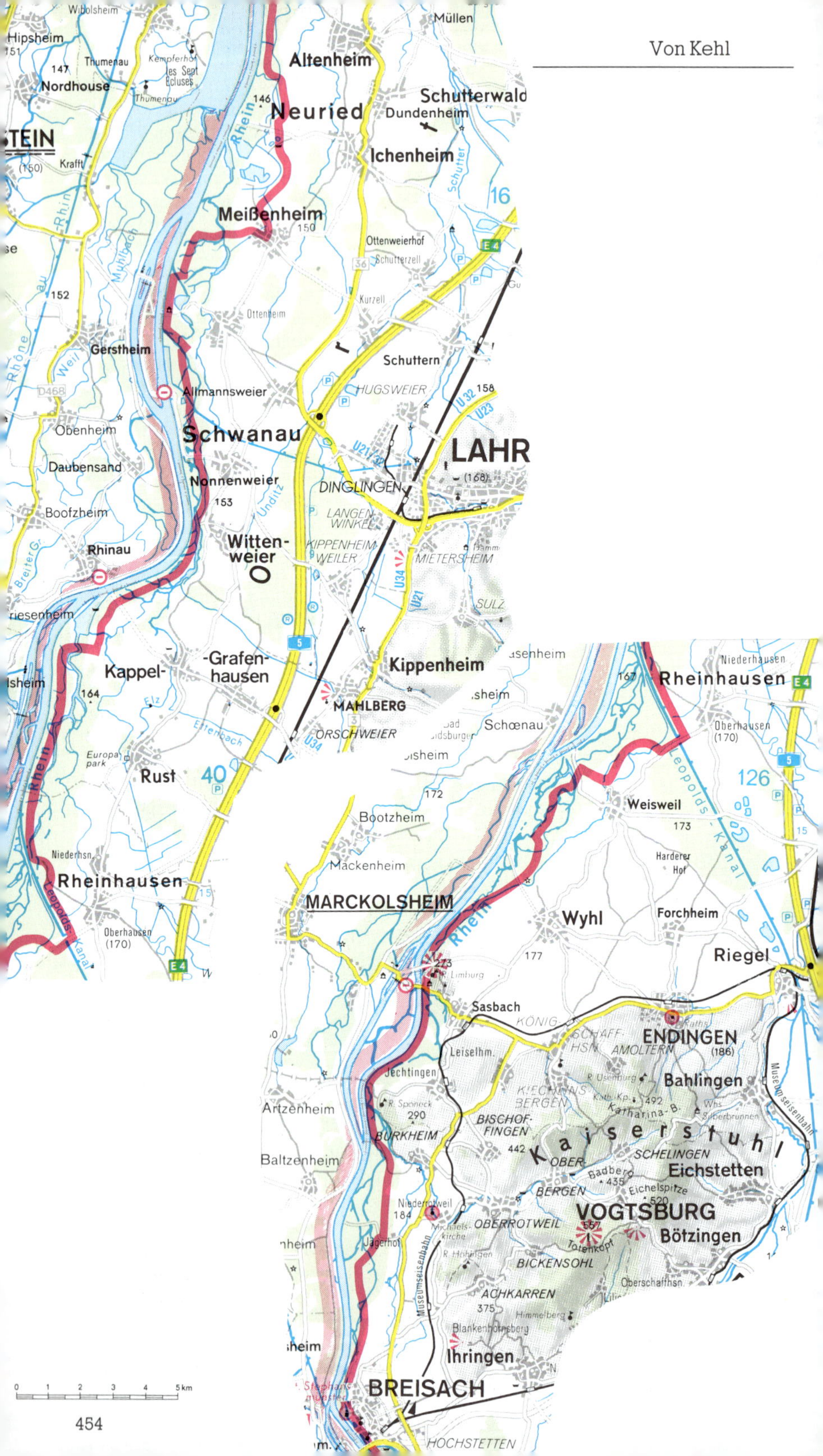
Wibolsheim
Hipsheim
Müllen
Altenheim
Thumenau
Kempferhof
les Sept Ecluses
Nordhouse
Neuried
Schutterwald
Dundenheim
Ichenheim
Krafft
Rhin
Rhein
Schutter
Meißenheim
Ottenweierhof
Schutterzell
Mühlbach
Kurzell
Ottenheim
Gerstheim
Rhône
Weil
D468
Schuttern
Allmannsweier
HUGSWEIER
U32
U23
Obenheim
Schwanau
LAHR
(168)
Daubensand
Nonnenweier
DINGLINGEN
Boofzheim
LANGENWINKEL
Unditz
Rhinau
Witten-weier
KIPPENHEIMWEILER
MIETERSHEIM
U34
U21
SULZ
Riesenheim
Kappel-
-Grafen-hausen
Kippenheim
Elz
MAHLBERG
Ettenbach
ORSCHWEIER
Europa park
Rust
Niederhsn.
Rheinhausen
Oberhausen (170)
Leopolds-Kanal
E4
Niederhausen
Rheinhausen
Oberhausen (170)
Schœnau
Weisweil
Bootzheim
Mackenheim
MARCKOLSHEIM
Harderer Hof
Wyhl
Forchheim
Riegel
R. Limburg
Sasbach
KÖNIG-SCHAFFHSN.
ENDINGEN
(186)
AMOLTERN
Leiselhm.
Jechtingen
R. Usenburg
Bahlingen
KIECHLINSBERGEN
Katharina-B.
Whs. Silberbrunnen
Artzenheim
R. Sponeck
BURKHEIM
BISCHOFFINGEN
Kaiserstuhl
SCHELINGEN
OBERBERGEN
Badberg
Eichstetten
Baltzenheim
Eichelspitze
Museumseisenbahn
Niederrotweil
VOGTSBURG
OBERROTWEIL
Michaelskirche
Totenkopf
Bötzingen
Jägerhof
R. Höhingen
BICKENSOHL
Oberschaffhsn.
ACHKARREN
Himmelberg
Blankenhornsberg
Ihringen
BREISACH
Stephansmünster
HOCHSTETTEN
0 1 2 3 4 5 km

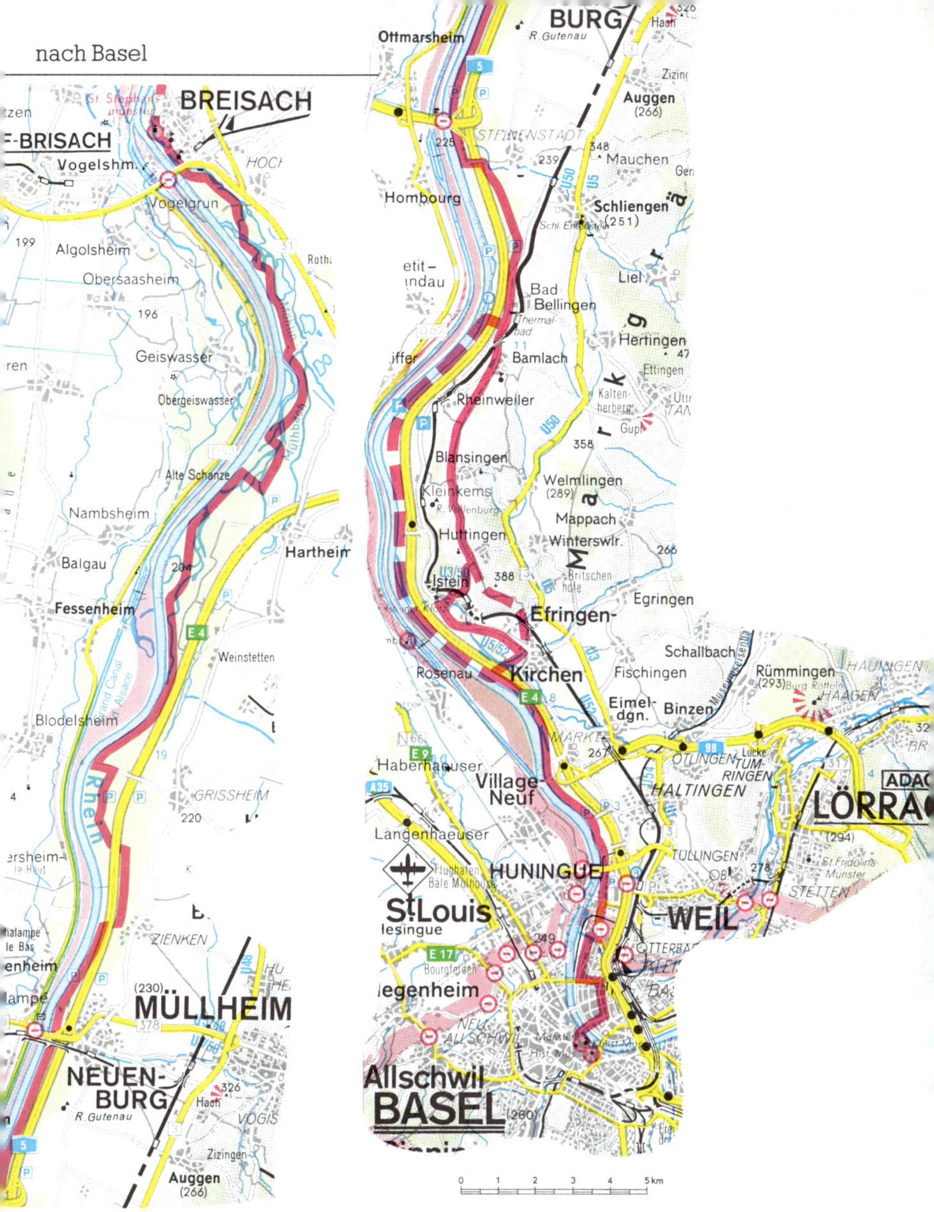

chen Lehrpfad bei Sasbach am Rhein ist empfehlenswert. Der 6,2 km lange Rundweg beginnt am großen Parkplatz am Rhein vor der Zollstation und vermittelt einen überaus gründlichen Einblick in Geologie und Geschichte an Oberrhein und Kaiserstuhl.

In kurzer Abfahrt hinab zum Rheinufer (Grenzübergang). Hier folgen wir dem Rheinuferweg nach Süden (Symbol Rheinaueweg) und haben dabei eine kurze Strecke zu überwinden, die nicht sehr gut befahrbar ist. Am südlichen Rand des Dorfes *Burkheim* (Mühlenstraße) stoßen wir auf die Markierungen des Radwanderweges Baden-Württemberg (weißer Radfahrer auf grünem Grund). Auf gut ausgebautem Feldweg radeln wir in südlicher Richtung bis zum Stadtrand von Breisach am Batzenhäusle: Rheinaueweg und Radwanderweg Baden-Württemberg sind nun identisch. Wir folgen dem Flußufer des Rheins und kommen über die Orte *Neuenburg* und *Märkt* zur deutsch-schweizerischen Grenze am Stadtrand von Basel.

199

Auf stillen Pfaden bei der Fünftälerstadt Schramberg

Ausgangspunkt Ein Parkplatz in Schramberg-Sulgen
Tourenlänge 31 km
Fahrzeit 2½ Stunden
Höhenunterschiede Insgesamt etwa 160 m, verteilt auf leichte Anstiege
Tourenbeschreibung Wir beginnen unsere Rundfahrt auf der Fahrstraße in Richtung Aichhalden (beschildert), biegen aber am Waldrand links ab und folgen dem Wegweiser zum *Gasthaus Waldeslust*. Hinter dem Gebäude stoßen wir auf die Rautenmarkierung des Schwarzwaldvereins (Ostweg Pforzheim – Schaffhausen), dem wir nach rechts folgen. Bei einem Steinkreuz biegen wir rechts ab und erreichen auf gut bezeichnetem Weg *Aichhalden*. Im Ort biegen wir rechts ab (Wegweiser Minigolf, Reiserstraße) und radeln auf idealem Fahrweg bis zur Einmündung in die Fahrstraße nach *Rötenberg*. Dort halten wir uns zunächst an die Straßenbeschilderung in Richtung Peterzell, münden aber gleich darauf bei einer Straßengabelung in die Richtung nach Fluorn ein. Bei der folgenden Straßengabelung im Wald (Wegweiser Oberndorf 12, Fluorn 3 km) biegen wir rechts ab und folgen dem unbezeichneten Waldsträßchen. Nach Verlassen des Waldes führt die Fahrstraße nach links, hier wählen wir den für Kfz-Verkehr gesperrten Feldweg nach rechts. Er führt direkt nach *Winzeln*.

Beim Friedhof biegen wir scharf rechts ab und radeln auf fast steigungsfreiem Sträßchen nach *Waldmössingen* hinüber. Auf der Landstraße geht die Fahrt nach *Heiligenbronn*. Dort biegt am Ortsausgang ein Feldsträßchen (Sperrzeichen 2,5 t) nach rechts ab. Es meidet die Fahrstraße und mündet bei einem Steinkreuz wieder in die Verkehrsstraße ein.

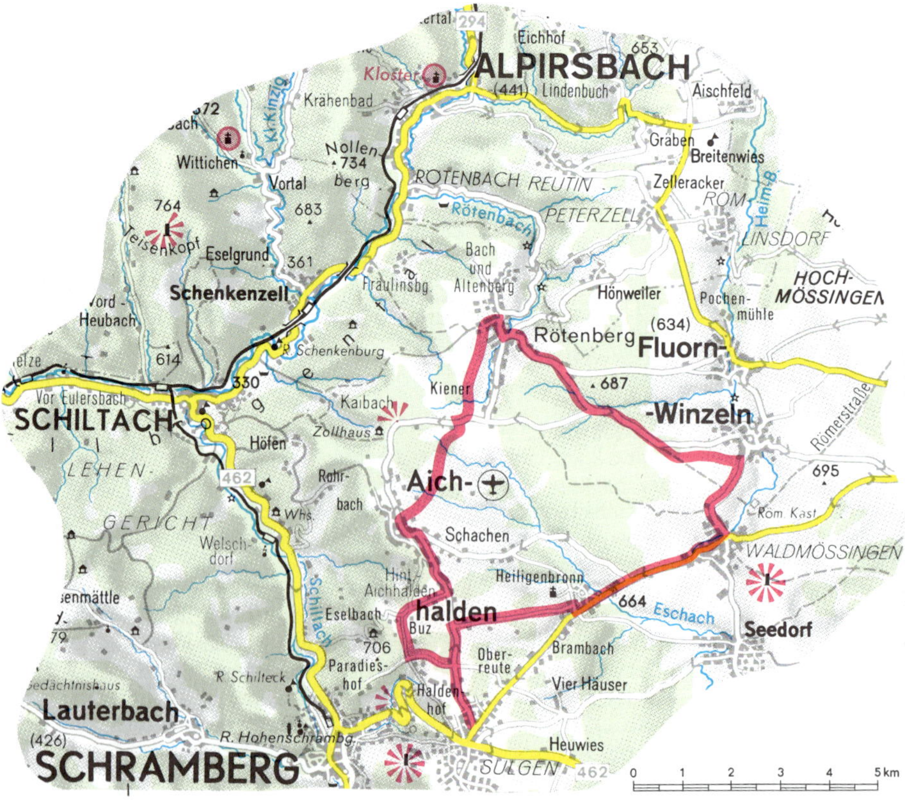

Nach links führt der direkte Weg nach Sulgen zurück. Wer jedoch nur wenige hundert Meter nach rechts radelt, entdeckt den Wegweiser „Buz–Riesen–Eselbach". Dort münden wir in den Herweg ein und folgen dem bereits vertrauten ruhigen „Schleichweg" zurück zum Ausgangspunkt Sulgen.

200

Von Rottweil aus südwärts durch das Tal des jungen Neckar, der hier eine tiefe Schlucht geschaffen hat

Ausgangspunkt Bahnhof in Rottweil
Tourenlänge 28 km
Fahrzeit $2\frac{1}{2}$ Stunden
Höhenunterschiede Insgesamt etwa 180 m, keine längeren Steige- oder Schiebestrecken
Tourenbeschreibung Aus dem Bahnhof tretend, radeln wir nach links über die Lehrstraße zur Römerstraße, biegen vor der Kirche rechts ab (Armlederstraße) und münden in die stark befahrene Tuttlinger Straße nach links ein (Spiegel, Vorsicht!). Nach wenigen Metern (Brauereigaststätte Pflug) biegt das Fahrsträßchen nach *Bühlingen* nach rechts ab (Wegweiser). Die Fahrstraße steigt leicht an und in *Hochhalden* (Gasthaus Rössle) übernimmt die zuverlässige Radwegmarkierung R 1 wieder die sichere Führung.

Unsere Radelstrecke führt durch den Buchwald, wechselt zwar mehrfach die Richtung, ist aber so zweifelsfrei beschildert, daß ein Verfahren praktisch ausgeschlossen ist. Schließlich überqueren wir die Autobahn, radeln nach rechts zu den *Hinterhölzerhöfen* und über die *Maienbühlhöfe* zum *Langenfeldhof.* Wir radeln weiter bis kurz vor der Autobahn, biegen rechts ab und erreichen das Neckartal (hübscher Rastplatz an ehemaligem Steinbruch). Nun folgt unsere Rundfahrt dem Lauf des Neckars und führt nach *Deißlingen.* Auf dem Radweg fahren wir bis *Lauffen,* berühren den Ortsrand (Friedhof) und münden in Hochhalden wieder in die Anfangsstrecke der Rundfahrt ein.

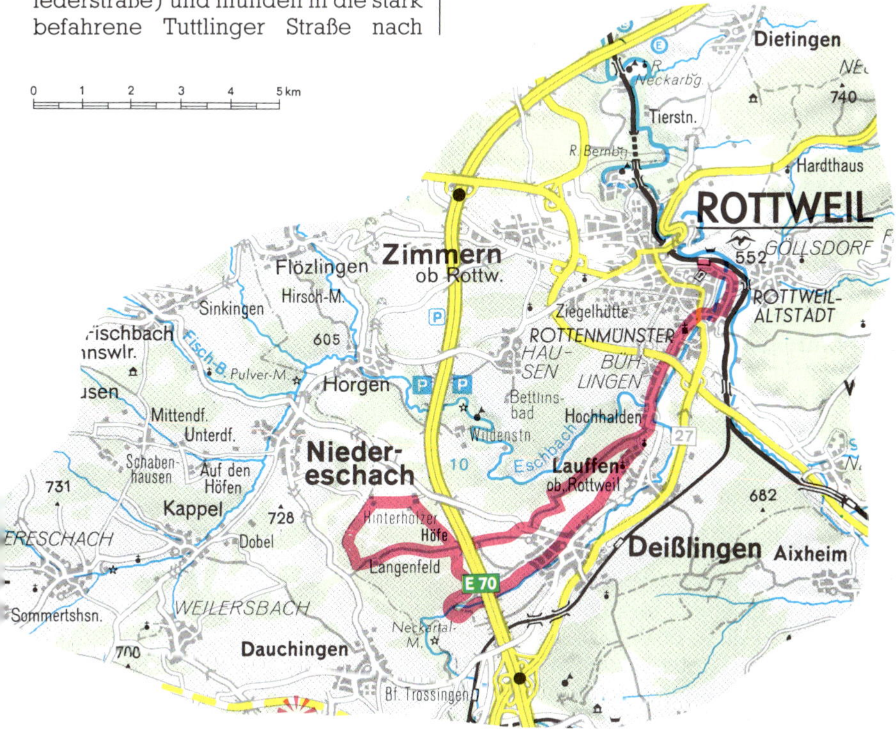

201

Rundfahrt durch die schöne Schwarzwaldlandschaft bei Bad Dürrheim (Radwanderweg 1)

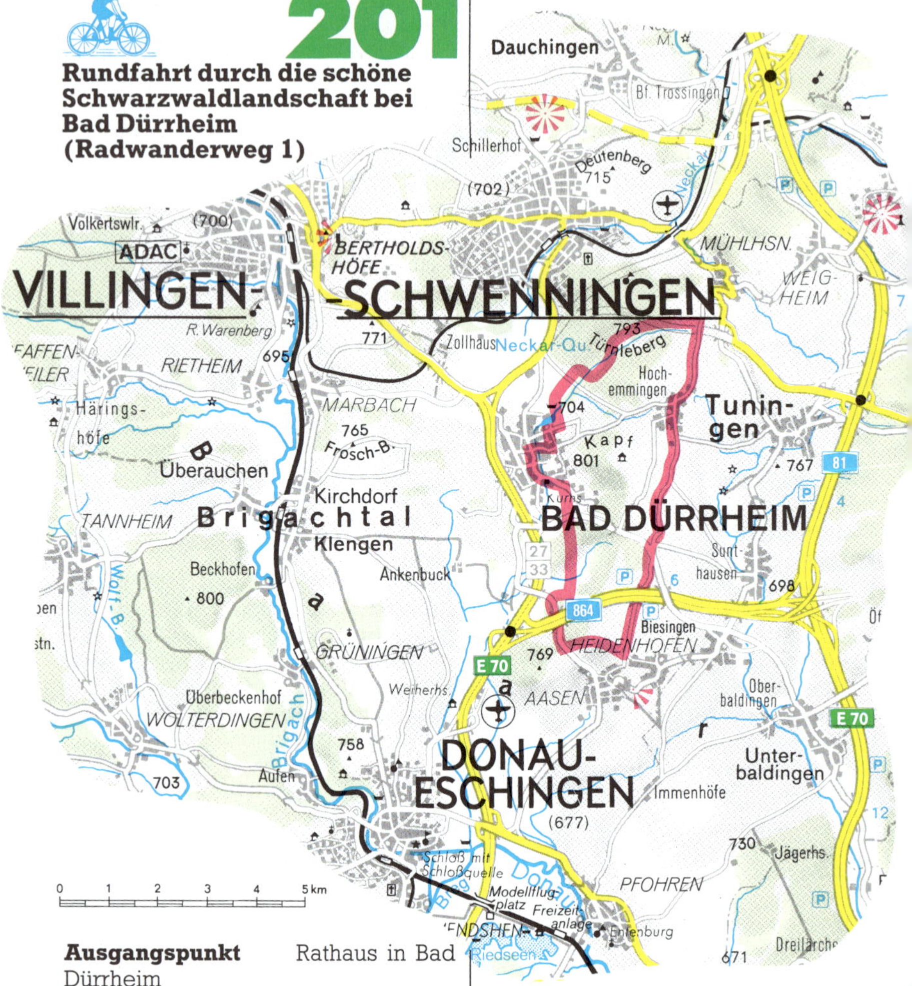

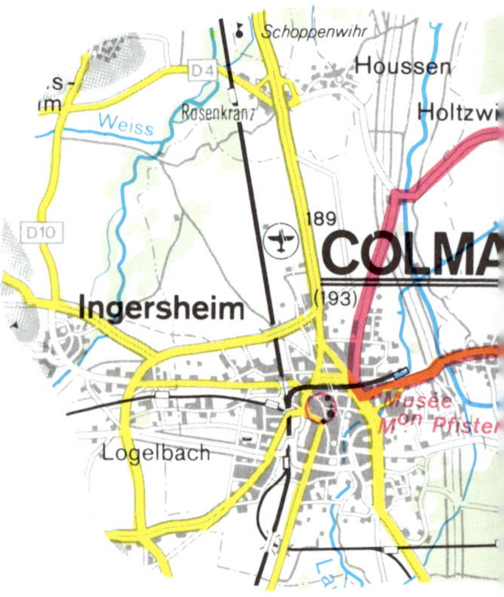

Ausgangspunkt Rathaus in Bad Dürrheim
Tourenlänge 18 km
Fahrzeit $1^1/_2$ Stunden
Höhenunterschiede Insgesamt etwa 60 m
Tourenbeschreibung Wer die Radrundwanderwege um Bad Dürrheim erkunden will, braucht keine pfadfinderischen Fähigkeiten mitzubringen, denn die Markierungen (Radfahrer und Ziffer 1–3) zeigen ihm zuverlässig den Weg.

Wir beginnen beim Rathaus (Fahrradverleih) und verlassen den Badeort über Luisenstraße – Hofstraße, biegen beim Gasthof Engel rechts ab und radeln über Karlsstraße und den Konrad-Heby-Weg zum Salinenseewald. Jetzt liegt vor uns das moderne Bildungszentrum am Waldrand.

Wir radeln links vorbei, queren die Umgehungsstraße und fahren durch das Wittmanstal bis zur *Musel-Quelle.* Jetzt geht es nach rechts weiter und über die Mühlhauser Straße nach *Hochemmingen,* einem Stadtteil von Bad Dürrheim. Wir halten uns zunächst geradeaus in Richtung Tuningen, biegen aber am Ortsende rechts ab (Radwegmarkierung beachten!) und fahren nun in südlicher Richtung weiter in Richtung Aasen bis zum Aussichtspunkt *Bettelhanse-Kreuz.*

Hier weist unsere Rundwegmarkierung nach rechts, und wir müssen über den Höhenweg Katzenrain eine kurze Steilabfahrt bewältigen, ehe wir die Straße Bad Dürrheim–Aasen erreichen. Wir biegen scharf rechts ab, unterqueren den Autobahnzubringer und radeln nach rechts an Aussiedlerhöfen vorbei und durch das Kurgebiet nach Bad Dürrheim zurück.

202

Von Breisach aus durch kleine elsässische Dörfer zur malerischen Stadt Colmar

Ausgangspunkt Breisach, Parkplatz beim Bahnhof oder in der Stadtmitte

Tourenlänge 55 km, jedoch sehr variabel

Anmerkung Die Tour verläuft über viele ruhige und steigungsfreie Nebensträßchen. Allerdings fehlen in den winzigen Dörfern oft die Straßenwegweiser – ein guter Grund mit den Bewohnern ins Gespräch zu kommen. – Ausweis nicht vergessen, obwohl Grenzkontrollen nur selten sind.

Fahrzeit $3\frac{1}{2}$ Stunden

Tourenbeschreibung Die Auffahrt zur Rheinbrücke ist ab Breisach in Richtung Frankreich – Colmar beschildert. 700 m nach der Brückenrampe biegen wir nach rechts ab (Wegweiser „Vogelsheim 0,9 km") und verlassen damit die Hauptstraße. Nun genügt für den weiteren Streckenverlauf die einfache Aufzählung der Ortsnamen (siehe jedoch Anmerkung).

Wir radeln über *Vogelsheim* nach *Biesheim,* biegen hier an der Ampel links ab nach *Widensohlen* und folgen den fast autofreien Fahrsträßchen über *Urschenheim* – *Fortschwihr* – *Bischwihr* – *Wihr* nach *Horbourg* am Stadtrand von Colmar. Auf der Straße 415 radeln wir zur Stadtmitte.

Der Rückweg beginnt in nördlicher Richtung über die Rue du Ladhof (Wegweiser „Stadion"). Bei der *Auberge du Ladhof* (4 km ab Stadtmitte) biegen wir rechts ab nach *Holtzwihr* und *Wickerschwihr,* queren den Ca-

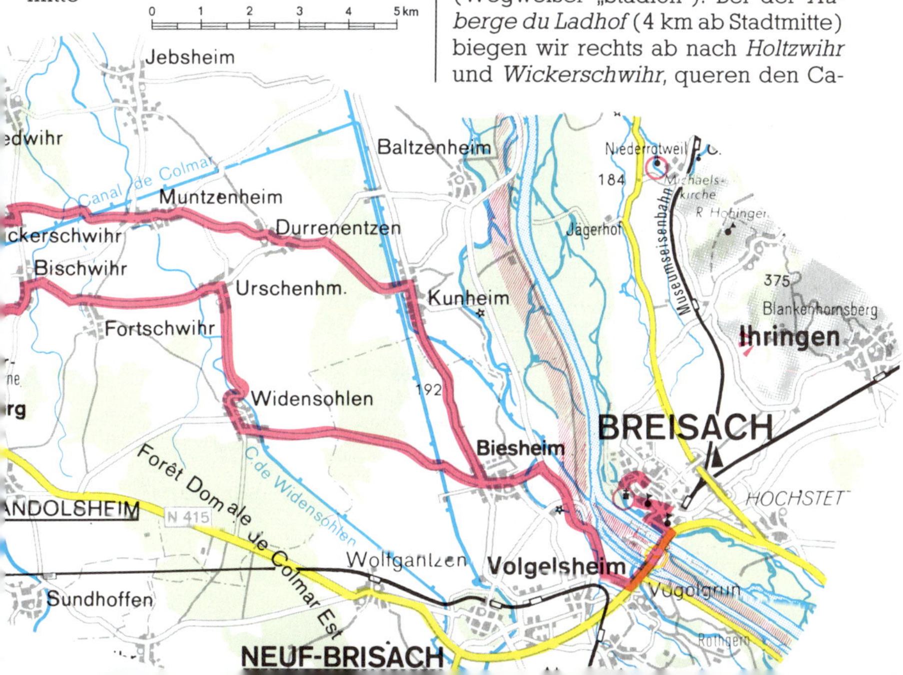

nal de Colmar und erreichen *Muntzenheim. Durrenentzen – Kunheim – Biesheim* sind die nächsten Orte, ehe wir auf vertrauter Strecke zur Rheinbrücke und zurück nach Breisach radeln.

203

Große Rundfahrt ab Freiburg über den Schauinsland und durch das Wiesental

Ausgangspunkt Freiburg, Parkplatz nahe der Jugendherberge oder bei der Talstation der Schauinslandbahn

Tourenlänge 130 km

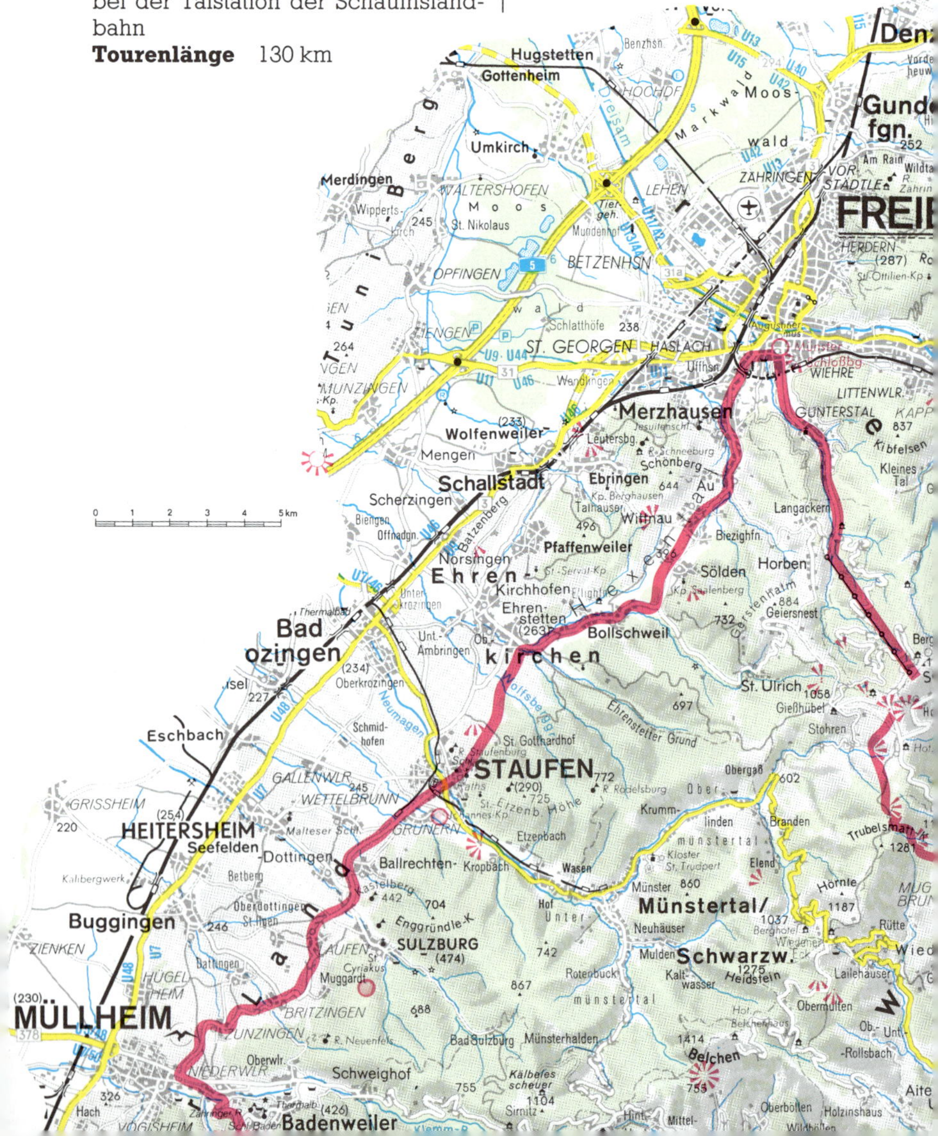

Fahrzeit Wegen der Länge dieser Rundfahrt sehr variabel, siehe Anmerkung

Höhenunterschiede Insgesamt etwa 500 m

Anmerkung Mit der Schauinslandbahn werden 747 Höhenmeter überwunden. – Auf halbem Weg der Rundtour liegt die Jugendherberge Platzhof, so daß man die Tour auch auf zwei Tage verteilen kann.

Tourenbeschreibung Von der Jugendherberge Freiburg aus gilt es zunächst, auf die gegenüberliegende Seite des Dreisamtales zu wechseln. Wir fahren zur Schwarzwaldstraße und verlassen diese nach links über die Adolf-Schmitthenner-Straße, Weismannstraße, Gerbertstraße, Hammerschmiedstraße. Jetzt ist die Waldseestraße erreicht, der wir nach rechts bis vor einen Bahnübergang folgen. Noch vor den Schienen verläuft nach links ein für Kfz gesperrtes Sträßchen (links am Felsen Kriegerdenkmal), es folgt dem Waldrand, führt hinter dem Bahnhof Wiehre vorbei und mündet später wieder in die Fahrstraße nach Günterstal ein. Die weitere Zufahrt zur Talstation der Schauinslandbahn ist gut bezeichnet. Die nun folgende 12 km lange Bergstrecke mag eine Herausforderung für besonders sportliche Radfahrer sein, Radwanderer – und für sie wurde dieser Führer erarbeitet – werden das bequeme Hinaufschweben bevorzugen.

Nach der Auffahrt mit der Gondelbahn radeln wir auf dem aussichts-

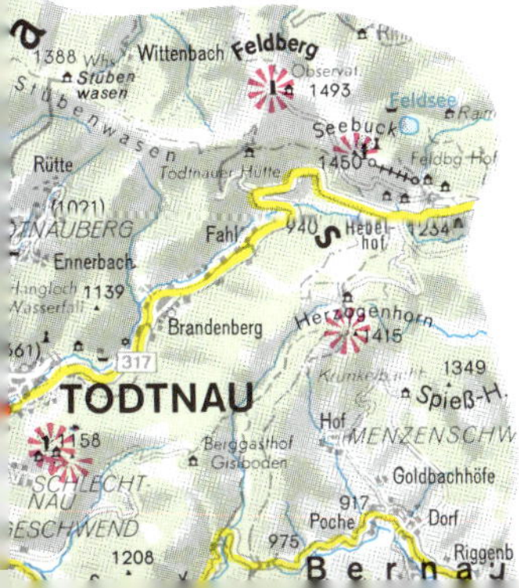

reichen Höhenkamm bis zum *Notschrei,* dann folgt die lange und schnelle Abfahrt hinunter nach *Todtnau.* In Todtnau vertrauen wir uns den zuverlässigen Wegmarkierungen des Todtnauerli-Weges an. Auf der ehemaligen Bahntrasse entstand ein Wanderweg, der auch für Radfahrer freigegeben und gut zu befahren ist. Entlang der Wiese schlängelt sich der Weg talabwärts, nur ganz gelegentlich sind einige Höhenmeter anzusteigen. Wir folgen dem Wiesentalweg, der mit einem grünen Dreieck bezeichnet ist, bis Schopfheim. Von *Schopfheim* bis *Steinen* folgen wir der oft stark befahrenen B 317, biegen dann aber nach rechts ab und steigen über *Kloster Weitenau* nach *Schlächtenhaus* an. Auf der Weiterfahrt in Richtung Kandern erreichen wir bald darauf die *Jugendherberge Platzhof.* Die Rückfahrt erfolgt über Kandern. Nach einer flotten Abfahrt zum Brezelstädtchen Kandern folgt wieder ein kräftiger Anstieg in die Vorbergzone nach *Sitzenkirch* und bis zur St.-Johann-Breite, anschließend eine Abfahrt mit schönem Panoramablick. Nach Durchfahren des Weilers *Sehringen* gabelt sich die Straße. Wir halten uns kurz nach rechts, bis gleich darauf ein Sträßchen nach *Lipburg* abzweigt – es beginnt eine fast abenteuerliche Abfahrt. Hinter Lipburg wird die Strecke wieder flacher; dann über *Niederweiler nach Müllheim.*

Schon 200 m nach der Ortstafel von Müllheim biegen wir rechts ab und radeln über die hübschen Dörfer *Zunzingen – Britzingen* nach *Laufen.* Die Straßenwegweiser nach *Staufen* zeigen den Weiterweg an, und bald taucht das alte Städtchen mit der Burg vor uns auf. Wir radeln in den Stadtkern mit seinen Kopfsteinpflasterstraßen hinein und folgen vom Marktplatz aus zunächst den Wegweisern zum Goethe-Institut. Später übernimmt die zuverlässige Markierung gelber Punkt (Bettlerpfad) die Führung. Der abwechslungsreiche Weg erreicht den St.-Gotthard-Hof, führt rechts vorbei und zieht durch die Wald- und Obstgartenlandschaft nach *Bollschweil.* Durch das Hexental führt die Straße über *Sölden-Wittnau* hinab nach *Au,* wir können streckenweise auf Radwege ausweichen. Jetzt ist der Stadtrand von Freiburg erreicht, und wir halten uns an die Straßenbeschilderung in Richtung Titisee-Kirchzarten. An der Schwarzwaldstraße entdecken wir schließlich den Wegweiser zur Jugendherberge, einige hundert Meter weiter bietet dann wieder ein (beheiztes) Freibad die nötige Erfrischung an.

OBERSCHWABEN UND BODENSEE

Durch eine Hügellandschaft mit ausgedehnten Obstgärten und rebbesetzten Hängen nähert man sich dem „Schwäbischen Meer", an dessen Ufer sich – vor der großartigen Kulisse der Alpen – freundliche Städte und Dörfer aneinanderreihen. Auf der Mainau, bekannt für ihr mildes Klima, gedeihen sogar einige tropische Pflanzen. Die Reichenau ist berühmt wegen ihrer Kirchenbauten aus dem frühen und späteren Mittelalter. In Oberschwaben setzte das Barock die glanzvollen Akzente: die Klosterkirche in Obermarchtal, das Münster Zwiefalten, die Abteien in Bad Schussenried und Weingarten. Eine landschaftliche Attraktion ist der moorige schilfumstandene Federsee.

Bodensee: Die Hafeneinfahrt von Lindau

Durch das schöne Donautal von Sigmaringen nach Ulm in drei Etappen

204

Erste Etappe: Donauabwärts von Sigmaringen nach Riedlingen – Abstecher gelten der Heuneburg und dem Hohmichele in Hundersingen sowie dem ehemaligen Kloster Heiligkreuztal

Ausgangspunkt Bahnhof in Sigmaringen
Tourenlänge 30 km
Fahrzeit $2^1/_2$ Stunden
Höhenunterschiede 95 m Steigung, 135 m Gefälle

Tourenbeschreibung Vom Bahnhof Sigmaringen aus besichtigt man zuerst die Stadt und radelt dann bis zum Kuppelbau auf der Straße in Richtung Pfullendorf. Hier hält man sich halb links, fährt am Friedhofsparkplatz und dann an der Kläranlage vorbei und radelt dann auf dem mit blauem Dreieck bezeichneten Teerweg, der sonn- und feiertags für Kraftfahrzeuge gesperrt ist, an der Donau entlang bis *Sigmaringendorf.* Auf der *Donaustraße,* bei der Kapelle, erreicht man die Straße, die man diesseits der Donau kreuzt. Unterhalb der Freilichtbühne bleibt man direkt am Fluß; der

Weg wird schlechter, es ist nur noch ein Feldweg. In *Scheer* steigt der Weg über den Tunnel. Hier geht es dann links abwärts, und man erreicht bei der Kapelle die B 32 nach Mengen. Gleich darauf biegt man halb rechts in die Bahnhofstraße ein und überquert die Gleise.

Nun radelt man auf dem Teerweg parallel zur Bahn nach *Ennetach.* Durch diesen hübschen Ort gelangt man nach rechts nach *Mengen.* Man bleibt auf der Hauptstraße mit den netten alten Häusern, bis die Eisenbahnstraße nach links abzweigt. Darauf überquert man wieder die Bahnlinie, dann die B 32 (Vorsicht, schneller Verkehr!) und radelt zunächst auf einem Teerweg zu einer kleinen Siedlung. Durch ein *Wasserschutzgebiet* kommt nach Waldhausen dann wieder auf den beschriebenen Weg zurück.) Von der dann wieder zu bezwingenden Höhe hat man einen schönen Blick auf Riedlingen, den Bussen und das Oberland. Mit 12 Prozent Gefälle gelangt man nach *Waldhausen.* Am Ortseingang von *Altheim,* bei der Kapelle, biegt man nach rechts, dem blauen Dreieck nach, in die *Schillerstraße* ein. Über die Donaustraße und links den Sandgrubenweg erreicht man geradeaus auf einem gesperrten Weg die Donau und radelt flußabwärts nach *Riedlingen.* Wer zur Stadt will, fährt links durch die Weihervorstadt; zum Bahnhof bleibt man direkt an der Donau, hält sich rechts, überquert die Brücke und fährt auf der Hauptstraße rechts.

gelangt man auf die Straße nach *Blochingen.*

Im Ort zweigt nach rechts die ausgebaute, wenig befahrene Straße ab, die mit herrlicher Aussicht aufs Oberland nach *Beuren* und *Hundersingen* führt. Vor dem 13prozentigen Gefälle biegt man links in die Straße nach Binzwangen ein. (Ein Lehrpfad Heuneburg – Hohmichele zweigt hier ab.) Etwas weiter, beim Talhof, ist dann der kürzeste Weg zur Heuneburg. Oberhalb Binzwangens kreuzt man die Straße nach Herbertingen. (Nach links kann man den Abstecher zum *Kloster Heiligkreuztal* machen und

205

Zweite Etappe: Donauabwärts von Riedlingen nach Ehingen – sehenswert die Kirchen in Zwiefalten und Obermarchtal

Ausgangspunkt Bahnhof in Riedlingen (Karte s. Seite 466)
Tourenlänge 42 km
Fahrzeit Etwa 4 Stunden
Höhenunterschiede Die Fahrt verläuft zwischen 510 und 580 m Meereshöhe

Tourenbeschreibung Vom Bahnhof Riedlingen wendet man sich gleich vor der Kanalbrücke nach rechts stadteinwärts und fährt die kleine Straße am Kanal entlang bis vor den Bahnübergang beim *Vöhringer Hof.* Hier hält man sich auf dem Teerweg links, fährt am Klärwerk vorbei und auf dem schlechten Stück nach dem Übergang über das Altwasser geradeaus neben dem Ried aufs Bahngleis zu, diesem entlang über die *Kanzachbrücke* bis zum Bahnübergang vor dem stillgelegten *Bahnhof Unlingen.* Nach dem Überqueren der Gleise und dem leichten Anstieg folgt man links dem 3,5-t-Teerweg an dem Hof entlang. Dieser Weg führt dann an der Donau entlang nach *Zell.* Man kreuzt die Kreisstraße und bleibt diesseits neben der Bahn auf dem Feld- und Wanderweg, der über die Eisenbahnbrücke über die Donau nach *Zwiefaltendorf* führt.

Im Ort fährt man am *Schloß* vorbei, dann geht es über die *Ach* und schließlich bergauf der Kreisstraße 7337 entlang nach *Emeringen.* Am Ortsausgang bei der *Kapelle* findet man ein blaues Dreieck, das nach rechts weist, und erreicht auf einem Feldweg oberhalb der *Braunsel* wieder das *Donautal.* Das kurze Stück Privatweg schiebt man das Fahrrad am besten „auf eigene Gefahr". In *Rechtenstein* steigt links aufwärts die Straße nach Hayingen. In der Linkskurve beim Wanderparkplatz radelt man das 6-t-Sträßle geradeaus und an der Gabelung links. (Hier hat man einen schönen Blick aufs barocke Kloster Obermarchtal.)

Etwa 200 m nach dem Bildstock führt der Weg rechts weiter nach *Talheim,* wo man dem Wegzeiger nach Lauterach folgt. Man kann nun entweder auf der Straße, an *Mochental* und *Kirchen* vorbei, über *Schlechtenfeld* direkt nach Ehingen radeln, oder man biegt in *Lauterach* nach *Neuburg* ab, das hübsch über der Donau liegt (Kirche), und fährt im Bogen durch den Weiler, hält sich am Ortsendeschild rechts, auf dem Landwirtschaftsweg am Hang geradeaus, auch an der Gabelung, und erreicht nach einer Senke nach rechts über eine Kreuzung der B 311 *Untermarchtal.*

Auf der Munderkinger Straße fährt man bis vor die einzeln stehende Frauenkirche, zweigt dann rechts ab und radelt über *Algershofen* nach *Munderkingen.* Man fährt nach *Emerkingen* und dort bei den ersten Häusern links das 6-t-Sträßle an der Pappelreihe am *Dobelbach* entlang und schließlich durch die *Neumühle* auf die Landesstraße, die man vor der Donaubrücke überquert. Auf der Landesstraße 257 radelt man in Richtung Kirchbierlingen, biegt aber, vor der Brücke vor dem Ort, links zum Kieswerk ab und erreicht die Donau. Vor der Brücke bleibt man auf dem Teerweg rechts und gelangt am Ried entlang auf der nächsten Donaubrücke nach *Dettingen.* Auf dem Radweg der B 465 fährt man dann schließlich nach Ehingen.

Karte zu Tour 205

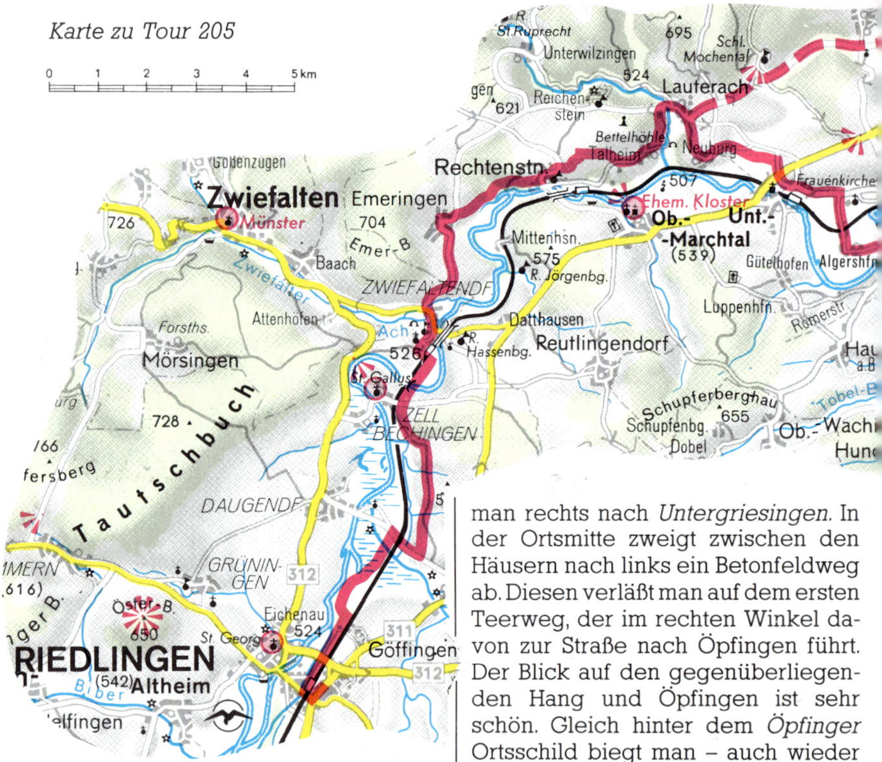

206

Dritte Etappe: Donauabwärts von Ehingen nach Ulm, vorbei an mehreren Donaustauseen, wo seltene Vögel anzutreffen sind

Ausgangspunkt Bahnhof in Ehingen
Tourenlänge 30 km
Fahrzeit $2^1/_2$ Stunden
Tourenbeschreibung Vom Bahnhof Ehingen fährt man zunächst in die Stadtmitte und folgt vom Rathaus ab der *Lindenstraße* ortsauswärts und dem Wegzeiger nach Biberach. Entlang der B 465 verläuft ein Radweg. Gleich nach der Brücke über die Donau hält man sich auf der *Brückenstraße* nach links und schiebt dann das Fahrrad die Siebenjauchertstraße rechts aufwärts. Man erreicht dann die Kreisstraße 7355, der man nach links in Richtung Nasgenstadt folgt. Bei der nächsten Einmündung radelt man rechts nach *Untergriesingen.* In der Ortsmitte zweigt zwischen den Häusern nach links ein Betonfeldweg ab. Diesen verläßt man auf dem ersten Teerweg, der im rechten Winkel davon zur Straße nach Öpfingen führt. Der Blick auf den gegenüberliegenden Hang und Öpfingen ist sehr schön. Gleich hinter dem *Öpfinger* Ortsschild biegt man – auch wieder zwischen den Häusern – in den Teerfeldweg ein. Man überquert unter-

halb *Risstissens* die Riß, kurz vor ihrer Mündung in die Donau, und radelt weiter nach *Ersingen*.

Auf der Straße nach Dellmensingen vor dem Parkplatz am Wald zweigt nach links vor der Fabrik ein Fahrweg zum Stauwehr ab (Bademöglichkeit „auf eigene Gefahr"). Sollte ein Wehrsträßchen offen sein, kann man hier weiter zur nächsten Brücke fahren und dann nach rechts über den Feldweg zur Dellmensinger Straße gelangen. Sonst radelt man nach dem Wäldchen weiter, bis man nach dem Umspannwerk nach *Erbach* abbiegt. Auf der B 311 muß man durch den Ort fahren. Bei der letzten Ampel dem Wegweiser *Sportanlagen* folgen. Nach der Bahn auf den Anliegerweg, dann nach links in die Allee neben der Bahnlinie.

Am *Segelfluggelände* und dem Marterl von 1931 vorbei, kreuzt man die Straße. Beim Bahnübergang der

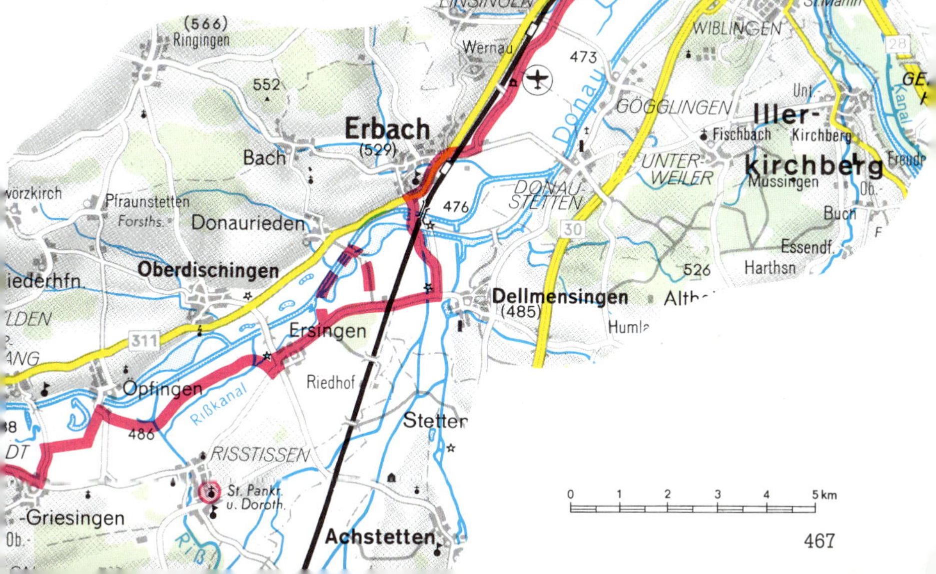

alten Straße bleibt man diesseits der Bahn und hält sich im Industriegelände möglichst nahe am Gleis. Durch die Boschstraße zur Daimlerstraße, durch die Unterführung weiter diesseits der Bahn, am Haltepunkt *Donautal* vorbei und auf dem Radweg Donau-Bodensee zwischen Bahn und Fluß nach der Bahnbrücke links zum Bahnhof.

Auf dem Donau-Bodensee-Radweg in zwei Etappen von Ulm nach Bad Waldsee

207

Erste Etappe: Von Ulm zum Kloster Ochsenhausen

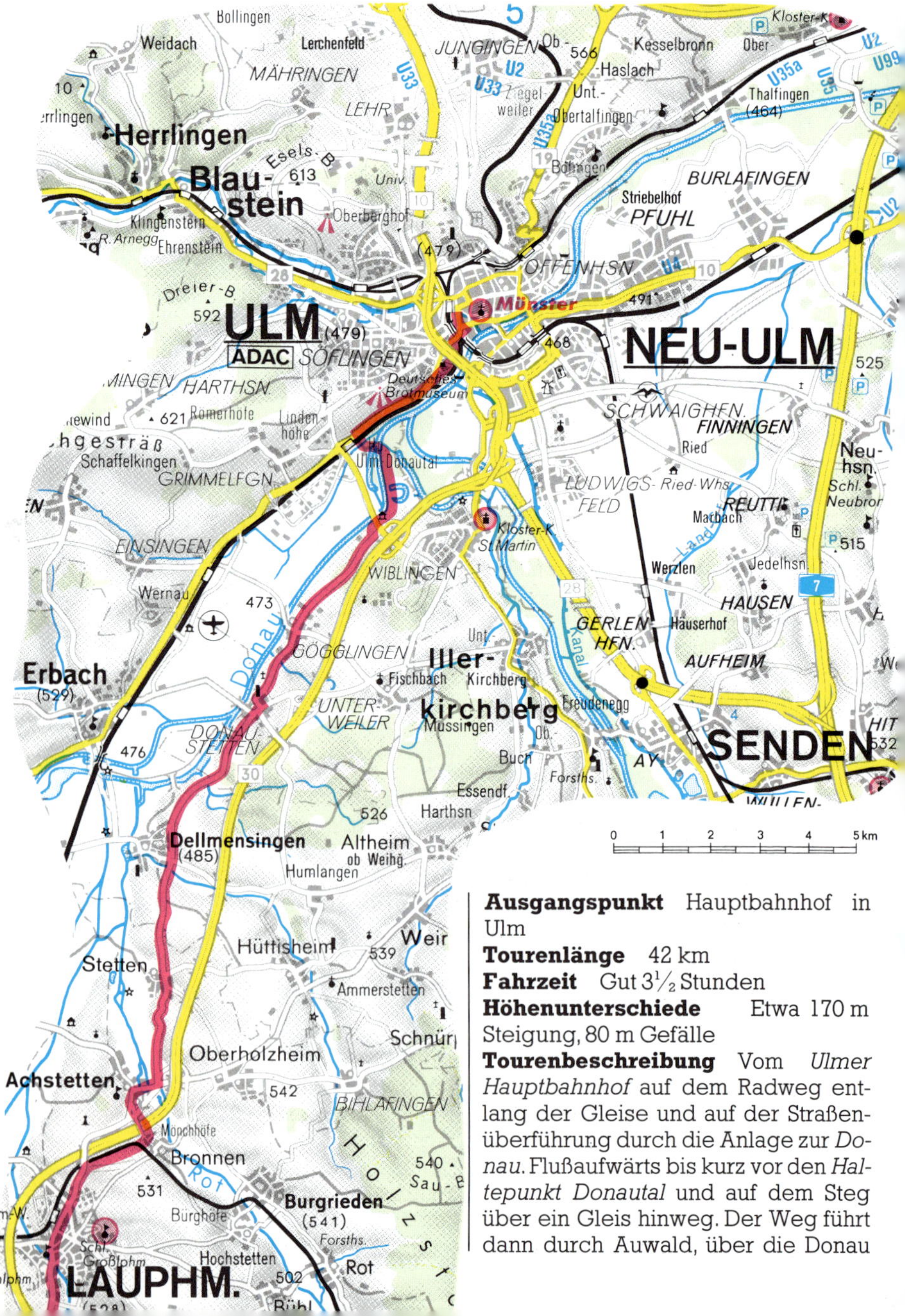

Ausgangspunkt Hauptbahnhof in Ulm
Tourenlänge 42 km
Fahrzeit Gut $3\frac{1}{2}$ Stunden
Höhenunterschiede Etwa 170 m Steigung, 80 m Gefälle
Tourenbeschreibung Vom *Ulmer Hauptbahnhof* auf dem Radweg entlang der Gleise und auf der Straßenüberführung durch die Anlage zur *Donau*. Flußaufwärts bis kurz vor den *Haltepunkt Donautal* und auf dem Steg über ein Gleis hinweg. Der Weg führt dann durch Auwald, über die Donau

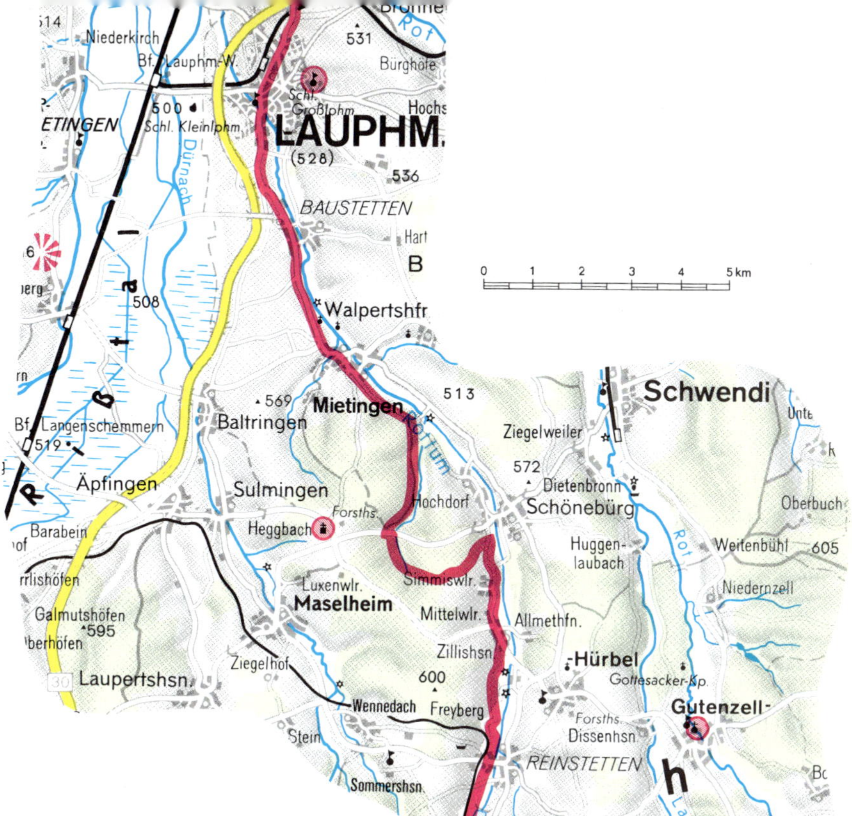

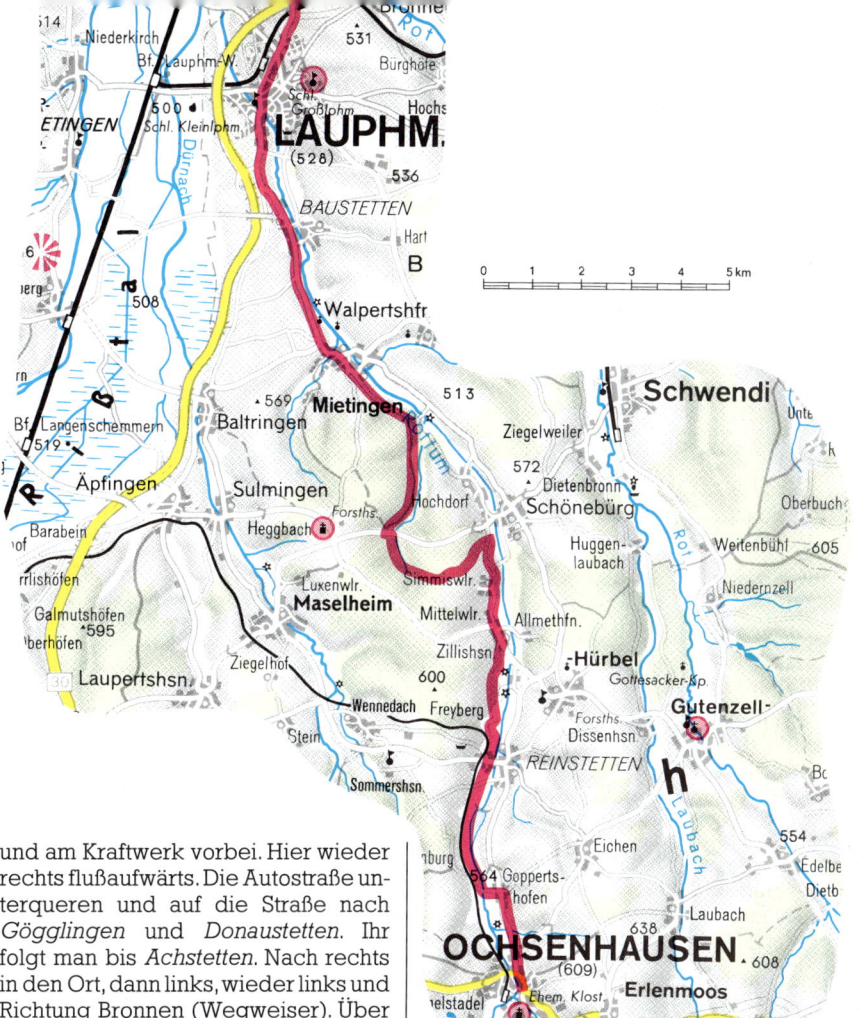

und am Kraftwerk vorbei. Hier wieder rechts flußaufwärts. Die Autostraße unterqueren und auf die Straße nach *Gögglingen* und *Donaustetten*. Ihr folgt man bis *Achstetten*. Nach rechts in den Ort, dann links, wieder links und Richtung Bronnen (Wegweiser). Über die Brücke der B 30. Gleich hinter dem Rastplatz nach rechts und weiter neben der Bundesstraße, dann auf der Landstraße, über die Gleise, nach *Laupheim*. Dem Wegweiser „Stadtmitte", dann „Flugplatz" folgen, aber beim „Mohren" rechts ab in die *Lange Straße* ortsauswärts und auf dem Radweg nach *Baustetten*. Beim „Storchen" links weiter auf der Hauptstraße durch den Ort. Vor der Brücke über die *Rottum* und der Mälzerei nach links in den Landwirtschaftsweg und am Bach entlang nach *Mietingen*. Den Ort durchqueren und auf die andere Talseite fahren, dann links am Hang auf dem Feldweg weiter bis oberhalb der Sägmühle. Hier halbrechts in den Forstweg (Radweg) ab. An einem verschilften Weiher erreicht man die Straße von Schönebürg nach Heggbach, kreuzt sie und gelangt, am nächsten Weiher vorbei, wieder auf den Hangweg im *Rottumtal*.

Durch den Wald mit dem blauen Zeichen des Donau-Bodensee-Radwegs bzw. dem grünen Radwegzeichen. Am Waldstück „Kohlplatte" (Wegkreuzung) links halten, an einer Vesperhütte vorbei (RW-Zeichen) nun durch den *Schelmengrund* ans Waldende. Auf dem bezeichneten Weg geradeaus nach *Schönebürg*. Rechts in den Ort, dann wieder rechts den Ehrlerweg aufwärts. Weiter diesseits der Rottum am Hang entlang: an *Simmisweiler* und *Mittelweiler* vorbei, geradeaus durch *Zillishausen* und unterhalb der ehemaligen Burg Freyberg. Die Straße nach Biberach versetzt kreuzen und am Lagerhaus vorbei neben den Gleisen bachaufwärts. Kloster Ochsenhausen ist nun in Sicht. Beim zweiten Bahnübergang dem Radzeichen nach links folgen. In *Goppertshofen* nach rechts auf die Straße nach *Ochsenhausen* (Radweg).

208

Zweite Etappe: Von Ochsenhausen nach Bad Waldsee – sehenswerte Kirchen findet man in Bellamont, Füramoos und Haisterkirch

Ausgangspunkt Bahnhof in Ochsenhausen
Tourenlänge 35 km
Fahrzeit 3 Stunden
Höhenunterschiede Etwa 230 m Steigung
Tourenbeschreibung Man verläßt Ochsenhausen in Richtung nach Bad Wurzach – Rottum, fährt vor dem *Kloster* rechts aufwärts und folgt dann dem Wegweiser Eberhardzell nach *Hattenburg*, das seinen Namen nach einer abgegangenen Burg hat. Man durchquert den Ort und zweigt vor dem Weiher von der Kreisstraße 7569 nach links ab, fährt durch ein *Fluggelände* und den *Ziegelhauwald*, biegt bei der Gabelung am *Hof Schiele* links ab nach *Rottum*. Hier muß man unter der Straße durch und über die Rottum radeln, findet dann an der Telefonzelle das Radwegzeichen und schiebt das Rad steil aufwärts. An einigen Höfen vorbei, mit hübschem Blick in die Täler, erreicht man auf einem Schotterweg *Bellamont* (den schönen Berg). Die Kirche beherrscht die ganze Gegend. Man fährt durch die Ortschaft und erreicht *Füramoos*.

Auf der Straße nach Ellwangen fährt man bis zum Ortsende, hält sich hier rechts, nach 100 m wieder rechts (bezeichnet mit Radwegzeichen) und gelangt im Bogen nach *Solben*. Man radelt nach rechts und auf dem Weg nach links direkt nach *Wolfartsweiler*. (Der ausgeschilderte Radweg führt über Adelshofen, von dort auf der Straße mit 15% Gefälle nach Wolfartsweiler.) Zuerst geht es rechts aufwärts, dann fährt man links nach *Menhardsweiler*, wo es wieder links nach *Unterschwarzach* ansteigt. *Unterschwarzach* gehört zu Bad Wurzach.

Auf der Bundesstraße fährt man 100 m nach links und zweigt dann in die 3,5-t-Anliegerstraße nach rechts ab. Bei der Gabelung vor dem *Greuthof* hält man sich links und tritt an den *Riedhöfen* vorbei, aufwärts nach *Ziegolz*. Schon hier am Hang hat man einen schönen Blick über das Wurzacher Ried. Nach *Wengen* geht es bergab, dann aber muß man rechts und das Fahrrad etwa 500 m steil aufwärts auf die *Grabener Höhe* schie-

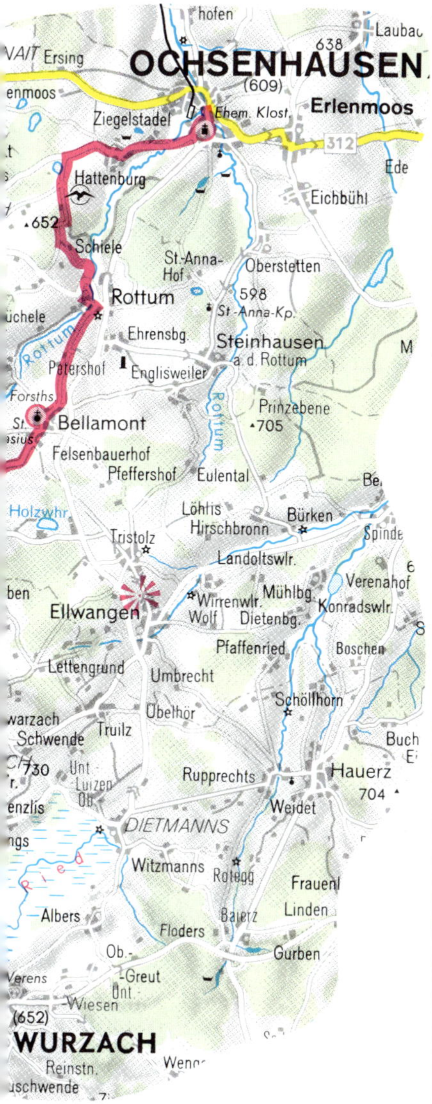

ben. Außer dem bezeichneten Radweg verläuft hier auch der „Schwarzwald-Alb-Allgäu-Weg". Der Moränenhügel bietet nach Süden den Ausblick über das Wurzacher Ried auf die Alpen, von der Zugspitze bis in die Schweiz, nach Norden zum Bussen und auf die Alb bis zum Ulmer Münster.

Nun geht es abwärts nach *Graben* und auf die Straße nach Osterhofen. Nach der Kuppe im Wald weist das Radzeichen links auf einen Forstweg hin. Man folgt ihm zur *Sebastianskapelle* und auf dem Stationsweg nach *Haisterkirch,* das zu Bad Waldsee gehört. Auf der Wendelinstraße fährt man nach links und biegt etwa 500 m nach dem Ortsende an der Kapelle rechts ab zum Wald. Bei der Tafel mit dem geologischen Schnitt erreicht man den Tannenbühl, und an Trimmpfad, Wildgehege und Spielplatz vorbei, radelt man über die Umgehungsstraße nach *Waldsee.*

209

Durch das Allgäu zum Bodensee: von Wangen nach Lindau

Ausgangspunkt Bahnhof in Wangen
Tourenlänge 26 km
Fahrzeit 3 Stunden
Höhenunterschiede Etwa 40 m Steigung, 195 m Gefälle
Anmerkung: Dies ist eine leichte Tour durch das Westallgäuer Hügelland. Wir radeln überwiegend auf asphaltierten Wegen und berühren viele Weiler und Einödhöfe. Der Stokkenweiler Weiher bietet eine gute Bademöglichkeit. – In Wangen lassen sich prächtige Bürgerhäuser und Brunnen bewundern. In der Badstube von 1589 werden mittelalterliche Badesitten anschaulich dargestellt.
Tourenbeschreibung Vom Bahnhof *Wangen* zum Martinstorplatz und weiter geradeaus auf der Klosterstraße zum Festplatz und rechts auf den Aumühleweg, der in den Kanalweg übergeht. Kurz vor der Bahnlinie queren wir die *Obere Argen*, biegen rechts in den Herzmannser Weg ein, unterqueren die Bahnlinie, folgen der *Oberen Argen*, unterqueren den Südring, folgen weiter dem Herzmannser Weg und verlassen die Stadt. Vor einem Wäldchen rechts und über *Elitz* nach *Welbrechts*. Links Richtung Hergatz, aber gleich wieder rechts und über die Siedlungen *Löwenhorn* und *Schuppenberg* nach *Untermooweiler*. An der kleinen Kirche vorbei und am *Degermoos* (Naturschutzgebiet) entlang über *Engetsweiler* nach *Degetsweiler*. Dort links zum Weiler *Volklings*. Wir halten uns wieder links,

radeln dann um das Nordufer des *Stockenweiler Weihers* herum, queren die Bahnlinie und erreichen *Stockenweiler*.

Wir halten uns rechts, queren vorsichtig die stark befahrene B 12 und radeln auf schmalem Weg nach *Hergensweiler*. Geradenwegs durch den Ort. An der Kirche St. Ambrosius vorbei Richtung B 308. Nach etwa 1 km links zu einem Wäldchen, dann rechts ab und zur B 308. Wir folgen ihr etwa

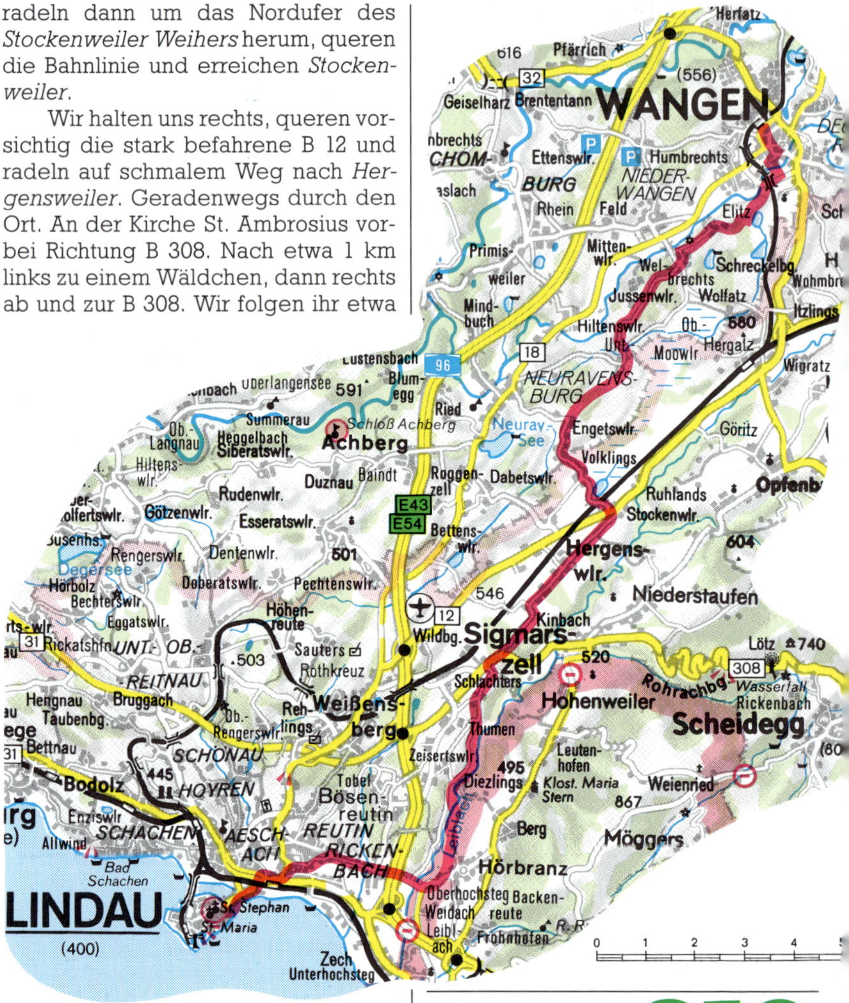

500 m, biegen dann nach links ab Richtung Sigmarszell, biegen aber bereits 100 m weiter wieder rechts ab und erreichen *Thumen*. Hier links. Wir passieren die Siedlung *Laiblachsberg*, folgen dann dem Lauf der *Laiblach*, die hier die Grenze zu Österreich bildet, und biegen nahe beim zur Linken liegenden Zollamt rechts in die Straße nach Reutin ein. Wir unterqueren die A 96, folgen der Oberhochstegstraße in die Rickenbacher Straße hinein und erreichen die B 31. Wir folgen ihr etwa 600 m nach rechts Richtung Friedrichshafen, biegen links ab, queren die Gleise und radeln über die Seebrücke auf die Insel *Lindau*. Ein Stadtrundgang ist obligatorisch.

210

Von der Inselstadt Lindau entlang dem Bodensee nach Überlingen – eine erlebnisreiche Radtour, die durch zahlreiche malerische Orte mit bedeutenden Baudenkmälern und reizvolle Landschaften führt

Ausgangspunkt Hauptbahnhof in Lindau
Tourenlänge 60 km
Fahrzeit 5 Stunden
Höhenunterschiede Zwischen 400 und 450 m auf der Strecke Lindau – Meersburg, 225 m Steigung und 240 m Gefälle zwischen Meersburg und Überlingen

Tourenbeschreibung Vom Hauptbahnhof *Lindau* radelt man zur Post, überquert die Bahnhofstraße, fährt die Dammsteggasse und den Eisenbahndamm entlang bis zum *Aeschacher Ufer.* Der Damm schließt zusammen mit der Straßenbrücke den *Kleinen See* zwischen Festland und Insel ein. Am Ende des Damms wendet man sich nach links über die Gleise und benutzt jetzt den Radweg am Ufer entlang durch die *Giebelbachstraße, Schachener Straße.* Nach 500 m biegt man nach links in den *Öschländer Weg* ein, kommt durch den *Lindenhofweg* und dann links in die *Almandstraße.* Durch *Reutenen* gelangt man nach *Wasserburg*, radelt auf der ausgeschilderten Strecke zur Halbinsel mit Schloß, Kirche und Friedhof. Auf dem Rückweg von der Halbinsel wendet man sich geradeaus, am Parkplatz vorbei nach links. Auf dem gesperrten Teerweg durchs Naturschutzgebiet (Rückblick auf Wasserburg) bleibt man diesseits der Bahnlinie bis *Nonnenhorn.* Die Seestraße führt am Bad vorbei weiter, man biegt dann links in die Uferstraße ein bis *Kreßbronn.* An der Vorfahrtstraße weist das Radwegzeichen nach links. Auf der Bodanstraße, am Strandbad vorbei radelt man erst in Richtung Gohren, bleibt aber an der Kurve am Wald geradeaus auf dem Radweg nach *Tunau* (barockisierte alte Kirche). Hier wählt man den Wanderweg (Wegzeiger) nach *Gohren*, biegt nach links auf die Straße nach Langenargen und radelt über die *Argen* auf der ältesten Kabelhängebrücke Deutschlands. Gleich dahinter benutzt man den Wanderweg, der direkt an der Argen seewärts führt. Er verläuft dann im Bogen am Yachthafen vorbei zur Straße, die links zum See geht. Man bleibt durch *Langenargen* möglichst seenah (verkehrsberuhigte Zone). Die 1 km lange Seepromenade entstand 1975, als durch Aufschüttung 10 000 km^2 Land gewonnen wurden. Es geht am *Schloß Montfort* in der Unteren Seestraße, dann am Strandbad vorbei in Richtung Schwedi. Nach den französischen Kasernen hält man rechts in Richtung Moos, nach dem Sportplatz aber links (Radwegzeichen) über die *Schussenbrücke.* Durch einen militärischen Sicherheitsbereich radelt man durchs Naturschutzgebiet, am *Eriskircher* Freibad vorbei weiter und dann links auf dem Bodensee-Rundwanderweg (zunächst Fußweg), dann wieder geteert, weiter durchs Naturschutzgebiet. Das Eriskirchener Ried umfaßt eine Fläche von 221 ha und birgt eine Fülle seltener Pflanzen; außerdem wurden im Ried rund 180 Vogelarten beobachtet. Da es hier möglicherweise auch viele Fußgänger gibt, sind Radfahrer nur geduldet. Sie sollten Rücksicht nehmen und auch mal schieben! Wenn der Rundwanderweg später nur noch als Fußweg weiterverläuft, bleibt man auf dem Teerweg, bleibt vor der Bahnunterführung und der Bundesstraße in Richtung Lindau und radelt dann auf der Hauptstraße auf dem Radweg linker Hand. Zur „Stadtmitte" von *Friedrichshafen* und zur „Fähre" biegt man nach links ab, durchquert den Parkplatz und schiebt das Rad nach rechts durch die Bahnunterführung. Man kommt zum *Hafen* und radelt dann, der Spaziergänger wegen sehr rücksichtsvoll, am See entlang. (Wem es eilt, dem ist der Radstreifen an der Hauptstraße anzuraten.) Vor der *Graf-Zeppelin-Halle* biegt man lieber rechts auf die Straße, aber gleich nach der Parkhauseinfahrt wieder links ab zum Schloß mit der zweitürmigen Kirche. Am Strandbad vorbei durch die *Grundstraße* und die *Schmiedstraße* fährt man dem Radwegzeichen „Meersburg" nach, biegt rechts über die Bahn, dann in die *Zeppelinstraße* nach links ein und bleibt auf dem Radweg neben der Bundesstraße 31 durch *Seemoos, Manzell* und *Fischbach.* Nach *Immenstaad* geht es dann links abwärts. Durch den Ort (links ein Abstecher zur Schiffslände mit reizvoller Grünanlage) radelt man auf der Seestraße West am See entlang und weiter durch die Strandbadstraße. Der Seeuferweg ist dann für Radfahrer gesperrt, die über die *Kippenhornstraße* erst wieder nach links zum Seeufer kommen. Eventuell muß man sein Rad schieben, um niemanden zu belästigen; kommt dann durch den Park und ein Bootsgelände und biegt dort nach rechts ab, dann wieder

links über den Campingplatz nach *Hagnau.* Auch hier bleibt man am See und gelangt auf der Meersburger Straße an Hotels und einem Yachtklub vorbei nach *Meersburg* in die Unterstadt.

Man schiebt das Rad in *Meersburg* von der Unterstadt in die Oberstadt. (Der Radweg neben der alten Bundesstraße am See ist näher, aber ohne Wald.) An der Ampelkreuzung radelt man in Richtung Daisendorf geradeaus stadtauswärts. Beim „Letzten Heller" hält man vor der Brücke der Umgehungsstraße nach links auf den Wanderweg (blau-weiß) „Unteruhldingen", der zunächst parallel zur Straße verläuft. Man folgt dem „kleinen Naturpfad" an der ersten Gabelung links, am Parkplatz vorbei in den Wald. Im Bogen verläuft der Hauptweg, streckenweise als Sportpfad, an Sprunggrube und Hebelhölzern vorbei, leicht abwärts. Bei der Kreuzung an den Bänken wählt man den Bodenseerundwanderweg nach rechts, der auch als Hauptwanderweg bezeichnet ist. Dieser Beschilderung, immer leicht rechts abwärts, radelt man bis zum Waldende nach und bleibt weiterhin geradeaus bei diesem Zeichen (gelegentlich Radwegzeichen), dann an Höhlen vorbei abwärts. Man kreuzt die Meersburger Straße in *Unteruhldin-*

gen, hält an der Einmündung links (Radwegzeichen), dann wieder Bodenseerundwanderweg. An Segelhafen, Bad und Pfahlbauten vorbei (bei starkem Fußgängerverkehr schieben!); sonst die *Seefelder Straße* ortsauswärts radeln, und man gelangt nach *Seefelden.* Bei der Kirche wendet man sich nach links (Radwegzeichen, Bodenseerundwanderweg) und erreicht *Obermaurach.* Hier darf man nicht mehr weiterfahren, sondern muß aufsteigen zur *Birnau.* Am Platz vor dem Kloster geht der Bodenseerundwanderweg weiter, den man nun an der Bahn entlang benutzen muß, bis er bei *Nußdorf* in die Straße einmündet. Bei geringem Wanderverkehr kann man nun zwischen Bahn und See den Rundweg befahren, sonst bleibt man auf der Straße, die von Nußdorf nach *Überlingen* führt.

ALPENVORLAND ZWISCHEN DONAUWÖRTH UND KEMPTEN

Das Alpenvorland wird im Norden von Schwäbischer Alb, Frankenalb und Bayrischem Wald und im Süden von den Alpen begrenzt. Es ist eine riesige, von Gletschern glattgeschliffene Flach- und Hügellandschaft, die aus dem Schutt der Alpen aufgebaut ist und von zahlreichen Flüssen zergliedert wird, die der Donau zustreben. In den zum Teil weitgedehnten Donauniederungen findet man noch Reste des einst stark versumpften Geländes, so im Donauried und Donaumoos, von Kennern wegen ihrer Eigenart und der typischen Tier- und Pflanzenwelt geschätzt. Eine der reizvollsten deutschen Landschaften ist das Allgäu mit seinen weiten Talmulden, begrenzt von bewaldeten Bergen, die zu den steilen Höhen der Alpen überleiten.

Alpenvorland: Marktoberdorf mit Pfarrkirche und ehemaligem Jagdschloß

211

Eine Fahrt durch das Donauried – im Naturschutzgebiet Höll hat sich noch die ursprüngliche Moorlandschaft erhalten

Ausgangspunkt Bahnhof in Donauwörth

Tourenlänge 34 km

Fahrzeit 2 ½ bis 3 Stunden

Tourenbeschreibung Wir starten in Donauwörth auf der Straße über die Donau Richtung „Augsburg". Teils auf Radwegen bis zum Ortseingang von

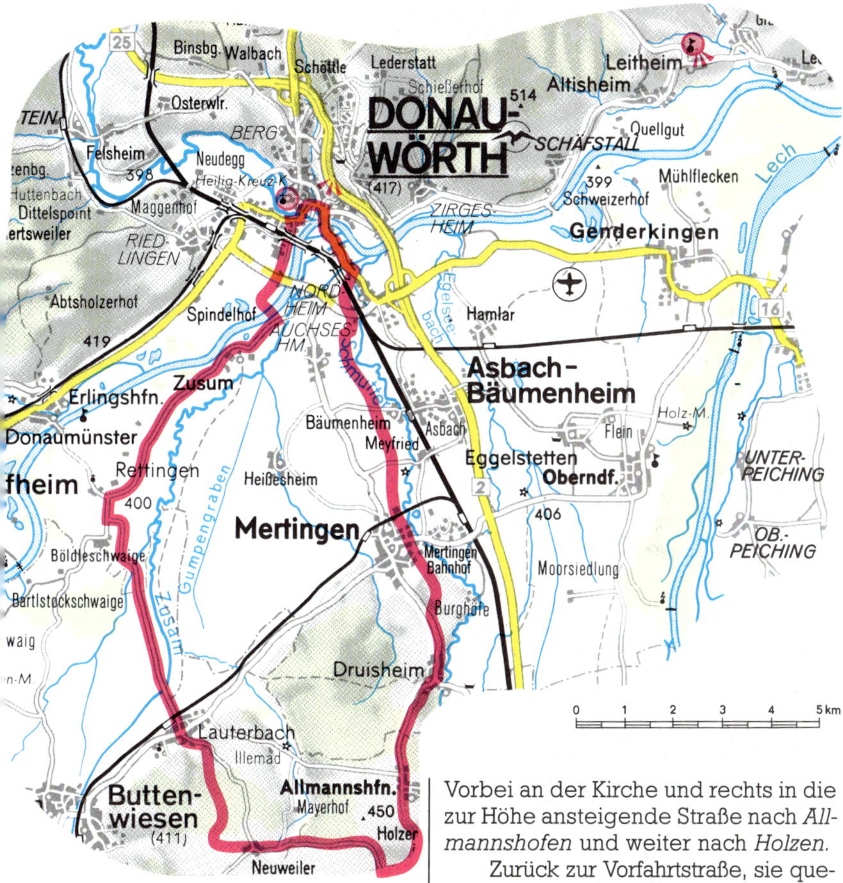

Nordheim. Rechts in den „Radweg nach Bäumenheim", der unter der Bahn hindurch und danach an ihr entlangführt. Hinter der Straßenbrücke rechts in den gekiesten „Radweg nach Mertingen". Am Ortsrand von *Bäumenheim* gerade in die Vorfahrtstraße und von dieser gerade in das 16-t-Sträßchen. Nach einem Rechts-Links an der nächsten Vorfahrtstraße bringt uns ein ungeteerter Fahrweg nach *Mertingen.* Links in die Vorfahrtstraße. Vor der Schmutterbrücke entsprechend dem Radwegweiser „Druisheim" rechts. Am Ortsausgang weiter Richtung Schützenheim. Am Fuß der Anhöhe jedoch geradeaus erneut dem Radwegweiser „Druisheim" folgend. Nach mäßigem Anstieg zurückgewandt ein weiter Blick in die Niederung von Donau und Lech. Die *Burghöfe* zur Linken, in einem Ab und Auf durch eine Mulde nach *Druisheim.*

Vorbei an der Kirche und rechts in die zur Höhe ansteigende Straße nach *Allmannshofen* und weiter nach *Holzen.*

Zurück zur Vorfahrtstraße, sie querend hinab nach *Ehingen*. Vorbei an der Pfarrkirche. Rechts in die Hauptstraße, am Ortsausgang ins 5,5-t-Sträßchen, das ansteigend bald über die freie Hochebene nach *Neuweiler* führt. Hinter der Kapelle rechts, nach $1^{1}/_{2}$ Kilometern wiederum rechts in das Quersträßchen. Durchgehend geteert führt dieses zum Wald, durch ihn hindurch und hinab nach *Lauterbach,* wo am Ortseingang ein Freibad lockt.

In der Ortsmitte schräg links über die Vorfahrtstraße in die Straße nach Erlingshofen. Zuerst auf Teerbelag, nach 3 km auf Kies ins ebene Ried hinein. Rechts in die Querstraße nach *Rettingen* und dort erneut rechts in die Straße nach *Zusum.* 1 km hinter Zusum links in den Radweg zur Donaustaustufe. Über die Donau und rechts auf das Sträßchen neben der Donau. Unter die Straßenbrücke hindurch und vorbei am Werksgelände von MBB führt dieses nach *Donauwörth* zurück.

212

Durch das Donaumoos nördlich von Günzburg – die Kirchen in Brenz und Obermedlingen lohnen einen Besuch, in Gundelfingen lockt ein Badesee

Ausgangspunkt Bahnhof in Günzburg

Tourenlänge 41 km

Fahrzeit 3 1/2 bis 4 Stunden

Höhenunterschiede Insgesamt 120 m. Kleinere Anstiege in Reisensburg und Offingen; sonst völlig eben.

Anmerkung Die Kirchen von Brenz und Obermedlingen am Nordrand der breiten Donauebene sowie das Donaustädtchen Gundelfingen mit seinem mittelalterlichen Stadtkern sind lohnende Ziele auf dieser Fahrt. Außerdem bietet Gundelfingen nicht nur gute Einkehrmöglichkeiten, sondern auch einen schönen Badesee. Eine weitere Badegelegenheit besteht am Freizeitgelände westlich von Peterswörth.

Tourenbeschreibung Wir lenken in Günzburg auf die B 16 Richtung Donauwörth und von dieser rechts in die Straße nach *Reisensburg*. Hinter der Pfarrkirche links in die „Donaustraße". Auf steiler Straße bergab, über Bahn und Donau in die Talaue. An der Gabelung links, über die verkehrsreiche B 16 und dem Schild „Flugplatz" folgend ins *Donaumoos*. Auf autofreiem, meist geteertem Weg vorbei an Baggerseen und Kieswerken nach *Riedhausen*. Am Ortseingang rechts in die „Von-Maldeghem-Straße". Diese führt durchgehend mit Teerbelag vorbei am Gehöft von *Schwarzenwang* nach *Sontheim*. Wir folgen den Radwanderweg-Schildern „Heidenheim" durch den Ort und kommen nach *Brenz*, das am gleichnamigen Fluß liegt (sehenswert die Pfarrkirche und das Schloß).

In Brenz fahren wir rechts in die „Medlinger Straße", sie führt uns nach etwa 3 km nach *Obermedlingen.* Von dort gelangt man auf einem Radweg neben der Straße nach *Gundelfingen.*

Unsere Weiterfahrt führt durch das Untere Tor, wir biegen dann rechts in die Bahnhofstraße ein. Am Bahnhof geht es rechts in die Industriestraße und geradeaus über die Vorfahrtstraße in das 5,5-t-Sträßchen. Mit einem Links-Rechts über die nächste Vorfahrtstraße in das Sträßchen zum „Freizeitgelände". Geradeaus weiter auf den Auwald zu. Unter die Hochspannungsleitung hindurch, links in Querweg über die Bahn und rechts in die Straße über die Donau nach *Offingen.* Dem Donau-Radwanderweg folgend rechts in den Landstroster Weg. Zur freien Höhe mit weitem Blick zurück ins Donautal. Hinter der Kapelle in einer Mulde links in den erneut steigenden Kiesweg. Nach einer kurzen Waldstrecke auf der Höhe halten wir gerade in das Sträßchen nach *Reisensburg.* Das dortige Schloß (Bergfried aus dem 14. Jh.) ist Sitz des Internationalen Instituts für Wissenschaftliche Zusammenarbeit. Auf bekanntem Weg zurück nach *Günzburg.*

Es lohnt sich ein Rundgang in der alten von den Römern gegründeten Stadt. Von der mittelalterlichen Befestigung stehen noch zwei Stadttore. In der Hauptstraße trifft man auf Bürgerhäuser mit schönem Rokokoschmuck. Auf einer Anhöhe erhebt sich das 1609 vollendete wuchtige Schloß, dessen Inneres aber umgestaltet wurde. Die barocke Frauenkirche erbaute der berühmte Baumeister Dominikus Zimmermann.

213

Eine Fahrt durch den Ulmer Winkel – die Niederungen zeigen stellenweise noch riedähnlichen Charakter

Ausgangspunkt Ulm, untere Donaubrücke

Tourenlänge 32 km

Fahrzeit 2 ½ bis 3 Stunden

Höhenunterschiede Insgesamt etwa 130 m. Abgesehen von kleineren Anstiegen in Finningen und vor Holzschwang und Witzighausen eben

Anmerkung Die Fahrt durch den „Ulmer Winkel" führt über den von Iller und Roth begrenzten Rücken. Höhe- und Wendepunkt ist Witzighausen mit seiner prächtigen Wallfahrtskirche. Dort, wie auch in den anderen größeren Ortschaften bieten sich Einkehrmöglichkeiten. Zum Abschluß

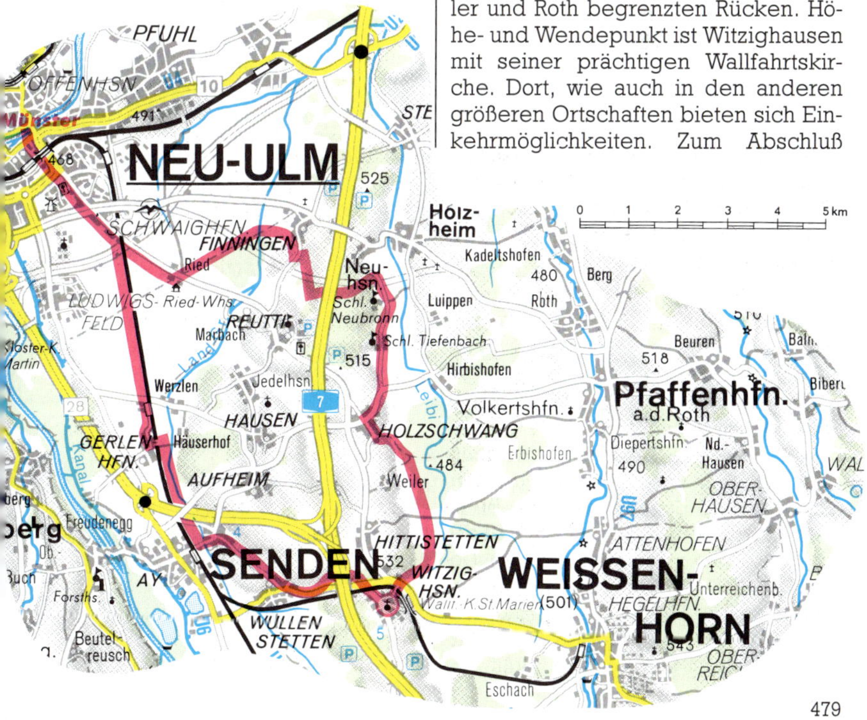

empfiehlt sich ein Besuch des Ludwigsfelder Badesees, der auch als Startort gewählt werden kann.

Tourenbeschreibung Wir starten in *Ulm* über die untere Donaubrücke und halten am Ampelrondell in *Neu-Ulm* in die Straße nach Weißenhorn. Über mehrere Ampelkreuzungen hinweg führt diese mit Radwegen schnurgerade stadtauswärts in die Riedebene. Am *Riedswirtshaus* links in das querende Teersträßchen, dessen gerader Verlauf die Trasse der ehemaligen Römerstraße erkennen läßt. An der Gabelung kurz vor *Finningen* rechts in das Sträßchen auf die Pfarrkirche zu.

In *Finningen,* an der römischen Donaustraße gelegen, fand man Reste eines Wehrturms aus dem 3. Jh. Als Besitz des Klosters Reichenau im 10. Jh. erstmals genannt, kam der Ort im 15. Jh. an das Kloster Buxheim. Die Pfarrkirche mit spätgotischem Kern wurde 1725 barockisiert und in den letzten Jahren zusammen mit dem Pfarrstadel und dem Pfarrhaus stilvoll erneuert.

Nach kurzem Anstieg rechts in die Vorfahrtstraße. Zum Ortsausgang, wo auf der Sohle einer flachen Mulde ein Feldweg abzweigt. Sanft steigend führt dieser zum Wald und nach einem Rechtsschwenk aussichtsreich zur Höhe. Über die Autobahn hinweg, am Wald entlang und rechts nach *Neuhausen.* Gleich am Ortsanfang rechts in den gekiesten Neubronner Weg. Auf diesem dicht neben dem Hang nach *Neubronn.* Gerade in das Teersträßchen, das durch *Tiefenbach* hindurch talaufwärts zieht, um in die Straße nach *Holzschwang* einzumünden. Nach leichtem Anstieg in den Ort links in das Sträßchen „Im Winkel“. Hinab in die Talebene und neben dem Hang gerade auf den Auwald zu. Aber nicht waldeinwärts, sondern nach einem Rechts-Links zwischen Hang und Wald stets durch offenes Gelände geradeaus. Nach 3 km knickt der Weg, (links ein Wäldchen) nach rechts und führt auf die Höhe von *Witzighausen.* Mit einem Rechts-Links über die verkehrsreiche Straße in die Dahlienstraße und über die Bahn in den Ort.

Vorbei an der Kirche zur Vorfahrtstraße. Nach rechts, über die Bahn und links in den Radweg. Bei leichtem Bergab unter die Autobahn hindurch nach *Wullenstetten.* Links in die Vorfahrtstraße und am Ortsausgang schräg rechts in die Anliegerstraße, die im Talgrund in einen Radweg übergeht. Stets die Bahn zur Linken vorbei am Freizeitgelände nach *Senden.* Links in die Vorfahrtstraße und direkt vor dem Bahnübergang rechts in das Sträßchen mit Lkw-Verbot. Unter zwei Brücken durch stadtauswärts. Am Ortsrand von *Gerlenhofen* über die Bahn, an ihr entlang, über die Vor-

fahrtstraße beim Bahnhof hinweg und in den Kiesweg (Quersträßchen; nach ca. 2 km) zur „Alten Römerstraße“. Links geht es zum nahen Badesee. Geradeaus kommen wir auf die bereits bekannte Straße, auf deren Radweg wir nach Ulm zurückkehren.

214

Auf schattigen Wegen am Lech entlang von Augsburg nach Landsberg

Ausgangspunkt Stadtmitte in Augsburg, nahe Dom
Tourenlänge 41 km
Fahrzeit Etwa 3 1/2 bis 4 Stunden
Höhenunterschiede Insgesamt etwa 110 m. Kurzer, steiler Anstieg bei Haltenberg; sonst völlig eben
Tourenbeschreibung Bevor wir unsere Tour starten, sollten wir einen Rundgang in dieser alten, von den Römern gegründeten Stadt machen. Zahlreiche Bauwerke bezeugen ihre einstige Bedeutung: der Dom St. Maria, St. Ulrich und Afra, St. Anna, Zeughaus, die Fuggerei (erste Sozialsiedlung der Welt). – Von der *Stadtmitte* aus fahren wir auf der B 2 Richtung München und biegen rechts in die *Siebentischstraße* ab. Sie führt am Tiergarten vorbei durch den *Siebentischwald* nach *Siebenbrunn* und geradeaus weiter an den Stadtrand von *Haunstetten.* Dort biegen wir links in die querende *Krankenhausstraße* ein. Dem Schild „Romantische Straße“ folgend zum Wald. Hier rechts. Zuerst am Wald entlang, dann fast 5 km durch ihn hindurch, kommen wir zur Staustufe 23. Wir überqueren die verkehrsrei-

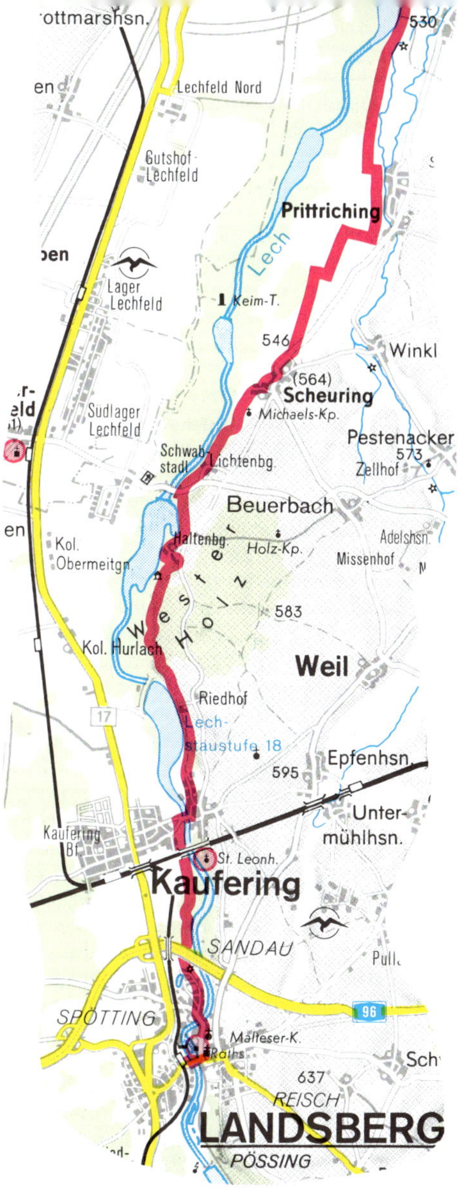

che Straße Königsbrunn – Mering, rechts in deren Radweg und vor dem Lochbach links in den Kiesweg daneben. Im Schatten des Auwaldes, vorbei an rauschenden Abstürzen, zum Lochbachanstieg an der *Staustufe 22.* Das querende Teersträßchen führt rechts zur nahen Gartengaststätte. Unsere Route verläuft links über den Lech. Dicht hinter der Hochspannungsleitung geht es dann rechts in den geteerten Flurweg durch die offene Ebene. Beim Sportgelände von *Pittriching* links in das Quersträßchen zum Ortseingang. Rechts in den gekiesten Uferweg des Galgenbachs und auf der Angerstraße zum *Freibad.*

Dem Radwanderzeichen R 1 folgen wir rechts ortsauswärts. Nach 400 m links, nach 600 m rechts und nach weiteren 600 m wiederum links in das Flursträßchen nach *Scheuring.* Von der linkseinbiegenden Hauptstraße rechts in die Bachstraße und von ihr erneut rechts in die Lechstraße. Talaufwärts durch Auwald zum *Zollhaus* (Ausflugsgaststätte). Mit einem Links-Rechts über die belebte Staatsstraße in das Anliegersträßchen zum Kraftwerk an der *Staustufe 19.* Auf dem anschließenden Kiesweg wieder waldeinwärts. Nach gut 1 km links durch eine kleine Lichtung zum Steilhang und an ihm empor, teils über Stufen, zum *Oskar-Weinert-Haus.* Dort weist das inzwischen vertraute Radwanderzeichen R 1 rechts in den Lechhöhenweg. Dicht über dem bewaldeten Steilhang mit schönen Durchblicken in die weite Talebene zur *Römerschanze*, einer gut erhaltenen vorgeschichtlichen Wehranlage. Knapp 1 km danach rechts in den steil abfallenden Weg zur *Staustufe 18* und links in den schattigen Uferweg nach *Kaufering.* Rechts in die Vorfahrtstraße über den Lech. Links in die Straße Richtung Landsberg, unter der Bahn hindurch und nach 200 m schräg links in den gekiesten Anliegerweg, der nach kurzer Waldstrecke zum Lech führt. Hier biegen wir rechts in den Uferweg ein und erreichen nach 2 km die Lechbrücke, über die wir ins Zentrum von *Landsberg* gelangen. – Die wie München von Heinrich dem Löwen gegründete Stadt hat sich ihren mittelalterlichen Charakter weitgehend bewahren können. Ein mit Rundtürmen besetzter Mauerring umrahmt den Kern. Das Bayerntor von 1425 ist eines der schönsten gotischen Tore Deutschlands. Dominikus Zimmermann, der hier fünf Jahre Bürgermeister war, schmückte das Rathaus.

215

Rundfahrt bei Illertissen – durch schöne Wälder und malerische Ortschaften

Ausgangspunkt Stadtmitte in Illertissen
Tourenlänge 29 km
Fahrzeit 2 ½ bis 3 Stunden
Höhenunterschiede Insgesamt etwa 140 m. Nur ein starker Anstieg (70 m) zwischen Altenstadt und Illereichen

Tourenbeschreibung Wir starten in der Stadtmitte von *Illertissen* Richtung Dietenheim, queren die Bahn und folgen der Straße auf dem Radweg zur Iller. Kurz davor wechselt dieser Radweg auf die linke Seite. Nach Queren des Illerkanals links in den ans Illerufer führenden Kiesweg. Aufgenommen vom Uferweg im Schatten des Auwalds, geht es mühelos flußaufwärts. Nach 6 km links in die Querstraße nach *Altenstadt.* Sie führt als Vorfahrtstraße über die Bahn zur *Memminger Straße.* Dort rechts und nach 300 m links in die Straße nach *Illereichen.* Von dieser Straße zweigt unmittelbar am Ortsrand ein steiler Fußweg ab, der am schattigen Hang direkt zum *Schloß* führt. Von dem ehemaligen Herrschaftssitz derer von Rechberg steht noch die Vorburg. Sehenswert ist die im Burgareal gelegene Pfarrkirche.

Vom Schloß durch die *Marktstraße*, rechts durch das Torhaus und nach 250 m geradeaus in das Sträßchen zum *Wanderparkplatz.* Unter der Autobahn hindurch und nach kurzem Bergauf rechts in den Kiesweg zum Wald. Vorbei am Parkplatz geradeaus waldeinwärts. An der Weggabelung nach 2 km links zu einer weiten Lichtung. Erneut geradeaus, am Waldsaum entlang, zum Ortseingang von *Weiler*, wo der zurückweichende Wald einen herrlichen Blick durch das Illertal bis zu den Alpen freigibt. Schwungvoll hinab durch den Ort. Am Ausgang links in die weiter talwärtsführende Straße nach *Osterberg*, das mit seinem Schloß bereits herübergrüßt.

Dort auf der Vorfahrtstraße weiter zum Ortsausgang. Links in die Straße nach Dattenhausen. Bei leichtem Gefälle zunächst am bewaldeten Hang entlang, dann durch Wald. Dahinter in den schräg rechts abzweigenden Kiesweg. Mit weitem Blick ins Rothtal auf ihm hinab an den Ortsrand von *Ber-*

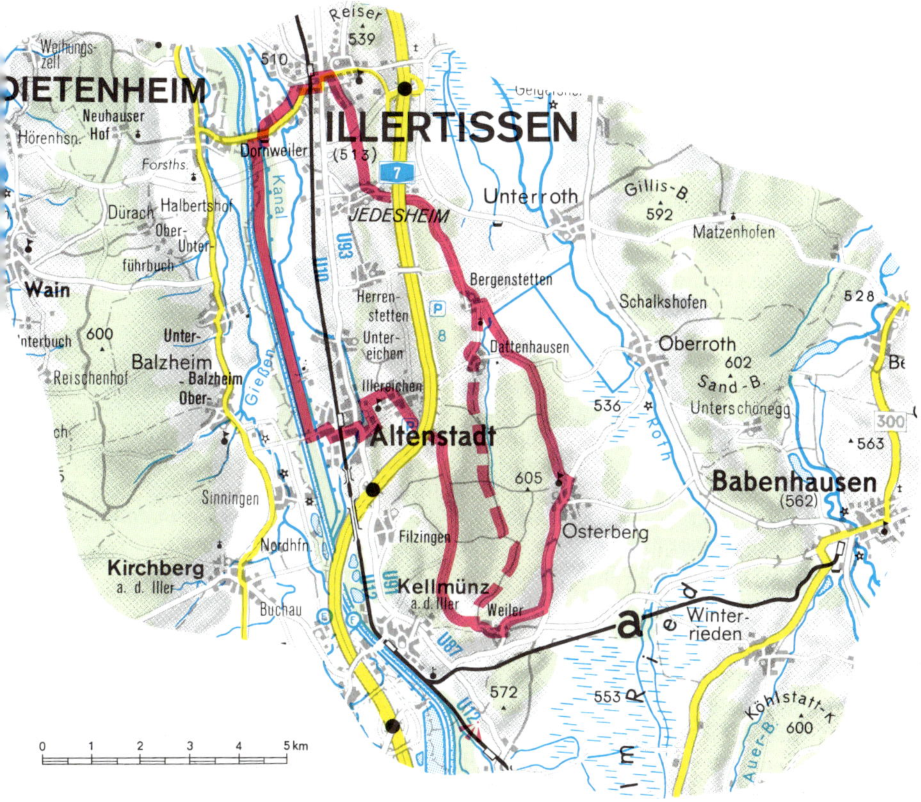

genstetten. Gerade über das Quersträßchen in den weiterführenden Feldweg. Nach 1 km links in den Querweg zur Straße. Wir biegen rechts ein und folgen ihr nach *Jedesheim.* Von dort kehren wir, den Wegweisern entsprechend, nach *Illertissen* zurück.

Variante Wer eine längere Waldfahrt vorzieht, schwenkt am oberen Ortsrand von *Weiler* nach links („Petrus, Osterberg"). Nach etwa 1,5 km nochmals links in ein langgestrecktes Waldtal. Vorbei an den Resten einer mittelalterlichen Befestigung zum nördlichen Waldrand und, nach geringem Anstieg rechts haltend, nach *Dattenhausen,* von wo die Straße (rechts!) nach *Bergenstetten* weiterführt.

216

Durch hügelige Waldgebiete bei Mindelheim – Sehenswürdigkeiten bietet Bad Wörishofen, lauschige Gartenwirtschaften Hartenthal

Ausgangspunkt Bahnhof in Mindelheim

Tourenlänge 30 km

Fahrzeit 2 ½ bis 3 Stunden

Höhenunterschiede Insgesamt etwa 160 m; stärkere Steigung vor Hartenthal, sonst nur geringe Steigungen

Tourenbeschreibung Bevor wir uns auf die Fahrt begeben, erfreuen wir uns an dem in sich geschlossenen Bild des alten, an der früheren Salzstraße gelegenen Städtchens. – Vom *Bahnhof* lenken wir auf die B 18 in Richtung München. Auf dem Radweg unter der Bahn hindurch und, wo er endet, links in das gekieste Anliegersträßchen. Vor der Unterführung rechts in den neben der Bahn waldeinwärts führenden Weg. An Kreuzungen geradeaus und an Gabelungen rechts haltend quer durch zwei verschwiegene Wiesentäler zum ehemaligen Bahnhof von *Rammingen* am Waldausgang. Über die Bahn und geradeaus in das pappelgesäumte Teersträßchen nach *Unterrammingen.* Nach einem Abstecher zur Pfarrkirche (sehenswerte Fresken) auf der Hauptstraße talaufwärts nach

Oberrammingen. Am Ortsausgang gerade über die Bahn in den geteerten Anliegerweg zur alten B 18. Quer darüber hinweg und unter der Autobahn hindurch. Hinter der Kapelle am Ortsrand von Kirchdorf links, mit einem Rechts-Links über die Vorfahrtstraße in die *Bergstraße* und von ihr erneut links in die *Frühlingsstraße*, die als Anliegersträßchen am Talrand entlang nach *Bad Wörishofen* führt.

Wir verlassen die Stadt auf der Oberen Mühlstraße südlich des Kurzentrums. Auf ihrer Verlängerung, einem geteerten Rad- und Fußweg, erreichen wir den *Waldsee*, wo vor malerischer Kulisse ein Freibad lockt. Dem Wanderschild entsprechend rechts in das Quersträßchen, das nach einer kurzen Waldstrecke ziemlich kräftig zur Höhe von *Hartenthal* ansteigt. Am höchsten Punkt (687 m) der Fahrt angelangt, blicken wir in eine weite Talebene (Sicht auf die ferne Alpenkette kann möglich sein).

Geradeaus weiter auf dem Sträßchen nach Lauchdorf. Bremsend hinab in den Talgrund und, am Hang haltend, rechts in den Kiesweg nach *Osterlauchdorf*. Dort nimmt uns wieder ein Teersträßchen auf. Am Rand der Mindelebene führt es uns durch *Altensteig, Mindelau* und *Heimenegg* nach *Mindelheim* zurück.

217

Von Kaufbeuren aus durch Wertach- und Geltnachtal – am Weg liegen sehenswerte Kirchen

Ausgangspunkt Stadtmitte in Kaufbeuren

Tourenlänge 28 km

Fahrzeit 2 1/2 bis 3 Stunden

Höhenunterschiede Insgesamt 140 m; stärkere Anstiege vor Marktoberdorf und hinter Ebenhofen

Tourenbeschreibung Wir starten in der Stadtmitte auf der dicht am Talhang entlangziehenden *Buchleuthenstraße*, die sich am Stadtende als geteerter Anliegerweg neben der Bahn fortsetzt. Vor dem Wald über das Quersträßchen weg in geteerten Radweg. Auf diesem zunächst im Schatten des Hangwaldes und weiter neben der Bahn, später neben der B 16 nach *Biessenhofen*. Am Ortseingang links in den *Heubrückenweg*, über die Wertach und rechts in den Feldweg. Auf dem Holzsteg über die Geltnach und

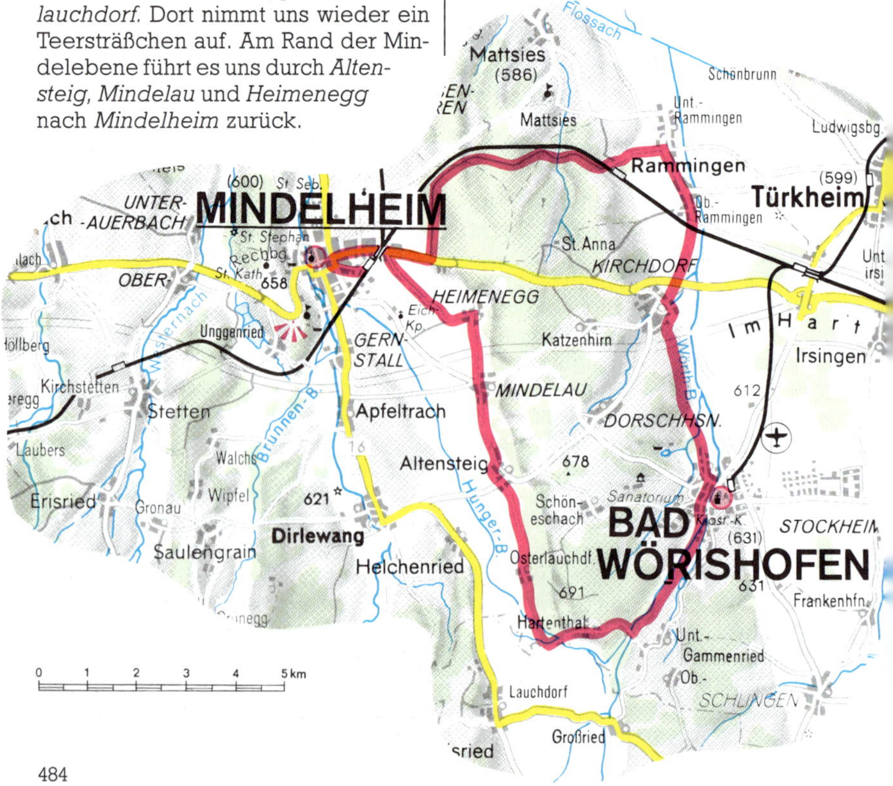

auf dem dahinter einsetzenden Teerweg nach *Hörmanshofen.* Gerade über die Vorfahrtstraße zum *Ottilienberg,* von dem man einen weiten Blick in die Wertachebene hat. Zurück in den Ort und rechts in die Vorfahrtstraße Richtung Bernbach. Wo sie nach links biegt, rechts in das Sträßchen am Talrand der Geltnach durch *Hausen* und *Bertoldshofen.*

Rechts in die B 472 und am Ortsausgang auf den Radweg daneben. Nach mäßigem Anstieg knickt er kurz vor der Höhe nach rechts ab, wird allmählich steiler und mündet schließlich in die schöne Lindenallee, die zum fürstbischöflichen Schloß in *Marktoberdorf* führt. Johann Georg Fischer, ein Sohn der Stadt, erbaute nicht nur dieses ehemalige Jagdschloß der Augsburger Bischöfe, sondern leitete auch den Umbau der nahen Pfarrkirche, die zarte Stukkaturen und farbenfrohe Malereien schmücken.

Auf der *Schwabenstraße* und dem Radweg daneben stadtauswärts. Unter die B 12 hindurch und über die Wertach nach *Ebenhofen.* Geradeaus durch den Ort und an der Rechtsbiegung vor der Bahn links unter sie hindurch. Rechts den Hang hinauf. An der Gabel auf der Terrasse links in das Betonsträßchen zum *Kapeller,* dem Gehöft in aussichtsreicher Höhe. Auf dem anschließenden Kiesweg waldeinwärts. Zuerst durch leicht welliges Gelände, dann abwärts in eine Mulde. Wo sich diese ins Wertachtal öffnet, treffen wir auf den am Anfang der Fahrt benutzten Weg neben der Bahn, auf dem wir nach *Kaufbeuren* zurückkehren.

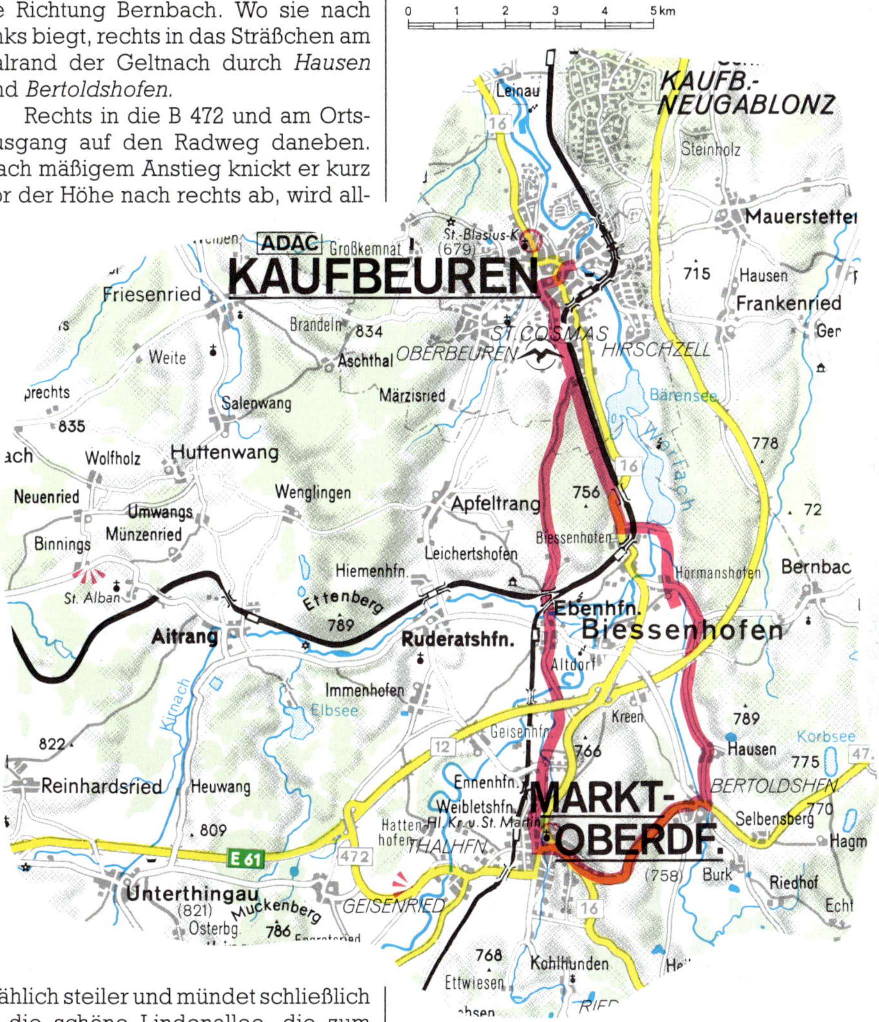

ALPENVORLAND ZWISCHEN STRAUBING UND FÜSSEN

Bewaldete Berghänge und weite Niederungen begleiten hier die Donau. Südlich ihres Laufs breitet sich die typische Hügellandschaft des Alpenvorlandes aus. Besonderer Schmuck des höhergelegenen, den Alpen unmittelbar vorgelagerten Gebiets sind die vielen großen und kleinen Seen, umgeben von einer teils lieblichen, teils ernsten Wald- und Wiesenlandschaft, aber auch die kühn geschwungenen Zwiebeltürme der Kirchen, die aus den Talmulden hervorschauen.

Alpenvorland: Isarpromenade und Turm von St. Martin in Landshut

218

Der Lauf der Isar bestimmt unseren Weg von Dingolfing nach Landshut, dessen mittelalterliches Stadtbild uns entzücken wird

Ausgangspunkt Bahnhof in Dingolfing (Unterstadt)

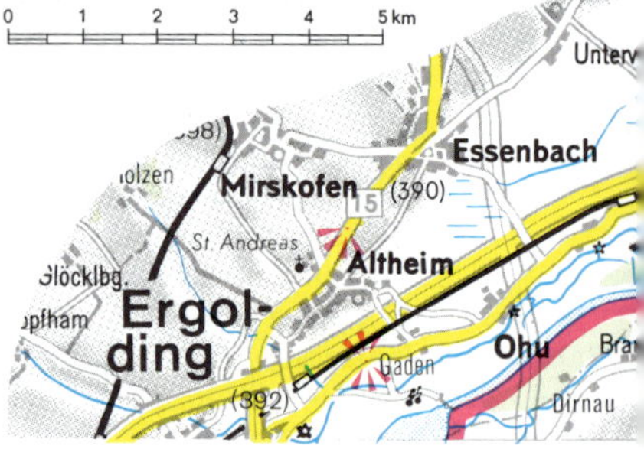

Tourenlänge 42 km
Fahrzeit $2\frac{1}{2}$ Stunden
Tourenbeschreibung Vom Bahnhof (in der Unterstadt) zur nahen B 11. Jenseits geradeaus (Radweg) über den Talboden. Nach 3 km, vor dem ersten Bauernhof, wenden wir uns links in Richtung *Dornwang* und *Weng*. So heißen die nächsten Orte an der Route; zwischendrin liegt *Rimbach* – Dörfer, in denen zum Teil noch schöne alte Bauernhäuser erhalten sind.

Vorbei an *Hörmannsdorf* mit einem kleinen, aber feinen Kirchlein. In *Postau* achten wir auf die Linksabzweigung in das 3 km entfernte *Wörth*. Am nördlichen Ortsrand, vor dem Bahnkörper, hält man sich rechts und fährt parallel zu den Schienen etwa 2,5 km, worauf es links zur Bundesstraße geht. Auf der anderen Seite über den flachen Talboden zur Isar und nach *Niederaichbach*.

Rechts in die Landshuter Straße und entlang der Isar. Links erhebt sich der Buckberg, am anderen Ufer die Kernkraftwerke Isar 1 und Isar 2.

Etwa 3 km hinter Niederaichbach verlassen wir die Straße rechts und fahren nun am Stausee bzw. an der Isar entlang, an deren Ufer sich der Mischwald der Unteren Au ausbreitet. Die Altheimer Staustufe bleibt zurück. Der Radweg passiert die Siedlung *Auloh*, setzt sich etwas später wieder unmittelbar an der Isar fort und wird schließlich von *Landshut* aufgenommen.

men. Durch die Schützenstraße und die Bauhofstraße in die Neustadt und dort rechts haltend zur Altstadt. Der Bahnhof befindet sich im Stadtteil links der Isar.

Landshut, einst Residenz der „Reichen Herzöge" von Bayern-Landshut, erfreut den Besucher durch sein spätgotisch-barockes Stadtbild. Überragt

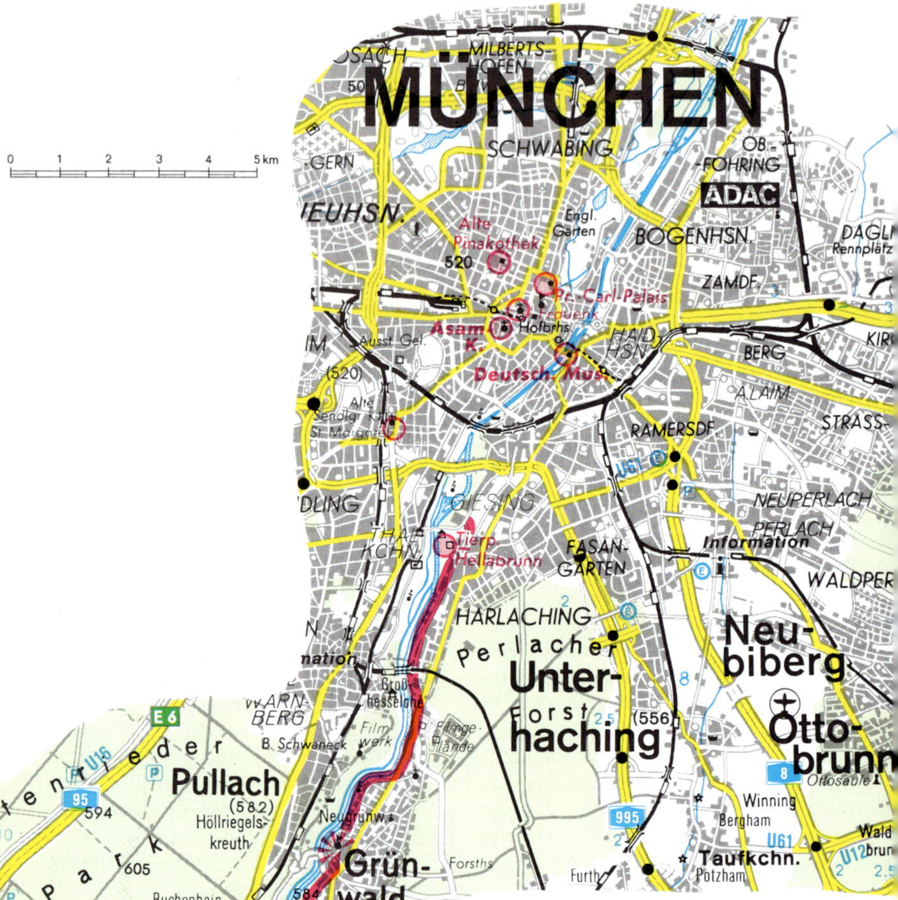

wird die Stadt von der mächtigen Burg Trausnitz. Daneben besaßen die Herzöge einen italienischen Palazzo als Stadtwohnung.

219

Von München aus über Wolfratshausen nach Bad Tölz und Lenggries, zwei anmutige Orte im Bergland des Isarwinkels

Ausgangspunkt München, Tierpark Hellabrunn
Tourenlänge 54 km
Fahrzeit $3\frac{1}{2}$ Stunden
Höhenunterschiede Zum Auftakt kurzes Steilstück vom Tierpark Hellabrunn zum Harlachinger Kirchl. Im weiteren Verlauf keine nennenswerten Steigungen

Tourenbeschreibung Vom *Tierpark Hellabrunn* den Harlachinger Berg hoch. Hinter dem „Harlachinger Kirchl" (St. Anna) wechseln wir auf die *Hochleite* über und radeln – von Fußgängern still geduldet – am Rand des Isarhochufers, vorbei am Biergarten des „Franziskaners über der Klause" zur *Großhesseloher Brücke:* 270 m lang, 34 m hoch, früher als „Selbstmörderbrücke" in Verruf.

Wir bleiben diesseits des Flusses in der Nähe des Hochufers. In *Geiselgasteig* nimmt man kurz die Münchner Straße, um bei der ersten Gelegenheit wieder ans Hochufer zu gelangen. Flußaufwärts über den „Lindenwirt" zum Schloß von *Grünwald.*

Links haltend zum Marktplatz, auf dem der Maibaum, das Kriegerehrenmal und eine 160 Jahre alte Linde stehen. Von dort in die Straße „Auf der Eierwiese" zum Schwesternheim. Daran links vorbei und über Wiesen zum Rand des Hochufers. In den Wald. In leichtem Auf und Ab zu den Wällen und Gräben der sogenannten *„Schanze".* Hier hatten die Römer eine Station ihrer Straße von Salzburg nach Augsburg.

Kurz danach wenden wir uns vom Steilhang links ab und fahren schnurgerade durch den Wald zur Grünwalder Straße. Auf ihr rechts, am Rand der

Frundsbergsiedlung entlang, nach *Straßlach.* Etwa 100 m nach der Kirche rechts. Das Sträßchen senkt sich zum schattigen Biergarten in *Mühltal.*

In der Folge radeln wir auf einem Sträßchen am Isarwerkkanal entlang. Bald tauchen im Westen Teile der Klosterkirche von Schäftlarn auf. Die Rechtsabzweigung (Brücke) dorthin gilt nicht für uns. Wir bleiben noch kurz auf der Straße, etwas bergan, dann rechts und weiterhin parallel zum Kanal zum nächsten Biergarten: *Aumühle.*

An Forellenteichen vorbei, steuern wir in südlicher Richtung durch die unter Naturschutz stehende *Pupplinger Au* mit ihren Schirmföhrenbeständen und Wacholderstauden. Am südlichen Rand dieser faszinierenden Landschaft vom Gasthof Aujäger zur Straße und über die Kreuzung. Auch in der Folge wird unsere Route von Landschafts- und Naturschutzgebieten der Isarauen begleitet.

In *Ascholding* an der Straßenkreuzung nach dem „Neuwirt“ rechts in Richtung Bad Tölz. Wenig später erhebt sich rechts der Kirchbühel von St. Georg, wohin alljährlich an Ostern eine Pferdeprozession stattfindet. Die Landstraße bleibt im Tal der Isar, zunächst bis *Bad Tölz.*

Ab der Isarbrücke weiter am orographisch rechten Ufer des Flusses, das heißt durch die Straße *Kapellensteig,* die in die *Lenggrieser Straße* übergeht. Nach 2,5 km wendet sich unsere Route gezwungenermaßen halb links ab und leitet über *Untergries* und *Rain* in den Luftkurort *Lenggries.*

220

Auf den Spuren der Römer im Hofoldinger Forst – ein Stück der Radtour führt über die römische Staatsstraße Augsburg – Salzburg

Ausgangspunkt Bahnhof in Aying
Tourenlänge 30 km
Fahrzeit $1\frac{1}{2}$ Stunden
Tourenbeschreibung Vom Bahnhof zur nahen Landstraße und in wenigen Minuten zu den Häusern von *Peiß.* In der Linkskurve rechts ab, durch die Eisenbahnunterführung und geradeaus durch Wiesen zu den Häusern der *Römersiedlung.* Hier verlief die Römerstraße Augsburg – Salzburg. Biegt man spitzwinkelig links ab, stößt man auf einen römischen Meilenstein.

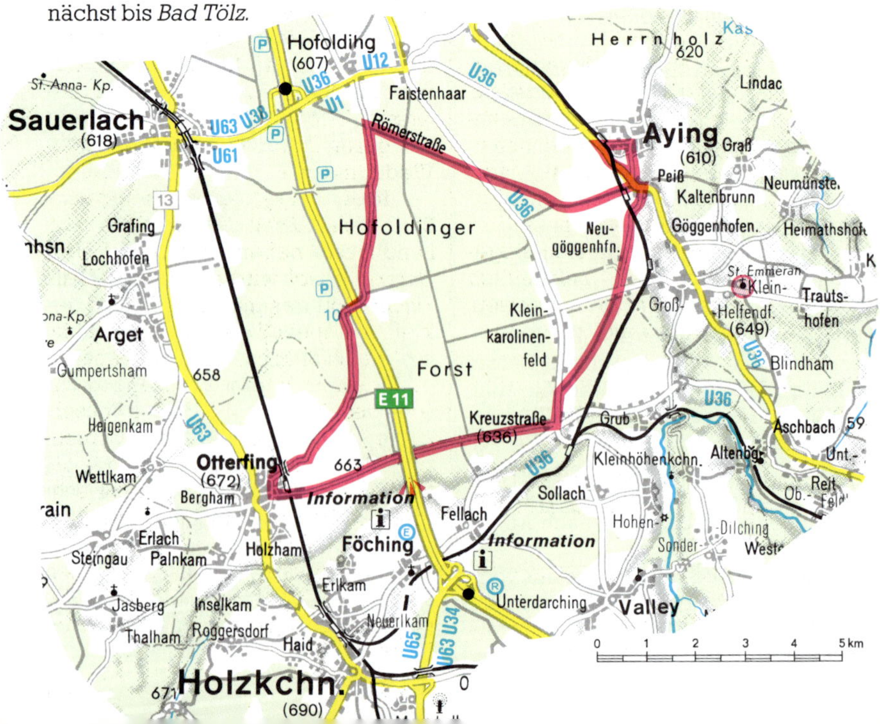

Unsere Radtour indes wendet sich halb rechts, das heißt, sie folgt nun der Trasse der antiken Straße. Sie verläuft wie mit dem Lineal gezogen in Nordwestrichtung und ist über weite Strecken bestens auszumachen, kann also nicht verfehlt werden.

Man kreuzt die Autostraße Faistenhaar – Kreuzstraße und fährt jenseits weiter durch den *Hofoldinger Forst,* der übrigens früher, so gegen 1600, als die bayerischen Herzöge hier ihre Jagden veranstalteten, hauptsächlich aus Rotbuchen bestand.

Nach insgesamt etwa 8 km stößt man auf die Straße Hofolding – Otterfing. Mit ihr wenden wir uns vom Verlauf der Römerstraße links ab. Nun in südlicher Richtung durch den schattenspendenden Wald, über die Salzburger Autobahn hinweg und nach *Otterfing.*

Gleich nach der Eisenbahnunterführung links zum Bahnhof, kurz danach abermals links, über die Eisenbahnbrücke und jetzt in Ostrichtung. Wenig später umfängt uns wieder der Hofoldinger Forst. Mit einem Tunnel durch die Salzburger Autobahn.

An der Straßenkreuzung bei *Kreuzstraße* links. Nach einigen hundert Metern halb rechts in einen Forstfahrweg überwechseln. Er mündet nach 2 km in die Straße. Auf der anderen Seite weiter. Bei den Häusern von *Neugöggenhofen* gibt uns der Wald frei. Hunger und Durst treiben uns zurück, aber nicht direkt zum Bahnhof, sondern vorher in die Ortschaft *Aying,* zum Brauereigasthof in die Zornedinger Straße, wo man entweder im Garten sitzt oder in der gemütlich eingerichteten Gaststube. Bekanntlich schmeckt ja das Bier dort am besten, wo es aus dem Sudkessel kommt!

221

Rund um den Starnberger See – vorbei an Stätten, die an König Ludwig II. erinnern

Ausgangspunkt Starnberg oder jeder beliebige Ort an der Route
Tourenlänge 50 km
Fahrzeit $2^3/_4$ bis 3 Stunden
Höhenunterschiede Am Ostufer kurze Steigung in Berg, am Westufer hügeliger Streckenverlauf

Tourenbeschreibung Von *Starnberg* über die Würm in den Stadtteil *Percha.* Dort auf dem Radweg in den Villenort *Kempfenhausen.* Am Ortsende halb rechts in die Seestraße und in das Fischerdorf *Berg,* dessen Häuser sich vom Ufer den Hang hochziehen. Auf der Wittelsbacher Straße steil bergan, aber nur ein kurzes Stück, dann zweigt rechts gegenüber von Haus Nr. 10 der Weg Am Hofgarten ab, der zur neuromanischen *Votivkapelle* (1900 errichtet) führt.

Im Park muß das Rad geschoben werden. Offiziell aufsitzen darf man erst wieder am südlichen Parkausgang, von wo wir nach *Leoni* gelangen. Es hat seinen Namen vom königlichen Hofopernsänger Joseph Leoni, der hier 1824 ein Gasthaus eröffnete. Gegenüber dem Seehotel steht das annähernd 150 Jahre alte Fischerhaus des Peter Gastl.

Ab hier radeln wir unmittelbar am Ufer entlang. Die Strecke ist übrigens identisch mit dem König-Ludwig-Weg (Starnberger See – Füssen). Bald zeigen sich links oben die ockergelben Mauern des „Freizeitschlosses", Zentrum einer religiösen Gemeinschaft. Als nächstes folgt links im Hangwald die Seeburg (19. Jh.). Danach kommen wir durch *Ammerland,* eines der ältesten Fischerdörfer am Ostufer, früher gerne besucht von Rilke, Busch, Wedekind usw.

In der Folge begleiten uns rechts Bade- und Bootshäuser, links alte Landhäuser neben modernen Villen. *Unter-Ambach* wird schon um 800 als Fischerdorf genannt. Gleich nach der kleinen Kapelle bewundern wir links ein kunstvoll geschnitztes, bemaltes ungarisches Holztor als Eingang zur Villa des Dichters Waldemar Bonsels („Die Biene Maja und ihre Abenteuer"), der hier bis zu seinem Tode als 71jähriger lebte. Das Gasthaus Fischmeister (Fischspezialitäten) bleibt zurück. Wir kommen zur Autostraße. Weiter südwärts. Rechts erstrecken sich hinter dem Mischwald die Badeplätze der sogenannten „Robinsoninsel".

St. Heinrich hat seinen Namen vom Andechser Grafen Heinrich, der sich hierher im 13. Jh. als Eremit zurückgezogen hatte. Im Gasthaus Fischerrosl vielgelobte Fischküche.

Um die südlichste Bucht des Starnberger Sees herum, vorbei am Strandbad Lido – links breitet sich eine Mooslandschaft zu den Osterseen hin aus – nach *Seeshaupt*, einem über 1100 Jahre alten Fischerdorf.

Danach gilt für uns die Tutzinger Straße. Sie entfernt sich beim Gasthof Seeseiten vom Ufer. Von Seeshaupt nach *Bernried* sind es genau 6 km. Von dort weitere 6 km bis *Tutzing* und noch einmal 6 km bis *Feldafing*. Spätestens dort vertreten wir uns wieder mal die Beine, spazieren vielleicht hinaus zum See bei der märchenhaften Roseninsel mit einer im pompejischen Stil von König Max II. erbauten Villa, in der sich König Ludwig II. und Elisabeth („Sissi") öfters getroffen haben sollen.

Hinter *Possenhofen* lassen die Steigungen des Moränengeländes nach. An schönen Wochenenden herrscht beim „Paradies", einem Badeplatz nördlich von Possenhofen, Hochbetrieb. Entlang der Straße reihen sich die Häuser von *Niederpöking.*

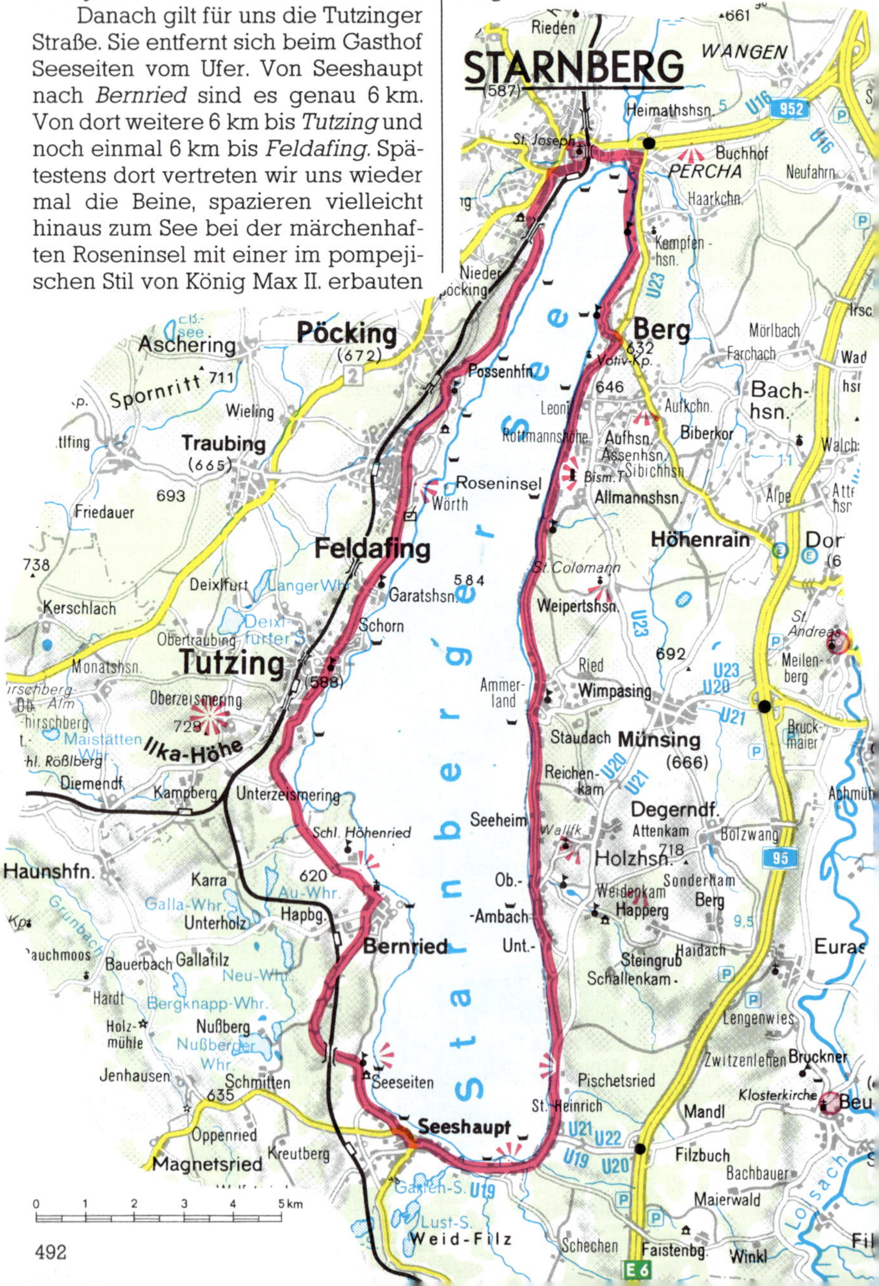

222

Von Füssen aus zu den Schlössern Neuschwanstein und Hohenschwangau – mehrere Badeseen bieten sich unterwegs zu einer Erfrischung an

Ausgangspunkt Füssen, Augsburger Straße (B 16)
Tourenlänge 33 km
Fahrzeit 2½ Stunden
Höhenunterschiede Mäßige Steigungen bis kurz vor Brunnen
Tourenbeschreibung Füssen wird auf der B 16 (Augsburger Straße) verlassen. Bald haben wir rechts als Begleiter den Forggensee. Nach 3 km erfolgt die erste spürbare Steigung. Vorbei am reizvollen Kirchlein St. Urban (rechts) fahren wir bis in die Höhe von Roßhaupten, wo wir rechts in Ostrichtung einschwenken.

Das Rasthaus am Forggensee bleibt zurück. Danach über den Damm der Lech-Staustufe 1. In der Folge durch die Westseite des Illasberges aufwärts und zum *Freibadeplatz Illasbergsee.* Wenig später müssen wir wieder in die Pedale treten, hinauf nach *Kniebis.* Rechts der Straße liegt der Schapfensee. Kurz nach Rauhenbühel biegen wir rechts ab (links der Kühmoossee, Freibad). Im Südosten zeigt sich der markante Geiselstein in den Ammergauer Bergen.

Nun radeln wir auf dem König-Ludwig-Weg, einem Weitwanderweg (Starnberger See – Füssen), dahin. Das Sträßchen erweist sich als sehr aussichtsreich. Durch den Weiler *Greith* zum hübsch gelegenen *Hergratsrieder See.* Danach öffnet sich wieder ein Blick auf den Forggensee.

Ab den Häusern von *Brunnen* radeln wir halb links – direkt im Vorblick der Säuling – nach *Schwangau.* Dort kurz rechts auf der Durchgangsstraße, worauf halb links eine Straße abzweigt (Radweg) nach *Hohenschwangau* zu Füßen der Königsschlösser. Der Alpsee lädt zu einem erfrischenden Bad ein.

Bei der Rückfahrt nach Füssen lockt südwestlich von *Alterschrofen* der Schwansee mit Badeplätzen.

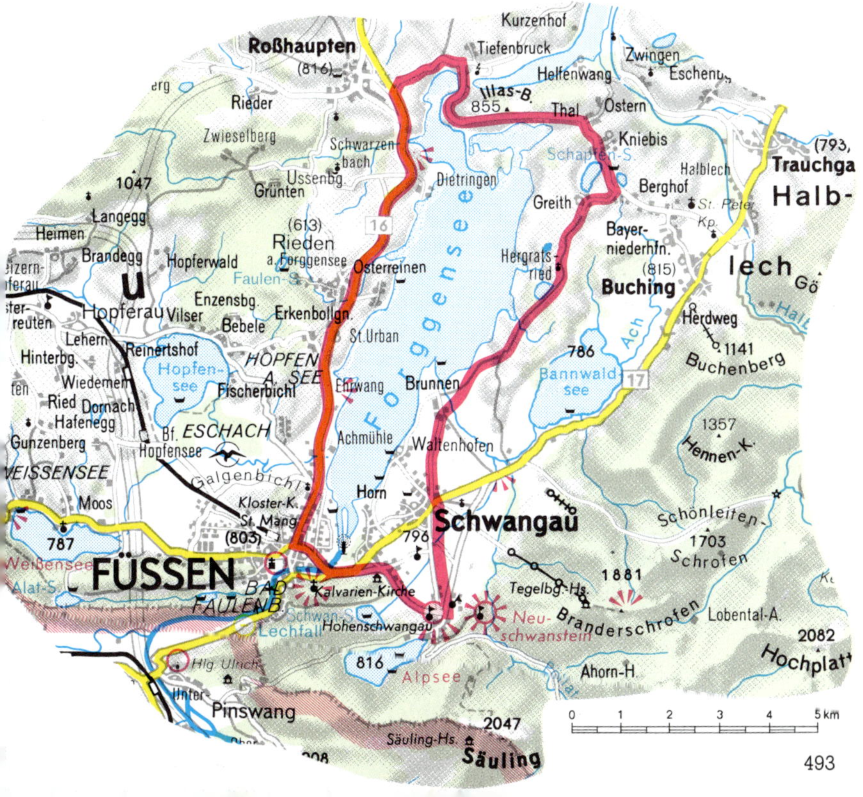

Fahrrad-am-Bahnhof-Service

Die Deutsche Bundesbahn bietet dem Fahrradwanderer an mehr als 800 Bahnhöfen einen umfangreichen Service an.

Die Broschüren **Bahn & Bike Nahverkehr** informieren über Mitnahmemöglichkeiten, Preise und regionale Angebote.
Es gibt sieben Ausgaben, die nach Bundesländern geordnet sind. Sie erscheinen im März und sind kostenlos an den Fahrkartenausgaben der jeweiligen Region erhältlich.

Die drei Broschüren **Bahn & Bike** informieren über das Mitnehmen von Fahrrädern in Fernzügen (In- und Ausland), Mietstationen am Urlaubsort, Hotels, Gaststätten und vieles mehr.
Diese Broschüren - ein dickes Paket - erscheinen ebenfalls alljährlich im März. Sie sind für DM 9,80 bei den DB-Verkaufsstellen, im (Bahnhofs-) Buchhandel und beim Allgemeinen Deutschen Fahrrad-Club (ADFC) erhältlich.

Die **Radfahrer-Hotline 01 80 / 3 194 194**
gibt Antwort auf alle Fragen für den Bahn- und Radurlaub sowie Informationen zu Buchung, Reservierung und Verkauf.
Diese Hotline ist erreichbar:
vom 1. März bis zum 30. November
montags bis freitags von 8 bis 18 Uhr, samstags von 8 bis 12 Uhr.

Museen und Sammlungen

10963 Berlin:	Museum für Verkehr und Technik, Trebbiner Str. 9; Tel. 25 48 40, Di-So
01067 Dresden:	Verkehrsmuseum, Augustusstr. 1; Tel. 4 95 30 02, Di-So
37574 Einbeck:	Fahrradmuseum, Papenstr. 1; Tel. 31 61 21, Di-So
91555 Feuchtwangen-Zumhaus Nr. 4;	Tel. 0 79 50-549, Mai-Sept. tgl.
76137 Karlsruhe:	Verkehrsmuseum, Werderstr. 63; Tel. 37 44 35, So + Mi
68526 Ladenburg:	Das kleine Museum, Rheingaustr. 21; Tel. 1 35 07, Sa + So
30851 Langenhagen:	Radfahrgalerie, Deisterweg 15 b; Tel. 73 14 74, nach Vereinbg.
80538 München:	Deutsches Museum, Museumsinsel 1; Tel. 2 17 91, tgl.
80339 München:	Werksmuseum Strobel, Heimeranstr. 68; Tel. 50 30 45, Mo-Fr
74172 Neckarsulm:	Deutsches Zweiradmuseum, Urbanstr. 11; Tel. 3 52 71, tgl.

Radwanderführer

Titel	Art.-Nr.	ISB N 3-8134-	Preis
Allgäu/Bodensee	07 300150	0229-0	24,80
Altmühltal/Südl. Frankenalb	07 300310	0255-X	24,80
Augsburg mit Umland	07 303000	0307-6	24,80
Bayerischer Wald	07 300060	0286-X	24,80
Bergisches Land mit Siegerland	07 300080	0103-0	24,80
Berlin und Umland	07 400070	0295-9	29,80

Rad-Fernwandertouren Deutschland:

Bd. 1: Ostseeküste-Rügen-Usedom, Oder-Neiße, Elbe	07 305300	0240-1	24,80
Bd. 2: Ostsee-Bodensee-Niederl.	07 301800	0207-X	24,80
Bd. 3: Rhein, Ostsee, Mosel, Lahn, Neckar, Main	07 305500	0305-X	24,80
Bd. 4: Saale, Werra, Spree, Havel	07 305600	0309-2	24,80
Donau (vom Ursprung bis Wien)	07 300170	0287-8	24,80
Eifel	07 300000	0159-6	24,80
Fränk. Schweiz/Frankenalb Nord	07 300300	0278-9	24,80
Hamburg mit Umland	07 300800	0183-9	29,80
Harz/Weser/Leine	07 300400	0087-5	29,80
Hunsrück-Saarland	07 300650	0177-4	24,80
Rad-Deutschland-von JH zu JH (Ost)	07 305400	0241-X	24,80
Rad-Deutschland-v. JH zu JH (West)	07 301850	0220-7	24,80
Kurhessen-Waldeck/Hess. Bergl.	07 300500	0276-2	29,80
Lüneburger Heide mit Wendland	07 302100	0156-1	24,80
Mark Branden-burg 1 (West)	07 305000	0237-1	24,80
Mark Branden-burg 2 (Ost)	07 305100	0238-X	24,80
Mecklenburg/Vorpommern	07 305150	0232-0	24,80
München m. Uml.	07 300070	0321-1	19,80
Münsterland	07 300020	0248-7	24,80
Niederrhein	07 300710	0257-6	24,80
Oberrhein-Elsaß I, Nord: Heidelberg-Straßburg	07 300820	0180-4	24,80
Oberrhein-Elsaß II, Süd: Straßb.-Basel	07 300830	0188-X	24,80
Oberschwaben/Bodensee	07 300950	0158-8	24,80
Odenwald/Bergstr.	07 302400	0283-5	24,80
Ostfriesland	07 300900	0270-3	24,80
Ostseek./Rügen	07 302800	0242-8	24,80
Pfaffenwinkel-östl. Allgäu	07 303100	0306-8	24,80
Pfalz/Rhein-hessen	07 302200	0189-8	24,80
Rhein	07 300320	0296-7	24,80
Rhön/Vogelsberg	07 300030	0108-1	24,80
Romantische Str.	07 302500	0176-6	24,80
Ruhrgebiet	07 301000	0163-4	24,80
Sauerland	07 301100	0162-6	24,80
Schwäbische Alb	07 301600	0285-1	29,80
Schwäbischer Wald/Neckarland	07 301700	0131-6	24,80
Schwarzwald	07 301900	0252-5	24,80
Spessart/Kinzigtal/Fränk. Weinland	07 302450	0196-0	24,80
Stuttgart mit Umland	07 300100	0327-0	19,80
Taunus/Wetterau	07 301200	0277-0	29,80
Thüringer Wald	07 305200	0239-8	29,80
Tour de Baden-Württemberg	07 302610	0260-6	24,80
Tour de Ländle I	07 302600	0228-2	24,80
Voralpenland II: Lech-Donau-Salzach mit Region München	07 301400	0212-6	24,80
Großer Radwanderführer Deutschland mit 252 Radtouren (unverb. Preisempf.)	07 306000	0318-1	29,80

Rad-Wandertouren Balearen (Mallorca, Menorca, Ibiza, Formentera)	07 302700	0298-3	29,80
Rad-Wandertouren Belgien	07 302750	0301-7	24,80
Rad-Wandertouren Frankreich Süd	07 305700	0314-9	24,80
Rad-Wandertouren Inn	07 300180	0272-X	24,80
Loire	07 302900	0250-9	24,80
Rad-Wandertouren Niederlande	07 301950	0095-6	29,80
Rhône	07 302910	0251-7	24,80
Rad-Wandertouren Schweiz	07 302350	0303-3	29,80